昆仑学术丛书

主编　朱恒夫　谷晓恒

历史与现实的青藏

李文实　等著

上海大学出版社

·上海·

图书在版编目(CIP)数据

历史与现实的青藏/李文实等著.—上海：上海大学出版社，2016.7

(昆仑学术丛书)

ISBN 978-7-5671-2370-0

Ⅰ.①历… Ⅱ.①李… Ⅲ.①青藏高原—少数民族—民族历史—研究 Ⅳ.①K280.7

中国版本图书馆 CIP 数据核字(2016)第 133751 号

特约编辑 倪金艳

责任编辑 傅玉芳

封面设计 柯国富

技术编辑 金 鑫

历史与现实的青藏

李文实 等著

上海大学出版社出版发行

(上海市上大路 99 号 邮政编码 200444)

(http://www.press.shu.edu.cn 发行热线 021—66135112)

出版人：郭纯生

*

南京展望文化发展有限公司排版

上海华教印务有限公司印刷 各地新华书店经销

开本 890×1240 1/32 印张 18.25 字数 442 千

2016 年 7 月第 1 版 2016 年 7 月第 1 次印刷

ISBN 978-7-5671-2370-0/K·147 定价：52.00 元

“昆仑学术丛书”编委会

昆仑学术丛书

总序

朱恒夫　谷晓恒

青藏高原在中国境内的有西藏、青海的全部以及四川、云南、新疆与甘肃的部分地区，因其高耸，故有“世界屋脊”的美誉；因其地貌独特、风景殊异，便引发了全世界游人的向往之心。不过在我们看来，这片神秘的土地最吸引人的地方，主要不在于它的地理风貌，而在于它的文化以及创造此文化和受此文化哺育的人们。

因青藏高原地理的偏远与环境的恶劣，在交通不便的古代与近代，内地的文化对其影响是极其微弱的。然而，正由于影响的微弱，才使得青藏高原的文化没有被汉文化同化，而是由自己慢慢地孕育、成长，最终形成个性鲜明和与地域的气候、地理、经济等环境相吻合的文化。

以藏传佛教为主的宗教是青藏高原文化的基础与灵魂，无论是传说故事、诗歌格言、绘画雕塑，还是音乐戏剧，无一不以弘扬佛法为它们的主旨，就是民俗、节庆，甚至人的一生都与佛教有着紧密的联系。虽然佛教来自他国，但是在青藏高原这一相对封闭的环境里，经过千百年的演变，已经形成了自己的特色。因为它高度地关怀着人的精神状态，指引着人生的走向，所以，几乎所有的人都将自己的生命无条件地托付给佛陀，虔诚地接受佛陀对自己命运的安排。故而，这里的宗教氛围极其浓郁，佛像、佛塔、经籍、转轮、僧人、信众，等等，构建了一个佛国世界，连政治都要依凭着佛教的力量。

青藏高原文化是一个宏大的范畴，稍微细分一下，可以分成纯粹藏区文化与多民族交汇的区域文化。纯粹的藏区文化的显形形态除了宗教外，就是它的民俗与艺术。

其民俗与汉族或其他民族的风俗多有不同，即如殡葬，有五种葬法，为塔葬、火葬、天葬、水葬与土葬。塔葬者必须是生时为万民敬仰的大德高僧；活佛与一些领主享受着火葬；希望死者升入天堂的家属，则用天葬的方式；夭折或病死者，只能将尸体丢进水里喂鱼，谓之水葬；而生前做过坏事又得不到人们原谅的人才埋入土里，以土葬之，因为在人们的观念里，埋进土里的人，是将他的灵魂禁闭在地下，便再也没有转世的机会了。而汉族则奉行“入土为安”的丧葬原则，多数人畏惧火葬，今日即使火葬后，也会将骨灰埋入地下。

藏人迎接客人的最高礼仪是献上哈达，“哈达”是纱巾或绸巾的藏语，分白色与五彩两种。白色代表着友谊的纯洁，五彩的含义较多，蓝色代表蓝天，白色代表白云，绿色是江河，红色是空间护法神，黄色则象征大地，献上五彩哈达，意为天、地、水与神灵一起欢迎珍贵的客人。

藏族的艺术形式很多，但较为突出的则是歌舞、戏剧与唐卡绘画。

世界各地的少数民族，其歌舞都会很发达，其主要的功能在于激发人们的情欲，以尽可能多地生产人口。然而，他们都没有藏族那样，将歌舞融入了生命之中，变成生命的有机构成部分。觉可以少睡，饭也可以少吃，但是，不能不唱歌，不能不跳舞。在他们看来，不唱歌跳舞，生命就是苍白的，生活就是无聊的，那活着还有什么意义？于是，他们发明了锅庄舞、弦子等舞蹈形式；他们用高亢悠远的声调抒发着自己对生活、对爱情、对家乡的感受。

与他们的生活态度一致，其歌舞也和其他民族的不一样，很少或几乎没有哀伤、惆怅、苦闷的情调。那歌声明亮、开朗、旷远，似乎像一架梯子，将听的人和天堂连接了起来，你可以顺着歌声构建的"梯子"爬上那纯净、美丽的天堂；那舞蹈，伴随着刚劲的打击乐，旋转踢腾，雄健壮伟，一举手一投足都传导出或刚或韧的力量。观赏这样的舞蹈，你浑身上下会不由自主地动起来，血液会快速地奔流，精神会昂扬振奋，若有感伤或颓废的情绪，也会被这舞蹈祛除得一干二净，自然而然的，就会觉得这世界、这生活是多么的美好。

藏戏是一种独特的戏剧形态，旧时藏戏的编剧、演员、戏师、伴奏等多是喇嘛，所以，其剧目的主旨、故事、人物、音乐、演出的仪程都与佛教有关，即使是俗众戏班，也呈现出鲜明的佛教色彩。它既是一种娱神娱人的艺术，又是一种弘扬佛教、自我修行的方式。

唐卡是一种佛教绘画，历史悠久，艺人用金、银、珍珠、玛瑙、松石、孔雀石、朱砂和藏红花、大黄、蓝靛等植物为色彩原料，在绢帛上描绘佛本生或佛教诸神的故事。制作唐卡时，从开工到结束，有一套烦琐复杂的宗教仪程。因工笔细描，一丝不苟，故耗时较长，画一幅故事复杂、人物众多且制作精美的唐卡，一般需要十余年之久。故而，唐卡艺术受到人们的高度重视。

上述的都是传统的艺术。20世纪50年代民主改革以后，由于和内地及国外文化交流的频繁，加之新式教育的普及，藏区的文化发生了巨大的变化，现代的小说、诗歌、散文、戏剧、歌舞、电影、电视、雕塑、绘画、建筑、服饰，等等，亦如内地。形式多了以后，文学与艺术作品的数量，自然亦随之大量增加。

多民族交汇区域的文化首先表现在语言上，其次是在艺术上。该区域多处于青藏高原边缘上，其民族有藏族、汉族、羌族、回族、土族、撒拉族、蒙古族、门巴族、珞巴族等民族，不同民族的人们，为了交流，都会学习人口较多民族的语言；同时为了民族之间和谐相处与被他民族认同，亦会自觉地接受其风俗的影响。于是，便出现了语言与风俗融合混杂的现象，形成独特的语言与风俗形态。即如撒拉族语言，按语言系属分，属阿尔泰语系突厥语族西匈语支吾古斯语组；按形态结构分，属粘着语类型语言。由于撒拉族长期同周围汉、回、藏族人民密切交往，大部分人不同程度地掌握了汉语和藏语，其语言吸收了不少汉语与藏语的词汇。又由于受伊斯兰教的影响，在宗教和日常生活上，撒拉语中也掺杂着少量阿拉伯、波斯语借词。

青海省东部黄南藏族自治州同仁县隆务镇年都乎乡年都乎村的方言被语言学界高度关注，被称为多语言交汇的典型。该村居民以土族为主，村内主要通行土族保安语和藏语安多方言，村民基本会用双语或多语交际。不同民族的居民均掌握藏语，本村出生的居民还能说保安语，大部分人又不同程度地会说当地汉语和普通话，只会藏语的仅是外村嫁入的藏族女性。藏语和保安语分别是本族家庭及族内常用语，而藏语和当地汉语则是族际和社会交际用语。

艺术上亦打上多民族艺术融汇的烙印。如土族的民歌分为家曲与野曲。所谓家曲，是本民族的歌谣，而野曲一般是指西北地区汉族的“花儿”。但是，家曲中有野曲的味儿，野曲中含有家曲的成分。再如土族的纳顿节，由跳会手、跳面具舞、跳“法拉”三部分组成。除了本民族的传统歌舞成分外，大量吸收了藏族的跳羌姆、汉族的傩戏与蒙古族舞蹈等艺术营养。

总之，青藏高原的文化既丰富又具有特色。可惜的是，采掘这文化宝藏的人不多，开采出来的东西相比它的储藏量，不啻万分之一。之所以如此，是因为采掘者必须具备下列两个条件：一是长期生活在青藏高原、接受了青藏高原文化营养而成长的人，最好本身就是藏族、土族、撒拉族等或与这些少数民族有着血缘的关系，这样的人不仅熟稔青藏高原的文化，还因对这一文化有着特殊的感情而会主动地担负起研究、传承的责任；二是具有中华民族文化甚至是世界文化的宏大视野和知识素养，能够将青藏高原文化放置在中华民族文化或世界文化的坐标系中来确定青藏高原文化的来源、成因、地位和发展规律。而具备这样的条件者，青海民族大学的教师是其中的一部分。

青海民族大学创建于 1949 年，是青海省建立最早的高校和新中国建校最早的民族院校之一，是全国首批获得硕士学位授予权的教学与科研单位。学校学科较为齐全，尤其是文科以民族学、宗教学、地域文化学见长。有教授、副教授三百多位，其研究领域覆盖了青藏高原文化的各个方面。

正是鉴于这样的人力资源条件，我们从 2013 年起，启动了以研究青藏高原文化为目的、任务的“昆仑学术丛书”的工程。在工程的实施过程中，除了得到许多教师的积极响应外，还得到了青海省人民政府、青海省教育厅、青海民族大学诸位校领导、上海大学出版社的大力支持。这里，要特别感谢的是校长何峰教授，从选题、物色作者、每一本书的结构以及写作进度，他都亲自过问，可以说，每一本书都融入他的心血。

当然，由于研究的对象难度较大，也由于一些作者步入科研殿堂不久，难免有这样那样的问题。我们热忱地欢迎方家和读者批评指正，以便我们研究工作的深入。但有一点可以肯定，这套学术丛书，就像你第一次走进青藏高原一样，会向你展示一个全新的世界。

目　录

历史透视

宗教考察

风 俗 观 览

文 艺 审 美

医药介述

历史透视

吐蕃一名的由来

李文实

吐蕃一名出自两《唐书》，其名义近百年来中外学者多有论证，其中以西方学者把“吐”字认为是藏语སྟོད(上部)字的译音一说颇为人所信从。我不同意此说，曾试作考察与推论①，但亦迄未能得其实。近作《藏族源流与汉藏关系》一文，对此继作探索，以为吐蕃一名实沿自吐火罗，系从古读，《唐书》改译，沿缘有自，只是后人未加细察罢了。我那篇文章虽考察出了它的源流，但由于那是一篇带有议论性的文章，引证不宜繁多，因再作此篇不嫌烦琐，详为征引，俾供方家讨论。

一、吐蕃王朝的兴起

吐蕃王朝，据《隋书》记载，始于公元六七世纪之间，但后世藏

① 见拙作《吐蕃名义试释》，载《青海藏学会论文选辑》(二)。

族僧侣从宗教观点出发，把相传是吐蕃王朝第一代祖先聂赤赞普的生世，上推到释迦牟尼时代的一位印度王子。这当然是宗教家的一种神话传说，自不能据为信史。我们据有关汉文（那时尚未创立藏文）记载，公元7世纪初，在今西藏南部雅鲁藏布江流域，兴起一个名叫宝髻的小国。它的西边是女国（东女），东边是附国，东北面是苏毗，它只占有今拉萨和日喀则所在的地区。这个宝髻的汉译名，现代译为“博吉宇”或“博域”，也就是《唐书》的“勃悉野”或“勃窣野”，现译则为“卜日加”（此据吴均、王青山先生说）。宝髻在汉文上只作为国名来看待的，而作为地名，则当时在宝髻国境内，尚有匹播城、穹波、达波、香波和藏博等汉译名，宝、播、波、博，是同音异译，与唐人改译“蕃”字相同，而藏博则是后世雅鲁藏布江“藏布”的初译，雅鲁则又是“雅隆”或“亚陇”王朝的异译。“藏”这个地名，在这时才在记载上出现，是后来西藏、藏民称谓的由来。宝髻兴起后，南日松赞灭苏毗，统一了今西藏中南部和东部地区。接着松赞干布继承王统，便西并女国，东灭附国，统一了西藏高原。随后又进攻今青海境内的党项、白兰和吐谷浑，势力扩展到今甘肃、四川部分地区。它虽与唐王朝联姻，建立了甥舅关系，并接受唐王朝驸马都尉官职和西海郡王封爵。但自贞观末至永隆元年（680）吐蕃攻陷唐西域四镇，不仅统一了青藏高原，而且扩地南邻天竺，北抵突厥，国力达到了极盛。《资治通鉴》记载说：

> 吐蕃尽据羊同、党项及诸羌之地，东接凉、松、茂、嶲等州，南临天竺，西陷龟兹、疏勒等四镇，北抵突厥，地方万余里。诸胡之盛，莫与为比。[①]

① 《资治通鉴》卷二〇二《唐纪》。

从上述记载可以看出，吐蕃王国从宝髻开始以一个山南小部落国混一青藏高原，并把疆土和兵锋扩展到今甘、川和新疆部分地区，而在民族方面，又包融了诸羌、汉、鲜卑、突厥等各种成分，形成吐蕃族。从此吐蕃既成为国和王朝的名称，又成为一个历史上民族名称。到了近现代，这个吐蕃族名称，为西方帝国主义分子所利用，借亚陇王朝之名制造了一个“南来”说，这个谬说，虽为以后考古发现所推翻，但其流毒，至今犹散发着臭气。我现在更由推考吐蕃国名和族名的由来，将这种谬说加以荡涤与扩清。

二、吐蕃名称溯源

关于吐蕃这一名称的由来和含义，我虽然作过一些考释，但问题还远未能获得解决，只是对蕃字的音义，作了音义双关的探索，以为蕃字既是今藏文བོད་的音译，又可读为藩，义从双关，这恐怕也近于事实。现在我想从音韵学角度，来进一步加以阐释。两《唐书》都以蕃字音源于发羌，这本来是无可疑的，但现代人好新，又喜欢从分的方面来考察民族的历史，便产生了发羌自发羌，蕃自蕃的看法。我认为这是一种偏见和谬误，必须加以辨析。清代著名文字学家钱大昕说：

> 古读发如拨。《诗》：“鳣鲔发发。”《释文》：“补末反。”此古音也。“一之日觱发”，《说文》作“滭泼”。此双声，亦当为补末切。①

他又说：

---

① 见《十驾斋养新录》卷五《古无轻唇音》条。

> 古读藩如播。《周礼·大司乐》:“播之以八音。”注:“故书播为藩。”杜子春云:“藩当为播,读后稷播百谷之播。”《尚书大传》:“播国率相行事。”郑注:“播,读为藩。”①

这一条例证,可以补证我以蕃为藩的论点。发又读拨,钱氏又举一例:

> 古读罚如钹。《周礼》:“大驭犯钹。”注:“故书钹作罚。”杜子春云:“罚当作钹。”钹读为别异之别。②

这是他又以同音或音近字为例。“发”、“蕃”、“藩”古音皆读播,《蒙古源流考》也谓其先为土伯特国,这当是从阿拉伯或突厥语拼写的名称。土伯即吐蕃,特乃尾音。再证以现在西藏人自称为博,安多区藏族自称为斡(Wò),博、斡一声之转,只轻唇与重唇之别。“藩”字读播,音同于今之博,则铁证如山,不可移易了。

最难解释的则是“吐”字的来历。当代有人说这是汉文“大”字的音转,又有人说这是藏文上部一词的音译,更有人猜测这是藏文高大蕃茂的意译③,和我初以为与吐谷浑有关的推想都不得其实。

据我最近进一步考察,认为蕃称吐蕃,乃与吐火罗和大夏有关,这可以说是个新的发现。按吐火罗(Tukhara)为中亚古国,《隋书》、《北史》和两《唐书》都有记载。《大唐西域记》作睹货逻,西方史称巴克特里亚或大夏,其地在今阿富汗北部阿姆河上游。自公元前 2 世纪起,先后臣服于大月氏、哌哒、突厥。《隋书·西域

---

① 见《十驾斋养新录》卷五《古无轻唇音》条。
② 《十驾斋养新录》卷五《古无轻唇音》条。
③ 芈一之:《论藏族的来源和形成》,载《青海地方民族史研究文选》(第一辑)。

传》记载说：

吐火罗国，都葱岭西五百里，与挹恒杂居。

《新唐书·西城传》说：

吐火罗，或曰吐豁罗，曰睹货逻。元魏谓吐呼罗者。居葱岭西乌浒河之南，古大夏地，与挹怛杂处。

挹怛国，汉大月氏之种。大月氏为乌孙所夺，西过大宛，击大夏臣之，治蓝氏城。大夏，即吐火罗也。

这里特别引人注意的是同一个地名而汉文的写法先后有异，那它的音读究以何为难，需要加以审定。西方史所称巴克特里亚(Bactria)，希腊语作 Bactriane，有人以为即 Tukhara(吐火罗)，也即是大夏的对音[①]，今按大夏都城 Bactria，《续高僧传·达摩笈多传》作薄佉罗，《隋书·西域传》作钵和，《大唐西域记》作缚喝，《慈恩法师传》作缚喝罗。这些汉文记载，都是译音而用字不一。其中缚、薄唐以后属药韵，钵属曷韵，而古音第五部平声鱼、虞、模与入声药、铎同部。兹以《诗经》为例，略举如下：

薄：载驱薄薄，簟茀朱鞹。鲁道有荡，齐子发夕。（《齐风·载驱》）

“缚”字《诗经》无例句，但古音亦属五部，与铎合韵，声通妒、度。

---

① 吕思勉：《中国民族史》。

“薄”字古音属五部，铎韵，声通托、蓡。至于土、吐，古音同属五部，与睹、杜、妒、徒同韵。然则所谓缚喝、钵和，其古读即通土、吐，只是用字不同。在反切未发明前，古音第五部中土、图、度、乎与夏、下、夕、昔谐声，所以《说文》只说某声，而同一声又分散于各部，其间类多变转。其例可举几则如下：

王道申伯，路车乘马。我图尔居，莫如南土。（《大雅·崧高》）

坎其击鼓，宛丘之下。无冬无夏，值其鹭羽。（《陈风·宛丘》）

王事靡盬，忧我父母。溥天之下，莫非王土。（《小雅·北山》）

迨天之未阴雨，彻彼桑土，绸缪牖户。（《豳风·鸱鸮》）

或马土为韵，或母土为韵，或雨土为韵，或鼓下为韵，均是同部叶声字的转读。

依据上例，则缚喝、吐豁、睹货以及薄佉，都是一声之转，也就是吐蕃一名音读的由来。

其次，再说大夏。《周书·王会篇》、《吕氏春秋·古乐》所记大夏，均指春秋时西北戎（今山西北部）地，与此无关。唯《山海经·海内东经》所云大夏，即指此后的吐火罗而言，大夏当为吐火罗的古汉译名，并无汉义。大（dat）字古音属月部，与夺（duat）、掇（tuat）、脱（thuat）同韵，吐、夺、脱皆一声之转，所谓“一声可叶万字，万字而必同部，同声必同部”（段玉裁《古叶声说》），意即指此。《诗经》音韵，自唐以下多不能通，仅以为谐音。就此而言，此大夏的“大”字与土、吐叶韵，而与脱、夺声近，则是可以显见的。

“夏”字古韵属鱼部，既与瑕、厦、暇、下同韵，又与乎、胡、祜、狐相叶。例如：

> 八月在宇，九月在户，十月蟋蟀入我床下。（《豳风·七月》）
>
> 古公亶父，来朝走马。率西水浒，至于岐下。（《大雅·绵》）

又《陈风·宛丘》下、夏、羽为韵，引已见前。今按夏、下为 hea，读如赫、吓（hè），与褐、曷、豁声近，又与虎、浒、乎叶韵。今甘、青地区犹读下为 hè，而不读 xia，尚存古音。然则"夏"字在此处音读与火、豁、乎通，而大夏一名自与缚喝、钵和、吐呼、吐豁同声而异译，容无异议。大夏为吐火罗故都所在，汉文初译为吐火罗，至隋、唐时遂又译为吐呼罗、吐豁罗、睹货逻以及缚喝、钵和，实即一名的多译。也正由于这个原因，我们对吐蕃一名的由来，同样找不到出处。现在既然找出这个线索，则吐蕃一名由来，也就迎刃而解了。

吐蕃一名的"吐"字的出处，既源于吐火罗，那它又怎样与"蕃"产生了联系，这又必须从吠哒、突厥说起。我原先对这个"吐"的推测，以为与吐谷浑有关，安才旦同志当时看了我的这篇文章后，根据《突厥语词典》所说"Tüpŏt 即是在突厥境内活动的一个部落"的说法，认为吐蕃一名与突厥所称有联系①。这个推论，直接触及了吐蕃族的来源，就此我们可以重新探索一下吐蕃族先世线索。

吐蕃族在宝髻兴起前，只是在今藏南的一小部落国，现在的人或即据此以为印度古代亚利安人分支所建立。实际上吐蕃先世与大月氏和吠哒、突厥有最密切的关系。吕思勉先生早就说：

---

① 安才旦：《吐蕃一称语源及含义之述评》，载《中国藏学》1988 年第 4 期。

> 古时西部有大月氏与哌哒，哌哒实藏族之首见于史者也。①

按大月氏在汉初由原居敦煌、祁连间迁徙到乌孙（今新疆伊犁河流域），后又再迁大夏（即吐火罗所在地），据有其地。公元1世纪时，又西破安息，南侵印度，东又扩地至葱岭，建立贵霜王朝，成为当时佛教中心。在南北朝之初，贵霜王朝势衰，哌哒兴起，入据大夏旧都，并东西扩地到波斯、盘盘罽宾、焉耆、龟兹、疏勒、于阗等国，而朱居、渴盘陀、钵和诸国，也都役属于哌哒。哌哒在中国史书上，又被译称悒怛、悒阗、滑国。悒怛、挹阗，是于阗的别译。南朝梁武帝时，哌哒势衰，突厥代兴，哌哒旧属又皆役属于突厥。这是哌哒与大月氏和突厥的历史渊源关系。总之，大夏故地，历经它们三族先后建都，其民族、宗教和语言之间，便不免多所混同与融合，所谓缚喝、钵和、吐火罗、睹货逻及突厥这些名称的语音，便是一证。

哌哒既是于阗的音转，则其种姓何属，是先要加以考察的。吕思勉先生说：

> 於邑双声，于於同字，然则哌哒、悒怛、挹阗，仍系于阗音转。此族盖自后藏越南山西北，首据于阗，人因以于阗称之。其后拓土日广，徙居大夏故都，人不复考其得氏之由，乃复别译以哌哒、悒怛、挹阗等字。②

吕先生这个论断是很精审的。在这里我还要补证一下的，就是古音怛、达属月部，与拔、钹同韵；於、于属鱼部，与土、吐同韵。这样

① 吕思勉：《中国民族史》，北京：中国大百科全书出版社，1987年版。
② 吕思勉：《中国民族史》，北京：中国大百科全书出版社，1987年版。

一考察，岂不是完全可以证明哌哒、悒怛、挹阗、于阗以及吐蕃不都是一个名称的同音异译吗？语言文字的异译，古今都无二致，我们不是译外语时，把广东译为坎堂，香港为航康，北京为披铿；译克鲁泡特金为克鲁巴金；而外国人把孔夫子译为康菲雪斯吗？这都是由古今语言和方言的差异所致，是不足为奇的（广东话译秀兰邓波尔为萨利坦宝，译莉莕海华丝为列达希贺夫）。

吕先生还提出另一理由是哌哒的一妻多夫制，这直到现在的藏区中还有遗留。我还要补充说明的一点是吐蕃同时还由突厥一语转写而来。吐与突是同音异写，厥字古音属月部，与怛、拨、钹同韵。魏晋以后，拨、钹、泼、钵与拔、跋通归末韵，唯厥与蕨仍属月韵。《诗经》入韵字只有蕨、阙，《召南·草虫》：蕨字与惙为韵；《郑风·子衿》：阙字与达、月为韵；《唐风·蟋蟀》：蹶与外为韵，均与拨、钵不叶。唯《礼记·曲礼》上："衣毋拨，足毋蹶"，蹶与拨为韵。蹶亦属月韵，与拨同部。又蹶与瘸同声，《集韵》瘸与跛同属戈韵，跛亦音阙，与播、皤、波同部，因知《曲礼》蹶字亦当读跛。盖下文有"立如跛"句，故在此作蹶，而音读均应读如拨也。我说吐蕃即突厥的对音，看来亦当无疑义，但为什么吐蕃竟也沿用这个名称，还必须和吐蕃在当时的活动去加以说明。当时自后藏地区入于阗，或自于阗入后藏，早就存在一条通道。吐蕃兴起时，突厥已归衰微，因此它与唐在西域争四镇，把疆土扩张到今新疆，而于阗为其中心所在。吐蕃不仅在那里建立了军事、政治基地，并曾与唐一度阻止大食的东侵，在这里不难看出它与于阗关系的重要性。《北史》谓哌哒为大月氏种，月氏本氐羌别种，这与哌哒的形成，自亦不无关系，而其最重要的一点，则是《南史》称哌哒为滑国，说是车师的别种。今按滑音同华，华古读如敷，《诗经·郑风》：

有女同车，颜如舜华。将翱将翔，佩玉琼琚。彼美孟姜，洵美且都。

与琚、都为韵，车读如居，华读为敷。汉以后车字音尺奢反，华字音呼瓜切，华便与滑声近。《诗经》“唐棣之华”与“王姬之车”为韵，即是其例。古称中国为华夏，我曾以为华即炎帝族后来的称谓，夏即黄帝族后来的称谓，华夏合称，即炎黄子孙。现在的藏民称汉民为嘉，而自称为蕃或斡，夏嘉、华斡并一声之转，蕃斡则重轻音之异。后世藏人称己为斡，称汉为嘉，即华夏的今称[①]，而“滑”又是华、斡的别译。这只在音值方面，随时代而有所变化，但实际上仍不难看出是同一名称的古今异写。因此我以为吐火罗、大月氏、吠哒、突厥和滑都是形成吐蕃族的主要成分，也就是他们的先民。吐蕃族与吐蕃王朝均信仰佛教，也与这些先民有关(西域在伊斯兰教传入前多信佛教)。

三、羌与吐蕃及藏族的关系

最后我还要对吐蕃与羌族的关系，必须加以阐释。羌方在古史上出现于殷、周时的记载，为西戎的一大支系。相传舜时就曾窜三苗于三危，以变西戎，等到西戎即叙时，三苗已被西戎所融合。而三危所在地，即包括今青藏高原整个地域(即今西藏、川西南及甘、青藏区)[②]。在西戎中自以羌为大宗[③]，当吐蕃尚为雅鲁藏布江流域的一小国宝髻时，其西部的女国为羌族，居地比宝髻为大。其东部附国，北部苏毗以及白兰、党项，都属羌种。宝髻在兼并这些部落国后，才建立了吐蕃王朝。以后又征服了吐谷浑，统一了青藏

① 见拙著《“华夏”臆说》，载《中国历史地理论丛》总第2辑。

② 见拙作《〈禹贡〉织皮昆仑析支渠搜及三危地理考实》，载《中国历史地理论丛》1988年第1辑。

③ 见拙著《藏族源流与汉藏关系》，载《青海民院学报》1989年第3期。

高原，其部种又有了鲜卑族。更加上此后的南凉、西秦等的鲜卑，北凉和夏的匈奴，民族成分，益形众多，汉人则更不必说了。据此说来，古代以羌为主体的西戎和三苗以外，7 世纪以后在青藏高原上的诸羌，现在除了茂汶羌族自治县一小块地区的土著，被定称为羌外，则都已成了藏族，难道这么多的藏族都从藏博迁来而蕃殖的吗？民族是一个历史的范畴，藏族可以说是宋、元间所形成的一个民族共同体，是吐蕃族的流，而吐蕃又是羌族（不排除其王室中含有印欧系人种成分）的流，其最早的源，只能是原始社会的蒙古利亚人种了。

民族学原是研究人类和种族的专业，因此我们最初只有人类学、人种学等概念。而对中国民族的研究，自来就称为人，如夏人、商人、周人、秦人、汉人以至唐人，是就历史上各王朝所统辖的全体人民而言，是一个总的名称，还没有共同的环境、语言、宗教、血统等因素的统一概念，也就是说还没有民族学的概念。中国人原来所谓的族，是指氏族、宗族、家族而言，而不论你属于何种氏族，都统称为人。自从有了民族学，我们便把汉人称为汉族，这才有了新的含义。这个概念和含义，只适用于近现代民族，而在此以前的人，只有氏族、部落和部族，不能混为一谈。现代民族学是研究现代世界各民族形成与发展规律的社会科学，所谓发展便是追溯各民族来源和发展过程。按照这个要求，则吐蕃族是属于封建部族时代所形成的一个部族，而藏族才是近现代民族学意义上的民族。所以我以上追溯它的族源，是说明在现代藏族形成以前，在青藏高原这个人类舞台上，曾经有多种人长期生息活动过，并不是说藏族是单纯的源于吐蕃族的。

至于藏族这个名称，还是内地人用汉文给它所定的，而他们自己仍称蕃或斡。这个蕃就是由前面所说的藏博而来的，也是雅鲁藏布江“藏布”的早期译名，它是 6 世纪中在今西藏南部形成的一个部落国，前面已经谈过了。这里要接着谈的是“藏”字，藏博是在宝髻出现后才有了这个名称的。这个“藏”的名称，在汉文记载上始于明代，其时把青海一带的藏族称为西番（番即蕃，一般习读为翻），而把今西藏地区称为乌斯藏，乌斯以后被译为卫，合称卫藏，卫是古代三危“危”字的音转。到了清初，康熙平定藏乱，以其地居中国西部，遂定名为西藏。这都是汉文命名，西藏人仍称为卫藏，而自称为蕃（博）巴，四川境内的藏人自称为康巴，甘、青境内的西番则自称为安多哇（巴），没有一处称藏的，因此也可以说“藏族”是官方的定名，也是汉文的称谓。可见藏族是近现代才形成的一个大的民族，并不单指西藏人。西藏只是一个省区单位，此外还有广大的藏族分居于青、甘、川及其它地区。现代帝国主义分子，为了想把西藏和藏族人民从祖国分裂出去，便不惜造出“南来说”和什么西藏自来是一个独立国的谬论，无视自唐以来西藏地区与人民和中国的关系，特别是自元以来政区建置和中央与地方的关系。甚至还想用“外藏”、“内藏”的阴谋，巧立名目，把所有藏族居住的地区，统统分裂出去。我们从事藏学研究和关心民族团结的人，在研讨这个问题时，必须要以史实为重，以统一国家的总体为重和以民族团结为重，不要好奇立异，不要把藏族从中华民族中区与开来，以免为别有用心者所利用。

吐蕃王国崩溃后形成的藏族，从成分来说，又有了蒙古、沙陀、霍尔、嗢末以及回鹘等民族成分。同时在今西藏境内一些别的民族或者部落，在吐蕃王国建立后，也就不复单独存在了。在吐蕃统一过程中，青、甘、川地区，除了吐蕃族因驻军等关系移入的部分外，本地区大量西羌遗裔连同西海蒙古（一部分）、厄鲁特蒙古和部分汉人都先后汇入了这个新共同体的行列。到这时藏族便与吐蕃族在共同体意义上已有所不同，也就是说藏族已是一个新的民族共同体，并不再等同于吐蕃族了。因为这时期青藏高原上广大的藏族，在共同地域、共同语言和共同经济生活的基础上形成了具有共同文化与心理素质的稳定共同体了。从民族发展史上来说，它又已是一个开始向资本主义和社会主义社会过渡的现代民族了。

（原载《中国历史地理论丛》1990 年第 2 期）

吐蕃王朝人口研究

朱悦梅

历史时期边疆地区少数民族的人口状况，由于资料极为匮乏，研究方法和手段颇受局限。吐蕃王朝时期，唐蕃两大政权虽然有着密切的交往，但汉文史籍中留下的关于吐蕃人口的信息却非常稀少，而古藏文文献中，与人口有关的信息亦是凤毛麟角，这就为吐蕃王朝时期人口的研究带来了极大困难。因此，对于吐蕃王朝时期的人口数量及其特征，只能通过各种方式作大致的估算。

通常认为，吐蕃王朝最盛时人口 300 万人左右①。王忠先生据《五部遗教》(བཀའ་ཐང་སྡེ་ལྔ།)所记吐蕃四如共有“军士四十六万二千四百人”，推知人口“约近三百万人”②。亦有人认为吐蕃在王朝缔结时期统一青藏高原后人口约为 140 万—150 万人，王朝建立之

① 范文澜：《中国通史》(第四册)，北京：人民出版社，1978 年，第 12 页。
② 王忠：《新唐书吐蕃传笺证》，北京：科学出版社，1958 年，第 8 页。

初人口增至250万—270万人左右，在7—8世纪盛期，先后统治过数百万的非藏血统人口，人口猛增至近千万人[①]。此外，西方学者也对藏族历史时期的人口作过估算，但多集中在元代，当时已有中央政府统计数据可查[②]。

由于吐蕃王朝从建立到兴盛再到灭亡，期间有本土兼并期和对外扩张期，故吐蕃王朝时期的人口可分为吐蕃本土人口与吐蕃占领区人口。吐蕃占领区人口在吐蕃王朝兴盛时成为吐蕃王朝租赋劳役的对象，在吐蕃王朝灭亡后又脱离了吐蕃的控制[③]。吐蕃本土人口为青藏高原主体民族的构成成分，且对后世藏族人口产生直接影响。鉴于学界对相关问题的结论多为估计，中国历史时期人口研究的巨著《中国人口史》[④]亦对吐蕃王朝时期的人口付之阙如。本文拟在先贤研究的基础上，借助文献中零星的非直接数据，并根据青藏高原的历史生态与人文环境对基本参考数据与计算方法作相应调整，从文献记录的直接统计、部落与人口、户均人口系数与人口估算、征兵比例和军队数量与人口数量等几个角度考察吐蕃王朝时期的人口状况，就教于方家。

一、估算吐蕃人口的参考系数

中原王朝在各历史时期均有或多或少关于户数与口数的记载，为人口研究提供了丰富的资料数据和相对完整的统计样本资

---

① 王克：《藏族人口史考略》，《西藏研究》1985年第2期。

② 如英国著名藏学家黎吉生(H. E. Richardson)认为，“13世纪蒙古人统一西藏地区时，藏族人口不可能超30万”。见H. E. Richardson, “The Tibetan Background”, in *A Short History of Tibet*, New York: Oxford University Press, 1962, p. 5；该书有李有义先生汉译本：《西藏简史》，北京：中国社会科学院民族研究所印，1979年，第4页。

③ 朱悦梅：《吐蕃王朝控制区人口研究》，《兰州学刊》2009年第8期，第24—30页。

④ 葛剑雄主编，冻国栋著：《中国人口史·第二卷·隋唐五代时期》，上海：复旦大学出版社，2002年。

源，即使特殊人口，如不在籍人口、漏籍人口等，亦由于历史典籍的丰富而可以追寻到诸多线索，为我国历史时期人口研究在理论、方法、资料、研究对象的特殊性等方面建立一套研究体系与理论框架提供了有益的基础。但是，汉文文献对历史时期包括藏族在内的少数民族人口状况的记载相对匮乏，因此要根据民族区域的自然地理条件和历史发展特征，对统计和计算吐蕃人口数量的一些基本方法与基础数据作具体分析，以便得出较为准确的估算结果。

关于青藏高原历史时期的人口数量，文献对户数有简略记录，对口数则极少涉及。直到近世，农奴主贵族为了增加收入才开始计算人口数量，但统计范围多局限于庄园、领主的私人领属范围，而且仅计算户数和成年人口①。由于缺乏相对准确或较为完整的人口资料，故推算历史时期的藏族人口数量，户均人口系数是关键性基础数据。

一般认为，中原地区在历史时期的户均人口数大致为5，这一数据以往亦曾被应用于对吐蕃人口的计算②。但青藏高原与中原地区自然条件和社会生活方式都有很大不同，考虑诸多不同因素，有必要藉由近世调查研究资料来推知青藏高原地区的户均人口系数。

青藏高原地势高亢，自然环境苦寒。从近代人口调查资料看，户均人口数极不稳定，在不同自然地理条件和不同生产生活方式下有所不同。李安宅先生在藏区经过长期的考察研究发现，在甘南藏区，“农村人口统计每户三点七人”，“根据游牧民族的估计，平

① 孙怀阳、程贤敏主编：《中国藏族人口与社会》，北京：中国藏学出版社，1999年，第57页。

② 王克：《藏族人口史考略》，载《西藏研究》1985年第2期。

均每一帐篷有四人”[①]。在康区,“藏人家庭,平均每家人口 2.56 人”;“汉藏合璧家庭,平均每家人口 4.88 人;汉人家庭,平均每家人口 6.5 人”[②]。另据《清末川滇边务档案史料》所载里(理)塘粮员光绪三十三年(1907)呈报的数据推算,里(理)塘南路、西路农村户均 4.25 口[③];若按石渠委员于宣统二年(1910)呈报的数字,当地户均 3.24 口[④]。按甘孜委员于宣统三年(1911)呈报数计算,户均 3.74口[⑤]。综合上述诸项数据,青藏高原在康区和安多地区的户均人口数在 4 人左右,这种状况一直维持到 20 世纪末。1989 年的统计数字显示,四川阿坝壤塘县夏炎村,平均每户为 3.9 人[⑥],仍是户均 4 人上下。

清代青海高原的户口数亦能反映户均口数的大致情况。嘉庆十九年(1814)成书的《四川通志・土司志》记录了果洛(清代史料有称郭克罗、俄洛、果罗克者)地区的人口情况,上郭克罗 10 寨,“共三百五十户,男女一千五百一十丁口”;中郭克罗 17 寨,“共四百八十五户,男女一千六百四十丁口”;下郭克罗 29 寨,“共三百三十户,男女一千一百一十丁口”。共计有户 1 165,丁口 4 260,户均人口系数约为 3.7。

---

① 李安宅:《藏族宗教史之实地研究》,上海:上海人民出版社,2005 年,第 196、197 页。

② 李安宅:《西康德格之历史与人口》,载《边政公论》第 5 卷第 2 期,1946 年,第 31、40 页。另外还可得出的一组数据,即牧区户均人口 3.1 人,农区户均人口 2.8 人,见是书第 39 页。

③ 《里塘粮员熊廷权禀清查户口地亩丁粮及土司分庄房屋(光绪三十三年七月初六日)》,载《清末川滇边务档案史料》(上册),北京:中华书局,1989 年,第 130—142 页。

④ 《石渠委员详报户口及粮税数目(宣统二年九月十三日)》,载《清末川滇边务档案史料》(中册),北京:中华书局,1989 年,第 767 页。

⑤ 《甘孜委员寇卓呈报傅嵩炑甘孜户口粮税清册(宣统三年五月)》,载《清末川滇边务档案史料》(下册),北京:中华书局,1989 年,第 981 页。

⑥ 人口统计的详细数据,见石硕、张建世:《藏传佛教寺庙与所属社区关系的个案分析》[J],载《西南民族学院学报》1990 年第 4 期。

《西藏志·外番》记巴彦南称等四十族[①]的户口数,“共八千四百四十三户,计男妇三万二千三百九十名口”。其户均人口系数约为3.7。

《西宁府新志》卷16《田赋·人口》记:“国朝雍正二年(1724),(贵德所)新归投诚纳粮番民二千八百二十五户,男妇子女一万一千五百七十二名口。”“西宁、碾伯、大通同载,国朝雍正三年(1725),新归投诚纳粮番民二万二百七户,男妇子女八万六千一百六十六名口。”贵德与西宁、碾伯、大通三地都是事农业的地区,民众均为纳粮番民,这里的户均人口系数分别为约近4.1和4.3。

由是以观,在清代末期以前,甘肃南部藏区、四川西部藏区与青海藏区,藏族户均人口数一般在4口上下,牧区一般不超过4口,农区相对高一点。青藏高原腹地的藏族聚居区多在海拔4 000米左右的高原地区,从吐蕃王朝至20世纪中期民主改革前,由于自然地理单元的相对封闭和生产技术、生活方式发展的相对滞后,除非大的自然灾害,人口发展速度和家庭规模较少剧烈变化。推而论之,吐蕃王朝时期青藏高原地区的户均人口系数当不会大于4[②]。

吐蕃王朝时期户均人口较少与青藏高原自然地理条件息息相关。高原地区,仅靠河谷地带耕地提供的粮食可维持的人口有限[③],因此家庭规模会受到限制,其户均人口数自然较中原农耕地区的汉族少。这种情况今天依然如此。据调查研究,藏族普通家庭中,

---

① 巴彦南称等四十族,即《西宁府新志》所言玉树纳克书等处番人三十八族。

② 端智嘉先生在计算囊日松赞时代六位大臣辖属人口时,是假设平均每户3口计算的。见《吐蕃时期的行政区划与职官制度研究》(གནའ་རབས་བོད་ཀྱི་སྲིད་འཛིན་ས་ཁུལ་དང་དཔོན་རིགས་ཀྱི་ལས་ཞུགས་རགས་ཙམ་བཤད་པ་ཕྱུང་བ་གཞོན་ནུའི་སྒྲ་དབྱངས),端智嘉:《端智嘉文集》(དཔལ་དོན་གྲུབ་རྒྱལ་ཀྱི……གསུང་འབུམ།)[C](第三卷),北京:民族出版社,1997年,第204页。

③ 据《西藏日报》1991年6月23日报道,西藏全区面积122.8万平方公里土地,可耕种土地面积只有332.3万亩,仅占全区总面积的1.8‰;四川甘孜、阿坝两州所占国土总面积为23.64万平方公里,但耕地面积只有252.84万亩,占全区总面积的7‰。

不完整的残存家庭、反常家庭占有相当大的比例，特别是在农奴制社会里，传统婚俗对家庭职能缺损影响更为严重，形成了藏族不完整家庭户的大量存在，且单身家庭占家庭基本类型总数的比例亦很高。而青年们又往往遵循前辈的生活模式，不完整家庭形式司空见惯。这种情况上推到吐蕃王朝时期亦不为过，故而当时曾有视户中人口俱全者为吉祥的情形，如《巴协》在记载桑耶寺修建盛况时称："尔时，在奠基时举行相地仪式，由四名父母、祖父母都健在的贵族子弟，加上赞普共计五人，身着盛装，手握金锄。"①贵族中父母、祖父母俱全者并非多见，反映出家庭正常人口缺失在藏族历史上是普遍现象。因此，推定吐蕃时期藏族家庭户平均人口在4人左右是比较切合实际的。②

户均口数可以参照后世人口资料及近代民族调查资料予以推断，而户数则需从史料中寻找来源。在缺少直观数据的情况下，兵员数、军队数量等数据与户均人口系数一样，均与总人口数存在一定的换算关系，因此，兵员数、军队数量也是探讨历史时期人口资源的相关证据。特别是在人口数据相对贫乏的情况下，这些数据更显得弥足珍贵。

《新唐书·南蛮传》载："叶蕃君长共计，不得巂州，患未艾，常为两头蛮挟唐为轻重，谓南诏也。会虏荐饥，方葬赞普，调敛烦。至是，大料兵，率三户出一卒，虏法为大调集。"③

吐蕃王朝军事制度中的基本定制大致为3户出1兵，这种制度应当是其军事部落组织活动长期以来形成的习惯法则，也与其

---

① 巴色朗(སྦ་གསལ་སྣང་།)：《巴协》(སྦ་བཞེད་ཞབས་བཏགས་མ་བཞུགས་སོ།)(藏文版)，民族出版社，1982年，第37页。

② 这一数字在今天研究民主改革前的藏族户均人口数时也是被认可了的，加大其保险系数，户平均人口数亦不超过4.5人。见孙怀阳、程贤敏主编：《中国藏族人口与社会》，北京：中国藏学出版社，1999年，第60、88页。

③ 《新唐书》，卷222《南蛮传上》，北京：中华书局，1975年，第6277—6278页。

人口组成和家庭类型相适应。

此外，对于吐蕃时期人口的估算，也如同中原地区一样，人口统计中也存在一些不在籍的情况，这种特殊情况的具体分布面或许与中原地区的差异较大，但对类似情况应当作出具体分析。

二、估算吐蕃人口的几种方法

从藏区早期文化遗存看，吐蕃发源地及中心地区较早发展了原始牧业，并且在一些河谷地带还有了刀耕火种的原始农业。随着生产力水平的提高，人口数量当会有所增长。藏文文献中诸多关于氏族部落和姓氏发展与分化的情况，就是人口增加的具体反映。

《新唐书·吐蕃传》与《资治通鉴》卷 194 唐太宗贞观八年(634)十一月条载吐蕃盛期有“胜兵数十万”。从 7 世纪吐蕃对唐朝的几场重大战役中兵力的具体部署情况来看，吐蕃的人口确已有相当规模。例如，唐高宗咸亨元年(670)，吐蕃军队与唐军交战于大非川。吐蕃先于乌海投入二十余万援军“邀击”郭待封部，紧接着“又益众四十余万”围剿薛仁贵大军于大非川，致使唐军大败，薛仁贵被迫与吐蕃大将论钦陵约和[①]。这里先后共出现 60 万大军，即使抛开其虚夸的成分，也不会是一个小数目，况且这还只是吐蕃投入河湟战场的兵力。与此同时，吐蕃在西域亦有战场铺设，与其本土地远途殊，进入西域的军力亦不会在少数。这些部队尽管不少为苏毗和吐谷浑人，但庞大的数字仍表明吐蕃军事力量的雄厚，从某种程度上显示了吐蕃王朝人口数量基数的可观。

---

① 《旧唐书》，卷 83《薛仁贵传》，北京：中华书局，1975 年，第 2782 页；《资治通鉴》，北京：中华书局，1975 年，卷 201 咸亨元年(670)条有相同记载。

1. 依藏文史料中的人口信息估算吐蕃人口

吐蕃王朝统一青藏高原之后，将辖域划分如(རུ)—东岱(སྟོང་སྡེ)二级管理模式，每如设八个东岱、一个小东岱和一个近卫东岱。据《五部遗教・大臣遗教》所载，后藏如拉(གཙང་རུ་ལག)有八大东岱(སྟོང་སྡེ་བརྒྱད)，上如拉 36 万人口，下如拉(སྨད་རུ་ལག)有四大东岱(སྟོང་སྡེ་བཞི)，也有人口 36 万人，共计 72 万人；叶如(གཡས་རུ)有八大东岱(སྟོང་སྡེ་བརྒྱད)，上叶如(གཡས་རུ་སྟོད)35 万人，下叶如(གཡས་རུ་སྨད)35 万人，共计 70 万人；伍如(དབུ་རུ)上下两部各 37 万人，共计 74 万人；约如(གཡོ་རུ)上下两部各 35 万人，共计 70 万人。① 如此算来，吐蕃正式区划中四个如的人口计达 286 万人，近 300 万人。

这个数字只是四个如四十个东岱的人口数，较《贤者喜宴》所载的五如六十一个东岱，少了“苏毗如十个东岱”和“通颊十一个东岱”，如加上这两个东岱，人口数当有所增加。

苏毗为雅鲁藏布江以北的一个大部落，7 世纪初，吐蕃“以舌剑唇枪服之，不损户数悉归(吐蕃)，以真正编氓矣”②。苏毗“为吐蕃所并，号孙波，在诸部最大……户三万”③。苏毗户 3 万，则人口为 12 万人左右。

通颊十一个东岱的人口数史无详载，只说是汉户，当为吐蕃在占领唐朝的部分辖地之后所设。这十一个东岱，似乎不能参照四如中的人口数字比对构拟，若参照苏毗十个东岱人口在 12 万人左右，则通颊十一个东岱人口亦不当超过 20 万人。

---

① 欧坚朗巴掘自雅隆石窟：《五部遗教・大臣遗教》(藏文版)，北京：民族出版社，1986 年，第 437—439 页。汉译文参见黄颢译：《〈贤者喜宴〉摘译(二)》[J]，载《西藏民族学院学报》1981 年第 1 期，第 24—26 页注 41。

② 王尧、陈践：《敦煌本吐蕃历史文书》，北京：民族出版社，1992 年，汉译文第 165 页，藏文第 42 页；黄布凡、马德：《敦煌藏文吐蕃史文献译注》，兰州：甘肃教育出版社，2000 年，汉译文第 208—209 页，藏文第 205 页。

③ 《新唐书》，卷 221《西戎传》，第 6257 页。

再就是象雄十东岱。象雄，《唐会要》卷 99 大羊同国条载：“大羊同，东接吐蕃，西接小羊同，北直于阗，东西千里，胜兵八九万……贞观末为吐蕃所灭。”[①]与《敦煌本吐蕃历史文书》所记相同，“此王（松赞）之时……发兵攻羊同之王，统其国政，羊同王李迷夏失其国，羊同一切部众，咸归部下收为编民”[②]。以其胜兵 9 万人，若以吐蕃的 3 户出 1 卒估算，人口近 30 万人左右[③]。

如此算来，吐蕃王朝兼并青藏高原后总人口数应在 350 万人左右。

关于吐蕃王朝时期的人口数字，还有一些零星记载，如《五部遗教・王者遗教》中载松赞干布拥有真属东岱，称作“固卡尔东岱”（སྐུ་འཁོར་སྟོང་སྡེ），共 3 个[④]。这部分人口在上述所谓“四如”各 8 个东岱中未记人，而《贤者喜宴》的“五如”各 10 个东岱中均有 1 个近卫军部，这个部分或许就是《五部遗教・王者遗教》中的赞普真属禁卫军，因此，尚无法断定《五部遗教・王者遗教》所载这部分禁卫军人数是否被统计在上引 286 万人之内。

此外，按照《五部遗教・王者遗教》所载内容，吐蕃除四如 40 个东岱这种常规区划外，尚有其他附属人口。“十八东岱构成了吐蕃王朝的基地，十八东岱外围，即在门域与吐蕃交界处的四个附属部分，称‘东岱德仓’（སྟོང་སྡེའི་སྡེ་ཚན།）”[⑤]。如果将门域与吐蕃交界处的这些附属人口计算在内，再考虑若干“漏籍”户、不在籍户，则吐蕃王朝初期的人口在 350 万人以上是可以接受的数目。

---

① ［宋］王溥：《唐会要》，卷 99，上海：上海古籍出版社，2006 年，第 2100—2101 页。

② 王尧、陈践：《敦煌本吐蕃历史文书》，汉译文第 167 页，藏文第 57 页；黄布凡、马德：《敦煌藏文吐蕃史文献译注》，汉译文第 231 页，藏文第 226 页。

③ 王克先生按古代人口年龄金字塔形计算方法，再以吐蕃兵役年龄一般在 16—60 岁计，兵役男性人口约占男性总人口的 60%—70%左右，得出羊同部人口约在 25—30 万人之间。

④ 《五部遗教・王者遗教》（藏文版），第 54 页。

⑤ 《五部遗教・王者遗教》（藏文版），第 54—55 页。

2. 按诸邦户数资料估算吐蕃人口

《敦煌本吐蕃历史文书》载：囊日伦赞“亲率大兵万人”征伐拉萨以北岩波(ངས་པོ)地方的森波杰(ཟིང་པོ་རྗེ།，也译作“墀邦松”)部，攻城拔寨完胜之后，将地名改作彭域(འཕན་ཡུལ)，随同赞普征战的“娘氏、韦氏、农氏将森波杰之政权悉数献与赞普悉补野氏之手。囊日伦赞亲自分封：将年・子松之都尔瓦城堡及一千五百奴户赏给娘・曾古；以萨该辛之地并从墨竹地方划出一千五百奴户赏给韦・义策卜；赏给嫩・淮布以其兄弟嫩氏等一千五百奴户；从温地区的门堡拔出三百奴户赏给蔡邦・那森”①。也就是说，囊日伦赞在征服森波杰后将所获全部部落人口与相应的土地赐予征战有功的娘氏、韦氏、嫩氏和蔡邦氏等家族，这些人口计 4 800余户。由此可约略获知，当时森波杰部有 4 800余户，约 2 万人。

囊日伦赞亲率 1 万人的军队出征，仅这 1 万人的人口基础，按前述 3 户 1 卒算，就要 3 万户 12 万人，况且这 1 万人的军队当非悉补野部落的全部军事力量，悉补野家族所控制的人口数量当远大于 3 万户。

《敦煌本吐蕃历史文书・赞普世系表》记载，日喀则一带的玛尔蒙统辖有 2 万户人口和土地：“此王(囊日伦赞赞普)之时，琼波・邦色(ཁྱུང་པོ་སྤུང་ཟད)斩下藏蕃(ཙང་བོད)之王玛尔蒙(མར་མུན)的首级，以藏蕃两万户来献赞普。苏孜(ཟུ་ཙེ།，即琼波・邦色)尽忠至诚。此后，赞普伦赞赐藏蕃两万户，以奖赏苏孜忠顺。”②

---

① 详见王尧、陈践：《敦煌本吐蕃历史文书》，北京：民族出版社，1992 年，汉译文第 162 页，藏文第 45 页；黄布凡、马德：《敦煌藏文吐蕃史文献译注》，兰州：甘肃教育出版社，2000 年，汉译文第 193 页，藏文第 186 页。

② 王尧、陈践：《敦煌本吐蕃历史文书》，北京：民族出版社，1992 年，汉译文第 162 页，藏文第 46 页；黄布凡、马德：《敦煌藏文吐蕃史文献译注》，兰州：甘肃教育出版社，2000 年，汉译文第 194 页，藏文第 187 页。

藏蕃，是相对于悉补野家族的雅隆河谷地带而言的，地当雅鲁藏布江流域一带，也是以农业为主的地区[①]。因此人口户数相对较多，达 2 万左右，约合 8 万人。

经过部落间的兼并，吐蕃地区在所谓的上、中、下三部地区形成了数十个有一定实力的“诸侯”割据自立，即藏族史籍中的所谓“十二小邦”、“四十小邦”等，可略知吐蕃赞普时期的部落割据情况，但因资料所囿，这些小邦的户数与口数不得而知。这里以史籍中所能见到的“四十小邦”之 40 为所有大大小小部落的约略总数，以前文中所见有 4 800 户的森波杰部为较小邦的代表，即以 5 000 户作一个小邦样本户数均值；以玛尔蒙所辖藏蕃地区的 2 万户为较大邦，为中型规模邦的样本；以悉补野部为大邦的代表，取大于 3 万户的量为大邦样本。这样，约略取上、下限，大致诸邦的平均户数在 2 万户左右，则 40 余邦应有 80 万户、320 万人。再将小邦之外散处之不够邦之级别的小部落人口、不在籍人口、漏籍人口计算在内，吐蕃王朝时期所继承的人口亦可达 350 万人左右，与《五部遗教》《贤者喜宴》所记吐蕃本土人口数约略能合。

3. 按军队数量估算吐蕃人口

倘以 350 万人这个人口数目作为吐蕃扩张的社会基础，从一些史实证明是有其合理性的。

赤松德赞时期，“在噶丹强巴林殿（慈氏兜率洲）修建了伏魔具光佛母的光明塔等。五塔内没有装藏物，赞普就此询问堪布。堪布答道：‘据说摩揭陀国门前，达茹则多塔中，有摩揭陀阿阇世王之缘分如来佛舍利，摩揭陀升一驮。’赞普赤松德赞为了请来

① 恰白·次旦平措、诺章·吴坚等著，陈庆英等译：《西藏通史——松石宝串》，拉萨：西藏社会科学院、北京：中国西藏杂志社、拉萨：西藏古籍出版社，1996 年，第 3 页。

那些佛舍利，调集吐蕃所有的兵马，在桂氏所管辖的帕里约定时间，阿阇黎担任向导，带领吐蕃骑兵去印度，行至巴姆贝塘扎营，有十四万骑兵”[①]。这里的“十四万骑兵”是一个有价值的数据。

赤松德赞时期，吐蕃王朝在西域、河西走廊、关陇地区、剑南西川、南诏地区均有兵力分布，故这里的 14 万名骑兵，又谓“调集吐蕃所有兵马”，基本上可以认为是几大锋线之外，吐蕃腹地能够征集到的全部兵马。以平均 3 户出 1 兵来计算，则 14 万人的军队至少应有 42 万户、168 万人的基础。如此算来，若加上吐蕃派往上述西域等地的军队，总数当与前面两种估算模式所得结果相当。反之，吐蕃有一半的人口留守本土，而近一半的人口分布于广阔而漫长的对唐作战的锋线上，当为一种合理的、可以接受的状况。

此外，王忠先生据德格版《贤者喜宴》指出四如共有军士 462 400 人[②]。有此军士数据的统计，当在吐蕃王朝建立暗军（后备军）、红证、红证军（禁卫军）、白证[③]的征集制度之后。按 3 户出 1 兵，则 46 万余名兵源的户数至少为 138 万户，再以户均 4 口算来，吐蕃王朝的人口数应当超过 400 万人。这种现象，有几种可能性存在，其一为吐蕃军事扩张需要大批参与军事活动的人员，在这种情况下，有将征兵条件放宽的可能性，这样一来，2 户 1 卒甚至 1 户 1 卒的情况亦未可免。其二，随着吐蕃向外的军事扩张，新占领

---

① 汉译文参见黄颢译：《〈贤者喜宴〉摘译（二）》，载《西藏民族学院学报》1982 年第 2 期。

② 王忠：《新唐书吐蕃传笺证》，北京：科学出版社，1958 年，第 8 页。

③ 分别出现于 P. T. 1288《敦煌吐蕃历史编年》，暗军见 673 年条，红证军见 674 年、691 年、692 年等条，白证见 744 年条。王尧、陈践：《敦煌本吐蕃历史文书》，北京：民族出版社，1992 年，汉译文第 146、148、154 页，藏文第 14、18、28 页；黄布凡、马德：《敦煌藏文吐蕃史文献译注》，兰州：甘肃教育出版社，2000 年，汉译文第 41、44、54 页，藏文第 6—7、11、30 页。

地区如西洱河地区、河西地区、西域南部地区、关陇部分地区的百姓成为吐蕃的控制资源,史书上常见吐蕃将占领地区百姓组织为前军,充当吐蕃军队的敢死队的记录。以上两种情况,都会使吐蕃的军队数量大增。其三,军事力量的具体数目,常有被夸大的成分,特别在敌对双方长期对垒和激烈冲突期间,这种司空见惯的情况亦不能不加考虑。综合这几种情况,笔者认为,吐蕃本土的人口数量不会短时期内出现大规模激增,故 350 万人的人口数仍然是较为可信的数目。

三、不在籍人口的分析

从上述吐蕃六十一东岱的记录及利用其他数据与方法对人口的估算,可略窥吐蕃王朝时期的大致人口数。但这是否反映当时吐蕃本土的全部人口,还要根据吐蕃社会的性质作具体分析。

按照历史时期的人口统计原则和经验,在政府统计的人口数字之外,普遍存在着大量的不在籍、漏籍人口,这种造成不在籍人口的原因相当多,既有社会原因,也有自然灾害原因,吐蕃王朝亦不例外。吐蕃社会中,贵族、官僚家庭当中从事家务劳动和私有产业生产的奴隶大量存在,大致相当于中原地区依附于豪强大户的逃户、浮客等,一般不记入人口数。在中原地区,正史所记载的人口数都与当时的实际人口数不吻合,实际人口数往往要大于记载的人口数,有些时期两者的差距还相当大。吐蕃王朝时期的不在籍人口亦当不在少数,尽管数量难以统计,但不应忽略,应在估算吐蕃人口的思路范围之内。

吐蕃王朝初期,除五如六十一东岱之编户外,还有编户之外的户口,这些户口虽然都被收编为赞普的庶民,但其数目当是在六十一东岱之外。这些户口如《贤者喜宴》记载,分别为:“努氏王斯巴等九王[①]，洛昂达孜（意为牧马）等七牧[②]，噶热噶堪（噶堪意为马鞍匠）等六匠[③]，经营汉地之茶的茶商等五商贾[④]，达氏执掌立帐篷的三执[⑤]。对于上述这些人划分为‘更’（ཁེང་།，奴隶）、‘扬更’（ཡང་ཁེང་།，再奴，即奴隶的奴隶）及‘宁更’（ཉིང་ཁེང་།，贱奴，即奴隶的奴隶所役使的奴隶）。纳木巴岱王、尼泊尔铜王、苏毗铁王、门地娱乐王等四方王均征税纳税，隶属于属民之中。”[⑥]

九王、七牧、六匠、五商、三执等人口，类似于中原地区王室、官府所掌握的“非编户”，如魏晋六朝时期另立户籍的吏户、兵户、匠户等，与唐代各色繁杂的贱户等也有相似之处，因其通常情况下不计入为国家缴纳赋税的人口范围，故可仿中原制度称之为“非编户”。引文中“四方王”属下的人口，如前所述，象雄、苏毗臣服吐蕃后成为吐蕃“如”级区划下的在编人口，而尼泊尔、门地方的人口，除了缴纳定期的赋税外，他们远离吐蕃本土，未被纳入吐蕃“如”级区划之内，恐为未入籍人口。

另外，贵族领主、官僚家庭及宗教组织还占有许多奴户，从藏文文献所载录的内容分析，相当一部分也是不入籍的。吐蕃王朝中期以后，佛教开始发展并在赤松德赞时臻至极盛。当时寂护的

---

① 九王及其部属，虽收编为赞普的庶民，却各自拥有土地、牲畜、奴隶等，其遵循赞普的律令，按照规定承担缴纳每年的差税，因其拥有所属的势力范围（权限）而被称为“九小王”或“九小邦”。他们分别是努氏王斯巴、洛氏王朗巴、列氏王朗巴、琛氏王尚巴、聂尼·恰巴、绛阿·桂巴、却乃·泽巴、协巴·琼巴、索切巴。

② 七牧，直属赞普，管理政府所经营的官方牲畜者，共有七种，分别是洛昂牧马人、达木巴牧牛人、惹喀牧山羊人、喀尔巴牧绵羊人、桂氏牧驴人、恰氏牧狗人、俄氏养猪人。

③ 六匠，为管理手工业的负责人（或首领），共有六种，噶尤为铁匠，噶茹为鞍匠，娑为弓匠、惹夏为剑匠、恰巴为铠甲师、充孜为天师（神师）。

④ 五商者，承办不同商品生产部门的交易者，有五种，即汉地茶产商、突厥玉商、吐谷浑刀商、丹玛帛商、兰地盐商。

⑤ 三执，掌管特殊物品的人，即达氏掌管家畜、娘波掌管铁、卓氏掌管家禽。

⑥ 巴卧·祖拉陈哇：《贤者喜宴》（藏文版，上册），北京：民族出版社，1986年，第187页。另见黄颢译：《〈贤者喜宴〉摘译（二）》，载《西藏民族学院学报》1981年第1期。

继承人——桑耶寺堪布益希旺波为巩固佛教及其僧人的地位，向赞普提出7户平民赡养1僧的想法，他劝说赞普："如果从佛法的功德说，和过去赐封一位达官以九百奴户比较，佛法不仅对赞普的身体和政权有益，且君臣百姓以后定会有好处，功德无量。若诏赐以七户供养一僧，虽然没有不合适的，然而，以后国家遇到灾祸时，或者，人病畜瘟；或者，天下的敌人会出现在这里；或者，接连发生灾荒等。若尔，现在的这些想法就坚持不下去，三宝的基础亦不会存在，且酿成后代君臣之大祸，这些会成为许多不善之因流散。因此，另定二百户庶民为宝供之基础，每三户庶民赡养一僧，将权力交给僧人，朝廷不管理属于僧人的民户、土地等，这样才会使僧人生活来源长久牢固，且越来越好。"①

赞普照准了益希旺波之请求，并从贵族、军士的百姓中挑选人家、土地条件好的拨给僧人。虽然不知道赞普是同意了益希旺波的7户赡养1僧的想法，还是批准了他让步后的3户赡养1僧的要求，至少，按照惯例，供养三宝的民户为"朝廷不管理"之列，其人口数不会在少数。这段对白还表明，当时的一位达官拥有900奴户，这些奴户当属达官私占之户，不入纳税民户之列。

以上赞普（或官府）掌管的技术人口、达官贵族所拥有的奴户、宗教寺院与僧人所拥有的僧户，数量当有一定规模，而逃亡、避祸等因素也会造成一定的人口流失，限于资料，略去不谈。

四、结语

由于文献记载的缺失，对吐蕃王朝时期人口数量的统计与计

---

① 巴色朗：《巴协》（藏文版），北京：民族出版社，1980年，第159页。

算，只能在数据不完整与信息零散的情况下，试图从不同角度来对计算进行推导。本文通过对藏文典籍与古藏文文献所载有关人口信息的分析，从藏文史籍中均匀分布的理想式数据记载、对早期部落邦国及其人口的尽可能的统计法计算、兵丁与人口数量关系等角度，进行了尝试性的考论，大致可以认为，吐蕃王朝时期，分布在青藏高原内部的吐蕃本土地区人口应在 350 万人左右。

学术界常谓吐蕃王朝约有人口 1 000 万人，既包括了吐蕃本土人口，也涵盖了吐蕃新占领区（包括汉族和其他民族的居住区）的人口，指的是两者的总和。到清雍正年间（1723—1735），西藏地区只有人口 200 多万人，到 1951 年时，西藏地区的人口仅约 120 万人①。雍正年间及 1951 年的统计数字表示的是西藏地区的藏族人口。藏族人口由吐蕃王朝时期的 350 万人左右减少为雍正时期的 200 万人，乍看起来是一种锐减，其实并不相违背。从前文的人口推算可知，吐蕃王朝中期在青藏高原腹地吐蕃人聚居地区，人口亦仅剩不到 200 万人，其余近一半的人口分布在青藏高原周边地区的唐蕃军事锋线上。吐蕃王朝瓦解后，分布于军事锋线上的吐蕃军事力量大部留居原地，至今在川甘地区的藏族居民仍有对祖先“不接到赞普命令不得返回”的传说，并自称为“噶玛洛”（བཀའ་མ་ལོག）。留居在今青、川、陕、甘、滇的吐蕃部族，相当一部分受当地社会文化的影响，并进一步与当地民族融合，也有部分聚居区仍保留着吐蕃人的生活习俗，形成今天藏族的分布格局。因此，可以认为 1949 年后藏族 200 万人口的数量是吐蕃王朝时期形成的藏族分布状态的一种延续，是青藏高原自然环境下生存状态的一种惯性发展，并不是非正常的锐减。1990 年全国人口普查资料表

① 据牙含章：《西藏喇嘛教浅说》，载牙含章《西藏历史的新篇章》，成都：四川民族出版社，1979 年，第 159 页。

明，西藏、四川、甘肃、青海和云南五省区有藏族 4 573 848 人，其中西藏为 2 096 346 人，占 45.6％，这个比例恰恰反映了历史时期藏族与青藏高原周边地区民族相互交流、相互融合的结果，更确切地说，是吐蕃王朝时期吐蕃人口由腹地军事外迁形成的结果。

（原载《中国藏学》2012 年第 1 期）

历史与现实的青藏

清代甘青藏区建制及社会研究

周伟洲

今青海、甘肃藏族聚居地区(以下简称为“甘青藏区”),大致相当于藏族所称的“安多”(Amdo)地区。据藏文文献称,所谓“安多”是取“阿庆冈嘉雪山(今青海巴颜额拉山,一说即今阿尼玛卿山)与多拉山(今祁连山主峰)”两座山峰名之首字 ,合并起来把自此以下的地域称为“安多”①。也即是相当于操藏缅语族藏语支安多方言的藏区②。13 世纪以来,甘青藏区先后在元、明中央王朝的直接管辖之下,推行一种区别于内地的“因俗而治”的地方行政体制,即初步形成于元代、完善于明代的“土司制”。明代,甘青藏区属陕西布政司管辖,在藏、蒙、撒拉等族居住地区,则采取具有军事性质的

---

① 智观巴·贡却乎丹巴绕吉著、吴均等译:《安多政教史》,甘肃民族出版社,1999 年,第 5 页。

② 大致包括今青海藏区(玉树地区除外)、甘南、河西等地藏区;不包括清代四川所属的果洛及松潘等安多藏区。清代此藏区一般称为“青海”或“西海”,本文用“甘青藏区”。

卫所制，派驻流官（武职）都督及同知、佥事，都指挥使、同知、佥事，正、副留守的同时；又任命当地少数民族头人、首领为土官，即指挥使及同知、佥事，卫、所镇抚，正、副千户、百户、副百户等。其行政建置特点是"土流参设，以流统土，以土治番"。

在明正德五年（1510）后，先后有东蒙古亦卜剌、满都赉·阿固勒呼（又作"阿尔秃斯"）、卜儿孩部、阿勒坦（又作"俺答汗"）部等移居于青海地区。到明万历四十八年（1620）后，原游牧于天山以北的西蒙古厄鲁特和硕特部首领固始汗（又译作"顾实汗"）又率部移牧于青海地区。此后，固始汗大力扶植西藏格鲁教派（黄教），征服了甘青及喀木（"康"区）藏区，并于崇祯十五年（1642），消灭西藏藏巴汗，几乎统治了整个青藏高原的广大地区，一直到明朝灭亡。

一、行政建制

清朝建立后，于顺治初年恢复陕甘及青海东部地区的行政建置，设陕西行省；康熙六年（1667）又分陕西行省为陕西、甘肃行省。甘肃省辖包括西宁卫在内的部分藏区，仍沿袭明代卫所制度，各土司仍其旧，原职世袭，实行"土流参治"[①]。而青海西宁以西、以南及甘南大部分藏区则仍在青海和硕特蒙古的统治之下，当地藏族"止知有蒙古，而不知有厅卫，不知有镇营"，"西海（蒙古）之牛羊驴马取之番，麦豆青稞取之于番，力役征调取之于番"[②]。这种情况到雍正二年（1724）清朝平定青海和硕特蒙古亲王罗卜藏丹津反乱之后，才发生了根本的变化。

---

① 《清世祖实录》卷15，顺治二年四月丁卯记："颁恩诏于陕西等处曰："……一、西番（泛指甘青藏族）都指挥、宣慰、诏讨等司万户、千户等官，旧例应于洮、河、西宁等处各茶马司通贸易者，准照旧贸易。原有官职者，许至京朝见授职。一切政治悉因其旧。"

② 《年羹尧奏陈平定罗卜藏丹津善后事宜十三条条折》雍正二年五月十一日，中国藏学研究中心、中国第一历史档案馆等合编：《元以来西藏地方与中央政府关系档案史料汇编》(2)，北京：中国藏学出版社，1994年，第350页。

雍正二年(1724)五月十一日,抚远大将军年羹尧在平定罗卜藏丹津之后,拟定《善后事宜十三条》及《禁约青海十二事》,上奏清廷。十三条中,有关甘青藏区的条文是:

一、抚戢西番收取赋税而固边圉也。查古什罕(固始汗)之子孙占据西海(青海),未及百年,而西番之在陕者[①],东北自甘、凉、庄浪,西南至西宁、河州,以及四川之松潘、打箭炉、里塘、巴塘与云南中甸等处,沿边数千里,自古及今,皆为西番住牧。……原非西海蒙古所属,足为我藩篱。自明末以来,失于抚驭,或为喇嘛佃户,或纳西海添巴[②],役属有年,恬不为怪,卫所镇营,不能过问……番居内地,而输赋于蒙古,有足理乎……臣愚以为各番既经归附,既为编氓,择其土地之宽广者,添设卫所,以资抚驭,以征赋税。再于番部之中有为番民信服之头目,请给以土千 、百户及土巡检职衔,分管番众,仍听附近道厅及添设卫所管辖。臣见在确查,另容造册达部。其应纳粮草,则照从前纳于西海、纳于喇嘛者少减其数,以示圣朝宽大之恩……今止令总造户数,送部存案,而免其造报细册……务使沿边数千里,川、陕、云南三省西番,咸令内属,其非附近我边,或住帐房移就水草住牧者,听仍旧俗。则边圉巩固,或亦内安外攘之一法也。

一、清查喇嘛稽察奸徒以正黄教也 。……乃西宁各寺喇嘛多者二三千名,少者五六百名……彼罗卜藏丹津尽率其丑类,敢于长驱内犯者,恃有各寺供其粮草,引为向导耳……臣

① “西番”,一般指甘青及四川(包括云南中甸)的藏族。

② “添巴”,据杨应琚编纂《西宁府新志》卷19《武备志》“番族”条记,青海蒙古统治西番“岁时加馈曰‘添巴’”,即每岁征赋税。

念其奸良不一，岂可玉石俱焚，爰于塔儿寺（塔尔寺）内择其诚实者三百人，给以大将军部照，谕令守分清修。臣请自今以后，定为寺院之制，寺屋不得过二百间，喇嘛多者止许三百人，少者不过数十人而已，仍请礼部给以度牒，填写姓名、年貌于上，每年令地方官稽查二次，取寺中首领僧人出给不致容留匪类奸徒甘结存案……臣又思尺地莫非王土，各寺院既未上纳钱粮，岂得收租于番族，当使番粮尽归地方官，而岁计各寺所需，量给粮石，并加以衣单银两。如此则各寺喇嘛奸良有别，衣食有资，地方官得以稽考，而黄教从此振兴矣。

一、甘凉西宁宜筑新边而别内外也。……今应于西宁之北川口外，由大下白塔（在今青海大通）至巴尔陁海，至大通河，至野马川，至甘州之扁都口，筑新边一道，计程五百余里，计日三年可就，则前此蒙古、西蕃扰攘之区，悉为内地也……

一、添设镇营相为犄角而示声援也。……应于新边之内，离西宁三百余里在大通河北添设大通一镇，兵三千名，分隶中左右三营。……除移汛将备仍听西宁镇统辖外，其新设协营皆听大通镇统辖。西宁地方较前开拓，不可不改设同知，而移西宁通判经理盐池课税……今亟请其疆界，于保安堡（今青海同仁北）添设游击一员，千把总各一员，增马兵一百名，步战兵一百二十名，守兵六十名，合原额为四百，悉令另行招募，不得仍以土人充当。归德堡（今青海贵德）亦添把总一员，马兵五十名，步战兵五十名，合原额为二百五十名，仍将归德守备与所千总皆隶西宁镇道统辖，免其远属河州，则蒙古不敢窥视，而番族亦恃我为护矣。①

① 中国藏学研究中心、中国第一历史档案馆等合编：《元以来西藏地方与中央政府关系档案史料汇编》(2)，北京：中国藏学出版社，1994年，第345—359页。

五月十六日，总理事务王大臣遵旨议复，对年羹尧所拟十三条及禁约青海十二事，“均应如所请”，并得旨“所议甚属周详，依议”①。

清廷根据平定罗卜藏丹津之乱后青藏高原政治形势的变化及上述年羹尧提出的《善后事宜十三条》，对西藏、喀木（康区）和甘青藏区的行政体制分别作了调整和改革。其中对甘青藏区行政体制的改革则有以下数端：

1. 设置“钦差总理青海蒙古番子事务大臣”

雍正二年(1724)三月，罗卜藏丹津败局已定，清廷遂调在藏的内阁学士鄂赍（一作“鄂赖”）至西宁，办事蒙古事务②。三年(1725)，正式任命副都统达鼐为“钦差总理蒙古番子事务大臣”（乾隆元年后又称“青海办事大臣”或“西宁办事大臣”，额设一员，三年一换），给予关防，遂成定制③。此大臣为总理青海蒙古、番子（藏族）事务，节制西宁镇、道以下官员；从乾隆五十七年(1792)起，兼管循化、贵德各番族④。

2. 添改地方行政机构，增设卫所、镇营

雍正三年(1725)，平定罗卜藏丹津之乱后，清廷对甘肃省的行政区划作了较大的调整；裁撤行都司及卫所，改增四府（甘州、凉州、宁夏、西宁）。其中与甘青藏族有关的凉州府，领县五，即武威、永昌、镇番、古浪 、平番（改庄浪所置）；西宁府领县二，即西宁、碾伯。又改岷州卫为州，并洮州卫俱隶巩昌府。到乾隆初，甘肃省共“领府八、直隶州三，又州八，县四十五，卫所八”⑤。然而，雍正三

---

① 《清世宗实录》卷20，雍正二年五月戊辰。

② 《清世宗实录》卷17，雍正二年三月丁亥。

③ 文孚：《湟中杂记》，载张羽新主编《中国西藏及甘青川滇藏区方志汇编》（第36册），北京：学苑出版社，2003年。文孚嘉庆年间任西宁办事大臣。

④ 《钦定理藩院则例》卷5《职守》；文孚：《青海事宜节略》，载张羽新主编《中国西藏及甘青川滇藏区方志汇编》（第35册），北京：学苑出版社，2003年。

⑤ 乾隆《甘肃通志》卷3《建置上》。

年(1725)对甘青藏区行政机构增改最多的还是青海地区。此年升改西宁卫为西宁府,下辖附廓的西宁县和碾伯县(治今青海乐都,由所改置);又添置大通卫(今青海大通,乾隆二十六年改设县治)和贵德所(原名归德所,先后隶河州卫、临洮府,乾隆三年改隶西宁府,二十六年改设西宁县县丞);仍设西宁抚治道,并迁西宁通判常驻盐池(今青海湖西南盐池),称"盐朴通判"。乾隆九年(1744),又增设巴燕戎格厅(治今青海化隆),置通判;二十七年(1762)移河州同知于循化营,设循化厅,隶兰州府。

在添改地方行政建置,增置卫所的同时,清廷还采纳上述年羹尧善后事宜十三条的奏请,在甘、凉、西宁等军事要地添设营汛,增加官兵。"于新设边内大通河,设立总兵一员、兵三千名,管辖中、左、右三营;于大通南边,设立参将一员、兵八百名;大通北边,设立游击一员、兵八百名;盐池地方,设立副将一员,及左右都司二营、兵一千名……再,河州保安堡,应设游击一员、千把总各一员、兵四百名;归德堡应添设把总一员、兵二百名,均隶西宁总兵道员管辖"①。

以上这些措施,是以添改行政建置,增设卫所、营汛,达到增强"流官"对甘青藏区蒙、藏族的控制,用年羹尧的话来说,就是使"蒙古不敢窥视,而番族亦恃我为护矣"。

3. 划定西藏、四川和青海之行政区界

雍正二年(1724)初,罗卜藏丹津之乱平定后,结束了青海和硕特蒙古统治西藏、四川西部及青海等藏区的统治,于是上述各地藏区的行政区界的划定就提到日程上来了。在上述年羹尧所拟善后章程十三条中,就提出洛笼宗(今西藏洛隆宗)以西卫、藏两处,是昔日西海蒙古施于达赖喇嘛与班禅喇嘛,"以为香火之地";洛笼

① 《清世宗实录》卷20,雍正二年五月戊辰。

宗以东巴尔喀木(即"康区")为西海蒙古所有,"当今分属于四川、云南无疑矣"。因此,雍正三年(1725),清廷派遣四川提督周瑛与特差散秩大臣、副都统鄂齐、学士班弟等堪定川藏分界,经多方商议,最后决定将原属四川之巴塘、里塘、德格划归四川,中甸等地划入云南,于南墩宁静山岭上建立界牌①。

至于青海与西藏之行政区界的划定,因西藏噶伦康济鼐被杀事件而延至在雍正十年(1732)才完成。雍正九年(1731),由西宁办事大臣达鼐奏请,川陕派员勘定青海与西藏界址。十年夏,西宁派员员外郎武世齐等,与四川派出雅州知府张植等,西藏派出主事纳逊额尔赫图等,会同勘定青海与西藏界址,沿边部落分隶管辖。最后,议定:"近西宁者,归西宁管辖;近西藏者,暂隶西藏,"即西宁管辖阿哩克等四十族(即后称的"玉树"四十族、三十八族、二十五族),西藏所辖纳书克三十九族;界址定在木鲁乌苏(今通天河)与哈拉乌苏(即那曲河)之间②。而青海与四川交界之郭罗克三部(又作"阿赖克所",今译作"果洛")因先已分隶四川,故仍属四川管辖。

4. 添设土千户、百户,清查户口,额定赋税

上述年羹尧所拟《善后章程十三条》中,对西藏以外的藏区治理的原则已订立。然而,不久年羹尧即获罪,由岳钟琪任川陕总督。雍正三年(1725)十月,岳钟琪就如何落实上述年羹尧提出的"设立条目,酌定额赋,安集番民等事",细加筹划,上奏清廷。其主要内容是:

> 凡切近河、洮、岷州内地番人,与百姓杂处者,向通汉语。

---

① 《卫藏通志》卷2《疆域》。

② 《卫藏通志》卷15《部落》。又同书卷2,记西藏东北界:"东北至西宁所管之那木称、巴彦等番族(即阿哩克四十族中最大、且最南之'巴彦南称族',今译作'囊谦族')为界。"

自归诚后，已令改换内地服色，无庸设立千户、百(户)，但就其原管番目委充乡约[①]、里长，令催收赋科，久则化番为汉，悉作边地良民。

其去州县、卫所较远之部落，现在已有耕种者，令按亩纳粮。其黑帐房种类游走无定，畜牧为生者，择可耕之地，教令垦种，十年起科，仍令修造庐舍，使有恒产，不致游走。其不产五谷，无可耕种者，令酌量贡马。此种部落与切近内地者不同，自应就其原有番目给与土千、百户职衔，颁发号纸，令其管束。

至于纳粮贡马，近州县、卫所者，归州县、卫所，近营汛者，归营汛……至各番内或曾经剿除番目已正法，现有地方私委番目，恐非众心悦服，应查明更换……

臣请于明春踏勘沙州归塗(途)之便，自甘、凉至庄浪各番部落，照现奏事宜亲身料理。其西宁、河州、洮、岷州各番，请交都统达鼐会同总兵官黄喜林照式亲身料理。四川松潘口外各番，请交总兵张元佐，照式亲身料理。度数千里边疆归顺之番人俱得安身乐业，从此亿斯年永享圣朝太平之福矣。此奏于十月二十七日奉旨："依议。"[②]

雍正四年(1726)七月，青海办事大臣达鼐、西宁总兵周开捷等遵部议亲身照上述岳钟琪所奏原则，"历贵德、河、洮等处番人住牧之地，招来安插"，"委以千、百户、乡约，并饬地方营汛会查户口、田地，定其赋额；仍行地方官照依部式，制造仓斗、仓升，饬发各番承赋输科，归地方官管辖"[③]。其旧管各族"不论顷亩，每下籽一石，

---

① 乡约，明清时州县乡里职役。一般是大村镇分为数甲，每甲又分若干乡、牌(排)，设乡约、牌甲约束，专司传达政令，排解纠纷等。

② [清]龚景瀚：《循化志》卷1《建置沿革》，引循化厅档案(乾隆末期撰)。

③ [清]龚景瀚：《循化志》卷1《建置沿革》，引循化厅档案。

水地纳粮一斗五升，上旱地纳粮一斗，下旱地纳粮五升。其新附之番，不论种地多寡，每户纳粮一仓斗，亦有八升、五升者。其不种地之番，畜牧为生，亦每户纳粮一斗，免其贡马。皆于雍正四年起种，至七年册籍始定”①。

雍正十年(1732)，达鼐派员会同川、藏官员划定青藏行政区界，管辖阿哩克等四十族；又划定各族游牧地界，按“族内人户，千户以上，设千户一员，百户以上，设百户一员，不及百户者，设百长一员，俱由兵部颁给号纸，准其世袭。千百户之下，设散百长数名，由西宁夷情衙门发给委牌。每一百户，贡马一匹，折银八两，每年每户摊银八分”②。

乾隆十年(1745)，清廷礼部议定：“番族千户准戴五品顶戴，百户六品顶戴，百长九品顶戴，准其世袭。如出缺，该大臣(西宁办事大臣)报部，转奏换给执照。”③

5. 建立法规，制定律例

甘青藏区最早系参酌使用传统的西藏法律。17世纪藏巴汗丹迥旺布时纂定之《十六法》、第悉桑结嘉错时的《法典明鉴》等。自明末蒙古和硕特固始汗统治甘青藏区后，该地又被迫采用《蒙古律例》。雍正二年(1724)清朝平定罗卜藏丹津之乱后，年羹尧奏准施行的《青海善后事宜十三条》和《禁约青海十二事》，皆系清廷建立的法规。《禁约青海十二事》主要是针对青海蒙古而订立的④。

雍正十二年(1734)，青海办事大臣达鼐奉命于蒙古律例择选与藏民易犯条款，纂成番例，以藏文颁布施行，声明俟五年后，再照内

---

① [清]龚景瀚：《循化志》卷4《管内族寨工屯》。

② 《卫藏通志》卷15《部落》。详细情况见后述。

③ 文孚：《青海事宜节略》，载张羽新主编《中国古藏及甘青川滇藏区方志汇编》(第35册)，北京：学苑出版社，2003年。

④ 十二事内容见《清世宗实录》卷20，雍正二年五月戊辰。

地律例办理。以后一再延期，至嘉庆十四年(1809)，西宁办事大臣文孚奏准，以番民未便以内地法绳之，请“仍照番例罚服完结，毋庸再请展限”[①]。此番例目共68条，主要侧重刑事、兵法。其“目”如下：

派定出兵不去、敌人犯界不齐集剿杀、部落人逃走、聚众携械同逃、追赶敌人、会盟不到、越界住牧、越界头目罚服、奸人妇女、谋娶人妻、少纳牲畜计数折鞭、无力纳罚立誓、被窃牲畜、头目窝盗、出兵被盗马匹、挟仇出首人罪、隐匿盗贼、搜查贼赃、移放遗留踪迹、偷猪狗等畜、偷金银皮张等物、踪迹分别远近立誓、偷杀牲畜、告言人罪、私报失牲、纵火熏洞、擅动兵器、斗殴伤人、戏误杀人、砍杀牲畜、失去牲畜报知邻近头目找寻、收取遗失牲畜、犯罪私完、过往之人不令歇宿者、恶痛传染、毁谤头目、不设十户头目、私索乌拉秫素、罚服牛马定数、出兵越次先回、对敌败绩及行军纪律、不拿逃人、给逃人马匹、拿获逃人、获逃解送、杀死逃人头目不报、头目抢劫杀人、偷窃四项牲畜、讨贼不与、头目庇贼发觉不认、夺回盗窃牲畜、获贼交头目看守、看守斩犯疏脱、抢夺罪犯、挟仇放火、打伤奴仆、冒认马匹、出妻、唐古特人不许远处番回贸易、拿送逃奴、私报失去牲畜、重犯不招认、家奴弑主、解送逃人、私进内地、偷窃喇嘛牲畜、行窃殴死追赶之人、番民自相殴杀。[②]

从条文看，《番例六十八条》的主要内容和目的，是维护清廷在藏区的统治秩序和社会的稳定；其中也包括一部分藏族传统的习

---

① 周希武撰、吴均校释：《玉树调查记》，西宁：青海人民出版社，1988年，第70—71页。

② 条例全文见周希武撰、吴均校释：《玉树调查记》附录一，西宁：青海人民出版社，1988年，第186—207页。

惯法和兵法。

6. 整顿、改革藏传佛教寺院，建立制度

甘青藏传佛教寺院众多，自明末以来大多改宗格鲁教派，由于青海和硕特蒙古固始汗崇佛格鲁派，使甘青藏区寺院得到更大的发展。正如上引年羹尧《青海善后事宜十三条》中所说“西宁各寺喇嘛多者二三千名，少者五六百名”，“且西番纳租同于输赋，西海（蒙古）施予岁不乏人……其力足以制西番”。雍正元年（1723）罗卜藏丹津之乱时，甘青藏区寺院大多起而应之，持械与清军交战。如郭莽寺（在大通卫，后改名广惠寺）、郭隆寺（在今互助，后改名佑宁寺）、塔尔寺、祁家寺（在大通卫）等。其中，郭莽寺、郭隆寺与清军作战最力。清军在进攻郭隆寺时，竟然杀伤僧俗人众六千余人，并烧毁寺院①。年羹尧在《青海善后事宜十三条》中，一再强调朝廷保护黄教，而将参加罗卜藏丹津反乱之喇嘛僧人一概称之为“奸徒之冒充喇嘛者”，藉此以残酷杀戮，焚烧寺院；还说这是“非轻佛法，正以扶黄教也”。他提出整顿、改革寺院的措施主要有两条：

一是订立寺院之制，规定寺院规模和限制喇嘛人数：“寺屋不得过二百间，喇嘛多者只许三百人，少者不过数十人而已，仍请礼部给以度牒，填写姓名、年貌于上，每年令地方官稽查二次，取寺中首领僧人出给不致容留匪类奸徒甘结存案。”

二是废除、禁止各寺院收纳赐予或投附之藏族庄园、部落的赋税，而使之上纳于地方官；酌量从征收番粮（包括贡马）中，拨给寺院粮石，并加以衣单银两。

雍正四至五年（1725—1726），青海办事大臣达鼐和总兵官周开捷等先后对青海、甘南等地各寺庙、殿进行查视，以落实、施行上述年羹尧所奏十三条中关于整顿、改革寺院的措施。五年（1726），

① 《清仁宗实录》卷15，雍正二年正月甲午。

达鼐等将查视结果上奏清廷，其主要内容：

(1)“西宁、河、洮沿边各寺庙喇嘛有名国师、禅师者，有名囊索者[①]，收管明季敕语、印信，管辖部佃，征收租徭，名曰香粮面”。现因“国师”二字名目不顺，“宜革其职衔，查收敕印，给以僧纲、都纲空衔”。

(2) 寺院“原管佃户改隶民籍，私征粮石归纳官仓，每年分给该僧以为衣单口粮。令其焚修”。

(3)“各寺庙喇嘛等众，按其寺庙大小酌定数目，给与度牒”。[②]

据撰于乾隆十一年(1746)的《西宁府新志》卷16“田赋”条记，“西宁县”共应征“番粮五千九百九十石八斗三升五合四勺四抄”，内每年支付给包括塔尔寺、佑宁寺等在内的共36个寺庙共2 611名喇嘛“衣单口粮四千一百七十七石六斗”[③]。由此知西宁县所属36个寺庙平均喇嘛人数约在72名左右；而每名喇嘛每年可得衣单口粮“一石六斗”，证明上述清廷对甘青藏区寺院的整顿、改革措施是执行着的。清廷所征收的“番粮”，支付与寺庙的衣单口粮，约占其总数的70%左右。

然而，上述这些整顿、改革寺院的措施和制度，虽然一直在施行，但因清廷还需要利用黄教来维护其对广大藏区的统治，不得不加以扶持。自雍正帝以后，历代皇帝多为甘青各大寺赐额，撰碑文，而青海蒙古王公贵族仍不断布施人户、庄园。因此，在乾隆朝末期之后，有的制度已无形中废弛。许多寺院喇嘛人数急速增加，并通过建立各地“分寺”(小寺)，控制寺户，征收其赋役。道光年

① 国师、禅师为明代于藏区实行的僧官制规定的职名。囊索，又译作囊琐、昂、昂索等，藏语，意为“管家”、“头人”之意。后也成为僧官职名。

② [清]素纳撰：《青海衙门纪略》(残)，张羽新主编：《中国西藏及甘青川滇藏区方志汇编》(第36册)，学苑出版社，2003年。素纳曾任西宁办事大臣。又见上引《循化志》卷6引循化厅档案。

③ 《西宁府新志》卷16《番民户口》，还记载碾伯县、大通卫、顺德所“番粮”交纳数目及支应寺院衣单口粮情况，不赘引。

间，黄河以南贵德、循化的“拉布浪（即拉卜楞寺）、宗卡（宗喀）、隆务三大寺，招住喇嘛不下二三万人”①。同治年间，佑宁寺所属豁卡（庄园）仍有八个游牧部落、六条居民沟、裕固七部、当纳三区等广阔地域②。塔尔寺所属豁卡有切嘉、肖巴、斯纳（西纳）、鲁本、木雅、申中等六个部落，属民众多③。广惠寺（原郭莽寺）“所属支寺有上古寺、土尔钦寺、相隆寺、本巴曲隆寺、嘉多寺、班固寺、拉卜嘉寺、达班寺、章山达隆寺等”；“所属的供养豁卡庄园，先前有巴萨八部和巴措四部等牧区部落。后来由于历代活佛事业的发展，从青海湖东至大海一带都成为信徒积福的资粮田”④。尽管如此，雍正年间清廷整顿、改革青海藏区寺院的措施的施行，一度抑止了该地区寺院势力的发展，不同程度地打击了地区“政教合一”的行政体制。

到道光、咸丰年间，由于游牧于青海蒙、藏部落本身的发展，牧地的变化，上述青海藏区的行政体制也略有改变。雍正二年（1724）初平定罗卜藏丹津之乱后，清廷将青海蒙古各部，插旗定地，以黄河为界。河北二十四旗蒙古，河南有五旗蒙古。西藏族各部则均安置在河南之地。河北地土肥饶，而河南地水草稍差，故河南藏族一直以为朝廷“偏袒蒙古，尽与善地”⑤。此后，河北蒙古各旗因内部斗争而日益衰弱，有的部众逃散，或依附官兵营卡，或避至附近州县游牧。相反，河南贵德、循化等地藏族部落则丁口日繁，部落分延，人广地稀，生计艰难。于是，河南藏族部落势必向日

---

① 那彦成：《平番奏议》卷 2。

② 智观巴·贡却乎丹巴绕吉著、吴均等译：《安多政教史》，兰州：甘肃民族出版社，1999 年，第 80 页。

③ 智观巴·贡却乎丹巴绕吉著、吴均等译：《安多政教史》，兰州：甘肃民族出版社，1999 年，第 159 页。

④ 智观巴·贡却乎丹巴绕吉著、吴均等译：《安多政教史》，兰州：甘肃民族出版社，1999 年，第 106 页。

⑤ 那彦成：《平番奏议》卷 2。

益衰弱的河北蒙古牧地迁徙，与河北蒙古各旗发生冲突，并抢掠牲畜、财物。青海地区形成“蒙弱番强”的局面。

这种情况到嘉庆时，就愈演愈烈。清廷多次谕令西宁办事大臣清查河南藏族部落移住河北，抢掠蒙古各部牲畜、财物案件，调动增防官兵，派兵驱逐。可是当清军一撤走，河南藏族部落又复来河北。嘉庆十二年(1807)，河南贵德、循化藏族部落徙渡河而北，抢掠蒙古牲畜，并至大通边界。清廷遂命陕甘总督兴奎、长龄，西宁办事大臣那彦成等，派兵八千进行“剿办”。经四个多月的战斗，尽驱在河北的藏族部落返河南，各部落“归顺”[①]。到道光元年(1821)，河南秋代亥等十二族又复北渡，入河北游牧。清廷再次任长龄为陕甘总督，调集兵力，将入河南的藏族部落全部押解回河南，并订立善后八条。然而，当清兵撤退后，河南藏族部落又复渡河北，清廷改派那彦成为陕甘总督，钦差赴西宁，查办“番案”。

道光二年(1822)十一月二十日，那彦成上“为清厘河南番族，编查户口，明定章程，并河北番族情形”奏折，提出“欲办河北，先办河南”以及断绝河北番族粮茶的方略。为此他拟订了一些改革河南贵德、循化诸藏族部落制度的措施，传令两地原有土千、百户到西宁宣谕。其主要内容是：

(1) 分解强部，涣散其党。即“分其户口，每三百户设千户一人，千户之下设百户、百总、十总。百户一人每管百户，三百户归一千户管理；百总一人每管五十户，两百总归一百户管理；十总一人每管十户，五十户归一百总管理。向来各族多有一千户，几至二千者，倚其人众，便易生事。今定千户为大，而千户所管只准三百户，不许增多。但计户数至一千以上，即分为三人管理，势分力弱，自

① 文孚：《青海事宜节略》，载张羽新主编《中国西藏及甘青川滇藏区方志汇编》(第35册)，学苑出版社，2003年。

易遵法”。千、百户等“令其公举诚实公直之人,饬令充补”。

(2) 赏给千、百户顶戴,加以笼络。照清归例,给予千户五品顶戴、百户六品顶戴,百总十总七八品顶戴,千户出力者可赏给蓝翎、花翎。但是,此时仅暂准照例戴用虚顶,再过三年,管理无过,“方发给印照、号纸作为实缺”。

(3) 酌定易换粮茶章程,计口授食,杜绝奸商。章程规定:“每年准买两次,由户总报明千户,千户结呈厅营,给予照案,注明实系良番置买粮茶若干。官为经理,发铺照卖。若有不遵法度之人,即不准领票。”至生活必需日用品,与票注明,一同换买,均由官经理,以杜奸商。“给买之后,即将照票缴销,不准重用”。

(4) 飞饬派委文武官员,清查各处户口,照内地保甲一例编查①。

十二月,那彦成在采取上述清理河南藏族部落措施的同时,对移牧河北的藏族部落则采用添设卡隘,断绝粮茶,恶惩“汉奸”(指引诱藏族之汉族奸商一类人)、巨盗等办法,迫使河北藏族部落和蒙古察汗诺们汗旗(原居河南,内也有部分藏族)全数渡河返归河南。经查:移往河北藏族部落,包括察汗诺们汗旗及循化、贵德藏族(内有少部分蒙古族)“共二千三百三十二户,男女一万八千一百九十八名口”;清廷将循、贵这部分部落重新编制,“共总立千户十名,百户四十名,百总八十六名,什总四百名”;并按在河南藏族部落所立章程约束之②。

可是,到道光十二年(1832)后,河南藏族部落又北渡,与清兵发生冲突;十九年(1839),清廷被迫准许河南察浩诺们汗旗移牧河北,以分河南藏族部落之势。此后,上述情况仍然持继不断。至咸丰八年(1858),陕甘总督乐斌、西宁办事大臣福济不得以奏请“招安”河南八族部落,移牧在青海湖四周,派员划分八族地界,此即后称之“环

---

① 那彦成:《平番奏议》卷 2。
② 那彦成:《平番奏议》卷 3,道光二年二月二十七日那彦成奏折。

海八族”。清廷于环海八族共设总管二名(即刚咱族喇嘛拉夫炭、汪什克族完托),千户五名、百户一十六名、百总三十五名、什长一百六十八名;总人口男女大小一万八千四百二十人[①]。

在今甘南地区因与青海藏区的地理环境、历史沿革和清初政治局势的差异,其藏区的行政体制,又有其突出的特征:

其一,是“政教合一”的地方体制得到充分的发展。地域性的“政教合一”体制在清朝后期青海大寺院中也有所发展。但是,甘南藏区地势高峻,沟壑纵横,气候寒冷,自然环境较为恶劣,元明以来居住在这里的藏族部落多以游牧为生,自由强悍。历代内地政权地方行政机对之控制较弱。清雍正元年(1723)前,这里属青海和硕特蒙古亲王察罕丹津所辖。罗卜藏丹津反清时,察罕丹津拥护清朝,故乱平后,保有亲王爵位,编为青海右翼盟前首旗,牧地在河南。正因为如此,甘南藏区寺院未参与罗卜藏丹津之乱,没有受到限制和打击,得以迅速发展。

康熙四十九年(1710)由嘉木样活佛一世(1648—1721)在今夏河县创建拉卜楞寺。乾隆二十七年(1762),清廷移河州同知于循化营,改置循化厅后,对远在大夏河的拉卜楞寺的行政管理更为削弱。于是,在河南蒙古亲王的支持之下,拉卜楞发展更为迅速。其寺院喇嘛人数和附属的藏族庄寨、部落日益增多;分寺遍于各地,甚至青海地区。仅在嘉木样二世(1728—1791)时,就修建了近四十所寺院[②]。其所直属的藏族部落至少有六七十个。这些部落称为拉卜楞寺的“拉德”(属民),由寺院派僧官进行管理,形成甘南甚至青海地区最大的“政教合一”体制的寺院。这种以寺院活佛、法台、堪布为主兼

① [清]张庭修,杨景昇编纂:《丹噶尔厅志》卷6《人类》。

② 智观巴·贡却乎丹巴绕吉著,吴均等译:《安多政教史》,兰州:甘肃民族出版社,1999年,第365页。

理附属部落、庄寨属民的“政教合一”制，在洮河流域还有垂巴寺僧纲及其所管辖的三小寺、十族；着洛寺僧纲及所辖堡族二十三族；麻儞寺（又称马奴寺）僧纲及所辖二十一族；圆成寺僧正侯氏其所辖四族[①]。岷州城南黑峪寺僧纲，康熙年间，辖有二十四族等[②]。

其二，是以土司为主的“政教合一”体制的巩固与发展。在青海藏区，清廷主要是封敕土千户、百户等，以流官为主，土千、百户主要是收取粮赋、贡马等事；土千、百户以上的指挥使、佥事等土司虽然很多，但其所管地区民族成分复杂，其权力大为削弱，且有流官化之趋势。相反，在自然条件恶劣、偏远的甘南洮河流域，明、清封敕之土司管辖一方，拥有数量较多的“土兵”，为清廷守护卡隘，经常出兵协助清军作战，多立战功；故其在地方上的权力保持下来，并有所发展，形成以土司为主的“政教合一”制，或土司统民之制。

其中，势力最大，体制最为完整的是卓尼杨土司。传说卓尼杨土司是吐蕃聂尺赞普的后裔，在吐蕃赞普热巴巾（815—838 年在位）时，其先祖被派至安多征收赋税，以后遂留居该地，子孙繁延[③]。到明永乐时，其祖失加谛（又作“些的”）以功被封为世袭指挥佥事，兼武德将军。正德年间，赐姓杨氏。清初，杨氏世代世袭，多有战功，其土司有两子，一子承袭土司，另一子则袭禅师。至清嘉庆十九年（1814），土司杨宗基承袭，兼摄禅定寺世袭僧纲，以后沿袭下来，形成土司与僧纲合一、政与教合一的体制。光绪年间，杨土司所管辖地区共分四十八旗[④]，五百二十一族；东至岷州归安里，南到阶州西固城，与四川龙安交界，西与北面与洮州交界。有

---

① ［清］张彦笃主修：《洮州厅志》卷 16《番族》。

② ［清］汪元纲修：《岷州志》卷之 3《番族》。

③ 智观巴·贡却乎丹巴绕吉著、吴均等译：《安多政教史》，兰州：甘肃民族出版社，1999 年，第 622—623 页。

④ 旗，原系藏语“如”（兵翼）之意译。

土兵二千名(内马兵五百,步兵一千五百)。其主寺禅定寺所辖寺院共三十六所(内有两寺为加当派,其余均为格鲁派寺院)①。

与卓尼杨土司情况相似,但未与寺院结合的土司。如洮河流域资堡(在今甘肃临潭)昝土司,原为洮州藏族头人,明永乐三年(1405)赐姓昝,后子孙以功先后授世袭百户、千户、指挥佥事等职。清初,昝氏袭奉洮州卫军民指挥使司,以后子孙世袭不绝。光绪年间,昝土司管辖地区共分七旗,七十六族;有土兵二百名(内马兵五十、步兵一百五十)。此外,还有洮州城西的副千户土司杨氏,其先为洮州藏族,明嘉靖年间因功授世袭副千户,历代世袭一直到清代。光绪年间,土司杨氏共管七族,有土兵十名②。

以上清雍正年间在甘青藏区正式形成并实施的地方行政体制,总的说来,与明代采取的"土流参设"、"以流统土"的性质基本相同,只是进一步的发展与完善。诸如西宁办事大臣的设置;添设卫所、营汛,加强流官对土官的控制土千、百户与乡约、里长并存;划定地界,清查户口,纳粮贡马;制定律例;整顿、改革寺院制度;地方"政教合一"制的发展等。这一行政体制基本上一直沿袭下来,直到清末,甚至民国时期。

二、藏族分布、人口及经济类型

关于清代甘青藏区藏族的分布、人口及经济类型等情况,据现存清代档案、方志及其他史料,以清代行政区划、地理环境和时代等为主要依据,划分为七个大的区域,分述如下:

1. 河北西宁府所辖地区

包括附郭西宁县、碾伯县、大通卫等,见表 1 至表 4。

① 《洮州厅志》卷 16《番族》。
② 《洮州厅志》卷 16《番族》。

表1 西宁县藏族情况表(乾隆十一年)

<table>
<tr><th colspan="2">族名</th><th>居地</th><th>户数</th><th>设置官员</th><th>纳粮贡马数</th></tr>
<tr><td rowspan="4">上各密族</td><td>上各密族</td><td>郡城西南二百二十里</td><td>77</td><td rowspan="4">共设百户一名,四分族各设乡约一名。</td><td rowspan="20">西宁县藏族每岁纳粮五千九百九十石八斗三升五合四句四抄。内支西纳上、下寺、麻家寺、沙冲寺、宝贝寺、红觉寺、札藏寺、上下拉暮寺、那勒寺、普崖奔巴尔寺、羊巴林寺、白杨沟寺、塔尔寺、佑宁寺等三十六寺喇嘛二千六百一十一名衣单口粮,共岁支四千一百七十七石六斗。</td></tr>
<tr><td>竹革族</td><td>郡城西南二百里</td><td>76</td></tr>
<tr><td>提哇族</td><td>郡城西南一百八十里</td><td>51</td></tr>
<tr><td>果米宛里族</td><td>郡城西一百九十里</td><td>50</td></tr>
<tr><td rowspan="5">下各密族</td><td>管家族</td><td>郡城西南一百一十里</td><td>102</td><td rowspan="5">下各密族及其所管多利仓族各设百户一名;下管五族各设乡约一名。</td></tr>
<tr><td>亦石杂族</td><td>郡城南一百四十里</td><td>63</td></tr>
<tr><td>火力家族</td><td>郡城南一百五十里</td><td>80</td></tr>
<tr><td>多利仓族</td><td>郡城南一百六十里</td><td>50</td></tr>
<tr><td>噶然尔族</td><td>郡城南一百三十九里</td><td>243</td></tr>
<tr><td>申中族</td><td>管十二庄</td><td>郡城南五十里与塔尔寺相连</td><td>1 279</td><td>不详</td></tr>
<tr><td colspan="2">喇卜尔族</td><td>郡城西南六十里</td><td>280</td><td>不详</td></tr>
<tr><td colspan="2">隆奔族</td><td>郡城西六十里</td><td>872</td><td>不详</td></tr>
<tr><td colspan="2">西纳族</td><td>郡城西北六十里西纳上寺庄</td><td>1 379</td><td>不详</td></tr>
<tr><td colspan="2">思冬思哥族</td><td>郡城北五十里住景羊川</td><td>356</td><td>不详</td></tr>
<tr><td colspan="2">巴哇族</td><td>群城北五十里</td><td>98</td><td>不详</td></tr>
<tr><td colspan="2">昝咂族(包括巴沙族、思俄思哥族)</td><td>郡城东北一百二十里</td><td>104</td><td>不详</td></tr>
<tr><td colspan="2">安定族(原名红帽儿族)</td><td>郡城东北九十五里威远堡</td><td>143</td><td>不详</td></tr>
<tr><td colspan="2">珍珠族</td><td>郡城东北一百里</td><td>153</td><td>不详</td></tr>
<tr><td colspan="2">白札尔族(原名卜札尔的族)</td><td>郡城东北一百里红崖子沟脑</td><td>152</td><td>不详</td></tr>
<tr><td colspan="2">塔尔寺族</td><td>郡城西南五十里</td><td>267</td><td>不详</td></tr>
</table>

资料来源:《西宁府新志》卷16、卷19。

表 2 碾伯县藏族情况表(乾隆十一年)

族　　名	居　　地	户数	设置官员	纳粮贡马数
上札尔的族	县城西北八十里	4	头目一名	碾伯县每岁共征藏族粮一千九十六石七斗二升九合六勺。内支瞿昙寺、上下西纳寺等二十三寺喇嘛九百六十一名衣单口粮,共一千三十石六斗七升七合三勺五撮。
拉杂族	县城西北六十里	30	头目一名	
麻家族	县城北四十里	17	头目一名	
小巴的族	县城北五十里	30	头目一名	
旧仓家族	县城北四十里	20	头目一名	
新仓家族	县城东北一百里	9	头目一名	
大巴的族	县城东北四十里	41	头目一名	
普尔杂族、哈尔加族、格写尔族、阿喇族、卓尔格族	县城东北六十里	64	头目一名	
阿他族、赊家族、补牙族、素古族、班塘族	县城东北九十里	81	头目一名	
麻其族、庵观族、阿南族	县城东北一百四十里	75	头目一名	
写尔定族	县城东南八十里	30	头目一名	
普化族	县城东南八十里	34	头目一名	
工巴族	县城东南一百二十里	16	头目一名	
千户族	县城东南一百三十里	28	头目一名	
古迭族	县城东南一百三十五里	33	头目一名	
冶尔吉族	县城东南一百四十里	33	头目一名	
如来族	县城东南二百三十里	27	头目一名	
鹫峰族、广会族	县城东南二百一十里	43	头目一名	
洛巴族	县城东南二百一十五里	15	头目一名	
红山族	县城东南二百二十里	9	头目一名	
小西纳族	县城东南二百二十里	26	头目一名	
祁康哥族	县城东南二百三十五里	13	头目一名	

续 表

族　名	居　地	户数	设置官员	纳粮贡马数
静宁族	县城东南二百四十里	7	头目一名	碾伯县每岁共征藏族粮一千九十六石七斗二升九合六勺。内支瞿昙寺、上下西纳寺等二十三寺喇嘛九百六十一名衣单口粮，共一千三十石六斗七升七合三勺五撮。
郭尔庄、河尔洞庄、李家庄、西营庄、上下阴阳庄	县城西南六十里	76	头目一名	
新庄、噶喇日台子庄、喇乐干庄	县城西南五十里	35	头目一名	
上帐房庄、下帐房庄、上营庄、下营庄	县城西南五十里	53	头目一名	
狼营庄、斜营庄、垛巴营庄、上下角营庄、马圈庄	城南四十里	47	头目一名	
新庄、老官庄、聂家庄	县城南三十里	39	头目一名	
都古营	县城南四十里	21	头目一名	
洛巴沟、洒都营庄、中巴龙庄	县城南三十五里	51	头目一名	
上、下阴阳坡庄	县城东南三十里	21	头目一名	
大麦沟庄、谷代庄、吉藏庄、化家庄	县城东南四十里	113	头目一名	
虎狼沟、青沿沟庄等十一庄	县城东南五十里	51	头目一名	

资料来源：《西宁府新志》卷16、卷19。

表3　大通卫(后改县)藏族情况表

族　名	居　地	户数	设置官员	纳粮贡马数
隆旺族	卫城东八十里	80	六族共设千户一员管辖；余六族各设	每岁征藏族粮三千九百五十七石八斗六斤
兴马族	卫城东九十里	98		
那楞族	卫城东北一百二十里	20		

续 表

族　名	居　地	户数	设置官员	纳粮贡马数
向化族	卫城东北一百二十里	100	头目一员。	四合，内支广惠寺等十寺喇嘛衣单口粮三千六百六十石二斗五升。
归化族	卫城东北三十里	79		
新顺族	卫城北一百四十里	100		
阿哩克族(原为玉树四十族之一，道光二年后迁到大通)	原驻可可乌苏，与察罕诺们汗旗固守渡口，后迁大通河北。	原有919户	原设百户二名、百长九名	原贡马折银，每户征银八分。

资料来源：①《西宁府新志》卷16、卷19。
②《西宁府新志》卷16、卷19;《玉树调查记》等。

表4　巴燕戎抚番厅藏族情况表

族　名	居　地	户数	设置官员	纳粮贡马数
迭柞族	郡城东南一百九十里	566	百户一名，设有乡约	不详
囊思多族	郡城东南一百六十里	243	百户一名，设有乡约	不详
多巴族	郡城东南一百六十里	139	百长一名，设有乡约	不详
舍人不具族	郡城东南一百八十里	134	百长一名，设有乡约	不详
安达池哈族	郡城东南一百八十里	19	百长一名，设有乡约	不详
思那加族	郡城东南二百二十里	136	百长一名，设有乡约	不详
喀咱工凹族	郡城东南一百九十里	127	百长一名，设有乡约	不详
黑城子、加贺尔庄族	郡城东南一百八十里	192	乡约一名	不详
群家族	郡城东南七十里	51	乡约一名	不详
水乃亥族	郡城东南一百九十里	149	百长一名，下有乡约	不详
实达仓族	郡城东南二百一十里	18	乡约一名	不详
喇咱族	郡城东南二百一十里	299	百长一名，下有乡约	不详
千户族	郡城东南二百二十里	496	百长一名，下有乡约	不详

续 表

族　名	居　地	户数	设置官员	纳粮贡马数
奔加不尔具族	郡城东南二百七十里	207	百长一名，下有乡约	不详
科巴尔堂族	郡城东南二百九十里	65	乡约一名	不详
羊尔贯族	郡城东南二百九十里	80	乡约一名	不详

资料来源：《西宁府新志》卷 16。

2. 西宁办事大臣所辖玉树地区（表 5）

《西宁府新志》卷 19 仅记“玉树等处番人三十八族”，列为“塞外贡马番族”，《卫藏通志》卷 15，记为“西宁管四十族”，前者以贡马部落统计，未记拉布库克族、觉巴拉族，故云三十八族。道光初，那彦成《平番奏议》又云“玉树等三下九族”，则原四十族，少一北迁之阿里克族。咸丰以后，玉树三十九族，有的合并，又有新分出者，遂成“玉树等二十五族”①。

表 5　玉树藏族部落情况表（乾隆十一年）

族　名	居　地	户数	设置官员	纳粮贡马数
阿里克族（阿哩克族，此族后北迁至大通）十一族	东堤（可可乌苏一带）	919	百户二名，百长九名	自雍正十一年起，每一百户每年贡马一匹，征银八两。不足百户者，按每户征银八分，共征银六百六
雍熙叶布族	札若地方	120	百户一名	
蒙古尔津族	蒙古尔津地方	380	百户一名，百长四名	
南免族（多伦尼托克安图族）	楚贡地方	122	百户一名，百长一名	
阿萨克族	多洛尼托克地方	39	百长一名	

① 周希武撰，吴均校释：《玉树调查记》，青海人民出版社，1988 年，第 106—108 页。

续 表

族 名	居 地	户数	设置官员	纳粮贡马数
列玉族(克列玉族)	多洛尼托克地方	46	百长一名	十九两五钱二分。后因各种原因,有所减免。
阿永族(克阿永族)	多洛尼托克地方	78	百长一名	
叶尔吉族(克叶尔济族)	多洛尼托克地方	44	百长一名	
拉尔吉族(克拉尔济族)	多洛尼托克地方	33	百长一名	
典巴族(克典巴族)	多洛尼托克地方	30	百长一名	
尼牙木错族	蒲肚克地方	287	百户一名、百长四名	
玉树族	苦苦乌孙地方	504	百户一名、百长四名	
噶尔布族	途胡尔托罗海地方	21	百长一名	
白利族	乌哈那哈地方	55	百长一名	
格尔吉三族	登破地方	830	百户三名、百长六名	
洞巴族	角木丹莫多地方	80	百户一名、百长二名	
苏鲁克族	三木冲地方	103	百户一名、百长一名	
固察族	鲁尔札地方	162	百户一名、百长一名	
隆布族	阿拉尼克地方	113	百长三名	
上隆布族	隆克族西北	76	百长一名	
扎武族	伦多布地方	304	百户一名、百长三名	
上扎武族	扎尔通地方	152	百户一名、百长二名	
下扎武族	上扎武族西北	147	百户一名、百长二名	
班石族(班右族误)	住扎武地	13	百长一名	
上阿拉克硕族	达尔熊地方	133	百长三名	
下阿拉克硕族	接聚地方	305	百户一名、百长三名	
下隆坝族	吉独忒地方	149	百户一名、百长一名	

续 表

族名	居地	户数	设置官员	纳粮贡马数
上隆坝族	吉戎主式	154	百户一名、百长二名	自雍正十一年起，每一百户每年贡马一匹，征银八两。不足百户者，按每户征银八分，共征银六百六十九两五钱二分。后因各种原因，有所减免。
苏尔莽族	苏尔莽地方	350	百户一名、百长三名	
巴彦南称四族（巴彦南称、南称桑巴尔、南称隆冬、南尔卓尔达四族）	奇可地方	2 500	千户一名、百长二十名	
称多族	匣乌地方	373	百户一名，百长四名	
哈尔受族	柬勒孙何地方	30	百长一名	
吹冷多拉族	附属拉休寺	30	百长一名	
喇嘛拉布库克族	木鲁乌苏河边拉布寺	24		此二族居黄河边，因司渡，免贡马。
喇嘛觉巴拉族	今玉树觉拉寺	50		

资料来源：《西宁府新志》卷16、卷19；《卫藏通志》卷15；周希武《玉树调查记》考证部分。

3. 河南贵德、循化厅所辖地区（表6、表7）

表6　贵德厅藏族情况表（嘉庆年间）

族名	居地	户数	设置官员	纳粮贡马数
东车沟熟番十四族（原称东车族番庄十五处）	厅城西五十里	564	百户一员，下设乡约	每年纳粮五十石四斗六升五合五勺
揽角沟熟番十族（原称揽角族番庄十处）	厅城东南二十里至七八十里	191	百户一员	每年纳粮一十一石七斗九升七合五勺
上下工巴熟番二十三族（原称上工巴番庄六处、下工巴番庄十七处）	厅城东南二十里至七十里	427	百户二员，下设有乡约	每年纳粮二十二石九斗一升

续 表

族　　名	居　　地	户数	设置官员	纳粮贡马数
坎布拉熟番七族（原称堪卜拉族番庄八处）	厅城东一百一十里	201	百户一员	每年纳粮二十九石九斗四升一合五勺。
下拉安族（生番）	厅城西南一百里	53	从此以下为“生番十九族”，共额设千户四名，百户五名，百长三名，原有的设乡约。	此“生番十九族”，每年共纳粮三十六石一斗一升一合一勺。
思昂拉族（生番原称思囊拉族）	厅所东南二百八十里	64		
洛课族（生番，原称洛课庄）	厅所东南二百八十里外	27		
别咱族（生番，原称别咱庄）	厅所东南二百八十里外	21		
阿革拉族（生番，原称阿哥勒）	厅所东南二百八十里外	21		
牙隆族（生番，原称牙莫）	厅所东南二百八十里外	45		
必波车族（生番）	厅城东南二百八十里外	15		
波寨族（生番）	厅城东南二百八十里外	15		
思尕布族（生番）	不详	18		
多加族（生番）	不详	23		
沙思定族（生番）	厅城东南一百八十里	90（原为42户）		
尔加向族（生番）	不详	42		
安冲族（生番）	厅城东南一百八十里外	52		

续 表

族 名	居 地	户数	设置官员	纳粮贡马数
什加家族(生番)	厅城东南一百八十里外	70	从此以下为“生番十九族”,共额设千户四名,百户五名,百长三名,原有的设乡约。	此“生番十九族”,每年共纳粮三十六石一斗一升一合一勺。
灭陆族(生番)	不详	17		
陆哇族	不详	15		
围巴族(生番,原称国巴寺族)	厅城东二百二十里	28		
上下揣咱族(生番)	厅城正东八十里	63(原为34户)		
上拉安卓寨尔族(生番)	厅城西南一百里	76		
上下刚咱族(野番,原称刚咱族)	厅城东南一百一十里	75	此以下称“野番八族”,额设千户一名、百户十二名。	“野番八族”每年纳粮一十二石一升七合四勺。
都受族(野番)	厅城正南一百二十里	81		
渊住族(野番)	厅城东南一百三十里	73		
赞咱塘族(野番,原称三岔塘族)	厅城东南九十里	21		
完受族(野番)	厅城西南一百一十里	36		
他尔迭族(野番,原称他思迭族)	厅城正南一百里	43		
他受族(野番)	厅城正南一百里	23		
汪什代克族(野番)	厅城东南二百里外	22		

资料来源：以文孚的《湟中杂记》为主,参酌《西宁府新志》卷19。

表 7 循化厅藏族情况表(嘉庆年间)

族名	居地	户数	设置官员	纳粮贡马数
起台沟熟番五族(后称起台沟西番五寨,大小十四庄)	起台堡(今循化东南)	185	昂索一名	每年纳粮一十八石五斗。
边都沟熟番七族(后称边都沟西番七寨)	在边都沟	712(后为996户)	百户一员	每年纳粮七十一石二斗。
下龙布(今译作隆务)熟番六族(后称下龙布六寨)	今隆务河下游地区	508	昂索一员	每年纳粮五十石八斗。
甘家族(后称甘家寨)	厅城南二百里	493	由甘家族以下至哈恰族传称为“南番(在厅治南)生番二十一族”,额设千户一名,百户十二名。后各族还设头目。	南番生番二十一族每年共纳粮四百二十石四斗。
火力藏族(后称火力藏寨)	厅城南二百里	377		
上南拉族(后称上南喇寨)	厅城南二百八十里	265		
黑作族(后称黑错寨)	厅城南二百八十里	691		
下哈家族(后称下哈家寨)	厅城南三百里	408		
下则盖族(后称下则盖寨)	厅治南三百五十里	390		
咱又族(后称咱又寨)	厅治南三百二十里	254		
多儿替族(后称多儿替寨)	厅治南二百五十里	29		
常岗族(后称常岗寨)	厅治南二百九十里	85		
木樑族(后称木樑寨)	厅治南三百四十里	47		
其暗族(后称其暗寨)	厅治南二百九十里	23		

续 表

族 名	居 地	户数	设置官员	纳粮贡马数
希力宁巴族(后称希力宁巴寨)	厅治南三百四十里	31	由甘家族以下至哈恰族传称为“南番(在厅治南)生番二十一族”,额设千户一名,百户十二名。后各族还设头目。	南番生番二十一族每年共纳粮四百二十石四斗。
那力工族(后称那力工寨)	厅治南三百三十里	28		
思记族(后称思记寨)	厅治南三百里	32		
湖洞族(后称户洞寨)	厅治南三百五十里	7		
章哇族(后称章哇寨)	厅治南二百八十里	11		
波合拭族(后称波合拭寨)	厅治南三百五十里	139		
果莽族(后称果莽寨)	厅治南二百八十里	51		
波拉族(后称波拉寨)	厅治南三百二十里	251		
上哈家族(后称上哈家寨)	厅治南二百一十里	211		
哈恰族、群陀课族、高达族(后称三族为寨)	厅治南三百五十里	391		
营朋族(后称营朋寨)	厅治东一百九十里	101	自营朋族至双朋族,又称“西番(河州之西)阿巴拉生番八族”,总设昂索一员。	西番阿巴拉生番八族每年共纳粮四十二石。
攒都族(后称攒都寨)	厅治东一百六十里	43		
汶湟族(后称汶湟寨)	厅治东一百五十里	29		
坡素古族(后称坡素古寨)	厅治东一百五十里	31		
商处古族(后称商处古寨)	厅治东一百四十里	32		
达冲族(后称达冲寨)	厅治东一百五十里	21		
阿巴拉族(后称阿巴喇寨)	厅治东一百九十里	82		
双朋族(后称双朋寨)	厅治东一百六十里	81(后为101户)		

续 表

族　名	居　地	户数	设置官员	纳粮贡马数
加卧族(后称加卧寨)	厅治东一百六十里	201	自加臣卧族至恩、沾木族又称"上龙布(隆务)西番生番十八族",总设昂索一员。	上龙布两番生番、十八族,每年纳粮共一百九十二石七斗。
多柰族(后称多柰寨)	厅治东一百六十里	200		
思记族(后称思寨,与南番思记族重名)	厅治东一百六十里	101		
浪家族(后称郎家寨)	厅治东一百一十里	201		
麦受族(后称麦受寨)	厅治东二百七十里	45	自加臣卧族至恩、沾木族又称"上龙布(隆务)西番生番十八族",总设昂索一员。	上龙布两番生番、十八族,每年纳粮共一百九十二石七斗。
素胡族(后称素胡寨)	厅治东一百六十里	26		
札木族(后称札木寨)	厅治东一百六十里	13		
铁布族(后称铁布寨)	厅治东一百六十里	30		
火力加家族(后称火力家寨)	厅治东一百六十里	30		
铁匆日族(后称错匆日寨)	厅治东一百六十里	40		
塞黑吉族(后称塞黑吉寨)	厅治东一百六十里	28		
他思迭族(后称他思迭寨)	厅治东一百六十里	16		
果思迭族(后称果思迭寨)	厅治东一百六十里	202		
务细族(后称务细寨)	厅治东一百八十里	202(后为200户)		
初密族(后称初密寨)	厅治东一百八十里	201		
沙布浪族(后称沙卜浪寨)	厅治东一百八十里	101		

续 表

族 名	居 地	户数	设置官员	纳粮贡马数
和洛那族(后称和洛那寨)	厅治东一百八十里	100		
恩沾木族(后称恩沾木寨)	厅治东一百一十里	203		
合儿族(后称合儿寨)	厅治东二百四十里	122	合儿族以下至哈儿则满束族,又称"西番(河州以西)合儿生番五族",设百户一名。	西番合儿生番五族每年共纳粮四十八石。
多巴族(后称多巴寨)	厅治东二百里	121		
深儿宗族(后称深儿宗寨)	厅治东二百里	52		
那族(后称那寨)	厅治东二百里	101		
哈儿则满束族(后称哈儿则满束寨)	厅治东二百五十里	84		

资料来源:以文孚的《湟中杂记》为主,参酌《循化志》卷 4 等。

清朝将贵德、循化藏族分为生、熟、野番(循化厅只分生、熟番),始于乾隆五十六年(1791)。此年,清廷谕令贵德、循化蕃族旧西宁办事大臣兼管,并奉檄分别生、熟,由署同知富昇阿施行。其划分标准:附城稍近、时来城市者,作为熟番;距城窎远、从不入城者,作为生番;于是分析造册,始分生、熟,然纳粮一也①。而贵德又从生番分出野番。嘉庆十三年至十四年(1808—1809),文孚任西宁办事大臣时,又对贵德十一族生、野番编定保甲户口,严加管束。十一族中,有上述生番揣咱族(上下揣咱族),上、下拉安族,上拉安卓尔族(卓寨尔族),野番上、下刚咱族,完受族,他受族,都受族,汪什代克族;此外,还有千布录族(六十二户)。又在清查户口的同时,在各族内设置总头目百户,以下设总牌一名,总牌以下设

① 《循化志》卷 4《族寨工屯》。

数目不等之牌长，分牌管束[1]。

表 7 中所列循化厅藏族族名、户口数，实际上是雍正年间所清查户口所造之旧册。嘉庆十三年至十四年(1808—1809)，西宁办事大臣文孚又对循化藏族查造保甲族名，编定原未有部落族名、户口，列为生野各番，计有：

加咱族，77 户，设总头目喇嘛、总牌长各 1 人，牌长 8 名。此为新附之部落。

古尔族，111 户，设总头目喇嘛、总牌各 1 人，牌长 11 名。此为上龙布族分出之小族。

汪什家族，58 户，设总头目、总牌各 1 人，牌长 6 名。此为上龙布族分出之小族。

多哇族，161 户，设总头目、喇嘛各 1 人，牌长 16 名。此族即原西番合儿五族中的多巴族。

瓜什济族，52 户，设总头目喇嘛 1 名，牌长 5 名。此族为多巴族分出之小族。

索诺黑族，62 户，设总头目、总牌各 1 名，牌长 5 名。此族即生番合儿五族中的那族。

沙布浪族，101 户，设总头目喇嘛 1 名，牌长 10 名。此族即上龙布十八族中的沙布浪族。

贺尔族，229 户，设总头目百户 1 名，总牌 2 人，牌长 23 名。此族疑即合尔族。

日贯工玛族，79 户，设总头目、总牌各 1 名，牌长 8 名。此族为合儿族分出之小族。

叶什群族，17 户，设总头目、总牌各 1 名，牌长 2 名。此族即

① 文孚：《湟中杂记》，张羽新主编：《中国西藏及甘青川滇藏区方志汇编》(第 36 册)，(北京)学苑出版社，2003 年。

合儿族分出之小族。

思慢受族，28户，设总头目、总牌各1名，牌长3名。此族即合儿五族中的哈儿则满束族。

官受族，94户，设总头目、总牌各1名，牌长9名。此族系从多巴族中分出小族。

麦受族，54户，设总头目1名，牌长5名。此族即上龙布十八族中的麦受族①。

4. 青海湖地区（表8）

表8 青海湖“环海八族”情况表（咸丰六年后）

族名	居地	户数	设置官员	纳粮贡马数
千布录族（管十一小族）	青海湖东南到淌河	九百余户	八族共设总管二员（刚咱族、汪什代克族各设一员），千户五员、百户十六员、百总三十五名、什长一百六十八名。总人口一万八千四百二十。	不详。清廷准允其每年每户赴丹噶尔厅（湟原县）购买口粮，日给青稞一合，月给茶一封。每年搬粮三次，每次只准四个月，地方官员验数放行。
刚咱族（管十小族）	海北刚察	千余户		
汪什代克族（管十二小族）	海北布喀河（有部分迁到海西）	二千余户		
都受族（管二小族）	海南窝尔雍	四百余户		
完受族	海南切吉草原	三四十户		
曲加洋冲族（又称曲加族）	海南窝尔雍南山	三百余户		
公窪他尔代族（又称公窪族）	海南窝尔雍	百余户		
拉安族	海南窝尔雍	三百余户		

资料来源：[清] 张廷武修，杨景昇撰：《丹噶尔厅志》卷6；[民国] 康敷镕：《青海记》。

在环海八旗形成之前，清廷还早已安置藏族部落于黄河南、北各地，有汪什科族六百余户、鲁仓族万余户、下郭密族五六百户、上

① 文孚：《湟中杂记》，张羽新主编：《中国西藏及甘青川滇藏区方志汇编》（第36册），（北京）学苑出版社，2003年。

郭密族三百余户等①。

5. 凉州平番县(庄浪卫)地区(表9、10)

表9 庄浪西南藏族情况表(约在乾隆初期)

族名	居地	户数	设置官员	纳粮贡马数
上马尔族	县治西南至连城一带,南到河州。	八族共四百五十二户,二千三百六十五口。	原属青海蒙古日勒尔得尼管辖。雍正元年因参加罗卜藏丹津之乱被“剿抚”,交世袭土司鲁氏管辖。	雍正元年后,拔给田地,与土民夹杂,学习耕作。
下马尔族				
尔加穰族				
单约族				
钱多尔族				
恩加木族				
尔加藏族				
尔卜族				

资料来源:[清]周树清纂修:《永登县志》卷3。

表10 庄浪西北藏族情况表(约在乾隆初期)

族名	居地	人口数(口)	设置官员	纳粮贡马数
华藏上托的族	今甘肃天祝藏族自治县	222	头目一名	每年纳水粮六石,大草六十束,粮八石,免收草束。
上 卜藏族	同上	114	头目一名	每年纳旱粮十六石,免征草束。
下 卜藏族	同上	92	头目一名	每年纳旱粮八石,免征草束。

① 康敷镕:《青海记》。

续表

族名	居地	人口数（口）	设置官员	纳粮贡马数
上阿落族	同上	76	头目一名	每年纳旱粮八石，免征草束。
下阿落族	同上	78	头目一名	每年纳旱粮八石，免征草束。
煞尔吉族（亦名谢尔苏部落，雍正元年带头反清者）	同上	350	土千户一员（此千户也管束整个庄浪西北藏族各族）	每年纳旱粮十六石，免征草束。
麻吉族	同上	348	头目一名	每年纳旱粮十六石，免征草束。
阿谢族	同上	392	头目一名	每年纳旱粮十六石，免征草束。
马家族	同上	102	头目一名	每年纳旱粮八石，免征草束。
耳家定族	同上	124	头目一名	每年纳旱粮八石，免征草束。
思冬奔族	同上	58	头目一名	每年纳旱粮九斗四升六合，免征草束。
罗家族	同上	42	头目一名	贡马二匹
色异族	同上	120	头目一名	贡马二匹
且暴族	同上	290	头目一名	贡马二匹
阿尔盖族	同上	370	头目一名	贡马三匹
思课族	同上	1 130	头目一名	贡马五匹
都尔谷族	同上	16	头目一名	贡马一匹
白札尔族	同上	16	头目一名	贡马一匹
麻家族	同上	32	头目一名	贡马二匹

资料来源：［清］周树清修纂：《永登县志》卷 2。

表10中庄浪西北藏族十九族，共设土千户1名（王国相）管束。前十一族由庄浪监屯厅统管，催征粮草。罗家族以下四族，由庄浪营辖管收贡马。最后四族则由镇羌营辖收贡马。此十一族等藏族部落约在乾隆以后形成“三十六族”，其十一族各均在今天天祝藏族三十六族中找到对应的名称[①]。此外，河西走廊的甘州南山（今甘肃肃南裕固族自治县）还有一些藏族部落，称“黑番”，裕固族称为“黄番”。

6. 大夏河流域以拉卜楞寺为中心的地区

自乾隆以后，拉卜楞寺获得了更大的发展，逐渐形成该寺直属的“十三庄”及众多依附的藏族部落。所谓“十三庄”分布于拉卜楞寺的周围，包括四个大的部落：唐乃亥部，在大夏河南，下辖5村；撒禾尔部，大夏河北，下辖5村；他哇部，在寺东，下辖四村；德琼部，下辖6村。“十三庄”均为拉卜楞寺的“拉德”，有支差纳粮的义务，由寺派专人进行管理。

拉卜楞寺直属的藏族部落众多，主要有：桑科部落（在今甘肃夏河桑科乡）、科才部落（在今夏河科才乡）、勒秀部落（在寺东北）、阿木曲乎部落（在今甘肃碌曲）、欧拉部落（在今甘肃玛曲）、作革尼玛部落（在玛曲）等。以上各部落又分辖一些小部落。

雍正二年（1724），拉卜楞寺赛仓活佛因嘉木样活佛一世转世问题，避居于附近沙沟地方，另建德尔隆寺，自立门户。德尔隆寺后也辖有德尔隆部落、隆哇部落和火尔藏部落，三大部落之下也辖有一些村庄。

此外，大夏河流域还有一些藏族部落和寺院，虽不直属于拉卜楞寺，但与之有一定的关系，诸如黑错部落（“黑错”，今作“合作”，

---

① 关于天祝藏族三十六族，可参见陈庆英主编：《中国藏族部落》，（北京）中国藏学出版社，1990年，第413—415页。

今甘肃合作市)及黑错寺,牙秀、麦秀、卡加、杂由等部落,以及保拉四族等[1]。

7. 洮河流域以卓尼杨土司为中心的地区

(1) 卓尼杨土司所辖藏族情况:

在杨土司衙门所在城的内外,聚居着包括杨氏家族在内的藏族,由土司衙门直接掌管,设16个"章尕"(又译作"掌尕")和外四"章尕",由土司直系亲属中选派各章尕的头人1名管理。

土司所辖其他地区则设置四十八旗(兵翼),共五百二十族:

上治杓哇旗,距洮城一百三十里,辖九族

班麻旗,距洮城一百四十里,辖九族

岔麻龙的吾旗,距洮城一百二十里,辖六族

约沙必拉旗,距洮城八十里,辖七族

代麻旗,距洮城一百五十里,辖十一族

阿禾旗,距洮城八十里,辖十一族

沙麻龙住旗,距洮城八十里,辖三族

土桥旗,距洮城七十里,辖八族

拉麻那旗,距洮城一百二十里,辖十一族

私吾什旗,距洮城六十里,辖十族

大峪沟旗,距洮城六十里,辖十族

口子下家人旗,距洮城二十里,辖四族

冬禾索旗,距洮城五十里,辖九族(以上十四族大致在洮河下游地区)

包吾什旗,距洮城五十里,辖十三族

---

① 李安宅:《川、甘数县边民分布概况》,《李安宅、于式玉藏学文论选》,(北京)中国藏学出版社,2002年,第96—100页;刘郁芬:《拉卜楞设治记》;洲塔:《甘肃藏族部落的社会与历史研究》,(兰州)甘肃民族出版社,1996年,第85—90页。

小术部旗，距洮城六十里，辖十五族

巴龙什旗，距洮城六十里，辖十九族

乩力、达加、的吾、哇买、桑旺甫多旗，距洮城一百里，辖十七族

善札旗，距洮城一百二十里，辖十八族

迭当旗，距洮城一百二十里，辖十五族

巴龙什旗，距洮城六十里，辖十九族

拉布什旗，距洮城一百二十里，辖三十四族

巴沟旗，距洮城一百六十里，辖十八族（以上九旗在今卓尼北、西、南各乡，洮河上游一带）

朱札七旗，在洮河阴阳两岸，东北距洮城六十余里，共辖七十五族

上叠部拜札旗，距洮城二百四十里，辖十族

上叠部哇巴旗，距洮城二百三十里，辖十九族

上叠部什巴旗，距洮城二百四十里，辖七族

上叠部买麻卡送旗，距洮城二百四十里，辖十族

亦哇旗，距洮城二百四十里，辖二十一族

当多旗，距洮城三百四十里，辖九族（以上六旗称“上叠六旗”；叠部，又译作迭布、迭部，今甘肃迭部县）

下叠部截你沟旗，距洮城四百二十里，辖二十一族

尼俄娃藏旗，距洮城二百四十里，辖九族

俺子旗，距洮城二百五十里，辖九族

卡巴力秀旗，距洮城二百四十里，辖十一族

多力禾旗，距洮城三百二十里，辖十一族

阿夏旗，距洮城三百二十里，辖十二族

达拉旗，距洮城三百二十里，辖十六族

术怕初阴阳二旗族，距洮城一百八十里，辖十五族（以上称“下叠八旗”，均在今迭部县）

黑番阳山旗，距洮城四百二十里，辖八族

黑番铁坝旗，跑洮城五百二十里，辖二十一族

黑番阴山旗，跑洮城四百二十里，辖九族

黑番代巴旗，跑洮城五百二十里，辖十六族（以上四旗又称“黑番四旗”，均在今甘肃舟曲县）

杨土司衙门在以上四十八旗共设旗长三十多名，各旗有总管、头人、仓官进行管理，负责支差纳赋。四十八旗总人口，约有 11 999 户；土兵 2 000 名，原设守备 1 员、千总 2 员、把总 4 员、外委 7 员[①]。

（2）洮州昝土司所辖藏族情况：

清末，资堡昝土司管辖的藏族，共分七旗，七十六族：

上西路旗，辖十五族；下西路旗，辖十五族[②]；牙卡路旗，辖十二族[③]；南乡那麻那旗，辖八族；东乡录元山旗，辖五族；北乡拉布什旗，辖十族；约沙旗，辖九族[④]。七旗总人口约三百八十四户。昝土司在各旗设置有旗长、头人管理；有土兵二百名，原设土守备一员、千总二员、把总二员、经制二员、外委二员。

此外，还有洮州着逊族土千户杨土司及其所管辖藏族七族，共三十户[⑤]。岷州土司副千户赵氏，康熙年间其管多纳四十六族；宕昌土司马天骥，康熙年间，共管十六族；岷州城北土司后永庆，管辖藏族二百九十余口等[⑥]。

（3）僧纲及所属藏族情况：

---

① 《洮州厅志》卷 16；参见洲塔《甘肃藏族部落的社会与历史研究》一书相关部分；杨士宏：《卓尼杨土司传略》，（成都）四川民族出版社，1990 年，第 137—138 页。

② 洲塔：《甘肃藏族部落的社会与历史研究》，（兰州）甘肃民族出版社，1996 年，第 201 页，云此二旗分布在今甘肃临潭县初步乡、长川乡和卓尼的阿子滩、中藏乡一带。

③ 洲塔：《甘肃藏族部落的社会与历史研究》，（兰州）甘肃民族出版社，1996 年，云此旗分布在临潭县流顺乡、新成乡、扁都乡、新堡乡和卓尼木耳乡一带。

④ 洲塔：《甘肃藏族部落的社会与历史研究》，（兰州）甘肃民族出版社，1996 年，云此四旗分布在临潭店子乡、总寨乡、龙元乡和卓尼的纳浪乡等。

⑤ 《洮州厅志》卷 16《番族》。

⑥ 《岷州志》卷之 3《番族》。

洮州垂巴寺僧纲班麻多智，在洮州城西七十五里，管寺院三处，喇嘛140名，辖十族，共63户。

洮州着洛寺僧纲杨溯洛旺秀，居洮城西七十里，辖堡族二十三族，共113户。

洮州麻儞寺僧纲马昂旺丹，居洮城西六十里，辖二十一族，共120户，僧人183名。

洮洲圆成寺僧正侯洛札旦，居洮州城南十里，辖四族，共18户①。

岷州大崇教寺国师达节，清初，其所辖寺院共三十五处。

岷州黑峪寺僧纲黄登烛坚错，清初，其所管藏族共二十四族②。

此外，清初，在阶州(治今甘肃武都)的文县等地还有内附之藏族部落五十族，共四百六十八户③；雍正八年(1730)改土归流后，此五十族逐渐融入当地汉族之中。

三、社会组织

由于清代有关文献资料的局限，以上所列甘青藏区藏族情况肯定是不完整的。尽管如此，从中可大致了解甘青藏族分布、人口及经济和行政管辖等状况。据此，可将甘青藏区社会组织和结构划分为三种不同的类型：

第一种类型是居于城镇、营汛或附近，主要从事农业或半农半牧生产的藏族，以“族”(部落)或堡寨为名，且多与汉、撒拉、回等族杂居错处，大致相当于清代所称之“熟番”；包括上述河北西宁府所辖地区藏族，河南贵德、循化地区的“熟番”部落，凉州庄浪及阶州文县等地的藏族部落等。

---

① 《洮州厅志》卷16《番族》。

② 《岷州志》卷之3《番族》。

③ 光绪《阶州直隶州续志》卷9《户口三》，引《旧志》。

由于这一类型的藏族的经济已是主要从事农业或半农半牧的生产，定居于甘青地区广大的汉族和其他民族之中，故其社会内部原有部落的血缘关系逐渐淡薄，地域关系日益增强。许多族（部落）的名称也多由庄堡的地名所替代。其原有的部落结构，即一个大部落统属若干同一氏族、姓氏的小部落，以及生产、军事、行政三位一体的职能均遭到破坏，使之逐渐成为清朝地方行政机构管理下的“编户”，同当地的汉族和其他民族一样，向政府交纳赋税，纳粮贡马。

其次，在这一类型的藏族社会内，其行政体制虽然仍保留了“土流参治”的形式，设有土司、土千、百户、昂索等各级土官，但因清朝地方流官、营汛力量的增强，各级土官权力大为削弱，且有“流官化”的趋势，即逐渐成为清朝地方官中的一员；有的甚至以内地之“乡约”、“牌长”之名而取代之。

第三，因这些地区的藏族多与汉族和其他民族杂居错处，并直接在清朝地方官员的控制之下，实施全国统一的政令、法规，推行汉族传统文化，故其社会意识形态、文化多受汉族的影响。虽然他们仍然保持本民族的宗教信仰和生活习俗，但有逐渐融入汉族的趋势。诸如许多藏族改姓汉族姓氏，改穿汉族衣饰；其子弟也有入塾读书，当地人称“家西番”者[①]。

总之，这一类型的藏区社会已逐渐与内地，特别是甘青汉族聚居地区的社会组织和结构趋同，只不过各个地区藏族社会趋同的程度有所差异而已。

第二种类型是居地离城镇、营汛较远，以游牧为生的藏族部落，大致相当于清代所称之“生番”或“野番”；包括河南贵德、循化之“生、野番”部落及后期形成的“环海八族”，青海玉树四十族，洮河流域卓尼杨土司、昝土司及其所属部落等。

---

① 《丹噶尔厅志》卷6《人类》。

这一类型的藏族部落以游牧为生，随水草迁徙，有较为固定的夏季和冬季的牧地。其内部的社会组织，基本上沿袭和保持了历史上吐蕃部落的特征：基层的一个部落组织大多是同一氏族、族姓（“骨系”）发展延续下来的，血缘关系，特别是世袭的部落头人、首领的血缘关系较为浓厚；只是在由众多的小部落组成的大部落中，地域关系才有所发展。部落兼有生产、行政和军事三位一体的职能。部落或大部落（部落联盟）内还保留了一些原始军事民主的残余，诸如定期的“会盟”，实行传统的习惯法等。

在清代，虽然沿袭了元明以来的土司制度，即保留了部落形成的地方行政组织，部落头人、首领被封敕为指挥使、佥事、土千、百户等土官职务；但由于这些以游牧为生的部落远离地方行政机构所在地，游徙无常，故难以控制。部落向官府每年交纳的“贡马”数量不多，仅具象征意义，且时有拖欠。因此，部落头人、首领，也即是朝廷的土官，其原有的特权和地位基本保持着，有较大的自主权，维系着部落的稳定性和连续性，以及与外界隔绝的封闭性。

由于这些部落笃信格鲁教派，其居地也遍布着寺院，而部落头人、首领往往也有本人或子弟兼任寺院活佛或寺主，带有明显的“政教合一”的特征。

青海玉树四十族（清末为二十五族），其中最大的部落是土千户囊谦（南称）土司，名义是其余三十九族百户之首，历史上系元代囊谦王之传承①。雍正十年（1732），西宁办事大臣达鼐划分西藏与青海行政区界时，勘定囊谦等四十族地界，颁发千、百户牌照，规定上纳贡马银两；并议定派员与四十族千、百户每年会盟一次，乾隆时改为三年一次，遂成定制。在会盟时，西宁办事大臣派员并催

---

① 《囊谦王世系谱》（藏文），陈庆英主编：《中国藏族部落》，北京：中国藏学出版社，1990年，第14—19页。

收贡马银两，故而扰民不堪。道光二年(1822)，陕甘总督那彦成奏准，今后仍按旧例玉树三十九族每岁贡马银自赴西宁交纳[①]。囊谦千户事实上仅能管辖其下的七个百户部落，而无统御其余各百户之实权。而青海办事大臣对玉树四十族的控制较弱，各千、百户有很大的自主权力。

在玉树地区大约有二十余所寺院，四十族中的觉巴拉、拉布库克两族，分别与觉拉寺、拉布寺合一，即所谓“驻教喇嘛”，无百户、百长之职，是典型的政教合一的组织。囊谦千户和其他的百户、百长的子弟也多有为寺院活佛、寺主者，故玉树四十族社会组织多带有“政教合一”的特征。

卓尼杨土司及其所属的四十八旗部落的社会组织情况，又略与玉树四十族不同：土司对所属的四十八旗有直接管辖权力，各旗旗长、总管均由土司衙门任命；其社会组织和行政体制更为复杂；且土司兼禅定寺世袭僧纲，“政教合一”的色彩更为浓厚等。卓尼杨土司内部设有土司衙门，下直属城关内外十六章尕和外四章尕以及分布各地的四十八旗，所谓“旗”，应是沿吐蕃行政、军事组织“如”(翼)的方式进行编制的。旗之下所统的大小部落内部社会组织大致同上述部落的特征，但由土司任命之旗长、总管等的管辖，支差纳粮。这种复杂的社会组织和行政体制，在整个甘青藏地区中也是不多见的。

尽管如此，卓尼杨土司及其所属四十八旗的社会组织基本上仍属第二种类型。其社会的基层仍然是以土官为主的带有政教合一特征的藏族部落组织形式。杨土司每年也要向朝廷交纳赋税，只不过是常常抗欠，以至官府每年只能收十之四五而已[②]。

洮州之昝土司、杨千户及其所属之旗、族(部落)的社会组织情

---

① 那彦成：《平番奏议》卷 2。

② 《洮州厅志》卷 16《番族》。

况，大致与卓尼杨土司相似，只是其政教合一的特征不明显，也正因为如此，其发展受到一定的限制。

第三种类型是以大寺院为中心的“政教合一”的社会组形式；包括大夏河流域的拉卜楞寺，青海的塔尔寺、佑宁寺、东科尔寺、甘南的僧纲、僧正等及其所属部落、堡寨等。

清末，拉卜楞寺已拥有三千余名喇嘛，寺院内部组织以寺主嘉木样活佛为中心，成立有教务会议（藏语称“磋庆措兑”），由寺院总法台、总僧官、财务长、总经头、管理长、河南亲王管家及秘书组成，负责处理全寺院的事务、财务，并设有监狱。其下，设六大扎仓，管理僧人。其组织结构大致与西藏三大寺情况相同。寺院所属之“十三庄”和众多的部落，无流官、土官的设置，而是由寺院（嘉木样活佛）派出全权代表——“郭哇”进行管理。部落内由老年人组成会议，商讨部落事务，但郭哇有绝对的权力。也有一些部落设有头人，则寺院不派郭哇。此外，寺院还派遣代表——“更察布”（嘉木样活佛代表之意）到各个分寺（分寺也有附属之部落），通过各寺的“磋代”（由寺格贵、下傚、赤哇、吉娃及几名老僧组成）行使管理该寺的职权[①]。这样，就形成了从寺院到部落政与教合一的组织和体制，区别于以上两种不同类型的社会组织。但是，大寺院所属的部落或堡寨仍然存留着上述两种类型社会组织的若干特征。

在青海佑宁寺、塔尔寺、东科尔寺，甘南僧纲、僧正及其所属的部落、庄寨的社会组织情况，大致与拉卜楞寺相似，只不过其组织名称有所不同，其复杂、严密的程度稍异而已。

（原载《中国历史地理论丛》2009 年第 3 期）

---

① 洲塔：《甘肃藏族部落的社会与历史研究》，兰州：甘肃民族出版社，1996 年，第 231、324 页。

从藏族历史看西藏与祖国内地的关系

蒲文成

我国藏族自古生息在中华大地，与汉族有很近的血缘关系。整个藏区与祖国内地密切联系，政治、经济、文化上交往，汉藏民族和同一家，亲如手足。元代以来，西藏地方纳入中央政府的直接管理之下。这些原本常识性的问题却被"西藏自古独立论"者一再歪曲和颠倒，在反分裂斗争仍然十分尖锐的形势下，似乎又有重温的必要。

一、藏族族源——汉藏同源说

对于藏族族源，学术界进行过热烈的争论，其中汉藏同源说越来越受到人们的重视和赞同。其基本论点是：汉羌同源，藏出自羌，故藏汉同源。关于羌汉关系，史学界常引用《国语·羌晋语四》中的一条记载："昔少典娶于有蟜氏，生黄帝、炎帝。黄帝以姬水成，炎帝以姜水成；成而异德，故黄帝为姬，炎帝为姜。"这是说，炎黄同根，是同胞兄弟。姜水系渭河支流，在今陕西西部。炎帝即神农，后裔为齐、吕、申、许等姜姓“四岳”，生活于渭河流域到黄河中游地区。所谓姜姓部落是羌人中最早转向农业的一支。后来的研究者认为，作为中国华夏民族的“华”与“夏”，原本是中国古代两大部族的自称，“华”系先进入中原地区的炎帝族，炎帝姜姓，是西羌的一支；“夏”为姬姓，乃黄帝族的后裔。传说中的炎黄两族曾合为大的部落联盟，并融合东方夷族等而形成华夏族。这说明炎黄子孙的族源是多元的，其中古羌人是重要的一支。汉文古籍对于生活在青藏高原及西北、西南各地的各部落泛称为西羌、诸羌、羌戎等，说明羌的范围很广，包括许多来源不同的分散的部落。当代的研究者也认为，“根据大量的传说和文献记载，说明羌人很早就居住在我国西北广大地区。除以青藏高原为基地外，东到今甘肃及陕西西部，南达川西至云贵高原，北逾祁连山及河西直廊，西极西域诸地。迄今发现的大量考古学资料，使这些传说和记载得到了进一步的印证。”[①]按此，古代羌人“是青藏高原最古老的土著民族，其后裔就是今天的藏族”。[②] 吴均先生在其《论夏嘉同音与羌藏同源》一文中认为，“蕃人是操蕃语的羌人，是青藏高原分布于各处的土著”[③]。但仅就上面的逻辑推理还难以说明藏汉同源，有的记载尚属传说，难以为据。随着当代研究的不断深入，汉藏同源的观点越来越成立，其主要依据是：

1. 血缘鉴定

原西藏自治区医学科学研究所所长孙新甫和自治区人民医院外科主任医师傅玉江，在北京儿科研究所、中日友好医院等单位有

---

① 崔永红等主编：《青海通史》，西宁：青海人民出版社，1999 年，第 22 页。

② 贡乔泽登：《略论藏族族源问题》，载《青海藏学会论文选集(一)》，1983 年内部印刷。

③ 吴均：《论夏嘉同音与羌藏同源》，载《中国藏学》，2006 年第 2 期。

关部门的协助下，对西藏拉萨、日喀则地区的400名世居藏族居民的血液标本进行了研究。结论认为，藏民族属中国北方人群的一部分，起源于华北地区。上海复旦大学生命科学院和美国德克萨斯—休斯敦大学教授金力先生和他的几位合作者，通过DNA研究在美国《人类遗传学》杂志上曾发表他们的一项新研究成果：在远古时期，汉藏民族原本是共同生活、居住在一起的同一种群，只是在约五六千年前，由于支系的分离、迁移，才形成了今天的汉族和藏族。另据西藏网上报道：美国哈佛大学、中国复旦大学和云南大学的一批科学家，曾对我国22个省市的汉族人群以及青、藏、滇3省区藏族人群的男性Y染色体类型进行对比分析，发现汉藏人群具有相同的类型。这一基因检测结果再次为汉藏民族同一起源提供了有力证据。

2. 考古成果

从20世纪50年代中期起，我国学者在全面普查西藏全境2 000多处文物的基础上，对一些重点遗址、古墓葬等进行了考古发掘。一些成果表明，“西藏的旧石器文化起源于华北地区，西藏细石器时代文化源于北方草原，而北方草原的细石器同样源于华北地区的旧石器文化”[①]。具体来讲，昌都卡若遗址与仰韶彩陶文化系统的马家窑、半山和马厂文化存在着广泛而密切的联系，拉萨曲贡遗址与齐家文化也存在某种联系。甘青马家窑文化是在中原仰韶文化的影响下形成的，马家窑类型的陶器“脱胎于仰韶文化庙底沟类型”，有些同半坡晚期类型相似，甘青出土的一些玉器“带有很多中原风格”。青海湟中孙家寨卡约墓中发现的石锤，其形状特征与北京昌平白浮的西周早期墓葬出土的石锤相同。再如青海海南藏族自治州尕马台齐家文化墓地出土的铜镜，其质地、纹饰等与

① 龙西江：《再论藏汉民族的共同渊源》，载《西藏研究》，2004年第1期。

河南南阳殷墟中的铜镜十分接近。

3. 语言的相似性

有着亲属关系的语族，在语言方面的相似性和相同点，以及反映在文化上的密切联系，是体现民族血缘关系的一个重要标志。语言学家们认为，在汉语的基本词汇和古词中保存着相当数量的古羌语，而古藏语即是古羌语。汉藏两种语言正是有这种渊源关系，提出了汉藏语系的概念。赵元任、王力等先生研究证实，我国周代汉语和 7 世纪的古藏语间有着惊人的相似性。俞敏先生统计，现在能查出的藏语和汉语中所拥有的同源词达 500 至 600 多个。有人还对比研究汉藏两语的基本词汇，找出了许多语音上的对应关系，说明有密切的亲缘关系。

4. 宗教信仰的一致性

从原始宗教考察，藏族的原始苯教和汉族的原始道教同源于上古华夏民族的原始宗教。藏汉民族的原始信仰，如鬼神崇拜、丧葬礼仪、自然崇拜等，有着共同的信仰基础。因此，三世土观认为"道教即苯教之起源者"，"老君与苯教教主辛饶为一人"①。即使后来在藏区居于主导地位的藏传佛教，除包括了西藏地方原始宗教苯教的基本因素外，同时又容纳了汉族道教的某些因素，道教的"阴阳五行"、"九宫八卦"等被藏传佛教密宗所吸收。

二、青藏高原先民与祖国内地的早期交往

如前所述的考古成果，中原仰韶文化与甘青马家窑文化的联系，说明从史前起，青藏高原先民即与中原地区有较密切的关系。这在汉文史籍中也有不少记载。晋代从战国时魏王墓中发现的

---

① 土观·洛桑却吉尼玛:《宗教流派镜史》，刘立千汉译本，西北民院研究室，1980 年，第 202—203 页。

《穆天子传》,6卷中有5卷写周穆王西游的故事,内有与西王母宴会、酬答的情况。约成书于战国时期的《禹贡》,对黄河流域的地势、山岭、河流、土壤、物产、交通等有过较详细的记述。南朝宋范晔所撰《后汉书·西羌传》,是人们公认的对西部古羌人的权威记录,说明古羌人与中原地区民族早有交往。《后汉书》等还载"大禹出于西羌",《禹贡》、《国语》、《史记》等中甚至说,大禹带领西部羌人自西而东,循着黄河走势导川凿山,历尽千难万险,完成了治水大业。当代不少学者认为,千古流传的昆仑神话始于青藏高原。这些神话也好,传说也罢,都从一个侧面反映了青藏高原先民与祖国中原地区的联系。作为青藏高原边隅的青海河湟地区,早在西汉时期即纳入中央王朝的管理之下。汉武帝时设护羌校尉,宣帝时金城郡由6县变为13县,河湟有允吾等5县,郡治由金城(今兰州)西移至破羌(今乐都老鸦)。后又有赵充国屯田河湟,为开发西部作出了贡献。

松赞干布于公元7世纪前叶统一青藏高原。建立吐蕃王朝前存在着许多以古羌人为主的部族或部落联盟性质的邦国,如主要活动于藏北羌塘高原和今青海玉树地区的苏毗,活动于今青海东南部和四川西北部的党项,活动于柴达木盆地东南缘(地望有争议)的白兰,活动于今四川西部、西藏东部的附国,活动于今西藏西部、藏史称象雄的大小羊同,主要活动于今青海海西、海南地区的吐谷浑国等。据汉史记载,这些邦国都曾与中原王朝通好,如:在隋开皇年间,苏毗即向隋朝贡通好;隋大业四年(608)、五年,附国三两次遣使与隋通好,向隋朝贡;大小羊同也于唐贞观年间曾两次遣使朝贡。中原王朝与他们甚至有通婚的情形。隋开皇年间,隋文帝嫁光化公主给吐谷浑国主世伏,后随俗嫁其弟伏允。唐初,吐谷浑为唐属国,唐朝嫁弘化公主给其主诺葛钵。松赞干布统一青藏高原后,上述诸国虽均为吐蕃属下,但仍与中原王朝保持了友好联系，甚至有的接受封赐，有的投唐或汉化。如唐显庆元年(656)，唐封苏毗女王为“右监门中郎将”；至德元年(756)，唐朝封苏毗王子悉诺罗为“怀义王”。党项在武则天时为唐剑山招讨使所辖五部落之一，后部分迁往宁夏等地，于11世纪建西夏王国。后来西夏灭亡后，不少人被汉化，有些成藏族或土族。另外，唐玄宗天宝年间，白兰二品笼官董占庭等21人降唐，董占庭被授为“武卫员外大将军”①。

尽管青藏高原腹地远离祖国内地，加之交通闭塞、语言隔阂等，双方交往有限，记载也难免挂一漏万，但可以肯定，青藏高原各族先民自古以来即与祖国内地在政治、经济、文化各方面进行交往，在长期的发展中互相补充促进，共同发展进步，推动了社会历史进程。

三、唐蕃关系

唐贞观十五年(641)，唐朝文成公主入吐蕃与赞普松赞干布联姻，是唐蕃关系史上的一座丰碑，唐蕃自此结成舅甥之谊，双方在政治、经济、文化等各方面的联系空前发展。关于双方在政治上的友好关系，新旧唐书《吐蕃传》中多有记载：贞观二十年(646)，唐太宗征讨辽东归来，松赞干布即派大相禄东赞入唐上书祝贺，称颂唐太宗“平定四方，日月所照，并臣治之”，并“冶黄金为鹅以献”，“其高七尺，中实酒三斛”。七尺高的金鹅能装30斗酒，可以说其大无比，足见心意之诚。翌年，松赞干布派军队参加唐将阿史那社尔统率的多民族联军，共同征讨龟兹王的反叛。贞观二十二年(648)，唐朝派右卫率府长史王玄策等出使中印度摩揭陀国，时逢国王尸罗逸多去世，大臣那伏帝·阿罗那顺篡位，掠中国使节。王

① 陈燮章等辑：《藏族史料集》，成都：四川民族出版社，1982年。

玄策出逃后奔吐蕃求救，松赞干布立刻发兵千人，所辖尼婆罗助骑兵七千，击溃阿罗那顺，救出唐朝使节，并向唐廷遣使献捷。[1] 贞观二十三年(649)，唐太宗去世，高宗李治即位，封松赞干布为“驸马都尉”、“西海郡王”。松赞干布上书国舅长孙无忌称谢，言“天子初即位，若臣下有不忠之心者，当勒兵以赴国除讨”，“并献金银珠宝十五种，请置太宗灵座之前”[2]。高宗为表彰其忠心，又晋封他为“赉王”，赐杂采三千段，并将松赞干布石像和其他 13 位民族首领的石像一起立列于唐太宗昭陵玄阙之下。这一切都充分体现了唐蕃的睦邻友好关系。

继文成公主之后，唐景龙四年(710)，金城公主又入蕃联姻，进一步巩固了汉藏民族的舅甥关系，直到宋代，唃厮啰还口口声声称宋朝皇帝是“阿舅天子”。许多记载十分感人，如公元 780 年唐蕃第六次清水会盟前，唐使韦伦抵拉萨，赞普说他有三恨：一恨皇帝(代宗李豫)去世，未吊祭；二恨对皇帝山陵未及献礼；三恨不知皇帝舅(德宗李适)即位，却发兵攻打灵州等。《资治通鉴》卷 246 中载，唐会昌年间(841—846)，吐蕃达磨赞普被杀后，其相立王妃綝氏兄尚延力之子乞离胡为赞普，又不派使臣到唐要求册立，引起吐蕃臣民不满。洛门川讨击使论恐热对其部下说：“贼舍国族之綝氏，专害忠良，以胁众臣，且无大唐册命，何名赞普?! 吾当与汝属举义兵，入诛綝妃及用事者以正国家。”据记载，唐蕃间共有过 8 次会盟，反映出两族人民要求和平的共同愿望。如长庆会盟后所立甥舅和盟碑，重申了唐蕃和同一家的情谊，至今矗立在拉萨大昭寺前。

随着文成公主入藏，开通了我国古代历史上著名的唐蕃古道。

---

① 《资治通鉴·唐纪十五》.
② 《旧唐书·吐蕃传》.

它是连接唐朝和吐蕃王朝的重要通道，起始于唐都长安，终点达吐蕃都城逻些(今拉萨)，全长 3 000 多公里，穿越今陕、甘、青、藏四省区。这一古道的形成进一步促进了唐蕃双方的联系。据有关统计资料，至 9 世纪中叶吐蕃王朝崩溃 200 年间，双方往来使臣多达 200 多次，从而加强了相互间的了解和友谊。唐蕃间开始有了较大规模的丝绢、茶、马、牛等交易，汉地的一些农作物种籽以及酿酒、造纸、冶金、建筑、制陶、制墨等技术输入吐蕃，吐蕃的氆氇、方物特产等也不断传到汉地。

唐蕃之间的文化交流更为广泛。首先，语言文字上的相互学习。松赞干布与唐王朝建立政治联系后，即着眼于发展吐蕃文化，培养本民族的知识人才，不断派遣吐蕃子弟入唐学习汉语汉文，学习汉地的文献典籍和治学方法。当时不少人学有所成，如仲琮少年时即入唐朝的国子监学习，“颇晓文字”；迎接金城公主的吐蕃重臣名悉腊汉文造诣精深，能与汉族大臣名士一起联句赋诗，所作汉文诗句高雅，“当时朝廷皆称其才辩”。吐蕃常请汉地文人入藏协助办理文书典籍，吐蕃官府中常有精通藏汉两种文字执掌文书的人，一些文书用汉文写成。当时，《毛诗》、《礼记》、《左传》、《尚书》、《春秋后语》等汉文诗书文典均传入吐蕃，有些被译成藏文。同时，唐朝官员中博通藏语文者不乏其人，能直接与吐蕃官员交流。在汉藏交接地带，互学语言文字更成时尚，诗人张司业的“去年中国养子孙，今着毡裘学胡语”的诗句，反映的是陇西一带汉人被藏化的情形。

其次，历算与医学方面的交往。早在松赞干布之父南日松赞时期，即“从汉地得到历算与药物”。文成公主进藏带去了大量历算和医药方面的书籍，她自己精通星算、勘舆、风水之术，曾察看西藏地形，选定了大昭寺等不少寺庙的地址。《汉藏史集》记载，松赞干布曾派遣恰嘎冬衮等 4 人前往汉地学习历算、占卜知识，返回后将了解到的学问译成藏文，恰嘎冬衮和他的子孙们一直担任赞普的御前占卜历算师。吐蕃王朝时期，汉地的十二生肖配以五行和阴阳的纪年法已广泛使用，赤热巴巾时还仿汉地采用了“彝泰”年号。《松赞干布遗训》等藏文史籍中说，文成公主入藏时曾带去“治疗四百零八种病的药物、一百种医疗法、五种诊断法、六件医疗器械和四部配药法”。据藏医史记载，当时汉地的《珍宝七十品》等25部医著被译成藏文，有11位汉族医生及和尚为翻译这些医书付出了辛勤的劳动。赤松德赞在位时又请来东松康哇等3位汉族名医，译出10余部医学著作。东松康哇被聘为赞普御医，曾为藏医学的奠基人宇妥·元丹贡布之师，最后去世于吐蕃。吐蕃也为汉地输送过药品和医术，藏族名医宇妥·元丹贡布曾到汉地行医，藏药中的鹿茸、麝香、大黄、熊胆等名贵药材在汉族中医中广泛使用。汉藏医学中不少理论、药理，甚至名词术语，有不少相同处。

第三，工艺美术、风俗等的相互影响。吐蕃曾向唐朝请求“造酒、碾、硙、纸、墨之匠”。同时，汉地的制陶、制瓷、制砖、建筑等技术传入吐蕃，吐蕃的金盏、金盘、金碗、玛瑙杯、羚羊角、毛毡等方物特产也相继传入内地。汉藏的音乐、舞蹈、绘画工艺等一直互相借鉴、共同发展。著名的敦煌艺术形成于吐蕃占领沙州之后，既有唐风，又有藏族特色，是汉藏文化艺术交融的结晶。相传藏族的饮茶、献哈达习俗传自汉地，吐蕃服装受到唐装影响。故陈陶《陇西行》说，当时的吐蕃人“自从贵主和亲后，一半胡风似汉家”。而吐蕃的防寒护肤方法与束髻习俗结合，被唐人吸收，称之为“元和妆”，因此白居易有诗云：“元和妆梳君记起，髻椎面赭非华风”。汉籍《封氏闻见记》中有汉藏马球手在长安比赛马球的详细记载，称吐蕃的这种马球术于贞观年间传入长安，盛行一时。

第四，唐蕃密切的佛教关系。唐朝是佛教传入吐蕃的重要渠道，在文成公主的影响下，松赞干布崇信佛法，在吐蕃兴建佛堂、翻译佛经，成为著名的信佛“法王”。赞普赤德祖赞曾派桑希等 4 人赴唐都长安取经，请回唐朝皇帝亲赐的《金光明经》等佛经 1 000 部。藏文史籍《拔协》记载，赤松德赞时期桑耶寺建成后，在这里设立译场，进行大规模的译经活动，其中有玛果莱等不少汉族和尚。当时的敦煌是吐蕃在东方的佛教中心，在这里汉藏两族僧人一起讲、译佛经，修建洞窟，文化交流特点更为明显。佛教传入吐蕃后，吐蕃不断向唐遣使“求沙门之善讲者”。德宗建中二年(781)，唐朝遣汉僧良秀、文素入蕃，自此“二岁一更之”，形成制度。许多吐蕃人与汉僧互译佛经，有的还到汉地讲经传法。如有位叫法成的藏僧多年活动于河西走廊，曾在沙州开元寺和永唐寺、甘州修多寺等寺院讲经和集录佛经，也用汉藏文互译和校勘佛经。他的讲经记录和集录的佛经多达 23 部，现存敦煌佛经中用汉文译出的藏经有 300 多卷，其中法成署名校勘的达 20 多卷。上述汉、藏两族的佛教文化交流，不仅有助于双方文化的发展，而且增进了两族人民间的了解和友谊，也丰富了我国的文化宝库。

四、唃厮啰政权与北宋王朝的关系

公元 9 世纪中叶吐蕃王朝崩溃后，整个藏族地区长期处在群雄割据的分裂状态，至元朝才将广大藏区纳入中央王朝的管理，持续了约 400 年。公元 11 世纪初，吐蕃王裔唃厮啰在青唐城(今青海西宁)建立起以藏族为主体的多民族地方政权，至 11 世纪末，前后存在了近百年。综观这一段历史，唃厮啰政权一直与宋王朝保持着友好关系。当时的北宋王朝面对日益崛起的西夏王朝，力求稳定边地，减少“边患”，希望河湟吐蕃成为牵制西夏的一股力量。因此，在对待唃厮啰政权方面采取了十分积极的态度，尽量加封赐赏其主要首领，相约共御西夏。尤其看到唃厮啰实力增强，成为河湟诸部的公认首领时，对唃厮啰更加看重，封爵赐赏不断升级。唃厮啰之子董毡继立青唐主后，宋神宗为制服西夏，招抚河湟等地蕃部为宋所用，一度迎合革新派王安石等人的主张，具体采纳王韶的《平戎策》和《和戎六事》，提出实施复河湟、断西夏右臂的战略方针。通过用汉文化熏陶吐蕃人、训练蕃兵并加强对蕃兵的管理，以及汉蕃杂居、垦荒种田等措施，招抚秦渭河陇地区的吐蕃为宋所用。这一做法虽一度引起唃厮啰政权与宋朝之间的熙河战役，但很快又改善了双方的关系。董毡主动入贡修好，宋朝也为旷日持久战事的军费负担所困扰，立即表示欢迎，向主要首领封爵，赐赠银器、彩绢、茶叶、衣着等。此后，在阿里骨、瞎征、陇拶任青唐主时，贡赐关系不断，基本上奉行依宋自保政策。据不完全统计，从1015 年唃厮啰本人第一次向宋朝贡，到该政权于 1104 年解体，前后 90 年间，唃厮啰政权及属下河湟吐蕃大首领向宋朝进贡 45 次，宋朝的回赐或封赐多达 150 余次。

公元 11 世纪前叶起，河西走廊为西夏所控制，宋与西夏又长期对峙，而唃厮啰政权与宋王朝一直保持着友好关系，因此丝绸南线河湟道成为宋与西域各国进行政治、经济、商业贸易的主要干道，唃厮啰政权所在地成为当时连接中西的桥梁和中西方商贸的中转站。在经济交往中，以茶马互市为主的贸易活动更成规模，汉藏之间长期以来茶叶换马匹这种零星的农牧产品交换事宜遂形成一种贸易制度，成为汉藏两族人民经济交往的主要形式。从官方来说，宋朝设置茶马司专事卖茶买马，互市市场不断西移，最西移至湟州（今青海西宁）。而民间贸易亦十分活跃，内容更加丰富，藏族的牛、羊、乳香、犀角、象牙、玉石、皮毛、毡毯等土特产，内地的绢、帛、布、麻、酒及其他生活用品都成为交易物。汉藏两族人民正是通过这种经济交往，不仅形成了两族之间生产生活互相依赖、支援的局面，而且增进了双方的了解和友谊，成为友好团结的重要纽带。

唃厮啰所建立的政权依然是一个地方性政权，它一直臣属于宋，接受宋王朝的封赐，并以此为荣。根据有关汉文史籍记载，历代青唐主和其他重要人物都接受过宋王朝的封爵。仅唃厮啰本人被封为“宁远大将军”、“爱州团练使”、“保顺军节度使观察留守”、“保顺军节度使”、“保顺河西等军节度使”、“洮州凉州管内观察处置押蕃落等使”、“武威郡开国公”、“常乐郡公”、“武威郡王”等，食邑九千户，岁给丝绢、角茶、散茶多达千匹、数千斤。宋朝还经常向青唐主颁发诏书，以此进行控制。诏书内容，一般先肯定其对宋朝的忠顺，然后指令按宋朝意图承办某一事务，最后许诺条件和褒奖办法，显示出一种君臣关系。

唃厮啰政权的一些重要人物除了接受宋朝的官职封赐外，还接受赐姓命名。据祝启源先生汇总的唃厮啰家族世系表，其家族中有 21 位被赐给赵姓，或以赵姓命名。如最后一任青唐主陇拶归降宋朝后，被任为河西节度使知鄯州，充西蕃都护，封武威郡公，依府州折世例世世承袭，并赐姓名为赵怀德。唃厮啰政权解体后，宋朝与河湟藏族联系不断，直至南宋王朝，仍与唃厮啰家族后裔有着密切关系。建炎元年(1127)六月，南宋王朝为遏制金人势力向西，派遣钱盖经略河湟，命陇拶之弟益麻党征(唃厮啰之兄扎实庸龙的孙子溪巴温之第六子)“措置湟鄯事”，赐姓名为赵怀恩，特封为陇右郡王。益麻党征后在金人武力威胁下，于绍兴四年(1134)弃离部族田宅，携老小家眷迁移到艮州(今四川艮中)，投附南宋，受到四川安抚制置使司的安置。绍兴二十三年(1153)，改授“鼎州观察使”，二十七年(1157)“充成都府路兵马钤辖”，驻扎成都府。益麻党征子嗣颇多，皆赵姓，依汉族习俗排辈起名。李石《方舟集》卷十六中载有《赵郡王墓志铭》一篇，记述赵郡王益麻党征的史迹，较详细地反映了唃厮啰家族世代在青海河湟地区以及甘青黄河以南一带活动、效忠宋王朝的情况。唐嘉弘先生曾撰文《一个宋代墓志铭的研究——关于唃厮啰政权的历史》,认为铭文也指出"唃厮啰首领和宋皇朝中央是臣属关系,世世代代先后都是宋室的刺史、节度使、郡王等;另一方面,墓志中明白指出宋室对唃厮啰采用的是'羁縻'政策,从整个中国古代史来看,'羁縻'政策是土司制度前的一个重要阶段,它对开发边区、促进民族融合在客观上起到了积极作用。"[①]另外,如唃厮啰长子瞎毡之次子董谷,汉名赵继忠,于绍兴七年(1137)率众归附南宋,被授官职,"由修武郎进武翼郎兼阁门宣赞舍人",属下各首领亦被授相应官职。据《宋史》,当时不少西蕃部落为避金人,逃避到山谷,经川陕宣抚使吴璘招抚,归顺南宋的有 28 部之多。

五、元、明、清三朝对西藏的有效管理

公元 13 世纪,蒙古勃兴于北方草原,经过半个世纪的奋斗,蒙古族军事力量逐一征服各地方割据势力,建立了庞大的蒙元王朝,西藏及整个藏族地区正是在这一大背景下被纳入元朝中央政权的管辖之下。西藏纳入元朝版图,阔端与萨班在凉州(今甘肃武威)的历史性会见起了重要作用。阔端是成吉思汗之孙,为元太宗窝阔台的第二子。1227 年,成吉思汗去世窝阔台继立汗位后,将已灭的西夏故地以及今甘、青部分藏族地区划为阔端的份地。1244 年,阔端根据部将多达那波的实地考察,派人带着他的信札和礼物去西藏请萨班来凉州相会,协商西藏归顺事宜。萨班是萨迦班智达(学者)的简称,法名贡噶坚赞(1182—1251),为西藏佛教萨迦派的第四代祖师,以博通佛典和藏族传统的五明文化闻名于世。萨班接到邀请信后,面对当时的形势,以西藏的前途命运着想,不顾

① 唐嘉弘:《一个宋代墓志铭的研究——关于唃厮啰政权的历史》,载《青海社会科学》,1983 年第 2 期。

年迈和路途的遥远，毅然带着两个侄子亲赴内地，于 1247 年在凉州与阔端举行了具有历史意义的会谈。后向卫、藏、阿里等地僧俗首领发出一封长信，要求各地归顺蒙元王朝。自此，包括西藏在内的整个藏族地区结束了长达近 400 年的分裂割据局面，归入一个统一的行政管理体系。之后不论中央政权和具体管理各藏地事务的地方政府怎样更替，西藏地方一直接受中央王朝的管辖，从未脱离过祖国大家庭。这里必须指出，我们在看待中国历史时，不能把以汉族为统治阶层主体所建立的中原王朝等同于中国，与其他各民族建立的政权对立起来，忽略我国自古以来就是一个多民族国家的历史事实。也就是说，古代王朝不等于古代中国，华人不全等于汉人，中国绝非“汉人之国”。否则，就不可理解魏晋南北朝和五代十国时期的各地方政权，不可理解以蒙古族为统治主体的元朝以及以满族为王室的清朝都是中国的王朝。

1. 元朝的施政

西藏地方归顺元朝后，元王朝推行一系列政策措施对整个藏族地区进行有效管理。首先，在西藏建立萨迦地方政权，代表中央王朝管理具体事务。1260 年，忽必烈登上汗位后，因与八思巴的特殊关系，将西藏萨迦昆氏家族和藏传佛教萨迦派抬高地位，确定其为元朝中央政府在西藏的法定代理人。具体设立萨迦本钦一职，以管理众多原来互不统属的各地方割据势力，从而形成中央政府、西藏萨迦政权和各地家族或教派势力的三级行政管理结构体系。为使各地方势力臣服萨迦政权，元朝曾数次采取军事措施，用武力维护萨迦政权的行政权威和与元王朝的一致性。其次，从中央到地方设置相应的行政管理机构，完善管理体系，并调整行政区划，强化对整个藏区的控制能力。在京师设置“释教总制院”(后升级更名宣政院)，专管全国佛教和藏区事务，地位与中央最高权力机构中书省、枢密院、御史台平行。同时，将整个藏族地区按传统的三大地理范围，划为安多、康区和卫藏三个行政区划单位，分别设置吐蕃等处、吐蕃等路、乌思藏纳里速古鲁孙等三路共三个宣慰使司都元帅府。各宣慰使司都元帅府直属于宣政院，设有元帅、同知、副使、经历（内政官）、镇抚（地方守卫官）、捕盗司官等官职，并有一定数量的驻军。在紧临内地的一些地方设置“流官”，在藏族聚居区则设宣慰使、安抚使、招讨使、万户、千户、百户等官职，负责管理当地的军政事务。第三，清查户口、土地，制定贡赋制度。元朝把西藏作为当时全国的 11 个行省之一进行管理，曾派多达那波、答失蛮、阿衮、弥林等人数次率员入藏，清查掌握土地面积、人口数量以及资源和交通状况。在此基础上确定各地方势力的地界范围、所辖人口、税收差役制度、供应驿站的物资品种和劳役数量等，防止萨迦派运用经济手段膨胀其势力。第四，设立驿站，沟通中原到西藏的交通。元初，始于唐代的唐蕃古道经 400 多年的分裂战乱多被废弃，西藏腹地与中原之间联系一度中断。元朝为了对藏区实施有效统治，共建立 27 个大驿站，即朵堆（甘孜、昌都）9 站，脱思麻（即朵麦或安多，今甘、青藏区）7 站，卫（前藏）7 站，藏（后藏）4 站。在各大驿站之间再设若干小驿站，并制定为驿站提供给养和乌拉差役的制度，保证政令畅通。驿站的设立奠定了通往西藏的交通基础，成为内地与西藏政治、经济、文化联系的纽带。第五，掌管司法、诉讼，调处地方矛盾纠纷。宣慰使司都元帅府、萨迦政权等兼管军务和民政，宣政院还派出分院院使协助处理藏区重大事务，并经常派出金字使者传达皇帝圣旨和宣政院的命令。当时驻守青海的镇西武靖王对藏区具有领有权，也向卫藏地区派出官员。这些重叠交叉的驻藏机构和官员组成盘根错节的官僚机构体系，维护萨迦政权，行使施政大权，受理各种诉讼，调处民间纠纷和地域冲突，甚至动用武力镇压，从而有效地管理了藏区的政治、经济、军事、司法以及民政等事务，将青藏高原与祖国内地联结为一个整体。第六，建立帝师及僧官制度，有效管理宗教事务。元朝针对藏民族普遍信仰藏传佛教的实际，从八思巴起共任用14位帝师掌管宣政院，统领天下僧尼，管辖藏族地区宗教事务。并且充任元朝皇帝处理吐蕃事务的参谋和顾问，协助制定宗教政策，建议任免僧职人员等。宣政院理僧管民，具有僧民通管、军民统摄的职能，内设总统所、僧录司、总摄所、僧正司、都纲司等机构。因其所管辖地区及所管事务的特殊性，管理人员"僧俗并用"，从而实行僧官制度，成为后来藏区政教合一制度之滥觞。另外，还依照唐朝建立称为"功德使司"的僧务机构，主要官员称功德使，秩从三品，多由宣政院使或帝师兼领，亦为巩固元朝统治、协助对藏族地区施政起到一定作用。

2. 明朝对西藏的管理

明朝建立后，对藏族地区基本上承袭了元朝的制度，但变更名义、颁发新印，也有自己的一些施政特点。首先，建立卫所，巩固土司制度。设立河州卫，相当于元朝的吐蕃等处宣慰使司都元帅府；设立乌思藏卫，相当于原来的乌思藏纳里速古鲁孙等三路宣慰使司都元帅府。后来分别升为朵甘行都指挥使司和乌思藏行都指挥使司，分别管理藏族地区。在今青海境内，曾设西宁、安定、阿端、曲先、罕东诸卫。卫以下有千户所、百户所等，多招抚元朝的土官喇嘛和少数民族上层为首领。第二，笼络宗教上层，封授各种名号。明袭元制，仍采取利用和扶植藏传佛教的政策，"因其习尚，用僧俗化导"，以实施对藏区的控制。但其特点是"多封众建"，以分其势，对各教派领袖人物或上层，都分别给以封号，先后封了三个法王和五个王。三大法王是：封噶举派第五世噶玛巴得银协巴为大宝法王，封萨迦派的昆泽思巴（元朝帝师贡噶坚赞之孙）为大乘法王，封格鲁派创始人宗喀巴的弟子释迦也失为大慈法王。五个王是：阐化王（帕竹噶举派）、赞善王（《明史》称灵藏僧，疑为格鲁派)、护教王(噶玛噶举派)、阐教王(止贡噶举派)、辅教王(萨迦派)。此外,还封有西天佛子、大国师、国师、禅师等,如朱棣时封西天佛子 2 人、灌顶大国师 9 人、灌顶国师 18 人。第三,朝贡赐赏,羁縻怀柔。明朝废除了元代帝师参政的制度,其他僧职也并无大的政治特权。但为了笼络其心,颁赐给象征权力的印信,准许他们持所发凭证进京进贡,一般都给予优厚的赏赐。皇帝还向一些寺院颁发保护寺产的诏书,亲自撰写匾额,予以安抚。第四,茶马市易,发展经济。明朝在川、甘汉藏交接地带设茶马司,建库存茶,专管以茶换马。并制定出金牌制度等一些优惠政策,不断扩大市场规模,使历史上的茶马互市关系得到新的发展。第五,设立机构,完善宗教管理。在明朝,宗教事务管理方面,中央设僧录司,隶属于礼部,府设僧纲司,州设僧正司,县设僧会司。这种管理机构被移植到藏族地区,如在甘青地区的西宁、河州、洮州、甘州、岷州诸卫以及临洮府等均设立僧纲司,称之为"僧司衙门",内设都纲职务,由"番僧"充任,具体管理所辖地区的宗教事务。

3. 清朝管理的加强

清朝王室入关前即与西藏僧俗上层有密切的联系,统一全国后对藏族地区主要采取了以下一些施政措施:第一,设置管理机构,完善管理体制。首先设置理藩院,作为统治边疆各少数民族的中央机关,有尚书、左右侍郎、额外侍郎等主要官职,内设六个清吏司。"其中典属清吏司,掌管西藏和甘州喇嘛转世名号,及西藏的政治、军事、经济、司法、朝贡、赏赉等事;柔远清吏司,掌握西藏噶伦年俸及甘肃喇嘛年班进贡等事。"①康熙六十年(1721),当时驻守西宁的抚远大将军允禵奏准朝廷派大臣一员驻扎西宁,办理蒙藏事务。同年,清朝选派侍读学士常绶为理藩院额外侍郎驻扎西

① 黄奋生:《藏族史略》,北京:民族出版社,1989 年,第 231 页。

宁。雍正三年(1725),清朝平息罗卜藏丹津反清事件后,将“总理青海蒙古番子事务”关防授给青海副都统达鼐,从此称“钦差办理青海蒙古番子事务大臣”,简称青海办事大臣或西宁办事大臣。雍正五年(1727),卫藏战乱基本平息后,清廷在西藏正式派遣驻藏大臣正副2人,为常驻官员,每任任期3年。留驻川、陕兵2 000人分驻前后藏,归驻藏大臣指挥。从而,清朝对西藏的管理进一步制度化和规范化。第二,安定西藏社会,维护国家统一。西藏地方凡发生重大事件、社会出现动荡时,清朝政府均行使了管理职能。顺治十一年(1654),和硕特蒙古首领、时任西藏汗王的固始汗去世后,蒙藏统治阶级之间的矛盾日益显出。康熙四十四年(1705),拉藏汗杀死第巴桑结嘉措,废黜六世达赖,双方斗争白热化。康熙五十六年(1717),准噶尔部蒙古侵扰西藏,杀死拉藏汗。针对西藏政局,清朝采取一系列应变措施。康熙五十九年(1720),清军驱逐准噶尔兵出藏,护送七世达赖到拉萨坐床。嗣后,平息罗卜藏丹津事件,彻底结束了和硕特部蒙古贵族在西藏的统治。前后藏世俗贵族联合掌管西藏政务后,之间又为争夺权力而兵刃相见。雍正六年(1728),清朝处治阿尔布巴等前藏三噶伦后,任命颇罗鼐总管西藏地方政务,后曾封为“郡王”。但颇罗鼐死后,其次子珠尔墨特那木扎勒对抗驻藏大臣,图谋反清,被驻藏大臣诱杀。清朝再次派兵入藏稳定社会,鉴于以往政局的多次变故动荡,遂改革西藏地方行政管理体制,决定废除郡王制,正式确立以七世达赖为首的政教合一统治,正式建立噶厦政府。乾隆五十八年(1793),大将军福康安率兵驱逐侵入西藏的廓尔喀军队后,清朝颁行“藏内善后章程”29条,进一步提高驻藏大臣的地位,从政治、经济、对外关系等各个方面体现清朝中央政府对西藏地方的管理,标志着清朝对西藏施政的最高阶段。第三,册封达赖、班禅,规范活佛转世。达赖、班禅作为格鲁派的精神领袖,在明万历六年 (1578)土默特蒙古首领俺答汗向三世达赖赠尊号“圣识一切瓦齐尔达喇达赖喇嘛”，清顺治二年(1645)固始汗控制西藏后赠给四世班禅“班禅博克多”的称号。但达赖、班禅的正式名号和政治地位的确立是在清王朝的册封之后。顺治十年(1653)，清朝正式册封五世达赖为“西天大善自在佛所领天下释教普通瓦赤喇怛喇达赖喇嘛”。康熙五十二年(1713)，清朝又正式册封五世班禅为“班禅额尔德尼”。从五世达赖和五世班禅起，历辈达赖、班禅均受到清朝的册封，清朝赐满(或蒙古)、汉、藏三种文字合璧的金册金印，标志着至高无上的皇权和对达赖、班禅合法性地位的肯定。乾隆五十八年(1793)，清朝为杜绝大活佛转世中的弄虚作假、营私舞弊等，实行金瓶掣签制度。由清政府颁发两个金瓶，一个用于达赖喇嘛、班禅额尔德尼等康藏大活佛转世灵童的认定，置于拉萨大昭寺；一个用于蒙古各部及甘青藏区大活佛转世灵童的确认，置于北京雍和宫。在拉萨签选必须有驻藏大臣参加，认定后立即上报中央政府，获准后方择吉日举行坐床典礼。

清末以来到民国时期，帝国主义列强妄图瓜分中国，不断插手西藏，尽管一度出现“西藏独立”的逆流，但始终未能改变西藏是中国一部分的事实。1928年，国民政府在行政院之下设立蒙藏委员会，依然有效管理蒙、藏等少数民族事务，西藏地方始终未脱离祖国大家庭。

慎终追远，我们重温藏族的历史，就会清楚地看到西藏地方与祖国内地自古以来的密切关系，藏族自远古以来的历史就是中国历史的组成部分，所谓“西藏自古独立说”完全是对历史的歪曲。

(原载《青海社会科学》2008年第3期)

青海回族源流考

孙　滔

青海回族是世居青海少数民族中历史悠久、人口较多、分布较广的一个民族。1990 年全国第四次人口普查统计，全省共有 641 700 人，主要分布在省内东部和东北部，西宁、门源、化隆、大通、民和、循化、湟中、平安、贵德、祁连、乌兰和尖扎等市县较为集中，其他州、县也有分布。中华人民共和国成立后，在回族聚居的门源、化隆分别建立了回族自治县，在民和、大通分别建立了回族土族自治县，在平安、湟中等县建立了 10 个回族乡。

一、先民时期

青海回族是在中国封建社会里，以伊斯兰教信仰为纽带，经过国内国外众多穆斯林与非穆斯林民族数百年迁徙定居、繁衍生息、融汇组合，于元末明初形成的。

青海地处我国西部中心地带，是陆上丝绸之路、唐蕃古道和茶马之路三条大动脉的交汇处。辽阔的天然牧场，丰腴的待垦土地，成为滋生涵养众多民族的发祥地，也是众多宗教传播发展的温床，是伊斯兰教在我国最早传播的地区之一。青海回族的早期先民是阿拉伯、波斯等伊斯兰教国家的兵员落居于青藏高原，安家定居而存在的。据汉文史料《旧唐书》、《新唐书》、《资治通鉴》、《册府元龟》，藏文史料《敦煌吐蕃历史文书》、《白史》和藏文史诗《格萨尔》，国外阿拉伯文、波斯文史料记载，当时在亚洲地区先后崛起了大唐、大食和吐蕃三大强国。它们围绕中国西部、中亚东部展开了扩大疆域的角逐。时而唐朝和大食联兵对付吐蕃，时而吐蕃和大食联兵对付唐朝，时而唐朝和吐蕃联兵对付大食，或者互相借兵对付本国的反叛势力。从而造成在青藏高原广大地域内既有大食的驻守部队，也有被俘人员和伤、病、流散人员，其中有的人在青海地区定居下来，成家立业，繁衍子孙。由于三大强国在我国西部逐鹿，战事频仍，丝绸之路和唐蕃古道时通时断，阿拉伯、波斯等穆斯林国家的使节、随从人员和商队长期滞留青海等地，为了生计，也必然置产成家，成为当地居民。穆斯林各族有一条不成文的规定，女子一般不外嫁，要娶穆斯林女子的男人必须改信伊斯兰教；穆斯林男子与其他信仰女子结婚，是以女子改信伊斯兰教为前提的。当时的军人、使节、随从人员和商人肯定都是男性，和当地女子结婚，无形中传播了伊斯兰教。所以，以上人员在青海的扎根，就是伊斯兰教在青海的扎根和传播。他们及其后裔，经过定居、成家，由外籍转化为中国公民后，就成为青海地区最早的穆斯林，也是青海地区最早的回族先民。

五代、宋朝伊斯兰教在青海有了进一步的发展，其主要表现：最早入居青海的穆斯林经过二三百年的繁衍生息，其后裔人数有了很大增加；又有一些新入华的穆斯林定居青海。新入居青海的穆斯林主要是阿拉伯、波斯商人和中亚地区伊斯兰化的突厥商人。

这一时期，我国西部地区战乱频仍，丝绸之路被沿途各民族地方政权各占一段，道路阻断；西夏王朝占领丝绸之路北线后，采取高税政策，并经常掠夺往来商队，入华的各穆斯林国家的商队和贡使生命财产没有任何保障。而河湟流域相对比较安定，在这里建立的唃厮啰吐蕃政权采取招商轻税政策，武装护送出入境的贡使和商队，从而使丝绸之路南线(即青海道，又称羌中道)和麝香之路(即唐蕃古道)成为东西交通的主要通道。鄯州(今乐都、民和一带)、宗哥城(今平安地区)、临谷城、伏羌堡、林金城(均在今湟中地区)、牦牛城(今大通地区)、廓州(今化隆地区)、青唐城(今西宁地区)等地，都寄居或定居有各国穆斯林商人，仅青唐东城就定居有唐代入青的穆斯林后裔、喀喇汗王朝回鹘穆斯林万余人，其他各国穆斯林商人数百家。这些地区也是今天回族聚居之地。可见这一时期青海回族的先民数量已相当可观。

青海回族先民大批入居是在宋末元初。13 世纪，蒙古族西征，先后征服了中亚穆斯林各国，签发被征服各国的青壮年组成"回回军"进入中土。公元 1227 年春，成吉思汗亲率大军占领青海广大地区，并把水草丰美、草原辽阔的青海作为进军中原的根据地，派蒙古军和"回回军"在这里屯聚牧养。元朝建立后，先后派蒙古宗室西平王系、安西王系、西宁王系等部驻屯青海。这三个王系从始封人开始都是蒙古族中的穆斯林，其部众共 60 万人(包括奥鲁军，即随军家属屯牧部队)。常年驻守青海的约 30 万众，多为"回回军"和信仰伊斯兰教的蒙古军；还有一部分红袄军(山东反金农民起义军，后归顺蒙古，编入探马赤军中)，逐步融合到蒙古军和回回军中，并通过信仰伊斯兰教和奥鲁军、当地各族居民通婚而成为青海回族先民的一部分。元代，仅西宁王一族就分化出三个王系：西宁王、邠王、威武西宁王；其中西宁王一系就传承四代：出伯——速来蛮——亚格罕沙赫——阿鲁哥失里，并从西宁王一系中涌现出了一批文武兼备的伊斯兰教著名学者，为传播伊斯兰教发挥了很大作用（见下文“考证一：元代西宁王”）。这一时期，由于国门洞开，出入自由，在丝绸之路和麝香之路上，中亚突厥人、阿拉伯人、波斯人等，或经商，或探亲，或迁徙，或调防，昼夜不停，不绝于途。在麝香之路、丝绸南线的青海道上，有往来商队，也有留居之人。在留居者中，既有聚族迁徙，也有经商或被请来主持伊斯兰教务、教法者而落户青海的。元诗人马祖常游河湟时，将其所见记入《河湟书事》两首诗中，其中一首说：“波斯老贾度流沙，夜听驼铃识路赊。采玉河边青石子，收来东国易桑麻。”可见当时青海道上行旅和落户者多有穆斯林。这一时期聚族大批入居青海的穆斯林还有撒拉族先民撒鲁尔人、保安族先民撒尔塔人，这里不作详述。而作为青海回族先民成分的还有信仰伊斯兰教的西夏人。在西夏灭国时，大批西夏人外逃，或被强行迁徙，其中最大一支为信仰伊斯兰教的西夏人，他们定居于地广人稀的甘青交界处的积石关内外，同当地穆斯林各族相依为命，后来融合到回族等民族中。另据《中亚蒙兀儿史》载，元代唐兀地（今甘、宁、青地区），有一部分藏族改信伊斯兰教，地方史志称为“番回”，联系今天化隆县卡力岗地区还有一部分操藏语、着藏服、保留部分藏族习俗的回族，显然是指这一部分人（见下文“考证二：卡力岗人”）。随着穆斯林人数的不断增加，嫁给穆斯林男人的非穆斯林妇女，随夫信仰，为回族先民增加了相当可观的人数。

元顺帝时西域回鹘（维吾尔）人薛都尔丁任甘肃行省佥事，其家族和部众由永昌府迁入今青海民和地，其后人逐渐融合到回族中，明清两朝为青海回族中著名土司（见下文“考证三：冶土司”）。

二、形成与发展

元末明初，青海回族先民虽来自不同国度、不同民族，但经过数百年的分化组合，基本实现了中国化、本土化，由客居到世居，人口数量已相当可观，且有了相对集中的地域和共同的经济生活，并选择以汉语汉文为主作为交际语言文字，以伊斯兰文化为核心而形成了共同的心理素质和风俗习惯，为回族的形成奠定了基础。

明代，是青海回族形成以后的全盛时期，其经济、文化、人口都有较大发展。人口的发展除自然增长外，还吸收了很多外来成分。根据史料和家谱、民间传说，从明朝初年开始，国家即采取移民实边政策，从人口较多、土地缺少的江淮、山西等“狭乡”地区移民到人稀地广的甘青一带“宽乡”地区屯田，屯田青海的人中有不少为回族。为了方便宗教生活，他们一般都迁居于回族社区，自然形成一个个回族里甲。明初，明政府在青海西部和北部设置了安定、阿端、曲先、罕东四卫，安置归附的元西宁王系、西平王系、安西王系的各部蒙古，其首领和部众多为穆斯林。四卫残破后，各部渐次移牧于青海湖周围及其以东地区，其中一些部落逐步由畜牧向农耕、经商转化，随着生产方式的变迁和同回族的密切交往而融合到回族中。如游牧于安定、阿端卫一带善于征战、养马和经商的蒙古穆斯林“红毛儿”，他们几经辗转，被明政府安置于西宁、湟中、湟源等地，亦牧，亦农，亦商，从明中期到清朝后期，青海与西藏的民间商业贸易往来，基本上掌握在“红毛儿”商队手中，在他们居住的范围内至今留下了许多与穆斯林有关的地名，如湟源的胡丹度，就是蒙古语“信仰伊斯兰教的蒙古族住地”的意思。后来，“红毛儿”逐步融合到回族中，至今西宁、湟中、湟源一些回族群众还说他们的先人是“红毛儿回”，邻里仍亲切地称他们是“红毛家”(见下文“考证四：红毛儿”)。明正德年间，蒙古穆斯林、东蒙太师、瓦剌部首领、蒙古汗王也先之孙亦卜剌，与蒙古汗王达延汗争战失败，率部入青；随后其亲族、也先侄孙、小王子部太师卜儿孩亦率部入青，2 部约 5 万众，他们联军一处，游牧于青海湖和 4 卫之间。其部众包括哈剌灰（即瓦剌回回之意）、乜克力（又称卫郭特）和永邵卜回，可见其部全为穆斯林。他们在青海聚族游牧 30 余年，部落有很大发展，后因东蒙土默特部首领俺答汗率蒙古大军入青征讨，占据青海湖环湖地区，哈剌灰、乜克力部相继迁入海北祁连山和青海东部，其大部陆续融合到回族中（见下文“考证五：明代亦卜剌”）。俺答汗的部众中也有一些蒙古族穆斯林和史称“白帽回”的维吾尔族，如东蒙古永邵卜部（又称永谢布，其先世是元代驻守甘肃永昌府安西王的部众，明代由也先带入东蒙，后由亦卜剌统领，亦卜剌败入青海，所率部众中就有永邵部部分成员），即被史书称为“鹰韶堡回子”，说明该部大多数为穆斯林，他们也随着历史的发展而融合到回族中。明末，西蒙古卫拉特和硕特部在其首领顾实汗率领下进驻青海广大牧区，其 10 支部队中有一支为能征善战的部队，主要成员为蒙古穆斯林和维吾尔族，是进军青海、消灭喀尔喀领主却图汗、攻占西藏消灭藏巴汗的主力部队，后驻牧于环湖地区，以托茂（驼毛）自称，是清雍正初年进藏征讨准噶尔的主力。曾多次参加青海回族的反清起义，与蒙古族王公发生矛盾，于光绪年间脱离蒙古部落，分为两支：一支为老弱妇幼 3 000 余人，在噶斯的率领下徙入远离蒙古王公地域和战乱之地的海南、海北一带游牧；另一支为青壮年 2 000 余人，在其首领茶根率领下同回族起义军合兵一处，转战青海各地，后又在茶根率领下同回族起义军万余人进入新疆。留在青海的托茂人遂融合到回族中，至今仍操蒙古语，着蒙古服，善于游牧，保留有一些蒙古族习俗（见下文“考证六：托茂人”）。

多元文化孕育的青海回族，勤劳勇敢，聪明智慧，具有较强的适应性和开拓进取精神，能耕能牧，能商能工。他们和兄弟民族一起，筚路蓝缕，艰苦创业，为开发建设青海，维护国家的统一，做出了重要的贡献。

三、考证

为了给有兴趣研究青海回族者提供方便，为进一步研究中国回族史提供史料，笔者将十多年来对青海回族源流各支脉的研究考证，分别加以概述。

考证一：元代西宁王

元代是伊斯兰教在青海大发展时期，也是青海回族形成的重要时期。伊斯兰教的发展，回族的形成，都与西宁王有着重要的关系。

西宁王的封号始于元世祖至元二十年(1283)。后来又从西宁王中分化出王、威武西宁王、宁王、沙州王、肃王、威武王等。《元史》、《新元史》、《元史新编》、《蒙兀儿史记》、《续文献通考》等史书将此世袭王位列入成吉思汗第四子托雷之子旭烈兀后裔中或成吉思汗之弟的后裔中。今人研究亦多以此为根据。但若仔细推敲上述史书，不难发现其中漏洞很多，难以自圆其说。依据该王系后裔于元代末年在敦煌莫高窟、酒泉文殊寺所立碑文对家族谱系的记载，印证中亚帖木儿王朝谱系《穆伊兹・安萨布》(意为“贵显世系”)以及《史集》、《中亚蒙兀儿史》等资料和史书的记载，不难发现汉文史籍的记载，以讹传讹了数百年。

西宁王是元王朝对成吉思汗次子察合台后裔中留居元朝境内的诸王出伯所封的世袭王位。1271 年，托雷子忽必烈即大汗位后，改蒙古汗国为元朝，改汗王为皇帝。当时，成吉思汗家族内一部分人认为应由成吉思汗三子窝阔台的后裔为皇帝，反对忽必烈称帝。拥有重兵并占据战略要地的窝阔台之孙海都和察合台之孙都哇联合起兵与忽必烈相对抗。在察合台汗国内，围绕拥护和反对忽必烈、察合台国内汗权之争，分裂为对立的两派，忽必烈为了巩固自己的皇位，保持西部地区的稳定，即指派维护元王朝统一、反对分裂割据的察合台之孙、察合台汗国四世汗王阿鲁忽之子诸王出伯（汉文史籍又称术白、术伯，虔诚的穆斯林）屯兵今青海、甘肃西部，协助西平王奥鲁赤（忽必烈子，穆斯林）、安西王阿难答（忽必烈孙，穆斯林）统领蒙古军、探马赤军和各地军户，平息以海都、都哇为首的分裂活动。诸王出伯的辖区在沙州路，当时沙州的范围包括今新疆南疆一部分、西藏北部一角、甘肃玉门以西和青海柴达木盆地，地域辽阔，战略地位十分重要，其王室、家族、指挥中心，在今敦煌地区。出伯在镇守元王朝西部门户期间屡立战功，元王朝于世祖至元二十年（1283）封出伯为西宁王，在今青海、甘肃、新疆交界处设置曲先答林元帅府，在河西走廊、青海道、唐蕃古道设置驿站、军站和屯区，统由西宁王管辖。不久，镇守西宁的宁濮郡王章吉驸马随西平王从征期间，背叛了元王朝，参与了海都等的分裂活动，元王朝以从叛处置，撤去封号，将封地西宁州划归西宁王出伯，并令出伯抽出一部分赋税供养章吉之妻大长公主芒古台。出伯即迁部分家族率部进驻西宁州。成宗大德八年（1304），元王朝又加封出伯为威武西宁王，大德十一年（1307）又晋封出伯为王，此为元王朝最高王位，成为当时中国西部与忽必烈系的西平王（后称镇西武靖王）、安西王握有同等军事实权和封地的最高世袭王位。出伯一人先后被元王朝封了三个王位，在元代是独一无二的。可见元王朝对出伯的倚重。

西平王、安西王、西宁王都是蒙古贵族中较早信仰伊斯兰教的虔诚信徒，其部众也多为穆斯林。共同任务、共同利益和同一信仰，使他们之间互为依托，密切配合，为镇守和开拓中国西部边疆做出了卓越的贡献，多次得到元王朝的奖励。

出伯受封的三个王位，其后裔一直继承到元末。威武西宁王由出伯幼子宽彻继承，后由宽彻子亦里黑赤继承，谟罕墨德继承，直至元末由忽纳失里继承称威武王（又称肃王、哈密王），明初成为哈密王的始祖，去世后，由其弟安克帖木儿继承，于永乐元年归顺明王朝，被封为忠顺王；西宁王本应由出伯次子卜烟塔失继承，但因出伯去世时卜烟塔失正在麦加朝觐、学经，被出伯三子忽塔忒迷失继承；王位由出伯长子那木忽里继承，但不久那木忽里去世，王位又被忽塔忒迷失夺去。由此而引起出伯家族各系对忽塔忒迷失的不满，元王朝即削去忽塔忒迷失两个王位，将王位授予那木忽里子不颜贴木儿，将西宁王授卜烟塔失子速来蛮。

速来蛮（汉文史籍又写作苏莱曼、撅鲁蛮、珠勒玛、斯隆玛等）正式受封于天历二年（1329），今青海海东、海北、海西和甘肃与青海海东相邻地区为其封地，在青海地域内的蒙古军、探马赤军、回回军户、宣政院辖区各卫、积石州元帅府、曲先答林元帅府、各军站驿站，均受其节制、调遣。速来蛮年轻时即随其祖父出伯率探马赤军东征西讨，战功显赫。由于速来蛮镇守有方，在民族大迁徙、大变动中，土著民族与外来民族、主户与客户和睦相处，社会稳定，地方安宁。元王朝于至顺三年（1332）诏置西宁王府王傅官 4 人，协助速来处理军政要务，使西宁王登上了宗王的最高王位。速来蛮于至正十一年（1351）去世，在位 22 年，他不仅在开发青海、维护社会治安、巩固元王朝的统一中做出了重大贡献，而且关心、支持伊斯兰教事业的发展，对其他宗教信仰也采取宽容政策，令其后裔在研究伊斯兰文化的同时，也要认真研究其他宗教文化。他曾令第三子诸王阿速歹组织专人收集、整理、保存佛教文献，在敦煌保存一部畏兀儿佛教文献，这部文献就是畏兀儿学者萨里都通奉西宁王速来蛮三子诸王阿速歹的旨意于至正十年（1350）抄录并珍藏于敦煌莫高窟，后被斯坦因盗走。由于西宁王对各民族、各宗教一视同仁，平等对待，因而很受各民族群众的拥戴。其部众多为穆斯林，他积极支持部众的宗教活动，从中亚聘请伊斯兰教著名经学大师讲经典、领拜，设伊斯兰教宗教法官（哈迪）规范信徒的宗教义务，为去世的宗教大师修建陵墓，开办伊斯兰教学校，培养伊斯兰教传播人才。他的子女都受过严格的伊斯兰教教育，其四子一女中，有两个儿子取得了“沙赫”（蒙古族穆斯林对伊斯兰教中有地位的著名教师、学者的称谓）的尊称。正是由于速来蛮的种种举措，不久即在青海相继形成了回族、撒拉族、保安族，在甘肃西宁王封地内形成了东乡族，成为新疆之外穆斯林民族最多的地区。

速来蛮去世后，由其子亚格罕沙赫继承西宁王王位。亚格罕文武双全，知识渊博，善于用兵征战。至正十三年（1352），元王朝命亚格罕率军镇守四川，不久又调往湖北，打败了南方红巾军，攻克徐寿辉的都城蕲水。青海军政民事务由其弟诸王速勒坦沙赫处置，并由长期驻守沙州的二弟诸王阿速歹及长子阿鲁哥失里主持曲先答林元帅府。至正十三年（1353）底，亚格罕奉命率部由湖北进驻沙州路（今甘肃敦煌地区）镇守。其间在莫高窟和酒泉地区将其家世刻碑传世。元末，亚格罕去世后，由其长子阿鲁哥失里继承西宁王，并被封为沙州王，屯兵自保。明洪武十三年（1380），阿鲁哥失里即以沙州王名义遣使进贡，归附明朝。永乐四年（1404）明设沙州卫，任命阿鲁哥失里子困即来、买住为沙州卫指挥。速来蛮家族驻青海地区的后裔，元亡后先后率部归附明朝，明王朝为了对付北元政权，对速来蛮后裔都作了妥善安置，明初设置的青海5卫的首领，多为速来蛮的后裔，驻青海东部地区的子女及其部众，随着与当地回族群众生产生活的交往，逐步与回族相融合。明代甘肃各卫和新疆哈密卫的王、指挥等首领，大多数为出伯家族的后裔。

关于西宁王速来蛮家族世系，已查明的列表如下：

- 成吉思汗
  - 察合台（察合台汗国创始人）
    - 阿鲁忽（察合台汗国第四世汗）
      - 出伯（至元二十年封西宁王，贞元八年封威武西宁王，贞元十一年晋封王）。
        - 那木忽里（王）（下略）
        - 卜烟塔失（诸王）
          - 速来蛮（西宁王）
            - 亚格罕沙赫（西宁王）
              - 阿鲁哥失里（西宁王，后又封沙州王）
                - 困即来（明沙州卫指挥使）
                - 买住（明沙州卫指挥）
                - 喃哥（明沙州卫都指挥佥事，后附蒙古首领也先，被也先封为甘肃行省平章）
            - 速勒坦沙赫（诸王）（下略）
            - 阿速歹（诸王）（下略）
            - 结来歹（诸王）（下略）
            - 必烈怯（公主）（下略）
        - 忽塔忒迷失（夺西宁王职后被撤）（下略）
        - 宽　彻（威武西宁王）（下略）

考证二：卡力岗人

卡力岗人是青海回族的一支，因聚居于化隆回族自治县德恒隆、阿什努地区，该地原称卡力岗，故称卡力岗人。

13世纪初，西夏国被蒙古汗国所灭，出于分散西夏人，以减轻抵抗，便于集中兵力灭金的战略需要，蒙古汗国将西夏人强行迁徙到西北、西南地区。也许为了照顾他们的宗教信仰，将信仰藏传佛教的西夏人迁徙到西藏地区；其中最大的一支为信仰伊斯兰教的西夏人，他们被迁徙到河湟积石关内外，分别被安置在今甘肃、青海两省交界的从中亚签发来的撒尔塔、撒鲁尔等西域回回军镇守军屯地域。西域回回军是由国外（主要是中亚）各民族组成，西夏穆斯林虽属国内民族，但他们也是背井离乡的外来民族，均属被强行迁徙的被统治民族，共同的遭遇、共同的命运、共同的信仰，而且他们都面临着组织家庭、从事耕牧，以维持生计的选择，这就使他们的心紧紧地贴在了一起，互相同情，相互帮助，互为婚姻，同甘共苦。在共同的生产和生活中，通过文化交流和生活交往，逐步融合，形成回族、东乡族、撒拉族、保安族等穆斯林民族，为中华民族大家庭增添了新的成员。

化隆卡力岗地区原为藏族游牧地，地域虽辽阔但人口稀少，交通不便，很是闭塞。西夏人迁来后，就同当地藏族、驻屯回回交错杂居，经过长期生产、生活的交流和互通婚姻而相互融合，形成别具一格的回族的一支。由于地区闭塞，卡力岗人很少与外界交往，时至今日这支回族仍操藏语，着藏服，民风淳朴，为人诚实厚道，既保持了虔诚的伊斯兰教信仰，又保持了藏族、西夏人的某些习俗。经济生产为农牧结合结构。他们的宗教活动场所清真寺具有藏传佛教寺庙风格，礼拜大殿的殿门、廊沿的柱子，被油漆成大红大绿，是其他清真寺很少有的。清乾隆年间，伊斯兰教虎非耶教派华寺门宦始传人马来迟曾在这里传播苏非学理，卡力岗人全部归信了华寺门宦。马来迟去世后，信众在河州（今甘肃临夏）为他修的大拱北，色彩鲜艳华丽，就是仿照卡力岗清真寺的模式修建的。

考证三：冶土司

冶土司先祖为西域回鹘（维吾尔族）人，元代中期，随高昌回鹘亦都护（高昌维吾尔族国王）纽林的斤率部调驻永昌府（时称凉州，今甘肃武威地区）。冶土司先祖阿台不花驻凉州时，拥有庞大的部落和军事实力，为元王朝维护这一地区的安定做出了很大贡献。其子忻都曾多次率部随蒙古宗王征讨西部的叛乱，功勋卓著。忻都子二人：一为斡栾，元顺帝后期官至中书平章政事，官职仅次于丞相；另一子薛都尔丁，为甘肃行省佥事，主持甘肃行省司法事务。

因他们家族世代忠于元王朝，元顺帝于至正十八年(1358)追封忻都为西宁王，并于至正二十二年(1362)在永昌府石碑沟村树立《大元追封西宁王忻都公神道碑铭》，该碑今保存在甘肃武威博物馆内。

薛都尔丁至甘肃行省任职不久，元朝即亡，甘肃行省自行解体，薛都尔丁将其家搬迁到今青海民和县米拉沟避居，于洪武四年(1371)归附明朝，明朝授予小旗。其子也里只于洪熙元年(1425)因军功升所镇抚，始步入土司(武职)行列，从此子孙世袭，成化八年(1472)升为指挥佥事，更姓冶。清光绪年间改土归流，取缔土司制度，被流官所替代，结束了冶家的土官传承。共传承 14 代，历 450 余年。

考证四：红毛儿

在明、清时期，有一支活跃在我国西北地区被称为“红毛儿”(有的史籍称“红帽儿”、“红毛鞑子”、“红帽番”、“红帽回”等)的庞大部落。在研究西北地区的历史、地理和民族的古籍文献中，多有对该部落政治、经济、文化活动及其行踪的记载。这支部落在历史上究竟属于什么民族，其宗教信仰是什么，什么时候有了这种称谓，为什么会被这样称呼，为什么在清朝末年这种称呼从史籍中消失了，究竟融合到什么民族中？史籍中都没有交待。

“红毛儿”的先民为成吉思汗次子察合台第三子拜答儿之孙阿勒坛的部队。其部驻守在新疆东部、青海、甘肃西部，即元代曲先答林元帅府辖区范围，其人员构成除蒙古军外，还有西域回回军(以中亚突厥人为主体)、山东反金起义的红袄军，是一支多民族人民组合并经历三四代各族人民不断融合的蒙古军，也是最早皈信伊斯兰教的蒙古部。该部比较欣赏红袄军的服饰习俗，习惯戴红帽，帽顶缀红缨，或者头缠红巾，身穿红袍，作战时以红旗作前导，久而久之，红色服饰就成了该部与其他蒙古部相区别的服饰，“红帽儿”也就成了该部的别称。元代末年，该部驻守沙州路，归西宁王管辖，人数约10万人之众。

明初，红毛儿中一部分约五六万众归附蒙古哈密王，一部分归附明朝。归附明朝的红毛儿分别被安置于今青海境内的安定卫、罕东卫、阿端卫、曲先卫和今甘肃境内的沙州卫、罕东左卫、赤斤蒙古卫等地，成为各卫属部，相继形成为许多大小部落，诸如安定王部、剌卜儿部、阿娇部、姑六只部、革尔加部、巴沙部等，并以这些部落称谓而载入史籍，但在民间、民族间、部落内部仍习称红毛儿。正德年间，称雄蒙古的也先之孙亦卜剌、亦剌思及其亲族卜儿孩等，为恢复也先的霸业，与达延汗争战，失败后先后进入青海，相继占领了4卫地，并与哈密卫蒙古部、瓦剌部结成新的联盟，成为新的称雄西北的蒙古军事集团，坚持与东蒙抗衡争雄。性格强悍、精于射骑、不甘人下的红毛儿各部，虽与亦卜剌部共同信仰伊斯兰教，但他们不愿充当附庸，听人摆布，在东西蒙古争霸中保持独立地位。因此，他们在明政府的允许下，相继内迁，多数迁到今青海东部地区，如西宁、乐都、互助、湟中、湟源、门源、祁连、海晏等地，都有红毛儿部落聚族而居，也有一些部落徙居于甘肃沙州、凉州、永昌等地。这里需要说明的是，红毛儿中的一支从明初一直牧猎于江河源头，与其他部失去联系。其后裔逐渐淡漠了伊斯兰教信仰，因与藏族交往密切，遂逐步融合到藏族中，成为玉树藏族的一部分，但仍以红毛儿(红帽儿相称)。嘉靖年间，东蒙古达延汗之孙俺答汗率大军进入青海征讨亦卜剌，并想以青海为根据地进而征服新疆蒙古各部。因此，曾多次派部收编红毛儿，以扩大自己的势力和军事实力，均被红毛儿各部拒绝，而与明政府合作。从万历到嘉靖，红毛儿各部曾多次参与明军的军事活动，如万历年间明军征讨火落赤两川之捷，均靠红毛儿之力；明军回族将领达云所率部众多为红毛儿。因为其部精于骑射，善于突击，出奇制胜，功勋卓著，而且又是饲养战马的能手，很受明王朝的赏识。

清代，居于今甘肃地区的红毛儿曾参加了顺治初年米喇印、丁国栋领导的反清起义。起义失败后，他们同一部分托茂人、回族人沿祁连山进入青海海北地区，受到今祁连地区、门源地区、大通地区托茂人、红毛儿以及当地回族群众的保护和很好的安置，帮助他们重新建立了家园，使他们分别汇入当地穆斯林各族中。青海的红毛儿主要居住于青海东部地区，多与回族交错杂居，与蒙古族29旗始终保持距离，保持自己的独立性。其经济生产已由畜牧业转向亦牧、亦农、亦商的格局，其畜牧业以饲养马牛等大牲畜为主，他们的马"体形优美，体格匀称，强健骠悍，步伐高傲"，大大地优越于其他马种，是互市的抢手货；其农业生产与当地回族比较接近，但耕作粗放，多由妇女经营；其商业活动主要为长途贩运，经营的主要是畜产品，有清一代与牧区、与西藏的商贸活动主要由他们经营，他们每次大的商贸活动，往往出动驮马2 000余匹，驮牛2 000余头，各种畜产品、土特产品数量众多，"西宁税务大为沾润"，成为清代西宁地区纳税大户，其经营规模和贸易额可想而知。

清代后期，定居于西宁、湟源、湟中等地的红毛儿，由于经济生产、生活习惯、宗教信仰与当地回族完全相同，与回族交往密切，并互通婚姻，遂逐步融合到回族中。居住甘肃的红毛儿也先后融合到回族和东乡族中。

作为青海回族先民的一支，红毛儿人历史上奇异的经历，铸造了其不屈不挠、无所畏惧的性格。正如历史典籍所载，他们勇气十足，无拘无束，昂首阔步，威严忠厚，语言简炼而有力，有着令人钦佩的傲气，有点野性的笃诚，令人生畏而又有巨大的感染力。西宁、湟源、湟中等地各族群众竞相模仿他们的行为。正由于此，时至今日青海回族中红毛儿的后裔，仍以骄傲的口气谈论他们的先辈，并以自己是红毛儿的后裔为荣，其邻里也以亲切的口吻称他们是“红毛家”。

考证五：明代亦卜剌

亦卜剌，汉文史籍又译为亦卜剌因王、伊毕喇伊木王、额布讷勒）、伊巴里、义巴来、亦孛来、倚巴、尾白儿等音近而字不同的伊斯兰教阿拉伯文经名。这一经名今汉文通译为伊卜拉欣。

亦卜剌是瓦剌部的一支的首领，他于明正德、嘉靖年间率部在青海辽阔的草原上游牧。他所率领的蒙古部，是以瓦剌中信仰伊斯兰教的秃马、哈剌灰、乜克力为主体的穆斯林部落。他在青海的20多年中，其部众人数由原来的3万人发展到10万人，牛、马、羊等牲畜数量成倍增长，还开垦了一定数量的农田，为开发柴达木、发展青海经济，做出过一定的贡献；为抵制北元蒙古势力对青海、甘肃、新疆的西征南讨起到了巨大的牵制作用；为青海回族形成后的发展提供了支持和一大批后备力量。

亦卜剌的先辈世为斡亦剌（明称瓦剌、清称卫拉特）部的首领。其家族何时开始信奉伊斯兰教，有待继续考证，但至迟从孛罕开始已信奉了伊斯兰教。孛罕为瓦剌最早联盟的首领。孛罕子乌林达为瓦剌首领，北元太师。乌林达子浩海达裕为瓦剌首领，扶持额勒伯克（穆斯林）为北元汗，明洪武二十六年为北元太师，后被额勒伯克误杀。浩海有子三：马哈木、太平、把秃孛罗。永乐七年（1409），明廷册封马哈木为宁顺王、太平为贤义王、把秃孛罗为安乐王。当北元汗额勒伯克知误杀浩海，即向浩海家族认错，立其长子马哈木为丞相，将爱女萨穆尔公主嫁给马哈木为妻。额勒伯克去世后，由其子本雅失里（在撒马尔罕帖木儿王庭长大的穆斯林）继汗位，与明军战，败入瓦剌，被马哈木杀。马哈木立本雅失里子德勒伯克（原名答里巴，穆斯林）为汗，自为太师，从此北元实权落入瓦剌马哈木家族手中，后马哈木为北元汗额色库所杀。

马哈木子为脱欢，名巴穆尔，永乐十六年(1418)继宁顺王位，称其先为苏丹(即伊斯兰教国家君主)，依靠亲信安乐王子亦剌思、贤义王子乃剌忽等有实权的穆斯林统一瓦剌各部；又借其母萨穆尔公主为汗王女儿的特殊身分，或凭借武力，统一了北元各部；将女弩温答失里嫁哈密忠顺王为正妃，从而控制了哈密的蒙古各部；派其长子也先率部深入察合台汗国，确保西境安全；然而由于蒙古非黄金家族不能称大汗的传统观念使他难以称汗，而拥立成吉思汗后裔脱脱不花为汗作为傀儡，将另一女儿嫁脱脱不花为正妃，从而控制了汗庭，自己以岳丈的身份为全蒙太师，实权全部握在自己的手中，从而使自己家族上升为蒙古统治集团中最高贵、声名显赫的家族，为使瓦剌迅速强盛奠定了基础。脱欢有两女四子，多为脱欢的苏州回回夫人敏达失里所生，长子也先、次子赛罕王(又译为赛刊王)、三子伯都王(又译为伯鲁王)、四子赛因王(又译为大同王)，都具有雄才大略，文武双全，能征善战。就连其女儿弩温答失里也是女中英杰，曾在哈密主政二十余年，始终与明王朝保持良好的臣属关系，为明王朝守护西大门，为维护丝绸之路的畅通无阻做出了很大贡献。

也先又名艾桑玛，于正统四年 (1439)继父位，称淮王。在他继位后的短短五年中，就充分显示了勃勃雄心，《明英宗实录》正统九年(1444)记载有一段话，对也先这五年作了很好的概括：“脱欢死，子也先嗣太师位，自称淮王，势力大盛，西征中亚细亚诸国，东攻兀良哈三卫，席卷女真诸部地方，威胁朝鲜，攻破哈密，臣服沙州、罕东、赤斤蒙古三卫，置甘肃行省，授沙州等酋长为平章等官。”至此，以也先为首领的瓦剌的势力空前强盛，控制了西起中亚，东接朝鲜，北达西伯利亚，南抵长城以北的广大地区，形成了元代以后最大的以伊斯兰教为主体的蒙古贵族政权，并且是以瓦剌贵族为核心取代黄金家族重建元朝为目的的政权。我们通过他的政权班子和他所采取的一系列措施，足以说明他的政治抱负。也先的文臣，左丞相为哈丹（即伊斯兰教经名阿丹），右丞相为阿拉克，都是瓦剌部的穆斯林；武将除其3个弟弟外，有总兵答剌罕、赛伏剌、阿卜都拉、阿里玛、巴图拉、宽哥伯、那那舍力王等，也都是瓦剌部的穆斯林；外交使节可谓人才济济，有搞政治的，有搞经济的，有搞文化的，有搞情报的，也有阿訇、满拉 、火者（和卓，长官、圣裔领袖）、哈只（哈智，曾到伊斯兰教圣地麦加朝觐者的荣誉称号）、舍黑（谢赫、沙赫，对伊斯兰教内德高望重的长者的尊称，兼有宗教社团领袖、部落首领之意）、速檀（苏丹，伊斯兰教国家君主）等上层宗教人士，其中最著名的有皮尔马黑麻、哈只阿里、舍黑咱答、舍黑马黑麻、木速尔蛮、阿老丁、脱木思哈、脱哈答、速檀、速来蛮、哈三、火者、兀麻儿、沙黑撒、察剌八失、哈只阿力、锁鲁檀、巴秃火者、哈散、迷儿火者等，从这些人名中不难看出都是伊斯兰教经名，说明他们都是瓦剌部的穆斯林。也先时期，在贡使名单中，也曾出现过2次国师、喇嘛等称谓，这可以从两方面理解：一是也先对其他宗教采取宽容政策，坚持信各种宗教都自由；二是通过提高喇嘛教上层的作用，以取得喇嘛教信众对他的信任和服从。

也先每次派出的入京进贡使团，少则千人，多则两三千人，通过朝贡和互市，换取了生产和生活用品，购置了军需用品，掌握了朝廷的动态和军事情况，还取得了朝廷的信任和赏赐。

联姻是也先扩大自己势力范围、加强对归附明朝的蒙古各部控制的重要措施之一。如对明朝政府在西北建立的哈密、沙州、安定、罕东、罕东左卫等七卫，都是采取让其兄弟或子侄与这些卫的首领的女儿结婚而控制了这些地方及其首领。宣德年间，察合台后裔东察合台汗国汗歪思多次与也先交战，歪思汗战败被俘，也先要歪思汗将其妹马黑秃木·哈尼木嫁给他的儿子作为交换条件，歪思汗答应后，也先即让其子阿马桑赤随歪思汗入蒙兀儿斯坦，按照严格的伊斯兰礼俗同哈尼木举行了婚礼，从此东察合台汗国也为也先所控制。亦卜剌和亦剌思兄弟都是在东察合台汗的宫中出生的，从少年时代就在这里受到良好的伊斯兰文化的教育。

当也先在整个蒙古中取得至高无上的地位后，向明朝出使瓦剌的使节马云、马青（亦是归附明朝的蒙古族穆斯林）提请明皇室将一宗室女嫁其子为妻，使节轻率地“私许”，也先即“进马为聘”，使节回京未向朝廷汇报也先求亲事，并将作为聘礼的马和金银珠宝私吞，随后也先派出庞大下聘礼的使节携带大批金银珠宝入京下聘礼，而明廷对此却一无所知，“答诏无许婚意”，使也先恼羞成怒，借明廷失信、赖婚、扣使节、减岁赐为由，于正统十四年(1449)大举进攻中原。由于政治的、经济的等多种复杂因素，也先为实现复辟元代统治，迟早会与明王朝有一场角逐，但这件事对也先造成的难堪，加速了对明之战。面对也先的进攻，明廷组织了50万大军，由英宗御驾亲征，在当年八月十三日在土木堡与也先军遭遇，也先仅用三天时间以2万名骑兵全歼50万名明军，俘虏了英宗皇帝，创造了以2万名兵力在三天内消灭50万名兵力这种历史上绝无仅有的以少胜多的战例。“土木之役”不能不说是战争史上的奇迹，也说明了也先非凡的指挥才能。也先的非凡处还在于能审时度势，在巨大的胜利面前能够冷静、果断地力排众议，不仅不杀英宗，还对英宗行君臣礼，派专人侍候英宗的生活，让伯颜贴木儿率部保卫英宗的安全，与英宗相处得非常友好，还不失时机与明议和，送回英宗，和明廷恢复正常关系。

景泰三年(1452)，蒙古内部因立汗储发生内乱，脱脱不花的部队被也先部打败，逃往大兴安岭一蒙古部落被杀，这就为也先称汗扫清了道路。景泰四年(1453)，也先以大无畏的精神向“汗权天授”的蒙古传统观念挑战，排除重重阻碍，以非黄金家族的首领即了大汗位，称大元田盛（天圣）大汗，任命其次子阿失帖木尔为太师、三子阿马桑赤为中书省右丞相，长子火儿忽力主军。原知院阿拉克要也先将太师位让给他，也先没有答应，即同也先翻了脸，发动政变，于景泰六年(1455)杀了也先。

也先被害后，统一的蒙古出现了大分裂、大动荡的混战局面。也先家族成员为了控制局面，首先将瓦剌部化整为零，分别由也先的母亲、妻子、众弟和儿子统领：其母和妻赛因失里、弟赛罕王统瓦剌大部驻东蒙控制局面，制止各部互相仇杀；另一妻者密失同长子火儿忽力统部1万驻守赶河，便于从外围进行策应；弟赛因王、伯都王统兵数万入哈密与其姐弩温答失里的哈密蒙古部合兵一处，控制西部的局面；子阿马桑赤及孙亦剌思、亦卜剌率部驻哈密北山巴里坤一带；子阿失帖木儿及叔父赛罕王、伯都王之子乩加思兰、亦思马因、拜亦撒哈等统主力驻漠北。虽然部落分散了，但却保存了瓦剌部的主力，他们之间遥相呼应，密切配合，为恢复也先统一蒙古的大业而前赴后继的竭尽全力地奋斗着。

从景泰六年也先被害到弘治十三年(1500)的45年中，也先家族成员虽未夺回汗位，但始终牢牢掌握着瓦剌联盟的领主地位和北元汗廷的太师地位，并与明王朝保持着良好的关系，先后以瓦剌名义或单独以哈剌辉特、哈剌灰、乜克力、小列秃的名义向明廷入贡，也先之弟及子、侄都多次受到明廷的敕封和赏赐；明廷仍把瓦剌各部作为制约北元势力的重要力量所倚重。也先弟、子、侄、孙辈先后在北元汗廷中担任太师的有火儿忽力、阿失帖木儿、克舍、乩加思兰、亦思马因、亦卜剌等。

亦卜剌为阿马桑赤之子，也先之孙，幼年生活在东察合台汗廷，受到良好的伊斯兰文化教育，青年时代在其祖父也先身边学习文治武功，率部征战。也先被害后，同其兄亦剌思率部护送其父阿马桑赤、母哈尼木、妹齐齐克入哈密北山巴里坤一带。后不久，亦卜剌族叔乩加思兰、亦思马因、拜亦撒哈等在其伯父阿失帖木儿率领下亦率部进入哈密北山地区，合兵一处，以哈拉辉特相称。后来一部人在乩加思兰、亦思马因率领下占据哈密，与其父赛因王、伯都王合兵一处，分为两部，一称乜克力，由乩加思兰、亦思马因统领，一称哈剌灰，由拜亦撒哈统领；游牧于北山的阿失帖木儿的后裔，克舍一系的部众则以小列秃相称。他们分别以哈剌辉特、乜克力、哈剌灰、小列秃等或以瓦剌太师、伯都王（也先弟）、赛因王（也先弟）、孛罗王（也先长子）、奄檀王（也先次子）、其巴王（也先孙，即亦卜剌）、小列秃王（也先重孙，即养罕）等不同名号和称谓向明廷派出贡使，明廷也都认可为独立属部，按使节接待，并给予对等的赏赐。

弘治初年，亦卜剌同兄亦剌思、满哥率部随伯父孛罗罕（火儿忽力）借护送妹齐齐克入东蒙同达延汗成亲之机，将被达延汗劫掠而流散甘宁青地区的瓦剌各部招募归来。成化六年（1470）乩加思兰、亦思马因率瓦剌乜克力部数万人进入河套，立满都鲁为汗，乩加思兰为太师，后乩加思兰被杀，亦思马因成为乜克力部领主，于成化十五年（1479）立达延汗为大汗，自为太师，成化二十二年（1486）率部归瓦剌故土，走至甘肃，被达延汗派人追杀，所部失去首领，又被劫掠而逃散。亦卜剌等率部入河套，最主要的还是要在沿途将流散的亲族部落收归帐下，壮大实力，恢复也先统一蒙古的事业。进入河套后，亦卜剌与其伯父孛罗罕先后任北元汗廷太师。

亦卜剌为也先之孙，在政治上、军事上继承了也先的雄才大略，很有号召力，在不长的时间内，瓦剌在东蒙的各部，纷纷回归帐下，形成与达延汗直属的左翼 3 万户势均力敌的右翼 3 万户：一为永邵卜（史书又称永谢布、鹰韶堡回子，均为永昌府部的异译），所属 10 部 8 万人；一为阿尔秃厮，所属 7 部 7 万人；一为多罗土蛮（史书又称秃马），所属 8 部 4 万人，共 19 万人，多属瓦剌旧部的穆斯林。由亦卜剌兄弟统领的右翼 3 万户，对达延汗的汗权造成巨大威胁。达延汗为了削弱太师的权势，企图让其子替代亦卜剌成为右翼3万户的领主，即派其子前往右翼接收3万户，被亦卜剌所杀，从而发生了达延汗与亦卜剌的战争。因亦卜剌的军事部署被其亲族火筛出卖给达延汗，并从内部配合达延汗的进攻。亦卜剌在内外夹击下战败，仅率直属部队突出重围向甘青地区转移。亦卜剌入河套前曾到过青海，对青海水草丰美的辽阔草原，早已看在眼里，因此他于正德四年(1509)进入青海牧区后，即向明守边官员派出使节，表示归顺，并请求明廷把环湖地区划为他的游牧地，明守边官吏则怕多事，而让他们到远离自己管区的地方。所以一个时期亦卜剌部没有固定游牧地，为脱离与明边防官兵的接触，曾先后到今四川松潘、青海西部四卫和青藏边境等地游牧，最后才固定于今青海湖北的海晏地区，筑三角城为首府，称其巴王，隐去原部落称号，称亦卜剌—阿尔秃厮部。正德九年(1514)，小王子部(达延汗直属部)太师、亦卜剌亲族、达延汗异父同母兄弟(亦思马因子)卜儿孩与达延汗发生争战，率部2万人进入青海，该部亦为原亦卜剌所属右翼3万户中秃满、永邵卜、哈剌灰、乜克力等蒙古穆斯林部成员，进入青海以后，与亦卜剌部合牧。正德十四年(1519)新疆哈密一支哈剌灰，其首领奄克是亦卜剌的姻亲，应亦卜剌相互照应、共同对付东蒙的倡议，率部进入环湖地区，与亦卜剌互为依靠。安定等四卫与亦卜剌有亲族关系的蒙古穆斯林各部，也都向环湖地区靠拢。经过几年新的分化吸收，融汇组合，形成了以亦卜剌—其巴王为首领的、以穆斯林为主体的蒙古木速蛮(穆斯林)部落集团，约有近10万众，分别由卜儿孩、阿哈剌忽、奄克、巴布赉、兀耳笃思、塔素亥等统领。部落即以首领为名，隐去了原瓦剌、哈剌辉特、秃马、乜克力、哈剌灰、永邵卜、阿尔秃厮、多罗土蛮等部名，汉文史籍和官方文书称为"西夷"或"回夷"，东蒙统治集团卑称其为"剌古希"(对蒙古穆斯林的蔑称)。

附：亦卜剌世系

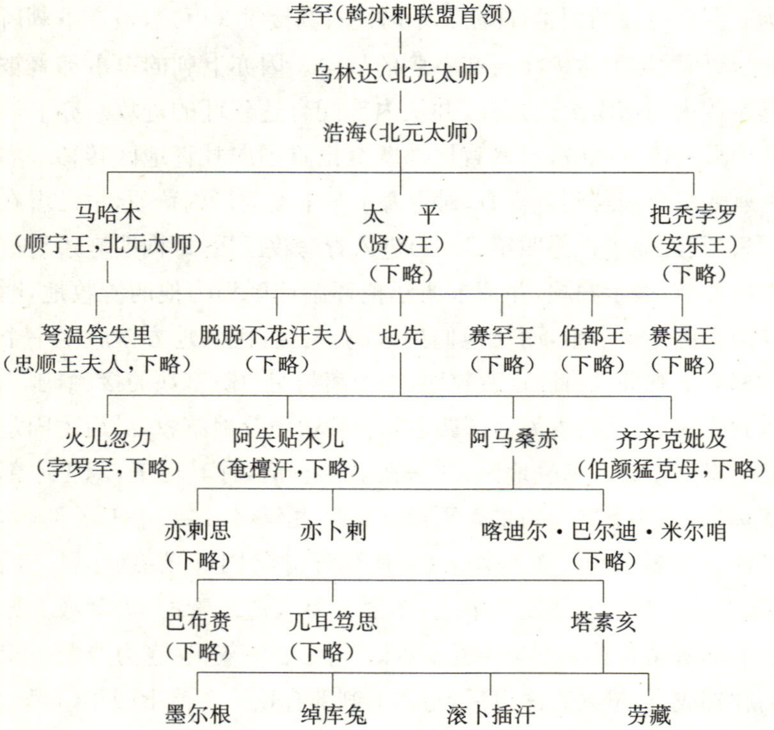

以亦卜剌为首的新的蒙古部落集团的形成，而且他们同西部蒙古—东察合台汗国、哈密忠顺王部、新疆瓦剌部有着亲族关系，联系密切，往来频繁，不仅对东蒙古是巨大的威胁，对明朝也构成大的威胁。因此，亦卜剌、卜儿孩等曾多次派使或通过关系向明廷要求归附，通贡互市，而明廷一直不表态，不仅封关闭市，阻断通道，而且边防官员还采取贿赂的办法，让他们到远离自己防区的地方去游牧；而当东蒙统治者派大军去征讨亦卜剌部时，明廷则予以默许，让沿途官兵让开道路，令其通过。从嘉靖十一年(1532)起，东部蒙古吉囊、俺答兄弟为了扩大领地，进而统一蒙古，曾多次率大军入青海征讨亦卜剌部。形成了对立双方隔青海湖相互对峙10余年，虽有战斗，但互有胜负，谁也没有征服谁。嘉靖二十五年(1546)，在青海经营30多年而年迈体弱的亦卜剌再也不愿为一族一己的私利而使万千生灵涂炭，决定避开争战之地，使灵魂得到安宁，在其子巴布赉、兀耳笃思护送下率部回归新疆东察合台地，附其母马黑秃木·哈尼木的亲族阿不都·拉失德汗。其部则由两子率领游牧于博格多山一带，后逐步融合到维吾尔、柯尔柯孜等穆斯林民族中。留在青海的各部统由卜儿孩统领，卜儿孩被众拥戴为卜石兔汗，仍以三角城为首府，并按亦卜剌行前的安排，避开东蒙古的锋芒，移牧于柴达木地区，后来又移牧于青海北缘祁连山一带。由于他们长期以来与聚居区内的各族人民相处较好，又与明军不发生冲突，所以明军于万历年间征讨俺答汗后裔各部蒙古时，从未触及过他们。而亦卜剌、卜儿孩留在青海的部落，随着向青海东部徙牧，逐渐从游牧向定居放牧转变，又由定居放牧向半农半牧转变，一直到清代雍正年间，史料还记载有这些部落的独立活动，以后史料再没有他们活动的记载，说明该部有的融合到明末进入青海的蒙古和硕特部托茂公旗下，有的融合到回族中。

考证六：托茂人

托茂人是青海回族的一支，自称“驼毛”，他称“驼毛家”、“驼毛达子”，文献称“托茂”、“陀莫”、“土蛮”、“土满”、“蒙古回回”、“回夷”、“夷回”等。

“托茂”原为蒙古族中信仰伊斯兰教的一支，这是古今民族史学界的共识。但这部分蒙古人何时信仰了伊斯兰教，为何又称为托茂？却众说纷纭，莫衷一是，连托茂人自己也说不清楚，成为民族史研究中的一桩悬案。

托茂(驼毛、土蛮、土满等)均为“土麻”、“秃满”、“秃马”、“秃马惕”的汉文不同异译。原为蒙古草原突厥语部落。成吉思汗统一蒙古草原时，由斡亦剌（即瓦剌）部首领所征服，秃马女首领即嫁给斡亦剌部首领，该部即由斡亦剌首领统领，成为初期卫拉特联盟成员之一，游牧于中国西北部地区。元初，斡亦剌部中一部分人信仰了伊斯兰教，因秃马部信仰伊斯兰教的人数最多，斡亦剌各部的穆斯林均被称为“秃马回”，久而久之，简化为“秃满”、“秃麻”、“土蛮”、“秃马惕”等。天长日久，经多民族语音辗转流传，又将“秃满”音转为“托茂”、“陀莫”、“驼毛”等而载入汉文史籍中。

元末明初，这一部分蒙古穆斯林中的一部分已从斡亦剌部中分离出来，自立部落，由斡亦剌部被元王朝封为万户的巴丹率领驻牧今甘肃平凉、固原地区，自称“土满”部，明朝官方文书侮称“土蛮”。明初归顺，明政府封巴丹为千户土司，后由其子继承，后又有其孙满四（满速儿）继承，敛众自保。明成化时，满四为反对地方官的暴行，率部进行了震惊朝野的石城抗暴斗争，因满四亲信杨忽里被明官军收买，明军5万之众进攻半年都没有攻破的石城才被攻克，满四被解往京师，部众被残酷镇压，幸存避难的“土满”人，因受回族保护而融合到回族中。

落户定居于贺兰山阿拉善地区的穆斯林，是明成化年间由乩加思兰、亦思马因从新疆巴里坤率领进入东蒙的，被称为“多罗土蛮”部，其中既包括哈剌灰人、乜克力人，也包括秃马人，该部先后由乩加思兰、亦思马因、满克、亦剌思、亦卜剌统领，后亦卜剌与达延汗争战，与亦卜剌有亲族关系的火筛，表面支持亦卜剌，实则投靠了达延汗，将亦卜剌的军备布防出卖给达延汗，致使亦卜剌失败率残部移牧青海，多罗土蛮归火筛统领。多罗土蛮部有七支，其中有的跟亦卜剌入青，有的因不满火筛的作为，摆脱其控制移牧贺兰山区，虽然他们淡漠了“土满”、“秃马”的称谓，但却始终既保持了蒙古族习俗，又保持了伊斯兰教信仰，被学者称为“蒙古回回”，即信仰伊斯兰教的蒙古族人。

“土满”人进入青海是明朝正德四年(1509)。正德初年,亦卜剌作为瓦剌部首领、东蒙太师与达延汗争战失败,率残部入青海,其部众均为蒙古穆斯林,有秃满、永邵卜、哈剌灰、乜克力、阿尔秃厮等部,约3万余人,游牧于青海广大牧区。他们虽以首领名为部名,未曾打“土满”旗号,官方文书称他们为“西夷”、“夷回”、“番回”等,但他们在事实上是青海最早的托茂人。

明朝末年,新疆和硕特部首领顾实汗率部移牧青海。其部中也有一些蒙古、维吾尔等民族的穆斯林。他们由顾实汗的长子达延汗率领,是在青海消灭却图汗的主力,是进军西藏消灭拉藏汗的主力,故被誉为“陶莫恩”,意为英勇善战的英雄军。青海蒙古编旗前,顾实汗即封其长子达延汗为托茂公。当时顾实汗打出托茂的旗号,可能是出于这样的考虑,借“秃马”与“陶莫恩”两音相近,而含有英雄军和蒙古穆斯林双重涵义,把这一称号又封给由他回回妃所生的长子,具有穆斯林血统的达延汗,显然是为了把明正德以来进入青海的众多蒙古穆斯林的后裔招募在这一旗帜下,并争取青海其他各穆斯林民族对他给以支持。这一着还真见效,散居各处的蒙古穆斯林,纷纷归附在托茂公的帐下,成为当时人数最多、战斗力最强的一部。从而在官方文书的汉文本始有托茂的称谓,而文人和民间则因蒙古部中有“黄毛”、“红毛”之称而称之为“驼毛”、“驼毛鞑”、“驼毛回”。所以在青海卫拉特编旗时,托茂人被分别编入和硕特南右后旗和南左末旗两旗中。

未曾归附托茂公的穆斯林,先后移居青海东部地区,逐步与回族融合,成为回族的成员。

托茂人英勇善战,精火器,善骑射,历史上是青海蒙古军的主力部队。清康雍年间,清军入藏征讨准噶尔军,在青海组建的先头部队就是以托茂人为主体的蒙古军;雍正初年青海蒙古在亲王罗卜藏丹津策动下武装反清,托茂人被摆在与清军作战的第一线,后因清军围困了托茂人的牧地，控制了他们的首领和父母妻儿以及驼马牛羊，并晓以利害，托茂人息战，罗卜藏丹津失去主力，很快失败。他们始终没有忘记自己是穆斯林，对穆斯林各民族的活动非常关注，乾隆四十六年青海穆斯林各民族起义反清，托茂人都站在了斗争的第一线，给清军以沉重的打击；同治年间西北回民起义时，托茂人积极参加了战斗，有的还同起义军转战河西走廊，最后进入新疆；光绪年间河湟回民起义时，清政府令蒙古军参加镇压回民起义，蒙古王公同托茂人首领谈判，提出让托茂人"放下武器，不参加起义"、"改变宗教信仰，信奉喇嘛教"，这样即可受到王爷的保护。这些条件遭到托茂人的坚决抵制，断然拒绝了王爷的劝说，聚族迁出柴达木盆地，摆脱蒙古王爷的控制，在其首领茶根率领下，举族参加了河湟穆斯林反清起义，与回族、撒拉族合兵转战各地。为了保存托茂人的根苗和族人的财产牲畜，茶根令噶斯率一部分战斗部队，保护 3 000 余名老弱妇幼徙牧于远离蒙古王公属地和战场的地方。由茶根率 2 000 余托茂青壮年精锐部队，转战柴达木地区，专门对付蒙古部队，以解回民起义军后顾之忧，集中精力对付清军，先后坚持一年多时间，后同回族、撒拉族起义军共约 2 万人进入新疆，被清军分割包围而失败。为了保护入新疆后剩余的 1 万多名起义军，茶根和回族起义军的首领同赴清军兵营自首，要求清兵不要伤害义军，茶根和回族起义军首领全被杀害，起义军就地流放穷乡僻壤或为官军奴，进入新疆的托茂人，大部分融合到回族中。今日新疆的托茂人，就是这部分没有融合到回族中的托茂人的后裔。

留在青海的托茂人，有的徙牧于湟中上五庄、水峡、多坝一带，随着由游牧到半农半牧，又到家耕这一经济结构的转变，并通过与回族的通婚，逐步融合到回族中；有的徙牧于今海晏三角城一带，而这里原为托茂公的牧地，托茂人离去后，人口锐减，生产衰落，战后又被蒙古王公迎入旗内，以恢复该旗往日的雄风。解放后，这一部分托茂人举旗迁到海北祁连县，也逐步融合到回族中。

青海托茂人虽然已经先后融合到回族中，但他们仍习惯聚族而居，以托茂自称，互相对话仍操蒙古语，习惯穿蒙古服，无论男女老少都善于骑马，体形容貌与蒙古人毫无二致。他们虽然在经济结构上实现农牧结合，兼营采矿业，但还是善于经营畜牧业。他们以肉食为主，以酥油奶茶为饮料；坚守伊斯兰教信仰，保留有部分蒙古族生活习俗和性格特征。

（原载《回族研究》1999 年第 4 期）

撒鲁尔王朝与撒拉族*

马　伟

关于撒拉族的来源问题，学界已做了很多研究，主流的看法是撒拉族的先民约在元代从中亚一带迁到中国的。但由于掌握史料的不同，学者们对撒拉族先民的迁徙时间、原因、出发点、身份等仍存在不同的看法。本文拟通过对学界长期以来所忽视的撒鲁尔王朝及相关问题的论述，来探讨撒拉族的来源问题，希望以此抛砖引玉，引起对这一问题的进一步关注。

一、对撒拉族族源问题研究的回顾

撒拉族自称“撒拉尔”(Salïr)，周围汉、藏、回等民族称其为“撒拉”。根据时间的前后顺序，我们将关于撒拉族来源的主要记载与

* 本文系国家社会科学基金项目《濒危语言——撒拉语研究》(2004—2008 年)之“撒拉族历史来源”部分成果，批准号：04BYY037。

观点列举如下：

（1）任美锷在20世纪30年代发表了一篇简短的文章，认为撒拉人于1370年从新疆哈密来到青海的[①]。

（2）解放前，著名学者杨涤新通过在循化撒拉族地区的实地考察后认为撒拉人是570年前（此文发表于1945年）从撒马尔罕移居青海的突厥人[②]。

（3）顾颉刚先生于1937年游历西宁时想去循化考察撒拉人情况，但因天气差等原因未能如愿。第二年在甘肃临夏地方他采访了许多撒拉人及熟悉撒拉族地方的其他学者，并参阅了当时的一些文献材料。十年后，他发表的文章中提到撒拉人自称是1279年从撒马尔罕东行至循化的[③]。

（4）宋蜀华和王良誌经过深入的探讨后得出结论，认为撒拉族是元代从中亚一带迁到中国循化的[④]。

（5）朱刚先生通过分析撒拉族民间传说后，提出撒拉族是元代从撒马尔罕来的[⑤]。

（6）长期从事撒拉族历史研究的芈一之先生主张撒拉族先民170户人于13世纪前半叶作为蒙古签军来到今循化的[⑥]。

（7）前苏联著名突厥语学家埃·捷尼舍夫于1957年到循化作实地考察，后发表了一系列的关于撒拉语方面的文章。在由陈鹏翻译的其讲义《突厥语研究导论》中，捷尼舍夫指出14世纪末大

---

① 任美锷：《循化的撒拉回回》，载《地理教育》，1936年第5期。

② 杨涤新：《青海撒拉人之生活与语言》，载《新西北》，1945年第8期。

③ 顾颉刚：《撒拉回》，载《西北通讯》，1947年第10期。

④ 宋蜀华，王良誌：《关于撒拉族历史来源的问题》，载《中国民族问题研究集刊（第六辑）》，中央民族学院研究部编，1959年。

⑤ 朱刚：《从民间传说谈撒拉族族源》，载《青海社会科学》，1980年第3期。

⑥ 芈一之：《撒拉族的来源和迁徙探实》，载《青海民族学院学报》，1981年第3期；《撒拉族史》，成都：四川民族出版社，2004年，第25—35期。

批的撒洛尔人从撒马尔罕来到西宁南边(指现在的循化)[1]。

(8) 在青海省民族问题五种丛书之一的《撒拉族简史》中，编写者认为撒拉族的先民是元代从中亚撒马尔罕一带迁来的[2]。

(9) 日本学者佐口透于 1986 年提出撒拉族先民是在蒙古帝国时期由撒马尔罕移居到循化的[3]。

(10) 日本学者片冈一忠说撒拉族迁徙中国的年代应在明代之前的元代寻找，但由于未发现史料来佐证其观点，他最后还是得出撒拉族是 14 世纪从撒马尔罕迁到中国西北循化的绪论[4]。

(11) 撒拉族学者韩中义认为撒拉族先民是分批东迁的。第一次较大规模的迁徙是在成吉思汗西征中亚呼罗珊地区后发生的；第二次较大规模的迁徙是源自黑羊王朝和白羊王朝的突厥蛮人 14、15 世纪左右从目前的阿富汗北部东迁至中国的[5]。

(12) 2000 年 10 月 7—9 日期间，中国撒拉族代表一行七人访问了土库曼斯坦，参加在阿什哈巴德举行的“土库曼斯坦国际文化遗产会议”。期间代表团成员和土库曼各界人士进行了广泛接触，并就撒拉族族源、语言、风俗等方面的问题与土国学者进行了探讨。之后，撒拉族学者马成俊发表文章提到，与会学者都说中国撒拉族是约在 1340—1350 年间(也有人说是大约在 15—16 世纪)从马雷州“sarahas”迁走的。目前在土库曼斯坦属于原撒鲁尔部落的人口有 8

---

① [苏]埃·捷尼舍夫:《突厥语言研究导论》，陈鹏译，北京：中国社会科学出版社，1981 年，第 549 页。

② 《撒拉族简史》编写组:《撒拉族简史》，西宁：青海人民出版社，1981 年，第 13 页。

③ [日] 佑口透:《关于撒拉族历史的口碑传承》，秦永章，译，《中国撒拉族》，1994 年第 1 期，原载于(日本早稻田大学)《内陆亚细亚史研究》，1986 年第 3 期。

④ [日]片冈一忠:《撒拉族史研究序说》，华热多杰，马成俊译，《中国撒拉族》，1996 年第 1 期。

⑤ 韩中义:《试论撒拉族族源》，载《甘肃民族研究》，1995 年 2 期。

万多人。但他本人认为撒拉族迁徙时间在元初即公元13世纪①。

(13) 曾到土库曼斯坦实地考察过的维吾尔族学者米娜瓦尔认为13世纪前半叶尕勒莽部的撒鲁尔人作成吉思汗的"西域签军"来到循化，在14世纪后半叶第二批尕勒莽部的撒鲁尔人因躲避战乱而东来投奔自己的族人②。

(14) 在1991—2006年期间多次在中国撒拉族地区做调查的美国学者杜安霓(Arienne Dwyer)认为撒拉族的先民可能作为蒙古军队的分队，于13或者14世纪从撒马尔罕附近的中亚故乡迁到今天的青海地区③。

在以上观点中，关于撒拉族先民的迁徙时间主要有两种看法：一是在元代，二是在明代。在元代说中，有的学者以撒拉族自己的传说为根据(如顾颉刚)。有的以乾隆《循化志》卷五中的记载："(撒拉族土司)始祖韩宝，旧名神宝，系前元达鲁花赤，洪武三年邓大夫下归附"等作为主要依据(如宋蜀华、王良誌、芈一之、朱刚，《撒拉族简史》，佐口透，韩中义，马成俊，米娜瓦尔和杜安霓等)。其中芈一之先生的论述最为详尽。取明代说的学者基本上以撒拉族民间传说当中的东迁时间(明洪武三年五月十三日)为依据。很显然，二说中元代说具有很强的史料证据，因而是可信的。

关于撒拉族先民从中亚的出发点，到目前为止，并没有一个用可靠资料支撑的观点。取撒马尔罕说的人以撒拉族民间传说为依据，有的学者则认为撒拉族先民只是经过撒马尔罕或从撒马尔罕附近而来，有的则说是从马雷州而来，还有新疆哈密说和阿富汗

① 马成俊：《土库曼斯坦访问纪实——兼谈撒拉族语言、族源及其他》，载《青海民族研究》，2001年第2期。

② 米娜瓦尔：《再论撒拉族的族源与形成》，载《中央民族大学学报》，2001年第6期。

③ Arienne Dwyer, Salar: A Study in Inner Asian Areal Contact Processes, Part I: Phonology. Wiesbaden: Otto Harrassowitz, 2007: 8.

北部说等观点。撒拉族先民从撒马尔罕一带的中亚而来是个令人接受的观点,但就具体地点而言仍没有一个令人信服的观点。

至于撒拉族先民东迁原因和身份,有的以传说为依据,认为是族内不和引发撒拉族先民的出走;有的则认为撒拉族先民是蒙古西征后组成的"西域签军"。

在以上撒拉族东迁史问题的研究中,除了迁徙时间有可靠的史料佐证外,其他问题的论述都依赖于间接的资料,并没有直接的史料依据,而且重要的一点是我们多年来忽视了中亚外文方面的史料,尽管有些史料早已有中文版。对撒鲁尔王朝及其相关问题的研究,可能有助于我们加深对撒拉族族源问题的认识。

二、乌古斯与撒鲁尔

撒鲁尔(Salur,也称为 Salgur, Salïr, Salar, Salirli, Salurlu, Salgurlu)是历史上著名的乌古斯二十四部之一,属于兀出黑(üŏ ox,意为 三箭)。根据十四世纪波斯学者拉施特的《史集》记载,乌古斯有六子,分别为坤(太阳)、爱(月亮)、余勒都思(星星)、阔阔(天)、塔黑(山)和鼎吉思(海)。这六个儿子又分别有四子,共二十四子,这就是乌古斯部族的二十四部落[①]。前苏联学者巴托尔德将十一世纪的麻赫默德·喀什噶里所记载的乌古斯部与拉施特的乌古斯作了对比,并说前者的名称更古老[②]:

麻赫默德·喀什噶里	拉施特
Qïnïq	Qïnïq

---

① [波斯]拉施特主编:《史集》(第一卷第一分册),余大钧、周建奇译,北京:商务印书馆,1983年第142—145页。

② [苏]威廉·巴托尔德(V. V. Barthold),translated by V. and T. Minorsky. A History of Turkman Pelple,收于 Four Studies on the History of Central Asia[M]. Leiden: E. J. Briill. 1962: 110.

Qayïgh	Qayï
Bayundur	Bayundur
Ive 或 Iyve	Yive
Salghur	Salur
Afshar	Avshar
Bektili	Bekdili
Bükdüz	Bükdüz
Bayat	Bayat
Yazghïr	Yazïr
Eymür	Eymür
Qara－bülük	Qara－evli
Alqa－bülük	Alqïr－evli
Igder	Yigder
Ürekir 或 Yürekir	Ürekir
Tutïrqa	Dudurgha
Ula－yondlug	Ula－yontlï
Tüker	Düker
Becheneg	Bijne
Juvaldar	Javuldur
Jibni	Chebni

巴托尔德说拉施特的另三部没有被麻赫默德列出来，但很显然他遗漏了麻赫默德的查鲁克卢格一部[①]。可见，Salghur 和 Salur 为指相同的人，只不过前者出现在 11 世纪，而后者出现在 14 世纪。

① 麻赫默德·喀什噶里：《突厥语大词典》(第一卷)，北京：民族出版社，2002 年，第 62—64 页；[波斯]拉施特主编：《史集》，(第一卷第一分册)，余大钧、周建奇译，北京：商务印书馆，1983 年，第 142—145 页。

乌古斯（Qghuz)是突厥人的一支，该词早在8世纪就出现在蒙古高原的用突厥如尼文写的碑铭上，写作九姓乌古斯（Toquz oghuz)或乌古斯(Oghuz)。在中亚伊斯兰学者们的著作中被称作古斯人（Tagazgaz，Gaz)，在拜占庭作者们的笔下被称之为兀思(Uz)，而在汉文史料中分别有“姑师”、“车师”（《汉书·西域传》)、“护骨”（《魏书·高车传》)、“纥骨”（《魏书·官氏志》)、“乌讙”（《隋书·铁勒传》)、“斛薛”（《隋书·铁勒传》)、“乌护”（《北史·铁勒传》)、“骨纥”（《通典》)卷一九九，《铁勒》)、“乌骨”（《西州图经残卷》)、“乌鹘”（《新唐书·王方翼传》)等多种汉语音译名称①。

巴托尔德认为鄂尔浑突厥汗国就是由突厥乌古斯人或是九姓乌古斯人统治的，同时又和许多乌古斯（即他们本部落）以及和其他的突厥部落长期作战，对此鄂尔浑碑文已给了详细的说明②。公元6世纪以前，乌古斯人居住于天山东部，《隋书·铁勒传》载：“伊吾以西，焉耆之北，傍白山，则有乌护。”在西突厥政权解体后，乌古斯人便大量西迁，试图夺取西突厥留下的部分领土。在这一时期，乌古斯人与葛逻禄人在锡匀河流域展开了长期的斗争。9世纪中叶，乌古斯人战胜了原来从乌古斯部分离出去的裴奇内格人，迫使后者逃到巴尔干半岛。10世纪末无名作者用波斯文写的地理著作《世界境域志》记载，10世纪初期乌古斯人的游牧领地东至古斯沙漠和河中诸城镇，南邻古斯沙漠的一部分的可萨海，西面与北面为也的里海。由此可见，乌古斯人的游牧区域在咸海周围和里海北岸，包括曼格什拉克半岛。乌古斯的东邻是葛逻禄部落，北连基马克地界，西面是可萨人和保加尔人，南面和东南面为阿巴

① 李树辉：《论乌古斯和回鹘》，载《喀什师范学院学报》，1999年第4期。

② [苏]威廉·巴托尔德：《中亚突厥史十二讲》，罗致平译。北京：中国社会科学出版社，1984年，第112页。

斯王朝的边远地区，许多穆斯林在此居住。但乌古斯人最主要的根据地是锡尔河中下游地区①。这时的乌古斯人没有自己的可汗，他们的首领被称之为叶护，叶护政权的主要位置在锡尔河下游，养吉干是叶护冬天的驻地。此时的乌古斯政权是个部落联盟，阶级分化不很明显。“乌古斯的首领和人民同甘苦、共创业，服装同战士很少有区别”②。

当乌古斯人居住在锡尔河流域时期，他们创作了流传千年的英雄史诗《先祖科尔库特》，并把这一史诗从锡尔河两岸带到了西方。现在乌古斯突厥人的后代土耳其人、阿塞拜疆人、土库曼人等都声称这部史诗是他们的文化遗产。学者们认为这部史诗是乌古斯信奉伊斯兰以前就产生的。史诗有两个抄本，第一个抄本属于11世纪，第二个抄本属于15—16世纪。先祖科尔库特大概比先知穆罕默德生活的年代(6—7世纪)还早一些。因此，阿塞拜疆共和国政府和联合国教科文组织于2000年举行了纪念《先祖科尔库特书》(Kitab - i Dede Qorqud)1 300周年的活动，突厥学界、联合国教科文组织及突厥语族语言国家的组织也一致接受了这一时间确算。联合国教科文组织总干事 Koï chiro Matsuura 在庆祝会上这样评价这部史诗：

现在许多人认识到《先祖科尔库特书》的文学和历史价值。口头传统文化是世界的财富，也是不同世代、国家、人民和地区的珍贵的遗产。这不仅是个文学传统的问题，伟大的史诗象《伊利亚特》、《摩诃婆罗多》和《先祖科尔库特》还呈现了历史、社会、政治、民族和地理方面的一系列的特定内容，通过这些内容它强化了个

① 敬东：《试论乌古斯突厥蛮塞尔柱克人的联系与区别》，载《西北民族研究》，1996年第2期。

② [苏]威廉·巴托尔德：《中亚突厥史十二讲》，罗致平，译。北京：中国社会科学出版社，1984年，第112页。

人和群体的身份。通过书面形式，然后通过翻译和广泛的传播，它们成为全人类的遗产①。

这部史诗在当时的西方产生了极大的影响。“突厥史诗总是像一座要塞塔楼，既保护神话与历史、记忆与时代的和谐，也保护它们之间的不和谐，它还是异族武士道路上的路障。山墙上刻有《乌古孜父辈之书》题词的考尔库德的这座‘非人工’塔楼在高加索高仰着‘不屈的头颅’（普希金语）……”在20世纪，史诗全文已先后在土耳其、阿塞拜疆、英国、德国等国出版②。

科尔库特是一个预言家老者、魔法师、医师、萨满、巫师，通过他的说唱，史诗表现了乌古斯部英雄题材的十二种场面。让我们感兴趣的是全书十二章中，有四章是专门来歌唱来自撒鲁尔喀赞(Salur Kazan)及其家庭成员，在其它章节中他的影响也无处不在，因此，撒鲁尔喀赞成了这部史诗中最重要的英雄主人公。撒鲁尔喀赞出自内乌古斯，但他的权力达到了整个内外乌古斯部，在危机时刻，是他招集各部领导人应对困难。每隔一年，他都要在战利品盛会上款待乌古斯各部头人，这个盛会是为了适应英雄社会的需要而形成的。在这一年一度的宴会的最后时刻，撒鲁尔喀赞把自己的家庭成员安排到安全的地方，然后邀请各部头领来“抢劫”他的帐房，这些头人们随意地“抢走”他们所需要的任何物品。但让人费解的是，他有时只邀请内乌古斯部的人来分享这大量的年度礼品，从而得罪了外乌古斯部的人，为此常常导致他们的叛乱。在整个史诗中，撒鲁尔喀赞成了一个最著名的历史人物，他的名字后

---

① UNESCO, Address by Mr Koïchiro Matsuura, Direvtor—General of UNESCO, on the occasion of the celebration of the 1 300th Anniversary of Kitab—j Dede Qorqud , UNESCO, 9 April 2 000. 登录于联合国教科文组织网站：http://unesdoc.unesco.org/images/0011/001194/119498e.pdf[2007—8—10]。

② [阿塞拜疆]雅沙尔·卡拉耶夫：《操突厥语族语言民族的“父辈经典”——〈先祖考尔库德书〉》，载《中央民族大学学报》，2000年第2期。

来反复出现在早期有关乌古斯历史的文献中。他是个典型的乌古斯男子和勇士,他是“突厥斯坦的支柱……穷人的希望,武士在困境中的力量源泉”。与他的这种历史性有点相矛盾的是,史诗赋予了他一些超人的力量:他能准确地预言自己恶梦中的灾难,他能和自然界的动物交流思想,他杀死了从天而降的七头妖魔等[①]。

既然这部史诗反映的是乌古斯人在前伊斯兰时代在锡尔河流域的生活,既然现代土耳其人、阿塞拜疆人、土库曼人等声称这部史诗是他们的文化遗产,那么,同样作为乌古斯后代的撒拉族,而且是该史诗中重要的英雄主人公撒鲁尔部后代的撒拉族自然也就应该是这部英雄史诗的继承者了[②]。

根据巴托尔德的意见,在锡尔河时期,撒鲁尔部占有显著的地位,许多其他部落被认为是从撒鲁尔部分化发展而来的。当时从锡尔河到阿姆河再到木尔合卜河的地方都属于居住在养吉干的乌古斯阿里汗。他儿子沙马里克的暴躁脾气引发了由托格里尔(Toghrul)领导的反叛。结果沙马里克被杀,阿里汗不久也去世。这导致了乌古斯各部的纷争,绝大部分乌古斯人遂迁向其它地方。那些留在锡尔河和阿姆河河口的乌古斯人承认托格里尔是他们的汗,从他之后到塞尔柱帝国的崛起,还产生了好几个汗。相当一部分乌古斯人包括撒鲁尔人迁到曼格什拉克半岛。然而,一些为数达一万帐的撒鲁尔人去了呼罗珊,之后到了伊拉克和法儿思[③]。

---

① The Book of Dede Korkut (Kitab - i Dede Qorqud). Translated from Turkish into English and edited by Faruk Sümer , Ahmet E. Uysal and Warren S. Walker. Austin: University of Texas Press. 1972: XV - XVI.

② 笔者曾经在和土耳其学者的交谈中提到中国撒拉族(Salar)时,他们马上就提到撒鲁尔喀赞。

③ [苏]威廉·巴托尔德 V. V. Barthold), translated by V. and T. Minorsky. A History of Turkman People ,收于 Four Studies on the History of Central Aisa [M]. Leiden: E. J. Briill. 1962: 131—132.

格鲁塞也提到在11世纪第二个二十五年代，这个乌古斯集团分头去到俄罗斯南部或伊朗那里去寻找生活。根据俄国历史，乌古斯人是在1054年在俄国南部出现的。他们由于和另外一个突厥部落钦察人战争而被迫向西推进。这些乌古斯人或如拜占庭人所称的Quzoi深入至多瑙河下游，然后渡河进入巴尔干，但在那里他们于1065年被击败了。而以塞尔柱人为核心的另一部分乌古斯人在波斯和小亚细亚取得了非常辉煌的成就①。

关于乌古斯人皈依伊斯兰教的时间，并无可靠的史料记载。伊本·阿勒·阿西尔记载，某些呼罗珊的历史家提到，在哈里发麦海迪(775—785)时期，古斯(乌古斯)人从遥远的突厥地区来到河中，接受伊斯兰教并参与了木坎纳起义②。几年前，一位在中国留学的土库曼斯坦学生和笔者交谈时也说，土库曼人是在8世纪信奉伊斯兰教的。从阿拉伯人在中亚的发展来看，早在7世纪时期就有阿拉伯军队在该地区活动。在伍麦叶王朝时期，阿拉伯人在中亚取得了重大胜利。在8世纪的前一二十年，中亚的巴里黑、布哈拉、撒马尔罕甚至于锡尔河流域的费尔干纳等相继被他们征服。但乌古斯等突厥人是否在这一时期接受了伊斯兰教还没有可靠而确切的史料证据。

但最晚于10世纪左右，乌古斯人(包括撒鲁尔人)应该是穆斯林了。如前文所说的公元10世纪左右的乌古斯叶护阿里汗和其儿子沙里克已经是穆斯林名字了。在一般情况下，当一个人改信另一种宗教后，在日常生活中用宗教名字代替其原有名还需要较

---

① [法]勒尼·格鲁塞：《草原帝国》，魏英邦译，西宁：青海人民出版社，1991年，第170页。

② M. Th. HOUSTMA, A. J. WENSINCK, H. A. R. GIBB, W. HEFFENING AND E. LEVI - PROVENCAL ed. 1934, The Encyclopaedia of Islam. London: E. J. Brill, Leyden: Vol. II, 168；王治来：《中亚通史》，古代卷(下)乌鲁木齐：新疆人民出版社，2004年，第71页。

长的时间，因此，乌古斯人也许早在阿里汗时期就已经接受了伊斯兰教了。当乌古斯人变成穆斯林后，乌古斯一名便逐渐被土库曼所代替了。

三、塞尔柱帝国与撒鲁尔

10 世纪末，以塞尔柱为核心的乌古斯人（包括撒鲁尔人）开始南下后，先成为萨曼尼王朝的边防军，驻于布哈拉附近，后趁伽色尼王朝的混乱，他们夺取了马鲁、内沙布尔等地。1040 年，塞尔柱人大败伽色尼军，从而占领了呼罗珊全境。托格里尔宣布内沙布尔为都城，建立相应的行政机构，奠定了塞尔柱帝国的基础。1051 年，在夺取了伊斯法罕后，将其都城又移到这儿。在征服阿塞拜疆后，1055 年托格里尔率兵进入巴格达。阿拔斯王朝哈里发被迫赐予托格里尔"素丹"称号，封他为"东方与西方之王"。从此，托格里尔获得了对阿拔斯王朝实际上的控制，哈里发只成为一个象征性的宗教领袖。在 11 世纪末期，帝国达到了鼎盛时期，塞尔柱人先后攻占了拜占廷亚美尼亚省首府阿尼、耶路撒冷、大马士革，从什叶派法蒂玛王朝手中收回了麦加和麦地那，并俘获了拜占廷皇帝，小亚细亚东部地区也尽在其控制之中。1091 年，该帝国又将其首都迁至巴格达，在星期五的聚礼祈祷中，塞尔柱素丹的名字与哈里发并列。至此，塞尔柱帝国的版图东至中亚并与中国接壤，西达叙利亚和小亚细亚，南临阿拉伯海，北接俄罗斯①。

乌古斯撒鲁尔部在塞尔柱帝国的形成过程中起了非常重要的作用。随着对伊朗的征服，大量撒鲁尔人来到了这儿。此时，撒鲁尔人的首领是埃米尔（领导人）马乌杜德（Mavdud）。马乌杜德被在法尔思的塞尔柱阿塔伯克（Atabeg）博祖巴（Bozoba）任命为纳艾

---

① 《中国伊斯兰百科全书》，成都：四川辞书出版社，1996 年，第 471 页。

布(Naib)。纳艾布意为助手、副手等。阿塔在突厥语中意为父亲或祖先,伯克意为首领、领导人,两者合在一起意为国务行政长官。这是仅次于塞尔柱素丹的地方长官。当塞尔柱素丹王子去世后,留下未成年继承人,一个身兼教学和监护二职的人被任命为该小王子的保护人,这些保护人是从战士中挑选出来的。他们给王子们教授自然科学知识和军事知识,以便为王子们的将来作准备。掌握几种语言、懂得如何以少胜多的军事秘诀是王子们所必须拥有的能力。这些学识渊博、经验丰富的人后来往往娶小王子的寡母为妻,因此扮演着小王子父亲的角色,所以也就被称为阿塔伯克。由于位高权重,这些阿塔伯克们在后期往往拥兵自重,另立旗号。博祖巴是塞尔柱帝国第四代素丹马斯乌德侄子穆罕默德·本·马赫默德的阿塔伯克。博祖巴于1 146年起兵反抗塞尔柱素丹,后在伊斯法罕被素丹马斯乌德所杀。在博祖巴之后,马立克沙(塞尔柱帝国鼎盛时期的皇帝)统治着法尔思。

四、撒鲁尔王朝与撒鲁尔

马乌杜德是在博祖巴之后死的,其子宋廓尔(Sungur)继续领导着撒鲁尔人,宋廊尔是博祖巴的侄子。在博祖巴被杀时,马乌杜德和其子宋廊尔躲藏了起来。后来,宋廊尔率兵展开了和马立克沙的战斗,并打败了对方。宋廊尔夺取了设拉子城(位于现在的伊朗),于1148年宣布独立,取号穆扎法拉丁(Muzaffar - ad - Din),并自封为法尔思的阿塔伯克,此政权也被称为撒鲁尔阿塔伯克,按汉语来说就是撒鲁尔王朝[①]。后来,宋廊尔征服了所有法尔思地

① 除特别说明外,有关撒鲁尔王朝的所有史料均来自以下两个方面:一是在2006年对来自土耳其的Dogan Karaman博士的采访。他是土耳其撒鲁尔人。现在的土耳其国家已没有什么部落划分了,古代的撒鲁尔、卡伊等突厥部落早已融合为土耳其人了。只有部分人才知道自己过去的部落所属情况。本文引用材料是 (转下页)

区。在位期间他大兴土木，势力日增。宋廊尔不仅是个出色的军事领袖，同时也是个公正的宗教领袖。他于 1161 年死后被葬在现在的宋廊尔大学旁边。

宋廊尔之后，其兄弟曾格(Zengi)领导着撒鲁尔王朝。曾格登位初期受到觊觎法尔思王位的、他的堂兄弟们——叙利亚阿塔伯克的骚扰。在消除了这个威胁之后，曾格向在伊拉克的塞尔柱素丹表示了敬意，并于 1165 年获得了进行阿塔伯克王权统治的正式旨令。在曾格统治法尔思期间，该国东部的一个小王朝胡泽斯坦之王萨木拉(Sumla)举兵入侵法尔思。后来，曾格打败了萨木拉，获得了对法尔思的全面统治权力。曾格于 1175 年去世。

曾格死后其长子塔克拉(Takla)继承了王位。塔克拉登位后的第一年他的国家便经历了许多困难，但他成功平息了国内的叛乱，抵御了来自阿塞拜疆人的侵略。在塔克拉执政时期，撒鲁称王朝逐渐强大。1197 年，塔克拉去世。

塔克拉之后，他的堂兄弟托格里尔(撒鲁尔王朝开国君王之子)和亲弟弟萨迪(Saad)都声称要继承王位。托格里尔首先占据了该国首都设拉子城，并获得了王室称号，但萨迪展开了长达八年的斗争。期间，该国民生凋弊，人口锐减。1202 年，萨迪俘虏了托格里尔，并自称为法尔思的阿塔伯克，萨迪之后成为在法尔思地区

(接上页)Dogan Karam 根据土耳其文材料翻译成英语给笔者的。他的这些土耳其语材料可参见：http://www.dallog.com/atabeylik/salgur.htm[2006—3—24]。二是一些文献材料，包括：[伊朗]阿宝斯·艾克巴尔·奥希梯扬尼著、叶奕良译：《伊朗通史(下)》，北京：经济日报出版社，1997 年，第 602—608 页. M. Th. HOUSTMA, A. J. WENSINCK, H. A. R. GIBB, W. HEFFENING AND E. LEVI-PROVENCAL ed. 1934. The Encyclopaedia of Islam. London: E. J. Brill, Leyden: Vol. II, 106-107; S. A. Niyazow 尼亚佐夫. Ruhnama[M]. 88-89. http://www.turkmenistan.gov.tm/ruhnama/ruhnama-eng.html. [2007—8—22]; J. A. Boyle. The Cambridge History of Iran [M]. London: The Syndics of Cambridge University press. 1968: 172—173; [波斯]拉施特主编，余大钧、周建奇译：《史集》(第二卷)，北京：商务印书馆，1983 年，第 361—363 页。

进行执政的最有名望的阿塔伯克之一。在萨迪在位的早期时刻，他忙于恢复朝政纲纪，振兴国内经济。之后，萨迪把克尔曼了纳入自己的国土之内，大大削弱了萨木拉君王的势力。与此同时，1194年伊拉克塞尔柱被花拉子模沙吞并。花拉子模国是在塞尔柱帝国内部崛起而发展起来的一个王朝。1203年，萨迪启程前去征服由阿塞拜疆的阿塔伯克们统治的伊斯法罕和伊拉克。阿塞拜疆的阿塔伯克为了引开萨迪向设拉子城发起攻击，在夺取该城后大肆烧杀掳掠。花拉子模沙也派出其儿子攻打萨迪，后者不敌而逃。后来，花拉子模沙之子去往胡泽斯坦，萨迪又返回法尔思，重掌那儿的大权。此时，萨迪将撒鲁尔王朝的版图扩展到伊斯法罕、哈马丹等。

1210年，由萨迪派往克尔曼的官员起兵叛乱，使得该地混乱不堪。花拉子模沙利用这一机会趁机占领了克尔曼。撒鲁尔王朝从此失去了这一领地。1217年，萨迪前去攻打伊拉克，一直打到雷伊附近，并与花拉子模沙展开决战，但由于队形布置不当被对方俘虏。花拉子模沙想杀掉萨迪，但萨迪让人替他求情。最后双方达成协议，商定萨迪割让亦思塔黑儿和阿失黑嫩两座城堡，上缴法尔思三分之二的税收，将女儿与花拉子模之子订亲，还将长子曾格作为人质留给对方。萨迪被释放后回到法尔思，其子艾布·白克尔(EbuBekr)在听到这个耻辱协议感到非常不满，就起兵反抗萨迪，想阻止协议的执行。因此，父子二人在亦思塔儿附近作战，结果两人均受伤，艾布·白克尔被俘并被囚禁在当地的一个牢狱里。萨迪也就忠实地履行了自己与花拉子模沙之间达成的协议。从此以后直到去世，萨迪再也没有出征作战。在此期间，他把主要精力花在修建公共设施和社会福利等方面上，如修建巴札市集、清真寺、旅馆澡堂、浇灌工程、城墙，以及培养文人学者等。作为一个统治者，萨迪还以世界闻名的波斯诗人萨迪将其笔名取自于他而斐声在外。

1226年，萨迪过世，撒鲁尔朝的王位由艾布·白克尔继承。

关于艾布·白克尔的继位问题，史书有不同的记载。拉施特说：萨迪死后，他的宰相兼国家的木答必儿的火者·吉牙撒丁·也思迪将萨迪的死隐瞒了起来。他将萨迪的宝石戒指派送到囚禁艾布·白克尔的牢狱，让狱官把他带到宫廷，然后向武官们宣布萨迪已将艾布·白克尔指定为王位继承人。众人遂向这位撒鲁尔王宣誓，拥立他为阿塔伯克①。而志费尼等记载艾布·白克尔是由于花拉子模沙扎兰丁向萨迪要求而被释放的。"算端(指扎兰丁)现在要求释放他，这个阿塔毕回答说：'尽管我的儿子不孝，打下大逆不道的烙印(同时他送去那件染有血痕的长衫)，算端的命令仍需象肉体服从灵魂那样被遵从。算端离开后，我就把他送给算端，给予充分的装备'。他遵守他的诺言，确实释放了阿不别克儿。"②

艾布·白克尔以智慧过人且有远见而成为历代撒鲁尔王朝中最著名的阿塔伯克，在他的任职期内，该朝达到顶峰时期，整个法尔思地区得到了很大的发展。他首先对内致力于因战时萎缩的社会经济的发展，对外加强外交关系，尤其是搞好同当时强势政权蒙古帝国的关系。蒙古军队的到来，给中亚等地带来了空前的灾难。布哈拉、撒马尔罕、玉龙赤杰、马鲁、伊斯法罕等许多著名城市都遭受了屠城之灾。其中有的仅一个城市中屠杀人口数就达上百万人。在这种形势下，艾布·白克尔归顺了蒙古窝阔台汗王，使得当时的法尔思地区免去了一场生灵涂炭。窝阔台对艾布·白克尔很为赏识，赐予他"幸福之汗"(kutlugh khan)称号。为了不给蒙古人掳掠法尔思的任何口实，艾布·白克尔每年都派其儿子或一侄子晋见蒙古汗王，并缴纳赋税。在设拉子城，他还设立专门的地区供蒙古

① [波斯]拉施特主编：《史集》(第二卷)，余大钧、周建奇译，北京：商务印书馆，1983年，第53页。

② [伊朗]志费尼：《世界征服者史(下)》，何高济译、翁独健校，呼和浩特：内蒙古人民出版社，1980：495。

行政长官使用，并提供各种便利的条件。后旭兀烈到达河中时，艾布·白克尔也遣其侄塞尔柱克沙前去迎接，至于阿姆河畔[①]。由于艾布·白克尔的出色施政，当时的法尔思政治稳定，社会繁荣，文化活跃。许多从蒙古人虎口当中脱险的文人学者纷纷来到这儿，寻求安身立命之地。这位阿塔伯克积极为他们提供条件，使他们团结在自己周围。艾布·白克尔经常是这些文人们称颂的对象。如前面提到的举世闻名的伊斯兰天才诗人萨迪就是在他的宫廷中养育的，萨迪于1257年写了一部名为《果园》(BUSTAN)的诗集专门献给艾布·白克尔。《果园》和另一部诗集《蔷薇园》(GULISTAN)是萨迪的最重要的两部传世作品。这两部作品已由我国学者译成汉文并出版，在读者中尤其是在穆斯林中产生了很大影响。萨迪的作品已被译成数十种文字出版，在国际上享有很高的声誉，成为伊斯兰文学宝库中优秀遗产之一。世界和平理事会于1958年召开大会隆重纪念世界四大文化名人，萨迪就名列其中。1984年，伊朗教科文组织在萨迪故乡设拉子举办纪念诗人诞生800周年学术研讨会。萨迪的作品在宗教学、社会学、历史学、文学领域都产生了巨大而深远的影响，成为各国人民喜爱的不朽之作[②]。

艾布·白克尔在执政的第五年(1231)率兵出征波斯湾地区，先后占领了阿曼、巴林、基什和波斯湾的沿岸地带。他的威望与名声甚至传到了印度，一些印度人以他的名义来进行祈祷，后人还给他以“素丹”称号。

1260年，艾布·白克尔去世时，他的儿子萨迪正在朝贡蒙古王朝的回程中。由于自己也疾病缠身，所以惊闻父亲死亡的噩耗时，他也在十二天后离世了。消息传到设拉子城时，他12岁的儿

---

① 冯承钧译：《多桑蒙古史(下)》，上海 ：上海书店出版社，2001年，第139页。
② 刘闽：《伊斯兰天才诗人萨迪与〈果园〉》，载《回族研究》，1998年第3期。

子穆罕默德被提名担当阿塔伯克。由于年幼，他的母亲特尔肯·哈敦(Terken Hatun)管理国事。但这个君王于1262年10月从房顶摔下而死，他的母亲成了实际上的统治者。当时宫廷文武官员推选穆罕默德沙(艾布·白克尔的侄儿)为新的领导人。穆罕默德沙是撒鲁尔沙之子、萨迪一世之孙，旭兀烈攻打巴格达时，曾领兵参战。他为人勇敢，但也残暴独断且放任自流。即位后，当旭兀烈召之至营时，他也多有不从。最后特尔肯·哈敦及王公大臣都不满其所作所为，于1263年将其擒拿后押往旭兀烈处。

穆罕默德沙之后由其弟塞尔柱沙继位。由于其母亲出于塞尔柱王族，故塞尔柱沙取此名。他原被其哥哥穆罕默德沙囚禁，后被旭兀烈救出狱，并让他主持撒鲁尔朝的国事。塞尔柱沙即位后，便娶特尔肯·哈敦为妻。此王性情猛烈，因酒醉信谗言将特尔肯·哈敦斩首取乐。他还将特尔肯·哈敦的两个女儿囚禁了起来。旭兀烈便派蒙古军队、克尔曼军队、耶司德军队(此朝阿塔伯克是特尔肯·哈敦的兄弟)等惩治塞尔柱沙。1264年，塞尔柱沙被杀。

特尔肯·哈敦的幼女、艾布·白克尔的孙女阿必失·哈敦(Abish Hatun)早在其母亲在世前和旭兀烈之子蒙古贴木儿订婚，塞尔柱沙被杀后，她被旭兀烈任命为撒鲁尔王朝的统治者，并于一年后将其与蒙古贴木儿正式结婚。自此之后，阿必失·哈敦仅拥虚位，法尔思地区实际上由蒙古伊利汗王朝统治。大约1286年，阿必失·哈敦亡故，撒鲁尔王朝正式灭亡。

撒鲁尔王朝的国家结构是塞尔柱帝国的一个翻版。国家的首领称为阿塔伯克或穆扎法拉丁(意为宗教胜利)。国家由底万(Divan)(相当于委员会)管理，而一个叫作外则尔(Vezir)(相当于总理)的人为底万的首长。撒鲁尔王朝的军队和塞尔柱帝国的军队也很相似。在撒鲁尔王朝的阿塔伯克们重视文化等公共设施的建设，尤其是在设拉子城他们修建了许多清真寺、医院、公园等，它们 中的相当一部分现在还在使用当中。在撒鲁尔王朝阿塔伯克们的保护下,因战乱而颠沛流离的许多科学家、诗人、艺术家等都长期在设拉子城生活。

五、安纳托利亚的撒鲁尔人

一部分撒鲁尔人在撒鲁尔王朝时期或解体之后西迁到了安纳托利亚。这些西迁的撒鲁尔人是在蒙哥楚克(Mengucuks)、爱尔特纳(Eretnas)和安纳托利亚(Anatolian)塞尔柱汗国中服务的。当爱尔特纳汗国解体后,一个名为哈迪·布尔哈尼丁(Kadi Burhaneddin)的撒鲁尔人的首领于 1386 年以自己的名字为名建立了一个汗国,此汗国位于现在土耳其的西瓦斯(Sivas)城和卡伊色里(Kayseri)城一带①。但更为著名的则是尕勒莽王朝②。

尕勒莽王朝(Karamanid Dynasty)是 13 世纪末塞尔柱帝国解体以后在小亚细亚建立起来的最重要的一个土库曼王朝。在相当长的一段时间里,尕勒莽人是奥斯曼人最强劲的对手。这个王朝的名称源于一个土库曼首领尕勒莽(Karaman),他在 13 世纪中期蒙古入侵时期获得了一定程度的独立。尕勒莽人来源于撒鲁尔(Salur)土库曼部落中的尕勒莽部(Karaman)。拉罗丹(Laranda)城和周围的地方在后来被称为尕勒莽(Karaman),甚至于整个安纳托利亚(Anatolia)的南部沿海地区被称为尕勒莽尼阿(Caramania),这些都归因于这个王朝的名称本身。在古老的奥斯曼编年史中尕勒莽人作为王朝统治者反复出现,15 世纪的欧洲学

---

① 根据对土耳其撒鲁尔人 Dogan Karaman 博士和土耳其人 Unal Eryilmaz 博士于 2006 年和 2007 年的采访内容而写,可参见 Salur Boyu. www. dallog. com /boylar/salur. htm[2007—8—27].

② 此段关于尕勒王朝的历史部分内容参见:M. TH. HOUTSMA ETC . eds. THE ENCYCLOPAEDIA OF ISLAM,VOLME II. London:Late E. J BRILL LTD ,1927:748—752. 文中所用地图和尕勒莽国旗参见:http://en. wikipedia. org/wiki/Karamano%C4%9Flu[2007—7—29].

者也提到“高贵的尕勒莽”。这个王朝的领地位于现在的尕勒莽(Karaman)省一带。从 13 世纪到 1467 年的融入奥斯曼帝国期间,尕勒莽王朝是安纳托利亚最强大的王朝之一(见图 1)。尕勒莽王朝是在此地建立的最早的突厥语国家,也是奥斯曼帝国建立之前最强大的政权。后来,奥斯曼人兴起后,才超越了他们。

图 1

这个王朝也因其第三任统治者 Karamanoglu Mehmet Bey 而闻名。他是土耳其历史上第一个宣布土耳其语为官方语言的人。在他之前,安纳托利亚的塞尔柱上流社会在文学方面使用波斯语,在政府管理和科学工作方面使用阿拉伯语,但普通突厥百姓不懂这些语言,所以他颁布法令在该国内禁止使用波斯语和阿拉伯语。尽管未能取得令人满意的结果,但这却成为安纳托利亚历史上的重大事件,土耳其语从此成为官方语言。

直到现在,在土耳其仍可见到尕勒莽王朝时期的许多建筑遗迹。这些建筑的艺术风格是塞尔柱帝国建筑风格的延续,与学习

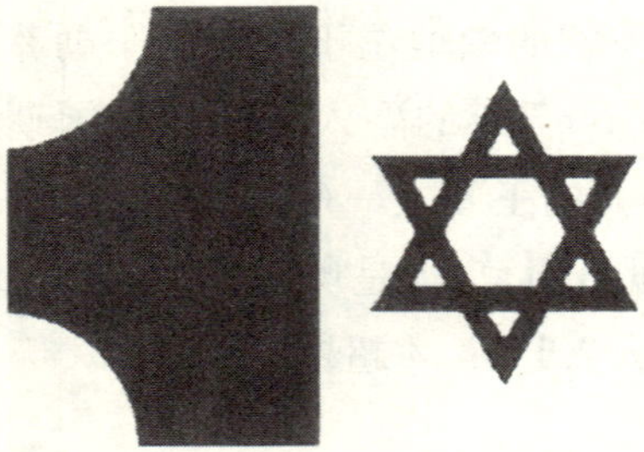

图 2　尕勒莽王朝国旗

拜占廷建筑技术的奥斯曼帝国的建筑形成了鲜明的对比。让我们感到惊奇的是该王朝的国旗上所使用的图案(见图 2)。

这面旗帜的右半部分六角形图案与中国撒拉族地区发现的六角形图案(关于此问题笔者另有专文论述)几乎完全相同。两个图形都是由两个一正一反的等边三角形重叠而成。不同点是撒拉族的六角形中还有六个小圆点,而且三角形的各边是内外两条细线组成,而尕勒莽王朝国旗上的六角形中没有小圆点,三角形各边是条较粗的线条。从总体而言,这两个六角图案非常相像。考虑到中国撒拉族和尕勒莽王朝的尕勒莽人有着共同的历史来源,我们也可以推断,在循化街子地区发现的六角形图案和尕勒莽王朝国旗上的六角形图案也应该有着共同的来源。

如今土耳其的撒鲁尔人已和其他土库曼突厥人融合为一体了,但在安纳托利亚的不同地区仍有许多以撒鲁尔命名的村落。这些名称有不同的拼写形式,如 Salur、Salar、Salir、Salurlu、Salarli 等。有些人还以 Karaman 或 Salur 作为他们的姓[①]。

六、土库曼等地的撒鲁尔人

在撒鲁尔王朝时期或王朝解体之后,另一部分撒鲁尔人在乌古尔吉克(Oghurjïk)的率领下,去向了曼格什拉克(靠近里海,位于现在的哈萨克斯坦共和国的西南部)。在伊拉克,乌古尔吉克和

① 根据对土耳其撒鲁尔人 Dogan Karaman 博士和土耳其人 Unal Eryilmaz 博士于 2006 年和 2007 年的采访内容而写。

巴云杜尔(Bayundur)部发生了冲突,然后他继续带领1 000帐撒鲁尔人由沙马和(Shamakhi)奔向克里米亚(Crimea),再从那儿渡过伏尔加河(Volga)来到亚依柯(Yayik)。他们在那里和康里(Qanglï)人的阔克·同里(Gök Tonlï)汗发生争吵,后者强夺了乌古尔吉克的700帐人民。乌古尔吉克和他的300帐人民去了曼格什拉克。在曼格什拉克驻留了三年后,他们又被迫向南进发直到巴尔干(Balkhan)山脉。乌古尔吉克有六个儿子,其中较长的两个是约穆特(Yomut)部和爱尔撒里(Ersari)部的祖先,其他的是内撒鲁尔(Ichki Salor)人的祖先。在十六世纪,内撒鲁尔居住在海边,而外撒鲁尔居住在远离海边的去往花拉子模方向的地方①。

关于内外撒鲁尔的区分,还存在于十六世纪土库曼南部的撒鲁尔人当中。外撒鲁尔中有特克(Teke)人、撒拉克(Sarïq)人和约穆特(Yomut)人。阿布尔·哈齐记载了希瓦汗国索菲昂汗向土库曼人征税的情况:

突厥蛮人百分之百地同意(这些条件),决定一万只羊由伊尔萨黑人支付,一万只羊由呼罗珊人支付,八千只羊由忒该人、萨耳黑人及尤穆人支付。以上说的所有伊勒组成同一个兀鲁黑被统称之为塔失吉—萨鲁尔……(塔失吉—萨鲁尔(Itschki - Salour)是指'外部的萨鲁尔',与伊失吉—萨鲁尔(Itschki - Salour,"内部的萨鲁尔"相对而言)……伊彻吉—萨鲁尔应缴纳一万六千只羊,此外再加一千六百只供给汗的膳羊。人们称这种膳羊为哈赞—忽依(qazan - qouï,小锅汤羊);称那一万六千只羊为贝剌特—忽依

① V. V. Barthold, translated by V. and T. Minorsky. A History of Turkman People, in Four Studies on the History of Central Asia [M]. Leiden: E. J. Briill. 1962: 132.

(berat－qouï,进贡羊)[①]。

根据阿布尔·哈齐的记载,外撒鲁尔居住在离玉龙赤杰较近的地方,而内撒鲁尔居住在较远的西面地区。

在锡尔河时期,乌古斯人有内外乌古斯之分,其中撒鲁尔是内乌古斯部的核心。到了伊朗建立了自己独立的王国后,我们看不见撒鲁尔人有内外之分。过了几个世纪后,我们看到撒鲁尔也有内外之别。外撒鲁尔中有特克、撒拉克、约穆特等,而内撒鲁尔部没有特殊的部落名称,可能仍称之为撒鲁尔。美国人类学家威廉·爱伦斯(William Irons)于20世纪60年代在土库曼约穆特人中作了为期16个月的田野调查,根据文献材料和口头传述,威廉说所有土库曼人都源于历史传说人物乌古斯汗。郭克连(Göklen)人和丘道尔(Choudor)人这两大系是乌古斯汗的两个孙子卡伊(Qayi)和丘武尔都尔(Javuldur)的后代。其他现代土库曼人都是乌古尔吉克(Oghurjiq)的后代,而乌古尔吉克又是乌古斯汗的另一个孙子撒鲁尔(Salor)的后代。在现代土库曼人当中,除郭克连人和丘道尔人以外,还有很著名的约穆特人、特克人、爱尔撒里人、撒拉克人、撒鲁尔人等。他们的谱系如图3所示[②]:

由此可见,在最晚在16世纪,撒鲁尔部已经分化演变成许多小部。换句话说,16世纪前的某个时期,撒鲁尔部包括了特克、约穆特、撒拉克、撒鲁尔等现在的土库曼部落。因此,在探讨中国撒拉族的来源问题时,仅仅考虑土库曼的撒鲁尔部而忽视其他族群是很不科学的。大部分现在的土库曼人都是撒鲁尔的后代。撒鲁

① [乌兹别克]阿布尔·哈齐·把秃尔汗:突厥世系[M],罗贤佑,译,北京:中华书局,2005:201—202。

② William Irons. The Yomut Turkmen: A Study of Social Oraganization among a Central Asian Turkic－speaking population[M]. Ann Arbor: The University of Michingan. 1975:40－41.

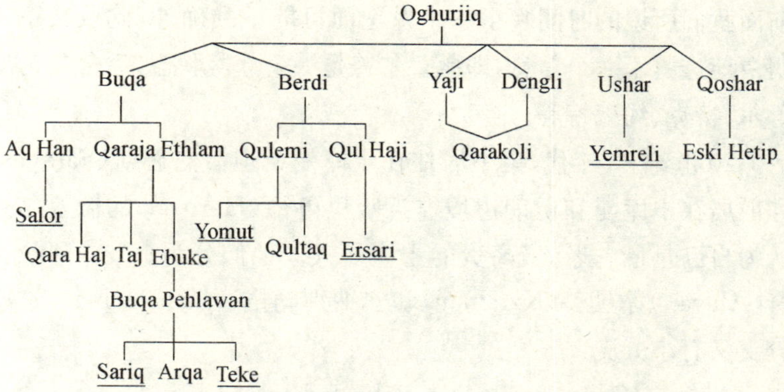

注：下画线部分是现存族群

图3

尔和特克等其他族群的分化可能是14或15世纪已经发生的。我们也可以推测，中国撒拉族先民13世纪离开中亚时，撒鲁尔部可能还没有分化为特克、约穆特、撒拉克、撒鲁尔等。

在美国国会的土库曼斯坦研究课题报告中说，历史文献显示在曼格什拉克半岛和巴尔干山脉一带存在着一个称为撒鲁尔的部落大联盟。撒鲁尔是为数极少的从乌古斯时代延续发展到今天的一个族群。在17世纪末，这个部落联盟解体，其中三支有名的分支迁到东方，然后到了南方。约穆特部分化为东西两部，特克部迁到了阔匹特山（Kopetdag）的阿喀尔（Akhal）地区，之后逐渐到了穆尔加布（Murgap）河盆地。撒鲁尔人迁到咸海以南呼罗珊绿洲和阿姆河三角洲地区，咸海东南方向的阿姆河中游地区，今天阿什哈巴德北部的阿喀尔绿洲和伊朗边界阔匹特山一带，以及今天土库曼斯坦的穆尔加布河地区①。除撒鲁尔部落联盟解体时间和

① Library of Congress - Federal Research Division, USA, Country Studies: Turkmenistan. http://www.mongabay.com/reference/country-studeis/turkmenistan/HISTORY.html[2007-8-27].

前面我们所说的时间晚了一个世纪而可能不准确外，此段文字也明白地透露了一个信息，即撒鲁尔曾是一个部落联盟，后分化为撒鲁尔、特克、约穆特等。

20 世纪 20 年代，集中居住在土库曼斯坦撒热赫斯（Sarahas）和散居在土库曼和伊朗边境靠近哈里鲁德（Harìrud）的撒鲁尔人认为自己是最古老、最高贵的土库曼人。他们分为三支：阿拉瓦奇（Alavač 、尕勒莽（Karaman）和安纳别勒格（Anabeleghi）。这些分支又有小分支：

Alavač：Ordouhodja，Daz，Bek－Sakar；

Karaman：Ougroudjihli，Bek－Ghezen，Alain；

Kirahe Agha：Kirahe Aga，Bech Ourouk.①

七、对中国撒拉族来源的假设

关于中国撒拉族（Salar）的情况，国内外学者都屡屡提到 1934 年出版的《伊斯兰大百科全书》（英文版）的记载作为探讨撒拉族来源的主要依据：

撒鲁尔（Salur）源于乌古斯汗的六子之一达罕汗……乌古斯部落从赛浑河旁的伊犁、热海一带迁到河中、花拉子模和呼罗珊地区。随着对小亚细亚的征服，一部分乌古斯部落定居在安纳托利亚的东部地区，撒鲁尔是其中一支军队。而且在小亚细亚塞尔柱的历史中，撒鲁尔发挥着重要的作用。由于塞尔柱人在各方面实行分散乌古斯部落的政策，相当大的一部分撒鲁尔人向西迁徙；那些留在马鲁和撒拉克的撒鲁尔人在后来以土库曼人的名义发挥着

---

① M. Th. HOUSTMA，A. J. WENSINCK，H. A. R. GIBB，W. HEFFENING AND E. LEVI－PROVENCAL ed. 1934. The Encyclopaedia of Islam. London：E. J. Brill，Leyden：Vol. IV，120. 需要注意的一点是撒鲁尔的分支之一 Anabeleghi 和后面所说的 Kirahe Agha 并不一致。

作用。根据几位学者的意见，一部分撒鲁尔人在1380年至1424年之间，经过撒马尔罕、吐鲁番、肃州，来到现在甘肃的西宁[①]并定居在那儿。目前在土库曼境内撒拉克一带和俄国[②]、波斯边境地区的撒鲁尔人把自己当作最古老、最高贵的土库曼人[③]。

关于这个迁徙时间，中国学者早已给出了自己的答案，即中国撒拉族是元代从中亚来的。就中国撒拉族的具体来源情况，《伊斯兰百科全书》的编纂者也说很不清楚。他们的资料主要来自于Grenard的发表于1898年的文章。因此，关于中国撒拉族的迁徙情况，西方学者并没有早期的历史文献依据，他们的依据是19世纪末的学术文章。而19世纪末，已有西方学者在中国撒拉族地方作调查并撰写相关文章。俄国探险家波塔宁(G. N. Potanin)曾于1883—1886年间到过撒拉族地区作调查，美国人洛克西里(Rockhill)也于1891—1892年间在撒拉族地区搜集过相关材料[④]。这些西方学者在作调查时，肯定会搜集撒拉族人自己关于族源问题的传说。因此，《伊斯兰百科全书》中对撒拉族的描写很有可能源自中国撒拉族民间的传说。一个简单的常识是撒拉族先民出发地的其他人不可能清楚地知道中国撒拉族先民整个迁徙的路线，除非撒拉族先民到了中国后和他们有过信息交流。所以，关于中国撒拉族先民来源地及迁徙原因的资料仍非常缺乏，但根据我们以上所述内容，我们觉得中国撒拉族可能与撒鲁尔王朝有着较为密切的关系。

---

① 历史上西宁地区曾是甘肃的一部分。

② 此文献写于苏联解体之前。

③ M. Th. HOUSTMA, A. J. WENSINCK, H. A. R. GIBB, W. HEFFENING AND E. LEVI-PROVENCAL ed. 1934. The Encyclopaedia of Islam. London: E. J. Brill, Leyden: Vol IV, 119—120.

④ Nicholas Poppe. Remarks on The Salar Language. Harvard Journal of Asiatic Studies. 1953Harvard-Yenvching Institute.

(1) 从时间上看中国撒拉族先民可能来自撒鲁尔王朝的撒鲁尔人。撒拉族先民到达现在中国青海的时间已被学者们认为是在元代。这种论断不仅有撒拉族自己的口传依据(当然撒拉族最主要的传说还是明洪武三年),而且最重要的是有中国史料的证据。乾隆时期编修的《循化志》卷五记载:“(撒拉族)始祖韩宝,系前元达鲁花赤。明洪武三年五月邓大夫下归附,六年收集撒剌尔,世袭百户。”[①]撒拉族先民在元代就已是达鲁花赤,证明他们到达中国的时间绝不可能在明代。其次,元世祖忽必烈(1215—1294)在至元年间将原来在河州(当时包括现在的撒拉族聚居地循化)的“吐蕃宣慰使司都元帅府”改为“吐蕃等处宣慰使司都元帅府”,其属下有“积石州”和“撒剌田地里管民官”[②]。由此可见,撒拉族先民移居今循化的时间至晚在十三世纪末。而撒鲁尔王朝从立国到解体的时间(1148—1286 年)也刚好经历了十二到十三世纪。撒拉族先民在撒鲁尔王朝时期或王朝解体以后迁到中国,从时间上来说是可能的。

(2) 从当时蒙古帝国与撒鲁尔王朝的关系来看,中国撒拉族的先民可能来自撒鲁尔王朝的撒鲁尔人。正如前面所述,为了免遭屠城之灾,撒鲁尔王朝艾布·白克尔归顺了蒙古窝阔台汗王,后者也册封艾布·白克尔为“幸福之汗”。艾布·白克尔还每年派其儿子或一侄子晋见蒙古汗王,并缴纳赋税,并对蒙古人提供各种便利的条件。后旭兀烈到达河中时,艾布·白克尔派要员远道相迎。当旭兀烈出征巴格达时,撒鲁尔王朝穆罕默德沙也领兵参战。撒鲁尔王朝在后期时代,实际上完全依附于伊利汗国,王朝的最后一

① 龚景瀚:《循化志》,西宁:青海人民出版社,1981 年,第 219 页。
② 《元史·卷八二七·百官志三》。芈一之,《撒拉族史》,成都:四川民族出版社,2004 年,第 27 页。

任统治者也和蒙古王室联姻。这一切说明了撒鲁尔王朝和蒙古帝国的特殊关系。因此，如果撒鲁尔王朝的部分撒鲁尔人作为蒙古军队的一部分来到中国而担任积石州达鲁花赤一职是完全可以理解的。

(3) 从可查史料来看，中国撒拉族的先民可能来自撒鲁尔王朝的撒鲁尔人。除了撒鲁尔王朝外，在目前可见的史料中，我们看不到任何撒鲁尔人与蒙古军队有过什么联系，更不用说有什么密切的关系。而中国撒拉族的先民初到今循化时与蒙古人的关系是非同一般的，因为，担任达鲁花赤一职的并非普通人员。而且，撒马尔罕、马鲁、玉龙赤杰等可能与撒鲁尔人有关系的城市，都遭到了蒙古军队灭绝人寰的屠杀。除小部军队突围之外，所有反抗士兵都被杀死，从这些城市带回中国的色目人也都是工匠艺人。从撒拉族先民在元代就任达鲁花赤之职来看，撒拉族先民为工匠艺人的可能性较小。根据撒拉族自己的文献，撒拉族的聚居地今循化地区是由他们占领的[①]。最大的可能是撒鲁尔人与蒙古军队共同攻克了今循化这个地方。在兵荒马乱时期，若非是一定规模的军队，工匠艺人或从商人员等一般人员从遥远的中亚来到中国腹地占领一块地方是难以想象的。再根据撒拉族在明清以及民国时期崇尚勇武且多次立军功的表现来看，撒拉族的先民初来之时也应该是军人。如果撒拉族的先民是军人，那么，他们出征中国之前就应该与蒙古人有着很好的关系，而在有史可查的资料中，只有撒鲁尔王朝的撒鲁尔人与蒙古军队保持着这样的关系。所以，就目前可见的证据而言，撒拉族先民源自撒鲁尔王朝的可能性最大。

(4) 从撒拉族所珍藏的《古兰经》珍本来看，他们可能与撒鲁

---

① 《土尔克杂学》(手抄本)，载韩建业，《青海撒拉族史料集》，西宁：青海人民出版社，2006 年，第 4 页。

尔王朝有关。根据撒拉族目前所拥有的传世手抄珍本《古兰经》来判断，他们在东迁之前也应该是有着特殊的地位，因为，普通百姓获得此种古兰珍本的可能性很小，但如果撒鲁尔王朝的撒鲁尔人拥有这样的古兰经则并不奇怪。2004 年 9 月 8 日，由国家文物局和国家宗教局联合组织的专家考察团一行六人到青海省循化撒拉族自治县街子清真寺，考察鉴定了该寺所珍藏手抄本《古兰经》的历史渊源，之后专家组成员之一陈进惠先生撰文认为该《古兰经》是在阿拨斯王朝时期，即公元十一世纪左右形成的。根据笔体推断，此经很有可能由名家书写。“阿拨斯王朝（749—1258）是阿拉伯书法形成发展的鼎盛时期，书法家蜂拥辈出，其中被称为书法三杰之一的伊本·班瓦卜（？—1022）就是这一时期著名的《古兰经》缮写家，他一生写了 64 部《古兰经》，流传各地，已知保存至今的尚有两部：一部在爱尔兰的都柏林，一部在土耳其的伊斯坦布尔，其余 62 部下落不明。”[①]撒拉族所藏《古兰经》是否与此有关，还有待于进一步的研究，但根据陈先生这部抄本出自阿拨斯王朝时期是肯定的，且很有可能出自名家之手。那么，谁能收藏这样的珍本呢？是平民百姓的可能性很小。在撒拉族先民到了中国以后，这部《古兰经》也一直由作为上层统治人物的尕最保管，直到近来才被存放于撒拉族的祖寺——街子清真寺当中。而在十一世纪，阿拨斯王朝实际上由塞尔柱帝国控制，阿拨斯王朝的新巴格达也变成了塞尔柱帝国的首都。如前所述，撒鲁尔人在塞尔柱帝国的历史中占有相当重要的地位。在之后的一段时期内，撒鲁尔王朝也与巴格达的塞尔柱人有着较为密切的关系。因此，在那个时期，来自撒鲁尔王朝的撒鲁尔人获得一部出自名家之手的手抄本《古兰

① 陈进惠：《对撒拉族珍藏手抄本〈古兰经〉鉴定的初步见解》，载《中国穆斯林》，2004 年第 6 期。

经》并把它带到中国也是完全可能的。

根据以上所述，我们可以假设，中国撒拉族先民为13世纪撒鲁尔王朝（主要版图在今伊朗国）的撒鲁尔人，他们可能作为蒙古军队的一部分而来到了中国，但这个假设正确与否尚待进一步的研究。

（原载《青海民族研究》2008年第1期）

霍尔与土族

李文实

自从 1954 年青海省互助土族自治县成立后，土族族源或族属这个问题，便成为历史学者和民族学者们所探讨的一个新课题。《土族简史简志合编》这部有关土族的开创性的著作，初步归纳了这一阶段中有关土族族源探讨的成果，有：① 源于蒙古族说；② 源于吐谷浑族说；③ 源于沙陀突厥说等几种主张。其中蒙古人与当地霍尔人在婚媾后形成今日的土族一说，在该书中颇具倾向性，并在互助土族中产生了一定的影响。

在这个基础上，近年来对这个问题的研讨又有进一步的开展。首先，有人提出“阻卜”说[①]；随之又有人提出“土达(韃)”说[②]；还有

① 陈玉书：《关于土族的来源问题》，载《历史研究》1962 年第 6 期。
② 陶克塔呼：《土族源流新议》，载《民族研究》1982 年第 3 期。

人主张“汪古”说[1]。这三种说法都与“蒙古”说有联系，而在具体问题上又各异其说。这种不同观点的争论，实有助于这个问题的最终解决。

我是自开始以来就是持“吐谷浑”说的，但先后谈的都较零散，缺乏系统。现在趁青海民族学院民族研究所召开学术讨论会的机会，从另一方面提出一些推证资料，作为补充，以求教于与会的专家和对此有兴趣的同志们。

一、从吐谷浑名称的演变看土族的形成

1. 见于汉文音译的自称

吐谷浑原为辽西鲜卑族慕容氏的一支，在西晋永嘉之乱时，慕容奕洛韩庶长子吐谷浑与嫡子若洛廆因部落马斗相伤，吐谷浑遂率部西附阴山，假道上陇。先居洮河流域，后又扩展至黄河以南，建立了河南国，这是吐谷浑始建国的名称。《册府元龟》上记载说：

> 河南王者，其先出自鲜卑慕容氏。初，慕容雒干（按即《北史》奕洛韩，《南史》作奕洛干），干有二子，庶长曰吐谷浑，嫡曰廆（按即若洛廆）。雒干卒，廆嗣位，吐谷浑避之，西徙上陇，度枹罕，出凉州西南，至赤水而居之。地在河南，故以为号。[2]

这段记载，基本上采自《北史》、《南史》。《南史·夷貊传》编列河南、宕昌、邓至、武兴四国于西戎，说河南王其先出自鲜卑慕容氏，“提挈于魏，时通江左。”这是吐谷浑在西陲建国的第一阶段，他当时自称河南王。

---

① 徐川一：《土族族源研究的几个问题》（稿本）。
② 《册府元龟》卷九五六外臣部种族。

吐谷浑死后，他的长子吐延继为河南王，再传到吐延子叶延，才以吐谷浑为姓氏，同时建为国号，这才出现了吐谷浑国。《册府元龟》上说：

其后吐谷浑孙叶延颇识书记，自谓曾祖奕雒干始封昌黎公，盖公孙之子也，礼以王父字为氏，因姓吐谷浑，亦为国号。①

吐谷浑一系自此便以其祖名为姓氏，同时作为国号。虽然其后到刘宋元嘉年间阿豺弟子慕利延又曾一度自号河南王，而吐谷浑国名迄未改变。至于青海国王、浇河公等称号，则都是中原王朝所赐封号。

吐谷浑这个名称，无论作为姓氏及国号都是自称。汉文仅为其音译。古今读音有时差异很大，这三个汉字，据《金壶字考》应读如："突浴魂"；据《通鉴》胡注，则"吐字从暾，入声；谷音浴"。"吐"字读音从"暾"，则与"托"、"铎"通韵，韵母为○，因此对后来所谓"退浑"，被认为是音讹了。现在的土族，犹自称"土户"，"土谷"，而地名人名，又有仍称为"土观"，"托红"的，土观又或译脱欢。都是吐浑的音异。从土族的这些自称看来，在族称方面古今谐声如此相近，并不能把它说成是人为的偶合的。唯有吐浑的"吐"变为土族的"土"，则古今异读，从而混同为一，不免失其古读了。单独以谐声为佐证，有时不免失实，但是把古代文字的译音，和现在土族语言相对比；然后参以吐谷浑族历史发展过程及其所留遗迹，则仍然是考察古史的可取方法之一。

以上所列举吐谷浑族称，出自汉文的音译，是吐谷浑（包括今

---

① 《册府元龟》卷九五六外臣部种族。

土族)族的自称，仅就现在来说，土族称人或族为“昆”(kūn)，与“浑”(魂)的读音声母有所变化，似乎“浑”字是古音，而“昆”字是今音，吐浑、托红属于前者，土观、土昆属于后者。两者韵母仍完全相同，这也符合一般音转的规律。成为问题的倒不在古今声母韵母之间的变化，而在今天的土族有时又自称“蒙古尔”(monguor)和察罕蒙古尔，这是“蒙古说”论者所持的主要论据之一。但我们若果细加考察，则不难看出这种称谓的局限性和附和性来。

首先吐谷浑族在中国史上出现于公元 4 世纪至 5 世纪之间，而室韦蒙古这个名称和民族的出现，则到了 7 世纪初的唐朝；其次，吐谷浑族西迁上陇，先后在今甘、川、青、新四省区地区活动，而蒙古族到了南宋末成吉思汗攻西夏时才进入今甘、青地区。当蒙古族进入青、甘、川、藏地区时，吐谷浑族早已式微，这两者之间，很难加以联系。

我们不妨用持“蒙古说”各家的主张来加以对勘，则他们之间已互相排斥否定，给谁也没有留下商榷余地。如陈玉书先生从“霍尔”与“胡儿”这个对音入手，论证白鞑靼与蒙古和蒙古与霍尔之间的关联，得出土族源于匈奴、吐浑、契丹、蒙古诸族，而以阻卜为其近支。姑不论吐浑、契丹在族系上原与匈奴、蒙古相扞格，即就是阻卜，亦实为鞑靼的改称。“胡儿”这一泛称，既与阻卜无直接联系，而且阻卜与契丹等族历史上并未进入当年吐谷浑立国地区。吐浑在朔方一带时与阻卜并列为辽的属国，也不存在转化线索，当然现在的土族更无由成为远与匈奴、吐浑，近与契丹、阻卜混同融合体的可能。而此说本身也自行否定了近年来根据清初藏文佑宁寺碑文所载土族为蒙古驻军与霍尔人通婚后所形成的这一说法。又如陶克塔呼同志以土族为明中叶成化年间固原、平凉一带“土达”(鞑)在反明失败后西移的遗裔，同样主“蒙古说”而否定蒙古驻军与霍尔人通婚所形成的这一说法。但是此说本身横空而来，实属离题太远，显得异常出奇。从所有有关史料上考察，“土达”既未流入今青海互助地区，并且土族分布即就是在今日，也遍及甘肃河西、甘南和青海黄南等地，门源、大通、乐都、民和更无待论。“土达”在反明时，势力最盛也不过两三万人，而失败后的“编民”，竟能遍布如此广大地区，且在两三百年间除了在语言方面仅有部分遗留外而全失其蒙古民族特征，这也是不可想象的（因为同时还完整的存在着比它更早进入青海地区的“青海蒙古”，却并无什么改变）。

至于“沙陀突厥说”和“汪古说”既为持上述两说者所非难，也为持吐谷浑说者所否定。我还看过一位土族同志的一篇论文稿本，他仍持“阴山鞑靼说”，依然不免蹈阻卜、汪古的覆辙。但他同样也是“蒙古驻军”说的否定者。“蒙古驻军”说的所以难以为据，是由于藏文佑宁寺碑文撰写年代太迟，碑文作者在几百年之后杂糅一些民间传说，且不免参有宗教迷信等因素，缺乏真正的历史知识。如果认真加以考察，这篇带有宗教色彩的碑文，实不能据以为信史，而且我们另找不到任何旁证。

那么，现在的部分土族自称为“蒙古尔”、“察罕蒙古尔”，应当作何解释呢？本人考虑是由于：

(1) 互助县哈拉直沟、红崖子沟等接近佑宁寺地区的土族人民，可能受了这块碑文记载的影响。对缺乏一定文化知识的农民来说，宗教寺院的记载，无疑是具有权威性的，因此这就成为了他们对于祖先历史的一种珍贵知识。而且经过喇嘛们一讲，更能在信教群众中形成为凝固的金科玉律。假如此说能够成立，则土族自称“蒙古尔”或“察罕蒙古尔”，显然是后起的名称。

(2) “察罕蒙古尔”意为白蒙古，也即是白鞑靼。蒙古称黑、白，盖所以区分元时蒙古族和蒙元统治下除汉族以外的其他少数民族（如契丹、女真、阻卜、汪古、吐浑、回鹘等）。即《新元史》所谓

"非蒙古而入蒙古者谓之白鞑靼"。因为元时把国内各民族在政治上按归服先后分为蒙古、色目、汉人、南人四等。白鞑靼属于色目人，在政治上属于第二等，比汉人、南人（长江以南的汉人）都高。土族自称白蒙古，当然比汉人具有荣誉感。至于自称"蒙古尔"，则当是大元帝国政权被推翻以后，有了"蒙古驻军"说的文字记载后才开始形成流传。因为这时蒙古政权早已不存在了，而色目人地位也已不如汉人，这时攀附上个曾经混一欧亚，威震天下的蒙古族作为本族的祖先，既有历史上攀贵的先例，又有佑宁寺碑文可资依据，则又何乐而不为呢？所以，若以土族自称"蒙古尔"或"察罕蒙古尔"便以为土族出于元裔，也是失于考察而未能得真的。

2. 见于汉文音译的他称

吐谷浑立国河南时，曾被沙溜杂种称为"阿柴虏"或"野虏"。如：

> 逐水草庐帐而居，以肉酪为粮，西北诸杂种，谓之阿柴虏。①
>
> 地宜大麦，多蔓菁。……西北杂种谓之阿柴虏，或号为野虏。②

这是原居洮水流域及强台山一带的羌氐等族对这支鲜卑族人的贬称。"阿柴"当为"阿豺"的别译，阿豺是吐谷浑六世孙树洛干的弟弟，树洛干在位时，自称大都督，车骑大将军、大单于、吐谷浑王，化行所部，众庶乐业，号为戊寅可汗，沙溜杂种，莫不归附。这时正当东晋义熙年间。树洛干死后，弟阿豺立，自号骠骑将军，沙

① 《北史·吐谷浑传》（卷九十六·列传第八十四）。
② 《晋书·西戎传》（卷九十七·列传第六十七）。

州刺史，宋少帝封为浇河公。阿豺是吐谷浑的名王之一，又是承树洛干化行所部之后，因而声名远播，人们便以他的名字代称吐谷浑。“豺”、“柴”二字同音，据《文献通考》附注，“柴”即移切，“豺”、“柴”、“偕”、“阶”同属佳韵，而“佳”、“马”通用，据唐以来藏文记载，吐蕃时称吐谷浑遗族为“阿夏”或“阿辖”，则“夏”、“假”、“写”、“姐”古音皆近，知吐蕃所称阿夏或阿辖即阿柴，从而也可断定阿柴即是阿豺的异译。不过，阿柴这个称号，通行的时间似不太长，阿豺子慕璝为陇西公、西秦王时，汉文记载仍称吐谷浑，而在藏文中，阿夏的称谓，一直沿用到唐五代之际。

阿柴之外，在藏文记载中另见的一种名称则是“霍尔”，根据藏文读音，亦可译为“伙日”。这个名称见于汉文，最早的是《元史语解》，那上面说：“和(huō)尔，唐古特语，蒙古也。”可知“和尔”即霍尔，因吐蕃在初接触蒙古族时，也称蒙古人为霍尔。

“霍尔”这个名称在藏文记载中的发现，对我们研究吐谷浑古史有重大的贡献。原来“霍尔”是吐蕃和以后藏族对吐谷浑和蒙古人等的早期称谓。其对蒙古称“霍尔”，见于萨班·贡噶坚赞(1182—1251)于南宋理宗淳佑七年(1247)写给西藏各地僧俗的公开信(即《致蕃人书》)。此外，藏文《蒙古佛教源流》，本名就叫《霍尔曲汇》。其对吐谷浑人称“霍尔”，见于成书于明洪武二十一年(1388)的《西藏王统记》(索南坚赞著)。《西藏王统记》中记松赞干布遣使至唐请婚一事时说：

> 唐王不许。使者返藏，伪言于王曰：唐王甚喜吾等，已许嫁公主矣。乃有霍尔塞吐谷浑离间唐王，以故不果。[1]

① 王沂暖译：《西藏王统记》，上海：商务印书馆，1949年。

这段史料，似全引自《新唐书·吐蕃传》，但在吐谷浑前加上一个“霍尔塞”，（按即黄霍尔），说明吐蕃称吐谷浑为“霍尔”。我们翻译本段时，若能在“吐谷浑”一名加上括号，则更符合原意。

与此相同，渊源于宋、元间而陆续成书于明、清间的藏族史诗《格萨尔王传》中，也有征服霍尔之部的《霍岭大战》，其中有霍尔黄帐、霍尔白帐、霍尔黑帐的称谓，则知“黄霍尔”即是霍尔黄帐，都是吐蕃对吐谷浑的旧称而为后世藏族所沿用。在这里我们不妨附论一下吐谷浑与吐蕃的关系。

西藏这个地方在吐蕃王国未兴起前，本是汉西羌之地，其民族也属西羌种。他们中的发羌、唐旄等部，远在江、岷间，不与中国通。发羌原居住在黄河源头，后逐渐南移，因此未尝与中国往来。到晋、宋时吐谷浑立国西陲，役属群羌，包括当时活动在今四川、甘肃、青海及新疆天山南路的众多羌族部落，当然它的声威也会从此及于发羌活动地带。发羌后来统一当地唐旄等诸部，自称为蕃（读如拨，原发字音的汉译）。唐王朝或以其原附吐谷浑，所以称为吐蕃（说另详拙著《吐蕃名义试释》）。吐蕃兴起后，必须向内地发展，便首先与吐谷浑相接触，到唐贞观八年始通于唐，于是和吐谷浑发生了冲突，最后吞并了吐谷浑国原来的土地进而和唐争衡。后来西藏人记载这段历史，便称吐谷浑人为“霍尔”，我猜想这有可能是“浑”字的音转。吐蕃灭吐谷浑后，也先后混称回纥、沙陀、蒙古等为“霍尔”，这是因为古代民族山居野处，与外界隔绝，往往以为天底下只有他们一种民族，后来逐渐有了交通往来，对外也只能知道一点大概。如汉族最早对西部民族只知道有西戎，随后逐渐才知道有绵诸、大荔、义渠、陆浑诸戎；不仅知有戎，而且进而还知有氐羌。对北方的胡人，南方的百蛮，起初也概称为胡、蛮。若要细分，总得个长的认识过程。吐蕃先前只知道与它接境的吐谷浑人，以后接触到与吐谷浑相接的回纥、沙陀以迄蒙古，便也以“浑”字音转的“霍尔”称呼他们，或许还以为这些非汉族的少数民族都是吐谷浑统治下的属民。一直等到他们与这些民族逐步熟悉后，才把它们区别开来，如称蒙古为“苏胡”、回回为“纥纥”或“嘉回”，不再混称为“霍尔”了。有人以为藏语“霍尔”，并不专指吐谷浑，因而否定吐谷浑与土族的族源关系，是值得商榷的。如上所论，则“霍尔”虽是吐蕃和藏族对吐谷浑的一种他称，但却有沿自吐谷浑自称的可能。总之，无论是自称或他称，“霍尔”乃指吐谷浑，并且是早期对吐谷浑故地的一些非汉人的泛称，是可以肯定的。

其次，见于藏文的另一种他称，便是前面已提到的“阿夏”(或译“阿辖”)。1980 年青海民族学院印行王尧教授辑译的《敦煌古藏文历史文书》，其中有关吐谷浑记载，藏文均作“阿夏”，因此可知唐五代时，吐蕃人称吐谷浑遗族为“阿夏”。我猜想吐谷浑在未亡国前，雄踞西陲，与吐蕃地位等夷，因此吐蕃称它为“霍尔”，承认它是一个敌体。等到吐蕃吞并了它以后，便不再承认其为并立的敌体，便恢复当年沙漒杂种对它的旧称。或者这种称谓即是吐蕃的史例，从而见之于著述，也有可能。不过对我们说来，它之所以值得重视，倒是借助于它使我们了解到吐谷浑后裔在吐蕃境内继续活动的一些情况。后世和现在的论者，大都以为吐谷浑没于吐蕃后，便完全被同化融合了。但经我们考察，西陲的吐谷浑遗裔，最少在唐代还仍以属国的地位存在着，被称为小王，并与吐蕃王室联姻，这对认为吐谷浑国自始就是一个羌化的国家论者，无疑是一条有力的反证。但也必须指出，“阿夏”这个名称，存在的时间并不太长，似乎在吐蕃王国崩溃以后，它也随之消失。而“霍尔”的遗称，却一直保留到现在。前后异称，均各有其历史背景，而并不是偶然的。

3. 从吐谷浑到土人的演变过程

自吐蕃王国势力东向发展后，吐谷浑便受到威胁。随着吐谷浑大臣素和贵投吐蕃，吐蕃尽知其虚实，便出兵击破吐谷浑于黄河上。吐谷浑王诺曷钵引数千帐走凉州，唐派苏定方进行了安置。后来诺曷钵请内徙，唐王国拟徙其部于凉州之南山（祁连山区），结果未能定议。咸亨元年，唐王国为保吐谷浑派薛仁贵率大军讨吐蕃，想把诺曷钵护送到故地，结果因兵败大非川，诺曷钵只好退居浩门河流域。以后又因吐蕃势力进逼，又徙灵州（后改安乐州）。最后吐蕃取安乐州，诺曷钵余部便东迁朔方、河东，就是后来被称为“退浑”的那一支，北宋时没入辽国。入元后便逐渐失载，可能被他族所同化了。

被吐蕃所统治的吐谷浑各部，除素和贵等所统及鄯善且末诸部外，有些在武则天圣历三军（700）时，曾脱离吐蕃而到河西走廊的甘、肃、瓜、沙等州降附唐朝。当时有人建议把这部吐谷浑人内迁到秦陇，因凉州都督郭元振反对，只让他们依附安乐州王室而存在。吐蕃取安乐州后，他们不能再徙，从此沦为吐蕃的奴隶，因为此后在本地区就出现一种被称为“浑末”或“嗢末”的所谓吐蕃奴部。大中二年，沙州首领张议潮起义，五年，奉使献图。《新唐书·吐蕃传》（下）说：

> 明年，沙州首领张义（议）潮奉瓜、沙、伊、肃、甘等十一州地图以献，……其后河、渭州虏将尚延心以国破亡，亦献款。秦州刺史高骈诱降延心及浑末部万帐，遂收二州。

这里所提到的“浑末”是一个什么部众呢？原书接着解释说：

> 浑末，亦曰嗢末，吐蕃奴部也。虏法：出师必发豪室，皆以奴从，平居散处耕牧。及（尚）恐热乱，无所归，共相啸合数千人，以嗢末自号，居甘、肃、瓜、沙、河、渭、岷、廓、叠、宕间，其

近蕃牙者最勇，而马尤良云。

又《通鉴》二五〇咸通三年十二月条有云：

> 是岁，嗢末始入贡。嗢末者，吐蕃之奴号也。吐蕃每发兵，其富室多以奴从，往往一家至十数人，由是吐蕃之众多。及恐热作乱，奴多无主，遂相纠合为部落，散在甘、肃、瓜、沙、河、渭、岷、叠、宕之间，吐蕃微弱者反依附之。

以上两处记载，都说浑末或嗢末是吐蕃奴部，又说以“嗢末”自号，似乎未能得实。设使嗢末是奴隶的称号，他们便不会自称为奴隶；同时这个部族名称，到大中、咸通间才出现在今河西、甘南及川西广大地带，说明他们原来并不都是吐蕃发兵时的从属。吐蕃是并合群羌而混成的中古西陲一大民族，而这些浑末或嗢末，显然又不是属于吐蕃族系的奴隶部，而是散处在河、湟、岷、叠间为吐蕃所役属的另一民族，它完全有可能是吐蕃统治下的吐谷浑遗族，原为吐蕃所役属，沦为奴隶，及吐蕃王国势力分崩离析，他们便打出吐谷浑族的旗号而向唐室入贡。吐谷浑族后期或称吐浑、退浑，也简称浑，“浑末”、“嗢末”只是汉文记载的另一译名而已（“末”意为人）。

我所以这样说的理由，还可列出下列四条：

第一，前边已谈到在武则天末年，有一部分青海地区吐谷浑人脱离吐蕃统治移到凉、甘、肃、瓜、沙等州，求唐保护。唐王朝拟迁入内地不果，便就地收容了他们。这次嗢末人乘机互相纠合，自为部落，并向唐入贡，吐蕃微弱者反而多依附它。他们本是吐谷浑遗裔，此时打出“嗢末”旗号，自然有此可能。

第二，与甘、肃、瓜、沙这一地区相呼应的，还有河、渭、岷、叠、宕之间的嗢末，这一地带，原来就是吐谷浑王国的发祥地，自然也有较多的遗裔存在。吐蕃在吞并吐谷浑后，当然视他们为奴隶，但到吐蕃王国崩溃后，他们便不再承认自己为奴隶了。所以若以“唱末”本义为奴隶，实是一种附会。

第三，《唐书》说嗢末人近蕃牙者最勇而马尤良。按吐谷浑族源出鲜卑，为东胡的一支。它西迁上陇时，仅以千七百户之众而能役属群羌，开地千里，本以勇名。而吐谷浑居青海时，青海湖上产青海骏马，号称龙驹。嗢末部马尤良，正是吐谷浑的传统。到现在浩门马犹称走马，而土族也有善养马之名。

第四，现代发现敦煌文书录有张议潮在收复凉州后遣使入告的奏文说：

> 咸通二年(八六一)，收凉州。今不知却□□杂蕃浑，近传嗢末隔勒往来，累询北人，皆云不谬。伏以凉州是国家边界，嗢末百姓，本是河西、陇右陷没子将(孙)，国弃掷不收，变成部落，昨方解辨(辫)，只得抚柔……。①

根据当时这段记载，包括张议潮在内的人，虽然也知道当时河西走廊一带人“杂蕃浑”，但还不解嗢末究竟是什么人。经过在收复瓜、沙等州后的调查访问，才知道这本是河西、陇右陷没子孙变成的部落。(按“辨”字似并不误，意谓在询问北人后，才分辨清楚嗢末是什么人。疑为“辫”字，便不免曲解。)不过，问题还并没有完全弄清楚。河西陷没子孙，究竟是汉族还是附唐的吐谷浑族，他并未说明，但我们可以肯定这决不是吐蕃族。那么所谓吐蕃奴部，自非吐谷浑莫属。只是它并非吐蕃发兵时从征的奴部，而是为吐蕃所役属的吐谷浑遗裔。若是汉族，则吐蕃微弱者更不可能争附了。因

① 姜亮夫：《唐五代瓜沙张、曹两世家考》，载《中华文史论丛》1979年第三辑。

此，我断定浑末或嗢末，也是吐谷浑族遗裔的一称自称，而被后人理解为是另一种部族。这还可以从后世一些记载和遗族得到进一步的证明。《西宁府新志》说：

> 红帽儿族，沙州番也。一云即安定王部落。正德中为敌残破，流沙州。后徙西宁塞外。善射，海敌畏之。时亦梗内地。万历十九年，径略尚书郑洛招抚之。后却尔失加与瞿昙寺有姻戚，复徙牧其境，居庐室，效顺焉。一支为剌卜尔族。①

又郑洛《收抚蕃族疏》说：

> 以故生番俛首归顺，岁纳添巴，原为部落，如红帽儿、姑六只等，不知其几矣。②

明兵备按察石槚在他的报告中也提到“红帽儿”族。在《武备志》内还曾说到“红帽善箭，昝咂善刀”，为海上蒙古所畏。显然，明中叶后在青海境内番族中出现的“红帽儿”，实即唐、宋的浑末或嗢末的异译。上述“红帽儿”活动的地域，在今西宁、互助、乐都境内，正是现在土族集中地区。而《西宁府新志》更说：

> (唐)懿宗咸通七年……吐蕃奴部号浑末，居甘，廓等州。③

---

① 《西宁府新志》卷十九《武备志·蕃族》。
② 《西宁府新志》卷三十三《艺文志·奏议》。
③ 《西宁府新志》卷三十《纲领志》(上)。

则当时西宁周围地区，也有“浑末”居住。如此，则浑末、嗢末、红帽儿、土族岂不就联成一线了吗？不仅如此，几十年前我们把玉树地区叫“红帽儿”。兹查陇右节度使哥舒翰奏有云：

苏毗一蕃，最近河北，吐译（浑）部落，数倍居人。[①]

按唐时苏毗即今之玉树地区，当时也是吐谷浑活动的地方，则它后世被称为“红帽儿”，无疑也是“浑末”的异写。张议潮把瓜、沙、甘、凉的嗢末认为是河陇陷没的子孙，从这里可以看出他所了解的还不够详确，实际上都是没于吐蕃的吐谷浑遗裔。我曾问过几个玉树人士，他们说在今玉树地区内除“红帽儿”称号外，也还有“霍尔”、“阿夏”，的地名。“红帽儿”是汉文的记载，“霍尔”、“阿夏”是藏族对吐谷浑的称谓。这同样有助于我们对吐谷浑遗裔的探察。

当然，民族是一个历史范畴，而民族的演变和融合又是历史发展的必然趋势。历史上从来没有一个相沿不变的民族，但也没有突然新生出来的民族。我们竭力找出浑末是吐谷浑的遗裔，“红帽儿”是“浑末”的异译，有一部分土族原来就叫“红帽儿”，决不是把今天的土族等同于当年的吐谷浑，但它与吐谷浑的渊源传承关系却是不可否认的。

二、从“霍尔”名称的遗留看吐谷浑遗裔分布的地区

吐谷浑诺曷钵部由安乐州再迁朔方、河东直至没于辽国而遂失记载的经过，我已写过一篇文章大致叙述过了[②]。其仍留故地

---

① 《册府元龟》卷九七七外臣部降附章。

② 《唐五代以后的吐谷浑族遗裔及其民族特征》，载《青海民族学会学术论文选集》第一辑。

而为吐蕃所并吞的青海湖地区一部吐谷浑遗裔于武则天当政后期脱离吐蕃投奔凉、甘、瓜、沙的简况也已在本文第一节中作了交代。这里需要将其继续生息活动于今安多(或称阿木多)地区的吐谷浑遗裔作一番考察。这个工作的所以能够进行,主要将依靠藏文中"霍尔"这一名称的遗留。在这里我们不难看出吐谷浑遗裔中尚有一部分仍以部族形式在安多等地区存在着。兹从地名、族称遗留的痕迹,对本地区吐谷浑的下落,作一概括的考察。

1. 从地名分布看吐谷浑族在本地区生息活动的踪迹

我们知道现在的藏族是羌族和吐蕃的后身,其在本地区始终是一个处于优势的民族,在长期的历史发展过程中,有很多被藏化或汉化了的吐谷浑的痕迹,为他们的语言和记载所保存。从我所已约略接触到的资料来看,从今青海果洛藏族自治州一直到甘肃甘南藏族自治州的广大地带,都有这类历史痕迹保留着。现分别举例如下:

(1) 果洛地区有关霍尔、哈尔、霍若、合尔、和科等地名或部落,在达日县境内有:

哈尔青达(上红科公社哈尔青大队)。"哈尔"是今汉文音译,与"霍尔"为同音异书。

霍尔那合(意为黑霍尔)、尼霍尔。

霍若夏尔、霍吾隆哇、霍若夏尔贡玛。

霍阿隆达、霍若仓尖、哈尔穷亚勒。

在久治县境内有:

霍尔杰杂隆、莫合尔哇嘛。

在玛多县有:

和科贡巴(即是霍尔寺院)。

在玛沁县有:藏霍尔(藏是地名)。

(2) 在海南州共和县有:和尔、和尔河;贵德县有贺尔加。

(3) 在黄南州尖扎县有：霍尔哇西、合日地柔、和黄乃亥(即霍尔那合的另一译名，意为黑霍尔)；同仁县有和曰大队；河南蒙古自治县有和日合多曼；泽库县有和日公社(环科日扎)，和日寺。

(4) 与黄南地区相接境的循化县有：贺隆堡(霍隆即霍尔沟)、贺庄；与循化接境的甘肃积石县有大河家；临夏县有何家(河、何、贺音均读 huo，与霍同)。

(5) 黄河以北的海西天峻县有霍尔仓；海北刚察县有哈尔盖。东部农业区的化隆县有卧龙岗(原名卧日尕，《西宁府续志》作若尔哈)、加合尔(即汉霍尔、与卧龙岗相邻)、合什群、哈尔洞、列仁何什加、贺什加、合什藏及卧伙勒(即藏霍尔弯)。

乐都县现有和尔茨(大队)、和尔红(大队)。再从《西宁府新志》看，县城西南六十里有郭尔庄、河儿洞庄；胜番沟有小河儿族庄。

互助土族自治县内则更有贺尔川、合尔屯、合尔吉、合尔郡、合日江等村庄，均为土族聚居地。而土观、托红尚不在其内。

从记载上看，在湟源县隆奔族白杨沟也有个合儿庄。

在以上这些地方，除互助外现在大多已找不到土族，但仍可说明在过去都曾是"霍尔"活动居留过的去处。因此，后来把这些地方叫做霍尔沟、霍尔庄，或汉霍尔、藏霍尔、黑霍尔等等，这种名称并说明这些村庄得名时，有些霍尔人已被藏化或汉化了。

2. 从一些文字记载中的族称来看吐谷浑族遗裔分布的地区

(1) 乾隆《循化厅志》记载循化东乡西番有火龙布寨族(按即后来的贺隆堡)；口外西乡四十四寨内有"合儿寨"西番共五族。今甘南夏河县境内有火力藏族(当时夏河属循化管辖)。又今黄南泽库县(时属循化)有和日四族(和日措玉)，不见于《厅志》。

目前甘南卓尼一带尚有一些自称为"土户家"的族分，听说直到洮、岷，间有存在。我还未到过这些地方，尚不得详述。但这块地带原为吐谷浑和西秦乞伏氏活动中心，自当有遗迹可寻。

(2) 乾隆《西宁府新志》中载有西宁南一百五十里有火力加族，今俗称为贺尔加。

另外见于《府志》的便是前述红帽儿族，这个名称与土官庄、土官沟、托红庄及土观呼图克图等同属于吐谷浑的音转。

(3) 我前两年在一篇文章中，根据吴均先生的提示，曾谈到今四川霍尔甘孜的事。后来翻查《清史稿》，那上面对霍尔三十九族的记载是：

> 三十九族者：曰夥尔、曰图嘛鲁、曰吉宁塔克、曰尼牙木查、曰松嘛巴、曰勒达克、曰多嘛巴、曰达尔羊巴、曰他玛、曰夥儿、曰拉寒(原注：他玛、夥儿、拉寒共一土司)、曰夥耳、曰琼布噶、曰琼布色鲁查、曰琼布纳克鲁、曰扎玛尔、曰上阿扎、曰下阿扎、曰上夺尔树、曰下夺尔树、曰上刚噶尔、曰下刚噶尔、曰他玛尔、曰提玛尔、曰积多、曰哇拉(原注：积多、哇拉共一土司)、曰麻弄、曰布川目桑、曰书达格鲁克、曰奔盆、曰策会毕鲁、曰色尔查、曰纳布贡巴、曰结拉克汁、曰拉巴、曰三渣、曰朴朴，皆自为部落。①

其中直接称为“霍尔”的有“夥尔”、“夥儿”、“夥耳”三族，其余各另有名称。但从习惯上统称霍尔三十九族而言，则似乎都属于霍尔族而并非藏族或他族。这些部落均设土总百户或土百户、土百长等以治之，归驻藏大臣管辖。时任驻藏办事大臣的赵尔丰说“其族恭顺”，因而“悉加慰遣”，可见他们并不同于当地瞻对、巴塘等土司

① 《清史稿・土司二》(卷五一三・列传三〇〇)。

属民。

有关“霍尔”三十九族的土司设置及土官衔号，均沿自元、明，有安抚、长官等司，清初未改流前，在建昌道提标辖下，计有霍耳竹窝安抚司、霍尔章谷安抚司、霍耳孔撒安抚司、霍耳甘孜麻书安抚司、霍耳咱安抚司（《圣武记》又有霍尔林葱安抚司使）及霍耳白利长官司、霍耳东科长官司等土官，每安抚司下有土百户二至六不等。这些都是以“霍耳”命名的（霍耳即霍尔的又一译名），实际上如纳林冲长官司，与章谷土司是一家，《圣武记》即作霍耳林冲；又如德格土司罗追彭措的妻子玉米者登仁甲，《清史稿》说她是“本藏女，于瞻对藏官有姻谊”。这又说明罗追彭措不是藏族，也可能是霍尔。以上土司，大多到宣统二三年时才改流，所以在解放前还保留有“霍尔吉恰（总管）”的名目。这些仍自称“霍尔”的部族，现在无疑都已藏化了，但从这个称谓的遗留，仍可确定他们本是吐谷浑族的后裔。因为本地区与玉树、果洛接境，都是吐谷浑当年活动及统治的区域。这么众多的“霍尔”人，虽然都已藏化了，但直到清末，仍不直接称它为藏人，更不说它是蒙古人或“野番”、“倮夷”，而乞称为“霍耳”，是值得我们深思的。

（4）曾巩《隆平集》中有一段记载说：

> 角厮罗三子，皆被恩命，曰瞎毡，居合龙谷。①

“合龙”当即为霍尔隆，亦即贺隆的对音，其义为霍尔沟。霍尔沟的名称，当不止一处。瞎毡所居合龙谷，究应在何地呢？按角厮罗起家宗哥川，即今平安县东南川，其以后活动地带，在今乐都、民和、化隆、循化、西宁、贵德区域之内。今循化有贺隆堡，虽不一定为瞎

① 《隆平集》卷二〇《唃厮罗传》。

毡居地，而“合龙”这个地名，见之于宋代，到今日为止，是汉文记载中最古的，可与其后的藏文记载相比证。

三、“霍尔”与西宁州土人

唐宋以后，分布在广大安多地区的吐谷浑遗裔，基本上在羌族后身、藏族前身的吐蕃族控制下存在着，其间被融合同化的现象，自然无可避免。而它的族称和活动地带，却由藏族语言和文献传留下来，从《西藏王统记》、《格萨尔王传》到《安多政教史》，“霍尔”或“霍耳”这个为一般人所不解的名称，便为中外有关著作家和旅行家所采录。《王统记》把“霍尔塞”与吐谷浑联系起来，《政教史》把“霍尔”与土人联系起来，为我们最终弄清这个问题，留下了宝贵的资料与线索。唯有汉文记载，由于唐宋以后吐谷浑渐归式微，认识逐步模糊甚至泯灭了。

蒙古统一中国，建立了大元政权，在边疆地区利用色目人优势建立起土司制度。其中在甘肃边外的有些土司，均被称为土人。这种族称到明初便正式见于记载。明《洪武实录》中所谓的“西宁州土人”，直到清初《秦边纪略》所谓的“土人”，都是指南木哥等土司所属而言。而比此稍后一点的外国人游记中，正好把青海境内祁土司和甘南卓尼杨土司的属民，称为“假霍尔”。（“假”为译音，或译“嘉”、“加”，是藏族对汉人的称渭）。这位外国旅行家不无赞赏地说：“他们自称属于蒙古系。一般说他们与在社会风气中已失去祖先那种勇敢自强的性格的今天的蒙古人相反，他们完全保持了这种性格。”[①]可见他虽然没有明白地否认这些“假霍尔”源出于蒙古，但却指出他们与清中叶时期蒙古人的性格，已大有不同。这种观察不能不说是很敏锐的，“土人”的性格，就是与蒙古人大有

① 耶克·加伯：《中国鞑靼与藏区游记》。

区别。

我们现在把西宁州土人作为吐谷浑后裔来考察，首先是由于它出现在吐谷浑后期活动的地区；其次是发现本地区中既存留有“土官”、“土观”、“托红”等地名，又遍布着合尔屯、合尔郡、台日江等土族聚居的村落；第三是“土人”名称出现的元、明之交，正是吐谷浑族汉文名称趋于泯灭之际，因而以“土”代“吐”，失其本义。幸好土族至今仍自称“土户”、“土谷（古）”、“土昆”，还能使我们体会出“土”与吐之间的演变痕迹来。而更重要的一点则是浩门河流域一带（包括祁连山北坡直至永登、连城）原是唐末吐谷浑余部分片聚居地区，而这个地区又偏离交通干线，这种地理条件的限制，有利于保持它们民族原始的特征和风貌，不致于像其他地区一样的被藏、汉族等所融合同化。尽管吐谷浑的名称改变为土人，但仍区别于蒙、藏、汉、回及维吾尔而独立存在。“土”即是吐的同音字，“土人”即是吐浑的改称，应当说是符合其实际的。

我还查阅了一些有关资料，明初西宁州土司中，由元归服的南木哥、帖木录、庄铁木、朵力庄、哈喇反，《清史稿》上都载明他们是“西宁州土人”。而《西宁府新志》中还明确地记载着大通县河西逊让堡居民，尽属土人，汉人间有；祁家堡皆系土人；扬化堡、多洛堡多系土人；百胜堡汉、土各半；硖门、新庄十之六为土人；旧庄堡十之二为土人。实际上不仅是大通，整个浩门河两岸以迄乐都，民和都分片聚居着土族。以多寡来比较，互助县居首，民和县居二，大通县居三。包括门源、乐都在内，是保持土族特征较显著的典型地区。自此过了黄河，西迄临夏、同仁、南达卓尼、夏河以至洮泯，也可找到土族的踪迹。我设想这些地区的所有土族中，应当还包括有鲜卑族中的南凉秃发氏和西秦乞伏氏的遗裔在内，当然也会有部分吐谷浑化的汉、羌族人民的后裔。

过去单以互助土族自治县那三万左右的土族人口为依据，说他们是蒙古将军格日利特部下的后裔，既太片面，又缺乏佐证。从吐谷浑的历史地理来说，不仅互助是弹丸之地，即就是西宁州，也只是其活动地区的一部分，无法考察清楚问题的全面情况。若把吐谷浑和霍尔、阿夏、浑末、土人等贯联起来，加以分析考证，虽然还不能说问题全盘得到解决，但总可以有点接近真实了。

四、余论

最后，还有几个相关的问题，一并在这里附加论列如次：

(1) 关于“蒙古说”中的蒙古、阴山鞑靼、汪古、阻卜、土达(鞑)等活动地区问题

所有阴山鞑靼、汪古、阻卜在元、明时期，其向西陲活动的足迹，最远只到河西走廊为止，并来到过河湟流域，更谈不上到今果洛、玉树、昌都、甘孜以至洮岷、川西等地区。既然连到也未曾到过，便无所谓族源与后裔问题。至于“霍尔”为“胡儿”的对音问题，这里虽然早就有过匈奴、小月氏等“胡儿”，但那是秦、汉间事，与本问题无涉。晋以后鲜卑慕容、秃发，乞伏等部移入，但“霍尔”名称起自吐蕃，最初且系泛指吐谷浑故地及与其接境的蒙古、回纥等族而言。而当时汉族，早已不用“胡儿”这个称谓，吐著自无从沿用。唐人诗：“汉儿学得胡儿语，翻向城头骂汉人。”其所谓“胡儿”，却是指吐蕃而言，对于吐谷浑，则又称作“退浑儿”，即就是这些称谓，也只是诗人的语言，并不存在实用意义①。且所谓代表“胡儿”的契丹人，也从未到过这里，所云“乞塔坪”、“乞塔庄”等乃是“疙瘩”或“圪垯”的异写，青海果能成为当年契丹人逃亡的乐土，且化为“胡儿”的实体，那么其他地区大量的“霍尔”，又是哪一种“胡儿”呢？汪古是白鞑靼，“霍尔”同样是白鞑靼。阻卜要是邀濮的后身，则元

① 吕温：《蕃中答退浑词》(见《吕叔和文集》)。

代不需要改鞑靼为阻卜。这些都既背于理,又违事实,而仅是为对音而讲对音,自不免荒唐离奇。

从章吉驸马作宁濮郡王,蒙古确乎到过青海,但并没有与他族融合的事。漠南土默特部俺答汗等族曾移牧青海,但最终仍归原牧地。其后是准噶尔部固始汗,曾以青海为基地,统一唐古特四部,当然也包括喀木(即昌都,甘孜等地区)。但他所留下来的后裔,是今青海蒙古二十九旗和居延海附近的额济纳旗等,并未演变成任何族①。最后说到土达(鞑),在明成化间居住在平凉、固原一带,反明失败后,并未移向浩门河流域。即便说其流移到了这里,在短短时间里变成了与蒙古族大相径庭的土族,那么其他地区早在明以前存在的"霍尔"、"浑末"等,又是与土达(鞑)怎样结合起来的呢?"蒙古说"的自相矛盾和违背事理,大率如此。

(2)《土族简史简志》定今土族语言为阿尔泰语系蒙古语族,因为现在土语中保留有相当一部分蒙古语词汇。语言是构成民族的主要因素之一,因此持蒙古说者以此为他们的重要论证之一。我对语言问题缺乏认识,无从细论,但鲜卑语属东胡系,与蒙古语族宜有相通部分,而并非源自蒙语。这和哈萨克语与维吾尔语及撒拉族语也有一大部分相通是一个道理,不能确定说是谁受谁的影响。东胡、肃慎系是今满族的祖先,前者是历史上的民族,后者是

---

① 土族果为格日利特或阴山鞑靼的后裔,则在明代俺答部自青海湖侵扰时属西宁卫地的大通、互助、湟中等地区时,应显露出本民族身份,而那时却并无"蒙古尔"之说。后来在固始汗统一唐古特四部后,土族仍无"蒙古尔"或"察罕蒙古尔"之称,显然在雍正以前还没有产生这个说法。我在最初讲到这个问题时,吴均先生也认为"蒙古尔"说为后起。并提出撒里畏吾儿一名的成因,可以作为这一方面的借据。因为撒里畏吾儿这个名称随着时代的迁移而改变,土族果出元裔,则亦应在明中叶"海寇"(明时对青海俺答部的称谓)横行时改变自己的名称。他还指出佑宁寺是在萨迦及噶举派小寺的基础上修建的,格日利特是否在这原萨迦及噶举派小寺之中,也称为"尼达"呢?目前在藏文中尚无文献可征。若明万历初修宁佑寺时果有格日利特为"尼达"说,则事实会完全两样。又"尼达"本为宗教词语,佛教中护法,成分本极复杂,所谓"土主"、"山神",包括恶煞及异教徒等在内,不一定即为始祖的象征云。

现代的民族。土族源于鲜卑吐谷浑，而鲜卑源自东胡，这从族系上来说，也有远近之分。蒙古是后来形成的族系，一般是源于室韦，而与东胡、突厥、匈奴有渊源关系。光凭现代的语言来定土族与蒙古的族源关系，这个线索还是不很清楚。若说杂有其他民族语汇，则现在土语中杂有不少藏语和汉语，但从来没有人说他们源自藏族或汉族。至于所受影响，他们倒是早期所受汉族文化影响，后期所受藏族文化影响，都比蒙古族的为大，值得今后作更深入的专题研究。

（3）有位土族同志在探察土族族源时，曾经提出吐谷浑西迁时仅七百户或一千七百户，其人口总数尚不满万人，加上沿途丧亡，则到陇上时当比此数更少，其族自难发展成为大国而且还能留下来如此众多的遗裔。这个提法，也有一定道理。但历史地去看这个问题，却并不那么单纯，吐谷浑立国西陲，长达三百五十年，包括东迁灵州作唐附国，共延续了三百六十三年。在这么长的时期内，其役属群羌，并先后接受汉族和吐蕃的文化，在中国西部居于先进和优势地位，看那些王室成员们谈论诗书，并在成都建造九级浮屠，和在黄河上建桥，史书又说他们善作农器等，可见这个民族在当时是蓬勃向上，发展很快的。人口问题，归根结底是经济问题，地理环境优越和生产发展，便为人口的发展提供了有利的条件。历史上的川西北、甘南、青海南部和青海湖地区，水草丰美，为理想的放牧场所，兼可以营农业，这是吐谷浑族人口迅速发展的客观因素。加上他们文化较周围民族高而国势又强盛，即使亡国后，也长期以部族形式存在，因此不仅留下了许多民族广布的遗迹，而且还有一部分人发展成为现代的土族，为中华人民共和国五十六个少数民族之一，享受民族区域自治政权，其源远流长，是并不偶然的。

再若以近代人口发展为例，清代是满洲族贵族执掌全国统一政权的，入关时满洲八旗每旗有七千五百人，八旗共有六万人。但到了清中叶，光是八旗驻军（京师和各省），就有二十万人左右，满族人口超过了百万，以此作为对比，吐谷浑族情况，也当与此相近似。

再以清代全国人口为例，清政权到康熙时开始进入盛期，康熙五十年（711）全国人口据统计为二千四百六十二万一千三百多人，到乾隆二十九年，全国人口便增加到两亿零五百五十九万一千多人①。在五十四年中，人口增加了七倍多，以后便又增长到四亿人，这是近代中国所通称的四万万人口的来历。由两千多万人到四亿人，前后不到两百年。当年吐谷浑的时代条件，并不和近代完全相同，但人口增长的基本因素是大体接近的。这样看来，吐谷浑后期，不仅在吐蕃统治地区"蕃浑杂处"，而且还在河西及党项地区"羌浑杂处"，是其人口发展的必然现象。何况越到后来，所谓"浑末"、"霍尔"，还应包括南凉秃发部和西秦乞伏部遗族在内，再若加上被其所融合同化的部分西羌杂种和汉族等，则当时本地区活动的鲜卑人，当也不下百万人，约与清代满族的情况相仿。只是近代的有据可查，而古代的只能约略估计对比罢了。

（4）对近代中国边疆少数民族的研究，是从中华人民共和国成立后才有计划地开始的，无疑是取得了巨大成果。但有些问题，还有待于深入。这里我且谈两个问题：

第一，是与青海紧邻的裕固族族属问题。裕固是现在的定名，而他们自称则为"尧呼尔"或"西拉玉固尔"。当地人则又称其为"黄番"，居住在河西走廊祁连山北坡。地区的闭塞，使得他们仍能保持原来的一些民族特征。就语言来说，既有属于阿尔泰语系的蒙古语族的，也有属于突厥语族的。其族源出东胡系，正与土族相

---

① 郑天挺：《清朝简史》。

类。当然近肃南一带的一部分同时兼操汉语，则属习染问题。就风俗习惯而言，也更与土族相近。其居地东南两面，现都居住着土族，因此，我想这个民族的情况与上述“红帽儿”族相类。“红帽儿”也曾被称为“沙州番”，或以为即宁王卜烟帖木儿部族（后封为安定王），因此在青海境内把它或迳称为安定族。明初塞外四卫，以安定卫居首，而部民并全非蒙古族系，兼杂羌、吐蕃、土人、畏吾儿诸族，所以今裕固族又被称为撒里畏吾儿。古今异名，多由于人们未加细考所致。现在要正名，必须以其自称“尧呼尔”及“西拉玉固尔”为准。就此推论，则“呼尔”、“固尔”即“霍尔”的音转，而“尧”、“玉”犹和所谓黑、黄或地域等一样同为冠词，可证其族源亦属吐浑，其亲缘仍与土族为近。我先这样粗略提一下，以供同志们讨论考查，并请专家们审议。

第二，关于青海、甘肃保安族问题。明初定西陲，今青海黄河南部先后归河州、洮州管辖，万历时在今同仁隆务地区设保安营并筑城堡，定名为保安堡，后归循化厅。在那里有一种较老的当地民族，本地人称为保安土人，解放后定名为保安族。这个族在今甘肃临夏地区积石回族撒拉族保安族自治县也有部分聚居，原称保安三庄。这个民族非羌、非藏、非汉、非回，对其族源，尚缺乏探讨。但他们的原居住地叫做“年都乎”而又被称为土人，这还是与土族有一定联系的（“年都乎”与“土户”音近）。何况本地区原来就是吐谷浑活动中心。若能剔除它后来习染的一些民族成分，大致仍不难寻出其族源来。我借青海民族学院民族研究所学术讨论会这个机会，姑且这样提出来作为引玉之砖，供大家探讨。

（原载《青海民族学院学报（社会科学报）》1982 年第 4 期）

青海土族地区土司制度述略

罗惠仙

土司制度是元、明、清封建王朝对中国西南和西北地区一些少数民族地区实行的统治制度。在这种制度下，由中央政府册封各族首领世袭官职，充当地方政权机构长官。土族为青海所特有之民族，据有关史料记载，青海地区共有土司十九家，其中土族地区十四家，发挥着举足轻重的作用。但关于这一地区土司制度的系统阐述，论者殊少。本文拟就此作初步的阐述，以期抛砖引玉。

一

元朝以前，历代中央王朝对边远少数民族地区进行笼络统治，大都采用怀柔、和亲、羁縻等政策。到元代始设土司制度，委任少数民族为首领，管理其民。明太祖朱元璋立国后，仿效汉武帝“开拓河西四郡以隔绝胡、羌”[①]之策，在今甘肃、青海地区建立卫所，以便“北拒蒙古，南制诸番”。卫所由土官、流官参治，但“在土流比例上，大都以官籍汉族为多”[②]。

青海土族地区的土司，部分始于元代，正式受封于明代，多为明代西宁卫所的指挥使、指挥同知、指挥佥事、千户、百户等官，到了清初又归附了清朝。清朝政府仍然就其原职授为土司。据《西宁府新志》记载：“按宁郡诸土司计十六家，皆自前明洪武时授以世职，安置于西（宁）、碾（伯）二属，是时地广人稀，城池左近水地，给民树艺；边远旱地，赐各土司。各领所部耕牧。内惟土司陈子明系南人，（以）元淮南右丞归附。馀俱系蒙古暨西域缠头。或以元时旧职投诚，或率领所部归命。嗣后李氏、祁氏、冶氏皆膺显爵而建忠勋矣。迨至圣朝俱就招抚。孟总督乔芳奏请仍锡以原职世袭。今已百年，输粮供役与民无异。俊秀读书亦应文武试。”[③]由此可见，青海土族地区的土司都是由明、清相沿下来的，完全是武职土司，在西宁卫所东部驻屯；而且土司的成分还包括有汉族、蒙古族和维吾尔族。

土司一词，系指制度名称，并非官职。青海土族世袭土司的官职，是按明代兵制中的军职授予的。其职父死子继，无嗣，可由弟继，无弟，则由宗族大宗里血缘最近者继之。每代世袭，均由当地政府具文上报，由兵部奏呈皇帝朱批下诏授予，兵部无权直接任免。

土司之下，一般设千总若干，人数视其辖区大小和人民多寡而定，一般是二至六人。另外还设有把总若干，把总下设总管、稿官

---

① 《汉书·武帝纪》。
② 《甘肃通志稿》。
③ 杨应琚撰：《西宁府新志》卷 24。

(文案)、差役(亦称衙役)、土兵等四部门。基层单位是乡约,其职责是传达土司命令,摊派并催缴粮草、杂役。千总、把总居于村内,不脱离生产,无俸禄,是土司授予的功名制头人。

土司兵制,完全依照明初兵制执行,即划几个府为一辖区,设卫,置都指挥一员,下设千户所、百户所、总旗、小旗四等,其职为定期或长期守卫本辖区要塞,维持地方治安,参加征剿。

土司的职责据《明史·官职》所载,主要是"各统其部落,以听征调、守卫、朝贡、保塞之命"①。

征调:主要有二。一为征调土司兵马参加军事行动,或必要的短期备御,保卫边地,拱揖王朝,一般以领兵千总、把总率领,必要时指令土司亲率随征;二是由于土司兵制属寓兵于农,平时征调来进行操练和检阅,由土司负其督导之责。

朝贡:土司授职后,即确定朝贡日期、贡品名称及数量,一般是每二年或三年一次,为博龙颜之悦,贡品往往超过规定数量。

土司除治理好本部族本辖区之外,还有保塞戍边和维持地方社会秩序等职责。他们既是朝廷命官,又是辖区内的土皇帝,权力极大,集政治、经济、军事、司法等大权于一身。为维护其尊严,土司实行严格的等级制度,并推行愚民政策。

二

青海土司共计十九家,其中土族地区十四家,职分世袭指挥使、指挥同知、指挥佥事及世袭土百户四等。皆自明洪武时,授以世职,迨至清时,仍赐原职世袭。民国成立,废除封建制度,实施改土归流,将全国土司的荫袭世职,明令废止,而青海各土司的世职制度,亦渐渐废除了。

---

① 《明史·官职》。

兹将各土司世袭颠末，分述于下：

1. 李土司(一)

自称是西域沙陀突厥李克用之裔，其祖名李赏哥，元岐王府官，西番人，明洪武四年(1371)归附，始授都指挥世袭。二世李文，宣德时因在安定剿贼有功，授陕西行都指挥佥事。正统元年(1436)奉旨挂镇西将军印，充总兵官，镇守山西大同等处。天顺元年(1457)封为高阳伯，二年封为顺天翊卫宣力武臣，特进荣禄大夫，柱国高阳伯，赐之诰券，分茅列土，寓所于农。五世李祯有战功，升授指挥同知职。九世李洪远，崇祯十六年(1643)，辛恩贡攻破西宁，洪远与妻暨家丁一百二十人死于难，清初奉旨赏赐忠臣烈妇匾额。顺治七年(1650)，洪远子珍品归附，仍授原职。十一世李凌霄征服哈密有功。十二世李问彭于康熙五十七年(1718)征西藏有功，雍正时平罗卜藏丹津之叛阵亡。咸丰八年(1858)，李尔昌袭，同治元年(1862)，撒拉回作乱，随军平叛有功，赏戴花翎。凡十八世，历十八人，世居西宁县。

民舍六百余户，男女三千六百余人。兵制有土千总、土把总各一员，马步兵各五十名。

2. 李土司(二)

元李南哥之裔。南哥西番人，元西宁州同知，明洪武四年(1371)以州归附，授职指挥佥事世袭。永乐六年(1408)子英袭，因获番酋老的罕有功，进授都指挥佥事。宣宗时，以功封会宁伯。四世李巩，成化辛丑科进士，升尚宝寺卿。七世李光先，万历癸未科武进士，擢锦衣卫正堂。至九世李天俞，顺治二年(1645)归附，十年，授西宁卫世袭指挥同知。以后子孙相袭，以至民国。凡十七世，历十八人，世居民和县。

民舍四千余户，男女二万人。兵制有土千户一员、土百户二员，土千总四员，土把总六员，马步兵各三百名。

3. 东祁土司

元朵尔只失结之裔，朵尔只失结，蒙古族，元甘肃行省右丞，明洪武四年(1371)授指挥佥事职。子端竹于洪武二十九年(1386)袭，始以祁为氏，以功升授指挥同知。至十世祁秉忠以功提督蓟辽。秉忠之子国屏于顺治二年(1645)归附，九年袭指挥同知职。十二世祁伯豸以功升銮卫使。凡十七世，历十八人，世居乐都县胜番沟。

民舍千余户，男女三千余人。兵制有土千总二员，土把总四员，马步兵一百名。

4. 西祁土司

始祖祁贡哥星吉，蒙古族，西宁土人，元甘肃行省理问所官，明洪武元年(1368)归附，授副千户世职。二世锁南以功升正千户。三世贤，宣德元年(1426)以功升为指挥使。至八世于顺治二年(1645)归附，五年封为指挥使世袭。凡十七世，历十八人，世居西宁县彦才沟。

民舍千余户，男女六千多人。兵制有土千总一员，土把总二员，马步兵一百五十名。

5. 汪土司

始祖南木哥，蒙古族，西宁土人，明洪武四年(1371)归附，因功授世袭指挥佥事，调宁波副千户守御。二世失加，调西宁卫副千户。三世福因功升为指挥使。六世泽授都指挥佥事。至十一世升龙于清顺治二年(1645)归附，仍装指挥佥事职。凡十八世，历二十人，世居西宁县海子沟。

民舍百余户，男女五百余人。兵制有土千总、土把总各一员，马步兵二十五名。

6. 阿土司

始祖失喇，蒙古族，元甘肃省郎中，明洪武四年(1371)归附。

二世把尔加授小旗随征。三世阿吉起姓阿，扈成祖北征阿鲁台，战魁列河有功，升授百户。至清顺治二年(1645)阿世慈归附，十二年袭指挥同知职。凡十八世，历十人，世居乐都县老鸦堡。

民舍三百余户，男女九百多人。

兵制有土千总、把总各一员，马步兵二十五名。

7. 辛土司

元朵力乩之裔。朵力乩西宁州土人，明洪武四年(1371)归附，投充小旗。子七十狗替役，以功授总旗。辛庄奴袭，始以辛为氏，以功授百户。清顺治二年(1645)，辛伟鼎归附授试百户职。光绪十二年(1886)，由裕后袭职。凡十五世，历十六人，世居民和县三川泉儿庄、辛家庄等地。

民舍百余户，男女二百多人。兵制有土把总一员，马步兵二十名。

8. 赵土司

元赵朵只木之嗣。赵为甘肃岷州人，藏族，明洪武三年(1370)归附授百户职。三世赵胜以功升授指挥佥事。八世赵坤降袭指挥同知。清顺治二年(1645)，赵瑜归附，十八年仍授世袭指挥同知。凡十八世，历十九人，世居乐都县赵家庄。

民舍三百余户，男女千余人。兵制有土千总，把总各一员，马步兵二十五名。

9. 纳土司

始祖纳沙密，蒙古族，明洪武四年(1371)归附，授以总旗。其子纳速剌，于永乐元年(1403)升为副千户，五世纳起以功升正千户。六世纳荣，于嘉靖间袭职，以功升指挥佥事。九世纳如言，于万历三十一年(1603)袭职。后升固原提标游击。清顺治二年(1645)纳元标归附，十年袭指挥佥事职。凡十七世，历十七人，先居西宁县，后迁居互助县西川。

民舍二百余户，男女千余人，兵制有土千总、把总各一员，马步兵二十五名。

10. 朱土司

始祖乩铁木，蒙古族，西宁土人，明洪武四年(1371)归附，投充小旗。子经刚保以功升千户。三世朱荣起姓朱。四世洪启于宣德四年(1429)封为指挥佥事。清顺治二年(1645)朱廷章归附。凡十七世，历十七人，世居民和县朱家堡。

民舍百余户，男女二百多人。兵制有土把总一员，马步兵二十五名。

11. 吉土司

祖名吉保，蒙古族，明洪武四年(1371)归附，授百户，世袭，旋调锦衣卫前所镇抚。子朵尔只洪武三十一年(1398)授百户。三世吉祥永乐二十年(1422)升指挥佥事。清顺治二年(1645)，吉天锡归附，十二年袭职。凡十九世，历二十一人，世居西宁县吉庄。

民舍百余户，男女四百余人。兵制有土千总、把总各一员，马步兵二十五名。

12. 陈土司

始祖陈子明，汉族，元淮安右丞，明洪武元年(1368)封为指挥，其子陈义于十七年袭职，以功擢西宁卫指挥使。十一世陈师文于清顺治二年(1645)归附，九年袭职。凡十八世，历二十人，世居互助县陈家台。

民舍百余户，男女六百余人。兵制有土千总、把总各一员，马步兵二十五名。

13. 甘土司

祖名帖木录，蒙古族，元朝百户，明洪武四年(1371)归附，授原职。子大都因功升千户。三世甘肃袭职，遂以甘为姓。七世甘宗禹授指挥佥事。清顺治二年(1645)甘继祖归附。凡十七世，历十八人，世居民和县甘家庄。

民舍三百余户，男女八百余人。兵制有土千总、把总各一员，马步兵各二十五名。

14. 冶土司

祖名薛都尔丁西域缠头回族，元甘肃行省佥事，明洪武四年(1371)归附，授原职。子也里只以功升所镇抚。传至四世也详于成化八年(1472)始改姓冶，因功擢指挥佥事。清顺治二年(1645)冶鼎归附，仍袭原职。凡十七世，历十七人，世居民和县米喇沟。

民舍百余户，男女三百余人。兵制有土千总、把总各一员，马步兵二十五名。

三

从以上十四个土司的活动中，便可知道在明朝初年，土族在甘青地区的政治舞台上是十分活跃、十分显著的。明朝政府将土司和土兵看作极为可靠的西北边防军。洪武初，正是明朝与漠北元顺帝、王保保等大敌对抗，相持不下的关头，朵尔只失结、李南哥等先后归附，无形中增强了明军实力。此外，明政府对于西北藏族的怀柔政策，不能不借重于久居西北，了解藏族，并与他们有友好关系的土族地区的土司及其部属来进行安抚。藏族的许多酋长，就是经过这些土司的媒介而归附明中央政权的。不仅如此，这些土司及其部属土民曾屡立战功，成为明政府西北边防军的主力，他们对于明朝迅速安定西北的局面起了举足轻重的作用。

到了清代，随着中央政权对西北统治的加强，土族地区的土司远不如明代那样受重视，但在一些事件上，还是发挥了其重大作用，为清统治者作了不少事。例如在对待藏族和撒拉族的战役上，清朝统治者正是利用了分化挑拨的手段，通过土族地区的土司及其部属对中央的效忠，达到了镇压西北民族起义之目的。

青海土族地区的土司自清代以后已日趋没落，渐渐变得有名无实，如《西宁府新志》所载："（土司）惟是生息蕃庶，所分田土多鬻民间，与民错杂而居，联姻结社，并有不习土语者，故土官易制，绝不类蜀、黔诸土司桀敖难驯也。第彼官民多空乏，惟事耕耨，虽有额设军马，有名无实，调遣无济，不逮宁兵远矣。"①到1928年青海正式建省后，实行改土归流，土司辖区划归县治。至此，青海土族地区的土司制度退出政治舞台。

参考书目

林耀华著《民族学通论》。
慕寿祺编《甘宁青史略》卷18。
《明史·李英传》。
《明史·土司列传》。
《中央民族学院学报》1987年第2期。
《西北民族宗教史资料文摘》青海分册。

（原载《甘肃社会科学》1999年论文辑刊）

① 杨应琚撰：《西宁府新志》卷24。

唐代吐蕃军事占领区建制之研究

林冠群

一、前言

有唐一代，以西藏高原为根据地的吐蕃王朝，从公元7世纪就持续向外扩张，至8世纪中后叶，已统有东达陇坻、西川，西至葱岭，涵括大小勃律、拨汗，东南达南诏，北至安西北庭等辽阔的疆域。吐蕃为统治如此庞大的国土，建立了强而有力的军政机构，实施军民合一的统治。从史乘上得到证明，吐蕃强而有力的军政机构，确实发挥了功能，使得蕃廷得以从容统辖偌大的征服区域。

有关吐蕃在征服区域所设立的军政机构，与吐蕃交手最频繁的李唐之相关文献却未对上述吐蕃军政机构作清晰完整的记载，甚至吐蕃所遗留至今的文献，诸如敦煌古藏文卷子、吐蕃金石铭刻、简牍等，亦属断简残篇，相关记载亦属残缺。

虽然学界已有多位学者，对吐蕃在军事占领区所设立的军政机构，作过讨论①。然而，仍有许多疑问，诸如：吐蕃在占领区所设立的军政机构建制的原理与由来为何？是仿自李唐节度使制？或是本土建制的延伸扩张？汉文史料所载的节度、节度使、节度兵马使等，是吐蕃的军政机构及长官的名称与职衔？抑或吐蕃有自身的称呼与官衔，汉文史料所载纯属比照李唐相对应的官称，加以记录？吐蕃军事占领区的军政机构，设置在哪些地区？各自统辖范围为何？彼此间的关系为何？与中央如何互动？是否有首席宰相兼任军事占领区军政机构的长官等。

本文的目的，就是试图解答上述的疑问。由于相关史料的阙轶，加上笔者才疏学浅，舛误疏漏所在多有，敬祈学者方家赐正。

二、吐蕃于占领区设置军政机构的原理及由来

吾人观吐蕃的崛起及向外发展的过程，可以说是完全按照既定的计划，循着地理形势的架构，以及交通路线的延展，循序渐进，井然有序。

按吐蕃王室悉补野氏族所控制的雅砻部，位于雅鲁藏布江南岸支流雅砻河流域一带，其会同与自身有亲族血缘或同地缘关系

---

① 山口瑞凤著、高然译：《吐蕃统治的敦煌》，载《国外藏学研究译文集》第一辑，拉萨：西藏人民出版社，1985 年，第 32—63 页；乌瑞著、沈卫荣译：《释 khrom：七—九世纪吐蕃帝国的行政单位》，载《国外藏学研究译文集》第一辑，第 131—138 页；汶江：《吐蕃官制考），载《西藏研究》1987 年第 3 期，第 40—48 页；王尧、陈践：《吐蕃职官考信录》[J]，载《中国藏学》1989 年第 1 期，第 102—117 页；马德：《khrom 词义考》，载《中国藏学》1992 年第 2 期，第 98—101 页；王继光、郑炳林：《敦煌汉文吐蕃史料综述——兼论吐蕃控制河西时期的职官与统治政策》[J]，《中国藏学》1994 年第 3 期，第 44—54 页；杨铭：《吐蕃统治敦煌研究》，台北：新文丰出版公司，1997 年；金滢坤：《吐蕃统治敦煌的军政建制》，西北师范大学未刊硕士论文，1998 年；金滢坤：《吐蕃节度使考述》，载《厦门大学学报(哲学社会科学版)》2001 年第 1 期，第 97—104 页；H. Richardson：The Province of bde blon of the Tibetan Empire，8th to 9th Centuries，pp305—315. Indo Sino Tibetica，Studi in onore di Luciano Petech，Roma，1990.

的氏族部落，如工布、娘布、达布等，先后统合了雅鲁藏布江南岸各氏族部落，然后北渡雅鲁藏布江，征服江北森波杰(zings-po-rje)势力，初步统一雅鲁藏布江流域。至于松赞干布(srong-btsan-sgam-po? —649)时期，再征服位居约今阿里(mngav-ris)地区的羊同(zhang-zhung)，说服位于唐古拉山脉两侧及长江源流区的苏毗(sum-pa)内附，完成了西藏高原的统一。

在上述崛起及统合西藏本土过程中，吐蕃雄主松赞干布在能臣噶尔东赞(mgar-stong-rtsan-yulzung? —667)的辅佐下，规划内部建制，厘定对外发展计划，整军经武，为吐蕃王朝奠下扩展宏基。其中有关内部建制方面：在地方上，以十进制的观念，以各地氏族部落为基础，设置千户(stong-sde)，以当地势力最大的氏族长为千户长(stong-dpon)，10 个千户形成 1 翼(ru)，翼分上下两部(stod-smad)，如右翼(g·yas-ru)分右翼上部、右翼下部，各置翼长(ru-dpon)1 人，此翼长名义上管辖 5 个千户，实际扣除各翼的 1 个"禁卫军千户"(sku-srung-gi-stong-sde)，提供作为负责赞普安全及供赞普指挥使用，以及 1 个"小千户"(stong-bu-chung)，实际各翼长下辖 4 个千户[①]。吐蕃本部共划分有 4 个翼，计有中翼(dbu-ru)、左翼(g·yo-ru)、右翼(g·yas-ru)、支部翼(ru-lag)。中翼、左翼以雅鲁藏布江为界，构成今日的前藏地区(dbus)，右翼与支部翼在今日的后藏地区(gtsang)，另内附的苏毗，亦成立了支部孙波翼(yang-lag-sum-pavi-ru)，共有 5 翼，此即所谓"5 翼 60 千户(ru-

---

① 林冠群：《唐代吐蕃政治制度之研究》，《唐代吐蕃史论集》，北京：中国藏学出版社，2006 年，第 89—90 页。另《贤者喜宴》ja 章记载："所谓军户千户(rgod-kyi-stong-sde)，每翼有 8 个千户、1 个小千户及 1 个禁卫军千户，总分为 10 个千户。"详见 dpavbo-gtsug-lag-vpheng-ba，chos-vbyung-mkhas-pavi-dgav-ston(《贤者喜宴》)叶 19 下，第 6 行。New Delhi，1962.

chen-lnga, rgod-kyi-stong-sde-drug-bcu-tham-pa)”[①],其中有 10 个千户属于羊同地区,羊同地区并未成立翼。上述的翼、千户等建制,系以军队编组形式组织百姓,即结合行政、军事及生产三位一体的制度[②],以符合容易动员、简单编制的要求,能够顺应吐蕃扩张国势,开疆辟土,干戈时兴的需求。

吐蕃在完成整合西藏本部后,开始向外经略。吐蕃向外经略的首要目标,就是青海高原。因为青海高原不但具有农牧之利,幅员广阔,可以提供吐蕃之国防纵深。最重要者在于青海高原可突破吐蕃远离亚洲主要交通路线的困境,夺下青海高原,可以直接毗邻李唐,而且得以掌握西域及丝路,届时吐蕃不再是深陷于封闭高原的国度,而得以鹰扬于亚洲政坛。

吐善于 634 年首通李唐后,随即于 638 年提出求娶李唐公主遭拒,以吐谷浑从中作梗为由,出兵吐谷浑,并进围李唐松州。寻因李唐反击下,吐蕃谢罪退兵青海,李唐应允和亲,于 641 年文成公主下嫁,唐蕃维系了 20 余年的和睦关系(639—661)。但事实上,吐蕃无一日或忘青海高原对其意义与重要性。吐蕃明修栈道,暗渡陈仓,表面上与李唐和睦,却暗地里经营青海,包括拉拢策反吐谷浑贵族反唐。吐蕃名相噶尔东赞更以其人生最后阶段(659—666)的智能与精力,全数投入经营青海地区。终于在 663 年灭亡

---

① 按《贤者喜宴》所载原文为“5 翼 61 千户(ru-chen-lnga, rgod-kyi-stong-sde-drug-bcu-rtsa-gcig)”,并说明孙波翼包括通颊汉户共有 11 千户(sum-pavi-ru-stong-khyab- rgya-ldan-gyi-stong-sde-bcu-gcig-go)。亦即由于孙波翼多了一个汉通颊千户,吐蕃本部计有 61 千户。笔者以为苏毗(即孙波)的位置在吐谷浑西南,远离唐境,中间又隔一疆域广袤的吐谷浑及其他部落国家,根本不可能有汉人在苏毗境内居住,而户口又多到可形成千户,这是错误的记载。吐蕃组成通颊汉千户,应属攻陷李唐国土以后的事,而且也不仅只一个,均集中在李唐河陇地区。因此,吐蕃本部的“5 翼 61 千户”应修正为“5 翼 60 千户”。dpav-bo-gtsug-lag-vphreng-ba, op. cit,叶 20 上,第 3—4 行。

② 林冠群:《唐代吐蕃政治制度之研究》,载《唐代吐蕃史论集》,第 89、110 页,注 155。

吐谷浑，吐谷浑诺曷钵可汗携弘化公主亡入李唐，得到庇护。

吐谷浑全境陷落吐蕃之手以后，李唐竟仍迁延犹豫，袖手任由吐蕃肆意。至670年4月，吐蕃陷西域18州及龟兹拨换城，李唐为之罢龟兹、于阗、焉耆、疏勒等四镇，李唐所控制的西域地区为吐蕃所席卷，青海地区失陷后的首波效应浮现，李唐方意识事态严重，而于670年8月遣薛仁贵领军出征，试图为吐谷浑复国，结果10余万部队全军覆没，功败垂成。吐谷浑复国无望，吐蕃亦确定掌握青海高原。对青海地区作为吐蕃因战争所获得的新疆域，势必有所规划。

首先，吐蕃保留吐谷浑汗庭并赋予有限的权力，诸如吐谷浑可汗与吐蕃王室联姻①；位居诸藩国国王之首、群臣之上；对下属的任命有推荐权等。但对辖区行使治权时，必须与吐蕃中央所遣官员共同行使，否则无法独立运作②，又不具有任命下属的权力，由此显见，吐谷浑可汗名存实亡，有若傀儡。

在吐谷浑归属吐蕃的建制方面，英国托马斯(F. W. Thomas)所发表的古藏文文书中记载，吐谷浑贵族向吐蕃提出担任吐谷浑千户长(stong-dpon)官职的申请③，以及《吐谷浑纪年残卷》记载吐蕃对千户(stong-sde)课税④。另《吐谷浑纪年残卷》亦提及吐谷浑

---

① 《贤者喜宴》记载，松赞干布之子贡松贡赞(gung-srong-gung-btsan)曾娶吐谷浑公主蒙杰墀嘎(btsan-mo-va-zha-bzav-mong-rjc-khri-dkar)，此为663年以前的蕃浑婚姻关系。另于689年，吐蕃公主墀邦(btsan-mo-khri-bangs)嫁给吐谷浑王为妻。详见dpav-bo-gtsug-lag-vphreng-ba, op. cit，叶47下第3行。*Fonds Pellion Tibenain in Choix de Documents Tibétains conserves' a la biblioth' eque Nationale*, Paris, 1978, 1979, I. O. 750, p1, 582, 第51—52行。

② 林冠群：《唐代吐蕃的杰琛(rgyal-phran)》，载《唐代吐蕃史论集》，第34—35页。

③ F. W. Thomas, *Tibetan Literary and Documents concerning Chinese Turkestan*, Part II, vol. 56. fol. 72, pp 22—25, London, 1951.

④ F. W. Thomas. op. cit, part II, Vol. 69. fol. 84, pp8—10.

官员具有与吐蕃本土相同的告身,以辨识彼此的阶级地位等[①]。显见,吐蕃在吐谷浑境系仿照吐蕃本土的建制,将吐谷浑部落编组成千户的组织,例如《贤者喜宴》提到"吐谷浑六千户"(va-zha-khri-sde-drug)[②],新疆米兰(Miran)的吐蕃木简有"吐谷浑万户上部"(va-zha-khri-sde-stod-pa)之记载[③],P. T. 1222 中载有"吐谷浑新万户"(va-zha-khri-sde-gsar)[④]等。凡此证明吐谷浑确有千户、万户的组织,而且显然属十进制编组概念,既有"吐谷浑万户上部",必有"吐谷浑万户下部"(va-zha-khri-sde-smad-pa),只是史料阙失。此上下两部形成万户的编组,有如吐蕃上下两部形成一翼的情况,形同吐蕃本土建制的翻版。

但值得注意者,据前提托马斯所提出新疆古藏文文书所载,吐谷浑千户长是由"bde-blon"所任命。该古藏文文书记载:

bkav-lung-mying-gis-stsal-nas//bdag-cag-bu-tsa-kha-cig-gzhon-ba-dang-rje-blas-gyis-bskal-pavi-skabsu//bde-blon-gis-khye-gtsug-bskoste//[⑤]

在上司的恩许下,我等家族中的一个青年人克咄,为德论(bde-blon)授以此任[⑥]。

上引文中的德论(bde-blon),系未见于吐蕃本土的官衔,吐谷浑千户长既为其所任命,显然德论(bde-blon)为吐谷浑地区最高

---

① 《吐谷浑纪年残卷》记载:"……其后……授予其家族玉告身……莫贺吐浑可汗于行宫,娶烛龙东热恭循之女为妃……东热恭循由是晋升银告身……。"请参阅杨铭:《吐蕃统治敦煌研究》第 142 页。

② dpav-bo-gtsug-lag-vphreng-ba, op. cit,叶 20 下第 7 行。

③ F. W. Thomas, op. cit, part II. p30.

④ M. Lalou, Inventaire des Manuscrits tibetains de Touen houang, part 2. p. 86. Bibliotheque Nationale, MDDCCCL, 1947.

⑤ F. W. Thomas, op. cit, part II. p23.

⑥ 周伟洲:《吐谷浑资料辑录》,西宁:青海人民出版社,1992 年,第 400—401 页。

长官，应无可疑。德论（bde-blon）为新设官衔，显见吐蕃在吐谷浑的建制上，既延伸吐蕃本土的建制，又加上新创。此新创的体制，系吐蕃于军事占领区所创建者。

然事实上，此德论（bde-blon）之创设，亦系演进而成者。吐蕃于底定青海地区后，据 P. T. 1287 的记载，论钦陵（mgar-khri-vbrings-bstan-brod，？—698，噶尔东赞次子，于 685—698 年担任大相）曾于青海地区设立"so-blon-sde-lnga"（边疆大臣所统五区）①。至墀松德赞（Khri-srong-lde-btsan，742—797）时期，吐蕃疆域已拓展至李唐河陇地区及新疆塔里木盆地，此时青海地区对吐蕃而言，已非边疆地区，已成为吐蕃本部与边疆地区间的缓冲区，或是吐蕃支撑掌控边疆地区的重要基地。于青海地区所设的"so-blon"（边疆大臣），已不符实际。吾人观前引青海地区的千户长，由德论（bde-blon）任命，并非由"so-blon"任命，证明了在墀松德赞时期，吐蕃已将 so-blon 废除，而由新立的德论（bde-blon）所取代。而且德论并非仅只 1 位，P. T. 113 记载：

zhang-lon-chen-pho-long-cu-nas/……/bde-blon-rnams-la-spring-ngo//②

大尚论在陇州……向诸位德论发出告牒。

上引文之"诸位德论"（bde-blon-rnams）显示吐蕃设有多位德论。原因在于吐蕃掌控青海高原以后，对外经略转趋活络，顺利开展，历次征服了帕米尔高原、新疆塔里木盆地、李唐河西陇右，到剑南西山等地。由于地域辽阔，且征服的时间也各有不同，因此不可能仅由 1 位德论负责掌管上述疆域。笔者以为吐蕃于 762 年攻下陇右后，在李唐陇右道设置 1 位德论负责掌理，此即李唐方面所称

① Pelliot Tibetain P. T. 1287，Pl. 576，第 521—524 行。

② Pelliot Tibetain P. T. 113，Pl. 98，第 2 行。

呼的吐蕃东道节度使[①]。至776年打下瓜州，787年攻破沙州[②]，在原李唐河西道设立了另一位德论负责统管，此为吐蕃北道节度使[③]。另临李唐剑南道至南诏境，则设置一位德论负责统辖，汉文史料称其为“南道元帅”[④]。至于新疆至帕米尔地区，则置一位德论负责管辖，是为吐蕃西道节度使。加上原青海地区的一位德论，共计五位德论。是以所谓的“bde-blon-khams-chen-po”，就是由五位德论所管辖吐蕃历年征服得来的占领区，简称为“bde-gams (khams)”[⑤]（德论所辖的地区）。此在《贤者喜宴》ja章中所著录《墀松德赞兴佛证盟第一诏敕》（bkav-gtsigs-dang-po）上，得到印证。诏敕中提及将盟书抄本10份，分别置于大昭寺、桑耶寺、昌珠寺、王宫所属僧团、小昭寺、红岩三界不变解脱寺、勃律地区（Bru-zha-yul）、羊同地区（zhang-zhung-yul）、朵麦（mdo-smad）及德论地区（sde? -blon-ris）等之诸寺院僧团各赐乙份[⑥]。按墀松德赞兴佛证盟第一诏敕之文意，命将盟书抄本存放于吐蕃全境，包括边疆地区。其中朵麦（mdo-smad）系指朵康（mdo-khams）之地，即国民政府时期的西康省境[⑦]。其下所连结者为sde-blon-ris，此sde-blon之名词，就文意言，为各部落长官，由于sde在吐蕃本土就有60个

---

① 白居易：《白氏长庆集》，卷57《翰林制诏四·代忠亮答吐蕃东道节度使论结都离等书》，台北：艺文印书馆，1981年。亦有称为“吐蕃东道都元帅”者，详见《谢手诏许受吐蕃信物表》，文刊《全唐文及拾遗》卷523，台北：大化书局重编本，第2385页。

② 戴密微著、耿升译：《吐蕃僧诤记》，兰州：甘肃人民出版杜，1984年，第225页。

③ 白居易：《白氏长庆集》卷57《翰林制诏四·代王佖答吐蕃北道节度使论赞勃藏书》。

④ 《新唐书》卷216下《吐蕃传下》，台北：鼎文书局点校本。

⑤ bde-gams之名称见于Pelliot TibetainP. T. 1079, Pl. 424，第5行。请参阅Li Fang kuei, Notes on sTag sgra klu khung, in Contributions on Tibetan Language, History and Culture, Wein 1983, P178.

⑥ dpav-bo-gtsug-lag-vphreng -ba, op. cit，叶109下，第2—4行。

⑦ 欧阳无畏：《钵的疆域和边界》，载《西藏研究》，台北：中国边疆历史语文学会，1960年，第143页。

stong-sde，而且位于本部，因此不可能如黄颢所译之“各地方长官”①。笔者以为 sde-blon 似应为 bde-blon 之笔误，实际上指的是包括青海、河西、陇右等地区的德论。另一方面 P. T. 16 及 IO. 751，均载及朵康的长官为总管或总督(dbang-po)②。而 bde-khams 之长官为德论 bde-blon，于此更证实了吐蕃将青海地区纳于 bde-khams 之中，更与 mdo-khams 有所区隔。

有关吐蕃在军事占领区建制的发展历程，仍须述明者，在于吐谷浑于 670 年复国无望以后，吐蕃着手将吐谷浑归入版图后建制的发展过程。相关最早的纪录见于《吐蕃大事系年》鼠年(676)所载："ldom-bu-khri-bshos-khrom-vtsald-par ……"③。上引文之“ldom-bu”，为噶尔东赞之长子赞聂多布(mgar-btsan-snya-ldom-bu? —685)；另匈牙利乌瑞(G. Uray)以为“khri-bshos-khrom”是建于青海湖附近的军事行政区④。如是上引古藏文的汉译为：“赞聂多布建立青海湖地区的军事行政区。”另《吐蕃大事系年》于龙年(704)记载：

dbyard-btsan-po-yab-rma-grom-gyi-yo-ti-cu-bzangs-na-bzhugs-shing⑤

夏，赞普父王驻于 rma-grom 的约地居桑。

由于古藏文之正字法规范仍不明确，因此诸如与 ka 与 kha、kha 与 ga、ca 与 cha、ta 与 tha、pa 与 pha、tsa 与 tsha 字母之间，会有互相通用的现象，因此上引文中之 rma-grom，就是 rma-khrom，为位于黄河上游区的军事行政区⑥。按“khrom”(军事行政区或军

① 巴卧祖拉陈哇著、黄颢译注：《〈贤者喜宴〉(mkhas-pavi-dgav-ston)摘译(9)》，载《西藏民族学院学报》1982 年第 4 期，第 36 页。

② Pelliot Tibetain P. T. 16. Pl. 13. 34a 第 3 行；I. O. 751，Pl. 13. 35a. 第 1 行。

③ Pelliot Tibetain，I. O. 750，Pl. 581. 第 17 行。

④ 乌瑞著、沈卫荣译：《释 khrom：七一九世纪吐蕃帝国的行政单位》，第 136 页。

⑤ Pelliot Tibetain，I. O. 750，Pl. 584. 第 95—96 行。

⑥ 乌瑞著、沈卫荣译：《释 khrom：七一九世纪吐蕃帝国的行政单位》，第 132 页。

镇)为吐蕃于占领区所设立的军政机构。IO. 751 记载:

" so-khams-kyi-khrom-ni-dal/yul-chen-povi-dbus-skyid-cing-dar-par……"①

边疆地区的军镇相安无事,广大国土的中央地区幸福且繁荣……

上引文中明确将中央与边疆军镇作了对称,显示 khrom 乃专设于吐蕃边疆地区的军政机构。此军政机构的长官,由中央派遣具尚、论头衔等高级军事大员担任,统管该区的军事、民政等事务。②

准上所述,吐谷浑于 663 年亡后,吐蕃相继于吐谷浑境内成立"千户",复于 676 年后,设立"khrom",分别有"khri-bshos-khrom"及"rma-khrom"。由于吐谷浑境域辽阔,地数千里,笔者以为吐谷浑境内应不会只有两个军镇,否则无法涵盖辽阔的区域,再者前曾提及论钦陵于青海地区设有"so-blon-sde-lnga"(边疆大臣所统之5 区),其中两区,已知为 khri-bshos-khrom 及 rma-khrom,其他三区由于史料阙轶,无从查考。上述 khrom(军事行政区或军镇)负责统管辖下吐谷浑诸千户、万户。由是,至少在论钦陵时期,吐蕃已在吐谷浑建立一套完整的统治体系。该体系系基于吐蕃本土的地方建制概念加以延伸,由千户、万户形成,各统归于五个 khrom 管辖,五个 khrom 则归于 so-blon(边疆大臣)管辖,so-blon 则为大相下属。

至 755 年,李唐安史之乱作,西北边军内调平乱,吐蕃利用李唐边备空虚,越过唐蕃边界,数年之间,尽下陇右地区,直抵陇坻。《吐蕃赞普传记》第八,记载当时吐蕃赞普墀松德赞(khri-srong-

---

① Pelliot Tibetain, I. O. 751, Pl. 16. 40b. 第 3 行。

② H. E. Richardson, loc. cit, pp 308—309. 杨铭,《吐蕃统治敦煌研究》第 15 页。

lde-btsan,742—797)的功绩如下:

chab-srid-che-ste-long-shan-la-rgyud-yan-chad//pyag-du-bzhes-nas/mthong-khyab-khri-sde-lnga-btsugs/bde-blon-khams-chen-po-gchigs-gsar-du-bkyed-do//[①]

疆域广大,陇山山脉以上各部,均入于掌握。设置五个通颊万户,并新设立一个德论大行政区[②]。

上引文中必须说明者,所谓的"mthong-khyab-khri-sde-lnga",王尧、陈践二氏译为"五道节度使"[③],前文所提论钦陵于青海地区所设"so-blon-sde-lnga",王尧、陈践二氏亦译为"五道节度大使"[④]。按 mthong-khyab-khri-sde-lnga 之本义为"五个通颊万户"[⑤],"mthong-khyab"(通颊)系吐蕃于边疆地区所设立的役职部落名称[⑥],与"节度使"的职称、内涵、规模与地位,相去甚远,将 mthong-khyab-khri-sde-lnga 译成"五道节度使",显与实际状况不符。再者,论钦陵于 699 年自杀[⑦],其所设立的"so-blon-sde-lnga"应成立于 699 年以前。而"节度使"之号,在李唐系于睿宗景云元年(710)十二月始有[⑧],因此将 so-blon-sde-lnga 译成"五道节度大使",显然不符史实。特别是如是译法对学界有所影响,例如金滢坤就以此作为吐蕃早于 696 年,就开始在新占领区设置五道节度大使的证据[⑨]。但事实上,既然连李唐节度使制都迟至 710 年以后

① Pelliot Tibetain, P. T. 1287, Pl. 571. 第 383—384 行。

② 译文参考 H. E. Richardson, loc. cit, pp305.

③ 王尧、陈践译注:《敦煌本吐蕃历史文书(增订本)》,北京:民族出版社,1992年,第 167 页。

④ 王尧、陈践译注:《敦煌本吐蕃历史文书(增订本)》,第 172 页。

⑤ 荣新江:《通颊考》,载《文史》第 33 辑,1990 年,第 124 页。

⑥ 杨铭:《吐蕃统治敦煌研究》,第 231—237 页。

⑦ 《资治通鉴》,卷 206,则天后圣历二年(699)二月,台北:逸舜出版杜。

⑧ 《资治通鉴》卷 210,睿宗景云元年(710)一月。

⑨ 金滢坤:《吐蕃节度使考述》,第 98 页。

始有，显然在 710 年以前，吐蕃就不可能仿李唐而成立节度使。更何况吐蕃仿造唐制设置节度使一说，颇值商榷，原因在于吐蕃于 670 年完全掌控吐谷浑后，若以仿唐制设节度使之说，则吐蕃要迟至 710 年以后，方正式完成统管吐谷浑之建制，其间竟需 40 年以上的时间，笔者以为似无可能。因为吐蕃本部早已实施军民合一的体制，实施已身执行有年且卓有成效的体制，何假外求于异国的军民合一制？而且在时间上又缓不济急，其理至明。

三、bde-blon-khams-chen-po 的建制

如上文所述，bde-khams 计分五个部分，分别为青海地区、陇右地区、河西地区、新疆帕米尔地区及川边临南诏等地。陇右地区的德论，是为吐蕃东道节度使，下辖鄯、河、兰、会、安乐、原、渭、洮、岷、秦、成等州，文献上记载吐蕃在李唐陇右地区所设的 khrom，仅见于雅莫塘节度使（dbyar-mo-thang-khrom-chen-po）[1]及河州节度使[2]。前者有以为就位于青海湖东面或北面[3]、湟水之滨的原李唐陇右节度使的旧址[4]，汉文史料载之为鄯州节度使；后者之衙所则设于今日甘肃临夏[5]。杨铭、金滢坤均持此为吐蕃东道节度使驻跸之地[6]。由鄯州节度衙及河州节度衙相关位置分析，吐蕃于陇右地区应另设有其他的 khrom，否则如何应付如此辽阔的新占

① Pelliot Tibetain，P. T. 16. Pl. 12. 33a. 第 1 行；P. T. 16. Pl. 13. 34a. 第 3 行。

② 杨富学、李吉和辑校：《敦煌汉文吐蕃史料辑校》，兰州：甘肃人民出版社，1999 年，第 192 页。《发愿文》（第 3770 页）记载："何周节度尚乞悉加"，引文中的"何周节度"应为"河州节度"。

③ 《新唐书》卷 216 下《吐蕃传下》记载："别将尚悉热为落门川讨击使……约三部得万骑，击鄯州节度使尚婢婢，略地至渭州……"乌瑞著，沈卫荣译：《释 khrom：七一九世纪吐蕃帝国的行政单位》第 137 页。

④ 杨铭：《吐蕃统治敦煌研究》，第 5 页。

⑤ 同上。

⑥ 杨铭：《吐蕃统治敦煌研究》，第 5—6 页；金滢坤：《吐蕃节度使考述》，第 100 页。

领区，只是史料阙轶失载。

吐蕃在原李唐河西道所设的德论，是为吐蕃北道节度使，河西道似因境接北胡，故称之为北道①。原李唐河西道下辖瓜、沙、肃、甘、凉、伊、西7州。据《吐蕃大事系年》所载，吐蕃于758年攻打凉州，古藏文原文载为："khar-tsan-leng-cu-phyogs-su-dra-ma-drags-par……"发兵前往姑臧凉州②，未见用"phab-pa"（打下、攻陷）的字眼，可见吐蕃于758年发兵攻打凉州未见结果。至761年，《吐蕃大事系年》载吐蕃攻陷凉州巴高（khar-tsan-ba-mgo）与交城守捉（kevu-sheng）之地③，并掌控凉州整个地界，鄯州则早在757年陷落，李唐自此对河陇以西的国土，遭到阻绝，音讯中断，已无能闻问。然而尽管局势恶化，与中央隔绝，河西地区李唐军民仍继续顽抗，766年吐蕃陷甘州、肃州④；776年吐蕃陷瓜州⑤；公元787年，沙州方陷落⑥。相较于吐蕃攻占陇右地区，于763年即已达成，其势先完成陇右地区的建制，达到巩固控制的目的，并进一步继续东向压迫邻接唐境，如是吐蕃东道节度使应于763年后未久应即成立。反观吐蕃攻略河西道的情况，则未若陇右道顺利，是以吐蕃东道节度使未能顾及河西道的情况下，吐蕃另立河西北道节度使，以便专职攻略河西道，亦可免除吐蕃东道节度使陷入东西两面作战

① 《置伞文》（S. 2146）记载："唯节儿都督以虑敦煌西极，境接北胡，跃马控弦……"，杨富学、李吉和辑校：《敦煌汉文吐蕃史料辑校》第249页。

② Pelliot Tibetain，BMOr. 8212（187），Pl. 593. 第33行。

③ 黄布凡、马德二氏将kevu-sheng译为交河县，并以为系位于今新疆吐鲁番西北约5公里处。笔者以为新疆交河县距离凉州颇远，远超出该次吐蕃军事的目标，吐蕃军事目标应在攻占凉州，不可能远赴新疆。见黄布凡、马德：《敦煌藏文吐蕃史文献译注》[Z]，兰州：甘肃教育出版社，2000年，第57、120页。

④ 《元和郡县图志》，卷40，北京：中华书局，1983年；甘州"永泰二年（766）陷于西蕃"；肃州"大历元年陷于西蕃"。由于永泰二年十一月改元为大历元年，而肃州陷于该年十一月以后，因此大历元年仍为766年。

⑤ 《元和郡县图志》卷40；瓜州"大历十一年（776）陷于西蕃"。

⑥ 戴密微著，耿升译：《吐蕃僧诤记》，第225页。

的困境。就汉藏文献所载,吐蕃于河西道所设军事行政区有二,其一为 mkhar-tsan-khrom①。此似意味着吐蕃花费数年,仍未攻下凉州。直至代宗广德二年(764),吐蕃方陷凉州②,mkhar-tsan 为凉州古名“姑臧”的藏文对音③,mkhar-tsan-khrom 即指凉州节度使。吐蕃于 764 年打下凉州后,成立凉州节度使,任务有二,一为监视回鹘的动向、抵挡回鹘的突入;另一则为继续西向攻打河西道诸州。河西道的第二个军事行政区,系于 776 年攻陷瓜州后,所成立的 kwa-cu-khrom(瓜州节度使)④,瓜州节度使下辖肃、沙、伊、西等州⑤。其余河西诸州,如凉州、甘州等则应辖于凉州节度使,由于凉州系一富庶的商城,为李唐原河西节度使的旧址,因此笔者以为河西北道的德论可能驻跸于凉州⑥。

---

① Pelliot Tibetain, I. O. 751. Pl. 15. 38b. 第 2—3 行。P. T. 1089《吐蕃官吏呈请状》,第 30、35 行。请参见王尧、陈践:《吐蕃职官考信录》,《中国藏学》1989 年第 1 期,第 104—105 页。

② 《资治通鉴》卷 223,代宗广德二年(764)十月载:“未几,吐蕃围凉州,士卒不为用;志烈奔甘州,为沙陀所杀。”

③ 杨铭:《吐蕃统治敦煌研究》第 6—7 页。

④ Pelliot Tibetain, I. O. 751. Pl. 15. 39b. 第 1—2 行; Pl. 16. 40a, 第 2 行。另见《发愿文》(p. 3770),杨富学、李吉和辑校:《敦煌汉文吐蕃史料辑校》第 193 页。

⑤ Pelliot Tibetain, P. T. 1079《比丘邦静根诉状》pl. 424,第 4—6 行之记载显示,3 位尚论于瓜州军帐会议制定沙州以下,肃州以上之僧统所属农户之赋税标准。由此可见瓜州节度使辖沙州及肃州。另伊、西两州辖于瓜州节度使情形,请参见杨铭:《吐蕃统治敦煌研究》第 7—8 页。

⑥ 山口瑞凤以一、凉州军队在陇山一带活动频繁;二、举《恩兰达札路恭纪功碑》南面碑铭第 25—36 行所载,译为达札路恭率凉州军队收吐谷浑属唐者多部;三、举《吐蕃大事系年》所载 758 年,论弃赞率军赴凉州、灵州(khar-tsan-leng-cu)等,以上述三点之陇山、灵州及附唐之吐谷浑驻地等相关地理位置,认为凉州军镇驻地在安乐州(今宁夏中宁)。山口瑞凤的部分论点,已有杨铭作部分的驳正,笔者以为其最大的误失在于误解碑文,按《恩兰达札路恭纪功碑》碑铭所载:“…… khar-tsan-phyogs-su-thog-ma-drangs-pavi/dmag-dpon-du/dkav-stsald-gyi-kyang”此段文字,应译为“任命为首度开往凉州的军队将领……”理查德逊译为:“he was commissioned as general to make an attack first in the direction of khar tsan”,李方桂、柯蔚南二氏则译为:“He was also ordered to be the army commander leading the troops in the direction of khar tsan”。无论如何,此段碑文根本不存有达札路恭率领凉州军镇军队的意思。因此山口 (转下页)

吐蕃于新疆、帕米尔地区所设军事行政区，匈牙利藏学家乌瑞以为设于罗布泊地区，名称可能是 tshal-byi-khrom（萨毗军镇），在于阗亦可能设有军镇，另在勃律亦设有名为 bru-shavi-yul-gyi-khrom（勃律军镇）等①。其余在现今汉藏文献阙轶。按西域为吐蕃早期对外经营的地区之一，包括帕米尔高原、新疆、中亚等地。在时间上，稍晚于对青海地区的经略②。而且，吐蕃一直与大食竞逐西域，甚至于公元 8 世纪末叶、9 世纪初叶，大食不但席卷中亚，还突入帕米尔高原，击溃瓦罕与勃律的吐蕃驻军③。面对大食持续性的军事竞争，吐蕃西陲的国防安全，势必成为吐蕃的重大军政要务。在托马斯所编译的古藏文文献中，提及德论行文于 tshal-byi-khrom-chen-po，要求改善对法官保护措施的命令④。由此应可确证吐蕃于新疆、帕米尔地区设置西道节度使，统筹吐蕃西陲军政，应无可疑。只是对于吐蕃在西陲所设军镇之相关史事，除上述罗布泊地区、于田及勃律地区可能设有军镇外，其余仍待进一步稽参考索。

李唐剑南道所面对吐蕃入侵的军事活动，吾人分析均属吐蕃南道节度使所负责与发动者。吐蕃经营川边及南诏的行动，在

（接上页）瑞凤的论点，根本不成立。详见山口瑞凤：《沙州汉人たよる吐蕃军团の成立とmkhar-tsan 军团の位置》[A]，《东京大学文学部文化交流研究设施纪要》第 4 号，1980，第 28、第 30；杨铭：《吐蕃统治敦煌研究》第 6 页；H. E. Richardson：A Corpus of Early Tibetan Inscriptions，Royal Asiatic Society，1985，P. 11；Fang kuei Li and W. South Coblin：*A Study of the Old Tibetan Inscriptions*，Taipei，1987，P. 158；王尧编著：《吐蕃金石录》[Z]，北京：文物出版社，1982 年，第 74 页。

① 乌瑞著、沈卫荣译：《释 khrom：七一九世纪吐蕃帝国的行政单位》第 138 页。

② 蕃军于 662 年首次出现在西域，与弓月部合军欲与唐军战。详见《资治通鉴》卷 201 高宗龙朔二年（662）十二月。

③ Christopher I. Beckwith，*The Tibetan Empire in Central Asia*，New Jersey，1987，pp. 157—163.

④ F. W. Thomas，Op. cit，part II. P. 124.

670年底定青海地区后，即已开展[①]，历经唐高宗、武后、玄、肃、代、德宗等皇帝在位时，吐蕃均积极经营川边与南诏，不断对李唐剑南道施加压力，南诏亦于玄宗天宝十一年(752)臣服于吐蕃[②]。是以吐蕃在川边与南诏方面，势须专设军镇，才能应付欲如，并负责推动进迫李唐剑南道。按代宗大历十四年(779)十月，吐蕃与南诏合兵三道入寇，一出茂州，一出扶、文，一出黎、雅[③]。由吐蕃之三道进军侵唐路线看来，当时吐蕃与李唐剑南道的界线就在北自扶州，中经茂州，以南至雅、黎二州等一线，以西为吐蕃之地，以东为李唐剑南道。吐蕃历年所侵占的李唐剑南诸州，包括松、翼、悉、当、柘、静、恭、保、维等诸州。是以吐蕃所设军镇当以统管此区及南诏为主，特别当德宗年间，李晟担任剑南西川节度使，对吐蕃采取攻势，经常出兵袭击吐蕃边界，且胜多败少，对吐蕃形成压力。《旧唐书·吐蕃传》所载有关吐蕃南道军镇计有：德宗贞元五年(789)十月，韦皋遣将于故嶲州台登北谷大破吐蕃青海、腊城两节度使[④]；贞元九年(793)，德宗命泾原、剑南、山南诸军出兵掩护构筑盐州城，韦皋遣兵出西山及南遭，吐蕃南道元帅论莽热率众来援，又破之，焚定廉故城[⑤]。贞元十六年(800)，韦皋累破吐蕃于黎州、嶲州，吐蕃曩贡、腊城等9节度使、笼官马定德与其大将87人举部落来降[⑥]。上引包括腊城、曩贡等，均属吐蕃南道节度所管辖，其最高长官《旧唐书》载为南道元帅，此系李唐的称呼，实则在吐蕃仍称

---

① 王吉林：《唐代南诏与李唐关系之研究》，台北：黎明文化事业公司，1992年，第124页。

② 《南诏德化碑》记载："……属赞普仁明……赐为兄弟之国。天宝十一载正月一日，于邓川册诏为赞普锺南国大诏……"详见樊绰撰，向达校注：《蛮书校注》附录二(丁)碑刻，北京：中华书局，第322—323页。

③ 《资治通鉴》卷226代宗大历十四年(779)冬，十月，丁酉朔。

④ 《旧唐书》卷196下吐蕃传下，台北：鼎文书局点校本。

⑤ 《旧唐书》卷196下吐蕃传下。

⑥ 同上。

之为德论。吐蕃南道节度所辖其他军镇，史料阙轶，仍有待搜考，但就上引唐蕃战争的地点，包括定廉、友登等地望，均属原李唐剑南道管辖区，证明上文所言不虚。

四、德论以下的建制——以 P. T. 1089 所载为例

德论所领各军镇的情况，有如上述。至于各军镇内部的建制，由于史料阙轶，吾人无法窥知全貌，幸而仍有 P. T. 1089《吐蕃官吏呈请状》，记载了吐蕃为解决当时河西道内部建制的分歧，由大尚论会议决定了凉州军镇（mkhar-tsan-khrom）的官职系统，以及瓜州将军（kwa-cuvi-dmag-pon）所决定沙州内部的职衔与官位上下顺序，并由河西北道德论会议再次修正调整，而于戌年（818）冬腊月公布①。上述 P. T. 1089 的记载，提供了吐蕃在军镇内部建制上的线索，吾人可从中了解吐蕃边区军镇内部建制的梗概，以及如是设计的用意与目的。

P. T. 1089 记载凉州军镇的职官系统如下：

翼长（ru-dpon）—万户长（khri-dpon）—大守备长（dgra-blon-chen-po）—黄铜告身节儿（rtse-rje-ra-gan-pa）—大营田使（zhing-dpon-chen-po）—大防城使（mkhar-dpon-chen-po）—上下部之大放牧使（stod-smad-kyi-phyang-mdzi-gzhis-pon-chen-po）—翼都护亲任官（ru-spyan-nang-vkhor-nas-bskospa）—中守备长（dgra-blon-vbring-po）—副翼长（ru-theb）—小守备长（dgra-blon-chung-nga）—大税务官（khral-po-chen-po）—机密大书记（gsang-yi-pa-ched-po）—大事务官（rtsis-pa-ched-po）—大法官（zhal-ce-pa-ched-po）—吐蕃苏毗系之千户长（bod-sum-gyi-stong-pon）—通颊吐谷

---

① 王尧、陈践二氏据巴黎图书馆藏的 P. T. 1089 原卷胶片、原文转写并予以汉译，详见王尧、陈践：《吐蕃职官考信录》，第 103—114 页。

军系之千户长(mthong-khyab-va-zhavi-stong-pon)—赤铜告身节儿(rtse-rje-zangs-pa)—机密信使(gsang -gi-phonya)—中级机密书记(gsang-gi-yi-ge-pa-vbring-po)—初级机密书记(gsang-yi-ge-chung-ngu)—行刑官(spyi-gcod)—吐蕃苏毗系小千户长(bod-sum-gyi-stong-cung)—汉语、突厥语翻译(rgya-drug-gi-lo-tsa-ba)—小区域的军将(lung-dor-gyi-dmag-pon)—长官所属红铜告身随从(zangs-pa-sna-la-gtogs-pa)—事务都护(rtsis-spyan)—通颊吐谷浑系小千户长(mthong-khyab-va-zha-stong-cung)—获颁大虎皮披肩者(stag-gi-zar-cen-pa-sna-la-gtogs-pa)—机密征集员、机密传导员(gsang-gi-rub-ma-pa/vkhyeb-ma-pa)—庄园官长都护(gzhis-pon-spyan)—大军需官(byung-vtsho-ched-po)—获颁小虎皮者(stag-gi-zar-cung-pa)—庄园副官长(gzhis-pon-vog-pon)—机密小书吏(gsang-gi-yi-ge-pa-phra-mo)—边鄙小军官(lho-bal-gyi-dmag-pon-chung-ngu)—小军需官(byung-vtsho-cung-ngu)—佛教事务官(chos-kyi-rtsis-pa)①

上引文系 P. T. 1089 第 36—43 行所载有关凉州军政内部职官系统的情况。以下则为 P. T. 1089 第 47—50 行载瓜州将军(kwa-cuvi-dmag-pon)所决定的沙州内部官职系统：

节儿论(rtse-rje-blon)—唐人万户长(rgyavi-khri-pon)—唐人万户都护(rgyavi-khri-spyan)—大都督(to-dog-chen-po)—副节儿(rtse-rje-vog-pon)—小都督(to-dog-chungu)—唐人都护(rgyavi-spyan)—吐蕃人所任命千户长(stong-pon-bod-las-bskos-pavi-mams)—唐人所任命千户长僚佐(stong-pon-kyi-zla-rgya-las-

① 凉州军镇的职官系统原文与译文，系参酌王尧、陈践：《吐蕃职官考信录》，第105页、第110页；山口瑞凤著、高然译：《吐蕃统治的敦煌》，第43—44页；汶江：《吐蕃官制考》，第42页等。

bskos-pavi-rnams)—小节儿(rtse-rje-chungu)—州内财务官(mngan-go-cu-rub)—吐蕃人所任全沙州防备长(sha-cu-spyivi-dgra-blon-bod-las-bskos-pav)—吐蕃人所任小千户长(rgyavi-stong-cung-bod-las-bskos-pavi-rnams)—唐人所任命小千户长僚佐(stong-cung-gi-zla-rgya-las-bskos-pavi-rnams)—唐人所任守备长(dgra-blon-rgya-las-bskos-pa)—唐人大税务官(rgya-spyivi-khral-dpon-ched-po)—万户长书吏(khri-dpon-gyi-yi-ge-pa)①

P. T. 1089 第 80—83 行,则记载河西北道德论会议于戌年冬腊月所议决公布的沙州职官品序如下:

节儿论(rtse-rje-blon)—万户长兼财务(khri-dpon-go-cu-rub)—万户都护(khri-spyan)—大都督(to-dog-ched-po)—吐蕃人所任千户长(stong-pon-bod-las-bskos-pavi-rnams)—副节儿(rtse-rje-vog-pon)—小都督(to-dog-chungu)—唐人都护(rgyavi-spyan)—唐人所任千户长僚佐(stong-zla-rgya-las-bskos-pavi-rnams)—吐蕃人所任小千户(stong-cung-bod-las-bskos-pavi-rnams)—小节儿(rtse-rje-chungu)—州内财务官(mngan-go-cu-rub)—吐蕃人所任全沙州防备长(sha-cu-spyivi-dgra-blon-bod-las-bskos-pav)—唐人所任小千户长之僚佐(stong-cung-gi-zla-rgya-las-bskos-pavi-rnams)—唐人所任守备长(dgra-blon-rgya-las-bskos-pa)—唐人大税务官(rgya-spyivi-khral-pon-ched-po)—万户长书吏(khrid-dpon-yige-pa)②

上引 3 则较之于汉文史料的记载,吾人讨论如下:

其一,据 P. T. 1089 所载凉州军镇(mkhar-tsan-khrom)的最

① 瓜州将军所决定之沙州职官系统原文与译文,参酌王尧、陈践:《吐蕃职官考信录》,第 105—106 页、110 页。

② 河西北道德论会议议决的沙州职官系统原文与译文,参酌王尧、陈践:《吐蕃职官考信录》,第 107—108 页、114 页。

高长官为翼长(ru-dpon)。另 P. T. 1089 又载瓜州将军(kwa-cuvi-dmag-pon)调整沙州官职品序,显然瓜州军镇(kwa-cu-khrom)的最高长官是为将军(dmag-pon),按吐蕃本部的地方建制采军民合一制,翼、千户等地方组织均冶军事、行政及生产于一炉,是以翼长、千户长本身就属武职,均具 dmag-pon(将军)的身份。因此凉州军镇之长官及瓜州军镇之长官,亦同属武职,具将军身份,显然与本部地方建制相同。同理,吐蕃所有军事占领区所设的军镇或军事行政区(khrom),其长官称谓就是翼长或将军。在汉文史料中,按李唐本身建制的概念,对应于吐蕃的相等官职,以为吐蕃边区的军镇,就相当于李唐设置于边区的节度,因此命之为节度使,于是吐蕃的 mkhar-tsan-khrom,李唐载为凉州节度使,吐蕃 kwa-cu-khrom,李唐载为瓜州节度使,并非吐蕃仿造或学习李唐的节度使制,亦非吐蕃设有李唐的节度使官职制度。

其二,凉州节度使(mkhar-tsan-khrom)的职官系统,确与沙州(sha-cu)职官系统规模不同。不仅凉州节度使规模大,且涵盖面广,具有管理数州的架构,举凡民政、司法、税务、行政、军事、宗教等无一不备。而且凉州地面原以唐人及吐谷浑人为主的族群所居住,吐蕃设立通颊(mthong-khyab)与吐谷浑(va-zha)千户长,意即吐蕃并未打散原有凉州的建制,仍保持原状,但多增设了吐蕃和苏毗(bod-sum-pa)千户长,此意味着吐蕃苏毗部军队,就地安插入户,形成千户。也可能自吐蕃迁移了吐蕃及苏毗部落进入凉州定居。上述二者均可证明吐蕃的攻城略地,确属有移民实边,及将土地据为己有的意图。吾人观每阶段唐蕃战争后,吐蕃不断催促李唐签订和约,复位双方国界的目的,就在于要求李唐承认吐蕃以军事手段所获取土地的主权。实际的作为与政策的拟订,二者相互印证了吐蕃扩张的主要目的,确在于土地的取得。

其三,就沙州内部官僚体系而言,可分为节儿系统、万户长系统、都督系统、千户长系统，以及一般军、民政，如财政、守备、税务等。节儿系统包括节儿论（相当于刺史），以下依序为副节儿、小节儿。在 P. T. 1089 还记载了于子年夏，大尚论任命了沙州节儿都护（rtse-rje-spyan）及中节儿（rtse-rje-vbring-po）[①]。此系统以节儿论为主官，掌一州之最高行政权外，其余均属辅佐节儿论的官员。万户长系统包括有万户长、万户长都护、万户长书吏等。节儿下辖万户，万户下辖千户。但值得注意的是，在凉州节度使的职官中，万户长仅次于翼长，高于节儿；在沙州，则是节儿高于万户长，原因在于李唐遭占领的州，系由吐蕃派遣节儿论统管，州内唐人组成万户，吐蕃任用唐人为万户长，组成万户体系，受命于节儿。而凉州节度使辖下除原有李唐州县外，尚有自吐蕃本部迁移吐蕃苏毗部落至凉州，或吐蕃苏毗部队就地安家落户之部众，组成万户，由吐蕃人担任万户长，是以其地位要高于唐人所任的万户长，也高于节儿论。都督系统则由唐人出任，计有大都督、小都督、唐人所任都护（具襄佐都督的任务）。另 P. T. 1089 还记载了于子年夏大尚论任命了副都督（to-dog-vog-pon）的官职[②]。按 P. T. 1089 第 55—56 行记载：

do-stag-skyes-rgyavi-to-dog-dang-bod-kyi-rtse-rjevi-zlar-bskos-te[③]

任命杜悉诺结为唐人都督暨吐蕃节儿僚佐。

据上引文意，得知唐人所任都督之职务，在于襄佐节儿统管唐人事务[④]。千户长系统则有千户长、千户长僚佐、小千户、小千户

---

① 王尧、陈践：《吐蕃职官考信录》，第 106 页。

② 同上。

③ P. T. 1089 第 55 行—56 行。王尧、陈践：《吐蕃职官考信录》，第 106 页。

④ P. T. 1089 第 29 行记载："bdag-cag-to-dog-ched-po/rtse-rjevi-zlar-bskoste/"意即我等大都督被任命为节儿僚佐。请见王尧、陈践：《吐蕃职官考信录》，第 104 页；另见山口瑞凤著、高然译：《吐蕃统治的敦煌》，第 50 页。

僚佐等，其中沙州的千户长及小千户，均由吐蕃人出任，千户长及小千户二者的僚佐，均由唐人出任，此显示吐蕃在李唐失土上，仍然忌讳着唐人，提防唐人直接掌握军队，而且在戌年冬的德论会议上还决定，提升吐蕃人所任千户长及小千户的地位①。

其四，P. T. 1089《吐蕃官吏呈请状》全文所载，为 4 位吐蕃官员所组成的德论会议（bde-blon-gdunsa[vdun-sa]）之决议。此 4 名官员为：尚赞桑（zhang-btsan-bzang）、论野悉札（blon-rgyal-sgra）以及都护论强热（blon-byang-bzher）、论玉悉札（blon-g · yu-sgra）②。据此，排名首位者应为德论，排名第二位者疑似副德论，排名三、四名者均为都护（spyan），王尧、陈践二氏译之为“观察使”，因 spyan 为 mig（眼睛）的敬语，引申为观察使③，可能代表吐蕃王庭莅临监督者，也可能属德论副官。P. T. 1089 所载 4 位所组成的德论会议，讨论的是凉州节度使、瓜州节度使及沙州等事宜，证实了此德论会议就是总管原李唐河西道的最高机构。上述 4 位吐蕃官员中，排名首位者是为德论尚赞桑（bde-blon-zhang-btsan-bzang），也就是李唐所称呼的吐蕃河西北道节废使④。准上，吐蕃河西北道节度使又称吐蕃北道节度使，吐蕃官称就是德论（bde-blon），其下辖有凉州节度使（mkhar-tsan-khrom）及瓜州节度使（kwa-cu-khrom），凉州节度使及瓜州节度使之吐蕃官称就是为翼长（ru-pon）或将军（dmag-pon），其下所辖各州长官之吐蕃官称为节儿（rtse-rje），节儿下辖有唐人所谓大小不等的“部落使”，是为万

① 吐蕃人所任千户长原位于唐人都护之后，提升了三阶，位于大都督之后。吐蕃人所任小千户长原位于吐蕃人所任全沙州防备长之后，提升了三阶，位于唐人所任千户长僚佐之后。

② P. T. 1089 第 77 行，王尧、陈践：《吐蕃职官考信录》，第 107 页。

③ 王尧、陈践：《吐蕃职官考信录》，第 116 页，注 6。

④ 白居易：《白氏长庆集》卷 57《翰林制诏四 · 代王佖答吐蕃北道节度使论赞勃藏书》。

户长、千户长等①。

其五，既然吐蕃向外攻城略地，将外族土地据为己有，有如上述。吐蕃在占有外族土地后，势必以自身的体制强加之。吾人从凉州军镇及沙州的职官系统可以了解，原本李唐当地的行政建制为：道、州、县、乡、里，吐蕃将之改为德论会议（bde-blong-vdun-sa）、军镇（khrom）、州（cu）、万户（khri-sde）、千户（stong-sde）、将（tshan）②等，其中"州"（cu）的层级并未废除，只是长官衔称由刺史改为节儿，如沙州节儿（sha-cu-rtse-rje）之衔称就是很好的例子，另一方面也显现了吐蕃并未改变原有的地名。另由 P. T. 1089 记载显示，吐蕃任命唐人出仕，负责管理唐人自身事务，但仍在蕃人监督及管控下进行。如唐人所任大都督，系唐人所任最高级的官员③，其任务在辅佐蕃人节儿统管唐人事务。同样情况，吐蕃千户长为唐人所任千户长僚佐襄助，吐蕃小千户长为唐人所任小千户长僚佐所辅佐等。此等以蕃人为主、唐人为辅的关系，显示吐蕃试图将占领区逐步吐蕃化。

五、bde-blon-khams-chen-po 与中央的关系

吐蕃中央管辖 bde-khams 的机构，在汉藏史料中分析，似乎并未建立专设机构，而由原有吐蕃中央的宰相会议掌管 bde-khams 事务。例如敦煌汉文吐蕃史料 P. 3770《发愿文》一文所载，系明为宰相论赞没热及河州节度尚乞悉加，为其宰相尚结力丝发愿祝福，

---

① S. 2736/2《蕃汉对译语汇》第 38 组：stong-dpon（千户长）对译为 bo-lag-shi 部落使。详见王尧、陈践：《敦煌藏文写卷 P. T. 1083，1085 研究》，载《历史研究》1984 年第 5 期，第 174 页。

② 王尧、陈践：《敦煌藏文写卷 P. T. 1083，1085 研究》，第 174 页。

③ 山口瑞凤著、高然译：《吐蕃统治的敦煌》，第 49 页。

实则为河州节度使为其两位长官祈福的内容[①]。吾人比对该文所载两位宰相名字论赞没热及尚结力丝为：blon-btsan-bzher、zhang-rgyal-zigs，其中论：blon，赞：btsan，没热：bzher，尚：zhang，丝：zigs 等在汉藏对音上应无疑义。唯“结力”的藏文对音：rgyal，因古藏文在单词的子音有时发音，是以尚结力丝比对为 zhang-rgyal-zigs 应为合理，新旧唐书吐蕃传则译为“尚结息”[②]。上述两位宰相名字，就是《贤者喜宴》ja 章所载墀松德赞兴佛证盟第一诏敕中，参与盟誓的首席宰相 zhang-rgyal-zigs-shu-ther 及宰相 blon-btsan-bzher-mdo-lod[③]，时当 779 年。是以上引《发愿文》应成书于 779 年前后至 782 年间[④]。此《发愿文》亦可因此确定为河州节度使为其中央直属长官祈福。其直属长官为首席宰相尚结息及宰相同平章事论赞没热，此证明了河州节度使系为宰相会议所管辖。

吐蕃中央遇事派遣大尚论，前往陇州、凉州、宗喀等地召开会议，并发出告牒通知所属 bde-khams 有关各道办理，例如 P. T. 1083 所载显示，系由首席宰相（blon-chen-po）亲临陇州会议（vdun-tsa-long-cu），发出告牒，要求禁止抄掠汉户沙州女子[⑤]。又

---

① 杨富学、李吉和辑校：《敦煌汉文吐蕃史料辑校》，兰州：甘肃人民出版社，1999 年，第 192 页。

② 尚结息蕃文全名在敦煌古藏文卷子《吐蕃赞普传记》第二载为“mChims-zhang-rgyal-zigs-shu-teng”、《贤者喜宴》ja 章所载《墀松德赞兴佛证盟第一诏敕》载为“zhang-rgyal-zigs-shu-ther”，系出吐蕃四大戚族之一琛氏（mChims）。尚结息似于 755 年就开始担任宰相同平章事，至 768—782 年间，则担任首席宰相。详见 Pelliot Tibetain, P. T. 1287, Pl. 561，第 114 行。Dpav-bo-gtsug-lag-vphreng-ba. op. cit，叶 109 下，第 4—5 行。

③ dpav-bo-gtsug-lag-vphreng-ba. op. cit，叶 109 下，第 4—5 行。

④ 按墀松德赞系于 779 年桑耶寺大殿落成时，发布兴佛证盟第一诏剌，而且尚结息担任首席宰相时间为 768—782 年。详见林冠群：《吐蕃赞普墀松德赞研究》，台北：台湾商务印书馆，1989 年，第 193—194 页、第 213—214 页。

⑤ 原文请参见 Pelliot Tibetain, P. T. 1083, Pl. 429，第 1—9 行；译文请见王尧、陈践译注：《敦煌吐蕃文献选》，成都：四川民族出版社，1983 年，第 51—52 页。

如P. T. 3记载了大尚论(zhang-lon-ched-po)于陇州会议决议,向德论(bde-blon)发出告牒,决定于沙州设立一通颊骨萨东岱(mthong-khyab-rgod-gsar-stong-sde 通颊新军户千户),并要求调拨青稞。另于霞之三福园会议(zhavi-bde-sum-tshal-gyi-vdun-sa)给沙州军粮库长官发出告牒,要求按大尚论于陇州所批准谷粮数应予补足①。P. T. 3记载的大尚论(zhang-lon-ched-po),事实上就是吐蕃宰相会议之成员,按吐蕃宰相会议系由首席宰相(blon-chen-po)领衔,召集2—8位的宰相同平章事(chab-srid-kyi-blon-po-chen-po-bkavla-gtogs-pa)所组成。而首席宰相及宰。相同平章事之身份,有尚(zhang 外戚在朝为官者)亦有论(blon 贵族在朝为官者),因此简称大尚论(zhang-lon-ched-po),是以P. T. 3所载显示,吐蕃中央除首席宰相亲临bde-khams召开会议外,也有宰相会议的成员前往bde-khams召开会议,下达命令②。同样地,P. T. 1089的记载亦显示了,大尚论巡边到达陇州召开会议,决定将沙州唐人划分为两个部落,并设置机构与任命官员,及颁发所任命官员之告身③。除此外,平时宰相会议有所议决,则由给事中(bkav-phrin-blon)发出告牒,颁布命令于德论会议或直接发于各州④。例如P. T. 1085所载,就是宰相会议于亨迦宫(pho-brang-lhan-kar)用印颁发告牒给沙州节儿,命令节儿等官员不得再掠夺、侵占

① 原文请参见PelliotTibetain,P. T. 3. Pl. 449,第1—7行;译文请见王尧、陈践译注:《敦煌吐蕃文书论文集》,成都:四川民族出版社,1988年,第186页:《P. T. 3陇州军镇会议告牒》。

② Pelliot Tibetain,P. T. 113. 所载亦显示,大尚论(zhang-lon-ched-po)自陇州发出告牒,知照诸位德论相关事宜。若是由首席宰相主持会议,其所载的官衔就是blon-chen-po,明显与宰相同平章事的简称zhang-lon-ched-po不同。Pelliot Tibetain,P. T. 113. Pl. 98. 第1—7行。

③ P. T. 1089,第52—65行。其中第52行部分原文如下:"byi-ba-lovi-dbyar/zhang-lon-ched-po-so-la-mchis-pavi-vdun-tsa-long-cur-btab-pavi-lan-la……"(子年夏,大尚论巡边至陇州会议,复文……)详见王尧、陈践:《吐蕃职官考信录》,第106页。

④ 山口瑞凤著、高然译:《吐蕃统治的敦煌》,第37页。

民庶果园[①]。

准上，既然吐蕃中央透过宰相会议管辖 bde-khams，首席宰相是为德论的直属长官，是否有如金滢坤所云吐蕃实施大相兼领节度使的制度[②]，或如王继光、郑炳林所主张，以为河州节度使又称东军将相、东军国相，由于河州节度使地位重要，故一般河州节度使皆兼任宰相[③]。笔者以为吐蕃疆域辽阔，宰相会议政务繁重，身为宰相会议召集人的首席宰相，或宰相会议的成员兼任 bde-khams 的德论之可能性极低。因为宰相会议不仅要管理 bde-khams 事务，其余如中央及 mdo-khams 地区等事务，均得处理，无法偏重于某区。设若某区发生重大事件，首席宰相或宰相会议成员亲临该区紧集处理，或长驻该区领导该区官员处理问题。如此情况常见于汉文史料之记载当中，例如唐宪宗元和十四年(819)十月，吐蕃节度论三摩及宰相尚塔藏、中书令尚绮心儿，共领军 15 万众围盐州[④]。若以河州节度使兼任宰相的说法，只需尚塔藏及尚绮心儿即可，何需节度论三摩共领军？何况前引 P. 3770《发愿文》已指明河州节度使尚乞悉加，为其长官首席宰相尚结力丝(即尚结息)祈福一事，已证明首席宰相是为诸德论或节度使的长官，更何况首席宰相既已兼任天下兵马都元帅(dmag-go-chog-gi-blon)[⑤]，是为所有军区包括本土与边疆地区的军事首长[⑥]，实无必要，亦无可能兼任河州节度使。又如白居易代笔《代忠亮答吐蕃东道节度

---

① 原文请参见 PelliotTibetain，P. T. 1085，Pl. 432，第 1—9 行；译文请参阅王尧、陈践译注：《敦煌藏文写卷 P. T. 1083，1085 号研究》，第 173 页。

② 金滢坤：《吐蕃节度使考述》，第 98 页。

③ 王继光、郑炳林：《敦煌汉文吐蕃史料综述》，第 50 页。

④ 《册府元龟》卷 400《将帅部 · 固守二》，台北：大化书局，景明崇祯十五年刻本。

⑤ 请见《唐蕃会盟碑》右面碑铭第 10 行，王尧编著：《吐蕃金石录》，第 14 页。

⑥ 吐蕃宰相实际握有军权，经常统率军队征战。请见林冠群：《唐代吐蕃的相制》，载《唐代吐蕃史论集》，第 174 页。

使论结都离等书》中，吐蕃东道节度使论结都离之藏文对音为blon-rgyal-to-re，比对墀德松赞兴佛证盟的臣工名单中，名列总督、将军及外臣（dbang-po-dang/dmag-dpon/phyis-blon-bkav-la-gtogs-pa）层级的 dbavs-rgyal-to-re-stag-snya（韦结都离达聂）①2人，按朱忠亮于808—813年期间任职泾原四镇节度使②，与吐蕃有所往还应属此段期间。而墀德松赞赞普任期为798—815年，准此，吾人可确定论结都离与韦结都离达聂显系同一人。此证实了吐蕃宰相不可能兼任节度使，因为节度使的层级属外朝官，排名低于中央各级官员，且按吐蕃惯例，地方官员告身要远低于中央各级官员的情况下③，首席宰相既要管控中央政务及全国军政，又要日常管理河州节度使或某一节度区（德论所辖地区），实在有违常理。前引韦结都离在未任首席宰相之前，先曾于808—813年间任东道节度使之历练，方于墀祖德赞赞普晚年（815—836？837？在位）及乌依冬丹赞普（vuvi-vdum-brtan 836？837？—842在位，即俗称朗达玛）时期，才获任首席宰相。此例说明了笔者所言不虚。

另有以敦煌汉文吐蕃史料 P. 2984《为宰相病患开道场文》所载："东军宰相令公尚乞心儿"④、S. 2146《行军转经文》所载："……则我东军国相论掣晡敬为西征战士保愿功德……"⑤、P. 3265《愿文》载："东军尚相禄秩永安"⑥、S. 6315《愿文》载："……奉福庄严

① dpav-bo-gtsug-lag-vphreng-ba. Op. cit，叶130下，第1—3行。

② 《旧唐书》卷14，宪宗本纪上；卷15，宪宗本纪下。

③ 吐蕃地方官最高层级为翼长，据《贤者喜宴》ja章记载翼长位阶为红铜字告身（zangs-yig）。朵康（mdo-khams）的总管（dbang-po）位阶为大银字告身。接红铜告身在吐蕃上层社会中属最低一级，远低于中央官员的告身位阶。详见 dpav-bo-gtsug-lag-vphreng-ba. op. cit，叶21上，第6—7行。另请参阅林冠群：《唐代吐蕃的社会结构》[J]，《"国立政治大学"民族学报》1993年第20期，第14页。

④ 杨富学、李吉和辑校：《敦煌汉文吐蕃史料辑校》，第270页。

⑤ 杨富学、李吉和辑校：《敦煌汉文吐蕃史料辑校》，第218页.

⑥ 杨富学、李吉和辑校：《敦煌汉文吐蕃史料辑校》，第188页。

东军宰相大论"[1]等，据以作为吐蕃首席宰相兼任东道节度使的证据[2]。笔者以为由于包括河陇地区在内的唐人，相对于吐蕃，在地理方位及族国名称上，有称吐蕃为西蕃或西戎的习惯，如唐人作诗或官方作制，常将吐蕃称为西蕃或西戎者之例，比比皆是[3]。因此，河陇地区的唐人，以身处吐蕃东境，属吐蕃东境军区，以"东军"自居，而吐蕃首席宰相又是河陇地区的直属长官，遂以"东军国相""东军宰相令公""东军尚相""东军宰相大论"等，来昵称吐蕃首席宰相，意即吐蕃宰相为河陇地区的长官，并非指首席宰相兼任河陇地区节度使。于此，吾人观汉藏史料尚未有首席宰相兼任边区节度使之例，但仍有举《新唐书·吐蕃传》所载："先是，尚悉结自宝应后数入边，以功高请老，而赞磨代之，为东面节度使，专河陇"之例，以系尚悉结(即尚结息)以宰相兼东道节使[4]。上引文之尚悉结就是 zhang-rgyal-zigs(尚结息)其于 768—782 年担任吐蕃首席宰相[5]，此前，即已担任宰相同平章事[6]，然则上引文中之"宝应"是为762 年，当时吐蕃仍专注于攻陷李唐疆域，762 年甚至攻陷长安，《吐蕃大事系年》于虎年(762)所载，蕃军系由尚结息率领攻陷了临洮(vbu-shing-kun)、成州(zin-cu)、河州(ga-cu)等城堡多处后回蕃[7]。同年，尚结息再率领论达札路恭(blon-stag-sgra-klu-

① 杨富学、李吉和辑校：《敦煌汉文吐蕃史料辑校》，第 185 页。

② 杨铭：《吐蕃统治敦煌研究》，第 12—13 页；金滢坤：《吐蕃节度使考述》，第 101 页。

③ 《全唐诗》记载崔湜、车峤、阎朝隐、韦元旦等人所作《奉和送金城公主适西蕃应制》。另载孙逖：《送李补阙摄御史充河西节度判官》中，云："西戎虽献款……"。《西山三首》中云："……西戎背和好……"。请见《全唐诗》卷 54、58、69、118、227，上海：上海古籍出版社，1986 年。

④ 杨铭：《吐蕃统治敦煌研究》，第 12 页。

⑤ 林冠群：《吐蕃赞普墀松德赞研究》，第 193—194 页。

⑥ 详见 Pelliot Tibetain，P. T. 1287，Pl. 561，第 114 行。Dpav-bo-gtsug-lag-phreng-ba，op. cit，叶 109 下，第 4—5 行。

⑦ 王尧、陈践译注：《敦煌本吐蕃历史文书(增订本)》，第 156 页。

khong)、尚东赞(zhang-stong-tsan)、尚赞磨(zhang-btsan-ba)等攻陷李唐京师,尚结息班师回朝[①]。至765年,尚结息、尚赞磨等再度领军入侵李唐[②]。尔后就未再见到尚结息领军侵唐的记载。笔者以为尚结息虽为宰相同平章事,其于李唐边军入调平乱之际,自762年开始领军侵唐至765年止,此段时期尚结息系以宰相同平章事的身份,作为东侵李唐的蕃军主帅,并未兼任东道节度使,并且吐蕃占领李唐陇右道后,可能于763年,方任命陇右道的德论,因此吐蕃的首任东道节度使,也就是吐蕃陇右地区的首任德论,应为尚赞磨(zhang-btsan-ba,亦作尚赞摩),而非尚结息。

另《册府元龟》记载宪宗元和七年(812)二月"吐蕃东道节度使论诰都宰相尚绮心儿以书遗凤翔节度使李惟简……"。[③] 山口瑞凤据上引文认为,"东道节度使论诰都宰相尚绮心儿"是同一人,因"论诰都"就是九大臣(尚论掣逋突瞿),也被译成"宰相同平章事"[④]。杨铭也据此认为尚绮心儿曾于9世纪10—20年代,以宰相出任东境节度大使,统摄东线事务[⑤]。事实上,"论诰都"在所有汉文史料中,仅见于《册府元龟》,汉文史料中未见有以"论诰都"译写吐蕃官称者,再者以"吐蕃东道节度使论诰都宰相"为一官衔解,亦不符合吐蕃官衔惯例,吾人举论莽热受命解维州之围,赞普任命为"内大相兼东境五道节度兵马使、都统群牧大使"为例[⑥],论莽论以内大相之职暂摄东境五道节度兵马使,其官衔并未以"东境五道节度兵马使内大相"形式呈现。另《唐蕃会盟碑》所载的吐蕃官称,亦以正官衔在前,兼职衔在后的,如"gung-blon-chen-po-dmag-go-

---

① 王尧、陈践译注:《敦煌本吐蕃历史文书(增订本)》,第156页。
② 《新唐书》卷216上,《吐蕃传上》。
③ 《册府元龟》卷980,外臣部通好。
④ 山口瑞凤著,高然译:《吐蕃统治的敦煌》,第38页。
⑤ 杨铭:《吐蕃统治敦煌研究》,第13页。
⑥ 《旧唐书》卷196下吐蕃传下

chog-gi-blon”①,直译就是“同平章事天下兵马都元帅”,正职为“gung-blon”(同平章事),兼职为“dmag-go-chog-gi-blon”(天下兵马都元帅)上述皆说明吐蕃官衔呈现的惯例。若云“论诰都”系译自“宰相同平章事”,蕃文作“chab-srid-kyi-blon-po-chen-po-bkav-la-gtogs-pa”,此亦无法理解,因“论”为 blon 的译音,作“大臣”解,“诰”为上告下或君命之义,“都”为多数或全部,三字合称完全不符合中文语法,顺序不对,完全不合汉文词汇组合的习惯。若以吐蕃东道节度为一衔,论诰都宰相为一衔,其不合理性,前已述及,若单就“论诰都宰相”而言,亦属突兀难解,有“都元帅”“都督”“都统”“都护”等等之衔称,却从未有“都宰相”之官衔。因此,笔者以为“吐蕃东道节度使论诰都”为一人,“宰相尚绮心儿”为一人,此两人以书遗李唐凤翔节度使,方是正解。基于上述,吾人可以确定,吐蕃从未以宰相兼职边区节度使之情事,有之则如前云,论莽热以内大相(nang-blon-chen-po,此职并非宰相)之职,暂摄东境五道节度兵马使,领军解维州之危,属暂时及处理紧急事件时之兼职性质,事成回朝则免去兼职,此为吐蕃中央官吏哲兼边职处理事务的惯例。

另一方面,就德论内部的运作而言,以沙州为例,P. T. 1079 的记载显示,德论及都护等 3 人召开临时德论会议,处理瓜州军帐会议所呈报,沙州至肃州之寺庙庙产及户口之争端②。由前文 P. T.

---

① 《唐蕃会盟碑》,右面碑铭第 10 行部分漫漶,仅可读出“……dmag-go-chog-gi-blon-zhang-khri-sum-rje-sbeg-lha……”(天下兵马都元帅同平章事尚绮心儿)。第 12 行载:“gung-blon-chen-po-dpon-dmag……”,另李方桂、柯蔚南主张第 12 行应为:“gung-blon-vog-pon-dmag……”,比较所举三者之主张,天下兵马副元帅同平章事之蕃文头衔既为“gung-blon-vog-pon……”(副大相……),则天下兵马都元帅同平章事之蕃文头衔,应可确定为“gung-blon-chen-po-dmag-go-chog-gi-blon……”。详见王尧:《吐蕃金石录》,第 14—15 页。Fang-kuei-Li-and-W. South-Coblin. op. cit,P. 60.

② 原文请见 Pelliot Tibetain P. T. 1079,Pl. 424,第 1—23 行;译文请见王尧、陈践译注:《敦煌本吐蕃文献选》,第 46—48 页。

1089 的记载指出，沙州节儿以下，各级僚佐以上，对职官品位意见分歧，而由德论及都护等 4 人召开临时德论会议处理。同书亦记载沙州唐人官员对官职品位意见不协，由瓜州将军及都护召开军帐会议，作出决定。S. 1438 第 11 则《沙州状逆贼玉关驿户氾国忠等六人》记载，沙州官员向瓜州军镇呈报氾国忠等 6 人谋反，节儿自裁之事，瓜州军镇派出新节儿前往沙州[①]。上述所举敦煌文献的记载内容，已具体呈现德论内部的领属关系与运作情形。即沙州有事，节儿无法处理，或处理不妥，则呈报瓜州将军，由瓜州将军召开军帐会议议决。若有争议或不妥者，则上呈德论，由德论召开德论会议议决。如有争议或重大事件，则德论必须向吐蕃中央的宰相会议请示。此已指明吐蕃所行非首长制，而是委员制，属集体领导，凡事以会议议决，中央如此，地方亦复如此。此在白居易所撰之《代忠亮答吐蕃东道节度使论结都离等书》中，致书称吐蕃东道节度使领导人职衔为“大蕃东道节度使论公都监军使论公麾下”[②]，得到印证，上引文中已知东道节度使论公为论结都离，而都监军使论公则是另一位吐蕃官称为 spyan(原译都护)的官员。由此可见，李唐官方致书吐蕃东道节度使时，必须同时将监军使(spyan)与节度使并列。此证明了吐蕃边疆地区的德论、军镇等，虽有主官，但实属集体领导。再加上首席宰相或宰相会议成员，经常出巡至边区节度各州，召开会议，有时亲临德论会议，即席下达命令，指导工作等。倘吐蕃中央政局不乱，政府运作正常，对吐蕃而言，似不易存有“中枢不能节制边将”的现象。

---

① 王尧：《敦煌吐蕃官号“节儿”考》，载《西藏文史考信集》，北京：中国藏学出版社，1994 年，第 163—164 页。

② 白居易：《白氏长庆集》卷 57《翰林制诏四》。

六、结论

唐代吐蕃在200余年的递嬗演进，对于国土的整体规划与设计，经过本文的探究，可得一具体结论，即吐蕃王朝系由本部（包括5翼60千户与藩国），以及mdo-khams、bde-khams三大部分所组成。其中以bde-khams部分成立最晚，且大部分得自于李唐土地，包括安西四镇、河西、陇右及剑南西山等地，再加上帕米尔高原地区及原已占有的青海地区，形成由数位德论所分别管辖的“bde-blon-khams-chen-po”。

“bde-blon-khams-chen-po”由5个单位形成，分别为东、西、南、北四道，加上原有的青海地区等。东道是原李唐的陇右道，李唐称之为吐蕃东道节度使，有以为其治所就在河州[①]，其下辖有dbyar-mo-thang-khrom-chen-po（雅莫塘节度使或鄯州节度使）、河州节度使（ga-cu-khrom），余失载。东道节度使主要负责对唐作战。西道是为安西四镇及帕米尔高原地区。李唐对吐蕃西道的称谓，由于李唐早于玄宗时期即已全部退出西域，没有交手纪录，因此有关讯息汉文史料阙略。其下辖有勃律军镇（bru-zhavi-yul-gyi-khrom）、于阗军镇及tshal-byi-khrom（萨毗军镇）等，余失载。西道负责与大食间的攻防与巩固西陲国防。南道是为川边南诏地面，原李唐剑南西山地区，负责与李唐剑南道及南诏的争战，下辖曩贡、腊城等节度使，余失载。北道则是原李唐的河西道，李唐称之为吐蕃北道节度使，治所可能位于凉州，下辖瓜州节度使（kwa-cu-khrom）及凉州节度使（mkhar-tsan-khrom）。北道负责与回鹘间之争战与攻防，部分亦需支持东道之军事活动。原青海地区随

① 金滢坤：《吐蕃节度使考述》，第101页；杨铭：《吐蕃统治敦煌研究》，第13—14页。

时间与客观环境的变迁，由表面藩国名义，实质转为 bde-khams 的一部，将原有的 5 个 khrom，包括最早成立的 khri-bshos-khrom、rma-khrom 等，均转由德论管辖。

上述青海地区、东、西、南、北等 5 道，各道各设有 1 位德论，由德论负责召集德论会议，德论及都护等 3—4 人不等，议决该道军政事务。其下所辖各军镇（khrom），长官为翼长（ru-pon）或将军（dmag-pon），由其负责召集召开军帐会议，成员包括将军、都护等，议决军镇内各州事务及相关军政等。军镇所辖各州，州置节儿，节儿以下有各级官员。其中必须述明者，由于吐蕃东、西、南、北等 4 道多为农业区，居民多集中于城镇，遂于州设节儿（rtse-rje），其下依吐蕃体制，设立万户、千户，部分则保留乡的建制，配合着要求占领区人民必须蕃语、蕃服的措施，吐蕃所辖 bde-khams 各道终究走向吐蕃化一途。

吾人从吐蕃对军事占领区的建制上看，不失务实且体制明确、简单，完全符合吐蕃本部地方建制的特色，即结合行政、军事、生产三位一体且容易动员、简单编制等。吐蕃将实施有成的本部地方建制，移植于青海地区，经实验多年后，在攻占李唐河陇、剑南西山等地以后，再将吐蕃本部地方建制，扩张延伸到各军事占领区，复因地制宜，创设新的机构及新的官吏，但均本乎吐蕃军政合一的原理而设立，实乃信而有征。

（原载《中国藏学》2007 年第 4 期）

论青海军事历史的主要特点

崔永红

我国古代典籍中，事关青海历史的史料总体上不算很丰富，但在这些史料中有关军事方面的内容却堪称丰富。从这个意义上讲，青海的历史也可以说是一部悲壮雄浑的军事史。青海军事历史有其鲜明的特点，本文试作论列，以求正方方家。

一、军事制度和军队体制具有多元性

从西汉后期开始，随着汉朝军队平定羌人反乱和大量汉族的迁入，今青海东部河湟农业区逐步被纳入中原封建王朝郡县制统治体系之中。此后，中央王朝在东部农业区建立一整套军事制度，诸如：在金城郡这类边郡设 2～3 个都尉来管领地方军，县设县尉、乡设游徼来负责维持地方治安，设障塞、亭燧、城堡等防御体系，筑烽火墩、建立声光和驿传报警制度，规定 23～56 岁的男性均有服兵役的义务等。西部牧区羌人则军事制度简单，防御设施简陋或基本没有，大小部落首领同时就是大小军官，有战事时诸部落“解仇结盟”，无战事时分散居处，互不统属；兵役方面仍实行传统的部落内部全民或全体成年男性皆兵制。

西汉以后，除个别历史时期外，东部农业区仍实行通行全国的军事体制、兵役制度和边防制度。州、郡、县所在地驻有一定数量的军队，有时甚至作为重点防戍区。东汉后期护羌校尉所领常屯之兵多时达二三万人以上，十六国时期南凉王国所拥有的常备兵也在万人上下。唐代陇右节度使（衙署在今乐都）所辖之兵绝大多数驻在这一地区，多时达 7.5 万人。宋代在河湟地区招募到七八千名汉蕃弓箭手。明代实行卫所制，额定驻军六七千人，明后期常驻营兵在万人以上。清代设西宁镇，常驻绿营兵近万人。雍正年间曾增设大通镇（后裁废，并入西宁镇），两镇驻兵最多时超过 1.5 万人。西宁镇所辖标、协、分守营 30 多个，分散在各要害之处。明清时期，除政府系统的正规军之外，还有十余家土官（清代称土司），土官（司）既有辖民权，又有组建土兵权。各家土兵，50 名至六七百名不等，其盔甲、马匹、器械自行置办，无事在家耕牧，有事听朝廷调遣。土兵“有悍卫之劳，无背叛之事”[①]，在抵御侵扰、平定叛乱、安抚各部等方面起到了官军难以起到的作用。如蒙古族土官祁秉忠多次率兵参加抵御“西海蒙古”扰边的战斗，后被调赴辽东抗击后金，成为一代名将。而在广大牧业区，除新莽时期、隋代末年和元代以外，或在中央王朝辖区之外，或属于实行间接管辖的“羁縻”统治区域。清朝雍正三年（1725）以后，由朝廷设“办理青海蒙古番子事务大臣”直接管辖，但仍与实行府县制的东部有很大差异。这一区域自古以来主要居民为羌人，西晋末年辽西慕容鲜卑吐谷浑西迁，后在甘青地区建立鲜卑和羌人的联合政权——吐

① 《清史稿》516《土司六》，中华书局本，第 14303 页。

谷浑国。到唐初这里又成为吐蕃王朝的属地。吐蕃王朝崩溃后成为吐蕃(后称为番族即藏族)大小部落分散居牧之地。明中期以后成为蒙古族、藏族共居之区。上述各部族或王国均拥有自己的武装力量。其军队的征集办法、指挥系统与东部农业区均不相同。

唐代前期,今青海省境同时存在唐朝边防军、吐谷浑军队、吐蕃军队;明清时期,朝廷兵、地方土兵、蒙古军队、藏族部落兵并存,军事制度和军队体制的多元性特点体现得最为明显。民国时期,农区、牧区在军事制度和军队体制方面才有了越来越多的一致性,至民国十八年(1929)青海建省后,上述多元性特点趋于泯灭。军阀马步芳曾在全省范围内大量编组保安团丁,至 20 世纪 30 年代中期,军队与保安团丁达 15 万人之众,约占全省人口的 1/6。其正规部队最多时接近 10 万人,既是国家军队,又具有明显的为马步芳家族所私有的属性。这支军阀部队在不同时期基本实行北洋政府、国民政府在全国推行的军事体制,但征兵权、各级军官任免权等基本上操在马麒、马步芳手中,军中高级官员大多数由马氏家族成员担任。

二、战事频繁

从已出土的箭镞、刀、矛、剑等兵器可知,至迟从有文字记载之前的青铜器时代起,青海先民们之间已存在互相攻伐的战争。据史书记载,自战国以来两千余年间发生在今青海地区的战事非常频繁,其中不少战争对我国历史的演变产生过重大影响。

西汉时期羌汉之间常发生战事,著名的有李息、徐自为和赵充国平羌之战。战后,汉族势力不断深入河湟地区,东部农业区正式纳入中原封建王朝统一管辖体系。新莽和东汉时期羌汉之间战事更多,尤其是东汉中后期百余年间,不发生战事的年份只占少数。其结果,羌人因被斩杀或被强制迁徙等原因势力日趋衰微,东汉王朝也因此而元气大伤。三国时魏、蜀两国多次用兵青海。延至西晋，西平豪族麹氏一再兴兵与统治阶层相抗衡。东晋十六国时期是战争发生频率最高的时期之一，先后统治过青海东部的前秦、后凉、南凉、北凉、西秦等地方政权互相攻伐不已，无不通过战争手段实现政权更替。其中南凉王国曾建都青海东部，18 年间，主动发动和被动应付的大小战争不计其数。

约于公元 4 世纪建立游牧国家的吐谷浑先后与毗邻的西秦、南凉、北凉多次交战，与后来的北魏、西魏、北周、隋、唐诸朝均有较多的军事性接触，双方出兵超过 10 万人的大战屡见不鲜。如北魏曾多次派兵大规模征讨吐谷浑，隋炀帝曾借西巡之机亲统数十万大军讨伐吐谷浑，唐初李靖也曾奉唐太宗之命率五路大军与吐谷浑作战。公元 7 世纪中叶，吐蕃王朝开始从西藏高原向周边扩张，首先征服和兼并了今青南地区的苏毗、多弥、党项、白兰等羌人部落，继而攻灭吐谷浑。之后，吐蕃军与唐军在今青海境内相互对峙，双方均驻有常备军数万人，曾发生双方投入兵力达四五十万人的大非川之战和争夺激烈的石堡城之战等，至于小战更无计其数。安史之乱后青海驻军内撤，吐蕃军长驱直入关中，长期占领陇右地区。后其边将内讧，再起战火，使河湟等地“五千里间，赤地殆尽”。

北宋前期，河湟吐蕃部落联合的结果，产生了建都青唐（今西宁）的唃厮啰政权，该政权一诞生就经受了强敌西夏两次来攻的考验，后北宋派数万大军两进河湟，经多次激战将河湟地区再次收归中原王朝管辖。北宋亡后，金军占领西宁等州，紧接着西夏乘金不备攻占湟水流域。其后双方又发生过几次争战，约一个世纪后，西夏与金均被成吉思汗所率蒙古军攻灭。明中期以后，东蒙古鞑靼部陆续移牧青海，从此“海寇”之患连年不断。万历年间西海蒙古东犯洮、河等州，朝廷派兵部尚书郑洛坐镇西宁，平定西海蒙古。

此后，都御史田乐统重兵驻防西宁，曾取得反击蒙古“海寇”侵扰的“湟中三捷”。明朝末年，厄鲁特蒙古和硕特部首领顾实汗入据青海，袭杀漠北蒙古喀尔喀部首领却图汗，并进而将整个藏族地区纳入其势力范围。与此同时，青海东部则发生了农民起义军李自成部将贺锦率部攻占西宁等战事。

清代雍、乾时期发生平定罗卜藏丹津叛乱之战、镇压苏四十三反清斗争之战，震动朝野，影响巨大。嘉庆以后，黄河以南藏族部落多次北渡寻求牧场并扰掠蒙古部落，清军常常驱逐剿杀，战事绵延半个多世纪。青海回族、撒拉族等群众受太平天国运动的影响，群起反清，与清军交战10余年，最后被清钦差大臣、陕甘总督左宗棠所率大军镇压。在辛亥革命期间，西宁地区先后爆发了“黄表会”农民暴动和元山尔起义，均遭清军镇压而失败。民国初年，青海驻军与保清反民的复辟势力在贵德等处交战，捕斩为首分子吕光等。青海军阀马麒多次派宁海军赴拉卜楞寺作战，与该寺上层争夺统治权。20世纪20年代，为了对果洛藏族行使管辖权，马麒曾派胞弟马麟统兵进行武力征服。青海建省前夕，宁海军下级军官马仲英在河州（今甘肃临夏）掀起反国民军大战，败逃途中又与国民军在湟源等地多次交锋。30年代初，青海驻军在玉树地区击退藏军侵扰，紧接着又开赴宁夏参与了西北诸马拒阻“青海屯垦督办”孙殿英入青之战。马麒之子马步芳掌握青海省军政大权后，所统军队迅速膨胀，在不断镇压省内各族人民的抗税抗暴斗争的同时，多次奉蒋介石之命开赴甘肃河西、陇东及陕西等地与共产党领导的人民军队作战，其主力最终被中国人民解放军在兰州战役中歼灭。

三、战争类型多样

青海历史上发生的战争，按其起因、发展过程和历史作用，大致可分以下五种类型：

1. 巩固国防之战

汉武帝、汉宣帝时，李息、赵充国平羌之战，起因都与羌人同匈奴相呼应、先攻扰汉边有关，西汉出兵带有防御性。战争的结果汉军将羌人驱至塞外，占有了原属羌人的区域，因而又具有开疆拓土性质。西汉后期和东汉前期羌汉之战中属于汉王朝反击羌人攻扰性质的战事还有不少。北魏、西魏、北周、隋、唐诸朝与吐谷浑的战事中，有一部分是因吐谷浑攻掠沿边州郡引起的。唐帝国在与吐蕃的战事中处于被动防卫的地位，吐蕃则处于主动扩张强行侵占的地位。如唐龙朔三年(663)吐蕃攻灭受唐保护的吐谷浑国，咸亨元年(670)又进攻今新疆地区焉耆、龟兹、疏勒、于阗四镇，致使安西四镇并废。唐朝为了反击吐蕃，巩固边防，遂以右威卫大将军薛仁贵为逻娑道行军大总管，由青海一线，率军讨伐吐蕃。但大非川(今青海兴海县大河坝一带)一战使唐军覆灭殆尽。从此吐蕃就近从吐谷浑地区获得人力财力的充分供给，与唐朝在青海地区展开了旷日持久的角逐。明朝的"湟中三捷"也属于明军抗击西海蒙古侵扰的性质。青海之所以此类战争较多，是由于这里东接秦陇、西通西域、南交蜀藏、北护甘凉，负山带河，形险势要，是中原地区的重要屏障。青海有失，关陇必危，所以历代中央王朝都十分重视对这里的经营。清朝每用兵西藏、新疆时，都必先稳定青海，并以青海作为重要的供应基地。1932年攻入玉树的藏军是受英帝国主义唆使的，青海驻军将其击退，挫败了帝国主义和西藏分裂势力的政治图谋，同样具有保卫国防的性质。

2. 平定叛乱之战

清康熙末年清军进兵西藏，成功驱逐准噶尔蒙古后，改变由和硕特蒙古汗王统治藏区的旧制，实行新的政治体制。罗卜藏丹津

“希冀藏王,已非一日”[①],悍然于雍正元年(1732)发动反清战争,幻想恢复和硕特蒙古贵族对藏区的割据统治。他的行为违背了清初政治统一的历史潮流,即使在蒙古贵族中也没有得到广泛的政治支持,所以很快被清军平定。中华人民共和国建立初期和20世纪50年代末至60年代初,青海曾先后发生过几起大的反革命武装叛乱,均被人民解放军及时有力地平息。

3. 压迫与反压迫之战

东汉中期以后,统治阶级在降汉羌人中实行民族压迫和歧视政策,被强制迁徙到内地的羌人“数为小吏黠人所见侵夺,穷恚无聊,故致反叛”[②]。羌人先后五次举行反汉大起义,战争延续百余年,最终被东汉朝廷镇压了下去。唐后期吐蕃东犯,陇右失陷。公元9世纪中叶吐蕃王朝分裂,河湟地区各族人民响应沙州张议潮的倡议,纷纷起义,使鄯、廓等州复归唐有。鸦片战争以后清王朝日益腐朽没落,推翻清王朝的反动统治成为近代以来一批又一批革命先驱前仆后继为之奋斗的目标。同治年间,马文义、马归源等领导的青海回族、撒拉族反清斗争与陕、甘、宁等地回民反清斗争汇合在一起,给了清王朝以有力打击。辛亥革命期间西宁地区的两次暴动成为埋葬清王朝革命洪流中的又一浪花。1936年,中国工农红军长征途经青海果洛和甘肃南部时,马步芳奉蒋介石之命派出军队和民团进行阻挠。次年,红西路军西进途经甘肃河西走廊时,马步芳再次派大军及民团疯狂进行围追堵截,红西路军在极端不利的形势下毙伤青马军2.5万余人,最后兵败祁连。解放战争时期,马步芳又奉蒋介石之命派出青马军主力赴陇东进攻解放区,1949年8月中国人民解放军将青马军主力歼灭于兰州。接

---

① 《年羹尧奏折专辑》(上),第3页。

② 《后汉书》卷87《西羌传》,中华书局本,第2878页。

着，解放军以风卷残云之势进兵西宁，解放了青海。

4. 民族或部落之间互相争夺地盘之战

青海自古以来就是多民族聚居地区，两千多年来，各民族互相依存、互相交融、互相促进、共同发展，一起创造了青海的历史，但由于民族与民族之间利益不同、文化各异，在阶级社会里民族压迫、民族歧视普遍存在，因而民族之间的战争也延绵不断。如羌人与月氏胡相攻、鲜卑与羌人部落交战、吐蕃攻灭吐谷浑、蒙古族与藏汉等族相战等。即使是同一民族，也常有因利益不同为争夺地盘而相互攻伐者。如同属羌人的先零种与烧当种为争夺大小榆谷发生战事；同属鲜卑的秃发部征讨乙弗部，乞伏部攻灭秃发部所建之国，吐谷浑攻灭乞伏部所建之国；同属蒙古族的漠北喀尔喀部击败原西海蒙古诸部，和硕特部又袭杀喀尔喀部首领而据有青海草原等等。

5. 中央王朝征服少数民族之战

如：公元5世纪中叶，北魏或因吐谷浑“颇不恭命”，或以掠夺金银牛马为动机，多次出兵青海，一度使吐谷浑亡国；隋炀帝突然出兵攻败吐谷浑国，在其故地设置郡县；民国时期，甘边宁海镇守使马麒请准北洋政府出兵果洛，迫使自恃荒远、不愿受辖治的果洛藏族接受甘边宁海镇守使署的统治。

除上述五种外，还有地方豪强之间的争夺之战、军阀之间的混战、因宗教派别之争引起的互相杀伐之动乱等等。历史上的许多战事起因比较复杂，往往一个战争却兼有上列多种类型的特点，或有的先属此类，后转化为彼类，情况各异。

四、驻军对经济社会发展的作用

青海历史上战争较多，影响了当地经济社会的发展，给各族人民的生命财产带来较大损失，如焚烧森林、点燃牧草等火攻手段的运用使当地生态严重失调。但军事活动不仅仅是战争,历史上驻军对地方社会稳定所发挥的保障作用还是主要的。自西汉以来,大多数朝代在青海境内开展过屯田,驻军(或边民)且耕且守,既卫护了边地的安定,又对地方经济的发展起了积极的带动作用。汉武帝元鼎六年(前111),西汉在"上郡、朔方、西河、河西开田官,斥塞卒六十万人戍田之"[①],青海东部湟水流域也应包括在"河西"屯田区范围内。汉宣帝神爵年间在后将军赵充国主持下,汉军万人耕种湟水中下游等区空闲"公田"和羌人故田2 000余顷,农隙还从事修缮乡亭驿站、挖修渠道、建筑桥梁等工作。西汉屯田不仅增加了军用粮秣,解决了当时急需解决的困难,而且由于屯田者大多来自经济相对发达的中原地区,当时最先进的生产技术(如牛耕铁犁等)通过屯田卒带到青海东部,对这里早期的经济开发产生了深远影响。东汉时汉军也曾利用战争间隙开展屯田,屯田地点一度从湟水流域扩展到今循化、化隆、尖扎、贵德、共和等县黄河沿岸地区,屯田者队伍曾达三四万人。隋代为了阻止吐谷浑返回故地,屯田地点又进一步延伸到今兴海、同德县境。唐代为抗御吐蕃的军事侵犯,军事性屯田在青海东部持续约七八十年,屯田面积保持在五六千顷。宋代在河湟地区招募汉蕃弓箭手垦田戍守,既解决了兵力不足的问题,又节省了军费开支。元代青海境内也存在规模较小的军屯。明代河湟地区驻军七八成屯田、二三成守城,每名屯田军卒耕种50亩地。湟水中下游和黄河南岸今贵德、尖扎、同仁等县宜农地区均为军屯分布区,屯田总面积约3 000顷。开展屯田初期,屯田所获基本上可满足当地驻军所需,起到了足食强兵、减轻农民负担的作用。明代在青海东部屯田前后延续200多年,对于青海农业经济的恢复和发展、河湟地区农业生产条件的改善

---

① 《史记》卷30《平准书》,中华书局本,第1439页。

都产生过积极作用。

除屯田外，历史上青海驻军对地方经济社会的积极影响还表现在其他经济行业。两汉之际，青海驻军为了锻造兵器和制作农业生产工具，曾就近冶铜炼铁，对冶铁锻造技术在青海推广有大的影响。明万历年间，西宁兵备副使刘敏宽调士兵 400 人建筑炼铁厂，置炼铁炉两座，每月得生铁 1 500 公斤。冶炼业的发展一度缓解了青海军地所需生熟铁紧缺的状况。明清时期，驻军曾奉命举办牧马苑、马场、驼场等，放牧繁育军用马匹、骆驼。民国时期仍有军马场多处，年存栏军马数千匹。这对青海畜牧业的发展有一定贡献。明代，河湟地区不少地方往往先有驻军和驻军家属，经军队的屯田和拓殖，后来才有民户居住，逐步发展为村落或后世的城镇。例如今同仁县的“五屯”，尖扎县的“康寨”、“杨寨”，贵德县的“王屯”“周屯”“刘屯”等都因开展军屯而得名，都与驻军和屯田有密不可分的关系。西宁地区早在汉武帝时就有了中央政府驻军，曾建在西宁的西平亭就兼有军事和邮驿性质。东汉后期两宁开始成为郡、县的治所，此后这里同时成为历代重要的驻兵地点。当今西宁之所以发展成青海政治、经济、文化的中心，是与历代驻军对它的巨大贡献分不开的。

（原载《青海社会科学》2001 年第 6 期）

历史与现实的青藏

宗教考察

苯教和藏传佛教之关系概说

阿旺加措

现今,在藏区各地仍遍布着很多苯教寺院,如单纯从苯教寺院的建筑、僧人服饰和各种法器上来看,很难区分出佛苯的不同之处。各种法会、法舞、辩经从形式到内容佛苯也基本相同,佛苯所绘唐卡和所用经文内容也大同小异。最明显的区别也就是转经方向相反,苯教是逆时针,而佛教是顺时针而已。这是一些人对苯教最直观的认识。很多人也提出佛苯之间到底存在着什么区别,苯教是否是藏传佛教的一个宗派,或者说苯教是不是佛教,苯教和佛教的关系如何?对此,笔者从苯教对佛教的认同,佛教对待苯教的态度,以及苯教与藏传佛教诸教派之间的关系,试图回答以上问题。

一、苯教对佛教的认同

苯教史书认为苯教的发展经历了两个阶段,即原始的司巴苯教阶段和后期的雍仲苯教阶段。司巴苯教是佛教传入前的原始宗教，与佛教的关系不大，而雍仲苯教受到佛教的影响很大。在雍仲苯教界内佛苯一家之说盛行，当代苯教高僧异口同声地说雍仲苯教无异于佛教，有萨（萨迦派）格（格鲁派）噶（噶举派）尼（尼玛派）雍仲苯教为藏传佛教的五大宗别之说，苯教的大德们标榜苯教是大乘无尚雍仲苯教，说雍仲苯教属于大乘佛教。但藏传佛教徒不承认雍仲苯教的这种说法，不认为雍仲苯教就是佛教的一个宗派。

那么雍仲苯教究竟是不是藏传佛教的一个宗派呢？在苯教的经书中有这样的回答，最具代表性的著作是雍仲苯教高僧智美熬色在《苯教宗义明灯》(bon lugs kyi grub mthavi rnam bzhag glog gi sgron me)中，根据第二世嘉木样大师久麦旺波的《宗义珍宝串》(grub mthavi rin chen phreng ba)中区分佛教和外道的五个标准，即教主、皈依、观点、行为、果位，讨论了雍仲苯教是否是藏传佛教的问题。下面对智美熬色在《苯教宗义明灯》中的观点综述如下。

1. 教主

雍仲苯教经典中对释迦牟尼和辛饶米吾的关系做了如下表述：①《嘉言宝库》(legs bshad rin po che gter mdzod)中道：雍仲苯教祖师和释迦牟尼同属于释迦家族，只不过辛饶米吾比释迦牟尼早三代而已。书中认为两个祖师为同一个化身，辛饶米吾是“身”的化身，而释迦牟尼则是“语”的化身。辛饶米吾也是贤劫千佛中的一位佛。② 在《苯教宗义明灯》中道：辛饶米吾和释迦牟尼身语意的功德一样。例如，身功德相一样，同具三十二相和八十随形好，所以从外表体形上均看不出有什么区别，一般在唐卡上辨别不出两者的差异。③ 辛饶米吾和释迦牟尼的十二功绩基本相同。比如辛饶米吾的十二功绩是：第一为诞生功绩、第二为兴教功绩、第三为教化众生功绩、第四为引导众生功绩、第五为娶妃功绩、第六为生子功绩、第七为降妖除魔功绩、第八为留教于世功绩、第九为弃世出家功绩、第十为摒世寻求寂静功绩、第十一为圆满俱善功绩、第十二为离苦涅槃功绩。既然两者是同一个化身，且身语意功德都一样，为什么一个宗教会出现两个教主呢？面对这样的责问，苯教徒的回答是，显密两者的教主不一样，释迦牟尼是显宗的教主，辛饶米吾是密宗的教主。这样的回答虽然有些牵强，但还是有一定的根据。

2. 皈依

佛教皈依的对象是佛法僧三宝，雍仲苯教所皈依的是佛苯僧三宝，两者只有法和苯两字不同，其他的都相同。近代苯教高僧格桑达杰在《白帽雍仲苯教历史之串》(zha dkar bstan pvi lo rgyus phreng mdzes bskal bzang mgul rgyn)中说："法和苯乃文字之差，其所述内容无别。"在《塞米经》中对雍仲苯教有这样的解释："无生为'雍'，无灭为'仲'，无生无灭为'苯'。"[①]这种解释可以比附佛教经典中对"法"的解释。雍仲苯教经典中苯字有十种含义。苯指知识、道路、涅槃、意根所对之外境、福泽、寿命、佛经、未来、确定、规范十种含义。苯字的含义可以归纳为规范、佛经、知识三种意思。佛教徒认为苯教套用了佛教对法的解释。

3. 观点

苯教著名经典《慈钦宗义》中说雍仲苯教的主要观点是四根本法印，即诸行的根本为无常，有漏的根本为皆苦，诸法的根本为无我，涅槃的根本为寂静。这与佛教的四法印如出一辙。

4. 行为

苯教徒认为雍仲苯教的行为同佛教一样都以诸恶莫做，众善奉行为其宗旨。也有佛教徒指责苯教徒有血祭的习俗，苯教则极力否认这种说法，并说这是辛饶米吾没有出现以前的原始苯教行

---

① 章杰增巴：《塞米》，北京：中国藏学出版社，1991年，第21页。

为，辛饶米吾以后则进行了改革，这些陋习从苯教中消失了。

5. 果位

学修苯教在近期能够获得长寿、获财等好处，长期获得解脱和全智果位。这又与佛教所说修行所获的人天善趣的圆满福报、解脱位和一切智位的说法无别。

以上从教主、皈依、观点、行为、果位来看，无法认定雍仲苯教与佛教有根本区别。除了各自遵循的道路略有不同外，其出发点和最终的果位都是一样的。

二、佛教对待苯教的态度

1. 佛教史书中对苯教佛教化过程的描述

佛教徒普遍认为苯教徒篡改了佛教经文，并说这些都是所谓的“具苯”。“具苯”就是佛教经文改造成苯教经文的意思。这种提法最早源自止贡的《四十佛言》(gsung bzhi bcu ba)。后来土观洛桑确吉尼玛在《土观宗派源流》中综合了止贡的说法，这种说法在藏传佛教界很流行。止贡在其著作中详细阐述了“具苯”的三个时期，即前具(前期改造经文)、中具(中期改造经文)、后具(后期改造经文)，将其综述如下。

(1) 前期改造：班支达蓝衣袈裟者(sham thab sngon po can)，因为贪欲被恩扎博迪王(ain dra bo nghi)制裁。为了危害佛法而来到(藏地)国王前，当了国王的祭祀者。(并说)杀死出家者能够获得成就，把很多佛经经典翻译成苯教经文后藏起来。

(2) 中期改造：赤松德赞要对加哇香曲(rgyal ba byang chub)从阿阇黎仁青却(rin chen mchog)听闻佛法。加哇香曲说去仁青却处听闻佛法不如自己看经书，加哇香曲不愿听闻，国王就罚他流放。他很气愤便与苯教徒合作把佛教经典改写成苯教经文，把佛陀改称为辛饶米吾，法改称为本，法身改称本身，般若波罗蜜多改称为萨止爱桑(sa tri aer sangs),报身改称普贤,大日如来改称为辛拉沃噶(gshen lha vod dkar),化身称为司巴桑布本赤(srid pa sangs po vbum khri),涅槃改称为益辛带塔(ye gshen te thal),罗汉改称为辛色(gshen sras),舍利子改称为多布本桑(gto bu vbum sangs),目键莲改称为益吉切琼(yid kyi khyevu chung),阿难改称为日碧切琼(rig pvi khyevu chung),罗睺罗尊者改称为第东(tevu tong),须菩提改称为萨瓦沃旦(gsal ba vod ldan),菩提萨多改称为雍忠散巴(gyung drung),八萨多改称为八个夏日坚(bya ru can brgyad),大圆满改称为本果巴(bon gab pa),金刚橛改称为哇吉黑橛(dbal gyi phur nag),阿奢利普巴改称为族辛加瓦(gtsug gshen rgyal ba),莲花生改称为哇本达拉麦巴(dbal bon stag lha me vbar)等。国王听到此事后,把改写佛陀经文为苯教经文者割断脖子,(随后)处死了很多人。苯教徒们很害怕,把翻译的经文全部藏起来,于是就出现了苯教后来所说的"伏藏(gter ma)"。

(3)后期改写:最后的改写情况是,佛教从多麦兴起时,在藏娘多(gtcang nyang stod)有个叫辛古鲁嘎(gshen sgur klu dgav)与藏曲米让莫(gtsang chu mig ring mo)的管家长时间相处,关系融洽,赐予(辛古鲁嘎)切唐(thang chen)、达玉卓拉(dar yul sgro lag),改为卫地的苯教活动场所。称大般若波罗蜜多为康钦、二十万颂为康琼、般若多为本续、陀罗尼五部为十万白黑龙经,藏在措阿哲琼(mtsho lnga drevu chung),之后由自己"发现"(伏藏)一样掘藏,他也因此身体裂开,出现很多不祥之兆而死。从那时到现在琼布本希(khyung po bon zhig)还在不断改写经文,这些是具苯。具苯的前后中改写的经典苯教称为白水(chab dkar),起名为果本(vbras bu bon)。

止贡的《四十佛言》中说,"具苯"有三个发展阶段,并说到琼布本希还不断改写经文,其实应该分为四个阶段。改写经文者早期是班支达蓝袈裟者、中期是加哇香曲、后来是辛古鲁嘎、再后来是琼布本希。止贡觉巴吉登贡布(1143—1217)是位大学者,此后的藏族史学家也采用其观点,对苯教的描述沿袭了这种传统的说法。后来土观继承了止贡的说法,在《土观宗派源流》中说:“具苯有三个时期,即前期篡改者是班支达蓝衣袈裟,(他)把佛法当成伏藏,最后由自己掘藏后与苯教经文融合。在赤松赞德时期,颁布法律规定佛经不能改写成苯教经文。加哇香曲不愿从仁青却处听闻佛法而受到国王的惩罚,他很气愤,便与苯教徒联合起来把部分佛教经典改写成苯教经文。国王听到这事后说,把改写佛陀的经文为苯教经典者割断脖子,(随后)处死了很多人。苯教徒们很害怕,(便)把翻译的经文全部藏起来,于是就出现了后来雍仲苯教的‘伏藏’。最后的改写情况是,朗达莫灭佛后,藏娘多有个叫辛古鲁嘎,在被称为达玉卓拉的卫地苯教寺院,改称大般若波罗蜜多为康钦、二十万颂为康琼、小般若密多为本经、陀罗尼五部为十万白黑龙经。偷梁换柱,对(佛教)内容进行修改后藏在措阿哲琼,后由自己发现(伏藏)一样掘藏。后来琼布本希也不断改写佛教经文。具苯的前后中改写的本称之为白水,曰果本。”[①]真如以上所述,与止贡觉巴吉登贡布的《四十佛言》不同之处是土观把笃本写成觉本(vjol bon),他只不过综合了(止贡)的说法而已,事实上与《四十佛言》所说的如出一辙。受此影响,藏传佛教界一直没用这种说法,即苯教经文均来自佛经,是苯教徒篡改的结果。

很明显,从赤松德赞灭苯开始,苯教要在藏区生存下来,就必须进行改革,适应新的生存环境。佛苯在斗争中相互借鉴、相互融合,佛教吸收了苯教外在的东西,而苯教吸取了很多佛教内在的东

---

① 土观洛桑却吉尼玛:《土观宗派源流》,刘立千译注,北京:民族出版社,2000年,第199页。

西。于是就出现了史书中的“具苯”现象。“具苯”的出现分为前期、中期和后期，辛古鲁嘎是后期的代表。但苯教徒不承认有“具苯”。我们注意到，在苯教大藏经中辛饶米吾的传记有三部，共计十五卷，垛术、招魂经、具第卦第其他的一些经典在佛教经典中是没有的。这说明，苯教经典全部是篡改佛教经文的说法是不符合事实的。相互篡改是历史事实，但具体篡改的比例还没有定论。从佛教徒对苯教徒篡改经文的指责看出，认为苯教的经文全出自佛教经文，这也在变相地承认苯教是佛教这一事实，只是没有痛快地承认而已。

2. 苯教典籍中对“具苯”的批驳及苯教的“具曲”说

苯教典籍不承认有“具苯”，在《白帽苯教历史之串》中说：“相互之间没有改写现象，何来具苯之说?”面对佛教徒篡改经文的指责，苯教提出“具曲”说。“具曲”的意思是佛教篡改了苯教的经文，“具曲”是针对具苯提出来的——苯教没有改写佛教经文，而是佛教徒在颠倒是非。在《世续题记》中说：“(佛教徒)强行改写苯教经典，把众多雍仲苯教心部经典，改写成佛教的心传，苯教的八个雍仲康钦，改写成佛教的十万颂。”《弘扬明灯》中把佛教改写苯教经文的情况做了如下叙述：“本雍仲仪恰(gyung drung ye khyab)改写成佛教的殊胜法(chos rmad du byung)，本宣扬意之宝匣(bon bsgrags pa thugs kyi dpevu tse)改写成佛教的俱舍论”等。从苯教篡改佛经，还是佛教篡改苯教经典方面的争论，也可以看出在某些时期出现了佛苯相互篡改的现象。千百年来佛苯间相互指责，相互借鉴，也有相互融合。雍仲苯教有庞大的经典系统，经典分为《甘珠尔》和《甘丹》两大部分，《甘珠尔》是佛言部分，也就是佛祖辛饶米吾的言论集。《甘珠尔》在历史上有三个版本，曲钦版本(178卷)、门加版本(176卷)、翁论版本(198卷)。《甘丹》是历代苯教学者的经典文集，共有300卷。有人把《甘丹》说成苯教的《丹珠尔》，这是一个错误。苯教的典籍浩如烟海，已经成为藏族文化的重要组成部分。

雍仲苯教徒为了维护自己的宗教，对佛教徒进行了一些反击。在《王统本源》(thob146sha73ba2)中说：这时在藏地中心，疾病、饥荒、天灾频繁出现，怎么也没办法，请卦师百尼古拉(spe ne gu la)打卦，道"该地方有一无父之子进行危害"。究竟为谁呢？最后认定是一年方十五的少年，此人皮肤红而眉毛上卷，牙齿成圈。怎样处置呢？决定由十二个不同姓氏的苯教徒进行"南色(gnam sel)"仪式，骑一黄牛，把此人流放到不同语言的地方，希望借此消除危害。就这样将这小孩流放到克什米尔。这个少年在途中没有遇难，与到访克什米尔的莲花生相遇，就随其学习佛法，后得智慧，故曰伯蒂萨唾(bo dhi sa to)。他对苯教卦师心怀不满，离间国王道：苯教难学，佛教所宣扬的佛言是真，应该灭苯兴佛。王子道："若要灭苯，那么日月能灭吗?"一时没有接受谗言。玉扎(gyu sgra)等喜欢佛教的大臣道："国王啊！喝酒以前用水煮，吃肉以前宰牲口。你想要做得比祖先好，就要灭掉苯教宣扬佛法。……那时将会出现比日月之光还要好的。"①大堪布希哇措(mkhan chen zhi ba vtcho)是一个藏地小孩，他来到克什米尔遇见莲花生，学习显密佛法后成为佛学家，为报复苯教来到藏地毁灭苯教。这段历史被苯教徒反复应用着。佛教传入西藏后，与土著宗教有了直接交锋的机会。但佛苯之争没有引起欧洲式的宗教战争，这种纷争在政治势力的介入后，更加具有复杂性，可谓波澜壮阔。虽然斗争的最后结局是以佛教胜利为结束，但苯教也没有销声匿迹，通过吸取佛教经文后，重新发展起来。

佛教的指责和苯教的反驳，在一定程度上延续着佛苯斗争的

---

① 琼布洛追坚赞：《王统本源》(藏文版)，妥加版，第146页。

历史。苯教极力融入佛教的过程是复杂的，在指责和抄袭、影响和被影响之间，这种争论一直延续到现在。虽然很多佛教徒不认为苯教是佛教，但佛教徒其实也没有真正否定过苯教，它只是强调了苯教把佛教的经文改头换面成苯教经文而已，这种说法其实也就变相地承认了苯教佛教化的事实。桑结嘉措在《白琉璃论除疑》一书云，辛饶米吾为佛所化现，于“象雄之地欲训化苯教徒，乃变化为辛饶米吾，度众生入雍仲之道。”①很多佛教的高僧大德都对苯教相当宽容，尤其是 19 世纪在康区兴起的无宗派运动的倡导者们将雍仲苯教纳入佛教的范畴。其实当前的雍仲苯教几乎与佛教没有什么区别，在学科归纳上，已经把雍仲苯教归入藏传佛教的范畴。

三、苯教与藏传佛教诸派之间的关系

在藏传佛教的诸教派中，与苯教最相近的派别是尼玛派，苯教的大圆满修行、九乘判教法、立断及顿超、往生时出现的虹化现象等与尼玛派说法相同，尤其是后期苯教倡导新法的四位活佛（持明更卓扎巴、化身洛丹宁波、噶喜雍仲意西、夏杂扎西坚赞四位）的观修行与尼玛派无别，莲花生大师的塑像也开始出现在苯教寺院，莲花生大师的经“咒古如斯都”（gu ru su ti）也在苯教寺院吟诵。也出现了苯教和尼玛派共奉的寺院，如巴西舍藏寺院，舍藏（bsres tshang）就是两派混合的意思。故民间有“尼玛派和苯教混合在一起”的说法，这虽是苯教的一家之言，但也显示出两个教派的亲密关系。19 世纪时期利美运动的倡导者贡珠永丹加措、乾则旺布等大德出生都有苯教的背景，他们对苯教的接纳和宽容也是罕见的。

在噶举派中有着排挤苯教的传统，从米拉日巴传记中那若苯琼到止贡的具苯说，都反映了这一点。噶举派的古代部分高僧的

---

① 第司桑结嘉措：《白琉璃论除疑》，北京：中国藏学中心出版社，2000 年，第 141 页。

传记中，把降服边地苯教做为他们的一大功绩。不过，苯教与噶举派的关系还是很亲密的。如香巴噶举的创始人大成就者琼布南觉出生于苯教世家，还有一些贤者有着苯教的背景。

格鲁派第五世班禅和第七世班禅均出生在苯教的朱仓，朱仓为后宏期苯教的主要据点，“朱仓阿赤（bru tchang a khrid）”为苯教各大寺院修习的主要科目。苯教的高僧大德也有在三大寺院游学的习惯，如苯教高僧如司拉仓等在三大寺院游学的经历，这种传统保留至今。

苯教受显宗方面的影响最大的莫过于萨迦派，被称为苯教第二佛陀的娘美仁波切，曾拜绒顿语狮为师，系统学习了萨迦派的经典。

苯教与藏传佛教诸教派的关系算不上亲密无间，但也很密切，两教之间互为师徒的例子很多，寺院间相互游学、辩经已成为常态，从最初的斗争到后期的融合，实际上也是苯教发展的一个缩影，苯教的制度化其实也就在佛教化的过程中完成的。

四、结论

尽管有苯教徒的尽力融入，也有部分佛教徒的极力排斥，佛苯走过了既斗争又融合的千年风风雨雨。就像《土观宗派源流》中所说：佛和苯是矛盾的一家，佛中掺苯，苯中亦杂佛，如我不具出尘的法眼人，懒于去分辨他们两者的差别。这对既矛盾有参杂的一家，实难相互区别了。

那么，究竟苯教是佛教吗？苯教的发展经历了这样两个阶段，即司巴苯教、雍仲苯教两个阶段。司巴苯教在藏文中的原句是“srid ba rgyud kyi bon”，也被称为“chab nag srid ba rgyud kyi bon”[①]。其中 chab nag 被翻译为“黑水”，在《塞米经》中，“黑色为

① 夏咱扎西坚赞：《本教知识宝典》，成都：四川民族出版社，2000 年，第 2 页。

不易改变之色，水为养育众生的甘露”。srid ba 是“世间”的意思，rgyud 有传承和后裔的意思。Bon 则有很多不同的解释。在很多苯教史书中记载，辛饶米吾没有来到藏区之前，在藏区流传着这种司巴苯教。原始司巴苯教的主要职能是“上敬天神、中调家事、下伏恶魔”①。这个阶段的苯教显然没有受到佛教的影响，是一种具有巫术性质的宗教。所以说司巴苯教没有受到佛教的影响，与佛教没有什么关系，显然司巴苯教不是佛教。

从原始的司巴苯教到雍仲苯教，这中间是否有过“具苯”这个过程，史泰安在论文中引用了克瓦尔内之言：苯教史上一个含糊不清的时代是从 785 年（大法诤）到 1017 年（由辛钦鲁噶掘藏）之间②。这段时间其实也是历史上具苯的前两个时期，具苯是苯教发展阶段的一个过程，而且是一个很重要的过程。苯教的佛教化不会在一夜之间完成，它需要一个过程，这个过程就是起自 785 年（大法诤），到 1017 年结束，持有这种观点的认为，佛苯大法诤后，苯教徒发现自己的理论相形见绌，便开始大规模改造佛教文献。在辛钦鲁噶掘藏前，已经有多人发现伏藏。辛钦鲁噶掘藏的内容也就成为后期雍仲苯教大藏经的主要内容，至此“具苯”的使命正式完成，同时也标志着雍仲苯教的诞生。很显然“具苯”这个阶段是苯教佛教化的一个过程。这种结论似乎有些武断，还需要材料的支撑。雍仲苯教无疑是属于佛教的，苯教徒从来也没有否认自己是佛教，甚至认为自己是最正统的佛教。

从上面我们可以看出，苯教发展经历了两个过程，即司巴苯教、雍仲苯教。其中司巴苯教是原始苯教，没有受到佛教的影响，

---

① 旺加格列冷智嘉措：《本教历史年鉴》，兰州：甘肃民族出版社，2009 年，第 32 页。

② 芭丹杰桑布：《苯教源流宏扬明灯》，北京：中国藏学中心出版社，1991 年，第 112 页。

而雍仲苯教才是佛教化的苯教。为什么说雍仲苯教才是佛教化了的苯教呢？我的观点是：① 苯教系统地吸纳了佛教的见行修后，成为佛教化的苯教。雍仲苯教徒自认为不是外道，而是有着见修行的正统佛教。② 苯教佛教化的过程也是雍仲苯教本身制度化的过程，苯教佛教化的完成也就是标志着雍仲苯教的正式确立。在吐蕃时期苯教是否是一个宗教，目前在学术界存在着巨大争议。③ 佛教高僧也没有排斥雍仲苯教，而是指责其改写经文，实质上是在变相接纳苯教，尤其是无宗派运动的宗教领袖们把苯教直接纳入了佛教的范畴。④ 雍仲苯教既保留了苯教的传统，同时也全盘吸收了佛教观点，只是一直在弱化苯教固有的传统。苯教的九乘中，前四乘为因本，即夏辛、郎辛、楚辛、司辛。这四乘为传统苯教的基本内容，这些经文在苯教正统经典中是找不到的，在民间苯教中有所保留。后四乘为仙人乘、居士乘、阿噶乘、易辛乘，这四乘为果本，最后无尚乘为因果乘。辛饶米吾大师开创的苯教说成雍仲苯教区别于其他苯是有原因的。

综合以上观点，摒弃两者具有偏见的看法，我们可以得出结论，雍仲苯教是高度佛教化了的苯教，既保留了自身的一些特色，也全盘接受了佛教的观点，所以，雍仲苯教既是传统苯教的继承，又是藏传佛教的一个重要的宗派。

（原载《西南民族大学学报(人文社会科学版)》2011 年第4 期）

古代藏族的灵魂观念与活佛转世制度

降边嘉措

一

灵魂观念是宗教赖以产生的思想根源和理论基础，也是藏传佛教活佛转世制度的思想根源和理论基础。

在太古时代，当人类的祖先从原始森林走出来，直立行走的时候，他们便开始用大脑思考，他们会很自然地进行两个方面的探索：一是人类的生存空间，即外部世界，哲学家们称为第一宇宙。二是探索人生，认识自我，即第二宇宙。如：天地是什么？它们是怎样形成的？太阳和月亮怎么升起又怎么落下？当他们无法科学地回答这许多时时困扰他们的问题时，便认为有一个超自然的神秘的力量在主宰整个世界，主宰人类的命运。那么，这个超自然的神秘的力量又是什么，依然使他们困惑。他们的想象稚弱到没有能力进行概括和抽象。那时还没有宗教，也没有宗教观念。因此，神也是不存在的。这是人类社会和人类形成的早期阶段，同时也是艺术和道德尚未产生以前的时代。那时真正的社会意识尚未形成。

生活在青藏高原上的藏族先民，和整个人类一样，大体上也经历了这样一个认识过程。他们首先面对的是壮丽无比的自然景观，还有高寒缺氧的严峻的生存环境，瞬息万变的恶劣气候。他们无法理解、无法解释如此复杂的客观环境和自然现象，于是产生了各种幻觉和想象。他们认为，日月星辰的出没，是因为有一个超自然的神灵在主宰；山有山神，水有水神，风有风神，各个村寨、各个部落，也都有各自的神灵。总之，世界万物都有主宰他们的神灵。对它们的信仰、依赖、恐惧逐渐演变成崇拜。这种自然崇拜，其思想基础就是灵魂观念，认为世间万物都有一种超自然的、无时无地不在的神灵在主宰着。最终把自然界神灵化，把神灵人格化，从而开始了藏族先民的造神运动。正如俄罗斯学者普列汉诺夫所指出："万物有灵论的各种概念的产生都是由于人的天性，通过这些概念的发展和它们对人的社会行为所发生的影响，归根到底都是由经济关系决定的。"[1]

青藏高原的每一座大的山脉、河流、湖泊，几乎都伴随着一个神话传说。这些神话传说主要是关于天地形成和人类起源的。有一首古老的民歌，叫《世界形成歌》，以问答形式表达了藏族先民对天地形成过程的解释：

问："最初斯巴[2]形成时，
　天地混合在一起，

---

① 普列汉诺夫：《论艺术》，北京：生活·读书·新知三联书店，1974年，第104页。

② 斯巴(srid-pa)：藏语音译，此处作世界、宇宙讲。

请问谁把天地分？
最初斯巴形成时，
阴阳混合在一起，
请问谁把阴阳分？
……”

边答边问：

“最初斯巴形成时，
天地混合在一起，
分开天地是大鹏，
大鹏头上有什么？
最初天地形成时，
阴阳混合在一起
分开阴阳是太阳，
太阳顶上有什么？
……”①

藏族先民认为分开天地的是大鹏，分开阴阳的是太阳，这与后世宗教关于上帝创造世界、神佛创造世界的说法有很大的不同。

山川河流又是怎么形成的呢？《斯巴宰牛歌》里这样唱道：

问：“斯巴宰杀小牛时，
砍下牛头放哪里？
我不知道问歌手；
斯巴宰杀小牛时，
剥下牛皮放哪里？

① 引自《藏族文学史》，成都：四川民族出版社，1985年，第10页。

我不知道问歌手。”
答：“斯巴宰杀小牛时，
砍下牛头放高处，
所以山峰高耸耸；
斯巴宰杀小牛时，
割下牛尾栽山阴，
所以森林浓郁郁；
斯巴宰杀小牛时，
剥下牛皮铺平处，
所以大地平坦坦。”①

这首古歌中的“斯巴”，已经不是指世界或宇宙，而是一个有创造精神的牧民形象，反映了藏族先民发展到畜牧业时代的思想认识，具有牧业文化的特色。

在藏族先民的观念中，神话传说、神山神湖、超自然的神灵，这三者是紧密地联系在一起的。世界上许多地区和民族，都有自己信奉、崇拜的神山、神湖，但似乎没有藏族这么多、这么普遍，它们同人民群众的宗教信仰、风俗习惯、日常生活，紧密地联系在一起。藏族人民仿佛就生活在神山神湖的世界之中。从对神山神湖的崇拜，可以清楚地看到藏族先民的灵魂观念。

二

万物有灵的观念是自然崇拜的思想根源和理论基础，而灵魂外寄和灵魂转世的观念，是灵魂观念的重要表现形式。这种灵魂不灭的观念，灵魂与肉体可以分离的观念，不是藏族先民特有的意

① 引自《藏族文学史》，成都：四川民族出版社，1985年，第12页。

识。哲学史告诉我们：从万物有灵观念到灵魂外寄的观念，是人类认识发展过程中一种普遍现象。恩格斯在分析产生灵魂观念的历史时曾经指出：

> 全部哲学，特别是近代哲学的重大基本问题，是思维和存在的关系问题。在远古时代，人们还完全不知道自己身体的构造，并且受梦中景象的影响，于是就产生了一种观念：他们的思维和感觉不是他们身体的活动，而是一种独特的、寓于这个身体之中而在死亡时就离开身体的灵魂的活动。从这个时候起，人们不得不思考这种灵魂对外部世界的关系。既然灵魂在人死时离开肉体而继续活着，那末就没有任何理由去设想它本身还会死亡，这样就产生了灵魂不死的观念。这种观念，在那个发展阶段上决不是一种安慰，而是一种不可抗拒的命运，并且往往是一种真正的不幸，例如在希腊人那里就是这样。到处引起这种个人不死的无聊臆想的，并不是宗教上的安慰的需要，而是由普遍的局限性所产生的困境：不知道已经被认为存在的灵魂在肉体死后究竟怎么样了。同样，由于自然力被人格化，最初的神产生了。随着宗教的向前发展，这些神愈来愈具有了超世界的形象，直到最后，由于智力发展中自然发生的抽象过程——几乎可以说是蒸馏过程，在人们的头脑中，从或多或少有限的和互相限制的许多神中产生了一神教的唯一的神的观念。[①]

灵魂不灭的观念，是一切宗教的基本教义之一。只有肯定灵

---

① 恩格斯：《路德维希·费尔巴哈和德国古典哲学的终结》，《马克思恩格斯选集》第四卷，北京：人民出版社 1972 年，第 219～220 页。

魂不灭，才能提出死后进天堂见佛祖（或见上帝、见真主）的问题，给受苦受难的众生以希望和慰藉，也给作恶的人以告诫。中世纪东方最伟大的哲学家之一伊本·西那（Ibn Sina）曾写过一部重要著作，叫《论灵魂》，专门分析灵魂不灭的观念，他认为不但人有灵魂，动物和植物也有灵魂。从灵魂必然与形体相结合这一观点出发，认为灵魂与形体一同存在。他说："灵魂的个体化乃是一件有开始的事情；因此灵魂并不是永恒的，但是并不消灭。灵魂与一个形体同时开始。因此可以正确地说，灵魂开始存在，是在一种可供灵魂使用的有形体的质料开始存在的时候，而开始存在的形体则是灵魂的地盘和工具。"①

伊本·西那关于灵魂的一个重要观点是：灵魂必须与形体相结合。但是，他认为，灵魂不会与形体一同死亡，进而提出"人的灵魂并不毁灭也不轮回"这样一个观点。他说："灵魂之所以不与形体一同死亡，是因为一切事物之由另一件事物的毁灭而毁灭，乃是就其以一种依存关系依存于另一件事物来说的。"②

伊本·西那是生活在10世纪末、11世纪初的一位信奉伊斯兰教的哲学家，他在书中论述的灵魂观念，与古代藏族先民的灵魂观念十分相似。

《格萨尔王传》这部古老的藏族英雄史诗开篇第一卷——《天界篇》里便有这样一段描写：

> 在北方极地的那边，天湖的这边。森林非常茂盛，各种野兽在森林中居住。在一个野牛出没的峡谷中间，有一块像牦牛般的黑色巨石，石头中间压着铁蝎子三兄弟，兄弟三人一个

① 伊本·西那：《论灵魂》，商务印书馆1963年，第23页。
② 伊本·西那：《论灵魂》，商务印书馆1963年，第231页。

咬着一个的尾巴，环抱在一起。一天，从东方汉地的五台山来了个金刚，看见巨石下的蝎子三兄弟，顿生怜悯之心，把铁杆扔了过去，巨石立即被击得粉碎。三个蝎子得救了，它们对天祈祷，又变成了九个头连在一起的雪猪子。在三十三天居住的大梵天王看见后，认为这是不吉利的征兆，立即挥动水晶宝石，将雪猪子的九个头齐刷刷地斩断，变成四个黑头、三个红头、一个花头、一个白头。四个黑头滚下坡时，向天祈祷：我们是恶魔的精灵，但愿来世能变作佛法的仇敌、世界的主宰。这四个黑头，后来果然变成北方魔国的鲁赞王、霍尔国的白帐王、姜国的萨当王、门国的辛赤王，这便是四大魔王的来历。三个红头滚下山坡，第一个头滚到丘陵地带，后来转世成为辛巴·梅乳孜；第二个又滚上山，变成禅师桑结嘉；第三个头后来转世成霍尔国的唐孜玉珠。那个花头滚得很远，边滚边祈祷：但愿来世能投生在一个佛法昌盛的地方，后来他降生在岭国，叫切喜古如，但未能成就大业。最后一个白头抓起一把黄花，抛向天空，虔诚祈祷：但愿来世我能变成降伏黑魔的屠夫，拯救众生的上师，主宰世界的军王。他的善良的心愿实现了，成为威震世界的格萨尔大王。①

这段看起来十分荒诞的小故事既叙述了《格萨尔王传》的故事轮廓，导引出构成《格萨尔王传》核心内容的英雄诞生史和四部降魔史。它还清楚地表明：英雄与恶魔，都是某个灵魂的转世。

与灵魂转世的观念相联系，也产生了寄魂说。藏族先民认为，生命是灵魂的存在形式，灵魂和某个躯体（人或动物等）相结合，就

① 译自著名《格萨尔》说唱家扎巴老人说唱本《天界篇》，北京：民族出版社，1980年。

产生了生命;一旦灵魂离开了物体,生命也不复存在。灵魂越多,生命力越强,越不容易受到伤害,无论英雄或恶魔都是这样。

这种灵魂外寄的观念不只是反映在《格萨尔王传》这样古老的史诗里,在其他民族的民间文学作品中也有不同程度的反映。英国学者詹·乔·弗雷泽在《金枝》里辟专章分析了民间故事中反映的灵魂寄存于体外的观念,他认为,远古的人"把生命理解为具体的物质的东西,有具体的体积,能够看得见摸得着,能够藏在箱子里或罐子里,同时也容易受伤、断裂或粉碎。这样理解的生命,不必要一定在人的体内,它可以离开身体通过远距离的感应或操作而继续使人体保持生气勃勃。只要他称之为他的生命或灵魂的物体不受伤害,这人就活得很好;如果这个物体受到伤害,本人就要受害,如果这个物体被毁坏了,本人就要死亡。"①

弗雷泽接着说:"或者换个说法,如果本人病了或死了,对这一事实的解释就是那个被称之为他的生命或灵魂的物质的东西,无论在他的体内或体外,一定是受伤了或被毁坏了。也可能有这样的情况:生命或灵魂居留身体之内,受伤害的机会较多,还不如藏在某个安全秘密的地方更为妥善。因此,在这样的情况下,原始人就把自己的灵魂从体内取出,存放在一个温暖舒适安全的地方,以确保平安,等危险过后再收回体内,或者如果他真个找到一个绝对安全的地方,他就会放心地把自己的灵魂永远藏在那里。这样做的好处是,只要灵魂在那里不受损害,其人就将永生不死,因为他的生命没有放在体内,任何东西也不能使他死亡。"②

弗雷泽在研究了许多民间故事后,得出结论说:"有许多民间故事证明了原始人的这种信念,像北欧民间《心不在体内的巨人》

---

① 弗雷泽:《金枝》,中国民间文艺出版社,1987年,第942页。
② 弗雷泽:《金枝》,中国民间文艺出版社,1987年,第942～943页。

的故事就是人所熟知的最好的例子,这一类的故事在世界各地广为流传,从故事数量之多以及体现其主要思想观念的各种各样的事件和细节,我们可以推断灵魂外在的概念在历史早期人的思想中占有重要地位。因为民间故事是原始人思想对客观世界的忠实反映,我们可以相信民间故事中普遍出现的任何思想,在我们看来无论多荒谬可笑,一定曾经是一条普通的信念。就相信灵魂可以长期或暂时离开身体这一点来说,将原始人的实际信念和行为同民间故事所谈的加以比较,就可以充分证实我们的推断。"①

弗雷泽的推断是正确的,我们从《格萨尔王传》和藏族民间故事里也可以列举大量的事实来"说明其特点同时又说明其广泛的传播情况"。

三

青藏高原是我们这个星球上海拔最高的地区,平均海拔在 4 千米以上,被称为地球的第三极。根据地质学家的分析,青藏高原连接着欧亚大陆和印度大陆,雅鲁藏布江则是欧亚大陆和印度大陆的接合部,根据板块学说的理论,将它称之为"雅江(雅鲁藏布江)断裂带"。正是在这个"雅江断裂带",在这样一个特殊的自然环境产生的藏族文化,既是开放型的,又是封闭型的。

说它是开放型,因为青藏高原在地理上连接着欧亚大陆和印度大陆;在文化上是印度文明、中原文明两大文明的"接合部"。从某种意义上说,也是东西方文化的接合部。因为印度文化从遥远的古代开始,就受到东西方文化的双重影响。

如果说这时期的印度文化对藏族文化的影响,还比较模糊的话,那么,后来的影响就十分明显了,其中最重要的是泛神论的观

---

① 弗雷泽:《金枝》,中国民间文艺出版社,1987 年,第 943 页。

念和灵魂演化的观念。泛神论的观念和灵魂演化观念，在古印度也有个逐渐形成过程。关于这个过程，《文化树》中作了这样的叙述：

> 亚利安人是入侵印度的民族中受到最多宣传的民族。有关他们的许多传说实际上已成为宗教教条。据经典记载，他们约在公元前1500年进入印度，对原来的土著进行杀戮，或将其贬为奴隶。为了保存纯净的亚利安血统，他们建立了种姓制度。后来他们从征战转向神秘主义，形成了泛神论的观念和灵魂演化的观念。后来的一切印度哲学都建立在上述观念的基础之上。①

灵魂演化的观念继续发展，成为印度后世宗教的思想理论基础，并对藏族宗教文化的形成和发展产生了深刻的影响。《文化树》中说："到了有史时代的初期，印度北部的宗教信仰和宗教习俗呈现出许多特征。其中突出的是轮回投胎的信仰和因果报应的观念。"②这里有两点值得注意：第一，早在佛教产生以前，就有了轮回投胎的观念。第二，这种轮回投胎的观念最早产生在印度北部。而印度北部紧邻青藏高原，很容易传到藏族地区来。

宗教史表明：泛神论、灵魂观念和轮回转世的观念，在世界许多地区独立地涌现出来，平行发展，并不是在某一个地区、某一个民族当中出现，然后向外辐射，传播到各地。但是，印度形式的轮回转世观念具有较为完整的体系，以轮回转世、因果报应为核心内容的佛教从印度产生，绝不是偶然的。正如拉尔夫·林顿指出的

---

① 拉夫尔·林顿：《文化树》，重庆：重庆出版社，1989年，第244页。
② 拉夫尔·林顿：《文化树》，重庆：重庆出版社，1989年，第253页。

那样：

> 无论其渊源何在，灵魂的命运之印度描述，在逻辑条理和精神满足上远远超过任何其它文化传统中形成的说法。尽管印度各宗派的教义在灵魂的起点和归宿之上众说纷纭，然而它们在灵魂旅程的中间阶段的教义是基本一致的。这一段旅程与个体的前世和来世直接相关。灵魂形成之初，它是精神力量的无形无体、杂乱无章的聚合，它注入了一种低级生命体。一个宿主的肉体死亡后，它传入另一位宿主的肉体，把上一次肉体化中累聚的经验带入下一次投胎的肉体身上。经过一次又一次的投胎，不断积累的经验塑造并强化了灵魂。除了经验之外，每一个灵魂还积累了一本可以叫做精神收支的流水账，也就是投胎以后的善恶言行所产生的结果。上述诸点构成了个人因缘，因果报应决定个人下次投胎时的社会地位，决定他将遭遇的祸福。①

这里描述的是距今 3 000 年，佛教产生之前印度的轮回转世观念。令人惊奇的是：它与现代藏族地区实行活佛转世制度的理论、与《格萨尔王传》及其它民间故事所反映的灵魂观念极为相同，甚至在细节描述上也十分相似。

四

灵魂转世的观念对藏族社会的宗教信仰、民间风俗、意识形态、文化心理等方面都产生了深远影响。藏族社会长期实行政教合一的封建农奴制度，神权占统治地位。宗教观念在社会政治和

① 拉夫尔·林顿：《文化树》，重庆：重庆出版社，1989 年，第 254 页。

日常生活中具有十分重要的影响。在这种政教合一的封建农奴制度中,活佛转世制度具有重要作用,是最值得我们注意的一种社会文化现象。西方一些学者将活佛转世称为“不死的僧侣”。

活佛,藏语称作“朱比古”(sprul - pvi - sku),意为“转世者”或“化身”。它的真正含义是:佛祖在人世间的化身。所谓“活佛转世”,是说这种被称作“活佛”的僧侣,不同于一般的出家人。作为个体,作为一个个具体的人,他们的血肉之躯会消亡,会像普通人那样死去;但是,他们的精神常在,他们的灵魂是不灭,他们会一代一代往下传。一个活佛“示寂”之后,另一个“化身”又会降临人世,继承其事业。藏语称作“央司”(yang - srid),意为“新的化身”。

佛教自公元前 6～5 世纪在印度兴起,到现在已有 2 500 多年的历史,它广泛流行于亚洲很多国家和地区,近代又传至欧美各国,在世界上拥有众多的信徒,成为世界三大宗教之一。但是,在佛教众多的流派、教派和学派之中,唯有藏传佛教实行活佛转世制度。佛教传入我国藏族地区,已有 1 300 多年的历史。在起始阶段,它的教义、教规与印度、尼泊尔的佛教并无多大区别。后来,同藏族原有的宗教和文化传统相结合,发生了重大变化,从内容到形式,都具有鲜明的民族特色,而活佛转世制度是它区别于别的流派和教派的显著标志之一。

活佛转世制度的形成和发展,经历了很长的历史阶段。最早认选转世活佛的,是黑帽派的噶玛巴。他们的首领噶玛拔希(1204～1283)曾多次与入主中原、统一中国的蒙古贵族建立联系。他于 1253 年拜见忽必烈,1256 年又拜见元宪宗蒙哥。蒙哥赠送他一顶金边黑帽,后世便称他们为黑帽派噶玛巴。噶玛拔希于 1283 年圆寂。据《土观宗派源流》记载:噶玛拔希临终时,传位于弟子珠妥·邬金巴,要他继承自己开创的事业,并授记说:“远方拉堆地方,会出现一名能够继承黑帽派法统的人。在他诞生之前,你要继承我的事业，主持政教事务。”然后把金边黑帽加在邬金巴头上，旋即示寂。不久便在拉堆地方找到了噶玛拔希的“化身”——年仅1岁的让炯多杰，意为“自然金刚”，继承他的法统。①

黑帽派之所以要认噶玛拔希的转世灵童，是由多方面的因素促成的。自从吐蕃王朝崩溃之后，整个藏族地区处于大分裂的混乱局面，各种教派林立，新兴的农奴主贵族各据一方，称王称霸，各派政治势力和宗教势力之间存在着尖锐复杂的斗争。彼此都想削弱对方，壮大自己。在一个政治集团和宗教集团内部，也存在着激烈的派别斗争和权力之争。在群雄竞争、政局动荡、互相攻伐、彼此兼并的形势下，一个集团是否具有杰出的、有号召力的、相对稳定的领袖人物和领导核心，对这一集团（派别、部落、教派，等等）的兴亡，具有重要意义。一旦这样的领袖人物消失，就会出现激烈的权力之争，外敌也会乘机攻伐。

噶玛拔希是一位杰出的领袖人物，无论在政治上还是在宗教上，都具有较高威望。一旦他辞世西归，在黑帽派中便留下了巨大的权力真空，无论是他的弟子，还是别人，都没有噶玛拔希那样的能力和威望来领导整个黑帽派。在内部，有发生分裂的危险；在外部，无力同别的教派和政治集团抗争，有被敌对势力瓦解、吞并的危险。噶玛拔希在他的晚年充分认识到这种潜在的危险性，于是同弟子们商议，利用自己的威望和影响，用转世的“化身”做自己的继承人，以维护黑帽派内部的团结和统一。这样，便用“活佛转世”的办法，解决了继承人的问题，避免了一次重大的领导危机。

后来，其他各教派也先后采用活佛转世制度。其中，达赖和班禅则成为两个最大的活佛世系。

---

① 参阅土观·罗桑却季尼玛著：《土观宗派源流》，刘立千译注，拉萨：西藏人民出版社，1984年。

为了解决继承人问题而实行“转世”制度，并为广大群众所接受，这说明灵魂转世的观念在藏族群众中具有广泛而深远的影响。

实行活佛转世制度，是灵魂不灭观念最突出、最集中的表现，使神秘奥妙、捉摸不定、虚无飘缈的灵魂观念，成为一种看得见，在实际生活中发生作用的实体。灵魂不灭的观念至今仍在藏族社会中有重要影响。

实行活佛转世制度，也是藏传佛教的重要特色，是藏族佛教文化的一个重要内容。我们可以这样认为：了解活佛转世制度，是了解藏传佛教乃至藏族社会历史的一把钥匙。因此，深入研究活佛转世制度，既有学术价值，又有现实意义，不但对研究藏族的佛教文化和佛教发展史具有重要意义，对现实生活也会产生重要影响。

（原载《中国藏学》1995 年第 2 期）

甘南藏传佛教信仰以及寺院经济的现状考察

丁莉霞

甘肃省甘南藏族自治州地处青藏高原东北边缘，历史上这里就是西北诸羌的栖息之地。费孝通先生曾经指出从甘肃南部一直到西藏察隅、珞隅的横断山区，存在着许多“分而未化、融而未和”的藏彝民族走廊，宋代以后这个民族走廊已经重组为汉、藏两大文化板块的分水岭。甘南正居于这条民族走廊东端的藏族聚居区，自古以来就为汉藏交界的前锋地区。历代中央王朝和一些少数民族政权如吐谷浑、吐蕃王朝、唃厮罗、党项羌，以及蒙古和硕特部的势力也都一度延伸于此，为这里的社会、历史、文化发展书写了重要篇章。尤其是17世纪固始汗征服整个藏区以来，在蒙古贵族的直接推动下，甘南境内先后创建了两大格鲁派寺院——拉卜楞寺和郎木寺并与卓尼土司管理的禅定寺成鼎足而三之势。此后格鲁派寺院逐渐走上了政教合一的道路，于18—20世纪上半期之间迅速扩张，广建属寺，兴起了一大批教阶森严的藏传佛教寺院群落，进而控制了绝大部分的甘南藏族部落。

一、甘南藏族自治州的民族宗教现状

今天的甘南是一个以藏族为主体的多民族聚居区，据 2000 年人口普查统计，甘南州总人口 64 万多人，其中藏族占 48%、汉族占 46.76%，除此之外，尚有回族、土族、东乡族、蒙古族、撒拉族、满族等多个少数民族。在宗教信仰上呈现出以藏传佛教为主，苯教、伊斯兰教、道教、基督教以及民间宗教等多种宗教文化并存的格局。截至 2009 年，甘南州批准开放的各种寺观教堂 181 处，其中藏传佛教寺院 121 座(包括苯教)、伊斯兰教清真寺 55 座、基督教堂 3 座、道观 2 座①。因此当地统战及宗教管理部门将甘南宗教的基本特点总结为“三多”，即“宗教活动场所多，宗教教职人员多，信教群众多”，认为宗教在甘南有着比较广泛的影响，宗教意识、宗教礼仪、宗教习俗已经影响到群众生活的各个方面，宗教的民族性、群众性特点表现得比较突出。

历史上甘南地区的各个藏传佛教寺院集团拥有大量的草山、牲畜、土地等生产资料，同时各大活佛的拉章组织及少数僧人积极从事商业贸易和资本借贷活动，使得社会财富大量集中到了寺院中。民主改革后，寺院的政治、经济特权被剥夺，不再占有任何生产资料。除拉卜楞寺院保留了一些古建筑外，其余尽毁于“文革”时期，僧人大都被强制还俗回乡②。20 世纪 80 年代开始，伴随着国家的民族宗教管理政策的进一步调整，为了满足藏族群众的宗教需求，甘南各地纷纷复建寺院并相继开放，藏传佛教信仰进入了快速复兴时

---

① 甘南州委统战部：《甘南藏族自治州宗教工作基本情况简介》，2009 年。

② 1958 年民主改革前甘南共有藏传佛教寺院 196 座(含苯教)，僧尼 15 592 人。参见中共甘肃省委统战部编：《甘肃宗教》，兰州：甘肃人民出版社，1989 年，第 146 页。

期。截至2009年，甘南州共计有藏传佛教寺院121座、住寺僧尼9 781人、转世活佛156名（见以下图表）①。其中格鲁派寺院107座，宁玛派7座，萨迦派1座，苯教6座。僧人基本上以20世纪80年代后出家的青壮年为主，60岁以上的僧尼仅占全部僧尼总数的6%。从寺院的规模而言②，小型寺院数量众多，主要分布在白龙江及洮河流域的舟曲、迭部、卓尼等县；大、中型寺院主要分布在海拔3 000米以上的夏河、合作、玛曲、碌曲等纯牧业或半农半牧县（市）；超大型寺院有拉卜楞寺院一座，为藏传佛教格鲁派六大寺院之一，是安多藏区的佛教圣地，下属部落百姓众多，现有僧人数1 225人，占僧人总数的13%。

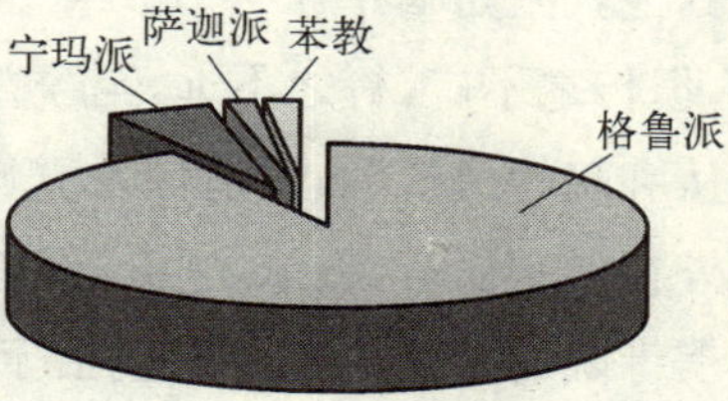

图表1 甘南州藏传佛教各教派僧人数量比例

图表2 甘南州各县市藏传佛教寺院分布一览表

	寺院数	格鲁派	宁玛派	萨迦派	苯　教	僧人数	活佛人数
合作市	13	12	1			1 427	22
夏河县	24	20	3		1	3 180	30
玛曲县	13	11	2			1 712	7
碌曲县	8	8				1 091	14
卓尼县	16	15	1			1 220	15
临潭县	3	3				134	2
迭部县	23	17		1	5	685	10
舟曲县	21	21				332	3
合　计	121	107	7	1	6	9 781	103

① 甘南州委统战部：《甘南藏族自治州宗教工作基本情况简介》，2009年。

② 为了便于调查，笔者将甘南藏传佛教寺院分为四类，即超大型寺院（500名僧人以上）、大型寺院（200—500人），中型寺院（80—200人）和小型寺院（80人以下）。

总的来看甘南藏传佛教寺院众多，以格鲁派为主，无论寺院数量还是僧人数量都占绝对多数，其次为宁玛派、萨迦派和苯教。至于其他教派如噶举派等在历史上也有在甘南境内活动的零星传说，但传之不广，行之不远，至今并无相关的道场和寺庙。事实上，单从寺院的建筑形式、造像及壁画的风格、僧尼的着装、祈祷方式等外在形制而言，教派之间已经趋于相同，区别并不明显。甚至拉卜楞寺院的众多属寺中就包括宁玛派、萨迦派甚至苯教寺院。拉卜楞寺、郎木寺、禅定寺等为数不多的几个大寺院，由于历史悠久，加之声望卓著、僧人众多、规模大，往往内部分为哲学院、密宗学院、天文学院、医学院等若干个扎仓（学院），有完备的学经制度，显密兼修。而绝大多数中小型寺院只是单一的续部院或时轮金刚院，并无扎仓之分，僧人注重密宗实修，一般没有相应的显宗闻、思、讲、辩制度。僧人一般只要背诵《集类部》、《无上供养经》、《大威德经》、《满愿经》、《续部经》以及迎请、加持和祝愿等相关的密宗仪轨经文，即可为部落教民念平安经、祈福经，并主持丧葬往生仪轨。通常每座寺院内部都存在着两套组织架构，寺管会主要处理日常寺务，而法台、喇嘛、格贵（掌堂师）、夏奥（铁棒喇嘛）等传统教职人员则负责僧人的学习、纪律以及主持寺院的佛事活动。

此外，一些新的藏传佛教宗教活动场所——“日朝”（ri - khrod）[1]不断涌现。如碌曲县尕海乡的日朝，近年来已有僧人 15 人，2009 年该日朝得到了宗教管理部门的批准开放，活动场地规划在尕海大队的加仓村，但还未动工修建。郎木寺镇的尼姑活动点，1998 年前仅有一名尼姑居住，此后逐渐聚集至今共有尼姑 27

---

① 即静修院，有少量的出家僧人，自称是山中修行者。甘南许多藏传佛教寺院最初便是由日朝改扩建而成。1958 年后，包括日朝在内的藏传佛教寺院大量被拆毁，目前为止绝大部分日朝并未再复建，即使修复了的日朝也多合并于附近的寺院。

人，已修建僧院十余所，并有专门的小型经堂用于诵经祈祷及举行相关的佛事活动。双岔乡日朝，聚集僧人8名，和郎木寺尼姑活动点一样，还未得到甘南州宗教管理部门的正式批准。作为新出现的宗教活动场所，这些日朝也说明了甘南地区藏传佛教信仰处于稳定发展之中。

二、当前甘南藏传佛教寺院经济的构成

藏传佛教僧人作为宗教职业人员，构成了一个数量庞大的社会群体，而寺院经济则是佛教及其教职人员赖以生存、发展的基石。因此，建设新型的藏传佛教寺院经济不仅是藏传佛教自身存在和传承的内在要求，也关乎藏族社会的稳定与发展，其重要性不言而喻。当前甘南藏传佛教寺院经济结构基本稳定，主要由以下几部分构成：

1. 寺院的经济来源

藏传佛教寺院里的各个殿堂被统称为经堂。经堂往往会有一些来朝拜的香客布施的现金以及酥油，以及售出哈达、酥油灯的收入，且每个寺院都有所不同。拉卜楞寺贡唐宝塔出售一条哈达只需2元，合作寺院马头明王佛殿则需5元；合作寺院九层佛阁点一盏酥油灯需布施5元，杓哇寺院则需30元。一般经堂的这些收入主要由经堂格贵掌管，到年底平均分配给僧人作为生活补助，有时也用于购买佛像、法器，等等。禅定寺密宗学院2004年全年经堂收入共计1 781.30元，除了正常的宗教支出外，当年正月十六给该学院37名僧人每人5元。而郎木寺大经堂格贵2009年上半年分给每僧400元，按在寺的350名僧人计算，则该段时间经堂收入为140 000元。由此看来，各个寺院之间的经堂收入差异颇大，香客多的寺院这部分收入也较为可观。

寺庙自养，顾名思义即是宗教场所通过开展经济活动，实现教

职人员和宗教活动支出的自给自足。从佛教戒律而言，僧伽团体对施主喜舍之财物，可辗转生利以充当珈蓝营建或修缮之用，或供三宝日常之需，是戒律所许可的。因此“以寺养寺”既具有现实的必要性，也具有教义上的正当性。近年来随着市场经济的发展，各寺庙也充分利用自身的文化、资源和地理优势参与商业经营，不仅增加了收入，也减轻了信教群众的宗教负担。但通过笔者调查发现也只有一少部分大、中型寺院的自养效益相对较好。如拉卜楞寺由于大量来自海内外的旅游者前来观光旅游，致使门票成为其自养收入中的大宗，加上印经、宾馆、藏餐厅、旅游商品、藏医药、商铺出租等多达 12 项自养事业，经济收入蔚为可观。2008 年“3·14”事件后，甘南藏区也发生了多起暴力事件，导致旅游业遭受重创。即使如此，2008 年拉卜楞寺仍接待海内外旅游者 18 000 多人次，按每张门票 47 元计，可收入 84 万元，加上其他项目共收入 171.4 万元。同时用于各项佛事活动、活佛拉章费用、接待费、管理费，等等的开支也高达 196.69 万元，超支 25.2 万元[①]；碌曲县郎木寺院自筹资金 300 万元修建了寺属宾馆，2007 年盈利 20 万元，加上当年旅游门票、商店、藏医门诊、香料厂收入共计 60 万元，主要用于寺院殿堂维修、僧人生活补助、接待费的支出；西仓寺院开办藏医院，制作出洁白丸、佐珠达西丸、达西索登丸、二十五味鬼臼丸、十六味杜鹃丸等 20 多种成药，现有固定资产约 150 余万元，运营资金达 59 万元；玛曲县 10 座寺院联合成立善兴股份有限公司，并筹建了 5 010 平方米的善兴宾馆也已经投入使用。寺办企业的隆兴也减轻了群众的经济负担，自养效益比较好的寺院通常很少给部落派任务，群众除了正常念经等宗教活动外，不用额外再给寺院布施财物。

---

① 数据系 2009 年 9 月笔者前往拉卜楞寺调研时，由该寺寺管会提供。

与此相对，许多中小型寺院、甚至大型寺院由于不具备发展商业经济的条件，自养状况不佳，相当多的寺院无任何自养经济。如卓尼县16座藏传佛教寺院中，仅有6座寺院拥有初级自养产业，且规模偏小：贡巴寺为甘南大型藏传佛教寺院，有僧人450名，该寺每年商铺出租收入2 000余元，经文印刷1 000余元，藏医门诊年收入约200余元；旗布寺有牧场一处，有牛70多头，年收入约1万余元；杓哇寺开办寺院旅社年收入有2.5万元；康多寺出租沿街商铺年收入5 000元；沙冒寺院有五亩地，每年租费250元外，除此以外再无其他收入[①]。而禅定寺的自养活动无疑是一个典型的失败案例。该寺曾于1985年开办了一个牧场，养牛100头，后来将牧场承包给牧户管理，每年收入1.2万元，并分配给每位僧人10斤酥油。此外还有两个小卖部，每年收入2 000元[②]。但因管理不善，2009年笔者前去调研时该寺已无任何自养项目，寺院收入基本以念经及群众布施所得为主。

佛教认为对佛法僧进行供养，就可以获得无量福德，不但不堕地狱、恶鬼、畜生三恶趣，而且成就因缘圆满成佛的资粮。故此佛教徒对于供养三宝极为重视。公元7世纪佛教传入藏区后，吐蕃王朝曾先后制定过“三户养僧”及“七户养僧”制度，佛教后弘期又发展出神庄制度，在安多藏区即为高度依附于寺院的部落制度。解放后，神庄与寺院的人身依附关系得到了解除，但对寺院的各种物质供养至今还是普遍存在于甘南的大多数地方。通常每座寺院都将数量不等的部落和村庄作为香火户，无偿负责该寺院的修建、僧源的提供、各项佛事活动的财力支持，等等。在一般情况下，僧人只会在本部落所在的寺院出家为僧，而部落也只负责本部落寺

① 甘南州卓尼县统战部：《全县藏传佛教寺院简介》，2009年。

② 政协甘南州卓尼县委员会：《卓尼县禅定寺自养生产情况调查报告》，2002年。

院的供养，寺院亦会主持部落一年一度的插箭祭祀山神活动。对部落而言，遵循传统，负责寺院的供养在很大程度上是自己该尽的义务。由此寺院和部落之间形成了密不可分的关系，寺院不仅是人们精神寄托的所在，而且也为部落群众的生老病死、婚丧嫁娶提供各种周密的宗教服务。卓尼县贡巴寺的香火部落覆盖了光盖山以北的整个车把河流域，其中什巴村共有农牧民 180 余户。2002 年该村开始自愿为贡巴寺院修建无量寿佛殿，除每户捐资 1 000 元之外，村民还无偿提供石料、木材，并轮流分工承担了所有采石伐木、挖沙砌墙、上梁覆瓦、彩绘等事宜长达八年之久，直至 2009 年落成开光。据估计，什巴村为该佛殿的修建共投入 200 余万元，这对于当地年人均纯收入 2 194 元①的生活水平来说，无疑是沉重的经济负担。但是对他们来说，宗教是精神的寄托，是他们全部的意识和感情所在。正因为如此，该村村民才会坦言："这是我们的信仰，我们不会也没有必要去计算为寺院花费了多少钱。"而什巴村的例子仅为甘南 100 余座藏传佛教寺院中的冰山之一角。

除为寺院的修建无偿提供资金和劳动外，最常见的供养主要是由部落提供正月祈愿法会、燃灯法会以及金刚会供、灌顶法会等名目繁多的佛事活动支出，主要用于供佛的酥油灯、为僧众供斋饭，以及布施给全寺僧人一定数额的现金，等等。一般说来法会的支出特别是超大型、大中型寺院的佛事活动，耗资还是相当大的，因此根据不同情况，确定供养的方式往往有多种：一是寺院所属各部落每年轮流承担，轮到哪个部落，便由该部落长老或村长根据所需费用按户收取现金、酥油等物；二是由部落长老根据各户经济状况进行分等，富裕户轮流承担供较大的佛事活动，而贫困家庭则可以多户联合起来承担较小的佛事活动的支出；三是年末各部落

① 2009 年 6 月笔者前往甘南调研时由甘南州卓尼县刀告乡政府提供。

选派代表在寺院抽签确定来年供养寺院各项佛事活动的负责方；四，根据特定传统，某一部落会在特定时间到寺院进行供养。如碌曲县郎木寺乡的贡巴村[①]每年都要为郎木寺院的正月十四日金刚法舞大会供饭，2009 年贡巴村为此共购买大米 60 斤，酥油近 150 斤（按市场价最低每斤酥油 15 元），布施在寺的 355 名僧人每人 10 元计 3 550 元，以上各项合计当日共耗资 6 300 余元，由全村各户分摊。

近年来甘南藏区包括清真寺、道教宫观、民间宗教庙宇、藏传佛教寺院等相当多的宗教场所都在改建、扩建，表明随着农牧民生活水平的逐渐提高，对宗教的热情也在增加。就藏传佛教而言，往往在多达数万，甚至几十万、几百万的修建费用中，除了寺院香火部落无偿捐资捐工捐料之外，经常可以看到内地甚至台湾、港澳地区富商、居士的大笔捐资。如北京、东北居士林 2007 年为禅定寺出资创办了初级佛学院，并为每位学僧提供每天 10 元的生活补助；卡加曼寺院的护法神殿造价达数百万，据说也主要是外地的大老板捐资兴建；卓尼县多玛寺 2007 年为大经堂重新绘制壁画，来自威海、上海、香港、广州、杭州、无锡以及温州的居士捐资 6.7 万元；迭部白古寺亦有内地居士出资修建招待所，等等。表明尽管甘南整体开放程度虽低，但汉藏佛教文化的交流也在不断加深，尤其一些佛学造诣深厚的活佛、高僧大德在内地及港澳台经济发达地区拥有众多虔诚的信徒，因此在寺庙的修建、修复方面比较容易得到富商居士的大额资金支持。

---

① 贡巴为碌曲县郎木寺乡的一个行政村，该地牧场优良，在 20 世纪 60 年代曾是甘南藏族自治州的牧业典范，有“农业学大寨，牧业学贡巴”之说。8 月上旬笔者往该地调研时，发现贡巴村的房屋比十年前多了许多，表明近年来有不少牧民选择定居生活。加之甘南州政府大力推进半福利性的牧民定居工程，整齐划一的牧民新村在很多地方都可见到。

2. 僧人经济来源

僧人的经济状况，甘南州民政部门于 2009 年 5 月做过一项调查，结果显示：多达 7 367 名僧尼年收入不足 600 元，其中特困僧尼 6 205 人，占全州僧尼总数的 60%以上，2 729 人没有自己的僧舍，还有 2 708 人的僧舍已经成为危房①。数据说明绝大部分僧人都处于经济困顿中，但总的看来，僧人的经济水平差异较大，个别的超大型、大型寺院僧人接受的布施多，相对富裕，中小型寺院僧人则差了很多。尤其洮河中下游及白龙江中下游地区由于长期以来与汉文化的深度涵化，部落制度已不明显，宗教需求小，加之地区经济不发达，导致相当一部分寺院的僧人生活难以为继。一般而言，僧人的生活来源有这样几项：

按照藏传佛教的传统，出家僧人不再参加任何生产劳动，由于寺院不予负担僧人的生活，衣食住行和学经的支出由僧人家庭提供。通常小僧人入寺后，会寄居在本寺的喇嘛亲属家，或师傅的家中。等成年后，家人便为其修建房屋，因此大部分僧人在寺院都有自己的院落，为僧人私有财产，可以在寺内进行买卖和转让。因此，僧人的生活水平和家庭的经济状况密切相关。有些富有僧人不仅僧舍修建的宽敞，室内也装修得很漂亮，电视、电磁炉、手机、摩托车一应俱全。譬如，某寺僧人，34 岁，他家有 100 多头牛，200 多头羊，也算中等偏上的富裕户。2007 年家里人开始给他在寺院里盖房子，当时材料的价格都很高，1 平方米包工包料要 1 000 元，所以一院房共四间屋子花了差不多 7 万块钱。以后还要做木质壁橱、碗柜和室内装修，院子的地面硬化，可能还要花两三万元。但是也有相当多的僧人由于家里经济条件不好，所以僧舍简陋，甚至很多人没有自己的房子。随着年龄的增加和日渐衰老，家庭供养

① 所引数据系甘南州民政局 2009 年 8 月提供。

主往也存在着很多问题。一名僧人的自述道出了其中的辛酸与尴尬：我们的生活主要靠家人供养。家里人生活贫穷，当然我们也跟着受穷。年龄小的时候还可以靠自己的父母，即使生活艰苦些也能填饱肚子。但是年龄大了，父母不在了，靠兄弟、亲戚来供养就有了困难。因为没有固定收入，只能靠偶尔给群众念经、布施两三元钱。特别是尼姑群体，一般没有寺属部落供养，加之甘南藏族群众的意识中普遍轻视尼姑，很少请尼姑念经，因此尼姑的生活主要靠家庭接济和化缘所得。笔者在宁玛派寺院——合作曲宗尼姑寺[①]调研时，该寺60余名尼姑仅有10多名在寺里，其余人都回家筹集口粮。并且发现尼姑的房子普遍比较破旧，有的老尼姑年届80，僧舍仅为一间六七平方米的低矮小屋，相当贫困。

牧区的群众按照惯例，从大年初一到初三，各家都要去寺院给活佛磕头以求除病祛灾。同时请活佛推算本年内该念何种经文，念经时间，共需几名僧人，等等。一般来说牧区的藏族家庭每年至少要请僧人在家念一次平安经或吉祥经，多则两三次。此外由于现代人流动频繁，外出打工做生意的人日益增多，为了消灾，得到心理上的慰藉，他们往往也会另外请求活佛念平安经。如仁贡玛村的噶藏卓玛由于母亲患病，2009年4月份请了郎木寺的4名僧人在家里念了三天的吉祥经，做了百供仪式（点燃了100盏酥油灯），除三餐外，向每位僧人布施50元。此前其父去世的时候，曾在拉卜楞寺、郎木寺、格尔底寺以及尼姑活动点各供饭一次，共花去4万余元。根据在甘南各县市的调查，发现就对每个僧人的布

① 该尼姑寺属于僧尼混居型，有尼姑60名，僧人5名，其中寺管会主任为一名60多岁的老僧人。笔者于2009年6月—7月中两次前往该寺，正逢尼姑们在寺前修一个巨大的佛塔，因为没有寺属部落，义务出工助建的群众很少，因此所有采石、挖沙、搅拌混凝土、往塔上背材料等重体力活均由尼姑们自己承担。8月下旬再次前往时，佛塔已经修出，寺管会主任前往青海朝佛，尼姑们大都放假回家。

施而言，去村子里入户念经获得的报酬要高于在寺院接受供饭分得的布施，前者现在基本上都在每僧一天二三十元左右浮动，城镇家庭相对高一些，大概达到 50—100 元左右。因此入户为部落群众提供念经等宗教服务亦是僧人的一项固定收入，大部分寺院要求除法会期间外，其余时间僧人可以外出为群众念经祈祷。从理论上说，俗家对于僧伽的布施供养是自愿行为，布施钱物多少纯粹为随喜随缘。但实际上笔者在调查中得知现在藏族群众在念经的布施水平上存在明显的攀比现象，富裕户往往布施钱物多，导致对僧人的布施水平不断上升，贫困家庭由此感觉“念不起经”。因此部分寺院据此做出了一些规定，要求群众念经时布施每位僧人不得超过 20 元。

经堂分配的收入也有两部分构成：一是前述来源于香客的经堂收入，这部分到一定时间由格贵平均分配给每位僧人；二是藏族家庭为了超度亡人而在寺院所做的供养。后者耗费巨大，也是藏族家庭最为看重的，往往节衣缩食数年积累的财富只为到寺院供饭一次。一般家庭供饭与部落供养的方式是一样的，主要为僧人提供早、中两餐，早饭为油饼一个、糌粑一碗、酥油 2 两；中午饭为酥油米饭，念经结束时布施一定的现金。供饭中最大的花费当属给僧人供钱以及酥油的支出。当然不同地区供饭所需费用也差异很大，从一二千到数万元不等。合作部落群众在合作寺院供饭时一般布施每僧现金 5 元钱，卓尼贡巴寺 10 元左右，碌曲西仓寺院则为 2—5 元，而在拉卜楞寺由于僧人多，按每僧 20 元的中等水准供饭一天需要将近 5 万元。无论如何，这是僧人最重要的经济来源之一。因此，大中型寺院每年的经堂分配收入每僧可以获得数百至上千元。

改革开放以来，甘南州贯彻经济建设为中心的方针政策，致力于解放思想、发展经济，针对宗教场所的管理体制不健全，存在着不会管、不愿管、不敢管的局面，长期使藏传佛教寺院的管理游离于主流社会的视野之外。在 2008 年 3·14 后，各级政府对宗教场所尤其是藏传佛教寺庙的建设、管理极为重视，在加强寺院爱国主义教育的同时，对各寺院的发展现状全面摸查，同时加强各寺院的基础设施建设，修通水、电、路。针对大部分僧人经济贫困的现实，将僧人 100%纳入新农村合作医疗；4 863 名僧人被纳入农村社会最低保障，覆盖率达到 46%，每月可领到低保金 30—56 元不等；141 名僧人还被纳入五保供养。[①] 可以说 3·14 事件的发生事实上成为一种契机，使得当地政府管理部门已经开始正视数量庞大的僧侣这一特殊群体的社会保障工作。以郎木寺镇为例，2008 年该镇即将郎木寺院与其下辖的郎木村、贡巴村、波海村、尕尔娘村等四个行政村并列，每季度为 1 156 名低保人员发放低保金 176 535元，其中郎木寺院僧人全员纳入低保，每季度发放 56 370 元，占全镇低保金总额的 31%，平均每僧每月 51 元，略高于其他四村的低保金(50 元)。政府管理部门正在就宗教场所纳入社会化管理进行探讨并初步实践，即尝试把藏传佛教寺院作为所属地的一个社区来进行管理，并引入社会救助体系保障宗教场所及宗教职业人员的基本生存，这无疑为“属地管理原则”赋予了全新的内容，深具现实意义。

三、结论

通过对甘南藏区寺院经济的考察，可以看到藏传佛教寺院与当地藏族部落保持着极为密切的关系，往往一座寺院对应着数量不等的部落和村庄，寺院经济基本上呈现为“部落穷则寺院穷，寺院穷则僧人穷”，或者说“香火部落多寺院财力强，部落少或无部落

---

① 所引数据系甘南州民政局 2009 年 8 月提供。

财力就弱”的态势。由于基本上藏区依然处在“靠天吃饭、靠天养畜”的农牧业现状，经济基础薄弱，受此影响，藏传佛教寺院以及僧人的经济状况也不容乐观。尽管改革开放以来，一些寺院开展了以寺养寺活动，但绝大部分自养产业层次低、规模小，并不足以维持寺院及僧人生存之所需。因此，建立在传统佛教功德观之上的部落及家庭供养仍是藏传佛教寺院得以正常运转的最重要的经济基础。但是这种供养的水平地区差异性颇大，高原牧区、半农半牧区要明显好于洮河和白龙江中下游的农业区。之所以存在这种差异，究其原因，笔者认为地区宗教信仰虔诚度与农业或牧业的生产方式关联度并不高，而是主要因为上述两河流域的农区因从历史上长期汉藏杂居，被汉文化的深度涵化、部落结构松散才是藏传佛教信仰在这些地区衰落的最关键原因。

（原载《世界宗教文化》2010 年第 3 期）

宁玛派的民间信仰

蒲文成

人们有一种误解，笼统地认为藏传佛教宁玛派戒律松弛、组织涣散，没有严格的学经制度。其实，这是以点代面，以偏概全，是一种不全面的看法。

宁玛派信徒有两种：一种是出家的，一种是在家的。出家的称“根敦巴”，住居寺院，有严格的戒律、严密的组织和一整套学经制度，除在学经内容、修持方法等方面有一定特色外，依次受出家、沙弥、比丘等戒，禁止结婚，在许多共性方面与其它教派并无大的区别。在家的称“庆巴哇”，即在家志佛者，相当于一般佛教居士，须受近事戒(亦称居士戒)，承认守护佛教最基本的五戒[①]，定期参加宗教活动。这种在家的宁玛派信徒通称“居家宁玛巴”，在青海藏区称为“俄华”(亦译为“阿巴”)，意为“持密者”，得名于多念诵密

① 五戒：指戒杀、盗、淫、妄、酒。

乘真言、不泄密义。黄南地区还称作“宦”(དཔོན),起源于吐蕃以本教治国时期,藏族部队中每一编队“日”(ར)要有一个“宦”,叫“日宦”(ར་དཔོན),负责出征时选择日子,搞祭祀等。后来,这一习俗被保留下来在很多村庄仍有“日宦”,简称“宦”,负责婚丧择日、生小孩取名、防雹护苗,等等,不过已佛教化了。部分地区的汉族又称其为“本布子”,同样是对本教信仰者称谓的沿用。居家宁玛巴平时居家,从事农牧,娶妻成家,养儿育女,农闲或规定时间参加宗教活动。他们有自己的供佛诵经活动,也有定期的集体佛事活动。届时,着红色或紫色法衣,将头发梳成特有的“俄拉”(སྔགས་རལ)辫,或戴上平时准备的假辫,口诵密宗真言。

居家宁玛巴反映的宁玛派民间信仰,是藏佛教的一种重要信仰方式,在宁玛派传布区普遍存在。同时,它又不同于以民间崇拜为特征的一般民间信仰,拥有一定的社会组织、寺院等设施场所,特别是较频繁的社会宗教活动涉及社会公众利益的各种关系,因此,应该纳入宗教事务管理的对象。本文正是基于这种考虑,讨论宁玛派民间信仰的各种现象,以期人们能较全面地了解认识宁玛派独特的一些信仰方式和特点。

一、主要活动场所

宗教的传播,必然有寺庙等活动场所的兴建和出现,场所是信仰的重要载体和外化形式,是宗教文化粘接信仰社群不可或缺的手段。因此,宗教活动场所是考察宗教信仰首先注意的方面。居家宁玛巴的宗教活动场所,常见的有以下类型:

(1) 俄康(སྔགས་ཁང)。意为“密宗真言堂”。多以本村或几个村为单位建在村中或村旁,外观和内供的佛像、神祇等,与正规寺院雷同。一般无出家僧人,但有完整的僧团结构和法事活动,同样设僧官(格贵)、领经师(翁则)等执事人员。较大的俄康还有固定寺主和活佛转世系统,以及下属的若干小俄康,形成同一教法传承系统,相互之间存在着密切的宗教联系。这类俄康,往往被视为一般寺院。

(2) 玛尼康(མ་ཎི་ཁང)。“玛尼”是藏密莲花都怙主观音菩萨的根本真言“嗡玛尼叭咪吽”的简称。藏区多观音信仰,认为藏土是观音法力加被之地,甚至有关藏民族起源的神话称藏族先民是观音悲力的化现,因此以观音为身之主要所依,六字真言为语之主要所依,在广大藏区到处可见玛尼轮、玛尼旗、玛尼石、玛尼轮房、玛尼康等。玛尼康、即诵玛尼之所,类似汉地村庄上的庵、观、庙堂等,建在村内,外观似一般庄廓农舍,内设佛堂,平时无僧住持,仅有类如庙祝的果涅,负责清扫、点灯、锁门等事宜。本村信徒定期在这里举行民间宗教活动。较大活动,有时延请有关寺院僧人来主持。

(3) 却康(མཆོད་ཁང)。意为“供堂”,也称“佛堂”或“小经堂”。多设在信徒家中,供有佛像、经卷等,佛像以小型铸铜像和唐卡卷轴画为主。佛前有供案,也称“香案”陈列香花、净水、酥油灯等供奉物。案前有蒲团,供信徒打坐、诵经。

(4) 奔康(འབུམ་ཁང)。意为“万佛殿”,多在寺院或村庄附近,有的在庭院内,为矮形土木建筑,内装用胶土木模翻制的小佛像,称为“擦擦”,数以十万计,故名“奔康”。一般为一个和几个村庄或一些大家族所有,是信教群众转玛尼或聚会的地方。

(5) 拉则(ལ་རྩེ)。也叫“俄博”,是当地山神的象征,为藏族地区传统苯教自然崇拜的遗俗。一般在山头隘口,垒土石成堆,内埋喇嘛用红色写画在柏木牌或石板上的山神像、梵文咒语以及装有五谷粮食、药物等的宝瓶和其他吉祥物。石堆上多有方框木架,内插树枝和挂着哈达、经布、羊毛、红布条的木杆以及木制箭、矛、剑等物。祭拉则是重要的民间宗教活动，主要为求风调雨顺、国泰民安，一般在春季进行，但各地有各自相对固定的时间，信徒自觉参与，主要是煨桑、转廓拉等活动。

(6) 贡巴(དགོན་པ)。即正规寺院，一般须离村庄一俱卢舍(约二华里)以上，要求地方清净，贡巴为宁玛派出家僧人定居的地方，设有扎仓(经院)，管理严格，有学经制度。居家宁玛巴与之宗教关系密切，也常参加寺中举行的社会性宗教活动。

上述场所都供奉有该派的佛像、神祇、经典、佛塔等，只是在数量和规模上有所区别。佛像有铸铜镀金像、药泥塑像、木雕像、绘制或堆绣的卷轴像，等等，与其他教派并无差别。最常见的是佛祖释迦牟尼像和祖师莲花生大师像，另有该派的八大法行像、马头明王九神、狮面佛母主仆三尊、空行母、本母、各种护法以及各自的本尊佛像和传承上师身像。此外，在不少场所也供奉育宗喀巴、班禅、达赖等格鲁派上师。

各种佛像中，莲花生大师和八大法行像最能体现该派的特征。莲花生有八种身像，是指他在不同时期调伏不同有情的形象，并有相应的八种别号。各种身像，神态、身色不一，如最常见的静相莲花生，面色白净慈祥，一手持天杖，一手托钵；忿怒莲师像，一面二臂三目，身黑蓝色、张口裂牙卷舌，赤发上冲，头戴五骷髅冠，表五方佛，诸宝骨饰庄严，右手持天铁金刚杵上扬，左手捉九足铁蝎，颈挂五十鲜人头为璎珞，身披象、人、虎三皮，象征摧伏贪、嗔、痴三毒，两腿右屈左伸，足踩二魔，威立于莲花日轮上，周围烈焰，形象忿怒可畏；再如咕扎格拉雅身像，系忿怒莲师与普巴金刚的合一化身，身红色，亦一面二臂三目，张口裂牙卷舌，背有双金刚宝翼展相，下身为鳄鱼忿怒口及热铁普巴橛尖，锉刺恶魔心口，立于莲花日轮上；金刚盔甲像，身黑如炭，一头二臂，三目圆睁，右手持九股金刚杵，左手挥动普巴橛，身以骨冠、骨饰、虎皮裙等装束，威立于九面铁身猪坐骑上，坐骑眼、耳、鼻、口等九窍中喷出烈焰。

八大法行像分出世间五部和世间三部。出世间五部是文殊、莲花、真实、甘露、金刚橛，分别代表身、语、意、功德、事业，各部又有各部的神录，总称“五部神众”；世间三部是召遣非人、猛咒诅詈和供赞世神。这些是宁玛派信徒修习生起次第八种法行所依主要本尊。

护法类常见的有三根本护法、护法五王和九部护法神众。三根本护法：上方普巴金刚，为众护法的主尊；正中吉祥玛哈嘎拉饮血胜王，为护法首领，手持卡宾杖与盛血颅碗；下方一髻佛母，为普贤佛母所化现，一发，一目，一齿，一乳，独目居额正中，独齿如普巴橛，牙尖向下，独乳居脑正中，束发于顶，发尖朝天。护法五王：东方身之本尊护法曼吾布扎王、南方功德之本尊护法木鸟罗刹王、西方语之本尊护法无二战神、北方事业之本尊护法贝哈尔王、中央意之本尊护法帝释天。九部护法神众是：阴曜三神、大自在天，尼玛旬努女神、念青唐拉山神、贝哈尔五身神众、罗刹则吾玛保、十二丹玛女神、尸陀林主、玛卿邦拉山神。

宁玛派所奉的本尊佛像更不可胜数，故素有“万神殿”之称。主要有金刚萨埵、普贤及普贤佛母、毗卢佛及央秀玛佛母等。另有金刚勇士组神，共五组六尊（主尊双身佛居中，前后左右各一尊，下同）；宝生佛组神，亦五组六尊；无量光佛组神，亦五组六尊；不空成就佛组神，亦五组六尊；坛城护门组神，共四组八尊；六道轮回主组神，共六尊；持明组神，共五组十尊；饮血神众，内又分饮血金刚、古如本母、僧哈土主、护门女神、护方方神等五类组神，各组中又有多尊。

二、主要信仰方式

1. 信徒受戒仪式

宁玛派奉行说一切有部戒律，信徒遵行律仪，着重师承。居家宁玛巴传统上以世袭为主，多受其家庭环境影响，一般子承父业，也有女儿操父业的，但均须举行入教仪式。入教年龄在四岁左右，即基本懂事时期，后随年龄增长，逐次受戒。受戒仪式，大体上是先依照《皈依经》的要求，在佛像前发誓皈依佛教，保证遵行不杀生、不偷盗、不邪淫、不妄语、不两舌、不恶口、不绮语、不贪、不嗔、不邪见等十善律和密乘永不逾越金刚誓词的三昧耶律仪，然后正式成为佛教信徒居家宁玛巴。宁玛派信徒以修持密法为基本特色，密宗认为，入教弟子必须接受灌顶，不曾灌顶的入门弟子犹如未曾上釉的瓦罐，是盛不住水的漏器，难以闻法修持。灌顶须有坛城。坛城是密乘本尊及其眷属聚集的场所，常见的是布画坛城和立体模型坛城，还有用色粉画的彩粉坛场。坛城又分外、内、密、空四种功能，根据受戒者的修行次第逐一灌顶，未完成修行要求者不能入高一级的灌顶坛城。灌顶程序一般先布坛献供，弟子进入坛城，由金刚上师洗礼、驱邪、戴护身符；再由上师与弟子对白，讲说有关佛教史及宁玛派教法传承史，领诵《皈依经》，祈请静猛神众护佑；然后正式灌顶、授戒、赐名，弟子立誓、奉献供养；最后通过察兆，预测弟子未来事业，摘去弟子的吉祥带①，上师接受弟子拜谢而结束。因弟子根器的不同，进入坛城有外入和内入的区别。如认为能成器的一般弟子，则先让其进至坛围之外，启白后上装，留置坛城东门，受持共与不共律仪，问其种姓心愿，引发诸瑜伽心进

① 吉祥带：受灌顶时弟子蒙戴的彩色绸带，红、黄两色，约尺许，从前额到两耳后垂下，有时用一种蒙眼布。

行秘密灌顶，谓之外入；如认为弟子与本尊缘分相同，则令其由东门直接进入坛城无量宫，围绕本尊巡行顶礼，立誓信守誓言，降下智尊，授花鬘灌顶，以结部主接引之缘，是为内入①。弟子入佛门后要蓄辫，有两种发型，一是“昂扎”(དབང་སྐྲ)，受灌顶的发型；一是“参扎”(འཚམས་སྐྲ)，闭关修行的发型。总称为“俄拉”(སྔགས་རལ)，意为持密发辫，是居家宁玛巴的重要标志，其象征意义说是礼敬宁玛派上师，并说五十八股辫子象征五十八尊忿怒神，发辫四周蓬松的头发代表无数空行母，乌黑的发辫是佛的法身，发辫上的饰物是佛的报身，发辫的每一根头发则象征佛的化身。现在，这种居家宁玛巴特有的持密发辫多为假辫，只在集体活动时使用。

2. 礼供神佛

礼供神佛是宁玛派民间信仰的重要形式，普遍存在于各种宗教活动场所，它既是信仰方式，又是一种宗教活动。常见的礼供形式是奉献供品、焚香、煨桑、转经、磕长头等。奉献供品的种类很多，如点酥油灯，敬献净水、香花、食品、糖果、哈达、朵尔玛等。平时比较单一，数量有限，但举办法会等大型佛事活动时，一反常态，供品种类、数量多得令人眼花缭乱、瞠目结舌。一般有五种或十种供养物，分别称为“五供”和“十供”。五供为花、熏香、灯、净水和食品；十供为花、灯、净水、熏香、扑香、涂香、衣、饰品、伞盖和幡。五供物品各满百数为百供，各满千数为千供。在大法会上或为超度亡灵做法事时，还要献上称为“朵尔玛”的神馐。朵尔玛即施食，是用酥油糌粑捏成用来供神施鬼的食品。礼供神佛的朵尔玛分红、白两种，白的是素供，用来献给证得菩萨地以上果位的各类佛菩萨；红的是荤供，用来供养一般的神灵和种种凶猛本尊。由于礼供

① 《中国各民族宗教与神话大词典》，北京：学苑出版社，1990 年，第 727 页。

的对象、法事进行的阶段等不同，朵尔玛的形状、原料、制作方法等亦各不相同。还有一种替身朵尔玛，专用于禳解天灾人祸，或为人驱邪治病。

煨桑是一种古老的火烟祭祀形式，主要用来礼供世间神。[1]内又分煨白桑和煨红桑，白桑为素供，用来献给已受戒或证得菩萨地果位的世间神，方法是在桑台或干净的地上堆放干草、木柴等易燃物，上面加放柏树枝，撒上糌粑粉，点燃后再洒几滴净水；红桑为荤供，用来祭供凶猛世间神，除在易燃物上依次放上柏树枝、糌粑粉外，还要放上动物的器官、血或完整的活动物，点燃后向焚烧物洒酒。还有一种叫“察司尔”的焚烟供施物，用来祭祀鬼神亡灵，方法是在碗中盛牛粪火，上撒糌粑、白糖、酥油等，让其燃放食物烟。宁玛派认为，亡灵和孤魂野鬼只能嗅香充饥，所以家人死亡后，要不间断地煨察司尔（ཚ་གསུར）49 天，平常也经常以这种方式向孤魂野鬼进行施舍。居家宁玛巴家中一般都设有桑台，在其他活动场所也有固定的煨桑地方。

转经的形式很多，有转廓拉、转山、转湖、转玛尼轮等。廓拉，意为环形路线，信徒巡礼寺院、佛塔或佛教圣地，以顺时针方向徒步绕转或磕长头绕转，谓之转廓拉。转山、转湖与之相同。玛尼轮是装有观音六字真言和其他经文的圆筒，一般木制，有的外缝以皮，并涂油漆，上书金字梵文，绘有各式法像。玛尼轮有大有小，小的手摇，大的两头有铁轴，贯于上下木架，用手推动或拉动，有的用水力传动[2]，现尚有电动者。藏传佛教认为，转玛尼轮等于念诵轮内经文，故多有转玛尼轮者，尤其多见于老年信徒。

磕长头是叩拜仪俗。长头也叫“等身头”，是一种最虔诚的礼

---

① 祭祀形式有声、色、味等，煨桑属以味祭祀的一种。

② 藏传佛教认为，玛尼轮若能以土、水、火、风四大种转动，则更有功德。

拜方式，信徒叩拜时，先双手合十，举过头顶，依次从头、口、胸前三顿，再屈身、跪膝匍匐于地、稽首，然后起身，至少三拜，表示对叩拜者敬仰到五体投地。信徒对神佛、上师、活佛常行此礼；有的因某种缘由，发誓一天内磕一定数量的长头；有的转经采用磕长头绕行的方式。磕长头转经时，每磕一次，用手在地上划一横线，下次脚尖齐线，再磕再划线，如此继续不断，直达目的地。还有一种磕法，即头朝寺院或佛塔，每磕一次，向左移动一次，移动距离等于身体的宽度。历史上，有的信徒甚至以这种叩拜方式，千里迢迢，不辞万苦，去拉萨等地朝拜，至诚程度，令人叹服。除磕长头，还有一种常见的礼拜方式，叫“顶礼”即信徒用头顶触神佛、上师、活佛的身体或足部，躬身默念经文，亦虔城备至。

3. 诵经修持

经文是口之所依，多出于佛口，故视之如佛，诵经成为基本的信仰方式。所诵经文种类繁多，常见的有六字真言，莲师根本真言、皈依颂、发菩提心颂、七支供养颂、各种祈请颂、本派教法传承历代上师祈愿颂、《皈依经》、《度母经》以及各种所修本尊真言等。

注重密法修持是宁玛派的一大特色。该派循从其九乘教法，在修持方面侧重于无上瑜伽部阿底瑜伽大圆满法心部、界部和秘诀部的修习，提倡苦修，求证明净的本初心性，通过明心见性，即身成佛。他们认为修者应在此生证得正果，悟道成佛。否则，按佛教六道轮回学说，来世往趋六趣，亦沉苦海，此生修习将付之东流。因此，特别看重即身悟道的途径——各种密宗修持法。密法修持，从程序上讲，有加行、正行、结行法，或初以加行修持为基础，继而修上师、本尊，随后进入无上密乘的各种修法；从方法上讲，有上师瑜伽、本尊观修法、闭关修持法、结印修持法、请神修持法等。具体方法种类极多，并因传承不同，同类修法亦不尽相同。常见的有马头明王法、颇瓦法、增寿法、彻却法、脱噶法等。各种修法均须接受上师灌顶，遵守规定律仪，在上师指导下进行。修持时间、地点等因法而异。如青海黄南地区的居家宁玛巴继承杂扎郭弥大师传出的一种密修法，一般要在地洞中修习3—5年。

三、宗教法事活动

居家宁玛巴的宗教法事活动较多，一般可归纳为两大类：一类是属于个人行为或小范围内的活动，一类是属于集体性的社会宗教法事活动。

1. 个人或小范围内的宗教法事活动

(1) 驱除病魔。家有久病不愈或疑难病患者、危重病人，请来本村或附近通晓密法、有影响的俄华来家作法，禳解驱魔。

(2) 超度亡灵。家遇丧事，请来俄华安置并超度亡灵。俄华通过与亡灵对话、召唤亡灵、使魂附体、用香水沐浴亡人、召来亡魂使之皈依佛法、带入坛场灌顶等，达到所谓超度的目的。通常还延请来寺院里的僧人。诵经超度，主持葬仪。

(3) 诵经祈寿。子女为年老父母祝福祈寿，常延僧来家诵经，也是一种尽孝的方式，一般本村俄华及亲戚乡邻皆来参加。

(4) 为婴儿取名。宁玛派的民间信仰渗透到社会生活的各个层面，人的名字也带有浓厚的宗教色彩。婴儿出生，按其所属空行母的时辰，或以其生母名字中的吉祥字等命名，通常由有名望的俄华去做。

(5) 诅咒怨敌。家中失窃，或有宿怨仇敌，请来认为有法力的俄华作法诅咒。具体方法五花八门，因师承而异。据说多有实效，可使怨敌腹胀而死，或家中鸡犬不宁等，发生各种灾害。

(6) 镇魔免灾。佛教徒认为，家中诸事不顺，命运多舛，是鬼魔作祟所致，也常请俄华来家禳解，有煨桑、献供、诵经祈祷、捏制糌粑鬼魔俑像、剁碎俑像等多种活动。

(7) 占卜吉凶。无论操办婚丧喜事、寻医求药、出门上路、外出谋事、买卖经商,还是发生牛羊失踪、财产丢失、家财被盗等情况,往往请精通占卜术的俄华进行占卜,指示迷津。方法有石子占卜法、佛珠占卜法、刺骰占卜法、圆光占卜法等。

上述各种活动,事主一般要为参与者备办饮食,热情款待,并提供其它必要的活动条件和费用,同时还需向被延请的俄华、僧人付给一定酬金或实物,但无定制。

2. 集体性的社会宗教活动

集体性的社会宗教活动又可分为两类:一类是与当地群众生产生活密切相关的社会宗教活动,一种是纯宗教性质的法事活动。前者不一定在固定的宗教活动场所举行,主要有[①]:

(1) 祈雨活动。旱灾是青藏高原常见的自然灾害。每逢久旱不雨,农牧民出于无奈,常请俄华集体作法事祈雨。宁玛派认为,雨由雨神主宰,雨神属龙族,住居水中,性清净,喜素忌荤。因此,在祈雨前先制作用来献给雨神的素食朵尔玛。祈雨仪式选在泉眼旁举行,俄华们先以释迦牟尼佛和莲花生的名义赞颂龙族,并且边念经边将素食朵尔玛投进泉眼。若此法不灵,则将一种恶物特制的药丸投进泉眼,一边念诵经咒,一边用胫骨号不停地搅动泉水。

(2) 防雹活动。雹灾是对高原农业危害最大的一种自然灾害。千百年来,科技落后的藏族农民把驱雹的希望主要寄托在俄华们的法事上。这种活动一般有三种方式:一是由俄华念诵《古如扎玛经》(གུ་རུ་དྲག་དམར)等各种本尊经文,以莲花生名义呼请天龙八部,命其部众不得降雹;二是在可能降雹的地方建若干防雹室,内埋经过修供加持的经文、咒语等;三是用一些上师的骨灰和白芥子等为的料,制成防雹丸,并经诵经加持备用,当秋季雷电交

---

① 以下祈雨、防雹等活动资料由友人尕臧先生提供。

加时，充当防雹师的俄华站在自家的屋顶或田间地头，一边念咒，一边用抛石鞭将防雹丸用力掷向乌云。据说能否防雹，取决于俄华的道行、法力，故操此术者多为有声望的俄干(སྔགས་རྒན)。

纯宗教性的法事活动一般在俄康、玛尼康等固定的活动场所进行，由活佛和选出的格贵①、翁则②等执事俄华主持，对于诵经、跳神、吹喇叭、敲鼓、捏制供品、供应饮食等各类工作都有明确分工。其中，格贵是重要角色，一般任期3年，负责活动的秩序、纪律和经费的筹措等。法事活动的名称、内容、时间、规模等，因地区、传承等的不同，各地不尽相同。比较一致的是，农历每月初十普遍举办“才具会”。才具，即初十日之意，为莲花生圆寂日，相传莲花生有过遗言：每逢初十日，他会亲临雪域藏地。对此，信徒们坚信不疑，于这日举行纪念活动，主要是诵经祈愿。其它活动各地不一，如青海黄南热贡地区，每年农历正月举行为时9天的琼贡喇呢法会，上下热贡的居家宁玛巴都去江龙琼贡寺活动，多时千余人；下热贡的居家宁玛巴于农历十月举行7天的玛尼法会；该地区普遍于各季度举行诵经会。一年四次，每次7天不等，在各村轮流举办，信徒自带干粮参加，另外每月举办一次回遮仪轨，在本村俄康进行，主诵该派密乘本尊古如扎玛的回遮经文，并制作三角形的朵尔玛供品。尖扎县巴嘎曲朗俄康是该县多加乡在家宁玛派信徒的主要活动场所，于正月举办本尊祈愿会7天，三月举行八大法行会8天，四月玛尼法会和持明修寿会各7天，五月修福会3天，六月悉地会7天，十一月持明修寿会7天。青海化隆县的支哈加俄康则于每年农历四月和十一月举办两次大的集会，各为期7天。

---

① 格贵：相当于协敖，汉译为僧官、掌堂师、铁棒喇嘛等，负责秩序、纪律和经费筹措等。

② 翁则：泽译为领经师、引经师、经头等，负责领头诵经等。

在大型集会上，一般有跳神活动。跳神也叫“跳欠”，是一种娱神方式，有伏地舞、金刚杵舞、依怙舞、喀扎木舞、女神舞、降魔舞、鹿舞、骷髅舞等多种舞蹈形式。其中，鹿舞和骷髅舞最常见，鹿舞取材于西藏佛教传记文学《米拉日巴尊者传》，骷髅舞取材于佛教所谓东方尸林主的一则传说故事。各种舞蹈角色不一，均着面具和一定服饰，在鼓、钹、铃、号等多种乐器的伴奏下起舞，有时雄壮有力，有时柔若无骨，有时轻灵滑稽；有的即兴表演，随意发挥，常使观众捧腹大笑。跳舞结束时，有砍剁象征恶魔的糌粑俑像的仪式。

在大型观音法会上还炼制玛尼药丸。先将多种藏药研成细末，炮制成丸，装入宝瓶，然后由上师置宝瓶于坛城中央修供 7 天。从制丸到装瓶，要持续念诵观音真言。修供宝瓶时，教徒按太极图形列成三队，举行宗教仪式。太极图四周树四界桩，代表四大天王。修供到第六天黎明，举行祈祷、加持仪式，至第七天，玛尼药丸炼成，由上师分发给与会信徒。整个炼制过程每昼夜分八时辰，由教徒轮流守护现场，白天举行修供仪轨，夜晚不间断念诵观音真言。

四、信仰特点及影响

民间信仰是一种普遍的历史文化现象，正如日本学者姊崎正治所说，“任何国家都有作为有组织的一派正统宗教居上统一并感化民心，同时，在民间又有与该正统的被组织化的宗教多少相异的信仰习惯”。因此“宗教现象的实态具有二重结构”①。民间信仰既然是宗教现象的结构之一，其产生、存在与一切宗教现象一样，既有社会物质根源，也有主观认识根源。按照马克思主义宗教观，它同样是当人们无力理解和反抗来自自然和社会的压迫力量，感

① 姊崎：《中奥的民间信仰》，转引自［日］铃木岩弓著、何燕生译《“民间信仰”概念在日本的形成及其演变》，载《民俗研究》1998 年第 3 期。

到神秘和恐惧的时，则幻想一种超自然的神格力量，进行崇拜祭祀，来寄托自己的精神，从中获得慰藉，实际上是人与自然、人与人、人的实践能力与思维能力之间关系的体现。姊崎把民间信仰定位为“与正统的被组织化的宗教相异的信仰习惯”，似乎还不能涵盖本文所介绍的宁玛派民间信仰。事实上，本文所讲的是宁玛派这种正统宗教在民间被信仰的情形，随着宁互派的形成，这种民间信仰不断规范化、组织化、严密化、系统化和理论化，并保持至今，长盛不衰。此外，还有以下一些特点：

1. 历史的传统性

早在佛教初创时期，古印度就有出家僧和家居士，在家居士称之为“白衣蓄发辫者”(གོས་དཀར་ལྕང་ལོ་ཅན)，住居自己俗家、穿着白衣、头留长发，与现在的俄华无异。他们除有妻室外，与出家僧在教义上相同，地位上一视同仁，同样有严格的戒律，谓之誓约或誓言(དམ་ཚིག)。宁玛派是藏传佛教最古老的教派，在西藏的祖师是公元8世纪来藏传教的莲花生大师，相传当时就有不少居家的信徒，甚至出入吐蕃宫廷。9世纪中叶，吐蕃达磨赞普禁佛，西藏佛教被迫转入地下，后在很长一时间，莲花生所传教法主要在居家宁玛巴家庭中传播，教徒散居各地，各自父子相承，受灭佛的影响较小，这一类人一直保持下来，为数不少，“在西藏社会一直称他们为真正的宁玛派人”①。公元11世纪宁玛派作为一个独立的教派出现后，信徒迅速增加，这种居家宁玛巴是重要组成部分，至今有相当数量和社会影响。

2. 内容的混杂性

宁玛派的民间信仰，总属佛教，主体上遵信宁玛派传承的经典

---

① 王森：《西藏佛教发展史略》，中国社会科学出版社，1987年，第40页。

教义，奉行其律仪、仪轨。但在具体活动中反映出佛教藏区化的许多特点，祭拉则、修奔康，祭祀崇拜龙神、水神、火神等，带有浓厚的原始自然崇拜和藏族传统的本教遗俗。至于镇魔、驱鬼、占卜吉凶、预防灾厄、祈求好运等行为、仪式，与其他教派具有共性，不乏封建迷信的巫术色彩。由此出现一系列民间禁忌，提醒人们在婚嫁、生育、丧葬、祭祀、外出办事等活动中必须小心谨慎，否则会导致灾厄，受到惩罚，从而造成一种神秘气氛。

3. 世俗的功利性

居家宁玛巴无法脱离世俗生活。时常受到严酷自然、生活环境的挑战，为了生存，不得不从追求缥缈的彼岸世界尽量转向现实心灵的宁静和抚慰，以适合更多人的心理需求。信徒们通过驱云防雹、布云求雨、镇伏怨敌、祈寿祈福、追求好运等，把自己的信仰同现实的生产、生活结合起来，使信仰具有明显的功利性。同时，这种不断世俗化的功利性又反过来吸引了信众，助长了民间信仰的发展。

4. 信众的广泛性

宁玛派民间信仰区自古以来宗教氛围浓郁，广大农牧民群众自小生长在这种积淀着浓厚宗教文化的环境里，自觉不自觉地受到感染和熏陶，从心理上很容易接受当地流行的宗教文化而加入其团体。即使是尚不谙世事的青少年，受其家庭和社会环境的影响，自然模仿，焚香敬佛，顶礼膜拜。此外，宗教特有的庄严肃穆能冲淡人们的忧虑和烦恼，老一辈信徒神奇的宗教传说和体验的渲染更点亮信仰的火苗。于是，在从众意识的推动下，犹如流动的雪球，信仰队伍越来越广泛庞大。

5. 活动的自觉性

自觉性来自信仰的虔诚，虔诚是宁玛派民间信仰的又一特色。由于长期受宗教文化的浸染，加之严酷的环境、封闭的空间，落后的科学文化教育，广大信众对佛教“因果报应”、“六道轮回”等一系列说教向来深信不疑，以超脱生死、追求彼岸幸福为最终目标，认为只有潜心向佛才是人生的唯一选择。以此为基础，表现出信仰的根深蒂固和罕见的至信至诚。尽管在家庭之间、村落之间，一些活动存在着攀比之风，但其参与意识总体上是自觉主动的。即使在宗教生活不正常的年代，不少信徒敢冒风险，保存佛典法器，内心深处的信仰并未停止过，在信仰环境宽松的今天，这种自觉性表现得尤为明显。

佛教传入藏土，首先通过宁玛派，以多种途径和方式，向藏民族的思想意识领域渗透，使佛教思想逐渐成为人们的人生观、价值观标准。其中，佛教的“诸恶莫作、众善奉行”、“行善积德”、“普度众生”、“不偷盗、不邪淫、不妄语”等教义戒律被作为共同的理念，同样为宁玛派信徒所倡导，他们嫉恶如仇、鄙视奸诈、心地善良、助人为乐，以慈悲菩提心为做人根本，形成了藏民族所崇尚的伦理道德观念，这些不失为今天所提倡的道德规范，对于规范约束人们的道德行为，净化社会，维护社会稳定等，都有一定的积极意义。特别是居家宁玛巴成立家室，与普通人一样，不脱离物质财富的创造，不影响人口繁衍，是自食其力的劳动者，比较他派，有务实的一面。这些更贴近社会民众，更适应现代社会生活、更能体现现代提倡的“农禅并重”、“庄严国土、利乐有情”等人间佛教思想。但是，我们也不可忽视宁玛派民间信仰活动的许多负面影响：一是对信众思想观念的消极影响。佛教不能客观正确解释自然规律和社会现象，回避和脱离客观现实，不能直面现实生活中的矛盾和困苦，而去寻求虚无缥缈的来世幸福，从精神上麻醉人民，削弱人们的生命意识和生活信念；以慈悲、忍辱等为学佛途径，束缚人们的思想，削弱斗志、毅力，缺乏敢为人先、务实奋斗的精神。二是信众经济负担沉重。在宁玛派民间信仰区，经堂、俄康、佛塔随处可见，且互相攀比，不少规模宏伟，超过从前；活动频繁，参与人数多[1]，一方面影响农牧生产，另一方面将有限的收入用于宗教活动，影响脱贫，影响生活质量和水平的提高。三是为迷信活动提供了温床。传统的消灾驱鬼、巫术治病、占卜星算、求雨防雹等，带有浓厚的封建迷信色彩。这些活动往往愚弄群众，骗钱敛财，甚至延误疾病，使人财两空，有些活动还影响正常积极的抗灾斗争。四是影响法制建设。个别俄华干预司法，参与民事纠纷的解决，插手婚姻教育，左右选举活动等。有些地方还参与草山、地界纠纷，不仅未能化解矛盾，反使冲突激化，影响社会稳定。五是给宗教事务管理增加了难度。宁玛派民间信仰活动不少在国家正式批准的宗教场所之外举行，参与人员较复杂，往往为社会流散的教职人员、冒牌活佛等的流窜、活动提供了机会和条件。

鉴此，我们在考察宁玛派民间信仰的各种社会现象时，一定要注意其特点和影响，将这种信仰作为社会实体而产生的涉及社会公众利益的各种关系、行为或活动，纳入宗教事务管理范围，使之在国家法律和政策容许的范围内进行。

（原载《中国藏学》2001 年第 3 期）

---

① 据笔者 90 年代初对青海省尖扎县多加乡民间宗教活动的调查，该乡全年集体宗教活动累计 64 天，参加者约 730 人，占当时全乡总人口的 34%，年耗 46 720 个劳动日。详见《多加乡的民间宗教活动》，载《青海民族学院学报》1992 年第 2 期。

论明朝对藏传佛教的管理

陈庆英

明朝对藏族地区的管理，除了在藏族地区设置卫所，委任藏族僧俗首领为官员以外，还利用藏传佛教在藏族地区的深远影响，大力封授各派宗教首领和人士，推行僧纲制度，通过对宗教的控制加强明朝对广大藏区的影响。在明朝对这些藏传佛教的宗教首领人士的封授中，以永乐年间封噶玛噶举派黑帽系活佛为大宝法王、封萨迦派首领为大乘法王、封格鲁派高僧释迦也失为西天佛子（宣德年间加封为大慈法王）最为重要，其次是封藏传佛教的高僧为大国师、国师及禅师等。这些做法与明太祖时开始的封藏族首领为都司卫所官员的措施的目的是一致的，是明朝治藏政策的一个重要方面，也是明朝依据自身的实力情况及对以乌思藏为主的藏族地区的实际情况的了解，吸取元代朝廷与藏族宗教首领交往的办法而采取的重大步骤。下面我们对明朝在加强与藏族地区宗教联系方面的做法加以简要论述。

一、明朝对三大法王的封授

明成祖开初被明太祖封为燕王，驻守北京，他在争夺侄子建文帝皇位的过程中，得力于蒙古兀良哈三卫之出力处甚多，因此他在即位后比较注重北部地区防务及对蒙古、藏等少数民族的控制。明成祖对藏族地区的政策更多地吸取元朝的做法，较之明太祖、建文帝两朝更趋积极。从明成祖起，先后分封噶玛噶举派、萨迦派和格鲁派的领袖人物为三大法王，使得明朝皇室与藏传佛教首领的关系进入一个新的阶段。因此明朝对三大法王的封授可以说是明朝统治藏族地区方略的一个重大转变。

1. 明朝对大宝法王的封授

噶玛噶举派在有元一代都十分活跃。元初，该派黑帽系二世活佛噶玛拔希曾至漠北朝见蒙哥汗，得到蒙哥汗的封赏。忽必烈即位后，噶玛拔希一度因为有支持阿里不哥与忽必烈争夺皇位的嫌疑而被关进监狱，不久忽必烈又准其回藏。在元代藏区的十三万户中，噶玛噶举派没有自己掌握的万户府，但是其宗教影响却一直很大。黑帽系三世活佛攘迥多吉(1284—1339)曾两次受元朝皇帝的召请到大都传法，元顺帝曾封他为“圆通诸法性空佛噶玛巴”、“灌顶国师”，并赐给玉印，封诰等①。黑帽系四世活佛乳必多吉(1340—1383)也很有名，1356年元顺帝就传旨命他进京，他于1358年从楚布寺出发，1360年到达大都，在元顺帝宫廷中活动了四年，被封为“大元国师”，赐给他玉印，1363年他离开大都回藏，他的侍从人员中还有被封为国公、司徒的，都得到赐给的印信封诰②。

---

① 详见陈庆英：《噶玛巴·攘迥多吉两次进京事略》，载《中国藏学》1988年第二期。

② 蔡巴·贡噶多吉：《红史》，东嘎·洛桑赤列校注本，民族出版社1981年7月版，第二十三节噶玛噶举。

他返回西藏楚布寺以后不久，元朝即灭亡了。在明初太祖招谕藏族僧俗首领归附明朝时，楚布寺的噶玛巴活佛自然也是主要对象之一。

洪武六年元朝摄帝师喃加巴藏卜举元故官六十余人时，可能也包括噶玛巴在内。《明实录》记载，洪武七年(1374)七月己卯，“朵甘乌思藏僧答力麻八剌及故元帝师八思巴之后公哥坚赞(巴藏)卜遣使来朝，请师(封)号。诏以答力麻八剌为灌顶国师，赐玉印海兽纽，俾居砦多桑古鲁寺，给护持十五道，公哥坚藏巴藏卜为圆智妙觉弘教大国师，玉印狮纽”。这里的答力麻八剌很可能即是噶玛巴乳必多吉。接着明太祖还在洪武八年(1375)正月赐给楚布寺的诏书中说：“皇帝圣旨　中书省官我跟前题奏，西安行都卫文书里呈来，说乌思藏哈尔麻剌麻卒尔普寺在那里住坐修行。我想修行是好的勾当，教他稳便在那里住坐，诸色人等休教骚扰，说与那地面里官人每知道者。”[①]此后噶玛巴乳必多吉曾多次派人向明太祖进贡，如洪武九年(1376)五月己卯，“朵甘乌思藏灌顶国师答力麻巴剌遣僧藏卜巴，及朵甘都指挥司同知赏竺监藏等遣其子搠兀儿监藏等各进表，贡方物，谢颁印及赏赐恩也”。洪武十一年十二月丁巳，“朵甘乌思藏灌顶国师答力麻巴剌遣使进表，贡方物。诏赐文绮、缯帛”。洪武十二年正月甲申，“朵甘都指挥同知赏竺监藏、灌顶国师答力麻巴剌，遣使奏举西番故官十六人为宣慰、招讨等官。从之”。洪武十四年(1381)十一月丁未，“朵甘乌思藏灌顶国师答力麻巴剌及都指挥使班竹儿藏卜等，遣使表贡方物”。1383年噶玛巴乳必多吉去世。所以自洪武十五年以后，《明实录》中再也见不到有关答力麻巴剌的记载了。由此我们可以看出，明朝和

---

① 此诏书保存至今，照片见西藏社会科学院、中国社会科学院民族研究所、中央民族学院、中国第二历史档案馆《西藏地方是中国不可分割的一部分(史料选辑)》，拉萨：西藏人民出版社，1986年。

噶玛噶举派的首领之间的关系从洪武初年就开始了，明太祖给噶玛巴乳必多吉的封号是“朵甘乌思藏灌顶国师”，而当时给帕竹第悉释迦坚赞、扎巴绛曲的封号也是灌顶国师，所以明太祖对噶玛巴乳必多吉是非常重视和尊重的，并未因乳必多吉在元亡前夕还在大都活动受封而受到影响。四世噶玛巴乳必多吉在洪武年间受封为灌顶国师一事，为永乐时五世噶玛巴得协银巴进京和受封为大宝法王打下了基础。

五世噶玛巴得协银巴（1384—1415）本名却贝桑布，1384年生于西藏娘波地区，4岁开始跟从乳必多吉的弟子、噶玛噶举派红帽系二世活佛喀觉旺波学佛，随后被认定为噶玛巴乳必多吉的转世。18岁时受到康区馆觉地方首领斡即南哥的尊奉和供养，他在康区一带巡游传法，很有名声。

1402年，明成祖继位，即于当年八月戊午派遣僧人智光携带诏书，“晓谕馆觉、灵藏、乌思藏必力工瓦、思达藏、朵思、尼八剌等处，并以白金、彩币颁赐灌顶国师等，凡白银二千二百两，彩币百一十表里”。正是在智光入藏后，明成祖进一步了解到噶玛巴却贝桑布在馆觉等地活动的情况，便决定召请年仅20岁的噶玛巴到京会见。永乐元年（1403）二月己丑，“遣司礼监少监侯显赍书、币往乌思藏，征尚师哈立麻”。明成祖在召请诏书中说：“朕往日居北方时，即闻尚师令名，亟思一晤。今即大位，中土宇内，悉已绥定。久怀愿念，若涤去翳障，顿得朗悟，俾功德利益，溥及凡庶”，恳切希望噶玛巴“来此中土以弘扬世尊教法”，“愿尚师以慈悯喜乐为怀，尽速前来为要”，并让使者随身带去丰厚礼物①。

---

① 巴俄·祖拉陈瓦：《贤者喜宴》，民族出版社1986年铅印本，下册第1001页。汉译文见邓锐龄：《贤者喜宴明永乐时尚师哈立麻晋京纪事笺证》，载《中国藏学》1992年第3期。

噶玛巴得知消息后，于1406年从楚布寺出发。七月，噶玛巴在康区噶玛寺见到了侯显等使者，领受诏书，即随侯显等人一道前往南京。他们经青海一路于十一月抵河州。然后经陕西、河南、安徽，乘船入长江，于1407年藏历正月抵达南京，驻锡灵谷寺、大都寺。

《明实录》记载，永乐四年十二月乙酉，“尚师哈立麻至京，入见上于奉天殿”。此后，噶玛巴多次为明成祖诵经传法，明成祖赐予出行仪仗及金、银、绸缎、鞍马等。永乐五年二月庚寅，“尚师哈立麻奉命率僧于灵谷寺建普度大斋，资福太祖高皇帝、孝慈高皇后。竣事，赐哈立麻金百两、银二千锭、彩币表里二十、马九匹。灌顶圆通善慧大国师答师巴啰葛罗思等各银二百两、钞二百锭、彩币十、马三匹。余徒众赐赉有差。”噶玛巴除了率领僧众在灵谷寺（今南京市中山陵东面）设十二坛城为明太祖夫妇作超度法事十四天外，还在皇宫中设坛为明成祖传授无量灌顶，讲经译经[①]。

噶玛巴活佛在南京所做的超荐法事和为明成祖传授灌顶等，自然不仅是一般意义上的佛教活动，当时明成祖刚刚用武力从他的侄子建文皇帝手中夺得皇位，在南京还面对着残留的建文皇帝支持者的对抗和谴责，因此他急需利用从西藏招请来的噶玛巴活佛帮助他树立精神上的威望和表现他对其父母明太祖夫妇的思念和孝心。因此，明成祖对年轻的噶玛巴活佛表现了超乎寻常的倚重和尊崇。可能正是出于这样的考虑，明成祖决心对噶玛巴给予超过明太祖对藏传佛教首领加封惯例的封号。永乐五年三月丁巳，明成祖封上师哈立麻为“万行具足十方最胜圆觉妙智慈善普应佑国演教如来大宝法王西天大善自在佛”，命他领天下释教，赐印、诰及金、银等，并封其徒孛隆逋瓦桑儿加领真为灌顶圆修净慧大国

① 噶玛巴得银协巴在南京的活动详见邓锐龄上注文。另外楚布寺所藏《噶玛巴作法灵异图卷》描绘此事。

师、高日瓦领禅伯为灌顶通悟弘济大国师、果栾罗葛罗监藏巴里藏卜为灌顶弘智净戒大国师，并设盛宴于华盖殿，宴请噶玛巴师徒，以示庆祝。

同元世祖忽必烈赐给八思巴的封号“皇天之下一人之上宣文辅治大圣至德普觉真智佑国如意大宝法王西天佛子大元帝师”相比，明成祖给噶玛巴的封号中，“大宝法王”是沿用了元朝的内容，“西天大善自在佛”则比“西天佛子”更提高了一步，但是“大元帝师”及“皇天之下一人之上宣文辅治”等表示八思巴为皇帝之师及参政的内容则被除去。这说明明成祖在沿袭元制上有所取舍，封噶玛巴为“大宝法王”，主要是强调噶玛巴的宗教领袖地位。因此，噶玛巴虽然有与元朝帝师相同的“大宝法王”的封号，但是并不具有元代帝师的掌管宣政院和藏族地区行政事务的权力。在受封为大宝法王的封号中，有“如来”二字，藏语对应词为“得银协巴”，从此得银协巴成为噶玛巴黑帽系五世活佛的常用名字，其原名却贝桑布反而不太通用。自从得银协巴受封为大宝法王名号之后，此号遂为噶玛噶举的黑帽系历辈转世活佛所承袭，终明之世，均自称大宝法王，按期遣使进贡。

永乐五年七月间，明成祖的皇后徐氏（明初名将徐达之女）去世，大宝法王奉诏先后在灵谷寺等寺院为她诵经超荐，后来又在山西五台山建大斋，诵经超度亡灵。约在十月中，噶玛巴从五台山返回南京。十一月二十四日，明成祖致书噶玛巴，再次感谢法王于五台山道场举办超荐大典，并谓法王返京，道路跋涉，劳顿良多，正宜从容休息，今遣皇太子高炽、汉王高煦、赵王高燧躬诣，请法王即就灵谷寺宣扬法教[①]。十一月丙辰，明成祖又“赐如来大宝法王哈立

---

① 宋伯胤：《明朝中央政权致西藏地方诰敕》，载中央民族学院藏族研究所编《藏学研究文集》，北京：民族出版社，1985 年。

麻彩币、法器、香果等物，及赐大国师果栾罗葛罗监藏巴里藏卜等彩币表里有差”。

噶玛巴得银协巴在南京、五台山等地停留达一年多，于永乐六年(1408)四月辞归，明成祖赐给他白金、彩币、佛像等物，派中官护送。得银协巴回到拉萨和楚布寺后，向大昭寺的觉卧佛像献了无比珍贵的珍珠袈裟，并给前后藏各教派有五名僧人以上的寺院熬茶布施，拉萨地区的领主内邬巴把拉萨布达拉山上的庙宇供献给他作为驻锡之地。他给阐化王扎巴坚赞等人讲经说法。可是不久以后，噶玛巴得银协巴在藏历木羊年(1415)八月十五日因突然患重病而去世①。

噶玛巴得银协巴返回西藏后，几乎每年都派弟子进京朝贡。如永乐七年二月庚辰，“如来大宝法王哈立麻遣其徒辍藏等来朝，赐之钞币”。永乐八年正月甲午，“如来大宝法王哈立麻，赞善王吉剌思巴监藏巴里藏卜等，各遣使来朝。赐钞币、衣服等物”。永乐九年四月乙未，“如来大宝法王哈立麻及馆觉护教王宗巴斡即南哥巴藏卜等各遣使进马，赐钞及彩币”。永乐十年五月丙戌，“如来大宝法王哈立麻遣其徒杨班丹等贡方物，赐钞币有差”。永乐十一年(1413)二月己未，明成祖又封哈立麻寺(噶玛寺)绰思吉监藏为灌顶圆通妙济国师，封簇尔卜(楚布寺)掌寺端竹斡薛儿巴里藏卜为灌顶净慈通慧国师。这样在噶玛巴得银协巴的弟子随从中有六人被封为国师。这些受封的弟子随从有一些传出转世，成为噶玛噶举派的一些主要的活佛转世系统的第一世活佛。

1416 年得银协巴去世后，黑帽系第六世活佛通哇敦丹(1416—1453)继承了大宝法王的封号，从 1426 年到 1450 年的 20 多年中，他先后八次遣使向明朝进贡，明朝曾召请他进京，但未能

① 巴俄·祖拉陈瓦：《贤者喜宴》下册，第 1014、1017 页。

戒行。宣德元年（1426）四月甲申，“赐如来大宝法王等使臣指挥使公哥等，金织文绮、袭衣等物有差”。当时通哇敦丹年仅 11 岁，可见明朝是承认他自动继承的得银协巴的大宝法王封号的。据藏文史料载，明宪宗曾赐给黑帽系第七世活佛却扎嘉措（1454—1506）一顶特别的黑色僧帽、珍珠袈裟以及黄金绸缎等。还说当明宪宗去世、孝宗即位时，却扎嘉措为宪宗诵经超度，为孝宗祝赞吉祥，孝宗赐给他诏书、茶 150 包、库缎百匹、旃檀等，朝廷的官员也送来了信。并说一般情况下，除了皇帝以外，在西藏谁也不能封授官爵，但是明朝皇帝曾对得银协巴说，由于汉藏距离遥远，所以上师你可以委任合适的拉德和米德的官员，由我给予支持和镇摄，所以噶玛巴却扎嘉措委任了国师和司徒[①]。这大约即指《明实录》所载弘治八年（1495）十二月甲戌，“乌思藏大宝法王葛哩麻巴遣国师答失藏卜领占等来贡，因为番僧桑儿结俄些儿等六人请袭其师原职，许之。回赐法王及宴赐答失藏卜领占等各如例”。这也就是说噶玛巴可以推荐弟子承袭国师、司徒等职，请明朝皇帝批准，或者是由噶玛巴先委任，然后请明朝皇帝认可。噶玛巴的这种举荐、封授地方僧俗官员的权力，有可能只限于噶玛噶举派管辖的僧俗部众以内。

以后的历辈噶玛巴活佛作为大宝法王向明朝进贡，也可见到一些记载，如嘉靖三十三年（1554）五月丁未，“乌思藏辅教王、阐化王、阐教王、大乘法王、大宝法王各差国师番僧扎巴坚参等来朝，贡方物，赏赉如例”。万历三十八年（1611）十二月己亥，“四川、乌思藏阐教、辅教、大乘、大宝、长河西等处遣番徒蓄竹坚参等，及年久

① 《历辈噶玛巴略传》，见西藏自治区社会科学院、中央民族学院藏族研究所编著《中国西藏地方历史资料选辑》（藏文），拉萨：西藏人民出版社，1986 年，第 282—283 页。

未贡杂道长官司遣番徒叱吧坚剉等各备珊瑚、方物来贡，赐宴赉如例。”

2. 明朝对大乘法王的封授

被明成祖封为大乘法王的是萨迦派都却拉章的贡噶扎西（明代汉译为昆泽思巴）。其祖父为元朝的帝师贡噶坚赞贝桑布（1333—1358年任帝师），父亲为大元却吉坚赞。据《萨迦世系史》记载，大元却吉坚赞生于水猴年（1332），元顺帝曾封他为靖国公、国师。他与其弟大元洛追坚赞即是《朗氏家族史》中所说的与本钦旺尊一起坚持与帕竹大司徒绛曲坚赞对抗的“帝师的两个儿子”。大元却吉坚赞在反对绛曲坚赞彻底失败、萨迦势力被迫迁到达仓宗后，于1356年到大都，被元顺帝封为“中兴释教大元国师”，并成为皇太子爱猷识理达腊专门供奉的上师，他与帝师喇钦索南洛追等在朝廷继续控告大司徒绛曲坚赞，但未能成功，而于1359年在大都去世。大元却吉坚赞在受比丘戒之前娶有三妻，其长妻1349年所生之子即为大乘法王贡噶扎西。

这样，贡噶扎西便成为在达仓宗的萨迦残余势力的代表人物之一。他从幼时起就开始学佛，1372年以喇嘛丹巴索南坚赞为师受比丘戒，专心学习各种经论，到前后藏各地朝佛巡礼，讲经说法，成为萨迦款氏家族成员在宗教活动方面的一个代表人物，声名远扬，引起了明成祖的注意，两次遣使前来召他进京。贡噶扎西“念与此大皇帝有先世誓愿之缘，前往彼处对佛法及众生大有利益”，遂决定前往内地。当时属下众人以先前萨迦派到大都去任皇帝帝师之诸人大多未能返回，且路途遥远，而他年事已高（时已60岁），去后恐难返回，劝他不要去内地。但贡噶扎西决心已下，不听劝阻，于永乐十年（1412）四月由萨迦寺动身，经过十个月的跋涉，于永乐十一年（1413）二月到了南京朝见皇上，并多次讲论佛法，深受皇帝敬信，被封为“万行圆融妙法最胜真如慧智弘慈广济护国演教正觉大乘法王西天上善金刚普应大光明佛”，赐给管领僧众、护持释迦牟尼教法之诏书及金印。此后，他又去了北京、五台山等地，然后再到南京，为明成祖传授灌顶及经咒、护持等教法，并请皇帝大赦天下。明成祖赐给他银质喜金刚像、大威德像、金刚杵等法器，此外还有大藏经、供器、僧帽、袈裟等，以及各种珍宝、金器、银器、绸缎、大小帐幕、茶叶、牛、马、骡等无数财宝。此后，他于马年(1414)正月离开朝廷，十二月回到萨迦寺[①]。《明实录》也记载，永乐十一年二月戊午，“尚师昆泽思巴入见，赐藏经、银、钞、彩币、鞍马、茶、米等物”。永乐十二年正月壬午，才有“正觉大乘法王昆泽思巴陛辞，赐图书及佛像、佛经、法器、衣服、文绮、仪仗、鞍马、金银器皿等物，命中官护送。”贡噶扎西总共在汉地停留了一年多。

《明实录》中的尚师昆泽思巴，即是《萨迦世系史》中的贡噶扎西。“昆”是指其族姓款氏。明成祖在封贡噶扎西为大乘法王时，还封其随行弟子喇嘛哲尊巴为灌顶圆通慈济大国师。由于哲尊巴在内地去世，所以在大乘法王动身返藏前的永乐十二年正月丙申，成祖“命妥巴阿摩葛为灌顶圆通慈济大国师，赐之诰命。妥巴阿摩葛者，故国师哲尊巴父也”。

贡噶扎西此次进京的另一重要收获是争取到明成祖发布命令让帕竹政权把萨迦大殿交还给萨迦派掌管，使萨迦众人努力了几十年的大事终于有了结果。贡噶扎西早在前往汉地之前，就同萨迦派的支持者江孜法王贡噶帕等人专门商议了收回萨迦大殿之事。当贡噶扎西入朝向明成祖提出这一要求后得到皇帝的批准，并由明朝的使者前去宣布并执行。

1413 年 5 月，明成祖派侯显等人从京城出发进藏，向乌思藏诸多首领传达旨意，其中即带去了命令帕竹第悉交出萨迦大殿给

---

① 阿旺贡噶索南：《萨迦世系史》，北京：民族出版社，1986 年，第 344—346 页。

予原主萨迦派的诏书。12 月侯显等人到达西藏，在颇章孜宣读诏书。封热丹贡桑帕巴（贡噶帕之子）为荣禄（大夫）大司徒，并赐给以一大锭白银制成的银印为主的大量礼品，并封其弟热觉桑波为朗钦，赐印章以及礼品等。热丹贡桑帕巴在兄弟受封为大司徒和朗钦的诏书宣读完毕，并已接受官职之后，收到了大乘法王的来信："封授土官的诏书，还应在萨迦大殿宣读，作为前藏人（指帕竹第悉）把萨迦大殿交还到大乘法王手中的吉祥缘起，因此你们作为贵宾，要尽快前来。"于是法王兄弟匆忙动身前往萨迦，带有随从和供草、供酒及服侍起居的杂强替巴（随从服侍人员）约一千人，并仿照以前大司徒帕巴仁钦（热丹贡桑帕巴的堂兄弟）伯侄前去萨迦接受诏书时的例子，大讲排场，排列由掌印的职司官员开道的马队、旗鼓、刀矛、法鼓等全套仪仗。1414 年二月初四日，法王兄弟从江孜出发，经过五日到达萨迦，法王兄弟受到前所未有的隆重欢迎。此后法王兄弟先到了细脱拉章，前往森康（寝殿）中拜见了达钦细脱巴（即萨迦寺的住持）。十二日，迎请大乘法王到细脱拉章后，宣读了封法王兄弟等人为大司徒、朗钦、土官等职的诏书。①

萨迦派的大乘法王贡噶扎西利用前往朝廷的时机，向永乐帝请求下令帕竹第悉把占据达半个世纪之久的萨迦大殿交还给萨迦派，永乐帝同意其请求，而帕竹政权也听从了皇帝的命令。西藏地方势力萨迦派和帕竹派之间的长期未能解决的争执问题最后由明朝皇帝发布命令才得以解决。这充分表明，明朝中央在西藏各派政治势力中有至高无上的地位，有处理西藏地方的政教事务的权力。

大乘法王贡噶扎西通过明朝皇帝的影响收回了对萨迦大殿的

① 晋美扎巴：《江孜法王热丹贡桑帕巴传》，西藏人民出版社 1987 年版，第 44、49、54 页。

管理权，这对萨迦派的延续和发展起到了十分重要的作用。萨迦大殿是萨迦派的政治权势的象征，贡噶扎西在收回萨迦大殿后搜集萨迦五祖的著作，并组织专人抄写了《萨迦五祖文集》，开创了汇集藏族宗教界领袖的著作文集的先例，促进了藏族文化的发展。他还对萨迦大殿进行维修，建立了吉祥胜乐法轮、喜金刚、普明佛母等立体坛城，对萨迦大殿这一重要历史建筑完好地保存下来也发挥了重要作用。他还为萨迦大殿制定了修习仪轨、为萨迦法座的长远延续做出精心安排，所以《汉藏史集》的作者十分推崇他："使萨迦派教法犹如将要熄灭的灰烬又重新燃烧起来，因此他的恩德十分重大"①。

1425年，贡噶扎西在萨迦大殿去世。大乘法王一职由萨迦款氏家族成员继承。《明实录》记载，正德九年(1514)正月己丑，"乌思藏萨释迦巴故大乘法王洛竹坚参巴藏卜侄完卜锁南坚参巴尔藏卜，差使臣班蓝端竹列思巴求袭职"。可见萨迦派的人始终坚持大乘法王的继承要经过明朝皇帝的批准才算合法。

明代大乘法王入朝贡奉不绝，《明史》一直到万历年间仍有记载，如万历十三年(1586)十二月辛巳，"乌思藏大乘法王及长河宣慰使司番僧吧蜡领真等入贡，例赏约九千三百两有奇。工部以节慎库空虚，议移之四川藩司。番僧诉于礼部，引万历六年奉旨事例为言，诏仍于工部给之"。

3. 明朝对大慈法王的封授

被明朝封为大慈法王的是从明朝初期创建的藏传佛教的新兴教派格鲁派势力的代表人物释迦也失，而释迦也失是代表其师宗喀巴入朝觐见的。还在格鲁派正式创立之前，宗喀巴的传法授徒活动就通过帕竹第悉、内邬宗本等人的介绍和明朝入藏使者的报

---

① 达仓宗巴·班觉桑布：《汉藏史集》，四川民族出版社，1985年，第344页。

告引起了明成祖的注意。1403 年明成祖派侯显等人入藏召请噶玛巴得银协巴进京。1406 年明成祖又遣使赍诏封帕竹第悉扎巴坚赞为阐化王。约在此时,明成祖给宗喀巴也送去了邀请的诏书,所以在藏历第七饶迥土鼠年(1408)六月,宗喀巴给明成祖写了一封回信,请明朝使者带回。在这封回信里,宗喀巴对收到皇帝赐予的大量礼品表示衷心感谢,对皇帝的邀请则予以婉拒,“余非不知此是大地之大主宰为佛法着想之谕旨,亦非不遵不敬陛下之诏书,但我每与众人相会,便发生重病,故不能遵照圣旨而行,惟祈陛下如虚空广大之胸怀,不致不悦,实为幸甚!”①

宗喀巴辞谢明成祖召请的原因,除了当时格鲁派正处于草创的关键阶段,宗喀巴作为格鲁派的主持者不宜远出外,大师身体不好,“每与众人相会,便发生重病”,也是其中之一。不过明成祖仍然努力召请宗喀巴大师进京一见,永乐十一年(1413)二月,当大乘法王到京会见后,明成祖命使者侯显等再次赍诏召请宗喀巴大师,诏书说,“鉴于你证道的功德极为高深,清净宏大,依止慈悲之心,利益一切有情众生,引导彼等入于大乘之道。因此之故,朕思念你的清净功德,为时已久。今派遣以太监侯显为首的使者,以政教二规前来迎请于你,望你为佛教弘传着想,前来中原,以完成朕之心愿”。当时,侯显等人前往惹喀扎求见宗喀巴。“起初大师不同意见面,后来由于阐化王扎巴坚赞和内邬宗本南喀桑布等人说情,大师才到色拉却顶与侯显等人相见,接受了诏书和礼品。大师对众使者详细说明他如前去汉地障碍大而功德小的缘由,并给皇帝写了封说明情形的回信,准备了回赠的礼品,请使者们带回。”②于是,明朝的使者们便想到请宗喀巴派一名弟子代替他入朝的办法。

---

① 周加巷:《至尊宗喀巴大师传》,青海民族出版社,1981 年,第 299—301 页。
② 周加巷:《至尊宗喀巴大师传》,青海民族出版社,1981 年,第 296 页。

据《至尊宗喀巴大师传》载："金字使者们请求说，大师实在不能前去，则请派一殊胜弟子。于是派遣了大慈法王释迦也失前去，法王仁波且（释迦也失）遂遵命前去汉地，做了广大的符合汉地大明皇帝意愿的讲修功业，然后返回西藏。"①

释迦也失出身于蔡巴地方首领的家族，于藏历第六饶迥的木马年（1354）生于拉萨东北的蔡贡塘。他从幼年时开始学佛，曾拜过许多老师学习佛法，后来拜宗喀巴为师。当侯显等使者请宗喀巴派一名殊胜弟子前往并得到宗喀巴同意后，释迦也失遂同侯显等同行前往内地。侯显等人随即将这一情况向永乐帝奏告。释迦也失师徒和侯显等使者们经山南、康区、理塘，抵达成都府城内时，永乐帝派来传送诏书的使者已在此恭候。诏书中说："今闻上师你已离西土，不顾途中风雨烈日寒暑，渐次已行数万里之遥，前来此处，故朕心甚悦，难以言说。现今复遣人于途中赠礼迎接，以示缘起，以表朕心。"②由此可见永乐帝对释迦也失进京一事的重视程度。

当然，永乐帝这样做的另一个目的是为了维持释迦也失"遵旨进京"的名义。因为侯显等人入藏是为了迎请宗喀巴大师，而宗喀巴大师因为种种原因没有请到，只请到了他的一个弟子，这样使明朝皇帝觉得有失面子的解决办法，明朝自然不便直接载于史册，明朝所采用的转圜办法就是让释迦也失的进京成为在明朝安排下的"遵旨进京"，故《明实录》只是记载永乐十二年十二月癸巳，"乌思藏尚师释迦也失来朝"。对格鲁派代表进京这一重大事件仅一笔带过。由于汉文史料对此事的记载非常简略，《明史》则更记为释迦也失踊跃入朝，而只字不提迎请宗喀巴大师未果而代以释迦也

① 周加巷：《至尊宗喀巴大师传》，西宁：青海民族出版社，1981 年，第 301 页。

② 见西藏自治区社会科学院、中央民族学院藏族研究所编《中国西藏地方历史资料选编》（藏文），拉萨：西藏人民出版社，1986 年，第 313—314 页。

失之事。《明史》记:“大慈法王,名释迦也失,亦乌思藏僧称为尚师者也。永乐中,既封二法王,其徒争欲见天子邀恩宠,于是来者趾相接。释迦也失亦以十二年入朝,礼亚大乘法王。”①

永乐十二年十一月二十五日,释迦也失等到达北京城附近时,受到九门提督等官员的欢迎。在欢迎官员的接送下,释迦也失抵达有三层外城墙的京城北面外城墙,并下榻于莲花池旁的海音寺(或法音寺?),永乐帝又派人送来圣旨,对释迦也失“不计数万里之路,跋山涉水,触风冒雨,历尽艰辛前来”,表示十分高兴,考虑到上师“远途而来,身体疲乏”,谕示上师面圣时可免行礼。于是释迦也失在皇宫中心的大善(成?)殿朝见了皇帝。皇帝为他举行了盛大的接风宴会,并多次给予赏赐②。

永乐十三年四月庚午,明成祖“命尚师释迦也失为妙觉圆通慧慈普应显教灌顶弘善西天佛子大国师,赐之诰命”。据藏文史料称,释迦也失在京期间,还用医药和传授灌顶的办法为明成祖治好了重病。此外,还在五台山建了六座寺院,这些寺院按照藏传佛教格鲁派的修行次第修习佛法。可见释迦也失同得银协巴、贡噶扎西一样,在汉地停留期间也奉命去过五台山,并为明朝皇室在五台山举行法事。

永乐十四年五月辛丑,释迦也失带着在汉地首次刻版印刷的大藏经《甘珠尔》朱砂木刻本的荐新样本和明成祖亲自撰写赞语的释迦也失的画像回到了西藏③。这是两件重要的文物,特别是前者是中国最早的藏文木刻版大藏经,对后来藏区的刻版印刷术和藏族文化的发展具有深刻的影响。这部珍贵的藏文木刻版大藏经

---

① 《明史》卷331,列传219,西域3,大慈法王传。

② 见西藏自治区社会科学院、中央民族学院藏族研究所编《中国西藏地方历史资料选编》(藏文),拉萨:西藏人民出版社,1986年,第314—310页。

③ 见西藏自治区社会科学院、中央民族学院藏族研究所编《中国西藏地方历史资料选编》(藏文),拉萨:西藏人民出版社,1986年,第316页。

至今仍保存在色拉寺中。1416 年释迦也失回到拉萨后向宗喀巴大师供献了从汉地带回的大量财物。1419 年,宗喀巴大师在临去世前到了色拉却顶,并指示释迦也失在此兴建一座大寺院,并为建寺在色拉却顶做了长净,建立缘起。在释迦也失主持下,色拉寺在当年动工,费用大部分由内邬宗本南喀桑布提供,释迦也失从汉地带回的财物也起了重要作用。

1424 年,因明成祖再次遣使召请,释迦也失在任命曲杰达吉桑波为色拉寺法台后,动身前往朝廷。此时明成祖已迁都北京。当释迦也失还在前往北京的路上时,明成祖在 1423 年底和 1424 年初又两次亲征蒙古瓦剌部,于 1424 年 7 月在塞外榆木川去世,明仁宗朱高炽即位。但是不到一年,明仁宗又在 1425 年 5 月去世。藏文史料称释迦也失到达北京附近时永乐皇帝去世,其子宣德皇帝即位,更加尊礼大慈法王[1],是漏掉了明仁宗。总之,释迦也失应是在 1425 年 5 月明宣宗(宣德皇帝)即位后到京的。《明史》则称释迦也失奉召从西藏动身,1425 年 5 月以后到北京,在北京居住 10 余年,期间受封为大慈法王,最后于 1435 年在返藏途中去世,享年 82 岁。

对于释迦也失去世的情况,目前有两种说法。一种说他是在返藏途中行至卓莫喀(今青海省民和县境内的转导乡)去世的,其弟子侍从就地将其遗体火化,并建了一座寺院,即弘化寺;一种说他是在汉地去世的,在将其遗体运回西藏时,行至卓莫喀,载运遗体的车陷入地中,无法前进,于是在当地火化并建寺[2]。明英宗在正统七年八月赐寺名弘化,并颁赐护持,敕谕河州、西宁等处官员

---

① 恰白·次旦平措:《西藏简明通史》,拉萨:西藏藏文古籍出版社,1990 年,第 386 页。

② 智观巴·贡却乎丹巴绕吉:《安多政教史》,吴均等汉译,兰州:甘肃民族出版社,1989 年,第 222 页。

军民不许侵占寺院田地、山林、财产、孳畜之类，“敢有不遵命者，必论之以法”。天顺四年(1160)五月辛丑，明英宗重申了对弘化寺的褒护，并颁赐金字华严经六部并仪从等物及大慈法王等写成的金字经三藏、朱墨字语录经二藏，安置于内，并特赐敕护持，“尔河西、西宁镇守内外官员并诸色人等，各宜尊崇虔敬，不许私借观玩，轻慢亵渎，致有损坏遗失”。

《民和回族土族自治县概况》对弘化寺有详细的记载：弘化寺位于县城东南 76 公里处(转导乡后坪下阳台)，是民和地区建立最早的格鲁派寺院，遗址尚存，占地百亩。据《河州志》(明嘉靖本)记载:“弘化寺，州西北百二十里，正统六年奉敕建。规模壮丽，金碧交辉。有僧世袭佛子，常住地百余顷，官兵五十五名守之，内有钦赐銮驾。”《循化志》记载:“有僧世袭，香火地百顷，赐銮驾及金印、珍珠伞、孔雀匾，国朝颁赐敕印。”《续修导河县县志》记载:“乾隆时诏曰：此地乃至善大慈法王塔院所在，地连河州、西宁两界，给予喇嘛僧徒五十五名月米，令其看守。赏与山场牧地，为香火之用。”据近年出版的地方资料称，弘化寺鼎盛时期，辖有宗教活动场所十处，僧众三百余。弘化寺现存有明永乐皇帝赐予太子佛(当是指“西天佛子”的封号)的镶嵌有二十四条飞龙、黑红色檀香木螺钿护法神床架，都纲之印及断碑等①。

二、明朝对其他藏传佛教首领人物的封授

除三大法王以外，明朝还封了许多藏族僧人为国师、灌顶国师、禅师等。早在明太祖争取藏族地区僧俗首领归附明朝时，就吸收元朝封授藏族僧俗首领为帝师、司徒、国公等职的办法，大力扶植藏传佛教领袖，只要这些藏传佛教的首领人物前来归附，就加给

① 《民和回族土族自治县概况》，西宁：青海人民出版社，1986 年，第 56 页。

他们国师等各种封号，争取他们效力朝廷，从而达到明朝治理藏族地区的目的。

明太祖最早所封的藏族佛教领袖是元末的摄帝师喃加巴藏卜，他在1373年被封为炽盛佛宝国师，并赐玉印。这说明此时明太祖已决定废除元朝的帝师制度，但沿袭其分封藏传佛教领袖为国师并加给封号的做法。与此同时，明太祖还下诏帕竹政权的首领释迦坚赞，仍保留其灌顶国师的封号，并赐玉印，从此帕竹政权的历任第悉都有灌顶国师的称号。甚至北元和林国师朵儿只怯烈思巴藏卜归附，也被保留国师称号。

此外，在洪武年间封授的国师还有，洪武七年(1374)七月己卯，授朵甘乌思藏僧答力麻八剌(四世噶玛巴乳必多吉)为灌顶国师，故元帝师八思巴之后公哥坚藏巴藏卜为圆智妙觉弘教大国师。另外，帕竹政权的第二任第悉释迦坚赞1373年被明太祖封为灌顶国师后，随即在当年九月去世，由其侄丹萨替寺京俄扎巴绛曲兼任帕竹第悉。1381年扎巴绛曲扶植其异母弟索南扎巴任帕竹第悉。1385年帕竹政权内部出现纷争，索南扎巴辞去第悉职务，由其堂兄弟扎巴坚赞继任。《明实录》载，洪武二十一年(1388)正月己亥，“帕木竹巴灌顶国师锁南札思巴意监藏上表称病，举弟吉剌思巴监藏巴藏卜代职，许之”。帕竹政权的第悉易人而请求明朝批准，实际是请求准许继承灌顶国师的名号和职位，这表明还在洪武年间帕竹政权就十分看重明朝封给的灌顶国师的名号。

1398年明太祖去世，传位于其孙建文帝。次年，燕王朱棣起兵争位，1403年朱棣即皇帝位，改元永乐，是为明成祖。明成祖即位前长期驻守北京，在争位的战争中又多借助蒙古兀良哈三卫之力，所以对蒙古、吐蕃事务更为注意。在对藏族僧人的封授上，明成祖不但封藏传佛教领袖为大宝法王、大乘法王等，而且对他们的弟子也封给大国师、国师的名号。从明成祖到景泰帝、成化帝，明朝封了许多藏族僧人为大国师、国师等，并赐给封诰和印章，其尊崇优渥几乎达到与元朝相近似的地步。见于《明实录》记载的主要有：

永乐四年(1406)十二月辛卯，“命乌思藏僧哈思巴罗葛罗思为灌顶圆通善慧大国师，赐诰印”。此人是大宝法王得银协巴的弟子，是随得银协巴入朝的噶玛噶举派僧人。

永乐五年(1407)在封噶玛噶举黑帽活佛得银协巴为大宝法王的同时，三月丁巳，命其徒孛隆逋瓦桑儿加领真为灌顶圆修净慧大国师，高日瓦领禅伯为灌顶通悟弘济大国师，果栾罗葛罗监藏巴里藏卜为灌顶弘智净戒大国师，皆赐印、诰、银、钞、彩币等物。

永乐十一年(1413)二月己未，“命哈立麻寺绰思吉监藏为灌顶圆通妙济国师，簇尔卜掌寺端竹斡薛儿巴里藏卜为灌顶净慈通慧国师，俱赐诰、印及彩币表里”。

永乐十一年(1413)五月丙戌，“命哲尊巴为灌顶圆通慈济大国师，必力工瓦(止贡巴)端竹监藏为灌顶慧慈净戒大国师，日托巴罗葛罗坚粲为西天佛子灌顶净慈弘智大慧大国师，赐以诰、印”。

永乐十二年(1414)正月丙申，命妥巴阿摩葛为灌顶圆通慈济大国师，赐之诰命。“妥巴阿摩葛者，故国师哲尊巴父也”。

永乐八年(1410)十月甲午，“命蕃僧班丹藏卜(西宁卫瞿昙寺僧人，他是创建瞿昙寺的海喇嘛三旦洛追的侄子)为净觉弘济国师，高日斡为广慧普应国师，失剌查为慈善弘智国师，把奔等六人为禅师，各给诰印”。从班丹藏卜受封为国师后，国师一职在其家族中世代传袭，直到清代。永乐十年(1412)正月庚戌，又命国师班丹藏卜为灌顶净觉弘济大国师，给以诰、敕。

永乐十三年(1415)二月庚午,命禅师缘旦监昝为灌顶慈慧妙智大国师,领占端竹为灌顶慧应弘济国师,赐诰、印。

永乐十六年(1418)正月甲戌,命西宁等处来朝禅师端岳藏卜为弘智净觉国师,马儿藏为广济妙净国师,思我失星吉为普济净慈国师,仑奔宛卜查失儿监藏为弘慈广智国师,皆赐诰、印。这里的仑奔宛卜查失儿监藏受封为弘慈广智国师,即是后来成为青海塔尔寺六族之一的隆奔族的国师的由来,该族的国师一职一直传承到清代,其驻地被称为"国师营",沿用至今。

洪熙元年(1425)六月辛酉,新即位的明宣宗"命右善世端竹领占为圆妙广智大国师,给予金印、玉轴、诰命"。同年十二月戊寅,又"命僧录司右阐教班丹札失为净觉慈济大国师"。

明朝所封授的大国师、国师等职,不仅仅是一个名号,而且还有品级。一般大国师为秩四品,国师为五品,禅师为六品。如宣德元年(1426)二月戊寅,明宣宗论征曲先、安定功,加国师宛卜格剌思巴监藏号为净慈普应大国师,仑奔宛卜查失儿监藏为弘慈广智大国师,吒思巴领占为普觉净修大国师,失迦思端宛卜为慈善真修大国师,达巴儿监参为妙慈通慧大国师,皆秩四品,给诰命、银印。喇嘛着星为普善禅师,雁儿吉为普济禅师,江东巴为善悟禅师,楚儿加为玄悟禅师,锁南扎为善智禅师,朵只里监藏为清净禅师,皆秩六品,给敕命、银印。这是明朝再次对西宁一带的藏族僧人大规模加封,加封的原因是陕西行都司土官都指挥李英等率西宁诸卫及隆奔国师贾失儿监藏、散丹星吉等十二番族之兵讨安定、曲先卫反对明朝的蒙古首领,大获全胜。由此可见,明朝在甘青川一带所封的国师、大国师往往是管辖藏族部落的首领,在朝廷征召时要领兵出征,立有战功者可得到升赏。

宣德元年(1426)三月庚子,"陛乌思藏大宝、大乘、阐化、阐教、赞善五王及大国师释迦也失差来使臣阿木葛为灌顶净修弘智国师，锁南星吉为灌顶国师，俱赐二品镀金银印。领占端竹、桑结巴高竹斡升国师，赐五品银印及诰命。领占班竹儿、端竹监藏袭国师，赐诰命。坚敦监藏、锁南失赖、领着领占、扎思巴、锁巴列升禅师，赐敕命，皆赐六品银印。”这是对乌思藏地区藏族僧人的封赏，可见国师一般也是五品官，禅师为六品官。有封号的国师及灌顶国师可以破格赐予品级。

由于永乐到宣德年间明朝对藏族僧人多次封给法王、大国师、国师等封号，并确定品级，给以俸禄，所以当时留居北京的藏传佛教僧人很多，其开支全由光禄寺供应。宣德十年(1435)正月明宣宗去世，明英宗即位，年方九岁。当时明朝为节约开支，曾下令减少在京居留的藏族僧人。据史载，当时在北京各寺院中仅明朝认为应当减去的藏族僧人即达 1 100 多人①。

但是在明英宗时期，封赏藏族僧人的事例仍不绝于书。如正统元年(1436)七月甲寅，“遣中官阮至等赍敕往赐净觉慈济大国师绰竹藏卜金印、诰命，弘慈广善国师锁南巴藏卜银印、诰命及袈裟等物”。正统二年八月壬戌，“命大国师端竹占领下完卜扎巴坚参袭为禅师，赐敕命、封号、银印、袈裟”。正统三年(1438)正月丁酉，“命董卜韩胡剌麻班丹也失为妙智通悟国师，松潘卫剌麻罗只儿坚藏为净戒弘慈国师。”正统四年(1439)五月己巳，“加封国师亚蒙葛为西天佛子大国师，赐以诰命”。正统五年七月癸丑，“封著思巴监藏为净修三藏国师、卓儿巴藏卜为灌顶弘慈妙济国师，俱赐诰命。”正统六年六月癸巳，“封持戒禅师绰领为清修广惠国师，给诰命、银印”。正统七年(1442)正月庚午，“命摄剌藏卜代其世父桑出巴亦邻真为戒净慈应国师，给赐诰命”。正统八年八月庚子，“命妙善通慧国师锁南监参侄锁南巴袭为妙善通慧国师，赐诰命。喇嘛也失

① 《明实录》，正统元年五月丁丑条。

吉坚桀于陕西广善寺修行，赐敕谕并图书，其文曰：广宣慈化”[①]。

由于明朝对藏族僧人仍优予封赏，正统年间来京朝贡及留居的藏族僧人仍然很多，有的到京后不在会同馆住宿，而到大慈恩寺等寺院中分住，仅大慈恩寺分住国师、禅师、剌麻阿木葛等 344 人，占用会同馆馆夫 213 人，以至于“外国四夷使臣到馆，乏人供应，不得已而雇觅市人代之”。会同馆官员只好上奏皇帝，请求“议定多寡之数而予之”，皇帝下令：“大国师班丹札失、阿木葛每员与十人，剌麻十人与二人，其著为令。”[②]

更有甚者，明朝朝廷的一些官员也奏请朝廷封赏藏族僧人为国师等职。如正统十三年(1418)十二月戊午，明英宗根据礼部尚书胡濙奏请，“命陕西西宁卫革咂等族番僧锁南藏卜袭为净悟禅师，札巴儿坚粲袭为慧慈禅师，锁南领占袭为剌麻，俱赐敕命。”又在同月甲戌，“礼部尚书胡濙奏保西宁卫隆卜等族禅师喃恰儿监昝代为净戒圆妙国师，番僧洛罗黑巴袭为弘智广善国师，锁南藏卜袭为妙智慈济国师，朝定等寺番僧锁南藏卜袭为净慈禅师，上从之。”景泰元年(1450)，即土木堡之变的次年，明朝还因胡濙的奏请，于当年四月丙子“升译写西番字番僧坚参列、都纲善师俱为右觉义，番僧参竹札失、答儿麻失里俱为都纲，仍于翰林院办事”。这是胡濙奏请为在京供职的藏族僧人升官赏赐。而且六年后即景泰七年六月癸丑，胡濙还为乌思藏地区的藏族僧人奏请封赏，“封答苍地面王子喃噶坚粲巴藏卜袭为辅教王，赐诰敕、金印、彩币、僧帽、袈裟、法器等物。命番僧葛藏为灌顶广善慈济国师，烈藏为静觉持正

① 关于妙善通慧国师锁南监参，有留存至今的藏汉碑刻为证，此处之“陕西广善寺”，实际在凉州(今甘肃省武威市)，因明朝初年凉州属陕西行省管辖，故《明实录》中称为陕西广善寺。见王尧、陈践：《凉州广善寺碑文藏汉文释读》，载《中国藏学》1990 年第一期。

② 《明实录》正统六年，五月甲寅条。

国师，领占巴丹为静觉佑善国师，班卓儿坚参为戒行禅师，桑结远丹为慈化禅师，罗竹聪密为翊善禅师，坚参烈为妙觉禅师，远丹卓为静范禅师，领占三竹为清修禅师，罗竹札失为崇善禅师，各赐印及诰命”。

明朝对藏族僧人的封赏在宪宗成化、孝宗弘治、武宗正德年间达到高峰。本来藏族僧人封授国师、禅师、都纲等职是由僧录司提名，礼部题奏，请皇帝批准。从成化年间开始，由皇帝直接派太监向吏部传旨，欲封某某僧人为某职，然后由吏部向皇帝补奏，完成封授僧职的手续。后因皇帝所传此类旨意太多，连传旨太监都觉烦累，密令不必补奏。因此《明实录》记载："时僧道官传奉浸盛，左道邪术之人荐至京师，吏部尚书君旻等无旬日不赴左顺门候接传奉。每得旨则次日依例于御前补奏。后内官亦自讳其烦，密令勿复补奏，至废易旧制而不恤云。"①此类传奉圣旨在宪宗成化末年愈演愈烈，有时一次升职授职的藏族僧人达数十人之多，如成化二十年(1484)十一月丙戌，"太监覃昌传奉圣旨：升大慈恩寺西天佛子札失藏卜、札失坚剉、乳奴班丹、大能仁寺西天佛子锁南坚赞、结斡领占俱为法王，大隆善护国寺灌顶国师著乩昝领占朵儿只巴西天大佛子，大慈恩寺国师绰吉坚赞灌顶大国师，国师坚剉星吉灌顶国师，禅师班麻朵儿只、札失班卓尔、讲经真巴舍念俱国师、讲经领占巴剌赤罗竹、觉义札巴远丹、答儿麻三加竹俱禅师，……"当时许多朝臣上书，认为封授藏族僧人太多，应当酌减，但明宪宗只是批复将法王、佛子、国师、禅师等僧职的供给减半，不准汉人冒充番僧，而封授藏族僧人的事并未稍减。成化二十一年(1485)五月壬戌，"赐西僧正觉夙慧清修妙悟翊国演教灌顶普善西天佛子大国师舍剌星吉、净修广善灌顶大国师喃喝领占等八人诰敕。"同年九月

① 《明实录》成化十二年，十一月癸卯条。

甲戌,“以乌思藏法王差来剌麻札失藏卜领占五人为灌顶大国师、灌顶国师、禅师、都纲”。同年十二月乙巳,“以番僧坚昝星吉等五人为灌顶大国师、国师”。与此同时,太监传奉圣旨升赏藏族僧人的事例依然不绝于书。成化二十二年(1486)十月庚辰,“太监覃昌传奉圣旨:升大慈恩寺西天佛子舍剌星吉、大隆善护国寺西天佛子著领占朵儿只巴为法王”。这是一日中封两法王。同月壬午,“太监韦泰又传奉圣旨:升大慈恩寺讲经领占孙卜、觉义领占绰为灌顶大国师,讲经罗纳发剌、戒师公葛朵而只为国师”。这是一日中封四国师。同月己亥,“太监韦泰传奉圣旨:升大慈恩寺灌顶大国师喃渴领占、星吉藏卜为西天佛子,禅师叁加班丹、星吉扎失、都纲喃渴扎失、锁南藏卜、觉义舍剌扎失为国师。”这是一日中封两个西天佛子、五个国师。据统计,仅明宪宗一朝,“传升大慈恩寺法王、佛子、国师等职四百三十七人,及喇嘛人等共七百八十九人,光禄寺日供应下程并月米,及随从、馆夫、军校动以千计”,所费不赀①。以致大臣们在明宪宗去世后纷纷上书,请求加以禁革。

明孝宗即位后,群臣立即纷纷上书,极言传奉官及重用僧道之弊。明孝宗遂命礼部即审处以闻,礼部对所有受封僧人均降职一等。法王、佛子降国师,国师降禅师,禅师降都纲,自讲经以下革职为僧,只留 15 人住京师,余皆遣回本土,对京城里的“番僧”进行了一次认真清理。但是清理的效果保持时间不长,不久“番僧”又“潜住京师,转相报引”,到弘治四年又增加到数百人之多。整个弘治朝皇帝优礼藏族僧人和群臣劝阻崇奉番僧的记载依然不绝于书。

众所周知,明武宗是明朝最信佛的皇帝,对藏传佛教尤其感兴趣。为此明武宗还专门在西华门内修建了一座“豹房”,同藏族僧

① 《明实录》成化二十三年,十月丁卯条。

人一起诵经、研习经典，以至于有记载说明武宗通晓梵（藏）语，可见其用功之深。武宗整天沉湎于此，不理朝政，自封为大庆法王，并为自己颁发了一枚“定为天字一号”的“大庆法王西天觉道圆明自在大定慧佛”的金印。他继位后对藏族僧人的封赏又掀起一个高潮。在这种情况下，大量藏族僧人被封为法王、大国师、国师、禅师等。如正德五年（1510）四月戊戌，“升大能仁寺国师那卜坚参、禅师札巴藏播为法王，都纲那卜领占为佛子，公葛端竹、坚挫扎失为禅师，大隆善护国寺剌麻绰即罗竹为佛子，大慈恩寺国师乳奴领占为西天佛子。革职国师舍剌扎为佛子，剌麻也舍窝为禅师。”不到两个月（正德五年六月壬辰），乳奴领占、舍剌扎又升为法王。此类事例，举不胜举。

明武宗还对去世的藏族僧人由朝廷破格给以营葬、祭仪，如正德六年六月己卯，“大慈恩寺大悟法王舍剌札死，命工部营葬，不为例”。正德七年三月己未，“赐故西天佛子舍剌星吉祭葬”。正德八年十月丁酉，“大慈恩寺灌顶大国师也舍窝死，命工部造塔葬之。工部亦据之执奏。不听，且令遂著为例”。正德十年五月辛亥，“大护国保安寺右觉义班丹伦珠为其祖师大善法王星吉班丹乞祭葬，礼部执奏无例，上特许之，命工部给葬价二千两”。

明武宗还不顾群臣的反对，在正德十年（1515）派太监刘允到西藏赍送番供等物，迎请“活佛”。为讲究排场，皇帝谕令工匠用珍珠缀联成佛殿中的法幢，用黄金铸成佛像前的供设，还准备了法王的金印、袈裟和种种珍贵的赠品和给活佛的弟子们价值万两的礼物，全部命刘允带去。皇帝还准许刘允以十年为期，自由安排行程路线，可向地方上索取钱物，还赐给刘允七万张盐引，以便沿途变卖，供其旅途所需。刘允这次出使，动员大批人力财力，严重扰乱地方，耗费巨大，结果却完全失败。《明实录》记载：“允未发，导行相续，已至临清，运船为之阻载。入峡江，舟大难进，易以舳舻，相连二百余旦。至城[成]都,有司先期除新[所]馆,督造旬日而成。日支官禀百石,蔬菜银一[亦]百两,锦官驿不足,傍取近城数十驿供之。又治入番物料,估直银二十万。镇巡争之,减为十三万。取百工杂造,遍于公署,日夜不休。居岁余始行,率四川指挥、千户十人、甲仕[士]千人俱西,两月至其地。番僧号佛子者,恐中国诱害之,不肯出。允部下人皆怒,欲胁以威。番人夜袭之,夺其宝货器械以去。军职死者二人、士卒数百人,伤者半之。允乘良马疾走,仅免。复至成都,仍戒其部下讳言丧败事,空函驰奏乞归。时上已登遐矣。”①

1522 年 3 月,明武宗去世,其叔伯弟明世宗继位,随即在群臣的要求下,一反前几代崇尚藏僧的做法,清理和处罚在京的藏族僧人(包括汉人学藏语成为藏传佛教僧人者),在即位诏中下令将正德元年以来传升、乞升的法王、佛子、国师、禅师等尽行查革,各牢固枷钉,押发两广烟瘴地面卫所充军,并将刘允降四级,罢还乡里,以治其罪。并宣告说:“此曹蛊惑引诱,欺君虐民,骚扰地方,亏损国课,罪诚深重。允姑降四级,罢还家。奸僧已获下狱者,亟论罪如法;未获者,令所在捕得,械系至京重治之。诸从行取佛者,悉下司法问。”②

经过明世宗嘉靖初的处罚、放逐,藏传佛教僧人在北京的活动立即进入低潮。世宗后来亲信道士,修炼丹药,企求长生,并听从道士的主张,排斥打击佛教,拆毁藏僧居住的大慈恩寺。从此以后,藏传佛教在京城的活动一蹶不振。

不过在明朝与藏族地区的关系方面,对藏传佛教僧人的封赏仍占有重要的地位,例如万历年间三世达赖喇嘛和四世达赖喇嘛都曾受到明朝的封赏。就是在京师,藏族僧人及藏传佛教的活动

---

① 《明实录》正德十年,十一月己酉条。

② 《明实录》正德十六年,七月癸酉条。

也没有完全绝迹。如天启六年(1626)闰六月乙丑,巡视(北京)南城御史王时英于广宁门外十方庵盘获番僧,此僧名叫贾哈罗,随身带有藏经数十叶和原领四川长河西、鱼通、宁远军民宣慰司关于他愿游汉地名山、道院、寺观的批文纸。听到这一消息后,明朝的蓟辽总督阎明泰就向朝廷要求:"夷狄之人闻中国之有圣人,重译来朝,此圣世之风也。……盖夷狄之族敬佛一如敬天,畏僧甚于畏法,而若辈亦闻有密咒幻术,足以摄之。虏酋一见喇嘛必拜,必亲听其摩顶受记,则不胜喜。……乞该部将番僧解发臣衙门,如道术果有可用,何惜片席之地容此比丘。如止是行脚庸流,即驱逐出境。"阎明泰的请求得到皇帝的批准,可见利用藏族僧人功化蒙古首领以及由此优待藏传佛教的僧人,始终是明朝朝廷上下采取的一种方针。后来在明朝袁崇焕督师蓟辽与皇太极议和时,也有喇嘛为明朝和后金充当使者,来往联络,为明朝打探后金消息。如天启六年十二月,辽抚袁崇焕在努尔哈赤受伤去世时,派喇嘛僧人李锁南以吊祭为名前去打听努尔哈赤是否确实亡故及其诸子的情形,这正是当时明朝最为关心的政治军事情报,而李锁南等人去而能返,使明朝得以掌握后金的情况①。喇嘛僧人还曾推动明朝与后金和议,因明朝大臣之间的矛盾和君臣猜疑未能成功,而抗御后金的名将袁崇焕被处死的罪状之一就是遣喇嘛议和。这些都表明藏族僧人在北京及其周边的活动几乎延续至明亡。

三、明朝藏族地区僧纲管理制度的设立

明朝建立后,在中央取消了元代的统管全国佛教事务和藏族地区行政事务的宣政院,将藏族地区的军事行政事务划归行都指挥使司管理,而对佛教事务,则设置了一整套严密的僧纲管理制度。

---

① 《明实录》天启六年,十二月辛亥条。

洪武五年(1372)明太祖定六部职掌,确定以礼部的祠部"掌祭祀、医药、丧葬、僧道度牒"。洪武十五年(1382)明太祖又决定在礼部设置僧录司,下设左善世、右善世、左阐教、右阐教、左讲经、右讲经、左觉义、右觉义。并在各府设置僧纲司,专门管理全国的佛教僧人,建立起一套管理佛教僧人的系统。

明朝在一开始经营藏族地区时,就面临着藏传佛教的僧人和寺院管理的问题。早在洪武三年(1370)明太祖就命汉僧克新等三人往西域招谕吐蕃,洪武十一年(1378)又派僧人宗泐等使西域,宗泐西行后于1381年携阿里(俄力思)使者还朝,次年明太祖任命他为右善世,成为僧录司的地位最高的僧官。早在洪武年间,僧录司中就有藏族僧人供职。据《明实录》载,洪武十八年(1385)底"建鸡鸣寺于鸡鸣山,以祠梁僧宝公,命僧德住持。卒,道本继之。初,有西番僧星吉监藏为右觉义,居是山,至是,别为院寺西以居之"。这是藏族僧人在明朝中央的僧录司任职的最早的记载。

在明太祖和永乐帝时期,明朝积极推行其僧纲制度于甘、青、川藏区。洪武二十二年(1389)明太祖谕令:"西、河、洮州等处,多有不曾开设僧司衙门,凭僧录司差汉僧、番僧去打点。着本处官司就举选通佛法的僧人发来考试,除授他去。"祠都和僧录司按明太祖的旨意从陕西布政使司选拔了汉番僧人十名,考试后带着礼部颁给的札付和僧录司文牒,前去河湟地区筹建僧司机构①。到洪武二十六年(1393)二月,"西宁番僧三剌贡马。先是,三剌为书招降罕东诸部,又创佛刹于碾白南川,以居其众。至是始来朝,因请护持及寺额。上赐名曰瞿昙寺"。明太祖并下令,对于番僧三剌和他创建的瞿昙寺,"诸人不许扰害,听其自在修行,违者罪之。"接着

① 谢重光、白文固:《中国僧官制度史》,西宁:青海人民出版社,1990年,第263—267页。另见白文固:《明清的番僧僧纲司述略》,载《中国藏学》1992年第1期。

在同年三月，“立西宁僧纲司，以僧三剌为都纲。河州卫汉僧纲司，以故元国师魏失剌监藏为都纲，河州卫番僧纲司，以僧(顿)月监藏为都纲。”此处的番僧三剌，在藏文《安多政教史》中记为海喇嘛三旦罗哲，他所创建的瞿昙寺至今犹存，在今青海省乐都县南川，永乐时期曾派太监和工匠扩建瞿昙寺，其隆国殿仿皇宫形制，围以玉石栏杆，殿内有御赐玉石宝座、皇帝牌位等，故青海民间有谚语说：“到了瞿昙寺，北京再甭去”。永乐帝还封给该寺属民，置军守护，成为明代管理西宁地区藏传佛教寺院的僧纲司所在地[①]。另外，从这一记载看，在甘青地区，番僧纲司和汉僧纲司是分设的，分别管理藏传佛教和汉传佛教的僧人。河州番僧僧纲司的首任僧纲顿月监藏出身于藏族珍珠族，他在河州韩家集建普刚寺，其弟韩哈麻曾护送明朝使者入藏，被封为河州卫镇抚，由他们兄弟传出河州的韩家僧纲和韩土司。此外在甘青地区，著名的僧纲还有卓尼禅定寺僧纲、洮州垂巴寺赵僧纲、临潭卓洛寺杨僧纲、洮州麻尔寺马僧纲、临潭圆成寺侯僧正(由明朝著名太监侯显建寺)、岷州崇教寺僧纲、庄浪红山堡报恩寺僧纲等。

在永乐皇帝时，明朝还在川西北藏区设置了一些僧纲司。如永乐八年八月己未，“设四川长河西、鱼通、宁远等处及苦白寺、沙思达寺、跛羊地面、如意宝寺、赏毡地面五僧纲司”。永乐十一年五月庚辰，“设陕西贾穆龙僧纲司，以番僧锁南监藏为都纲”。有的学者认为，“贾穆龙”是藏文“rgyal - mo - rong”的译音的异写，贾穆龙僧纲司在今四川省的金川县境，永乐帝曾封该寺僧人首领为演化禅师[②]。永乐十五年(1417)七月乙卯，又“设四川天全六番招讨

---

① 智观巴·贡却乎丹巴绕吉著、吴均等译：《安多政教史》，兰州：甘肃民族出版社，1989年，167—168页。

② 谢重光、白文固：《中国僧官制度史》，西宁：青海人民出版社，1990年，第275页。

使司及僧纲司”。宣德六年四月乙巳，又“设……四川松潘等处军民指挥使司僧纲司，置都纲、副都纲各一员”。

明朝在乌思藏地区是否设过僧纲司？学术界对此尚无研究。但从史料记载看，明朝至少在一些寺院中设置过僧纲，如《明实录》载，正统七年(1442)八月乙未，“命乌思藏剌麻远丹坚剉、老呒藏卜等为都纲，赐敕护持”。又载，成化二十一年(1486)九月甲戌，“以乌思藏法王差来剌麻答失藏卜领占等五人为灌顶大国师、灌顶国师、禅师”。弘治十二年(1499)十月丁未，“乌思藏萨剌达哈等寺番僧藏卜坚参等七人、宁佗等寺番僧星吉坚昝等三人请各袭其师国师、禅师、都纲等职，从之”。同年十二月己丑，乌思藏遣禅师桑儿结吒巴等来贡，并为日莫等寺番僧喃哈星吉藏卜等五人请各袭其师禅师、都纲等职。再如，流传至今的《西番馆译语》的来文十七，明确记载乌思藏地区存在都纲一类的僧官。该文书说：“乌思藏辅教王差使臣都纲沙加星吉等奏：上位金体安然，圣意公平，无间遐迩，我乌思藏僧俗人等，时常祝延圣寿万万岁。今赴京进贡，望朝廷可怜见，给予全赏赐。都纲沙加星吉乞与禅师职事，领占扎、远丹罗竹二人乞与都纲职事便益。”[①]这份保留下来的明代文书说明，在明代的乌思藏地区有一些藏传佛教的僧人得到过都纲的官职，在藏族地区禅师是比都纲高一级的僧官。

此外，《明实录》还记载，嘉靖二十八年(1549)五月壬辰，“以乌思藏等处番僧领占坚参等三十八名各袭国师、禅师、都纲、剌麻职事，驳回查勘喃哈坚参三十一名。礼部因奏：‘今岁入贡番僧中，多系年已赏，今次复来。或同一师僧，而袭职异名，或同一职衔，而住

---

① 西藏社会科学院、中国社会科学院民族研究所、中央民族学院(今中央民族大学)、中国第二历史档案馆《西藏地方是中国不可分割的一部分(史料选辑)》，拉萨：西藏人民出版社，1986年，第118页。

坐异地。请以后新袭诰敕，俱开住坐地方及某师某名，不得混冒。又诸番年节袭职，守候诰敕日久，辄令带原赍诰敕回番，待后入贡之年，赴京补给。以故诸番得假借冒顶，夤缘行私。及今不处，则旧诰、旧敕终无销缴之期，非但夷情怠玩，抑且国体未尊。……各处番僧袭职、进贡，本部立文簿一扇，将各僧赍到旧给诰敕所载师僧职名、颁给年月及今袭替僧徒名字、住坐地方，分别已、未领有新诰新敕，逐一登记，备行布政司照式置造。如系应贡年份，即以前册查对。如系年代久远，果有老病，方得起送承袭。如已袭未领诰敕，许起送一二人。其余无得滥放。'报可。"

从这一段记载来看，明朝认为国师、禅师、都纲等都是明朝僧官系统的官职，其中都纲是与汉族地区的僧官相一致的官职，国师、禅师以及大国师、西天佛子等则是专门封给藏族地区的高僧的僧职。凡封授这些官职，明朝都颁给诰敕作为凭据。受封的僧官按制度可以进贡的，要以诰敕为凭。由于僧人是师徒相承，名号复杂，以致出现混冒顶替、新旧诰敕混杂等现象。明朝为了加强管理，只得采取由礼部逐一登记，并将登记的受封僧职人员情况文簿发送各行省布政使司，以便对入贡的藏族僧人进行查对。由此可见，明太祖设立僧纲司管理佛教僧人的办法，在甘、青、川藏族地区取得了较好的效果，一些僧纲司一直到清代还在发挥作用。明朝在乌思藏地区虽然也设置过僧纲司，但是由于僧纲司往往依附于三大法王及阐化王、辅教王、阐教王等，加上明朝中叶以后乌思藏地区各地方势力和教派势力的斗争日益尖锐，僧纲司在乌思藏地区实际上难以发挥明朝政府所期望的管束僧众的作用，因此乌思藏的僧纲司系统在藏、汉文史料中都缺乏详细的记载。

（原载《中国藏学》2000 年第 3 期）

风俗观览

历史与现实的青藏

吐谷浑与昆仑玉

罗　新

自从日本学者松田寿男 1937 年发表《吐谷浑遣使考》[①]以来，吐谷浑在中西交通史上的特殊地位受到中外学者长期的注意，已经累积了相当多的成果。吐谷浑之路，或曰青海路[②]，或曰河南道[③]，或曰古羌中道[④]，在南北朝时期曾经成为丝绸之路主干路段之一，而吐谷浑民族所起的特殊历史作用，也受到越来越多的重视。吐谷浑之路曾经承担的政治、外交乃至文化交流方面的历史

---

① 松田寿男：《吐谷浑遣使考》（上、下），载《史学杂志》48 编，第 11、12 期；中译本，周伟洲译：载《西北史地》1981 年第 2、3 期。

② 周伟洲：《吐谷浑史》，兰州：宁夏人民出版社，1985 年，第 132—141 页；王育民：《丝路"青海道"考》，载《历史地理》1986 年第四辑，第 145—152 页。

③ 唐长孺：《北凉承平七年(449)写经题记与西域通往江南的道路》，载《向达先生纪念论文集》，乌鲁木齐：新疆人民出版社，1986 年，第 104—117 页。

④ 初仕宾：《丝绸之路"羌中道"的开辟》，载联合国教科文组织所编《十世纪前的丝绸之路和东西文化交流——沙漠路线考察乌鲁木齐国际讨论会(1990 年 8 月 19—21 日)》，北京：新世界出版社，1996 年，第 19—31 页。

任务，前辈学者已经有了很好的研究。至于它在经济贸易方面的功能，也因考古工作的进展得到了研究者的揭示[①]。本文写作的动机，是希望在既往研究的基础上，对吐谷浑之路作为丝绸之路重要路段的贸易功能，进行一点比较具体的研究。

我的问题是，来往于吐谷浑之路的各种商队，都携带和贩售着什么样的商品呢？从东向西，大宗商品可能仍然是传统的丝绢等纺织品。《周书·异域·吐谷浑传》记载西魏废帝二年(公元553年)，两魏军队袭击了由吐谷浑军队护送的、自北齐西归的一支商队：

是岁，夸吕又通使于齐氏。凉州刺史史宁觇知其还，率轻骑袭之于州西赤泉，获其仆射乞伏触扳、将军翟潘密、商胡二百四十人，驼骡六百头，杂彩丝绢以万计。这支有一定规模的商队的主要物资，既是"杂彩丝绢"，说明此时的中西贸易中，西方对东方(华北地区)物资的兴趣还是集中在丝绢等纺织品上。当然，还会有许多其他商品，与丝绢一起源源输向西方。

那么，商胡东来时，又主要携带什么商品呢？从商业原则出发，这些商胡在东来的过程中，必定会一路上从事贸易活动，把一地物资携往另一地贩售，如此积聚利润，并充行资。这种活动可能是一站一站进行的。江左的南朝对吐谷浑物资的兴趣，从史书中有限的记载看，似乎主要集中在马匹上。吐谷浑产善马(所谓蜀马)，是南朝良种军马的主要来源，学者论之详矣。我这里要讨论的，是经由吐谷浑之地，丝路贸易中由西域向南朝(甚至包括北朝)输入的另一项大宗商品——昆仑玉[②]。

---

① 夏鼐：《青海西宁出土的波斯萨珊朝银币》，载《考古学报》1958年第1期。

② 这里提到的昆仑玉，包括产于今新疆和田地区和田河上游以及莎车叶尔羌河上游的各种软玉。这些地区自古以来就是世界上主要的软玉产地。

玉在中国文化中向来重要，可是《禹贡》九州的范围之内，却甚少产玉之地，至于高等级的软玉，自古就必须仰赖西域的于阗（今和田地区）等地。[①] 早在张骞凿空之前，中原与西方的贸易之路上，昆仑玉就是重要商品。[②] 汉武帝之后，和田玉的输入数量远远超过先秦，汉代玉器中使用大量的羊脂玉便是证明。[③] 当然，各个时期的贸易路线和行使贸易职能的民族是会有变化的。[④] 南北朝时期，当吐谷浑承担起丝路东部枢纽责任的时候，[⑤]经由吐谷浑地区，昆仑玉仍然向东输送；处在战乱分裂中的广大东部地区，尤其是江左的南朝，依然能够获得和田等地的美玉。

有关的史料是如此稀少，以致我们有时只好向一些传统史料学并不信任的文献求助。目的只是为了说明这一时期昆仑玉贸易与吐谷浑的关系，非敢逾越规矩、轻涉说部，博雅君子，幸留意焉。

一、河南国与南朝间的昆仑玉贸易

题为晋王嘉撰、梁萧绮录的《拾遗记》，被《四库全书简明目录》称为“事迹十不一真”，其卷六所载三国时事迹即有如下一条：

先主甘后，沛人也，生于微贱。……至十八，玉质柔肌，态媚容冶。先主召入绡帐中，于户外望者如月下聚雪。河南献

---

① 栾秉璈：《中国宝石和玉石》，拉萨：新疆人民出版社，1989 年，第 111—121 页。

② 尹达：《中国新石器时代》，北京：生活·读书·新知三联书店，1955 年，第 43 页；殷晴：《和田采玉与古代经济文化交流》，载《新疆文物》1994 年第 3 期；程越：《古代和田玉向内地输入综略》，载《西域研究》1996 年第 3 期。

③ 夏鼐：《汉代的玉器——汉代玉器中传统的延续和变化》，载《考古学报》1983 年第 2 期。

④ 林梅村：《开拓丝绸之路的先驱——吐火罗人》，载《西域文明》，东方出版社，1995 年，第 3—10 页。

⑤ 松田寿男：《吐谷浑遣使考》（下），周伟洲译，载《西北史地》1981 年第 3 期。

玉人,高三尺,乃取玉人置后侧,昼则讲说军谋,夕则拥后而玩玉人。常称玉之所贵,德比君子,况为人形,而不可玩乎?后与玉人洁白齐润,观者殆相乱惑。嬖宠者非惟嫉于甘后,亦妒于玉人也。后常欲琢毁坏之,……先主乃撤玉人,嬖者皆退。当斯之时,君子议以甘后为神智妇人焉。①

此条记事之必伪,清人王士禛与今人齐治平均已力辨②。只是,作伪的并非王嘉(子年),而是南朝人。据《晋书·艺术传》和《高僧传》卷五释道安传所附王嘉传,王嘉为十六国前期人,前秦末年为姚苌所杀。可是,此条记事中有"河南献玉人"一语,河南者,河南国也。魏晋南北朝时期曾被称河南国的,只有乞伏西秦和吐谷浑两个政权③,时间都在王嘉死后。乞伏乾归与其子乞伏炽盘称河南王的时间极短,而南朝宋、齐、梁各代封吐谷浑君主为河南王的传统持续了一百多年,④所以,在正史及其他各种文献中,河南国基本上是指吐谷浑的。在今本《拾遗记》中,前引刘备与甘后事迹一条,放在正文即王嘉原本之中,而不是置于梁代萧绮的所谓"录"中。从上述时间上的矛盾看,此条记事的作者即使不是萧绮,也必是南朝时期的其他什么人。

这条不合史实的记事,也并非全无研究的价值。就本文而言,

① 本文引述《拾遗记》,用今人齐治平校注本,中华书局 1981 年版,第 191—192 页。

② 王士禛:《古夫于亭杂录》卷四,《四库全书》子部杂家类杂说之属,台北商务印书馆 1983 年版,第 870 册,第 645 页;齐治平点校本《拾遗记》,中华书局 1981 年版,第 192 页。

③ 唐长孺:《南北朝期间西域与南朝的陆道交通》,载《魏晋南北朝史论拾遗》,中华书局 1983 年版,第 186 页。

④ 据《宋书》卷九六《鲜卑吐谷浑传》,元嘉十六年(439)宋文帝封吐谷浑酋长慕延(即慕利延)为河南王。此后齐、梁维持了这个传统,到梁武帝大同六年(公元 540 年)文献记载的吐谷浑最后一次遣使南朝为止,河南国的称号保持了至少一百年。

其价值就在于“河南献玉人”的记载。吐谷浑与南朝密切的通使关系，以及经由吐谷浑之地而沟通的西域各国与南朝间的通使关系，频繁地见载于南朝史书，当然也必定给了当时的人以很深的印象。吐谷浑并不产玉，但于阗国的玉只有经过吐谷浑才能运达南朝。至于吐谷浑在于阗玉贸易中，是仅仅充当商胡的保护人，还是兼营中间贸易，我们已无法知晓。从“河南献玉人”一语，可以看出，在南朝时代的江左人士心目中，或者在事实上，河南国与运抵南朝的于阗玉，是有直接关系的。

吐谷浑与南朝的交通，经过益州、荆州，沿长江抵达建康。吐谷浑与益州的关系，据《梁书·诸夷·河南国传》：

> 其地与益州邻，常通商贾，民慕其利，多往从之，教其书记，为之辞译，稍桀黠矣。

同书同传还记载，天监十三年(514)，伏连筹遣使献“金装马脑钟二口”，又表请于益州立九层佛寺，并获得梁武帝允可。益州是吐谷浑贸易之路的重要一站，所以有大量胡商居住或活动于益州。《隋书·儒林·何妥传》：

> ……父细胡，通商入蜀，遂家郫县，事梁武陵王纪，主知金帛，因致巨富，号为西州大贾。

何妥一家极可能是粟特商胡。同样可能是粟特商胡而活动于益州的人还很多。《续高僧传》卷二五释道仙传：

> 本康居国人，以游贾为业。梁周之际，往来吴蜀，江海上下，集积珠宝。

另一个常被引用的例子。见于《高僧传》卷七宋释慧叡传：

经行蜀之西界，为人所抄略，常使牧羊。有商客信敬者见而异之。

陈寅恪先生曾说："……六朝、隋唐时代蜀汉亦为西胡行贾区域，其地之有西胡人种往来侨寓，自无足怪也。"[①]在另外一个地方，他再次强调"蜀汉之地当梁时为西域胡人通商及居留之区域"[②]。

益州处于如此地理位置，在昆仑玉贸易中，自然应当有特殊性，史籍中相关的资料也偶可一见。前面提到的何妥，其兄何通，便以治玉见称。《隋书·何稠传》：

何稠字桂林，国子祭酒妥之兄子也。父通，善玉。

何通活动于萧梁时期，家在益州郫县，身为西域胡商，以治玉见称，可见益州还是一个昆仑玉加工地。江左所得玉器，相当部分可能是在益州、由何通这样的西域胡商加工生产的。

从益州到建康，要经过在南朝政治中有着分陕之重的荆州。昆仑玉贸易在荆州的历史痕迹还是可以找到的。《周书·于谨传》，于谨率领西魏大军围攻江陵，擒杀梁元帝，"虏其男女十余万人，收其府库珍宝"，这些珍宝包括：

① 陈寅恪：《李太白氏族之疑问》，载《金明馆丛稿初编》，上海：上海古籍出版社，1980年，第279页。

② 陈寅恪：《隋唐制度渊源略论稿》，上海：上海古籍出版社，1982年，第80页。

> 宋浑天仪，梁日晷铜表，魏相风乌、铜蟠螭趺，大玉径四尺、围七尺。

这种大尺寸、高等级的玉石，当然产自于阗。《南齐书·河南传》载齐武帝永明三年(485)，遣使于芮芮(柔然)：

> 遣给事中丘冠先使河南道，并送芮芮使。至六年乃还。得玉长三尺二寸，厚一尺一寸。

案丘冠先之使，自益州西至吐谷浑，再绕道达漠北柔然，并不经过于阗。他的大玉，应当是在吐谷浑地区从胡商手中得到的。这暗示吐谷浑地区存在着玉石交易市场。

梁元帝宫中的大玉，反映了荆州作为昆仑玉贸易重要中转站的意义。另外，在说部材料中，关于荆州地区的玉器，还可举出唐人张读《宣室志》卷六所载南朝刘宋时事一条：

> 宋顺帝升明中，荆州刺史沈攸之，厩中群马，辄踯蹋惊嘶，若见他物。攸之令人伺之，见一白驹，以绿绳系腹，直从外来。圉者具言其状，攸之使人夜伏枥边候之。俄而见白驹来，忽然复去，视厩门犹闭。计其踪迹，直入阁内。时人见者，咸谓为妆奁间物。沈有爱妾冯月华，臂上一玉马，以绿绳穿之，至暮辄脱置枕边，尝夜有时失去，晓时复□。试取视之，见蹄下有泥。后攸之败，不知所在。[①]

---

① 张读：《宣室志》，《丛书集成初编》本(编号2703)，商务印书馆1960年版，第5页。

这一条还被收进《太平广记》中，文字小异。[①] 古代文献关于动物玉雕的记载中，马是比较少的。元人汤允谟《云烟过眼录续集》列举“总管太中滦阳赵伯昂仁举所藏器”，有曰：

> 玉马一，高五寸有奇，雕琢极精，作嘶鸣状，如生，玉色温美。[②]

这个玉马，比沈攸之的爱妾冯月华的那个玉马的尺寸要大，所以不能放在一起考虑。[③]

吐谷浑与昆仑玉贸易的特殊关系，使南朝人把“河南献玉人”的当前经验，误植入二百年前的三国时代，遂有今本《拾遗记》中刘备与甘后之事。但分析这种误植，却使我们更清楚地看到，吐谷浑与南朝玉石、玉器的供应，的确有着不可分割的关联。

二、吐谷浑与于阗国

吐谷浑所以在昆仑玉贸易中起到如此重要的作用，一个主要

---

① 《太平广记》卷四〇一，中华书局 1961 年点校本，第 3229—3230 页。

② 汤允谟：《云烟过眼录续集》，《丛书集成初编》本（编号 1553），商务印书馆 1960 年版，第 1 页。

③ 我于 1999 年夏，在青海省博物馆观赏过一个由青海省文物商店收藏的玉马。此前我曾在青海省文物处与青海省考古研究所编写的《青海文物》上见到过照片图版（图版 157，文物出版社 1994 年版；说明文字见第 157 页）。高 12 厘米，长 18.5 厘米，玉质为青白玉，是 1987 年的征集品。这枚玉马雕琢浑朴，头大腿短，卷尾回首，透着朴拙的苍然古意。虽然是征集品，但从玉马全身的深褐色土沁看，应当出自地下。可惜已无从获取其原始出土资料了，判定时代的依据就只剩了器物本身。博物馆展出时定为唐代器物。但是，在现有的出土唐代玉器中，还没有发现玉雕的马，动物玉雕中除了葬玉类的玉猪和装饰类的玉龙等，艺术品一类只见有玉牛、玉羊，参见曲石《唐代玉器》（《华夏考古》1995 年第 3 期）。这枚玉马如果属于唐代，那么就是特例。由于玉马的玉料显然是和田玉，我想了解玉料与玉器间的关系，即玉马是否由邻近的和田或古代青海本地所产；当然玉马由内地雕成再输入青海的可能性是不能排除的。如果把玉马的时代向前移一点，即南北朝隋唐之际，那么，它与吐谷浑的关系怎样？

原因就是它的国土范围向西扩张，已经紧邻于阗。《梁书·诸夷·河南传》明确说："其界东至叠川，西邻于阗，北接高昌。"据《魏书·吐谷浑传》，早在公元445年，北魏高凉王那率军攻击吐谷浑慕利延于白兰，"慕利延遂入于阗国，杀其王，死者万余人"。当然这还只是一次流窜行为。吐谷浑把势力伸展到塔里木盆地的东南缘（鄯善、且末），可能是在伏连筹时期，即在北魏宣武帝永平元年、梁武帝天监七年（508）[①]，也有学者把时间提早到在北魏文成帝兴安元年即宋文帝元嘉二十九年（452）[②]。控制了鄯善、且末之后，吐谷浑就可以撇开河西走廊，把传统的西域南道与青海道完整地接通起来。

《洛阳伽蓝记》卷五载宋云、惠生《行记》，记录宋云一行于北魏孝明帝神龟元年（518），取道吐谷浑地区，前往南亚，其经行鄯善一节云：

> 从土谷浑西行三千五百里，至鄯善城。其城自立王，为土谷浑所吞。今城内主是土谷浑第二息宁西将军，总部落三千，以御西胡。[③]

这段话非常具体地描述了吐谷浑控制鄯善的情形。以游牧为基本经济生活方式的吐谷浑，派出重要贵族（伏连筹的第二子），率领"部落三千"，镇守鄯善，可见吐谷浑对鄯善的重视。应当注意的是，上引文中说吐谷浑在鄯善驻重兵，其军事防御目标，乃是"西胡"。鄯善、且末以西，隔着宽阔的大戈壁（即唐代的图伦碛），最近

① 周伟洲：《吐谷浑史》，宁夏人民出版社1985年版，第40页。

② 黄文弼：《古楼兰国历史及其在西域交通上之地位》，载《黄文弼历史考古论集》，文物出版社，1989年，第316—339页。

③ 范祥雍：《洛阳伽蓝记校注》，上海：上海古籍出版社，1978年，第252页。

的国家是于阗国。那么,这里的西胡,就是指于阗国吗?

我认为,这里的西胡,并不是指紧邻的于阗国,而是指这一时期已经把统治势力伸展到大半个塔里木的哌哒(南朝史书中称为滑国)。《梁书·诸夷·滑国传》:

> 元魏之居桑乾也,滑犹为小国,属芮芮。后稍强大,征其旁国波斯、盘盘、罽宾、焉耆、龟兹、疏勒、姑墨、于阗、句盘等国,开地千余里。

《魏书·西域传》哌哒国条:

> 哌哒国,大月氏之种类也,亦曰高车之别种。……其人凶悍,能斗战。西域康居、于阗、沙勒、安息及诸小国三十许皆役属之,号为大国。

据《洛阳伽蓝记》卷五录宋云、惠生《行记》记哌哒国云:

> 受诸国贡献,南至牒罗,北尽敕勒,东被于阗,西及波斯,四十余国皆来朝贺。[①]

可见这个时期的哌哒乃是葱岭东西最为强大的势力之一,是丝绸之路这一区段的主要监护势力。这个势力在塔里木地区威风一时,在塔里木北缘的发展,曾在麴氏高昌时期到达焉耆[②];向塔里

① 范祥雍:《洛阳伽蓝记校注》,上海:上海古籍出版社,1958年,第288页。
② 松田寿男著,陈俊谋译:《古代天山历史地理学研究》,北京:中央民族学院出版社,1987年,第188—191页。

木南缘各绿洲的发展，东到于阗之后，便遇到吐谷浑的阻挡，未能越过图伦碛而至且末、鄯善。这正是前引宋云、惠生《行记》中称吐谷浑驻兵鄯善“以御西胡”的历史背景。

应当重视，吐谷浑对塔里木东南缘的控制，实质上是在与嚈哒争夺丝路贸易的监护权。吐谷浑阻止了嚈哒势力的进一步东进，从而建立了从西域南道经青海地区至益州的吐谷浑之路。嚈哒势力在塔里木南缘受阻于吐谷浑，在塔里木北缘受阻于柔然，于是出现了嚈哒、柔然和吐谷浑三种势力分割环塔里木各绿洲国家的局面，三种势力间是否发生过军事冲突，已无从考证，但客观上形成了一种均势。《魏书·高车传》载北魏宣武帝给高车主弥俄突的诏书曰：

> 蠕蠕、嚈哒、吐谷浑，所以交通者，皆路由高昌，掎角相接。

形成均势以后，这三种势力间，似乎还结成了一个反对北魏势力向西域挺进的同盟。这样理解吐谷浑与嚈哒的关系，也许是符合历史实际的。从前引“以御西胡”一语，我们还知道，即使在和平同盟的关系中，吐谷浑仍然在鄯善地区保持着对于阗方向的军事戒备，这可能是均势得以维持的一个根据。

吐谷浑对鄯善和且末的控制，从北魏后期一直到隋。《隋书·西域·吐谷浑传》称吐谷浑国境“地兼鄯善、且末”。虽然且末河谷如今也已成为玉料产地之一，但是古代限于技术条件，这一地区的玉矿并没有被开发出来①。吐谷浑的境土之内，不能产玉。经由吐谷浑地区进行的玉石贸易，其产品都来自与吐谷浑紧邻的于阗国。这一时期于阗役属于帕米尔以西的嚈哒帝国，但嚈哒对其势

---

① 栾秉璈：《怎样鉴定古玉器》，北京：文物出版社，1984 年，第 134 页。

力范围内的附属各国，并没有进行直接统治。[①] 于阗在贸易、外交等方面，仍然有着很大的独立性。

更值得注意的是，吐谷浑之路取代河西成为这一时期的丝路干道，与吐谷浑对鄯善、且末的有效控制关系极大。是吐谷浑的政治和军事存在，决定了丝路经由西域南道自于阗向东行，不是循着自然条件较好的河西路，而是折而进入高寒险峻的青藏高原。隋炀帝时期，河西的张掖成为丝路贸易的重要中转站，其原因在于尽管吐谷浑之路仍然发挥着干道作用，而由于南北分裂局面的结束，吐谷浑之路东端的伸展不得不发生变化，只好向北绕至河西。是张掖而不是敦煌成为这一时期丝路贸易的中转集散中心，正可说明吐谷浑之路所面临的历史困境。

南北朝时期，吐谷浑与哌哒在塔里木地区相对和平的关系，保证了丝路的畅通和有序。历来在丝路贸易中都扮演重要角色的于阗国，当然会发挥其独特的作用，这种作用之一，就是源源不断地向东输出于阗玉。

三、吐谷浑地区的昆仑玉问题

自于阗国向吐谷浑，行经昆仑山北麓诸绿洲，至吐谷浑控制下的且末、鄯善，由鄯善向东南越过阿尔金山，经柴达木盆地，进入吐谷浑的核心地区白兰、都兰（吐谷浑城），再向北即到达青海湖西岸吐谷浑的都城伏俟城。这条路线直到近代还是西宁与和田间队商的行道。[②] 这条路在南北朝时期，作为丝绸之路的主干路段，又是和田玉向中国东部，特别是向江左的南朝源源输入的孔道。

---

① 余太山：《哌哒史研究》，济南：齐鲁书社，1986 年，第 129—135 页。

② 吴景敖：《西陲史地研究》，“白兰于阗间之交通线”，中华书局（上海）1948 年，第 5—7 页。

南朝使用于阗玉的直接证据，是有关宫廷用玉的。《南齐书·皇后传》：

永明元年，有司奏贵妃、淑妃并加金章紫绶，佩于阗玉。

这里的于阗玉，是指以于阗玉料（仔玉）加工而成的玉器。前面提到的丘冠先从河南所获大玉，以及于谨破江陵以后从梁元帝萧绎宫中所获大玉，都属于未经加工的于阗仔玉。这类玉料运抵南朝后，再由南朝玉匠加工成各类玉器。

南朝玉器的雕琢技艺，承自汉魏，有着悠久的传统。但是出现在南朝的玉器，并不全是南朝琢玉工艺的成果。经由吐谷浑之路来到南朝的于阗玉，也有已经加工成器的。前举何通的材料，说明益州地区也是玉器加工地之一。前面我们引用《拾遗记》中“河南献玉人”的故事中，玉人便是以成品形式由河南（吐谷浑）“献”进来的。那么，这个玉人，是在吐谷浑地区加工而成的呢，还是早在于阗便已经琢磨成器？这个问题非常有趣。当然，《拾遗记》这种小说“事迹十不一真”，实不足据以考史，但是正史中也有这类材料涉及同一问题。《梁书·诸夷·于阗国传》：

大同七年，又献外国刻玉佛。

于阗是玉料产地，如果此佛不是在于阗刻成，那么，又是在哪里刻成的呢？这里的“外国”，从文意看是指于阗以西的国家。但是，于阗国把本地所产的玉料运到西边很远（极可能是指葱岭以西的国家）的“外国”去加工成玉佛，再进献给萧梁，似乎难以理解。这个问题值得进一步研究。

元人陶宗仪《南村辍耕录》卷二八有“于阗玉佛”一条：

丞相伯颜尝至于阗国，于其国中凿井，得一玉佛，高三四尺，色如截肪，照之，皆见筋骨脉络，即贡上方。又有白玉一段，高六尺，阔五尺，长十七步，以重不可致。[①]

这个玉佛是否由于阗本地雕琢，没有材料可以说明。它与萧梁时期那个玉佛之间有什么关系，也难以论定。只是这里明确地描述了玉佛的尺寸和色彩，其中“色如截肪”一语，是专门形容于阗玉中的极品羊脂玉的。宋人张世南《游宦纪闻》卷五：

大观中，添创八宝，从于阗国求大玉。……后果得之，厚、大逾二尺，色如截肪，昔未始有也。[②]

这里的“色如截肪”也是形容羊脂玉的，羊脂玉乃是雕刻宝玺的佳品。伯颜在于阗发现的玉佛，就是以羊脂玉雕琢而成的珍物。元代的于阗已经是伊斯兰的世界，我推测，这个玉佛可能是在伊斯兰势力东进、佛国于阗即将沦陷时被深埋地下的，时间当在公元1 000年前后。[③] 但它的雕刻时间难以确定，因而它与萧梁时期于阗国所进的“外国刻玉佛”的关系也就无从考证。

关于于阗地区玉雕业的兴起，现在比较流行的看法，是从唐代开始，唐代以前，于阗只是向外输出原料，加工玉器则必须求助于外国。[④] 研究古玉的专家杨伯达先生近来对这一看法提出了质疑，他通过对唐代的“番人进宝”玉带扳的研究，认为可能在初唐以

---

① 陶宗仪：《南村辍耕录》卷二八，中华书局1959年版，第346页。

② 张世南：《游宦纪闻》卷五，与李心传《旧闻证误》合印本，中华书局1981年版，第46页。

③ 李吟屏：《佛国于阗》，乌鲁木齐：新疆人民出版社1991年版，第184页。

④ 李吟屏：《佛国于阗》，乌鲁木齐：新疆人民出版社1991年版，第150—151页。

前，于阗就存在着碾玉治玉的手工行业；其治玉行业的衰落，主要是在伊斯兰化以后①。

根据汉魏以来于阗与中原政权关系的变化，我认为于阗地区的治玉业可能是在南北朝时期兴起的，也就是说，当于阗国与东部地区的政权间不存在严格的藩属关系，政治上有机会脱离直接控制以后，贸易上才能有更充分的地方性发展。相对平等的政治关系，为于阗与内地（主要是南朝，当然有时也包括北朝）间发展充分而自由的贸易和商业关系提供了更好的条件。于阗的治玉业在这个政治和商业背景下得以兴起，是可以理解的。此外，中国玉文化的发展和演变，即东部地区在玉器消费方面所发生的变化，可能也是于阗治玉业得以兴起的一个原因，因无关本文宏旨，此不复赘。

本文要讨论的是，吐谷浑在这种历史进程中，发挥了什么作用呢？吐谷浑不仅提供了商业路线，而且，很有可能也提供了商业需求和商业信息。前面我们提到《宣室志》记载的刘宋时期的玉马，我们未能判断其产地。吐谷浑地区是否也存在着一定规模的治玉业呢？以我们前面所说，吐谷浑地区存在着玉石市场，那么也可能存在玉器市场，《拾遗记》中"河南献玉人"的玉人，可能就是这类玉器市场上的商品。进一步说，一定规模的治玉业是可能存在的。

当然，吐谷浑地区的玉石贸易，或者玉器贸易，甚至可能存在的治玉行业，都不太可能是由吐谷浑族操作的。吐谷浑地区大量的粟特商人才是这类贸易的主要操作人。但是，吐谷浑民族，或吐谷浑国家，在这类贸易活动中获得了巨大的利益。吐谷浑以富藏珍宝著称，这些珍宝便是吐谷浑在南北朝时期从丝路贸易中所获。

---

① 杨伯达：《番人进宝玉带板》，载古兵选编《珍宝鉴别指南》，上海：上海文化出版社，1992年，第13—18页。

《周书·史宁传》记载史宁率西魏军队协助突厥木汗可汗袭击吐谷浑(《周书》称吐浑),特别强调了对吐谷浑的珍宝的掳获:

……逾山履险,遂至树敦。敦是浑之旧都,多诸珍藏。……生获其征南王,俘虏男女、财宝,尽归诸突厥。……木汗亦破贺真,虏浑主妻子,大获珍物。

吐谷浑从丝路贸易中所获取的巨大财富,到隋代还受到注意。《隋书·裴矩传》记载裴矩长期在河西接待商胡,搜集西域情报,对吐谷浑的情况非常了解,他后来力劝隋炀帝举兵征吐谷浑,理由就与吐谷浑的财宝有关:

矩盛言胡中多诸宝物,吐谷浑易可并吞。……竟破吐谷浑,拓地数千里。

四、余论

随着益州地区在梁末入北,特别是随着南北分裂局面的结束,吐谷浑地区在政治、军事和商业贸易方面的地位不复如前,丝路干道离开吐谷浑地区、回到河西的局面即将到来,一个全新的历史时期也就开始了。在这种历史背景下,昆仑玉贸易之路,自然也回到传统的河西走廊。但是,吐谷浑民族和吐谷浑地区在隋唐两代,即使在吐蕃统治时期,由于其独特的地理位置,仍然与丝路贸易有着重要关联。

发现于吐鲁番的一件粟特语地名录(T. ii. D. 94),记载了9至10世纪粟特人在欧亚大陆的经商路线,这些地名自西而东分别是:扶菻、苫国、波斯、安国、吐火罗、石国、粟特、拔汗那、朅盘陀、佉沙、于阗、龟兹、焉耆、喀喇沙尔、高昌、萨毗、吐蕃、吐浑、弥药和薄骨律[1]。其中萨毗、吐蕃、吐浑都在今青海境内,吐浑即吐蕃治下的吐谷浑民族。

考古学证据也显示,唐代的青海境内仍然是中西文化交流的热点之一。1982—1985年,青海省考古工作者在海西州都兰县的热水乡和夏日哈乡,发掘了一批唐代的吐蕃墓葬,出土大量丝织品、陶器、木器、金银器、铁器、铜器、珠饰、皮革制品和木简牍等。根据许新国先生对出土文物中粟特系统金银器、波斯风格丝织物的研究[2],可以肯定地说,外来文化特别是中亚地区各民族的文化,对青海境内的吐蕃,或吐蕃治下的吐谷浑等民族,存在着很深的影响,也直接证明了丝路青海道的持续繁荣。可是,都兰吐蕃墓出土物中没有玉器,反映吐蕃文化笼罩下的青海地区不再是玉石和玉器贸易的主要中转站。尽管史书记录唐宪宗和唐文宗时吐蕃"朝贡"物品中有"玉腰带"若干[3],但比起稍后来自河西归义军及甘州回鹘贡品中的"团玉"[4],数量及重要程度都大大不如。

很显然,隋炀帝以后,尽管西北地区先后受到突厥及吐蕃等不同民族力量的影响,但由于中原与江南归于统一,丝路干道的东端直指长安与洛阳,河西走廊的传统地位便恢复了。

(原载《中国史研究》2001年第1期)

---

① W. B. Henning, *Sogdian List*, *Sogdica*, London, 1940, pp. 8-11;这些地名中包括高昌、吐浑在内的五个,是由林梅村识别的,见林梅村《粟特文买婢契与丝绸之路上的女奴贸易》,载《西域文明》,第68—79页。

② 许新国:《都兰吐蕃墓中镀金银器属粟特系统的推定》,载《中国藏学》1994年第4期;《都兰吐蕃墓出土含绶鸟织锦研究》,载《中国藏学》1996年第1期;《青海都兰吐蕃出土太阳神图案织锦考》,载《中国藏学》1997年第3期。

③ 《册府元龟》卷九七二外臣部朝贡五,唐宪宗元和十二年四月条及唐文宗太和元年八月条。

④ 《册府元龟》卷九七二外臣部朝贡五,后梁太祖乾化二年、后唐明宗长兴元年、后唐闵帝应顺元年及后晋高祖天福三年,有河西地区曹氏归义军与甘州回鹘仁美可汗进玉的记录。称"团玉"或玉若干团,是这个时期的特点。

“风马”与经幡

康·格桑益希

在神秘的雪域西藏高原的神山圣湖、江河桥畔、垭口岩穴、寺殿佛院、宫堡村寨、玛尼经堆、巨石古树、崖壁隘口……凡被人们认为具有灵气的地方，你都会见到一种在红、黄、绿、蓝、白五色布上印有一匹身驮三宝的骏马图案、陀罗尼咒语、观音六字神咒、佛教经文箴言及各种图符佛像相间组合而成的“风马”旗、经幡(经旗)。它们或横或竖，或因势插挂，永远随风张扬、猎猎飘舞，并发出噼噼啪啪的声响，似乎在永无休止的诵念着“风马”与经幡上的经文，出门在外远途跋涉的藏族人翻上每一座山峰、路过每一片湖泊、渡过每一条大江或跨过每一座小桥，又都会下马脱帽、虔诚地高呼吉祥颂词，并向空中抛撒一种印有宝马驮经的五彩小纸片——“风马”片，(亦称放“风马”)并煨桑致意，以示向年神(山神)、赞神(天神)、龙神(水神)的敬畏和顶礼膜拜。这样的五彩“风马”旗、片和经幡在藏区可谓天花落雨，无处不有、无处不见。它像道道彩虹装点着圣洁的巍巍雪域净土，像片片五彩雪花撒播着藏民族特有的精神风韵、也向人们展示着世界屋脊独特的人文景观。

一、“风马”——远古魂像的飘帘

“风马”，藏语称“隆达”，“隆”是风之意，“达”是马之意。“风马”的确切意思是：“风是传播运送印在经幡上的经文远行的工具和手段。风是传播运送经文的一种无形的马，马即是风。”这种意识是用经幡上印有一匹走着的背上驮有“三宝”盛装的马和经幡上印的经咒、祈愿文或经文的图像来表达的。故“风马”成为藏族民间民俗文化的重要表现形式，亦是藏族“苯”教文化与藏传佛教文化精神的外化象征。传说“风马”起源于藏族古代先祖们崇信自然的祭山神仪式。藏族人认为雪域藏地的崇山峻岭、大江莽原的守护神是天上的年神，他经常骑着“风马”巡视在雪山、森林、草原、峡谷之中，保护着雪域部落的安宁祥和，抵御着魔怪和邪恶的入侵。而风则是年神的坐骑，为了表示对他的感激和敬畏，人们就择吉日大献“风马”，也即等于向山神奉献坐骑宝马。

据说“风马”最早是藏族原始宗教“苯”教祭祀活动时使用的象征装饰物，是源于“苯”教绘有象征灵魂的图案，称作“魂像的飘帘”。后来，逐渐演化为具有抽象象征意义和民间色彩的民俗美术形式。“风马”是“苯”教美术和民俗美术中具有重要表现特征，极富民族审美情趣的美术样式。藏传佛教兴起后，“风马”又同藏传佛教的祭祀、祈祷仪式和宗教装饰美术相结合，并发展成为宗教寺院殿堂、佛塔建筑、民居建筑装饰，以及佛事活动、民间民俗活动中用于悬挂供奉的形制多样、色彩丰富的软装饰物。如悬于房屋顶、檐、梁、柱、廊、门窗之上的鲜布；挂于高大经旗杆上象征崇高、神圣、光明等宗教义理并具有独特型制特征的高大经幡柱——鲜旗；还有散布于神山、圣湖、山崖、佛塔、房项，饰有经文图符，具有象征色彩的五彩风马旗、片和祈祷经幡。

也有说“风马”旗的出现是“十”雍宗苯教对远古本土原始宗教屠宰上千头的牲畜来祭奠先祖、神灵的血淋淋的牺牲血祭仪礼进行的改造，而代之以模拟化的“风马”旗祭的。后来，藏传佛教沿用了这一形式，并成为在藏区随处可见，极为流行的一种祭祀崇拜形式。

近世藏族学者根敦琼培先生则认为，门上立杆插挂经旗起源于吐蕃时代的军户在门上立根长矛以示荣耀的标志，后来演变为经幡，成了一种信仰的标志。这类印在白布或色布上的“风马”旗、经幡，据说最早还出现于藏传佛教的分支“噶举派”白教寺院的旗绳上。其象征意义是：某年所生之人连同财产和四周的旗杆上的经幡“风马”旗一样向上生长，带来好运。是运气或气数的象征，故藏族民俗都喜将“风马”插在屋顶高处，象征会带来好运和家庭的兴旺。

有关文献中还反映出它与中原文化有着密切的联系。在关于立经幡柱的仪轨文献中则称最初的开创者是“神变王孔子”，并将八卦九宫之术以及五行相生相克之理也移植到仪轨里面。进而丰富完善了“风马”的表现内涵和形式。

凡此种种可知，“风马”旗、经幡（经旗）的历史是十分久远的。从其形式到内容考证，实是藏族远古“苯”教文化、藏传佛教文化，并吸收其他民族优秀文化交融发展的产物。

二、“风马”与经幡的形制、种类

“风马”的种类按用途可分为布印“风马”旗、纸印“风马”片和类似于“风马”的经幡（亦称经旗）三种：

1. 布印“风马”旗

是在长方形或正方形的蓝、白、红、绿、黄五色布上，用红色或黑色印上所需拼图和经文，每幅大者二尺余，小者尺余不等。布印“风马”旗主要用于悬挂或插挂，每五色为一组，数组为一挂，视环境地势需要，可短可长。长则达百米以上，如横挂于拉萨布达拉宫红山与药王山之间的由成百上千条经幡组成的层层叠叠随风飘展的万旗“风马”经幡，算是集经幡形制、刻印、色彩、规模之大成了。有的则较短小，犹如片片活脱鲜亮的小彩旗，在藏区无论草原帐房、农家宅院、城市乡镇，每家每户的屋顶上都可见到这种五彩经旗。还可印制单幅“风马”旗供奉家中经堂、佛龛、宅院、帐房。

2. 纸印“风马”片

主要用作对山神、赞神、龙神和佛事的祭祀祈祷活动时祭献抛散的吉祥物。也可作为供奉物成组悬挂或张贴于室内外。其尺寸大者尺余，小者仅几厘米，一般也印在蓝、白、红、绿、黄五色纸上。具有特定的象征内涵。

3. 经幡（又译为红旗）

根据色彩大致可分为两类：一类是用黑色或朱砂色将经文图符印制在整匹白布上的；一类是同“风马”旗一样，在蓝、白、红、绿、黄五色布块上印有经文图符纹样相间组合而成的经旗。经幡的组合形式根据其所挂地点场合、信仰仪规、祈祷功能的不同，一般可分立柱式、悬挂式、伞状宝塔式三种。

立柱式经幡，常见于寺殿、塔院、山顶、宅院、神山、圣湖等地。其形制巨大者高达数十米，如立于拉萨大昭寺外东西南北四方的四大经幡柱、阿里岗仁波齐神山下的经幡柱、江孜白居寺“十万吉祥多门塔”前的经幡柱等。柱顶装饰有镏金宝瓶、五彩华盖、牛尾，从上往下挂满一层层经旗，在风的吹拂下，发出哗哗的巨响。小的也有二三米高。这类用于插挂的经幡由主幡、幡舌组成，主幡通常用白布，幡舌是缝在主幡上的小布条，大多采用蓝、白、红、绿、黄五色。也有在主幡的边上嵌块布的，此类经幡也有大小之分。

悬挂式经幡，视其环境、地势、用途张挂，可长可短，可疏可密，长者达数百米以上，密则数十上百层悬挂，有的还组合形成了规模宏大的占地面积达数百上千平方米的经幡城。

伞状宝塔式经幡，是用不同材质建造的类似佛塔的建筑样式，亦称经幡塔。它具有两种内涵，既具佛塔建筑深邃的象征性和审美意蕴，又是图文并茂的祈祷经幡。这种经幡塔一般修造在塔群或大佛塔四周，造型型制有大有小。大则如在黄河源头的玛多县有一座以经幡组成的经幡塔，高十余米，方圆百余米，用无数条牦牛绳呈放射状牵拉起，从高到低由几十层经幡呈环状围绕中心玛尼堆石上高大的经幡柱，整体呈现出一座经幡飘扬的庞大的金字宝塔造型，蔚为壮观。

经幡的型制类似“风马”，以经文为主，图案也常采用风马的构图布局，经幡的边上也往往印有风马图案。因此经幡有时也常与风马混同插挂，故经幡也常被称为“风马”旗。

三、“风马”与经幡表现的内容与象征内涵

1. “风马”与经幡表现的内容

“风马”旗(片)表现的内容由拼图和经文两部分组成。中心主画为《白马驮经》，一匹身驮摩尼“三宝”、着盛装奔走的宝马居中，呈圆锥形，边饰焰火。中间的走马，大多为一匹，也有两匹、四匹的。这些形象是彩旗中最有名的图案，藏语称“塔觉”，亦称之为“绿马”、“骏马”或“祭马”。在古印度的神话里，这匹马是诸神之王啼释的坐骑，它又被叫做“宝马”。拼图上方左右绘有日月，四角配以象征保护神祇的龙、大鹏、狮、虎的动物造型。其它拼图绘有佛、菩萨、度母、圣僧、师祖、大师、护法的造型。还有象征“身、语、意”和“佛法僧三宝”的曼陀罗、佛塔、日月、“十”雍宗图符、“朗久旺丹”图符、吉祥图徽及各种供养受持图像等。有的“风马”在四角只书

有“龙”等动物的藏文名称来替代形象，不绘具体图样。

经文主要内容为印度陀罗尼咒语、观音六字神咒——大明神咒（嗡、嘛、呢、叭、咪、哞）、梵文持咒、吉祥祝词、箴言、祈愿经文等。有些在马腹下刻上“六字真言”的第一个字“嗡”。经幡上的文字，则纯选自于佛教密宗经咒，如大经幡上印的《白伞盖》之类，也可根据自己的意愿和祈祷需要，挂适宜的经幡，每一类经幡都有其主要的功能和针对性。故“风马”又称为“经幡”或“嘛呢旗”。

2. “风马”与经幡的象征意义

“风马”旗（片）的图文布局疏密有致、紧凑饱满、主题突出。拼图、色彩、经文的象征意义和内涵也十分广博深厚。

“苯”教义理认为“风马”旗中的五种动物象征着人的五个组成部分：中央的马是灵魂，又是吉祥的象征，大鹏象征生命力，虎象征身体，龙象征繁荣，狮象征命运。

藏族人还相信“风马”旗不仅是神灵的祭品，它还是藏族人强有力的保护神。印在“风马”旗四角的龙、大鹏、狮、虎四种动物的神力和共性聚合，具有消灾去祸、除邪去恶、抵御外界侵扰的强大保护屏障作用。相传，苯教师祖辛统米保从天上降临到被佛教称为“须弥山”的岗底斯山后，与一龙女结合，并生下一名叫贤色居的女儿，至此“卍”雍宗宝地受到龙的庇护。而本教经典《十万龙经》是其信仰的典范，故敬之。大鹏则被远古苯教视为天地的创世大神，神力无穷，是藏民族崇拜的先祖、灵鸟和图腾。狮、虎在藏族人心目中则一直被视为勇猛无敌的战神的左、右战将。

“风马”经幡的五种色彩和上面的5种动物分别象征着金、木、水、火、土五行文化内涵，苯教和佛教密宗所表五大元素“地、水、火、风、空”，或形象地解释为：白色表人之纯洁的心灵，黄色表大地，红色表火焰，蓝色表天空，绿色表江河。藏传佛教又赋予五色各有所主之意，即五方佛及五种智慧。五佛，中央是毗卢遮那佛，代表法界体性智；东方是阿闳佛代表大圆镜智，又叫金刚智；南方宝生佛代表妙观察智，也叫莲花智或转法轮智；北方是不空成就佛，代表成所作智，也叫羯磨智。藏族学者南卡诺布先生则认为五种动物象征构成生命的五大元素，并说风马的作用是若身体中的五大枯萎，可令复活；若五大衰败，可令生起；若五大断裂，可令延伸；若五大混乱，可令平合。具体来说，风马中的雄狮（藏族称为雪狮）象征土，因所谓雪狮居于雪山，而雪山则是“土”所成，故以雪狮象征土元素。龙象征“水”，因龙住在水中。以鹏鸟象征火，因鹏是藏族上古时代崇信的火神，具有生炎热、光焰等神通，与火性类似，故用鹏鸟象征“火”（古代也有类似的观念，如传说太阳中有三只鸟，说“凤凰是纯火之禽”、“是火之精”等）。虎象征“风”，因五行算中说“风生于木”，而虎居于森林之中，被人称为林中之王，因此用虎来象征“风”。风马中央的最主要图案是那匹腾飞的骏马，则认为是象征土、水、火、风依附的虚空。因此他认为“风马”最早源于苯教，以五种动物象征五大元素，而由五大元素组成世间万有。则风马象征着生命的本源，具有深奥的含义。

在藏区，家里插挂的“风马”与经幡的颜色非常讲究，一般以家中年长者的五行命相为主幡的颜色，如属木则用绿色、如属金则用白色、如属火则用红色、如属水则用蓝色、如属土则用黄色，五行配五色。而主幡的镶边则运用五行相生之原理，即水生木、木生火、火生土、土生金、金生水。如主幡用绿色，象征木，而水生木，则镶边要用蓝色，依次类推。相生意为互相滋生，促进助长，藏族五行算中称为“母子关系”，即生我者为母，我生者为子。因此经幡上使用五行相生原理，使年长者或代表全家之人的生命不断旺盛，从而使全家兴旺发达。故藏族人对“风马”旗充满了特殊的信念寄托和亲昵情感，视之如见圣颜，听之如闻佛语。

四、"风马"与经幡的审美寄托

1. "风马"旗(片)、经幡在藏区的广泛应用,有着它深厚的生存土壤和古老的文化渊源

它不仅展现了藏族远古苯教文化、民间民俗传统文化的风韵,也传递着藏传佛教文化的精神审美寄托。藏族世俗百姓和信教喇嘛普遍相信,转一次"玛尼轮"就相当于念了一遍六字经文,即观世音菩萨六字大明神咒"嗡、嘛、呢、叭、咪、吽"六个音节。因为嘛呢轮里装满了经过高僧大德加持的印着许多具有神灵功能的经文纸条卷或布卷。在一个大的转经筒里,也须装印有数百万条六字真言的经卷。据说它是佛教秘密莲花部之"根本真言"。"嗡"表示"佛心部",谓念此字时,自己的身体要应于佛身,口要应于佛口,意要应于佛意,认为身、口、意与佛成一体,才能获得成就。"嘛呢",梵文意为"如意宝",表示"宝心部",据说此宝出自龙王脑中,若得此宝珠,入海能无宝不聚,上山能无珍不得,故又名"聚宝"。"叭咪",梵文意为莲花,表示"莲花部心",以此比喻法性如莲花样纯洁无瑕。"吽"表示"金刚部心",祈愿成就的意思,意谓必须依赖佛的力量,才能得到"正觉",成就一切,普度众生,最后达到成佛的愿望。藏传佛教把这六个字看作经典的根源,主张信徒循环往复地持诵思维,念念不忘,认为这样能积功德,"功法圆满"可得解脱。常念它可以免入地狱,免受六道轮回之苦,死后才能升入"极乐世界"。故在藏区到处都可见到六字真言的字迹。山崖上铭刻着六字真言,路旁"玛尼"堆的石头上刻的也是六字真言,屋顶上的"玛尼"旗上写的是六字真言,寺院门道两旁玛尼轮上刻的是六字真言,小到信徒们手拿的转经筒上刻的,大到一间房屋大小的转经轮上铸的都是六字真言。对一个没有文化或不能诵念佛经的佛教徒来讲,转动玛尼筒一圈就等于念了六字真经一遍,转的次数越多,就能得到越好的结果。他们虔诚地诵念这六字真言，并相信这几个字会产生一种神力，会赐给人好运。印度人则把这几个字叫做咒语，咒语是建立在声音的力量之上的。在印度有一种观念，认为声音会产生力量，它会变微粒，进而产生或摧毁一些事物。正如在高山圣湖、圣海边，你粗暴的吼声会招致暴雨、冰雹的惩罚一样灵验。因此藏族世俗信徒成年累月的主要宗教活动，就是供佛和念诵六字真言。比转玛尼轮更为省事的祈祷方式，是把图像和六字真言文字印在用布或细纱布作成的旗幡上，印在小纸片上。这些经幡在飘动时，发出了噼噼啪啪的声响，他们相信这是在为他们诵念"六字真经"时所发出的。也有解释说："马"本身象征着一种永不间断的力量，加之盛装和宝饰，表示一切吉祥顺利。

2. "风马"图像含有深刻的哲理

藏族人相信"风马"可以"上行下达"，是联结天地神人的天梯。藏族人翻上山顶最重要的事，就是向神圣威严的山神顶礼膜拜，诵经致敬，煨桑祈祷，并撒上印有《白马驮经》的风马小纸片。纸在风中向上飘动，象征着白马的复活，也即是它可以将民众的意愿、期望传达给居于上天的神灵，也可以将神灵的意旨播撒到凡界。这如同藏族人用松柏焚起霭霭烟雾，向神祈祷的"煨桑"仪式。煨桑是告于天地诸神，以烟雾把天和地连在一起的天桥。燃烧松柏所产生的香气是作为敬天地诸神的一项贡品。烟雾冉冉升起，上天的神灵嗅到香气而愉快因此降福给敬奉它的凡人。故藏族人普遍相信放"风马"能得到年神的护佑，能给部落和自己消灾赐福。此外，"风马"还具有判断预兆的能力。若所放"风马"飘入空中，说明山神喜欢，接受了你的马，这一年你就会交好运，若小纸片上印有龙、大鹏、狮、虎四种动物的"风马"飘落在山寨房屋帐篷附近，认为会使人畜兴旺发达，给家人和部落带来财富和运气。如果抛撒的"风马"一开始就不升入空中反而落下，则说明山神不喜欢，是要交恶运的预兆,好提早警示自己。

五、"风马"与经幡的制作与张挂

1. "风马"与经幡的制作、印制

"风马"与经幡的制作、印制方法简便,易于操作。印制的母版主要为木刻雕版,也有少数铜铸、铁铸的印版。"风马"与经幡木刻雕版是藏族民间木刻的重要艺术形式之一,也是集书法、绘画、雕刻、印制为一体的民间综合艺术载体,具有很强的绘画性、工艺性和收藏价值。雕刻手法多采用以线造型,即阳刻的技巧。以红或黑的单色印制。其制品的优劣,取决于绘制、雕刻和印刷的水平。印制"风马"使用的母版,各寺院均有收藏,并作为功德善业为信徒印制,在一些百姓家中也有珍藏供奉"风马"经版以供传播使用的习俗。

"风马"旗木版的制作、雕刻、印制方法和藏传经书、木版佛像雕刻类似。是先请画师和书家将所需图像和经文绘制在纸上或木版上,由民间雕刻工匠按图样精雕细刻成母版,再印制在五彩色布上或纸上。风马雕版的构图讲究疏密协调,黑白对比、图文组合的巧妙和整体气韵的生动活泼。在艺术风格上,"风马"旗木刻画版艺术不是一味地照摹藏传绘画的线条与节奏,而是充分发挥金(刀)木(板)之长,呈现方折挺拔的阳刚气、粗犷的金石刀木笔画所呈现的原始美和民间味。它集书(经文)图、金石雕刻、印刷为一体,以轻快、明朗、生动、活泼和五彩斑斓的视觉效果洋溢着吉祥喜庆的色彩,成为藏传佛教民俗活动中乐于采用的一种审美性极强,充满感情的民间造型艺术样式。而倍受广大世俗百姓的宠爱而成为逢年过节、吉祥盛会中向神佛表达敬畏的贡品。

2. "风马"旗的张挂形式

"风马"旗的张挂形式自由活泼、不拘一格,大致有一字悬挂式：多挂于房顶、塔院、桥畔、关隘。立柱经幡式：多见诸寺院殿堂外，神山圣地、山寨村中、民居院内，高者达数十米，以型制高峻，色彩斑斓为审美追求。著名的有阿里岗底斯雪山西麓的色雄（金盆）滩中，耸立的一根岗底斯“达庆”风马旗柱，高约 24 米，直径 1 尺多，柱身用带毛的生牛皮紧裹，旗杆顶部饰有鎏金黄铜宝顶。柱身上下，包括四周的拉绳均挂满五彩经幡，下部深埋土中，并堆放巨大的石块和刻有经文、佛像图符的玛尼石加固。伞状宝塔式：多见诸山顶神山圣湖、宗教圣地、寺院塔群，型制呈中心立高大柱幡，沿中心柱成伞状塔形向四周悬挂经幡。形成中空的宝塔造型，具有特殊的审美寄托；随形就势式：多见诸峡谷、关隘、崖壁、林区，或横或竖、或垂或斜，布局自由生动，于不经意中呈现出自然而然的造型组合美。环绕式：多见诸转经廊、佛塔、塔群、圣殿四周，以圆或方的环绕式布局形成美的装置艺术特色；布阵式：多见于“神山”圣地的山坡，以其规模的巨大和集约型见长，常以成百上千杆立柱式经幡插挂组合成三角形宝塔状阵势覆盖整面山坡，或将“风马”横挂组合成方形或圆形的数千平方米的经幡城。而被誉为世界上最壮观的大地艺术。

“风马”的插挂在藏区各地不尽相同，卫藏农耕区多在藏历新年初三在屋顶，村头插挂风马，尺寸大约在 50—60 厘米。藏东南林区多用印有佛经的长约丈余的宽幅布系在竖起的长杆上，五六杆一簇，如同旗帜。藏北及甘青牧区多在每年藏历四月祭祀山神时将风马系在箭杆上插于石垛（敖包）之上，或将印有群马图案的纸片在山顶抛撒，谓之放风马。

“风马”不仅具有深邃的宗教内涵、玄秘的宗教哲理和生动的表现形式而自成体系，而且有其盛大的宗教祈祷仪式。其中最著名的要数西藏阿里普兰县境内的岗底斯神山每年一度的“塔尔庆”“风马”旗立杆盛会。岗仁波齐神山（即佛教中最著名的须弥山），是包括蒙古人、雅利安人、马来人、印度、尼泊尔人等诸多民族的崇拜信仰，被视为宇宙的中心，万神所居之圣地的“奥林匹斯山”——岗仁波齐神山“塔尔庆”“风马”旗立杆盛会大朝拜相传起始于10世纪古格王朝初期，已历经千余年，成为僧俗民众祈祷、祭祀佛祖、神灵，护佑安宁祥和，人畜无难的盛大节日。尤其是12年一轮的象征“风马”的马年立杆大朝拜盛会。根据佛经记载，藏历马年4月15日，是佛祖释迦牟尼降生、成道和圆寂三个重大纪念日重叠在一起的日子。相传在两千年以前，佛祖还在人间时的一个马年里，召集守护十方之神、诸菩萨、天神、人、阿修罗和天界乐师等，都到岗仁波齐聚会，从此，马年便成为岗仁波齐的本位年。后又因这一天是藏传佛教后宏期噶举派高僧米拉日巴尊者与苯教徒纳热苯琼斗法获胜的日子和藏传佛教传统的宗教民俗节日——萨噶达娃节，于是后世的佛教信徒和信众便把马年的这一天当作阿里神山岗仁波齐竖立经幡旗杆的庆典日——丹巴素兴节。这一天来自西藏、青海、甘肃、四川、云南各地，以及来自印度、尼泊尔、不丹、锡金的佛教信徒云集到岗仁波钦山脚下的宗教圣地“色尔雄”（意为金盘），参加竖立经幡旗杆仪式和转神山圣湖大朝拜活动，可称为世界上最隆重的张挂“风马”、经幡的庆典仪式和展示“风马”、经幡风采的博览盛会。

“风马”与经幡作为一种纯宗教题材的藏传佛教与藏族民俗文化的共同艺术形式，具有深邃的多元宗教内涵和纯粹的本土民族民间传统文化艺术特色，是集顶礼膜拜、祭祀祈祷、吉祥祝福与审美性极强的形式美感为一体的民俗美术形式，并在发展中形成了自己独有的表现形式和风格特色。它和藏传佛教壁画、唐卡、雕塑一样，是博大精深的雪域藏族美术中独放异彩的奇葩。

（原载《宗教学研究》2002年第2期）

藏族服饰文化的宗教意蕴

魏新春

服饰作为人类特有的劳动成果，既是物质文明的结晶，衣、裙、冠、履、饰物等都是人类在一个时期内征服大自然的物质成果；又具有精神文明的含义，是一种社会成员普遍心理情感和民族精神实质的文化形态，人们的生活习俗、审美情趣、色彩爱好，以及宗教观念，都积淀于物质的服饰之中。藏族服饰文化，一方面体现了藏族人民历经数千年在青藏高原的广袤大地上用自己的勤劳智慧创造的物质文化，另一方面也灌注了藏族宗教的深刻精髓以及藏族人民对于精神世界的追求和向往。

一

在漫长的历史发展过程中藏族人民创造和形成了颇具特色的服饰文化。如果深入到藏区就会感到绚丽多姿、五彩缤纷的民族服饰，让人目不暇接，赞叹不已。卫藏、安多、康巴，农区、牧区，民司、僧俗各种富有特色的服装成为藏族地区的一道风景线。

服饰对自然环境具有很强的适应性和选择性，有什么样的自然环境，就会形成什么样的服饰需要。在高原山区，由于气候寒冷，人们注重的首先是服饰御寒功能，因保暖之需，藏族地区的人们多穿皮、毛、毡、靴及厚衣裙，特别是其长袖袍，非常实用，日遮体，夜避寒，有男女之分，冬夏之别，亦有农牧区之异。女性服饰保留的民族和地区特色较浓厚，不易受外界影响而改变；男子装束则较易变化，且越来越简单。在藏族服饰中，从形状、式样到图案色彩的设计，不仅仅是从审美角度考虑，还隐含着特定的神性意识。之所以重复出现和传承的原因在于：服饰对宗教文化的折射功能，即宗教仪式中因祈求、希望、恐惧、祝愿、怀念、倾诉等感情在服饰上的表现，宗教以它特殊的方式巩固和延续了服饰的惯例。

宗教信仰对民族心理的影响，在服饰文化方面主要反映在审美趣味上。首先是色彩，色彩是服饰诸因素中最敏感的因素。藏族服饰的色彩具有尊卑、祈福、驱祸等象征意义。在藏族人眼中，白色是圣洁、纯净的象征，也是神灵的标志，具有奇异的神力。在藏族的神话传说中，相传居住在雪山的“长寿五姐妹”，全身皆白，坐骑是一头白狮子。居住在青海湖南岸的阿尼玛卿山神，骑着白云般飘拂的神马，披白衣，其他的山神也大都化身为白人、白牛、白狮或其他白色动物，并佩戴白色装饰。藏族史诗《格萨尔王传》里的格萨尔头戴雪白的兜鍪，身着白色的铠甲，对尊者设白坐垫，在夺得某一城池后插上白色旗帜。藏族一些文献记述，原始苯教徒穿白色袢裙，带白色缀青边的被称为白顶盛冠的高帽。吐蕃时，藏俗重战死，“战死者其墓周迴白土泥之”[1]。佛教传入藏地后，印度视白色为高尚色的审美观念强化了藏族对白色的崇拜心理。噶举

① 王尧、陈践译注：《敦煌本吐蕃历史文书》，北京：民族出版社，1992 年。

派的创始人玛尔巴及其后传的米拉日巴等高僧都穿白色的袈裟或衫裙。佛教金刚舞里的白神更是白衣白袍白面具,象征白天、光明、仁慈的女神像多涂白颜色,有时善法也称"白法"。西藏大昭寺"庆典图"中的《牦牛舞》(藏语"西戎仲孜")图,人扮牛而舞,另一人身穿白袍展臂而舞,逗引牦牛,此舞蹈形式流传至今[①]。

在日常生活中,如有贵客来访,藏族人民必定要恭恭敬敬地献上一条哈达,哈达则用洁白的丝绸、纱、锦缎等材料制成。平武白马藏族妇女服饰的显著特点之一,是头戴一顶盘形白毡帽,帽子上插有白羽毛饰品。头戴"巴戈"头饰的后藏妇女,上面包有一条引人注目的白色珠带,乃是用几十串洁白的珍珠组合而成的。迪庆尼西藏族妇女则喜着白色褶裙。凡此种种,都表明白色已由自然崇拜过渡到神灵崇拜,又从神灵崇拜演化成为一种审美观念,渗透到服饰文化的深层。

藏族服饰的尚白也可看出佛教的影响,这种影响,是通过"崇拜物同化"的心理实现的,同化的目的是与崇拜物的认同和祈望得到崇拜物的护佑。据载释迦牟尼的代表色彩是白色,释迦"往胎"之相为白象,释迦"八相成道"之三有白莲花,之六有白马。《维摩诘经》说维摩诘居士"虽为白衣,奉持沙门清净律行"。在安多藏语中,白色"尕鲁"最美,至高无上。牧区藏民的住房以白帐房为贵。在传统的帐房里,左边为男人居住,兼作客厅,铺白毡;右边为女人居住,兼作厨房,铺白羊皮。农区藏民房屋墙壁多是白色,藏房顶上还插有白色经幡避邪。青海牧区藏族古帽为白毡带沿高尖帽,一般藏民穿白光板羊皮藏袍,用白色羊羔皮镶领;高级藏袍用白羊羔皮挂饰缎面制成,男子内衣用白色。妇女腰饰为一白银锚状物。女子 15 岁时要举行戴"敦"成年仪式,届时姑娘大清早用掺了牛奶

① 王克芬、霍德华著:《佛教与中国舞蹈》,天津:天津人民出版社,1995 年。

的水洗脸，叫“白”，象征吉祥、幸福、纯洁。在举行结婚仪式时，要给新娘铺上白色的毡子，还要抓一把糌粑洒向空中，使人浑身变白，以示庆祝。

藏族如此注重白色，而且把它同高尚、纯洁、光明、善良、真诚等概念紧密相连，除了浩如烟海的神话故事和宗教信仰的推波助澜作用外，自然的昭示是一个重要原因。白云、雪山、羊群以及赖以生存的乳汁，都在藏族人的心灵中占据着重要的地位，使他们由衷的崇尚大自然赋予的白色之美。藏族把自己居住的地方自豪地称作“卡哇坚”（雪域），白雪作为最突出的景物伴随着藏人的一生。雪山又是苯教徒崇拜的内容之一，自然与文化的吻合是一种必然，于是，凡于“白”、“雪”有关联的神山圣水，仙人巨兽，在藏族人民的心目中，都是体贴万民，拯救民众于苦难的“神”，白色被神圣化了，视为神灵的标志，具有奇异的神力，影响着日常生活的方方面面，后来才逐步演化为“美”与“善”的象征。

二

服装服饰是少数民族文化中最具特色、最有生命力的部分。服饰上的各种纹样所传递的信息包含了极为丰富的内涵。藏族服饰中的图案纹饰，少有对现实图景的模仿或再现，多为抽象的几何图形。这种抽象化，有一个明显的特点，即是圆中有方，曲中有直，封闭重于连续，圆点弧形胜于直角方块。这也从一方面表现了藏族宗教的“圆通”、“圆觉”的理性精神，使人感到稳定、坚实、简洁、柔韧而刚健，显现出一种神秘的威力和美感。

吉祥崇拜是藏族人民在长期的社会实践和特定的心理基础上逐渐形成的一种观念信仰。这种比较集中的吉祥物崇拜，反映了生活在艰苦环境中的人们在心理和行动上寻找寄托和安慰，寻求神灵护佑以期得到正常的生存和发展的良好愿望。在众多的吉祥物、吉祥符中，雍仲图形居于永恒、独尊的地位。雍仲是藏语文对“卐”形符号的称谓，是一种宗教标志，或称之为教徽。藏传佛教的“卐”是以顺时针方向旋转，而藏族苯教里的“卍”则是以逆时针方向旋转。雍仲是青藏高原各个地区的土著文化，原始崇拜形式之一。“卍”符号是西藏雍仲苯教的密语之一，代表了“永生”、“永恒”、“长存”的含义。在布代贡杰时代，“卍”符号作为苯教教徽在藏区流行。苯教创立时使用的文字称“雍仲神文”，地方为九级雍仲山、雍仲沙丘，教名雍仲苯。苯教祖先饶米沃且手持嵌有雍仲纹样的禅杖，号称启迪文明的黎明使者，据说释尊尚未出生的年代，藏地崇山峻岭之中的岩壁、山洞里已有不少苯教崇信的自显“卍”符号，西藏阿里地区古岩画中也有该图案，苯教寺院的修建选址大多与天然自生雍仲有关。据藏族苯教《空行智慧胜海传》中记载：苯教徒在每年秋季要举行“牡鹿孤角”，就是将牡鹿的头颅砍下，作为供奉祭祀活动。他们将牡鹿祭奉藏族最大的神灵之一——太阳神，以取悦于它，赢得它的赏赐，从而获得生活安宁。任姆栋 1 号岩画中有这样一幅场景，四个鸟首人身的鸟形人虔诚恭敬地面对“卍”，据有关专家考证，这个“卍”形符号，与“卍”符号一样，都是代表太阳的符号。此外，在甘肃、青海等地出土的马家窑、马厂型陶纹中也发现太阳型图案，在圆日形中画有“卍”符号，它象征着太阳每天从东到西的旋转运行①。

佛教在中土广为传播之后，唐代武则天当政时，周长寿二年，“权制此义，音之为万，谓吉祥万德之所及也”②。此后，“卐”字符号象征吉祥、幸福、光明、神圣佛教在西藏广为传播后，雍仲“卐”从

① 何新著：《诸神的起源》，北京：光明日报出版社，1996 年，第 2－14 页。

② 唐·慧苑：《华严音义》，转引自散人《“雍仲”吉祥符》，载《中国西藏》1996 年第 2 期。

梵文译意为“胸部的吉祥标志”、“吉祥海云相”,使用顺时针旋转方向,以与苯教加以区别。凡画尊像,必画雍仲图形,视为功德圆满,吉祥云海之父,雍仲符号多以图案的面目出现。在藏族服饰中,“卐”字常和月、火纹样连用,或作为一种单独的装饰纹样,绣在围巾和衣饰上。如汉藏等民族喜用的“卐”字锦衣料,纹样的“卐”字流水,就是将卐字的四端伸出,连续反复而绘成各种连锁花纹,意为绵延不断,另有长脚“卐”字,团“卐”字等,意为长命富贵。卐字还与变体寿字融合而成“如意团万寿”等各种图案,用作医疗、建筑、绘画及帐篷绣花的装饰底纹,寺院经堂、雕花木器、钟鼎香炉、民居杂什以及门窗上的木格子也常用卐形符号装饰。

在藏族地区,卐字的变形“卍”符号藏语称“喜旋雍仲”,有坚固不变之意,明清时期的藏族武士装,下身为狍皮白皮裤,膝盖部有一圆布,上饰“卐”字图案,名“夏多”。现代藏北妇女的一种头饰名为“滚多”,是由白色小海螺串联而成的,上面也有用红珊瑚串成的“卐”字纹样。在后藏地区,有藏民穿一种背部绣有“卐”字符号和月亮、太阳、火的组合图形的衣服,他们认为人的一生中,逢 13 岁、25 岁、37 岁、49 岁等都是“恶年”(灾年),穿上绣有这种图案的衣裳,可以驱邪消灾。“卐”字符号在佛教中是释迦牟尼胸前的一种“瑞相”,在古代还被认为是太阳和火的象征。因此,在藏族服饰中常与日、月、火的纹样连用,作为一种符咒、护符的标志。有人对后藏地区的这种衣背花纹解释为:“卐”是万福祥瑞的符号,日表智慧,月含方便(即方法),组合在一起可以保平安,祛灾祸。另外,“十”字纹样,藏语称“加珞”,也是代表太阳的符号,在藏族服饰中得到更普遍的运用。它常常被连织,衬以底色,用色条将其分成单元,以各种颜色装饰,形成美丽的图案。如在妇女的“邦典”和各种藏靴上,“十”字纹样就被有序或无序地装饰着,显得独具一格。在佛教的教义中,“十”字是完满具足的意思。藏族服饰常以“十”字纹样为饰，其寓意也可能是由多种动机汇集在一起的，它可能是为了求得佛祖的保佑，可能是为了避邪，也可能是由于审美习惯的影响，长期以来以“十”字纹样为美，相沿成习，便作为装饰。藏族人还认为“十”字纹样可以给人们以“慈善”、“爱抚”、“与人为善”的联想，用它配置起来的连续图案，有和蔼可亲的感觉[①]，总之，“卐”字纹样及其“十”字纹样是传统吉祥观念的艺术体现，深深地打上了藏族宗教文化的印记。随着时代的变迁，雍仲这一吉祥符号正逐渐失去原来的宗教意蕴，渐渐变成藏族传统的审美对象。

三

服饰文化是有形的，可感的，一目了然的，从而也就最直接、最具体地反映了一个民族的文化传统。特别是各种饰品，在发生之初，都有一定的意义，有的饰品将这种意义保存下来，有的因时代久远意义渐渐消失在历史的长河中。饰品不仅物化审美因素，更重要的是物化宗教信仰等观念。“越是把自己和神话般的祖先混为一谈，他们的那些装饰品，文身和舞蹈，就越没有什么艺术意义，而是具有宗教的巫术的意义”[②]。藏族佩饰的选择和佩戴虽因年龄、身份、地位、爱好、衣着的不同而各异，信仰的因素也显而易见。

藏族的饰品可分头饰、衣饰等，男女均戴。藏族妇女喜欢戴头饰或发饰、头顶饰，如珊瑚树琥珀做成的顶在头上的各种装饰品，也有用金银、九眼珠做成的。首饰如耳环、项链、手镯、指环，乃至腰带等饰品，这些饰品一方面源于生产劳动和对美的追求，另一方

① 安旭主编：《藏族服饰艺术》，天津：南开大学出版社，1988 年。
② ［法］沙林·安什林：《宗教的起源》，北京：生活·读书·新知三联书店，1964 年。

面也受到佛教中“圆满服饰十三事”的影响。所谓“圆满服饰十三事”就是藏戏中常见的如来报身像十三种服饰，包括绫罗五衣（佛冠、披肩、飘饰带、腰带、裙子）和珠宝八饰（头饰、耳环、项链、臂钏、璎珞、手镯、指环、足镯）。戒指又称驱环，它不仅是装饰品，是爱情婚姻的信物，还有驱邪之意。藏族妇女喜欢用这些饰品装扮自己，使其更妩媚动人。但从其本意来说，这些饰物具有宗教信仰的意义。特别是藏族人人胸前佩戴的饰物——“嘎乌”，一种小型的挂在身上的佛龛，内装有小佛像或活佛喇嘛的神物作为护身，后越做越精巧，有银制的，镶嵌有金银的玉石、色彩艳丽的红珊瑚，串“嘎乌”的细线上还对称穿有珊瑚和玉石，组成一串贵重的项链，既是装饰品又是护身符，表明了崇佛和对佛的虔诚。

从某种程度上说，传统服饰艺术是女性的艺术，只有妇女才更有机会在服饰上显露才华，施展智慧，大胆尝试，使她们潜在的艺术创造力、鉴赏力和对美的追求得以发挥展现，腰佩既是如此。藏族腰佩由金银嵌珠、镂空花纹嵌各种珠宝，宽带形系于腰间，也有长条形垂于腰下，还有单股或多股银链，一端系于腰带上，另一端吊有钥匙、铃铛、挖耳勺等，既是装饰又很实用。无论哪种腰带都雕刻精细，工艺精美，上面刻有莲花瓣，周围饰孔雀、鹿、吉祥八宝图、六长寿图等，寓意着吉祥平安。青海藏区的妇女，大多要将满头乌发梳成几十条细长的辫子，装入精心绣制的长布袋之中，称为辫筒。其辫筒以刺绣花纹为主，辫筒大多宽 3 寸、长 4 尺，上面缀有银盾、银牌、贝壳、珊瑚等饰物。辫筒上刺绣图案的制作，各种饰物的排列，都有风俗习惯，跟宗教信仰紧密相联，不同的地区形成不同规范。不论是辫筒上的刺绣图案，还是其他饰物上的浮雕图案，花纹主要是八宝、百结、花卉、云纹、水纹、回纹、法轮等。腰刀是藏族男女随身佩戴最普遍的，男式刀宽而长，横插腰间；女式刀窄而短，五寸以内，竖挂于腰侧，刀鞘与刀柄均为银嵌珠，浮雕纹饰，十分精巧，它不仅是使用，防身之具，也作为一种装饰品，在刀把上刻有各种吉祥图案[①]。

在藏族服饰文化中，佛珠是一项不可或缺的特殊宗教饰物。藏族老年人中手不离佛珠者十有八九，青年中也不乏其人。佛珠108颗，用线象项链一样串起来，既可戴于项上，也可挽在手腕，还可揉作团状揣入怀中或装入兜里。手捻佛珠，本意是计算念诵佛教的“嗡、嘛、呢、叭、咪、哞”六字真言。按藏传佛教的说法，当六字真言念了一亿遍后，就可以死后直接进入极乐世界，免遭打入地狱之苦。捻拨佛珠，具有很强的适应性，不仅闲时可以捻拨，就是劳作时，只要一只手空着，仍可捻拨，而且不受光线、场地、环境的限制。老年人逐渐丧失体力，很少参与社会生产，显得孤独寂寞，拨捻佛珠，可闭目养神，心境进入淡泊宁静的状态。

服饰文化，是穿在身上的艺术，对于一个民族而言，它不仅是为了美而创造出来的，而是有其更深刻的内涵，这是一种丰厚的文化积淀，是以集体无意识的传承方式传递下来的文化，而且有着很强的生命力。藏族宗教对于藏族社会的生产、生活的影响是潜移默化和深刻的。只有认识到这一点，我们才能真正认识和理解这个民族的文化及其经久不衰的魅力。

（原载《西南民族学院学报（哲学社会学报）2001年第1期）

---

① 戴平著：《中国民族服饰文化研究》，上海：上海人民出版社，2000年，第392页。

环青海湖民族的祭海仪式

拉毛卓玛

“祭海”是历史上当地民众一项重要的宗教政治活动，每年在青海湖畔举行，延续至今。历史上最早居住在青海湖地区的是羌人，因为其以游牧为生，在他们看来一切万物都有其神灵存在，也就有了祭祀和崇拜自然物的习俗。后来吐谷浑也进入青海湖区域，并在此建立了政权。因为其信奉藏传佛教，故而也有崇拜大自然的习俗，其中自然也少不了对青海湖的崇拜。但是羌人、吐谷浑是否有祭祀青海湖的仪式，从现在仅有的文本资料中已经无法得到确认。

一、官方的祭海仪式

青海湖不仅被少数民族尊奉为保护神，而且也被历代中央王朝所重视。早在唐代天宝年间，唐玄宗就赐封西海之神为“广润王”，后来北宋的宋仁宗又加封其为“通圣广润王”。雍正四年

(1726)三月诏封青海湖神为“灵显宣威青海神”，并在湖边立碑，派官员祭祀。并将“灵显青海之神”以满、汉、蒙三种字体立碑，建有亭宇为其遮风避雨。到光绪三十三年(1907)经钦差大臣庆恕等在青海湖东察汗托洛亥的察汗城建成海神庙，正殿三间，额题“青海胜境”四字。东西配殿各三楹，中间建牌楼三楹。并历时三年，费银10万两，可谓耗资巨大，煞费苦心。并将雍正碑移到了大殿正中，并举行祭海祀典。到民国时期，政府又将祭海会盟的地点迁到了青海湖东岸名为群科加拉的地方。原来的庙址遂成为废墟，而石碑至今尚在。清朝和民国政府在延续自唐宋以来的正祀惯制的同时，把用以控制和笼络蒙藏贵族为目的的“会盟”仪式增加进来，并建庙祭祀。以其强大的国家政治势力而显示出场面宏大、仪式繁杂的祭海仪式，似乎成了标志性的祭海惯制，所以几十年来文人们只关注到了官方的祭海，而对民间祭海视而不见。

从乾隆三十八年(1773)开始，政府规定每年农历七月十五日祭海并会盟。这里所谓的“会盟”原是蒙古族各部落商讨大事、制定章则的政治活动。最初的目的仅仅是为了定期联系青海蒙古诸部族，加之蒙古族历来有自然崇拜的观念，很自然地将“祭海”与“会盟”联系起来。后由于政治目的由统治者出面主持祭海活动，并将其作为政治性的大规模活动一直延续到20世纪40年代末。

历史上的祭海仪式很隆重，祭海的时间正值秋季。选择这一时间，是根据人们的传统观念，东南西北四个方位分别对应着春夏秋冬四个季节，而青海湖又称为“西海”，论方位属于西面，故而将祭祀的时间定为秋季。每年的祭海日期都由钦差大臣择定后，一面具奏核准，一面通知青海蒙古左右两盟各王公贝勒子及环海八族千百户，聚集在察汗托洛亥，驻西宁的钦差大臣会同西宁镇总兵官率文武官员和部队以及随从人员如期赶往祭地。祭祀中，以钦差大臣为主祭，西宁各官兵为陪祭，各王公千百户都参加祭祀过程，祭品有牛、羊、豕各一只。还有蔬菜糖果等物品，另外还有龙旗一对，御杖四根，哈达一条，汉、满、蒙三种文字写的祭文一纸。后来马步芳主持祭海时，因为有穆斯林参加，将豕改为羊。祭祀仪式也改为：全体肃立；主祭者就位；奏乐；唱党歌；向党国旗及孙中山遗像行鞠躬礼；主祭人恭读总理遗嘱；致祭：进香；进帛；进祭文；读祭文；全体向海神行三鞠躬礼；望、燎（望祭、燎祭，即向大海肃立凝视，并点燃祭坛前的两堆篝火；鸣炮；礼成）①。所有祭品在祭祀后由参加祭海的蒙古王公和藏族千百户的随从人员等分夺而去，他们将夺得祭品视为来年的吉利。

官方祭海除了派官员亲自到青海湖边祭海，还有"遥祭"的惯制。唐代时，在立秋日于京城西郊遥祭西海，有时还要派官员到同州府（今陕西大荔县）河神庙先祭黄河神，后祭西海神。清代时，如遇特殊情况，则从西宁城西郊遥祭青海湖神。蒙古族进入青海湖地区，因为其信仰萨满教，故而认为万物都有其神灵存在，崇拜天和各种自然现象，也就有了祭祀青海湖的习俗。青海境内的蒙古族与内蒙古、新疆的蒙古族风俗习惯基本相同。但因长期与藏、汉、土等民族杂居，风俗习惯既有蒙古族的特点，也吸收了其他民族的文化。他们也信奉藏传佛教，祭海自然不在话下。每年到了农历七月十五，青海的蒙古牧民们就从很远的地方赶着牲畜，来到青海湖边。他们在湖边摆上供桌，把杀好的牛羊摆在供桌上，宣读祭文，向着滔滔湖水顶礼膜拜。之后大家向湖中纷纷抛洒祭品。清代蒙古族上层的祭海仪式被纳入到政府官方祭海会盟中，但是，由于青海湖信仰的文化传统和自上而下的惯制影响，蒙古族各部落的祭海活动与官方活动、民间仪式相呼应，一直延续了下来。

---

① 朱世奎，西海古今论[M]. 西宁：青海人民出版社，2005. 39.

二、寺院与民众的祭海仪式

在藏族信仰中，祭海有寺院活动与民间活动之分，但是由于藏族是全民信仰藏传佛教，所以信仰活动往往呈现交流融合的状态。祭海也是如此，因此这里把固定时间的寺院祭海与民间祭海放到一起来梳理。

1. 祭海前的准备

在藏族人的信仰观念中，有藏历马年转山、羊年转湖、猴年转寺院的习俗。所以每逢藏历羊年，人们都会举行规模盛大的转湖活动和祭海仪式。前来参加祭海的人们会着盛装远道而来，有的则在祭海的前三天，就来到祭海处修复“拉什则”（俄博）。等到节日正式祭海的那一天，人们会早早去祭海处挂经幡，为的是祈求平安。现在青海湖地区较大的祭海中心有四处，分别是刚察县的沙陀寺、海晏县的白佛寺、海南州的甲乙寺和江西沟的元者寺。

（1）制作宝瓶。宝瓶在藏语中称为“措代日”。根据笔者对沙陀寺堪布智巴奥思的访谈，祭祀青海湖的主要目的就是取悦青海湖神灵，为湖神献上在人们看来是最好的祭品，所以对宝瓶的制作非常重视和讲究。寺院在距离正式举行祭海仪式活动的前八到十天的时间里，僧人们就开始着手准备宝瓶。这里所说的“宝瓶”并非人们通常认为的玻璃制品，而是用哈达、氆氇、彩色布等布料制成的一个长约20厘米、直径为10厘米的桶形口袋。当然民众自己也会准备宝瓶。但无论是寺院的还是民众自己准备的宝瓶，在祭祀献给海神之前，都必须由寺院加持、开光后方可献给海神。据说只有经过开光加持过的宝瓶，神灵才愿意接受。因此不是任何材料都可以拿来制作宝瓶，尤其是不能再选已被使用过的或被视为别无他用的材料。宝瓶的体积大小要合适。并要绘上八宝吉祥图[1]，宝瓶内装入五谷粮食（青稞、豌豆、小麦、玉米、蚕豆）、名贵药材、八宝、精美布料、茶、酥油、糖、瓜果之类的供养之物，甚者有虔诚者还将自己的金银首饰放入宝瓶内。

当所有的宝瓶在被洁净供品装满后，由僧人用各种薰香进行加持开光。加持时，宝瓶不能颠倒放置于自己的面前，要将它们在还未被封口时，用象征五行的五色毛线的一端将所有宝瓶缠绕在一起，另一端则由活佛和喇嘛将其拴在小的金刚杵上，并将其放进怀中，连诵七天经后，再用这五色线将宝瓶一一封口。如此加持过的宝瓶才算是真正意义上的宝瓶。

（2）布置会场。每年祭祀的场地是相对固定的，一般都建有高一米四左右的正方形转台。称为“拉什则”，即当地山神的象征。拉什则旁边还垒起煨桑台，供祭祀时煨桑之用。附近靠海地方，再搭建起宽敞高大的帐篷，作为僧人们聚集诵经的场所，可以做到风雨无阻，保证祭海的一切仪式如期进行。

2. 祭海仪式

祭海活动当天，主要有如下几项仪式：

（1）挂经幡。所谓“挂经幡”，就是把印有祈祷语、图符的五彩经幡挂在“拉什则”堆石之上、神山圣湖的经旗杆上，悬挂于寺院佛塔四周、村寨屋顶之上或帐篷左右，这是藏传佛教和民间习俗中的一种祈祷祭祀形式，也是祭海当天最早的一项仪式，僧人群众首先要把代表自己心愿的经幡逐一系在一起，然后将其高高挂起。在藏族人心目中，不同颜色的五种经幡象征着其不同的意蕴，它们从上到下的顺序为蓝、白、红、绿、黄。在民间传说当中，蓝色为天，白

---

① 八宝吉祥图，是指藏传佛教的藏密中常见的八种吉祥图案，具体是指宝瓶、宝盖、双鱼、莲花、白螺、吉祥结、尊胜幢、法轮。相传释迦牟尼诞生时，天上献来种种供品，此八种吉祥物即为天人所供，故藏民族常以此八种图案来装饰佛教用品。

色为云，红色为火，绿色为水，黄色则为土，依次排列，是用羊毛绒缝制。若以五行会意其寓意，则蓝色为水，绿色为木，红色为火，黄为土，白色为铁。所以人们有依次颜色排列经幡颜色次序的习俗。有时也将经幡与“风马”混同，因为经幡的边上也往往印有风马图案，经幡因此被称为“风马旗”。

在祭祀青海湖的地方，都可以看到在煨桑台附近有被高高挂起的经幡。人们将象征不同寓意的经幡按着不同的颜色，有规律地连接在一起，然后将其挂在自己认为最好的位置上。在人们看来，青海湖神并非是青海湖地区的唯一神灵，其附近山神也是当地民众崇拜信仰的对象，而且在藏族人的观念中，湖神与其周边的山神有着一定的联系，故而湖神祭祀和山神祭祀是并行的。在挂完经幡后，人们依然按着顺时针方向，围绕其转三圈，然后跪地磕头以示自己的虔诚，并许愿祈求神灵的庇佑。

（2）煨桑。这是几乎所有的祭海参加者都要亲自参与的仪式。藏族的“煨桑”习俗十分普遍，几乎渗透到了其生产和生活的各个方面。在很多场合都可以举行，诸如祈求五谷丰登、国泰民安、婚丧嫁娶、旅途安全、祛病延年等，都要举行“煨桑”仪式。“煨桑”的真正意义首先是为了驱除污秽之气，从而达到“净化”的目的。藏族人认为在普通人的生活之中，到处都有污染或者随时都会被污染，存在污垢或不洁净的事物，因为不干净神灵就无法来到人们身边。“煨桑”则是一种理想的净化行为，那些污点、鬼、魔和污秽之物都会随着桑烟的燃起而被排除、被驱赶。桑烟具有净化环境、消除邪气、秽气和净化的神奇功效。其次是用“煨桑”祈求神灵的庇佑，目的是为了“迎”神，祭海前的“煨桑”主要是以净化空气为主，当桑烟升起的同时，也就意味着将一切秽物随之驱走，而后才能将众神邀请至此。

祭海仪式上的煨桑在正式祭海之前就开始了，人们在两米高的煨桑台上架超松柏枝点火煨桑，伴随着法号声，人们手捧哈达、青稞炒面、酥油等祭品，一边按着顺时针方向围着桑堆绕转三圈，一边往上面撒青稞、炒面、曲拉、白酒、茶叶、糖果等，一面口中念着六字真言，以此祭祀诸方神灵。人们围着桑堆，伴随着桑烟的缓缓升起，一边抛洒着手中的“风马”，一边颂念着经文。“风马”在藏语里称“隆达”，是指一种印在红、黄、白、绿、蓝五色，呈四方形，长宽两寸左右纸上的一种图案。中央印有一匹驮摩尼宝珠的骏马，上有日月，四角印有龙、鹏、虎、狮四种动物。有的在四角只印龙等动物的藏文名称，也有只印六字真言的，有的则刻印有好几匹宝马，但都有着相同的寓意，是向山神等神灵奉献坐骑宝马的意思，也是向山神乞求福运吉祥的意思。每当祭祀山神等诸方神灵时，向空中抛撒风马就成为一项必不可少的重要内容。当桑烟越是烈焰腾空，人们越是高兴，认为是神圣的天神和青海湖神在保佑当地民众人畜兴旺。

(3) 诵经。诵经由当地主持祭海的寺院指定专职僧人承担。诵经是藏民族僧俗群众共有的习俗，即使不识字的老奶奶，也会转着小经轮反复念诵着“六字真言”。但是在祭青海湖时，人们念诵的是一种特有的经文。据刚察寺堪布丹增多杰介绍，祭海时所诵经文名为《五佛宝藏法》，这其中包括煨桑和下宝瓶的经文，但其究竟是从何时起开始念诵此经来祭海，并没有详细的记载。祭海前举行的煨桑活动，由寺院专职僧人念诵专门的煨桑经后，方可称作真正意义上的举行煨桑活动。随着燃起的桑烟，民众自己也会一边念诵经文，一边则围着桑台转“郭拉”。在藏族人的传统信仰观念中，转“郭拉”意为转经，是藏族地区最大众化的信仰形式。转经的方向也很有讲究，当人们在围着一神圣物或一圣地绕转时，一定要按着顺时针的方向，否则被认为是对神灵的大不敬。所以无论是小到转经筒、煨桑台还是俄博，大到转寺庙、转山、转湖等等，人们都必须按着顺时针的方向围绕其旋转，同时向空中抛洒着“风马”。

（4）放宝瓶。祭海仪式的最后一项就是放宝瓶，其象征的寓意就是将人们精心准备的宝瓶或者是祭品下沉到湖底，以这样的方式敬献给神灵，以达到取悦湖神的最终目的。宝瓶，从宗教意义上来说代表着佛颈。它是教法、教理的表征，献上了宝瓶就代表着人们祈愿众生获得圆满无上的教义。

放宝瓶时，人们在德高望重的僧人和长者的带领下，排着有序的队伍，手持哈达、宝瓶、宝盖、法杖、香炉等，伴随着阵阵的螺号声、鞭炮声，祭海的队伍开始缓缓向湖边走去。众人也紧随着队伍纷纷拥向湖岸，到了湖边人们先捧一捧湖水洗手净面，并虔诚地向湖心方向诵经跪拜，祈求着青海湖神灵的保佑。最后再将宝瓶奋力地抛向湖中，有的则骑着马向湖中走去，待到水淹过马膝时，再用打“抛儿”的方式将宝瓶抛入湖中，这样可将宝瓶抛得更远，也就意味着离湖心即神灵居住的地方越近，神灵则会收到得越快。过去人们也会划着皮筏子将宝瓶运到湖中，然后将其抛入湖中。宝瓶在被投入湖中后，其下沉的速度越快则越被人们视为好的兆头，这就意味着湖神愿意并且接受了人们祈愿的吉祥兆头。

放宝瓶时，依然由寺院专职高僧念诵经文。以此来供养龙神，为众生祈福，并使民众获得善业之果报。同时，祈求四季风调雨顺，农牧业得到丰产。甚至可以普度众生，为当地带来祥瑞气象，使水土得到净化，并消除人世间的种种障碍和灾难。

整个祭海仪式过程，除了有寺院专职僧人的诵经以外，还有民众手拿金属制的经文刻板一边将其浸入湖水之中，并且反复取出浸入。这寓意着在水中也刻印上了人们祈祷祝福的经文。与此同时不断念诵着经文，祈求青海湖神灵的庇佑。

三、日常生活中的祭海仪式

除了在藏历羊年或是每年农历七月十五举行的规模盛大的祭海仪式之外，在日常人们也会祭祀青海湖，只是其规模不及藏历羊年祭海时那么隆重。人们会按着自己的心愿举行祭祀仪式，表达自己对湖神的虔诚及恭敬，并以此获得神灵的保佑和心灵的慰藉。高僧活佛在途经青海湖时必定会举行规模相对较小的祭祀仪式。远道而来或是途经青海湖边的人们，也会在湖边的任何一处举行简单的祭祀仪式，以表自己的虔诚。首先依然是在经旗杆上拉起象征不同寓意的经幡，然后在祭海台上或是煨桑台上燃起桑烟，并向煨桑台敬献上五谷粮食、糖果、酥油、白酒等祭品或根据自己当时的情况敬献一些祭品。伴随着桑烟的缓缓升起，人们依旧按顺时针方向围着煨桑台绕转，诵念经文，抛洒风马，最后朝着青海湖的方向跪拜磕头，并祈祷青海湖神灵的保佑，祈求自己来年顺利、牲畜兴旺，或祈求自己路途平安等。在对青海湖进行田野调查途中，笔者有幸遇到白佛寺活佛俄日瓦·洛桑扎西尖措，据他介绍，在每一次出行之前，他都会祭海，以祈求路途平安。环湖的藏族牧民群众，生活中遇到问题时也会通过祭海以求得平安顺利。据当地一位名叫解热的老人描述，他家有一年丢失了牛羊，找了很久也找不到，后来家人也连连生病，于是老人便来祭海。自此以后，家里再没有出现过丢失牛羊的现象，家人生病的状况也慢慢好转，后来老人索性搬到青海湖边居住。日常生活中的祭祀青海湖仪式过程大致和正式场合的一样，只是与节日时正式的祭祀仪式相比之下，显得较为简单化。

（原载《青海社会科学》2012 年第 4 期）

历史与现实的青藏

隐藏的神性：藏彝走廊中的碉楼*

——从民族志材料看碉楼起源的原初意义与功能

石　硕

碉楼作为青藏高原独特而古老的历史遗留之一，分布地域甚广，在今西藏的林芝、山南和日喀则一带均有分布，但分布最集中、数量最多的则是青藏高原东缘的藏彝走廊地区①。川西高原从岷江上游河谷以西到大渡河上游和雅砻江上游一带，是碉楼分布的核心区，不仅数量、类型最多②，分布也最密集。从成都平原西行，

---

* 本文为教育部人文社科基地重大项目(05JJDZH239)“青藏高原古碉文化综合研究”的阶段性成果。

① “藏彝走廊”是费孝通先生提出的一个历史—民族区域概念，主要指川、滇西部及藏东横断山脉高山峡谷区域。该区域因有怒江、澜沧江、金沙江、雅砻江、大渡河、岷江六条大江自北而南流过，形成若干天然河谷通道，自古成为民族迁徙流动的走廊。参见石硕：《藏彝走廊：一个独具价值的民族区域》，石硕主编：《藏彝走廊：历史与文化》，成都：四川人民出版社 2005 年，第 13 页。

② 碉楼的种类和类型十分丰富，从建筑材料分有石碉和土碉(青藏高原碉楼绝大部分为石碉。土碉仅见于汶川和金沙江上游流域乡城、得荣、巴塘、白玉、德格、新龙等地)；从外观造型分有三角、四角、五角、六角、八角、十二角、十三角等七类碉；从功能分有家碉、寨碉、战碉、经堂碉等；此外按当地民间说法还有公碉、母碉、阴阳碉(风水碉)、姊妹碉、房中碉等。参见杨嘉铭：《丹巴古碉建筑文化综览》，载《中国藏学》2004 年第 2 期。

无论是由西北进入岷江上游，还是向西进入大渡河上游，沿途的村寨、河谷两岸、关隘、山头，均可见或看到一座座耸立的碉楼。位于大渡河上游的丹巴县，因现今保留碉楼数量多且密集，被人们号为“千碉之国”。[①]

近年随着藏区旅游热的兴起，碉楼这一独特文化遗存越来越受到各界广泛关注，其作为人类文化遗产的独特价值也日益得到肯定，最近已正式列入了我国申报世界文化遗产预备名录。但作为一种历史遗存，碉楼却包含了太多的历史之谜：人们最初为什么建这样的碉楼？它是做什么用的？是出于实用还是与精神活动有关？当地的古代先民又为何会建造如此众多、分布如此密集的碉楼？等等。这些问题既给人以无限遐想又令人十分费解。对于碉楼的功能与性质，目前学术界的主流观点是将其作为与战争相关的防御性建筑来看待。[②] 但防御是否是碉楼建造的原初意义与功能却颇值得怀疑。若碉楼最初确为防御而建，那么有两个问题难以解释：第一，防御发达必与战事频繁有关，但碉楼的分布却更多体现出了与族群的相关性。碉楼分布的核心区主要为川西北嘉绒藏族地区，二者大致重合。[③] 若按碉楼缘于防御的观点，则势必得出藏彝走廊地带的古代战争均集中发生于嘉绒地区而别的地区战事稀少的结论，这显然与历史情况不符。第二，碉楼在某些地区和村寨的密集程度令人难以想象，几乎达到户户有碉的程度。倘若皆出于防御需要，那么按此推理，当地古代人群一千多年来就必

① 参见杨嘉铭：《千碉之国——丹巴》，成都：巴蜀书社，2004年，第88—92页。

② 目前有关青藏高原碉楼的研究论著绝大多数均持此观点。参见石硕、刘俊波：《青藏高原碉楼研究的回顾与展望》，载《四川大学学报》2007年第5期。

③ 对碉楼分布与嘉绒藏区关系，马长寿曾指出：“仅四川茂、汶、理三县，以岷江为界，自岷江以东多为屋宇，以西多碉楼。且愈西而碉楼愈多，从杂古脑至大小金川凡嘉戎居住之区，无不以碉楼为其建筑之特征。大体言之，碉楼的分布与嘉戎的分布是一致的。”参见马长寿：《氐与羌》，上海：上海人民出版社，1984年，第27页。

是长期生活于打打杀杀、争斗无穷和朝不保夕的战争状态中，但这在地广人稀的高原地带是真实和可能的吗？从这两点看，将建造碉楼的原初意义确定为防御，的确可能导致对当地社会及历史传统简单化理解或误读。历史长河中常发生这样的事情：一些古老的历史遗留与文化现象，其原初的意义可能因年代久远和社会条件变迁而逐渐丢失，以致后人以其派生意义来对其进行解释而造成一种普遍的误读。[①] 那么，人们对碉楼原初意义与功能的认识是否也存在类似情形呢？本文拟以藏彝走廊地区的民族志调查资料为依据，试对碉楼产生的原初意义与功能作一探讨。

一、文献记载中的碉楼及其功能

有关藏彝走廊地区碉楼的最早记载见于《后汉书·南蛮西南夷列传》："冉駹夷者，武帝所开，元鼎六年以为汶山郡。……皆依山居止，累石为室，高者至十余丈，为邛笼。"唐人李贤注曰："今彼土夷人呼为'雕'(碉)也。"可知《后汉书》所记"邛笼"在唐时已被明确地称作"碉"，这即我们今天看到的碉楼。"邛笼"一词的含义今已不详，可能来自当时建碉之民族对"碉"的称呼，为少数民族之语言。孙宏开先生从古羌语角度考察"邛笼"一词，发现该词汇在古羌语中有明确的"石"之含义，[②]亦足证"邛笼"当指"累石为室"之碉。《后汉书》虽成书于南北朝时期，然其所记史事为东汉，故可断

① 例如，文化人类学者在对世界一些民族中流传下来的古代歌谣进行研究时曾发现一个耐人寻味的现缘：在某些歌谣中夹杂的那些过去通常认为无实际意义、只是为了增加韵律和节奏的所谓"感叹词语"，实际上最初大多有确切和十分重要的宗教含义，它们往往是一些仅为巫师所解的密语和咒语，只是在长期流传过程中其最初的含义已逐渐丢失，因其为后人所不解，而被误作了"感叹词语"。参见[美] 萨丕尔著、李安宅译：《语言》，载《巫术与语言》，上海：上海文艺出版社，1988 年。夏敏：《歌谣与禁忌——西藏歌谣的人类学解读之一》，载《中国藏学》2000 年第 2 期。

② 参见孙宏开：《试论"邛笼"文化与羌语支语言》，载《民族研究》1986 年第 2 期；孙宏开：《"邛笼"考》，载《民族研究》1981 年第 1 期。

定至少东汉时在岷江上游地区已有“高十余丈”的石碉存在。[①]

对碉的使用功能，《后汉书》无载。明确提到碉的使用功能并将其与防御联系起来的是《北史·附国传》，其记隋时位于川西高原的附国[②]时曰：“无城栅，近川谷，傍山险。俗好复仇，故垒石为䃮，以避其患。其䃮高至十余丈，下至五六丈，每级以木隔之，基方三四步，䃮上方二三步，状似浮图。于下级开小门，从内上通，夜必关闭，以防贼盗。”这是《后汉书》以来至明清以前对川西高原碉楼最详细的记载，其所记碉楼形制、面貌不仅与今川西高原的碉相同，且所记“高至十余丈”也与《后汉书》相吻合，可见附国境内的“䃮”同东汉时岷江上游冉駹地区的“邛笼”乃是一脉相承，应是前者延续与发展。不同的是，这段记载首次对碉的功用作了阐释，即“俗好复仇，故垒石为䃮，以避其患”、“以防贼盗”。不过，有两点需要注意，其一，《北史》系中原史家之著作，其对碉之功能的解释自然是以“他者”立场和角度作出的，因此其解释的权威性到底有多大尚存疑问。其二，即便当时碉已确有“以避其患”、“以防贼盗”的功能，但隋距东汉已有数百年，故这是否即是建碉的初衷和原始意义，仍难以确定。

那么，建造碉楼的原初意义和功能到底是什么？因碉楼产生年代久远，加之史料记载匮乏，要搞清楚这一问题已属不易。值得注意的是，有关此问题，当地一些民族志材料却向我们提供了相当重要的信息与线索。

---

① 不过碉见于记载的时代并不等于其产生的时代。既然东汉时岷江上游的冉駹夷的地方已有碉，说明冉駹夷当为建造碉的人群之一。而冉駹夷存在于岷江上游地区的时间至少可上溯至秦代或更早，《史记·司马相如传》记：“邛、筰、冉駹者近蜀，道亦易通，秦时尝通为郡县。”从此背景看，碉即“邛笼”产生的年代很可能要早于东汉。但具体起源于何时目前尚不清楚。

② 有关附国的地理位置，参见石硕：《附国与吐蕃》，载《中国藏学》2003 年第 3 期；石硕：《从唐初的史料记载看“附国”与“吐蕃”》，载《民族研究》2003 年第 4 期。

二、从扎巴地区碉楼文化看碉楼的另一种面貌

藏彝走廊地处横断山脉高山峡谷区，由于高山深谷、地势险峻和交通阻隔，这里是目前我国民族文化原生形态保留最好、历史积淀最丰富的地区之一。特别在藏彝走廊的某些峡谷地段，由于地形环境十分封闭和阻隔，形成了具有某种“活化石”性质的文化单元，在这些文化单元中许多古老的文化因素与传说得到较好保留。位于今甘孜藏族自治州道孚县南部和雅江县北部鲜水河峡谷中的扎巴地区便是这样一个相对独立的文化单元。

扎巴为藏族中一个特殊人群支系，生活于相对封闭的鲜水河（雅砻江支流）下游峡谷地段，人口约一万三千人[①]。扎巴人自称“扎”，周边藏人称其为“扎巴”（“扎人”之意）。扎巴人保留自己独立的语言[②]，同时较完整地延续着一种暮聚朝离的“走婚”为主的婚姻形式和母系制家庭形态[③]。一个仅万余人的族群能将自己的语言、独特的“走婚”习俗和母系家庭形态保留至今，自然是得益于其生活的峡谷环境的封闭性[④]。由于生活环境相当闭塞，交通困难，也使扎巴地区保留着许多具有“活化石”性质的古老文化因素与独特习俗，如其在葬式上尚保留一种主要针对老人的岩葬、墙葬

---

① 据2000年第五次人口普查数据。参见刘勇、冯敏等：《鲜水河畔道孚藏族多元文化》，成都：四川民族出版社，2005年，第85页。

② 扎巴语系为一种独立语言，与藏语不相通。参见刘勇、冯敏等：《鲜水河畔道孚藏族多元文化》，“扎巴语研究”一章，第244—283页。

③ 参见冯敏：《川西藏区的扎巴母系制走访婚》，载《民族研究》2006年第1期。

④ 对于扎巴的地理环境，20世纪30年代进入扎巴地区作调查的赵留芳先生对其地形环境作过如下描述：“大抵查坝（即扎巴——引者）地形，皆大山绵亘，高峻险绝，鲜曲中贯，山谷小溪，从旁来汇入。路多在高山腰际，上下折转，时时须下马步行，有时到极陡险处，人骑马上，不敢旁视。民房皆在山之高处，农地成梯台形，盖山麓部分，大率成绝壁也。”参见赵留芳：《查坝调查记》，《康导月刊》创刊号（1938）。此处转引自赵心愚、秦和平编：《康区藏族社会历史调查资料辑要》，成都：四川民族出版社，2004年，第229页。

和楼葬的独特葬俗，生活习俗上则保留着一种特殊的吃自臭猪肉的习俗。尤值得注意的是，扎巴地区碉楼文化十分发达，有不少碉楼和有关碉的传说与习俗。此外，扎巴地区的房屋十分独特，房屋均为石砌，多高至十余米或数十米，层数普遍达五六层，有如碉堡，这种如碉一样高高耸立的石砌房屋在藏区其他地方已十分罕见，当是一种很古老的“碉房”形式[①]。

鉴于扎巴地区保留大量古老文化因素和独特习俗，碉楼文化发达且保留着古老的碉房，笔者认为，扎巴地区的碉楼及相关习俗与传说对我们理解碉楼的历史面貌及原初功能或许有重要启示意义。

从扎巴有关碉楼形制、习俗与传说，我们可以看到以下几个明显的事实：

1. 扎巴地区房屋的最大特点是房、碉相连，与房相连的主要为四角碉，这类碉在使用功能上具有明显的神性

扎巴人将与房屋相连的四角碉称作“拉康”（此词非扎巴语，为藏语之借词，系“神堂”之意），为“经堂”、“神殿”之意。房与碉之间每层有小门相通。与房相连的碉在使用上主要有两种情况：一种是“将整栋碉楼作为祭祀和设置佛龛用，其除僧侣外绝不准外人进入”[②]。另一种情况是，碉楼除顶层外，均用于堆放粮食、草料和农具，顶楼则只作为祭祀和经堂使用。这说明与住房相连的碉在功能上主要是作为经堂和祭祀之用，具有明显的神圣性。以上这两

① “碉房”当指过去碉楼地区在建筑及风格上与碉楼有密切联系的房屋。顾炎武：《天下郡国利病书》引《寰宇记》云：“威、茂，占冉駹地，累石为巢以居，如浮图数重，门内以梯木上下，货藏于上，人居其中，畜圈于下，高二三丈者为鸡笼，十余丈者谓之碉。”将其累石建筑分为两种：前者可称碉房，后者为碉。又云：“自汶川以东，皆有屋宇，不立碉巢，岭以西，皆织毛毯，盖屋如穹庐……西入松州，苦寒特甚，日耕野壑，夜宿碉房。”见顾炎武：《天下郡国利病书》，商务印书馆 1936 年版，第十九册 · 四川。

② 刘勇、冯敏等：《鲜水河畔道孚藏族多元文化》，第 36 页。

种情况中，前一种情况可能反映了碉使用上一种更传统古老的状态，后一种情况应是前者的变通与妥协。但后一种情况颇能说明一个问题，即在同一座碉楼中“高度”与“神性”密切相关，尽管碉楼的下部可作与日常生活相关的其他用途，但碉的顶层却仍然只作为祭神和经堂来使用。这表明碉楼中越高的部分神性越突出，即“高度”与“神性”成正比。

2. 扎巴人传说称碉楼起源于对天神的敬奉，是为了祭祀天神而修建的

“高度”与“神性”相关的事实背后可能隐含了一个很古老观念，即在古人心目中，神是居住在天上的。那么，这是否是以求高为特点的碉楼产生的原始动因呢？令人惊讶的是，这一点恰好由扎巴人关于碉楼起源的传说得到印证。按照扎巴的说法，碉楼是起源于对天神的敬奉，是为了祭祀天神而建。扎巴的传说称，碉楼的起源异常古老，“有土地时就有了碉的存在”。而关于碉的由来，传说在很久以前，“人们寿命很长，能活千年，甚至万年，而且当时世间还无教派之说，但天神存在，故为敬奉天神，就修建了多角碉，用以向天敬奉，而修建此类碉需很长时间，十几甚至几十年”①。

扎巴人关于碉楼由来的另一种传说是：八角碉是“米麻依”（为扎巴语，意为非人，疑为某种神的名称）在一夜之间修成的。按扎巴人的说法，人要在一个地方居住必先建碉，碉是“为了保证人类的生存，因为没有多角碉的地方人类就无法生存和定居，住房生命都要被神秘的力量摧毁”②。

从以上两则传说看，扎巴地区有关碉楼由来的说法颇具原始性。首先，称碉楼产生是在“当时世间还无教派之说”的年代，即产

---

① 刘勇、冯敏等：《鲜水河畔道孚藏族多元文化》，第36页。
② 刘勇、冯敏等：《鲜水河畔道孚藏族多元文化》，第36页。

生于佛教尚未传入的年代，这一点十分准确并得到文献记载的印证。其次，称碉的修建是“为了保证人类的生存”，没有碉的“地方人类就无法生存和定居，住房生命都要被神秘的力量摧毁”，这说明碉的产生乃缘于古代先民对某种经常摧毁其住房生命的“神秘的力量”的敬畏，这一点符合生存于高原恶劣自然环境的古人之生活状态与思维逻辑。那么，当时人们所敬畏的时常摧毁其住房生命的“神秘的力量”是什么呢？按照其传说正是“天”和“天神”。对“天”和“天神”的敬畏与崇拜是人类最早和最重要的自然崇拜之一，这在西南少数民族地区尤为普遍和突出。碉是“为了祭祀天神而修建”这一说法，不仅与碉本身伸向“天”、追求高度即追求与“天神”相近的逻辑相吻合，同时也由碉楼本身具有的神性特点得到实证。

3. 在扎巴人的观念与传说中，碉既是“神的居所”，也是“祭神场所”

扎巴人在修建房屋时，有的是房、碉同时修建，有的是先建房，后建碉，有的则是依已有的碉而建房，并无严格定制。但是在发生搬迁和拆房时，碉的神圣性即凸显出来。按照扎巴人的说法：“如果搬迁房屋，一般旧房可拆掉但碉不能拆，因为当地人认为碉是神的居住处，神经常在碉内活动，如果移走碉，就会惹怒神，会给家带来不顺。”[①]这说明，我们在藏区村寨周边常看到一些单独兀立的碉，这些碉所在位置最初可能有住户并与住房相连，因碉具有神性，为神的居所，不能任意拆毁，故后来住户搬走碉就单独遗留下来。由此可见，碉、房虽然彼此相连，但两者的功能截然不同，房是人的居住处，属于世俗和人间部分；碉则是“神的居住处”和“神活动的地方”，属神的空间。将碉与房相连接，显然是为了使房屋居住者随时随地得到神的护佑。

---

① 刘勇、冯敏等：《鲜水河畔道孚藏族多元文化》，第 36 页。

在扎巴地区的地合村洛曲寨，还存在着一种专用于点灯供神的碉楼："当地人说，此地的碉楼主要是用于祭神用的，碉内放置一盏很大的油灯，该灯容量极大，盛满了酥油能燃一年。每年寨民就将酥油盛满之后点灯、供神，这盏灯就昼夜燃亮，直至一年。"[①]

也就是说，在扎巴的文化中，不仅与房屋相连的碉具有明显神性，按照其传说系为神的居所和活动之地，同时一些作为独立建筑的碉楼之功能也主要是作为祭神来使用的。

4. 碉的角多少与神性、权力、财富成正比

扎巴地区的碉主要有四角碉、八角碉、十二角碉、十三角碉。一般说来，四角碉多与房屋相连，而八角、十二角和十三角碉则多为独立建筑。但从总体上说，扎巴地区独立的碉以八角碉为多，关于八角碉的传说也较多。一种传说是最早修建的碉是八角碉，称："八角碉是'米麻依'（意非人）在一夜之间修筑的，凡在一个地方定居必先修八角碉……传说扎巴地区的八角碉早在'嘎久巴'（藏传佛教教派之一）时代前就存在，而在'嘎久巴'时代后只修四角碉。"[②]按这一传说，修建八角碉的年代似乎早于四角碉。这是否符合事实尚不得而知[③]。但有迹象表明，八角碉过去在扎巴地区似乎较为流行，如："亚卓乡的亚玛子村就有一座八角碉被当地人称为'克甲'（'克'为碉，'甲'为一百，意思是第一百个碉）当地人说从鲜水河下游的雅江交界处村落亚玛子村，刚好有一百个八角碉，故亚玛子村的八角碉就有了'第一百个碉'的称谓。"[④]过去扎巴地区的八角碉是否确曾达到一百座尚不得而知，但此传说至少说明

① 刘勇、冯敏等：《鲜水河畔道孚藏族多元文化》，第 35 页。

② 刘勇、冯敏等：《鲜水河畔道孚藏族多元文化》，第 33 页。

③ 一般说来，四角碉是碉的主流，四角以上或以下的碉其普遍程度和数量均有限，可视作碉的特例。从一般情况看，四角碉产生的年代似应早于其他多角碉，这也符合事物发展由简单而复杂的一般规律。

④ 刘勇、冯敏等：《鲜水河畔道孚藏族多元文化》，第 33 页。

一个事实：在扎巴人心目中八角碉的分量较四角碉要重。当地还有一种说法，八角以上的碉修建时间很长，一说需要十几甚至几十年时间，一说“八角碉、十二角碉修建需在十二年里完成，有的碉有尖角，有的没有，根据当地人讲，从开始到完工，如无人员死亡，碉顶修建‘乃则’（尖角），否则就不建”[①]。一般说来角越多的碉修建难度越大，用时更长，这最初可能是造成八角或八角以上的碉在人们心目中更受珍视的部分原因。后来可能因为多角碉的修建难度更大、用时更长，故造成了八角或八角以上的碉在神性、权力和财富方面的象征意义也更为突出，因而其在人们心目中的分量也变得更重要了。

这一点在扎巴地区也得到证实。在扎巴地区仲尼乡的扎然、亚中、麻中等村，关于八角碉有如下的说法：“当地富户为了炫耀其财富，以显其雄厚的势力就修建此类碉，故修的角越多、越高就越标明其财富越多、势力越大。”[②]碉的角越多就代表权力越大、财富越多，此说法在碉楼分布密集的丹巴地区也同样存在。在丹巴县梭坡乡蒲锅顶迄今保留嘉绒地区唯一一座十三角碉。按照当地传说，这座十三角碉是当地首领岭岭甲布所建。由于当时岭岭甲布的势力很大且富有，于是想建一座十三角碉来显示自己的权力与富有。但工匠们从未建过十三角的碉，在如何设计和分配十三个角上不知从何入手，最后是梭坡村一位纺羊毛线的少女用纺线的坠子插在地上，用羊毛线绕着坠子划出十三个阴角和阳角，帮助工匠们解决了难题，建起了十三角碉[③]。岭岭甲布具体是什么时代的人现已不清楚，估计为当地头人一类人物。从此传说看，丹巴的

① 刘勇、冯敏等：《鲜水河畔道孚藏族多元文化》，第35页。
② 刘勇、冯敏等：《鲜水河畔道孚藏族多元文化》，第34页。
③ 参见杨嘉铭：《千碉之国——丹巴》，第108页。

说法与扎巴地区完全一致，碉楼的高度及角的多少与权力、财富呈一种正的相关，即碉楼越高、角越多就越能体现权力、财富。从这一意义说，碉楼也是权力、财富的标志与象征。

此外，和四角碉相比，八角碉的神性似乎也更为突出。在扎巴地区，如果说与房屋相连的四角碉主要是作为该房屋住户私人的“经堂”和“祭祀场所”来使用，那么，八角碉还有另一个重要功能，即作为村寨公共性的“祭神场所”来使用。例如前面提到在扎巴地区洛曲寨，每年将一盏巨大的酥油灯盛满酥油置于碉中点燃供“神”并燃烧至一年的碉，就正是八角碉。这种碉非私人所有，而是属于全寨的一个公共祭祀场所。作为全寨公共祭祀场所的碉选用八角碉而不用一般作为私人祭神的四角碉，说明八角碉的神性较四角碉更突出。同时从扎巴地区传说中对八角碉的重要性更为强调来看，以八角碉作为一地、一寨的公共性祭神场来使用的情形在过去可能是较传统和普遍的做法。

三、关于碉楼具有神性的其他证明

很显然，扎巴地区碉楼文化，呈现出与过去我们所理解的作为战争防御建筑的碉楼迥然不同的面貌。其中最突出的事实是：碉楼具有神性。

以上所述只是扎巴区域的情况。应当指出，要以扎巴一地的碉楼面貌来推论整个藏彝走廊地区的碉楼目前尚缺乏充足证据。但考虑到碉楼在藏彝走廊乃至整个青藏高原地区是独特且极具共性和普遍性的文化遗存，扎巴地区碉楼具有神性的现象为我们认识碉楼的原始面貌，特别是碉楼的原初意义与功能提供了另一种重要启示。需要注意的是，扎巴地区的情况并非孤立例证，在藏彝走廊其他地区事实上也多有类似情形存在，这或可作为扎巴地区碉楼具有神性之旁证。如马尔康一带流传一种传说，称碉楼是“由苯教徒为该地镇魔修筑”。这与扎巴地方“没有八角碉的地方人类就无法生存和定居，住房生命都要被神秘的力量摧毁”的说法完全吻合，且正好可看作是对后者的诠释。同时马尔康还存在一种奇特的碉：“碉楼无窗、无门、无枪眼，均四角、高9层，宽5—6米，顶无盖，是人们崇拜和神圣的地方。”①说明碉与人们的崇拜和神圣相关，而这种无窗无门的碉究竟作什么用目前不清楚，但极可能是碉楼古老原始状态的一种孑遗。

此外，扎巴地区以碉楼或碉楼顶层作祭祀场所的情况在过去可能是相当普遍的做法。1929年中央研究院黎光明偕同伴王元辉调查川西北西番民族(即今之嘉戎和羌)，对碉楼曾作这样的记述：“碉楼的形状，很像大工厂里的方形的烟囱，高的有二十几丈。基脚的一层，宽敞可容数榻，愈上愈狭，最高的有十几层，那最上的一层只能作仅容一人念经的经堂。”②这段记述的最后一句话极为重要，说明在20世纪20年代把碉楼顶层只用作“念经的经堂”即祭祀场所的情况仍然是相当普遍的，凡为一种惯例。但今天这种情况在碉楼所在地区已十分少见，仅在扎巴这样较闭塞的地区还较好地延续这一传统。不过，还有一种形式也可看作是此传统的孑遗和延续：即专作经堂使用的碉，当地称“经堂碉”。经堂碉过去较多，现仅在今丹巴中路乡保留两座、金川县保留一座③。经堂碉主要为藏传佛教内容，碉内多绘有佛教壁画和佛像，或供奉有佛像。经堂碉是后传入的佛教与碉这一古老形式的嫁接，是佛教信仰向碉的植入。但佛教信仰能够与碉相嫁接本身就揭示了这样一

---

① 以上均见四川马尔康地方志编纂委员会：《马尔康县志》，成都：四川人民出版社1995年，第631页。

② 黎光明、王元辉著，王明珂编校：《川西民俗调查记录1929》，台北历史语言研究所，2004年，第178页。

③ 金川县的经堂碉承杨嘉铭教授告知，笔者未实地见到。

个事实：即在当地人眼中碉原本就是神圣场所，或原本就是祭神之地。只有这样，将佛教信仰的内容植入碉内才会成为可能且顺理成章。而扎巴地区的碉楼文化恰好也印证了碉楼为祭神之所并具有神性的事实。碉楼的神圣性还可由民俗事象得到证明，杨嘉铭在调查丹巴碉楼后指出："在丹巴历史上，不仅男孩 18 岁成年要在高碉下举行成丁礼，女孩 17 岁成年，也需在高楼下举行成年礼，凡喜庆节日，人们都会聚集在高碉下，唱山歌，跳锅庄，仿佛高碉在当地人们的心目中，成为一种历史的见证，由此可见高碉在当地人们心目中的崇高地位。"①

综上所述，从扎巴及其他地方有关碉楼的使用、观念与传说中，我们可以看到三个事实：第一，关于碉楼的由来，扎巴的传说是"为祭祀天神而建"，马尔康一带则说是"由苯教徒为该地镇魔修筑"，这两种说法实际上相通，均反映碉楼的修建最初是为了处理人与神的关系，求得神的护佑。第二，碉楼具有明显神性，碉楼所在地区过去可能普遍存在将碉或碉之顶层用作祭神场所的习俗，扎巴地区不过是较好地保存了这一习俗而已。且按扎巴的说法，碉还是神活动之地，故住户搬迁时房可撤而碉不可撤。第三，碉楼还象征权力与财富，角越多、越高的碉越能体现权力与财富。因为碉楼是"为祭祀天神而建"并具有神性，碉楼才可能演变为权力的象征物。就世界民族志材料看，在古代神性与权力往往有更紧密的联系，最初世俗权力的确立无不是借助于神的光环②。因此，碉楼由最初有神性的建筑逐渐演变成一种权力的象征和标志物就再正常不过了。另外，修建碉楼需要耗费财力和组织人力，角越多、

① 杨嘉铭：《千碉之国——丹巴》，成都：巴蜀书店，2004 年，第 113—114 页。

② 参见朱荻：《原始文化研究》，北京：生活·读书·新知三联书店，1988 年，第 657—661 页。

越高的碉楼修建过程往往需要组织更多的百姓、耗费更大财力，所以那些多角、更高或体积更大的碉一般来说只有权势者和富有者才能修建，所以这一类碉后来便逐渐成为体现权势与富有的标志。在藏彝走廊碉楼地区的调查中不难发现这样一个事实：在一个区域或村寨中，那些最高、角最多和体积最大的碉，几乎无一例外都是过去土司或头人及有一定地位的大户人家所建。2005 年笔者在小金县沃日土司官寨调查时，当地村民告知，过去一般百姓建碉在高度上绝对不可超过土司的碉。这表明，以碉的高度和角的多少来象征权力乃是过去普遍遵循之惯例。以碉作为权力象征的现象，恰恰揭示了一个古老事实——碉楼最初具有神性。也就是说，碉楼得以作为权力象征必以其最初的神性为基础，它既是碉楼原始神性派生的结果，也是对碉楼最初具有神性的证明。

四、关于碉楼起源的两个本土文化背景

对于碉楼是“为祭祀天神而建”并“具有神性”这两点，在藏彝走廊地区我们还可获得以下两个旁证：

1. 古代藏彝走廊地区普遍存在一种“石”崇拜

从新石器时代晚期直到东汉初年，藏彝走廊地区分布着一种广泛而又普遍的以石板或石块垒砌墓室的“石棺”墓葬，考古学上称“石棺葬”。藏彝走廊地区是我国石棺葬数量最多、分布最密集的地区，石棺葬遍及了整个藏彝走廊。石棺墓地均分布于各河流台地上，墓地中石棺呈密集或重叠排列，或数十座、数百甚至数千座不等，同一墓地中石棺葬的年代跨度达数百年[①]。藏彝走廊的

① 参见罗开玉：《川滇西部及藏东石棺墓研究》，载《考古学报》1992 年第 4 期；阿坝藏族羌族自治州文物管理所等：《四川理县佳山寨石棺葬发掘清理报告》，载《南方民族考古》第一辑，成都：四川大学出版社，1987 年，第 211—236 页。

古代先民为何如此长期和普遍地采用“石棺”这一葬式？史籍虽无明确记载，但有一点可肯定，对死者的处置及葬式选择乃是生者信仰与宗教观念的反映，即所谓“事死如生”。且一个族群如何对待死亡往往关涉其信仰与宗教观念之核心，所以石棺葬盛行可能反映一个事实——在藏彝走廊古人的宗教观念与信仰中应包含某种对“石”的独特理解与崇拜，即“石”在其宗教信仰中占有特殊位置。这还可由两点得到旁证：一是岷江上游羌族《羌戈大战》史诗中，描述当地土著“戈基人”的特点是“纵目”，并“生居石室，死葬石棺”[①]。《华阳国志·蜀志》记蜀人先祖蚕丛氏：“其纵目，始称王，死作石棺石椁，国人从之，故俗以石棺椁为纵目人冢也。”《古文苑·蜀都赋》章樵注引《蜀王本纪》云“蚕丛始居岷山石室中”。“生居石室，死葬石棺”可能正是对古代藏彝走廊地区流行“石”崇拜及石棺葬的一个生动说明。二是距今 5 000 年的昌都卡若新石器时代遗址中曾发现众多石墙半地穴房屋、石墙、圆石台、石围圈、石铺路等石砌建筑遗迹，尤值得注意的是其中发现两座圆石台和三处石围圈遗迹，均排除是房屋附属部分，也谈不上任何实际用途，遗址发掘者认为这些“圆石台、石围圈等可能和原始宗教信仰有关”[②]。倘如此，则我们可断定“石”与“石砌建筑”远在新石器时代已经同当地居民的信仰及精神生活发生了某种联系，这极可能是后来石棺葬普遍兴起之滥觞[③]。

一个耐人寻味的现象是，在藏彝走廊地区石棺葬与石砌碉楼、碉房的分布之间呈现一种奇特的对应关系，即有石碉、碉房的地方

① 董古：《岷江上游石棺葬之谜》，《文史杂志》1993 年第 2 期。

② 童恩正：《试论我国从东北至西南的边地半月形文化传播带》，《南方文明》，重庆出版社 1998 年版，第 570 页。

③ 参见西藏自治区文物管理委员会、四川大学历史系：《昌都卡若》，文物出版社 1985 年版，第 151 页。

大多同时发现石棺葬①。此现象暗示石棺葬与石砌碉楼、碉房之间可能存在某种一脉相承的传承关系。这种石砌建筑传统在文化上显然应有一个共同的内核，即在当地先民的原始信仰及观念中可能存在着某种对“石”的独特认知与崇拜。假如我们将“垒石为室”的碉放在藏彝走廊的上述特定文化背景中来认识，那么石砌碉楼最初起源于信仰的可能性就明显大于其作为防御性实用建筑的可能性。也就是说，石砌碉楼起源于信仰同该地区古代普遍流行的“石”崇拜之文化背景更为吻合。

2. 藏彝走廊地区许多古老民间信仰中普遍存在以“高”为“神圣”的观念

求高是建造碉楼的一个出发点。而在藏彝走廊地区许多古老的民间信仰中我们均可看到高度与神性之间有密切关联。最典型的是神山信仰。神山信仰是青藏高原极古老的一种信仰，早在佛教传入前已广泛存在。藏彝走廊地带绝大多数山都是神山，只是等级不同罢了。有的是一户或几户人供奉的神山，有的是某一村寨供奉的神山，有的是一沟一谷或某一地理单元中若干村寨供奉的神山，有的则是一个更大区域或空间范围人们共同供奉的神山。神山的级别与其高度密切相关：一般说来，那些高耸云端、醒目且山巅终年积雪的山往往都是某一区域中较重要的神山。山所以成为人们膜拜对象，揭示了一个古老的事实——在当地原始宇宙观和信仰中“高”与“神圣”密切相关。产生这种关联的核心当缘于“天神”崇拜。

在藏地古老苯教中“天神”是最重要的神，不仅祖先与“天神”

---

① 参见任新建：《“藏彝民族走廊”的石文化》，载（台湾）《历史月刊》1996 年 10 月号。

联在一起，[①]因山可上下，又将山与“天神”联系在一起，故祭山、祭天、祭祖常是三位一体。在此信仰体系遂产生出“高”与“神性”相关的宇宙观。若按扎巴地区的传说碉楼“是为祭祀天神而建”并具有明显神性来看，碉楼与神山崇拜在本质上完全相通：一是两者均以“高”为特点；二是两者均与“神性”相关。所以碉楼同样体现了“高”与“神性”的合一。

在碉楼分布区，还有不少信仰与崇拜形式体现了“高”与“神性”的相关。如用石块垒砌成的嘛呢堆大多置于山口或神山顶上，虽然形状各异，但就实质而言它乃是在追求一种高度（只是高的程度不同罢了），且为石砌，这两点均与碉楼相通。又如当地石砌房屋格局一般多为三层，下层圈养牲畜和堆放农具等杂物，中层为人活动场所，厨房（当地厨房均兼为客厅）和主要居室均在中层，上层为经堂所在。此外，房顶四角还放置白石或插有经幡，祭神焚香（当地俗称“熏烟烟”）的炉灶也置于房顶[②]。这种在居住格局中将祭神及与信仰相关事物均置于房屋顶层的做法同样体现了“高”与“神圣”的紧密关联。《土观宗派源流》谈到藏地最早的苯教“笃苯”时云：“当时的苯教，只有下方作镇压鬼怪，上方作供祀天神，中间作兴旺人家的法事。”[③]“笃苯”为雍仲苯教（“伽苯”）传入前藏区各地最早的原始宗教形态，可见“上方作供祀天神”即以“高”为“神圣”的观念产生极早，且今藏彝走廊地区的房屋格局仍沿袭了“上

---

① 据藏文史料记载，吐蕃早期以苯教护持国政，而吐蕃最早的七任赞普（王）均是从天上降临人间的“天神之子”，死后又均“逝归天界”。说明当时赞普及祖先王系均与“灭神”相联系。参见王尧、陈践译注：《敦煌本吐蕃历史文书》，民族出版社 1992 年版，第 173—174 页。另参见石硕：《聂赤赞普“天神之子人主人间”说考》，《民族研究》1998 年第 3 期；石硕：《七赤天王时期王权与本教神权的关系》，《西藏研究》2000 年第 1 期。

② 参见恰白·次坦平措：《论藏族的焚香祭神习俗》，《中国藏学》1989 年第 4 期。

③ 土观·罗桑却季尼玛著，刘立千译注：《土观宗派源流》，西藏人民出版社 1984 年版，第 194 页。

方作供祀天神”的传统。

从碉楼所在地区许多古老民间信仰如神山崇拜、嘛呢堆及房屋居住格局均普遍包含以“高”为“神圣”的观念看，它们与碉楼之间实存在内在一致性，故以“高”为“神圣”的观念很可能是促成碉楼产生的重要媒介与文化土壤。如果从这样的文化背景来看，同将碉楼视为产生于战争防御的观点相比，碉楼“为祭祀天神而建”的说法似乎更具本土性和真实性，后者与当地许多古老民间信仰在观念与文化内涵上更为相通和吻合。

五、结语

从上述种种迹象看，碉楼起源于信仰的可能性似比起源于防御的可能性要大。也就是说，碉楼的起源可能并非如人们通常所认为的是出于防御，而最初可能仅是一种“祭祀天神”、表达对天神的信仰或用以“镇魔”的建筑，只是到了后来由于部落间战事冲突增多，碉楼本身确为很好的防护体，才逐渐派生出防御的功能。特别到了较为晚近的元明清时代，由于当地战事增多、资源竞争加剧，碉楼的防御作用日趋凸显并占据主导，防御推动了碉楼的进一步发展。在这样的社会背景下，因碉楼的功能发生转换导致碉楼的原初意义与功能逐渐弱化或丧失，并逐渐被人淡忘或遗忘，仅在一些个别较封闭的地理及文化单元中尚清晰地保留着过去的痕迹及面貌，扎巴可能正是这样的区域之一。假如以上判断不误，那么，我们可以认为，碉楼最初的功能乃是处理人与神的关系，以后才派生出处理人与人的关系即防御的功能。此演变轨迹也符合人类社会发展之逻辑。一般说来，在越早期的社会中人与自然的关系往往更为重要，也更居主导地位。而当时沟通人与自然关系的重要媒介就是“神”，“神”的作用正在于处理和调节人与自然的关系。扎巴地区流传的没有碉“人类就无法生存和定居，住房生命都要被神秘的力量摧毁”的传说，反映的正是这样一种状态。因此，在早期社会中“神”对于人的重要性要远大于人与人之间关系。从此意义上说，碉楼由最初处理人与神之间关系之物而逐渐转变为应付人与人之间冲突的防御性建筑就应是顺理成章之事。

还有一个耐人寻味的细节有助于我们对碉楼原初意义与性质的认识。一般来说，碉楼门窗均十分狭小且将窗户做成外窄内宽，按常理理解这显然是为了便于防御，并极易将此作为碉楼确为防御而建的一个证据。但是扎巴人对此却有一个完全不同的解释，称碉楼门窗狭小且外窄内宽，这种设计主要是为了防止僵尸进入侵扰住户①。对此我们还可找到一个相同的例证：过去西藏一般百姓的住房普遍实行一种“矮门”，外人亦极易按社会等级及实用角度去理解，然而另有这样一种解释：“西藏民居修成矮门是为了防止起尸出入，这习俗只存在于民间，王宫和寺院不必建成矮门。因为王室卫士林立，壁垒森严，没有起尸创（原文如此，疑为‘闯’之笔误——引者）入的可能性，寺院有佛光和灵气，起尸也进不去。”②这个例子颇能说明一个问题：藏地民间许多事物其初始意义大多和古老信仰及宗教观念有关，但随着社会的变迁，这些事物的原始意义可能逐渐丢失或被替代，以致后来的人们遂以其被替代和派生的意义对其进行解释。今天人们把青藏高原碉楼普遍解读为因战争而起的防御建筑很可能也存在类似情形。

（原载《民族研究》2008 年第 1 期）

---

① 刘勇、冯敏等：《鲜水河畔道孚藏族多元文化》，第 36 页。

② 塔热·次仁玉珍：《西藏的地域与人文》，拉萨：西藏人民出版社，2005 年，第 157 页。

对撒拉族婚礼的民族社会学研究

高永久

撒拉族的婚礼经历了数代的发展，已经得到撒拉族居住社区的支持，同时这种婚姻形态也保证撒拉族子孙后代的延续处于平衡稳定的状态。马凌诺夫斯基功能主义人类学的思想认为，婚礼表明两个家庭建立了姻亲关系，也就是一种崭新的社会关系的建立。而按照拉德克利夫·布朗的观点则更倾向于认为，婚礼在社会群体和社会组织方面具有积极的作用，也就是说是社会结构的重新调整，或者确认双方家庭的社会价值、强化新的社会群体的稳定。撒拉族婚礼具有上述这几个方面的功能和作用。

撒拉族的婚礼包括了以下几项程序：迎亲、证婚（念“尼卡哈”）、送亲（进夫家）、表演节目等。与大多数民族的婚礼一样，撒拉族婚礼也表现出分离——隔离——融合的步骤。女儿离开娘家，然后与婆家融为一体。当女方终于成为男家的儿媳妇后，她很快就会适应婆家的生活习惯，与婆家融合为一体。

需要注意的是，撒拉族婚礼过程当中还有重要的宗教仪式，这是中国信仰伊斯兰教各民族共同的文化特征。

一、撒拉族的迎亲

男女双方择吉日举行婚礼，婚期一般定在隆冬季节的一个“主麻日”(星期五)举行。早先讲究在元月到三月之间这几个月中的9日、19日、29日这几个日子的任何一天举行婚礼。这是因为9意味着吉祥平安。凡是在带9的这一天举行的婚礼，今后的生活与命运就有了真主的保佑。这实际上是撒拉族对美满婚姻的追求。

撒拉族举行婚礼的日子一般要选在冬季。这是在一个狭小地域范围内自然形成的一种时间观念。有这样三个原因：第一，已经过了收获季节，有足够的资金来举行婚礼；第二，在外经商、读书、访友、出差的亲戚朋友都可以回家；第三，冬季有充足的肉类食品，也不至于由于时间长而放坏，也就是举行婚礼不会造成浪费的现象。这一说法符合撒拉族居住区的自然环境与生态环境对人类文化的作用。撒拉族的婚礼持续时间相当长，大概要一个星期左右，甚至有的家庭举行婚礼时间可以达到10—15天。

撒拉族对婚礼相当重视，认为婚礼体现了整个群体对婚姻文化的认同心理和关切程度。举行婚礼的这一天，新郎在男亲友的簇拥下前往女方家迎亲。陪新郎一同去的人数众多，一般要有二三十人，甚至可以达到七八十人，新郎的父亲和媒人也要一同去，而新郎的母亲不去。男方要给女方带去聘礼。因此在撒拉族社区送聘礼与迎亲是一回事。这与其他一些民族的习俗可能有所不同。女方还要给男方的媒人、未来的公公(阿爸)、舅舅送10双鞋，有时可能多达20双鞋。现在在撒拉族社区流行送皮鞋。新郎、新娘同时还要给众人散些钱。男方一般散二三元不等，女方散一二元不等，给阿訇一般是5—10元不等。散钱的习俗既是一种喜庆的标志，同时也表明结合双方希望群体中成员对其婚礼表示支持的心情。在许多社会里都有这种文化行为。

二、撒拉族的证婚

撒拉族的证婚主要是念“尼卡哈”经，这是撒拉族婚礼中的主要仪式，也是撒拉族民族传统文化的延续。直到今天这一仪式仍然在撒拉族社区存在，并受到撒拉族群体世世代代的恪守。

阿訇念“尼卡哈”（即“证婚词”，或称为“合婚经”）是撒拉族婚礼当中最关键的一个环节。撒拉族人认为凡是经阿訇念过“尼卡哈”的婚姻才是“合法”的。这种宗教仪式增加了撒拉族婚姻的神圣性与严肃性。

早先还有一个习俗，即当有人说阿訇要念经了，新娘就要放声大哭，取大吉大利的含义。如今新娘不再放声大哭。阿訇念“尼卡哈”经时，新郎要跪坐在阿訇面前，而新娘必须坐在另一间房子里流头，其实是在闺房炕角细心地听。

念证婚词前，阿訇问新郎：“你愿意娶××为妻吗?”新郎答：“愿意。”然后，阿訇才念“尼卡哈”经，致结婚祝词，然后说些祝福的话。这样这桩婚姻即算是合乎伊斯兰教规定了。“尼卡哈”念完之后，新郎要向自己的父亲、亲戚致“色俩目”，然后向女方长辈，如舅舅等人致“色俩目”，给在场的人撒红枣、核桃和“古古麻麻”（一种油炸面食），众人哄抢嬉戏，证婚仪式结束。当天或第二天便是喜庆日，婚姻便算正式有效。

婚礼是社会系统中的一个重要组成部分，它是群体作用的结果，代表着群体的文化方向。撒拉族婚礼是撒拉族群体经过几代人相互作用的社会行为的产物，具有深厚的群体基础。遵守这一行为规则，往往等于遵守了这个社会的规范，违反了这一行为规则，往往破坏了整个群体的文化。撒拉族社区在数代的岁月里，由于受到周围自然环境和社会环境的制约，他们的文化与社会组织形态、他们的社会结构和生活方式都已经显示出坚强不屈的特性。婚姻就是这种精神文化的一个重要组成部分。因此，撒拉族对婚礼就十分关注了。他们投入的时间、精力、人力、物力都是较大的。

三、进夫家

当天或第二天，新娘出嫁。一般是在下午 3—4 点左右，过去有的家庭由于彩礼不清，即使已经成婚，也要等上半年、一年才迎娶，但在此期间，男方可以到女方家与新娘同居。

过去新娘一边梳妆打扮、一边哭唱“撒赫斯”（哭嫁歌），反映了撒拉族妇女对封建婚姻制度的痛恨。现在新娘一般不哭泣，也不再唱“撒赫斯”。大多数青年是自由恋爱结合的，“撒赫斯”的消亡，说明旧的传统在撒拉族社区的退却。

现在接新娘的程序是：男方派几个人，乘坐汽车或者手扶拖拉机到女方家，这时女方家要派两个送亲人，多半是新娘的已婚姐妹，孕妇不能送亲。新娘头上戴绿盖头，还要戴金银首饰之类，蒙上黑面罩。撒拉族中寡妇和离过婚的女子再嫁时，只戴按其年龄应戴的“盖头”，并不蒙面纱，当然也需要请阿訇念“尼卡哈”。

新娘出门，要由哥哥或舅舅抱着来到乘坐的马跟前，早先还要在马蹄上泼一些牛奶，先绕乘骑三圈或七圈，新娘骑马在门前场院里绕三周，还要徐徐撒完一把粮食，以此象征娘家五谷丰登，新娘到婆家扎根发芽。现在这些都不时兴了，马也换成了手扶拖拉机或小汽车。由左边上坐骑去夫家，据说这一风俗是随撒拉族祖先娶藏族女子时的风俗。

先前至男家门口时，有一“挤门”仪式。按照许多文献的记载，这个仪式的大致内容是这样的：送亲一方认为，结婚吉日，新娘应该足不沾尘，或者由男眷簇拥着骑马进门，或者由长辈抱进洞房。但是，迎亲的一方却认为，这样显得新娘太高贵了，相形之下，贬低了新郎的身价，因此硬要新娘下马步行。鞭炮声中，男女双方在门口发生了一场“冲突”，男方长者看到人们“闹”够了，才让送亲客中的舅舅把新娘抱着倒走进新房。撒拉族认为双脚走进婆家门的媳妇，日后不会听公婆丈夫的话，还将后患无穷。因此要由舅舅把新娘抱到炕上，不许脚沾地。没有舅舅就由哥哥抱着新娘进入男家。

在洞房中，由男方至亲长辈对新婚夫妇做一番美好的祝福，再行“开面”仪式：由新娘的舅舅用筷子揭开新娘的面纱。如果没有舅舅，就由姨父来揭。不揭面纱，不能落座，要一直在炕上站着。昔行“开面”表明新娘从此成为“艳姑”（少妇）。原先新郎新娘要一起吃饭，餐毕，嫂子们端来一盆净水。她们用手搅动着盆里的水，新娘把一枚铜板丢在水中，以此表示男家清白似水，愿新娘在此扎深根、结硕果。现在这一仪式也很少见了。之后，人们离开，洞房中只剩一对新人。与此同时，男家以盛宴款待来宾。女方陪客代新娘展示嫁妆，并向男方近亲赠送礼物。最后，由女方一老者说“吉热赫苏斯”（祝婚词）。当天女方家的族亲还要轮流到男方“孔木散”（类似于族亲）内各家去吃饭。对送亲者，先用茶食招待，当晚分别请到本“阿格乃”、“孔木散”家去住宿，撒拉语称为“家木那”。宴毕，男家要按送亲客人的辈分和亲疏，分送“肉份子”。

婚后三天内，新娘要一直戴面罩。结婚第二天，娘家要送油搅团。第三天要吃新娘的试刀面。新娘的父亲或舅舅要到男方家来看房，并给女儿或外甥女带来衣料一件。有些地区母亲也来，给女儿带来围裙等物品。这天新娘要回门，新郎也要随去。回娘家的礼物一般是油饷 12 个左右，茶叶 20 包。这一点撒拉族地区各乡村情况不一样。在娘家吃过饭后，再回婆家。隔几天后，再到娘家住十天。再过若干时间，要到娘家住一个月。

四、“对委奥依纳”

“对委奥依纳”即骆驼舞，是撒拉族传统婚礼中要进行的一项内容。由两人翻穿皮袄装扮骆驼，另外两个，一人身穿长袍，头缠“达斯达尔”（白头巾），手牵骆驼，扮演撒拉族的祖先尕勒莽，另一人扮本地人（蒙古族）。整个表演分为两部分，前半部是本地人和撒拉族先民的对话，后半部是撒拉族先民用撒拉语韵文朗诵的诗句。对话中追述了撒拉族先民从中亚撒马尔罕一带迁徙到现今撒拉族居住地区的艰难历程和路途中的所见所闻。

演出接近尾声时，骆驼的装扮者把备好的核桃撒向人群，观众抢拾核桃，拾到者十分荣幸，欢呼雀跃，此时场内气氛热烈，婚礼达到高潮。

整个演出没有音乐，没有舞蹈，只有简单的场面调度、骆铃声和动作。整个对话都是用撒拉语，韵白朗诵通俗易懂，富有韵味。这一形式在该民族的艺术中是罕见的。

“对委奥依纳”和热烈的婚礼结合起来，使婚礼变成了一堂民族历史教育课。所以，至今撒拉族仍把结婚叫做“对委”。

五、“吾热合苏孜”

“吾热合苏孜”（撒拉语意为“祝婚词”）是撒拉族婚礼进行当中独特的文化现象。撒拉族婚礼的第二天，男方家要举行盛大宴席欢迎参加婚礼的各位来客。宴席前，女方一位老者要朗诵“吾热合苏孜”，意为“亲家之言”，是把新娘送到男家后，女方向男家述说的一种嘱托词。它的内容丰富，通过生动的比喻，贴切的说理来祝贺新婚之喜，谆谆告诫一对新人相亲相爱，白头偕老；嘱托亲家对年幼无知的新娘要宽宏大量，倍加爱护；祝愿两亲家和睦相处，人丁兴旺，万事如意。

撒拉族的祝婚词十分丰富，同时富有撒拉族民族特色。一般来说，祝婚词可长可短，词意深长，象征性强，既有诗歌的韵味，又有民歌的特色。祝婚词的内容主要是对参与婚礼各方宾客的祝福，其祝福对象依次是阿訇、老年人、阿舅、媒人、本社区的全体居民及父母，最后才是成亲的双方，另外还要通过祝歌，希望家长能够对年轻人多多宽容。

"吾热合苏孜"名义上是女方长辈对男方家庭的赞扬，实际上主要目的还是保护姑娘嫁到男方家不致受苦。女方家用歌声表示出希望男方家尊重、爱护自家女儿的心理。"吾热合苏孜"是撒拉族婚姻文化中的独特的形式，也是撒拉族在婚姻文化方面区别其他民族的一个重要方面。这是由于撒拉族所处环境的特殊性而产生的相对稳定的文化体系的一个组成部分。它一方面对新的社会结构起着稳定作用，另一方面对加强家庭合作、促进社区的安定，也会起到重要的作用。

（原载《中央民族大学学报（哲学社会科学报）》2002 年第 1 期）

历史与现实的青藏

文艺审美

《格萨尔》生命美学思想论

韩　伟　庞泽华

《格萨尔》是一部卷帙浩繁、博大宏富的藏民族的大百科全书，是史与诗的晶体，是沉潜在藏族人民心灵深处的精神图腾，是人类英雄史诗的瑰宝。同时《格萨尔》也是一部历史悠久，流布广泛的英雄史诗。在原始社会末期和阶级社会初期，人们崇尚“英雄”是它无法抹去的印痕，整部史诗烙上了“英雄时代”的特征。史诗以生命美学思想极致地描绘了艺术化的生活内容，再现了人类生命的存在，凸显出藏族人民对生命和人类生存的讴歌之情。生命和生存成为史诗的美学底蕴。透过史诗丰富驳杂的表象，生命的雄浑、生命的激情振聋发聩。礼赞人的生命，解读生命的神话构成了英雄史诗《格萨尔》的基本美学思想。歌颂英雄、宣传英雄主义，是史诗的美学基调和价值尺度。人的自然生命和精神生命的融和、升华，是对史诗“天人合一”理想境界的美好实践，是对史诗人性神话的最好诠释。

一、礼赞人的生命，解读生命的神话是《格萨尔》史诗的基本美学思想

规模宏大、内涵宏富的《格萨尔》作为史诗性文学作品，其中蕴藏着未被开掘的丰富的生命美学思想。礼赞人的生命，解读生命的神话是《格萨尔》史诗的基本美学思想。人类生命的存在成为其审美理想的既成对象。史诗生命美学的构建是历史环境和民族文化心理共同影响和长期发展的产物。通常而言，人有三重生命——肉体生命、精神生命和社会生命，因而人的审美也具有上述三个维度，客观世界的美也就具有了三重品格。[①]《格萨尔》史诗中的三重生命美的既成对象，自始至终都是以感性直观介入的方式呈现在人们面前的。古代藏族人民的审美观念由此管窥一见。

就人的肉体生命而言，审美首先有生物生命的维度。史诗《格萨尔》对美的追求，首先是表现在满足人们对生物生命品格的凸显性追求层面上。诸如，喜欢各种颜色，喜欢欣赏人体、描写人之美，特别是英雄、勇士和异性美的描写，谋求感官刺激等都属于这个维度。例如，在《赛马篇》中，通过对各匹马的描写，体现了人们对五彩缤纷的颜色的喜爱和追求。

在《格萨尔》中，对人体美有着多种多样的具体描写。这些描绘既包含着古代藏族同古代英雄主义相适应的形体美的标准，也体现出创造者的生命美学观。人的形体特征经过口耳承传性民间说唱的极度夸张后被描绘成浪漫主义英雄的形象，甚至被赋予一定的神话色彩，把古代藏族对人体美的形体尺度把握和审美观念展现在直观与具体形象之中。先看珠牡去玛麦迎角如时，碰到由角如所变的英俊少年是怎样的模样："珠牡走近一看，为首的那位

---

① 封孝伦：《审美的根底在人的生命》，载《学术月刊》2000 年第 11 期。

少年，容貌与众不同。他服饰艳丽，英俊潇洒，肤色白净，双颊红润，容光焕发，好像神童下凡一般……”

还有，作为英雄的格萨尔出征时的形象，则描写得更加细致入微，以近乎夸张的手法展示了格萨尔的体态形象和着装打扮，反映了藏民族对美的追求。史诗中是这样描写的：

> 他上体端庄，既像是雄狮蹲踞，又像是玉鬃丰满的雪狮；腰身端直，既像是金刚杵，又像是金刚杵用丝绸饰；下肢既像孔雀站立，又像是孔雀夸耀羽毛；面容就像十五的皓月，洁白俊美；眼睛就像东方的启明星，闪闪发光；头发像厚厚的乌云，发辫盖过上半身。他身段俊美，就像彩虹升起；语言动听，就像寻香天女弹奏琵琶；心意不乱，具备了法身意趣。他上身穿着红色水绸内衣，下身穿着迦希白布的裤子，打着九褶的裤边……①

以上通过对格萨尔的形象描述，告诉我们，男性，不但要有魁伟的身躯，端庄的体态，红润的双颊，还要饰以各种色彩、各种颜色的装饰品，而且还要心地仁慈。这种形体与巨大的力量和善良仁慈联系在一起，称为人之美，这也是藏民族从事畜牧业和适应战乱争斗、部族繁衍必不可少的基本条件。那么，女性是怎样的美呢？请看《赛马篇》中对珠牡的描写：

> 且说僧姜珠牡，她本是白度母的化身，出身高贵，为人正直，言而有信，聪明睿智，坚强果断，知足知耻，忠贞不渝。她

① 王兴先总主编：《格萨尔文库》，第1卷第1册，兰州：甘肃民族出版社，1996年，第277页。

身段窈窕，如像软藤；面部白净，如同皓月；双颊红润，如涂朱砂；头发乌亮，千线编织一般；一双大眼，明珠闪亮；小小红唇，犹如珊瑚；一口洁齿，自如珍珠；肌肤细嫩，柳腰柔肢；声音美妙，能言善语；说话和气，待人和睦……①

通过以上对珠牡的描写，我们不难看出藏民族心目中女性美的标准：苗条的身段，细嫩的肌肤，乌黑的秀发，白净的面庞，明亮的眼睛，洁白的牙齿等。单是这样的美还觉得不够，还要配上多姿多彩的饰物。然而，这样的女性还不够完美，还要为人正直，聪明睿智，心胸开阔，心地豁亮等。至此，藏民族对美的追求被表现得淋漓尽致。

《格萨尔》诗史所描绘的格萨尔、珠牡等形象的形体及其尺度也就可以看做是藏族社会普通的人体美的标准。《格萨尔》通过这些形象告诉人们：人是美的，这种美是可以具体把握的，可以度量的，而且男性与女性有着不同的标准。有人说这是由于他们的生活环境和生活相对单调，因而表现出对衣着和饰物的强烈兴趣。这正说明他们对美的执著追求，对生命的热爱。而对反面人物的猥琐形象描绘，既烘托出格萨尔等英雄的形体之美，又凸显出对丑陋外形的反感与厌恶，同时对众多英雄、勇士以及猛兽、猛禽进行艺术化类比，这也是史诗《格萨尔》中塑造英雄人物形象及其性格的重要创作手段，也是其表现人体美的一种美学风格。

其次是注意满足人对精神生命的追求。在审美活动中，每一个欣赏者都对审美对象提供着博大的精神时空和丰富的生活内容，尤其是那些能和审美主体的现实生活体验在本质上一致而在

---

① 王兴先总主编：《格萨尔文库》，第1卷第1册，兰州：甘肃民族出版社，1996年，第179页。

表现形式上却不一致的生活内容，以满足由于现实时空中难以体验到而人们又往往充满期盼的生命。每个民族在自己独特的社会生产、生活方式中都有因历史人文积淀而形成的精神生命和心理素质。在表现英雄、勇士对精神生命的追求时，藏族人民有着悠久的艺术传统。随着人类的形成和人造工具的出现，史前人类产生了像孪生兄弟一样的两种心理倾向：

一是征服欲，即对外部世界进行能动的认识、改造和利用，从而取得相对满足的心理要求；《格萨尔》所描绘的是降伏四魔、十八大宗、十八小宗等无数次的战争。

二是崇仰心理，即因无知或出于某种意愿而产生的对某一对象的盲目。史诗中所描绘的对格萨尔和其他英雄的崇拜就是这种崇仰心理的反映。

以上这两种相对的心理倾向，构成相辅相成的互补关系，从而使史诗世界的人物在同外部世界的关系中保持着心理上的平衡。“在战争频繁的时代，部落里理想的战士就成为男人的理想了”[①]。“当然，那些富有经验的德高望重的氏族首领，更会受到人们的敬仰”[②]。格萨尔大王作为藏族部落的大英雄理所当然成为藏族人民的精神领袖。直到今天，格萨尔大王仍然是藏族人民的精神图腾。

再次是能够满足人对社会生命的追求。古往今来，每个人都追求社会价值，渴望为社会做出贡献，得到社会的承认，要为历史留下可以纪念的东西。因此，在为能够获得社会认同的价值观驱使下，不但有许许多多人去为之奋斗，而且为能够得到社会的广泛认同而产生美感。在人的社会生命这一维度上，社会原则、阶级原

---

① 邓福星：《艺术前的艺术》，济南：山东文艺出版社，1987年，第116页。

② 邓福星：《艺术前的艺术》，济南：山东文艺出版社，1987年，第117页。

则、真善美原则都能够予以充分体现。

《格萨尔》史诗中的英雄、勇士、格萨尔、珠牡等人也好，其他人也好，他们有爱情生活，有友谊，有复仇活动，有暴虐表现，这都是生命个体本能的凸显，也是特定历史阶段人的社会生命在现实生活中的反映。史诗中并不遮掩人性的任何一方面，人的形象是丰富的、完整的，在英雄身上有对体态、对力量的渲染、夸大，却少有对人性扭曲的描写。对于英雄格萨尔，他被以浪漫主义和极度夸张的手法描绘成战无不胜、无所不能、近乎是神的英雄形象。可他仍然具有人的本性，有人所共有的七情六欲。

这种富于人性化的描写把格萨尔塑造成独具特色的"半人半神"的英雄形象，从而使格萨尔这一英雄形象更加生动和鲜活饱满。这是对生命和人性美的呼唤与追求，也是人的社会生命在现实生活中的折射。

二、歌颂英雄、宣扬英雄主义，构成了《格萨尔》的美学追求

所谓英雄主义，是一种为国家，为民族利益不惜牺牲生命的人的高尚精神。谢选骏在《神话与民族精神》一书中谈到史诗与英雄崇拜时说："史诗，大抵有一个超越家族系统的民族神话英雄，作为其中核心人物。他能行奇事，他能激发全民的热情和崇拜，他为整个民族献身，而不仅是某个家族或王朝的保护之神，或某个特定家族的'祖先'。"[①]人类社会的生存是平等的，故而每个社会成员其生存的权利都应当平等。但人类的智慧、能力是不同的，他们担负的社会责任也无法相同。农业社会，或者是在宗教寺庙，或在书斋私塾培养谦谦君子；而牧业社会，却是在战斗中培养勇武英雄，英

① 谢选骏：《神话与民族精神》，济南：山东文艺出版社，1986 年，第 406 页。

雄是最能体现生命的俊杰，英雄继承了人类在几千万年中积累起来的心理禀赋，他们可以攻坚，可以冲破铁桶般的封闭，可以砸碎任何坚硬的旧秩序，可以创建自己理想的家园，这是美的催生、美的创造。没有一代又一代的英雄对美的追求的鼓励，今天人类也许仍然还在茹毛饮血，刀耕火种。

英雄形象在人类社会历史上存在的时间最长，也最鲜活，它已渗透到人类的无意识层面、潜意识深处。人们既本能地对英雄形象心生敬意，努力效法，并对自己或凸显或模糊的英雄行为倍加珍惜。史诗《格萨尔》中，英雄就是和战争紧密相连的，没有战争就显示不出英雄本色；没有战争英雄也就失去社会价值，自然也就失去了美的意义。《格萨尔》表明，英雄构成了战争的主体，战争是英雄、英雄主义的诞生地、运动场。英雄的数量越多，战争的光彩越耀眼。《格萨尔》是一部描绘战争的长篇英雄史诗，它成功地塑造了众多的英雄形象。

第一，史诗《格萨尔》中的英雄形象大多神勇威猛，视死如归。文学作品中的神话人物或英雄形象经历了“空间崇高”、“时间崇高”、“力之崇高”和“精神崇高”的发展阶段。史诗《格萨尔》中的英雄形象已经跨越了“空间崇高”和“时间崇高”的初级阶段，并由“力之崇高”向“精神崇高”的阶段迈进。史诗在塑造英雄形象时，从形体上看，并没有巨人的影子。即使是半人半神、人神合一的格萨尔，仍具有普通人那种健壮的身躯，只不过作为征战的英雄，神勇威猛，从不惧怕出征。为赢得英雄称号，为维护勇士的尊严、部族的尊严，《格萨尔》中的勇士们勇敢无畏、勇往直前。例如，面对霍尔兵马大军压境的时候，嘉擦协嘎的唱词。

第二，史诗《格萨尔》中的英雄形象还体现出机智。这些英雄们不只是凭着自己勇猛的力量和敌人死打硬拼，而是运用各种战术，巧夺智取，充分体现了英雄们的机智。他们或者趁敌人不备之时偷袭敌营，或者布下阵来诱敌深入，或者调集兵马分兵合击，或者借英雄伟名恐吓敌人……他们在战争中总结了丰富的经验，处处闪现着智慧的火花。例如：在岭国收到灾鸟的十二根大尾翎后，在谈到巡逻的经验时唱道：

前去放哨与巡逻，三个诀窍不可违：
路经山冈侧旁时，敏捷要如疾风吹；
巡查平原大滩时，勇猛要如鹞鹰追；
环视山川湖畔时，机警要如狼觅食。
只要勇敢和机智，巡逻不难就容易。①

寥寥数语，就把巡逻时不同情况下的处置原则表达得清清楚楚。再如，当丹玛要出去巡逻时，珠牡向他饯行时的唱词，反映出就连妇女们都懂得出征迸发时要勇猛有力，以威严的气势震慑敌人，而取胜后要速战速决，可见这种闪耀着智慧光环的战事经验已深入人心。

第三，史诗《格萨尔》中的英雄形象大多具有崇高的思想。这也是英雄人物"精神崇高"的体现。格萨尔的出生就是为了消除雪域藏土境内的妖魔鬼怪，救民众于灾难之中，这本身就是一种崇高的思想。格萨尔出生后，虽历经磨难，但他心中时刻想着为民除害，拯救万民。在应对了晁同对他的陷害后，又降伏了阿也贡巴，后来又收服了澜沧、长江两处的所有无形鬼怪，为他日后降妖伏魔作准备。在他被逐出岭部后，他还始终想着自己肩负的重任，竭尽所能治理好自己所辖的玛域。在岭地降雪后求救于他时，他不计

① 王兴先总主编：《格萨尔文库》第1卷第2册，兰州：甘肃民族出版社，1996年，第85页。

前嫌，将自己的领地分给他人。他身上体现出的这种心胸宽广，大公无私的英雄本色已经被传为“神话”，镌刻在人们的记忆深处。然而，这只是为他实现自己的崇高目标所作的准备。等他设法登上王位后，便踏上了自己铲除强暴，为民谋幸福的征程。请听他在登上王位后的宣言[1]：

……
雄狮宝珠制敌我，用兵打仗是事业。
谋求众生得幸福，同时协助来昌佛。
判断调处民是非，十善正法作准则。
……

这样大公无私、胸怀大志的宣言，不正是英雄崇高思想的体现吗？在此后降妖伏魔的过程中，格萨尔以切实的行动实践着他的这种为民除害，拯救万民的崇高思想。史诗中的其他英雄形象也是如此，他们以部落利益为重，以战死疆场，为国捐躯为荣，很少为自己个人的得失和生命考虑。

《格萨尔》史诗在战争中表现出来的英雄主义、英雄崇拜思想是古代藏民族的光辉耀斑。从史诗对英雄崇拜思想的表现形态来看，主要表现在两个方面：首先，思想意识上崇尚英雄。例如，在命名时，霍尔众将之中，像多庆查巴尔、歇庆邦科尔等，都是大力士之意；辛巴是屠夫的意思，自然是凶悍、勇猛、征服的象征。霍尔将帅级别中将辛巴作为最高一级，是英雄豪杰的代名词，说明当时将英雄称号或者征服行为作为一种荣耀予以褒扬。纵观《霍岭大战》

---

① 王兴先总主编：《格萨尔文库》第1卷第1册，兰州：甘肃民族出版社，1996年，第246页。

全书，每当两军对阵，双方将领总要述说自己的英雄业绩和英武技能，以震慑对方，瓦解仇敌斗志。

战争成为游牧社会的核心内容，人们考虑的是战争，议论的也是战争，英雄时刻在准备着战争。战争成为凝聚英雄主义的强大场域。作为当时主要的口头文学形式的史诗，《格萨尔》只能以塑造英雄为主要内容。既然是塑造，说唱中就增加了许多理想的色彩。史诗中的英雄当然也就高于生活中的英雄，自然成为人们效仿的楷模。英雄这个人类美好的理想模式就成了全社会的奋斗目标。游牧社会、草原文化之所以会生机勃勃，其重要原因是英雄主义如同磁石一般对人的精神趋势形成一种吸引力，在整个社会形成一个巨大而永恒的磁场，崇拜英雄，学习英雄，以英雄为榜样是人的高尚品德的体现，这无疑也是一种人格美，是生命美的体现。

三、创造满足人的生命的自然美，构成《格萨尔》“天人合一”的理想境界

社会存在于自然环境之中，这就构成了人们生存的自然界，同时也就构成了社会的自然界。人是自然的人，又生存于社会之中，具有社会的性质，因而自然界是人的对象存在。人与自然的关系历来是美学界所关注的一个基本问题。最初从康德开始把美学的基本问题确定为人与自然的关系，也就是感性与理性的关系问题。这种关系也是人的生命或生存的基本问题。人是从自然中生成的并且始终属于自然界，因此，“人对自然的观赏，或曰自然美，也就是人与自然关系的直接见证”[1]。

人的生存环境——自然之所以美，是因为它能够满足人的生命追求。马克思指出：“动物只能按照它所属的那个种的尺度和

---

[1] 阎国忠：《人与自然的统一》，载《浙江师大学报》2001 年第 3 期，第 106 页。

需要来建造，而人却懂得按照任何一种尺度来进行生产，并且懂得怎样处处都把内在的尺度运用到对象上去；因此，人也按照美的规律来建造。"[1]人与自然的统一是指人能依照自然规律，全面地感觉、感受或享有多姿多彩的感性生活，又能自由地理解和思考，拥有广大而深邃的理性空间，既能发展自己的个性，为自己营造一块独特的天地，又能将自己融入群类之中，融入整个自然界。人以生命的忘情状态投入到对象世界，对象世界以忘情状态投入到人的怀抱，这是人与自然关系和谐统一的反映，也是生命所追求的审美理想状态。史诗《格萨尔》描绘了许多静谧祥和、自然秀美的生存环境，这正是人们审美理想状态的直观呈现。请看《格萨尔》中所描绘的藏民族的生存环境：

在那圣地天竺的北方，一个清凉雪山环绕的胜地，……在上部高原地方，有刺入云霄的雪山，似长寿五天女的宫殿。有绵延无际的石山，岩羊成群出没。有曼荼罗般的草山，鲜花镶嵌其上；野牛野马群游，花鹿黄羊并跑；是医病药草宝库，到处弥漫着芬芳香气。这里有牧民十二万户，夏日上山游牧，冬季盆地定居；搭起大小帐房，处处牡牦牴角；处处牡牦啼鸣，处处小犊戏乐；处处羊群放牧，处处马群奔腾；处处牧笛鸣奏，处处犬守畜群，使人看了真是心旷神怡。[2]

如此美妙的环境，实乃人间仙境。藏民族对他们所处环境的赞美与欣赏之情溢于言表，对生存环境之美的极致追求、人与自然

---

① 马克思、恩格斯：《1844年经济学哲学手稿》，《马克思恩格斯全集》第42卷，北京 人民出版社，1979年，第97页。

② 王沂暖、贺文宣译：《格萨尔王传·辛丹相争之部》，兰州：甘肃民族出版社，1983年，第1页。

融洽和谐的亲密关系由此可见一斑。这便是藏民族所追求的理想的审美状态——“天人合一”。

“天人合一”是中华传统文化之精神内核，是中华传统审美文化的灵魂。它在历史的长河中凝聚为中华审美文化精神之发展的一种支配力量与文化底蕴，可以说，它几乎无时不在、无处不有。这是我国古往今来生命美学创造的审美境界。史诗《格萨尔》所表现出的对自然的无上崇拜和人与自然的和谐一致是这一思想的美好实践。也是《格萨尔》生命美学境界的又一追求。

史诗中表现出的这种“天人合一”的理想状态，最初是一种自然崇拜的流露。正是由于最初的自然崇拜思想，才出现后来的人与自然和谐的状态，进而发展成“天人合一”的理想状态。因此，史诗中的自然崇拜也是其“天人合一”的理想审美状态的底蕴。

史诗描绘出的人们对自然的崇拜首先表现在对天地及其神灵的崇拜。在整部史诗中，时时处处都有天神的出现。在史诗的开头，当大慈大悲的观世音菩萨看到“南瞻部洲大地，特别是雪域藏土境内，到处战乱纷起，民众灾难横生，心中不能忍受，便向西方极乐世界的主宰阿弥陀佛祈请”，[①]希望能让众生解脱。此后，从格萨尔的出生、成长、称王以及降妖伏魔等无不得到天神的指点和点化。每当格萨尔做完一件事情以后，便会有天母南曼婕姆，或者空行母囊门尕尔姆以及莲花生大师等天神授意他该降伏下一妖魔。在他遇到困难时会得到这些天神的帮助，打仗时会得到战神的帮助。

与此相对应，史诗中还有各种神山神湖中的神灵。例如，在岭地中部有吉杰达日神山，在东方有玛沁奔热神山等。在《格萨尔王

① 王兴先总主编：《格萨尔文库》第1卷第1册，兰州：甘肃民族出版社，1996年，第1页。

传·霍岭大战》中就有霍尔人马要去“烟祭供赞”玛沁奔热山神的描述。《格萨尔》史诗中反映出的这种对天地及其神灵的崇拜实质上也是人们对自然的崇拜。这种崇拜无论是基于对自然中风雨雷电等自然现象的不理解而认为天地间有神灵，还是基于感激大自然提供给人们赖以生存的物质条件而认为天地间的神灵值得崇拜，都是以大自然为基础的崇拜，因而，其实质也是对大自然的崇拜。

其次是人们对动物和动物神的崇拜。格萨尔被冠以“雄狮大王”的威名，表明了人们想让他以雄狮的威武和勇猛来震慑天下，降伏妖魔。他手下有鹞、雕、狼等勇猛威武之大将。格萨尔居住的宫殿被称为“森周达泽”，意为“狮、龙、虎荟萃聚集”。史诗《格萨尔》中处处反映出将灵魂依附在动物图腾上，于是便有“×××人的命根动物”或“×××人的寄魂动物”等。类似这种寄魂于动物或请动物图腾作保护神等的描写在史诗《格萨尔》中比比皆是，这充分地表明了人们对动物和动物神的崇拜。

人们对天地动物的崇拜表明早先自然界的万事万物在人们心中的崇高地位，人们因此而不敢冒犯天地万物，这在反映藏族人民曾经由于对自然认识的局限而产生的一种图腾崇拜的同时，也反映了他们未将自然万物与人对立起来，把自然万物看做是与人息息相关的、同等的、有生命的物体。人与自然的这种和谐一致也就油然而生。史诗《格萨尔》所构建的“天人合一”的理想境界正是生命美学思想的集中体现。这拟人化的自然其实就是人类自身再生产自然的表现，也是生产自然界的表现。“神人以和”是中华远古“天人合一”审美文化之魂的原始形态，具有列维·布留尔所谓“神秘互渗”的文化性格。雄狮大王格萨尔就是这一“天人合一”的理想化身。

四、结束语

《格萨尔》史诗的生命美学思想，是其博大精深、意蕴宏富的不朽源流。史诗以生命美学的观点，艺术地再现了藏民族丰富的生活内容，为人们提供了一幅藏民族对人类生存热忱讴歌之图。笔者以美学的视野、美学的精神尝试着解读英雄史诗《格萨尔》，并以生命美学的价值指向叩问沉潜在史诗底层的人类生命灵魂。歌颂英雄，宣扬英雄主义，是史诗的美学基调和价值尺度。满足人的生命的自然创造的勾勒，构成了史诗对“天人合一”理想境界的美好实践。

（原载《中国藏学》2008年第2期）

当代荷马

——《格萨尔》说唱家

降边嘉措

按照《格萨尔》说唱艺人的分类法，整个《格萨尔》有两大类：一是口头说唱家的故事，藏语叫“卡仲”(kha-sgrung)，“卡”即口，“仲”是故事，这里专指《格萨尔》故事；二是伏藏抄本，藏语叫“德仲”(gter-sgrung)，“德”是宝藏，意即挖掘出来的《格萨尔》，主要指手抄本。如果加上僧侣文人编撰的“曲钟”(chos-sgrung)——有佛法内容的《格萨尔》故事，那就是三种类型。但“曲仲”已不属于史诗范畴，而是一种歌颂战神和护法神的祈祷文。这里提到的“卡仲”和“德仲”，实际上概括了《格萨尔》的两种流传形式，或者说基本传播方式：一是靠民间艺人口头传唱，二是靠手抄本与木刻本保存和传播。而最基本、最主要的是靠众多的民间艺人世代相传。因此，对说唱艺人的研究，应该是《格萨尔》研究的一项重要内容。

我曾在《〈格萨尔〉初探》里说过这样一段话：“在《格萨尔》的流传过程中，那些才华出众的民间说唱艺人，起着巨大的作用。他们是史诗最直接的创作者、继承者和传播者，是真正的人民艺术家，是最优秀、最受群众欢迎的人民诗人。在他们身上，体现着人民群众的聪明才智和伟大的创造精神。那些具有非凡的聪明才智和艺术天赋的民间艺人，对继承和发展藏族文化事业做出了不可磨灭的贡献，永远值得我们和子孙后代怀念和崇敬。若没有他们的非凡才智和辛勤劳动，这部伟大的史诗将会湮没在历史的长河中，藏族人民、蒙古族人民乃至整个中华民族，将失去一份宝贵的文化珍品。”[①]从那时到现在，过了几年时间。这期间，《格萨尔》的搜集整理工作又取得了重大进展，对说唱艺人的认识和研究，也深入了一步。

一、艺人的分布

从广义上讲，《格萨尔》在整个青藏高原广泛流传。凡是有《格萨尔》流传的地方，就有说唱艺人。但是，随着藏族社会发展变化，也影响到《格萨尔》的流传和演变。到了现代，主要在农村和牧区流传，从被称为“世界屋脊上的屋脊”的阿里高原，经藏北草原、三江流域、横断山脉地区，再翻越过念青唐古拉山到长江源头和黄河源头；从阿里向西、翻越喜马拉雅山，经拉达克地区，到喜马拉雅山南麓，在这样一片广大地区，形成了一个史诗流传带。在这个流传带，不断有说唱艺人在吟诵这部古老的史诗。根据我们的调查，20世纪80年代，在中国境内尚有100多位不同类型的说唱艺人。1991年被政府有关部门授予“杰出说唱家”和“《格萨(斯)尔》说唱家”的艺人就有20多位。他们是当代最优秀的说唱艺人。

据德国和巴基斯坦等国的学者介绍，在拉达克、巴基斯坦等地也发现了一些说唱艺人，说明那些地方至今还有《格萨尔》流传。

① 《〈格萨尔〉初探》，青海人民出版社，1986年，第71页。

二、艺人的类型

1. 托梦艺人

藏语称作“包仲”(bab-sgrung)，指通过做梦学会说唱格萨尔故事。

这类艺人大多数说自己在青少年时代做过一两次神奇的梦，有的艺人甚至连续数日酣睡不醒、不断做梦。据说，梦中产生各种幻觉，仿佛亲眼看见或亲身经历格萨尔大王征战四方、降妖伏魔的英雄业绩；做梦以后，一般都要大病一场，病愈之后突然像换了一个人，脑子里如同过电影似地不断出现格萨尔故事的画面，内心里有一种抑制不住的激情和冲动，胸口感到憋闷，有一种强烈的愿望要讲《格萨尔》故事；一旦开口，一讲就是几天、几个月甚至几年。从前的艺人这么说，现在的艺人也这么说。

扎巴老人生前共说唱 25 部，由西藏大学《格萨尔》研究所录音整理，总计近 60 万诗行，600 多万字。这个数字意味什么呢？它相当于 25 部荷马史诗，15 部印度史诗《罗摩衍那》，3 部《摩诃婆罗多》。这是一个惊人的数字。是迄今为止最系统、最完整的一套艺人说唱本。年轻的女艺人玉梅已说唱 20 多部，而老艺人桑珠已说唱 40 多部，比扎巴老人还多 10 多部，目前还在继续说唱记录。来自唐古拉山的才让旺堆，自报能说唱 120 部。目前已说唱近 10 部。这些都不是传闻，而是活生生的事实。

2. 顿悟艺人

藏语称作“达朗仲”(dag-sgrung)，“达朗”一词，尚未找到一个比较准确的词语来表达它的含义，在这里，我暂且译作“顿悟”。按字面翻译，是忽然醒悟的意思。既然是“忽然醒悟”，他们的记忆，他们所讲的故事，就有短暂性和易逝性。这类艺人不像“托梦艺人”(包仲)能讲很多部、能长期讲下去，一般只能讲几部，有的只会讲一两部，而且只讲很短一段时间。这期间他能讲得有声有色、充满激情，过一些时候就不讲了。别人请他讲，也讲不出来，说没有灵性了。有的艺人在一个时期里讲得很好，很精彩，在另一个时期又讲不出来，像换了一个人。

3. 闻知艺人

藏语称作“蜕仲”(thos-sgrung)，“蜕”，意为听、闻，即听别人说唱之后学会的。这类艺人一般只会讲一两部，或某些片断，如：“马赞”、“山赞”、“帽子赞”、“帐房赞”，等等。他们大都承认自己没有得到神的启示，缘分浅，天赋差，是跟着别人学唱。

4. 吟诵艺人

藏语称作“顿仲”(vdon-sgrung)，“顿”，即吟诵。这类艺人有两个特点：一是识字，能看本子吟诵，离开本子便不会讲；二是嗓音比较好，吟诵时声音宏亮，抑扬顿挫，节奏鲜明。新中国成立后在各地广播电台、电视台说唱的，大多是这类艺人。

5. 藏宝艺人

藏语称作“贡德”(dgongs-gter)，按字面翻译，即“心里藏着宝贝”。意思是说：这类艺人能挖掘“宝藏”，就像矿工从深山把宝藏挖掘出来一样。这“挖掘”的方法，就是按照自己的意念，将《格萨尔》故事书写出来。这种传承方式，按照宗教徒的解释，神佛或先贤把经典传给有缘分的人(也可隔代传承)，由于前世的“缘分”，一些人心里藏着经典(“德”)，一旦得到上师的加持，开启“智慧之门”，就能源源不断地“挖掘”出来——书写成文。原康区的米旁活佛，传说就是一位著名的“心间伏藏”类的佛教大师。他著作等身，而且是宗教界上层人士中一位少有的研究《格萨尔》的专家。值得注意的是：在内地、其他民族和地区以及印度的佛教界，没有“心间伏藏”类大师一说，所有佛教经典和佛学著作都是高僧大德们潜心研究、辛勤笔耕的结晶，而不是靠什么“缘分”自然获得。

作为说唱艺人的一种类型，这里只介绍一个实例，说明“藏宝艺人”的特点。青海省果洛藏族自治州有一位年轻人，叫古如坚赞，据他本人介绍：他的家乡是纯牧区，从小没有父母，在舅舅家长大，从来没有上过学。后来出家当了喇嘛，在寺院学了点藏文，但只会念诵简单的经文，连封信也写不好。18 岁那年结婚，妻子比他大一两岁，特别喜欢听艺人们说唱《格萨尔》，只要有人说唱，就跑出去听，大约在 1983 年，一天他突然对妻子说：“你喜欢《格萨尔》，我给你写一部，不要老出去听。”他的妻子不信，反问他：“您会讲《格萨尔》？什么时候学的？”他回答说：“不用学，本来就会。你不信了我写给你看。”后来他果然写了一部，叫《董氏预言授记》，董即穆布董氏，传说格萨尔就是这个氏族的后裔。该书讲的是岭国形成的历史。这是整个史诗的第一部。乡亲们看了，认为很有特色，写得很好，向果洛藏族自治州《格萨尔》办公室推荐。办公室的诺尔德等同志将这部书拿去请专家鉴定。专家们认为这确实是一部很有特色的分部本。同时还感到很惊奇：一个从未上过学的人，怎么能写得这么好？他们在调查过程中了解到：在这之前，无论在寺院，还是在家乡，他没有写过一篇文章，连一封像样的信也没有写过。办公室的同志将他请去继续往下写，目前已写了六七部。第一部《董氏预言授记》藏文版已由青海民族出版社于 1992 年正式出版。约 20 多万字。别的人对这种所谓的“贡德”（心间伏藏）说感到很惊奇，不大好理解。但古如坚赞本人对这种现象看得很平常，说自己可能是珠·噶德（格萨尔手下一员大将）的转世，知道格萨尔降妖伏魔的英雄业绩。因此能书写整部《格萨尔》故事，约数十部。①

---

① 古如坚赞书写的《格萨尔》故事，由青海省果洛藏族自治州《格萨尔》办公室负责，正在陆续出版。他自己说能书写整部《格萨尔》，约 120 部，有详细篇目。

6. 圆光艺人

藏语叫“扎包”(pra-phab)。圆光是苯教术语。神汉在降神或占卜时,看着铜镜,以观吉凶,谓之曰圆光。这一方法后来被艺人们运用到史诗的说唱上。讲述者当着听众的面,拿出一面铜镜,放在香案上,先念经祈祷,然后对着铜镜说唱,据说他能从铜镜看到格萨尔的全部活动。艺人们常常这么说:他自己并不懂《格萨尔》故事,只是把铜镜中显现的画面讲述给大家。离开铜镜,什么也讲不出来。可是普通人去看那面铜镜,除了自己的身影,什么也看不到。据说是因为你没有这个“缘分”,只有有“缘分”的人,才能看到格萨尔大王的英姿和他降妖伏魔的动人场面。圆光艺人有三种:① 会讲不会写;② 会写不会讲;③ 既会讲又会写。他们一般是先写,然后照着写本讲。

7. 掘藏艺人

掘藏艺人,藏语叫“德顿”[①](gter-vdon)意为“挖掘格萨尔故事的人”。掘藏艺人挖掘、发现、编撰的《格萨尔》故事,称之为“德仲”。伏藏类经典和掘藏大师,苯教佛教均有,已如前述。神佛显灵,或前辈大师将经典藏于深山岩洞,或其他十分隐秘的地方,以免失传,叫“伏藏”:把这些经典挖掘出来,叫“掘藏本《格萨尔》”——“德仲”(gter-sgrung)。从事挖掘、编撰,抄录、刻印《格萨尔》故事的人,叫“掘藏艺人”。这类艺人最大的特点是有文化,有不少人还是僧侣(多数为宁玛派喇嘛),生活上不像说唱艺人那么贫穷。可以说是一些热心于《格萨尔》的文化人,是来自民间的搜集整理者。这类艺人当中,有的可能真的找到了一些从前的抄本,自己并不会讲,也不会写。但多数是根据艺人的说唱记录整理,然

① “德顿”(grer-vdon)过去译作“伏藏艺人”,我在《初探》里也沿用了这一译法,但我认为不够确切,现改译为“掘藏艺人”。

后假托“伏藏”。“掘藏”本《格萨尔》同民间艺人的说唱有较大差异，加工的成分多一些。

这些搜集整理者为什么要假托神灵或古人呢？这可能有多方面的原因。首先，藏族文献有托古的传统，苯教、佛教的很多经典都是这样，认为越古老越神圣，越可信。第二，在僧侣贵族文化占统治地位的情况下，《格萨尔》作为民间文学作品，在社会上没有地位，常常受到歧视和压制。伪托神灵或古人所传，遭遇就不一样了。这种现象也不是藏族社会所独有。鲁迅先生在《中国小说史略》里就曾指出：“现存之所谓汉人（指汉代之人）小说，盖无一真出于汉人，晋以来，文人方士，皆有伪作，至宋明尚不绝。文人好逞狡猾，或欲夸示异书，方士则意在神其教，故往往托古籍以衒人；晋以后人之托汉，亦犹汉人之依托黄帝伊尹矣。”①这里，鲁迅先生深刻地指出：托古的根本目的在于“自神其教”，“托古籍以衒人。”

这几类艺人中，前四类属于口头传唱，即“卡仲”；第五和第六类，两者兼而有之；只有第七类“掘藏艺人”，有文化，能记录整理，众多的抄本就是出自他们之手。

三、对说唱艺人学艺途径的探讨

截至目前，在全国藏区共搜集到手抄本、木刻本 200 多部，除去异文本，约为 120 部。其中有头无尾、残缺不全，或本身只有个简单的故事梗概的，约为 40 部，占 1/3。出版家们认为只有参考价值、研究价值，而无出版价值，暂时没有考虑出版。另有 40 部，故事比较完整，但情节简单，语言也比较简约，说明记录整理者的水平不高，但还是有出版价值，正在陆续整理出版。还有 40 部，故事完整、情节曲折、人物形象丰满，语言生动活泼，属于记录整理得

---

① 见《鲁迅全集》第 9 卷，第 32 页。

比较好的,其中最好的,有《霍岭大战》、《祝古兵器宗》、《门岭大战》、《姜岭大战》、《穆古骡子宗》、《象雄药物宗》、《赛马称王》、《英雄诞生》等部。10 多年来,记录整理扎巴老人等十多位说唱艺人的说唱本 200 多部,除去异文本,约为 120 多部。这些艺人的说唱本,从内容、情节、语言、人物形象各方面讲,都比手抄本要完整丰富生动。从这个简单的统计数字,我们可以看到,在各类民间艺人中,最主要的还是说唱艺人,他们是《格萨尔》艺人的主体。严格说来,那些"掘藏艺人",是搜集整理者。他们记录、整理了民间艺人的唱本。有的记录得比较完整,如《霍岭大战》、《祝古兵器宗》等;有的很简单,如《北方降魔》(四部降魔史之一,是《格萨尔》里很重要的一部。扎巴老人等艺人们说唱的内容,比手抄本要丰富得多)。他们并没有离开艺人的说唱本,另外去写一套"德仲"——掘藏本《格萨尔》。这样看来,十分清楚,抄本记录整理的是说唱艺人的唱本。但是,受宗教观念的影响,过去曾长期认为,抄本——"德仲"是神佛或古代圣贤撰写的,只有"卡仲"——口头传唱的故事,才是靠民间艺人吟诵的。

值得我们注意的,并不在于民间艺人有多少种类型,他们能讲述多少部,而在于他们生活在不同时代、不同地区,年龄不同、职业不同,但大体上都能讲同样的故事。以《赛马称王》为例,扎巴老人早在六十多年前就经常说唱这一部,他是西藏昌都人。女艺人玉梅整整比他小 60 岁,是西藏那曲人,相隔上千里;才让旺堆生活在唐古拉山上,常年在那里放牧,离他们更远。还有其他一些艺人,情况各不相同,但他们说唱的《赛马称王》,基本情节、主要人物,大体相同。他们都说是做梦后学会的,没有人教,不承认有师承关系,他们争辩说,那么大的篇幅,那么多诗行,教了也记不住。

奇就奇在不同的艺人,却唱出了、写出了大体相同的《格萨尔》故事。没有专门学习、没有明显的师承关系,不同时代、不同地区、不同年龄、不同职业的人能讲出大体相同的故事，吟诵同一部史诗，而且不是几百行、几千行诗句，而是几万行、几十万行诗句，是几部、十几部、几十部厚厚的书，这确实令人惊奇、值得研究。1987年和1991年，在艺人汇演期间，我曾作过一个调查：先后请桑珠（西藏墨竹工卡）、才仁旺堆（青海唐古拉山）、昂仁（青海果洛）、次多（青海果洛）、玉梅（西藏索县）、次仁扎堆（西藏安多）等著名的说唱家说唱《赛马称王》中的《马赞》、《霍岭大战》中的《帽赞》、《门岭大战》中的《山赞》，还有在各个部本中经常出现的《刀赞》。在这之前，他们都未曾在一起说唱，有的还是第一次见面，但他们说唱的内容基本相似，什么人、有什么地方、为什么要唱《马赞》、《帽赞》、《山赞》、《刀赞》等都相同；其差别主要在于用词有些不同，唱词多少也不同，最长的有四五百诗行，短的只有二百多行。他们自己互相听了，也觉得很有意思，但并不感到奇怪。那么，民间艺人们自己是怎么看待这个问题，解释这种现象呢？他们不约而同地讲述了一个古老神奇的传说：

雄狮大王格萨尔闭关修行期间，他的爱妃梅萨被黑魔鲁赞抢走，为了救回爱妃，降伏妖魔，格萨尔出征魔国。途中，他的宝马踩死了一只青蛙。格萨尔感到十分痛心。即使是雄狮大王，杀生也是有罪的。他立即跳下马，将青蛙托在掌上，轻轻抚摩，并虔诚地为它祝福，求天神保佑，让这只青蛙来世能投生人间，并让他把格萨尔的英雄业绩告诉所有的藏民。格萨尔还说：愿我的故事像杂色马的毛一样。果然，这只青蛙后来投生人世，成了一名“仲肯”——《格萨尔》说唱艺人。这便是藏族历史上第一位说唱艺人的来历，他是与格萨尔有缘分的青蛙的转世。后来活跃在广大雪域之邦的众多的说唱艺人，都是那只青蛙的转世和化身。

艺人们解释说“像杂色马一样”有两层含义：第一，极言格萨尔故事之多，永远也讲不完。第二，是说马的色彩多种多样，各个艺人所吟诵的《格萨尔》，如果有些差异，那也不足为怪。一个目不识丁、连自己的名字也不会写的艺人，为什么能背诵十几部甚至几十部故事，几十万诗行、几百万字，他是怎样学会、怎么记忆的呢？上述几位艺人都属于“包仲”——托梦艺人，都说在青年时代做过一个神奇的梦，无师自通地学会了说唱格萨尔故事。

那么怎样解开这个谜，给以科学的说明呢？我们试从下列几方面作一些分析。

1. 环境因素

一个艺人学会说唱史诗，有许多因素，其中最重要的是环境因素。这里包括自然环境、社会环境、经济环境、文化环境和家庭环境等。艺人比较集中的地方是阿里、那曲、果洛、玉树、昌都和甘孜、阿坝等地区；大部分是牧民，只有极少数农民。牧区经济落后、文化教育不发达，居民80%以上是文盲，文化生活贫乏，加上交通闭塞、居住分散，人们之间的交往少，过着逐水草而居的游牧生活，所有这些都是《格萨尔》能够流传的环境条件。这里的孩子，从小受到古老的传统文化（实际上就是牧业文化）的熏陶，在牧业文化中产生的《格萨尔》这部古老的史诗，成为他们的生活教科书，他们从这部史诗中学文化知识，学天文历算，学宗教观念，学自己民族的历史……代代相传，这种影响的巨大力量是无法估计的。相反，拉萨、日喀则、亚东等经济、文化比较发达、宗教势力比较强盛的地区，就没有出现比较优秀的说唱艺人。

家庭的影响也是个重要因素。《格萨尔》说唱艺人虽然说没有师承关系，不能父子相传，但家庭（包括亲属）的影响却具有重大影响。如玉梅的父亲就是一位著名的说唱艺人，在当地群众中很有影响。她17岁时父亲去世了，正如她自己说的那样，父亲不可能一句一句地教，教了也记不住，但从小耳闻目睹，影响是很深的。

古如坚赞也是十八九岁开始书写《格萨尔》，在这之前他没有写，也没有讲过。但他从小寄养在舅舅家，舅舅昂仁就是一位著名的说唱艺人，对他的影响是显而易见的。扎巴老人的亲属中虽然没有艺人，但他的故乡有一些很优秀的艺人；当地群众很喜欢听艺人说唱；而为他开启“智慧之门”的喇嘛，就是《格萨尔》故事的热心提倡者，他经常给艺人们以资助和支持，鼓励他们说唱，所有这些，无不给少年扎巴以深刻影响。

2. 遗传基因与集体无意识的影响

以弗洛伊德和荣格为代表的西方学者关于遗传基因、潜意识和集体无意识的论述，对于我们解开艺人记忆之谜、分析这部史诗可以能够从遥远的古代流传至今的原因，是很有启发的。弗洛伊德剖析人的内在心理结构，他认为人在正常的意识之下，还存在一种潜意识心理，如同海岛(意识)之下有一大岛根(潜意识)。荣格发展了弗洛伊德的潜意识理论，他认为个人的潜意识有赖于更深的层次——集体无意识，犹如在岛根之下还有一大片海床。荣格进而认为，集体无意识是“人类经验的储蓄所”。在荣格的著作中，多次出现“古老的精神残余”、“祖先生活的残余”、“精神遗产”、“先天倾向”……这样的话，进而提出在人的头脑中存在“遗传原型观念的潜在物”这样一个假设。他认为：

“……集体无意识决非心灵中一个模糊不清的角落，而是积累了亿万年来祖先经验的巨大仓库，是史前事件的回声，每个世纪都在这些事件上增添了无限小的变分和微分。因为归根结底，集体无意识就是一种输入大脑组织和中枢神经系统的世界进程程序，它以自己的整体组成了一个超时间和永恒的世界意像，这一世界意像抵销了我们关于世界的意识和瞬息图像。它表示的完全是另外一个世界,可以说是世界之映像。但是无意识意像与镜像不同,它拥有自己特有的、独立于意识的级量。借助这种能量,它可以产生强大的效应。这种效应不是在表面上,而是从内部更强有力地影响我们。这些影响对于那不能使自己的瞬息世界图像接受恰当批判,因而对自己仍认识不清的人来说仍然是不明白的。世界分成内部和外部两个世界,它不仅在外部是可见的,而且它还在来自精神最深层以及显然最主观的幽深处的超时间存在中作用于我们。"①

这最后一句话很值得我们注意:这种古老的遗传物不仅表现在外部,同时也表现在内部世界,它"来自精神最深层",是一种"最主观的幽深处的超时间存在"。平时,这种古老的遗传隐藏在"精神最深处",一旦遇到某种外界的刺激,就能调动"本能天赋",唤醒"记忆痕迹"。按照艺人们的说法,就是开启"智慧之门"。按照弗洛伊德的理论,一个人在婴儿时代、甚至"处在娘胎中"时,就受到父母、家庭和社会的影响,产生幻想,留下"记忆痕迹"。这种幻想有"畸变和愿望满足"型,有"创造力形成物"型,还有"古老幻想"型。荣格进一步发展了弗洛伊德的观点,他更多地强调幻想和潜意识积极的、即表现为创造力的侧面。在古老的幻想物中,荣格发现了无意识的历史因素。他认定,无意识精神是以"历史经验的平均进程的浓缩"为基础的,这一发现他也在梦的无意识中加以证实。在梦中,"历史层积"出现在个人和集体内容的融合之中,出现在源于最近及远古动机的交感之中。他认为,所有这些材料日益

① 转引自[美]L·旨雷、罗恩著:《从弗洛伊德到荣格》,北京:中国国际广播出版社,1989年,第121—122页。

清楚地显示出，精神背景不仅是个人的，而且有人类共同的特性，甚至有非个人及客观的性质。

荣格还将这种“古老幻想”、“作为创造力形成物的幻想”，同各民族的神话、童话和民间传说的产生与传承联系起来。荣格观察了儿童的“创作神话企图”以及在此基础之上产生的关于精神中神话创作欲望的假说。弗洛伊德认为，当一个人受到某种外在的强刺激时，能够使“婴儿的记忆恢复”。荣格认为这是一个“惊人发现”。但他不能同意对纯个人因素的限制，因为在他研究宗教史和神话期间，发现了非个人动机的重要性。进而从“婴儿的记忆恢复”出发，强调“古老的思想形式”。

按照弗洛伊德和荣格的学说，人类“古老的遗传物”，通过集体无意识，世代相传。而神话、童话和民间传说的传承，更是如此。

《格萨尔》这部藏族先民创造的古老史诗，在雪域的大文化背景中，代代相传，流传至今，也是合乎情理的。那么，使《格萨尔》这个“古老的遗传物”世代相传，实际上不是“神授”，而是“人授”：这部古老的史诗不是神灵创造的，而是人民群众创造的；不是靠“神的启示”来传承，而是依靠人民群众——尤其是人民群众中最具有艺术天赋和聪明才智的说唱家们来传承。这种传承方式也不是藏族所特有，我国南方一些少数民族中，也有“阳传”与“阴传”之说。

3. 非凡的艺术天赋和聪明才智

一般来讲，优秀的说唱家，有非心的艺术天赋和聪明才智，有很好的感悟力，丰富的想象力和超常态的记忆力。

记忆，在人类生存、进化和发展过程中，具有重要作用。人们常说，记忆是人类生存、发展的必要因素，也是知识形成与发展的必要因素。英国哲学家弗兰西斯·培根曾经指出：“一切知识，不过是记忆。”[①]“历史发展的本身业已表明：历史的文化、历史的经验、历史上所有的物质与精神文明，都依赖于人类的记忆和人类创造的外储记忆工具使之延续并加以改造和发展。”[②]就是说：人类的记忆有两种：一是靠大脑记忆，科学家称它为“内在记忆”；二是靠人类创造的外储记忆工具，如文字，以及现代科学技术的最新成果电脑等，使之延续和传播。科学家称之为“外在记忆”。《格萨尔》这部古老的史诗，主要也是靠民间艺人们的记忆流传下来。后来才出现手抄本，作为补充形式，在史诗的流传过程中，也起了重要作用。

一个人要背诵十几部、甚至几十部书，对常人来说是很困难的，甚至不可想象，但对具有超功能记忆的人来说，却是可能的。现代科学知识告诉我们：人的大脑有140～150亿细胞，一个脑细胞的功能相当于一部微型电子计算机。人脑拥有140～150亿部“电子计算机”，可容纳全世界图书馆储藏的七千亿册图书的全部信息量。人脑的记忆潜能是非常大的。一般人只使用了大脑能力的5%～15%，最多也不过20%左右，尚有80%～90%左右的潜能没有开发。人脑细胞的发育有个过程，儿童在四五岁时，脑重达800～1 000克左右，12岁时脑重达1 400克，接近成人脑重。换言之，一个人在十二三岁时，就具备了成人的记忆功能。说唱艺人们生活在史诗的文化氛围中，从小受到熏陶和浸染，听大人们讲述格萨尔故事，有意无意中记下许多神奇故事，加上别的因素，最终成为优秀的说唱艺人，这从科学上讲，也是有根据的，是可能的。归根结底，是人在创造、在继承这部伟大的史诗，而不是神在创造、在

① 参看余天柱：《超功能记忆入门》，长春：吉林大学出版社，1992年。第55页，第2页，第41～42页，第43～45页，第46～55页。

② 参看余天柱：《超功能记忆入门》，长春：吉林大学出版社，1992年。第55页，第2页，第41～42页，第43～45页，第46～55页。

专授。

无论苯教还是藏传佛教，都十分重视修炼，尤其注重闭关修炼。修炼有多种方法，有短修，有长修，短的有修炼 7 天、49 天的；长的有修炼 1 个月的，多数为 3 年 3 个月零 3 天。据说经过修炼之后，他们获得新的智慧，具有更大的法力。

藏族的修炼与印度的瑜伽术(又称瑜伽功)十分相似。一些外国学者对瑜伽功进行研究，认为它有助于开发大脑记忆潜能。“瑜伽”，梵语就是结合的意思，人的精神与肉体有机的统一即是人的心、身的很好的结合。保加利亚医生拉扎诺夫博士曾专门研究东方古典文化的修身术。在印度，他遇到一个瑜伽行者，具有非凡的记忆力，可以很轻松、很迅速、很准确地算出某个世纪某一天是星期几，对周围环境匆匆一瞥，瞬间即能记住几十种物品的名称和排列顺序。通过在印度的考察，拉扎诺夫博士更加确信瑜伽功有助于开发大脑记忆潜能①。

哥伦比亚学者阿方索教授曾到我国西藏地区研究修身术达两年之久，他将东西方文化作认真比较后，认为西方人对意识的了解仍处于“新石器时代”，他将东方文化的精华与现代科学技术相结合，提出了心态和谐学，用于医疗、体育和教育等领域，医治疾病、修心健身、开发智慧、增加记忆。1991 年以后，曾多次召开“心态和谐法国际研讨会”。心态和谐法的基本点是：确认人脑和人体具有无限的潜能，将现代科学与古代文化精华相结合，提出相适应的科学方法，实现人的身、心合一；使人的自然节律与大自然节律协调，相互感受、相互作用，实现天、地、人合一，人脑和人体就能迸发出超常的功能。这就是超功能记忆的根本秘诀所在。他们通过

---

① 参看余天柱：《超功能记忆入门》，长春：吉林大学出版社，1992 年。第 55 页，第 2 页，第 41～42 页，第 43～45 页，第 46～55 页。

实验证明：超功能学习记忆能力是人类具有的一种天赋能力。①

藏族的修炼法，其主要点也是要去邪见，除杂念，净化心境，使自己的心灵与“神灵”相通，使人与大自然高度和谐，达到天、人一体。经过修炼，就能开启智慧之门，获得常人得不到、自己平时也得不到的知识和能力。说唱艺人也十分强调专一，他们认为一个真正的优秀艺人，除了吟诵《格萨尔》，别的什么也不应该想。

藏族的宗教文化历来有注重背诵的传统。无论僧侣文人，还是世俗学者，都要背诵很多典籍。很多学者在讲学时，不带书本，不用讲稿，引经据典，旁征博引，能成段成段地背诵。听讲的人，也要能背诵很多经典，否则无法理解。尤其是寺院在考取格西时，应考的喇嘛要从基层组织开始进行答辩，直到拉萨传昭法会上在数万人面前辩经，要随问随答，不能有丝毫差错，否则会被淘汰。那些获胜的格西往往会表现出非凡的记忆和辩才。

说唱艺人们生活在这样的文化环境中，自然会受到熏陶和启示，净化自己的记忆能力。更重要的是，他们常常云游四方，走遍万里高原的山山水水，雄伟壮丽的大自然陶冶着他们的情操，净化他们的心灵，使他们同大自然融为一体，胸襟开阔，思想专一，摒弃杂念，因而能够强记博识。

4. 神奇的梦

一个具有非凡的艺术天赋、超功能记忆的艺人，通过什么样的契机，才能使自己的才华充分显示出来呢，用宗教观念来讲，就是要有缘分，要靠神灵开启“智慧大门”。他们通过“托梦”，学会了说唱《格萨尔》故事，有了这个“缘分”，然后请上师或喇嘛活佛念经祈祷，开启“智慧之行”。扎巴、桑珠、次旺俊梅、才让旺堆等说唱艺

① 参看余天柱：《超功能记忆入门》，长春：吉林大学出版社，1992年。第55页，第2页，第41～42页，第43～45页，第46～55页。

人，大都经历了这样的过程。玉梅比较年轻，又在“文化大革命”期间，没有请喇嘛活佛经念祈祷。

从以上这些艺人的实际经历看，说唱艺人请喇嘛活佛念经祈祷，只是个仪式，一种心理需求和社会需求（要得到听众的承认）而已。因为在这之前他们已经学会说唱《格萨尔》史诗了。由于受到科学技术发展水平的限制，在过去很长一个时期内，人们总是把梦与神灵、鬼怪和灵魂（主要是与做梦的人有关的死人的灵魂）相联系，认为他们在给人以预言启示或加害于人。艺人们乃至整个藏族社会过去对梦的理解，也未能超出这个范围。随着现代科学，尤其是医学、心理学、生理学的发展，才将对梦的认识和研究纳入科学轨道。

现代科学的研究成果告诉我们：人脑像一部录音机、录像机，不知不觉中把经历过的一切都记住了。人的记忆具有全息性。在全息记忆中存在着遗忘现象，或者说，连自己也不知道“录”下了什么。对这类遗忘的事物，通过心理调整产生强烈的动机、良好的心态或超常心态，那些遗忘的事物有可能进行有效回忆、认知。通过某种强烈的动机（或刺激），唤醒“沉睡”的记忆的例子是很多的。[①]艺人做梦，或受到某种刺激，遇到什么契机，唤醒了他们从孩提时代“录”下的关于《格萨尔》故事的记忆，因而能滔滔不绝地讲述。用现代科学观点来讲，是受到“强烈刺激”；用宗教观念来讲，就是受到“神的启示”，“开启智慧之门”。现代科学已经证实：梦并不是神灵或鬼怪的安排，也不是不可理解的东西，恰恰相反，“梦”是属于人的一种创造性的心理活动，存在着极高的开发价值。《梦之谜探索》一书中说：

---

① 余天柱：《超功能记忆入门》，长春：吉林大学出版社，1992年。第55页，第2页，第41～42页，第43～45页，第46～55页。

> “人的潜能的开发无非是两大方面：意识活动方面与无意识方面。意识方面主要表现为人的感知能力（认知力）、记忆力、想象力及思维能力的培养与利用，而主要一环是想象力与思维能力的训练与培养。由于思维力（智力即一般的思维能力）是认识能力的核心因素，故意识活动方面的开发被称为‘智力开发’。”①“人脑无意识活动方面的开发也包括众多的内容，它涉及人类心理活动的一切意识不到的领域，如阈下感知、阈下记忆、阈下想象与思维（直觉、顿悟）、潜意识的动机与需要以及灵感等等，然而，核心因素是梦。”②

艺术创作活动，包括艺人的演唱活动离不开灵感；科学研究也需要灵感。古希腊哲学家柏拉图曾经对灵感作过专门研究，他还在《伊安篇》这篇著名的文章里，特别分析了吟诵荷马史诗的行吟诗人灵感的情绪状态特点——“迷狂”现象。他认为灵感是神灵对艺术家们、也包括吟诵史诗的行吟诗人的恩赐。在柏拉图看来，艺术创作是在着魔状态下作者无法控制自己“迷狂”时所完成。他在《斐竺腊司》一文中写道：“无论是谁，如果没有这种诗人的狂热而去敲诗神的门，他尽管有极高明的艺术手腕，诗神也永远不让他升堂入室。”柏拉图认为，这种狂热或所谓“迷狂”状态是灵感最本质的特征。只有在这种“迷狂”状态下，灵感才像发酵似地滋生发育和向上奋发，这就造成文艺的创造与欣赏得以美满地实现③。

现代科学知识告诉我们：“灵感既不是灵魂的显示，也不是神

① 周冠生：《梦之谜探索》，北京：科学出版社，1990年，第237～238页，第240页，第247页。

② 周冠生：《梦之谜探索》，北京：科学出版社，1990年，第237～238页，第240页，第247页。

③ 柏拉图：《文艺对话集》，北京：人民文学出版社1958年。

灵的恩赐。灵感是一种极佳的心理状态。它与梦的关系十分密切。有时,它们相互重合,造成了梦中灵感的爆发;有时,它们相互依存,这表现为梦诱灵感。”①

灵感是人类独有的一种心理现象,也是人的智能的构成部分,那么,究竟什么是灵感?有的学者认为:“灵感是人的一种最佳的心理状态。在这一状态下,表现出注意力的高度集中。对周围事物的感知异常清楚和明晰,对当前事件和过去经验的意义领会深刻,‘恍然大悟’,回忆更容易,想象特别活跃,易于产生创造性想象,诞生出新形象,也易于实现求异思维与求同思维。”②有的学者认为,如果能够充分诱发并运用灵感,那么,人类创造性活动的成果将会几倍或几十倍增长。

为了更好地把握灵感,有人把灵感状态的特征,概括为八个方面:① 自然性。灵感和梦一样,均是人先天就拥有的重要的创造能力,它们既不需父母进行指导,也不用教师去传授。② 差异性。③ 顿悟性。④ 高度兴奋性与情绪性。⑤ 综合性。⑥ 巧合性。⑦ 易逝性。⑧ 内部制约性。有的学者研究一些科学家与艺术家诱发灵感产生的技术和方法,概括为 12 种。第一种就是“梦诱法”③。

说唱艺人,通过神奇的梦,获得灵感,开启“智慧之门”,因而能滔滔不绝地说唱《格萨尔》故事,这也可以算作“梦诱法”。这一方面有助于我们正确理解说唱艺人的特点,把“梦授”史诗的现象,从传统的神学的桎梏下解放出来;另一方面,也可以通过对说唱艺人

---

① 周冠生:《梦之谜探索》,北京:科学出版社,1990 年,第 237～238 页,第 240 页,第 247 页。

② 周冠生:《梦之谜探索》,北京:科学出版社,1990 年,第 237～238 页,第 240 页,第 247 页。

③ 周冠生:《梦之谜探索》,北京:科学出版社,1990 年,第 237～238 页,第 240 页,第 247 页。

的研究，进一步探索开发人的潜能的途径。

5.《格萨尔》本身的艺术结构便于艺人们记忆

作为说唱艺术的史诗，不同于作家的创作，它的结构比较简单，形成一定的程式，这是艺人们容易掌握和记忆的一个重要原因。

（1）三段式的故事结构。在整个《格萨尔》里，除去《天界篇》、《英雄诞生》等少数几部外，一般都是一个分部本讲一个战争故事；一个故事由三个部分组成：① 缘起。讲战争的起因；② 战事迭起。这是故事的主体；③ 结束。结局总是格萨尔胜利，妖魔失败。

（2）战争的参加者包括三个方面：① 天界。包括天神降预言，在暗中保护助战，乃至派战神直接参战。② 人界。以格萨尔为首的岭国将士和敌国将士。③ 龙界。包括龙王，以及鲁、念、赞等龙神、地方神、土地神。

（3）岭国参战的也是三个方面：① 格萨尔大王。② 以30位英雄为代表的众多的将领。③ 岭国百姓。

（4）无论讲哪个部本，都要记住三部分名称：① 人名（包括神名）。② 地名。③ 物件名，包括武器的名称和战马的名称、特点等。

（5）史诗的文体包括三方面：① 韵文。② 散文。③ 散韵结合。

（6）中心唱段包括三个内容：① 开头，包括赞辞，自我介绍。② 主要内容，这是唱词的核心。③ 结尾，一般是祈祷词。

还可以举出若干例子，说明很多方面都形成了固定的程式，只要抓住这几个方面就抓住了重点，抓住了故事的基本结构和主要内容，就可以讲下去。即使忘了若干段落或词句，也无关紧要，不至于讲不下去。

这种记忆方式，大概是史诗艺人们的共同特点。郎樱同志在论述《玛纳斯》歌手的特点时说："玛纳斯奇学习演唱《玛纳斯》时，不是逐行逐句地背诵，而是牢记史诗重大事件的框架，史诗人物和身世及相互之间的关系，武器及战马的来历、特性，以及塑造人物和描绘战争场面惯用的套语。至于史诗的细节，则由玛纳斯奇在演唱过程中即兴创作。玛纳斯奇，尤其是较有名望的大玛纳斯奇，大多具有极强的即兴创作能力，他们见多识广，有丰厚的民间文学功底，知识十分丰富。因此，他们经常是在原有史诗的框架中增添进许多新的内容。通过一代代玛纳斯奇的即兴创作，史诗《玛纳斯》逐渐由简至繁，情节不断丰富，人物不断增加，艺术性也日臻成熟、完美。"①

即兴创作是民间文学的一个共同特点，由于史诗结构宏伟，篇幅浩繁，人物众多，历史悠久，即兴创作这一特点，在史诗的演唱过程中表现得十分明显，也非常重要。因为任何一个艺人都不能一次讲述全部史诗，只能讲某一个、某一段、某一节，艺人也就拥有较大的随意性和灵活性，根据听众的要求和个人的情绪，可长可短，可多可少，可以充分发挥，展开想象的翅膀，酣畅淋漓，也可以戛然而止。这也是出现众多的异文本的一个重要原因。

从这个意义看各种异文本，不是简单的重复，不是雷同，而是活跃在群众之中的优秀的说唱艺人们的再创作，凝结着他们的艺术天赋和聪明才智。在这个再创作的过程中，也包含着一代又一代的听众们的贡献。没有大量听众的支持、配合、选择和鼓励，也就没有即兴创作，史诗的演唱活动也可能因此而枯萎甚至停滞。

---

① 郎樱：《〈玛纳斯〉论析》，呼和浩特：内蒙古大学出版社，1991 年，第 175 页，第 3～7 页。

四、说唱艺人的灵魂观和创作观

上面引用的关于“青蛙”的古老神奇传说，表明了说唱艺人灵魂不灭、灵魂移位和灵魂转世的观念。不少艺人认为自己是经过格萨尔大王祝祷的“青蛙”的转世，或者与格萨尔大王有某种“缘份”。

一些艺人自称是格萨尔大王手下某个人物的转世。如青海省著名的艺人昂仁，他自己说会讲120多部。问他为什么能讲那么多部？怎么学的？老师是谁？他说：没有老师，没有学过，生来就会。我是米琼卡德的化身，我讲的那些事情，都是前世亲身经历过的。一闭上眼，就会在脑海里出现。在《格萨尔》里，米琼卡德是个能言善辩的机智人物。昂仁以米琼卡德的化身自诩，认为米琼卡德的灵魂依附在他身上了，因此他也拥有米琼卡德那样的智慧和知识。

另一位艺人次多，自称是辛巴·梅乳泽的转世。辛巴·梅乳泽是白帐王手下一员大将，曾率兵侵犯岭国，后来归降格萨尔，成为雄狮大王手下一员猛将。在众多的艺人当中，他说唱辛巴·梅乳泽的故事最有特色。说唱《霍岭大战》，他只说唱霍尔大军入侵岭国的故事，从不讲霍尔兵败归降的部分。

果洛州甘德县有位活佛叫班玛丹宝，是藏戏《格萨尔》热心的倡导者和编导，在他主持下，该寺的藏戏团演出过若干出《格萨尔》戏。当地人说他是姜国王子玉拉托据的化身，他自己也这么认为，觉得自己同格萨尔大王有特殊的缘份。但在他主持的藏戏团，不能演《姜岭之战》，因为在格萨尔降伏姜国时，玉拉托据被辛巴·梅乳泽俘获，后臣服岭国，成为格萨尔手下的一员猛将，他认为演唱《姜岭之战》，会使他想起当年战败被擒的情形，十分难堪。前面已经谈到，古如坚赞则认为自己是珠·噶德的转世。

这类情况还不少。著名艺人扎巴老人也相信人是有灵魂的，是可以转世的，但他认为自己福分浅，不是格萨尔大王手下英雄的转世。他认为自己可能是那只青蛙的转世，或者同那只青蛙有一定的缘份。在他逝世前几年，就曾对家人说："我死后要把我送到色拉寺后山的天葬场，那个天葬场最有灵气，我的灵魂才能得到转世。"他还说："要把我的天灵盖留下，天灵盖上可能有格萨尔大王的马蹄印。"

与这种灵魂观相联系，也反映了艺人们的创作观。《格萨尔》艺人最核心的观念是：他们不是在编故事，讲故事，而是在叙述历史。叙述格萨尔大王的历史，也就是叙述藏民族发展的历史。正因为这样，艺人们在说唱时有一种使命感、责任感和庄严感。同藏戏、热巴、歌舞等其它民间艺术相比，显得更庄重一些，娱乐色彩要少一些，而多一种神秘色彩。

在同《格萨尔》说唱艺人接触过程中，我发现他们有一个很大的特点：性格比较开朗、豁达，精神上很充实。在物质生活上没有过多的追求，能够自甘淡泊，随遇而安。艺人们有个座右铭：仲肯(说唱艺人)不能太饱，仲肯不能太饿。"太饱"，生活太富足，就会为生活所累，产生惰性，不能云游四方，传颂雄狮大王的英雄业绩；"太饿"、太贫穷，就会为生活所迫，整日为生计操劳，就无心也无力去说唱。生活上只要温饱，他们就很满足了。这种思想境界不是一般人所能达到的。

说唱艺人们自觉不自觉地意识到：他们有责任将格萨尔大王的英雄业绩一代一代传下去。他们也深信这部古老的史诗会流传久远。一些艺人在开始说唱前的"赞辞"里，常常会自豪地宣称：

即使有那么一天，飞奔的野马变成枯木，洁白的羊群变成石头，雪山消失得无影无踪，大江大河不再流淌，天上的星星不再闪烁，灿烂的太阳失去光辉，雄狮大王格萨尔的故事，也会世代相传。

这种信念，这种自豪感，同《玛纳斯》艺人表达的感情十分相似：

奔流的河水，/有多少已经枯干，/绿色的河滩，/有多少已经变成了戈壁，/多少人迹罕见的荒野，/又变成了湖泊的河滩，/平坦的大地冲成了深涧，/高耸的山崖变低塌陷。/从那时起啊，/大地经历了多少变迁；/戈壁上留下了石头，/石滩又变成了林海，/绿的原野变成河滩，/山涧的岩石已经移迁。/一切都发生了巨大的变化啊，/唯有祖先留下的史诗，/仍在一代代流传。[①]

"唯有祖先留下的史诗，仍在一代代流传。"在柯尔克孜族中是这样，在藏族和其他民族中也是这样。说明古老的史诗具有强大的生命力，正如马克思指出的那样，有着"永久的魅力"[②]。"在一代代流传"的过程中，众多的民间艺人起着重大作用。

五、艺人群的发现在认识论上的重大意义

维柯在《新科学》这部重要著作里，用整整一卷的篇幅，即第三卷来探讨荷马与荷马史诗的关系，他的题目就十分醒目：《寻找真正的荷马》。他试图解决欧洲文学史上长期争论不休的一个重要问

① 郎樱：《〈玛纳斯〉论析》，呼和浩特：内蒙古大学出版社，1991 年，第 175 页，第 6～7 页。

② 马克思：《〈政治经济学批判〉导言》，《马克思恩格斯选集》第 2 卷，第 114 页。

题:“荷马史诗”的作者究竟是谁?在历史上究竟有没有荷马这么一位杰出的行吟诗人?经过认真的考察,深入的思索,维柯寻找到的“真正的荷马”究竟是谁呢?他认为荷马不是一个人,而是希腊民族。他指出,荷马史诗不是一个人创作的,而是整个希腊民族集体创作的。他在《序论》一开头就明确指出:“诗性智慧是希腊各民族的民俗智慧,希腊各民族原先是些神学诗人,后来是些英雄诗人,这种证明的后果必然是:荷马的智慧绝不是另外一种不同的智慧。”①

此说一出,惊世骇俗、石破天惊,震撼了当时的学术界。在此之前,从柏拉图、亚里士多德到许多后世哲学家、历史学家和文艺理论家,都认为荷马是一位诗人,一位盲诗人,他具有崇高的玄奥智慧。据传说,荷马是个盲人,因此他才叫做荷马,Homeros 在伊阿尼亚土语里意思就是“盲人”。② 正如维柯所说的那样:“柏拉图[《理想国》]却坚决认为赋有崇高的玄奥智慧,其他所有哲学家们都在附和柏拉图的意见,认为荷马赋有崇高的玄奥智慧。”③他还指出:“几乎所有的希腊城市都声言荷马就生在它们那里,还有不少的人断言荷马是一个生在意大利的希腊人。”“至于希腊许多城市都争着要荷马当公民的光荣,这是由于几乎所有这些城市都看到荷马史诗中某些词、词组乃至一些零星土语俗话都是他们那个地方的。”④

那么,科学的研究方法是什么?应该到哪里去寻找真正的荷

① 维柯:《新科学》,北京:人民文学出版社,1987 年,第 411 页,第 440 页,第 411 页,第 415 页,第 416 页,第 443 页。

② 维柯:《新科学》,北京:人民文学出版社,1987 年,第 411 页,第 440 页,第 411 页,第 415 页,第 416 页,第 443 页。

③ 维柯:《新科学》,北京:人民文学出版社,1987 年,第 411 页,第 440 页,第 411 页,第 415 页,第 416 页,第 443 页。

④ 维柯:《新科学》,北京:人民文学出版社,1987 年,第 411 页,第 440 页,第 411 页,第 415 页,第 416 页,第 443 页。

马?维柯认为:“传到我们的(古代)作家没有一个比荷马更早,……既然这些作家们出生都比荷马晚得多,我们就不得不运用我们的玄学方法,把荷马看作一个民族创建人,从荷马本人著作里去发现荷马的年代和故乡。”①作者在深入分析“荷马本人著作”即荷马史诗后,得出结论说:“希腊各族人民自己就是荷马”,“我们的荷马确实都活在各族希腊人民的口头上和记忆里。”②

维柯是生活在18世纪的一位学者,那个时候荷马史诗早已不在希腊的土地上和欧洲大陆流传,已经没有行吟诗人在民间吟诵,荷马史诗早已记录成文字,成了经典性的古典文学作品。维柯和他那个时代的学者们既没有活形态的史诗,更没有活生生的说唱艺人可供研究,只能从“荷马本人的作品里”去探索。从书本到书本,进行分析和推断。在那样的情况下,维柯能做出这样的科学论断,是十分难能可贵的。相比之下,我们十分幸运,我们面对的不是一个、两个优秀的说唱艺人,而是一个群体,其中有不少杰出的说唱艺人,有史诗存活的典型的自然环境和社会环境。从这些活生生的材料我们可以清楚地看到:《格萨尔》这部宏伟的诗篇,不是一两个人,或少数几个人的创作,也不是一个时代的产物,而是在长期的历史发展过程中,藏族人民集体创作出来的。藏族有句谚语:“岭国每人嘴里都有一部《格萨尔》。”如果说“荷马确实都活在各族希腊人民的口头上和记忆里”,那么,《格萨尔》就活在藏族人民的口头上和记忆里。

艺人群的存在,确实具有重大的实践意义和理论价值,对于我们深入研究文艺发生学,认识人民群众在文学艺术创作过程中的

---

① 维柯:《新科学》,北京:人民文学出版社,1987年,第411页,第440页,第411页,第415页,第416页,第443页。

② 维柯:《新科学》,北京:人民文学出版社,1987年,第411页,第440页,第411页,第415页,第416页,第443页。

主导作用，都具有十分重要的意义。

藏族人民创造了《格萨尔》这部伟大的英雄史诗，她是藏族人民智慧的结晶，知识的宝库。在创造、继承和传播这部史诗的过程中，那些才华出众的民间说唱艺人，起着巨大作用，是卓越的人民艺术家。但是，他们的伟大创造精神和聪明才智，往往被忽视，被抹杀，被歪曲。在我看来，关于一个青蛙的古老传说，关于说唱艺人的化身说、转世说的实质，就在这里。它把劳动人民的伟大贡献，归功于神灵，把这部伟大的史诗说成是“神的创造”，那些具有很高的聪明才智和艺术天赋的优秀艺人，被描绘为机械地吟诵史诗的工具，寄存“神”的灵魂的躯体，转达“神”的意志的传声筒，毫无自觉意识和主体意识，时而从根本上贬低乃至否定劳动人民的聪明才智和伟大创造精神。深入剖析灵魂观念的实质，充分肯定广大劳动人民和他们当中的优秀艺术家们不但是物质财富的创造者，而且是精神财富的创造者，阐述《格萨尔》产生、演变和发展的历史过程，是《格萨尔》研究中的一个重要课题。

（原载《中国藏学》1994 年第 1 期）

汉代民间的西王母崇拜

王子今　周苏平

通过史籍记载和文物资料，都可以看到汉代民间影响相当广泛的西王母崇拜。分析这一社会文化现象，可以从新的角度探察汉代民间的观念形态以及汉代社会的礼俗风尚，也可以发现当时处于特殊历史文化背景下人们对于外来文化影响的微妙态度。

一

汉代画像中多见表现西王母的画面。正如陈直先生曾经指出的："汉代每以西王母事为镜铭及图画题材，于西王母之外，又增加东王公以为配。"①

四川彭县出土以西王母为画面主体的汉画像砖，西王母正面端坐，四周围侍九尾狐、青鸟、玉兔、蟾蜍、神虎等。河南密县出土

① 《史记新证》，天津人民出版社，1979年，第192页。

的汉画像砖，有西王母侧坐的画面，前有玉兔捣药，凤鸟舞蹈。河南南阳神话题材的汉代画像石，西王母的形象最为多见。山东嘉祥宋山汉画像石的画面上，西王母正坐于灵芝状云座上，周围除青鸟、玉兔、蟾蜍外，又多有羽人飞舞。汉代铜镜纹饰也多见西王母画面，又往往明确题铭“西王母”。汉镜以祈祝内容为主的吉语铭文中，也多见“西王母”字样。如河南南阳市博物馆藏东汉灵帝建宁元年镜铭文：

> 建宁元年九月九日丙午，造作尚方明镜，幽湅三商，上有东王公、西王母，生如山石，长宜子孙，八千万里，富且昌，乐未央，宜侯王，师命长，买者太吉羊，宜古市，君宜高官，位至三公，长乐央□。

见于著录的汉镜铭文更多有说到西王母的。例如：

> 明镜造，亲见宜，赤□师□白牙，西母东父侯□众日。（《小校经阁金文》卷一五）

“西母东父”，即通常所谓“西王母东王父”、“西王母东王公”。[①]又如：

> 金西母来，始有其滓宜葆利众典祀。（《啸堂集古录》）

这里所谓“西母”，也是指“西王母”。又如：

---

① 晋人傅玄《正都赋》就写道：“东父翳青盖而遐望，西母使三足之灵禽。”唐人李贺《马诗》其七则说：“西母酒将阑，东王饭已干。”

西王母(组侧);尚方作竟真大巧,上有仙人不知老,渴饮玉泉兮(外轮)。(《金石索》“金索”卷六,《小檀栾金镜影》卷二)

蒙氏作竟真大工,东王公西王母,青龙在左,白虎居右,山人子高赤容。(《金石索》“金索”卷六,《小檀栾金镜影》卷二,《小校经阁金文》卷一五)

尚方作竟,明如日月不已,寿如东王公西王母,长宜子孙,位至三公,君宜高官。(《古镜图录》卷中)

龙氏作竟自□□,东王公西王母,青龙在左,白虎居右,□治□□□习左大吉。(《古镜图录》卷中)

袁氏作竟真大□,东王公西王母,青龙在左,白虎居右,山人子乔赤容子,千秋万倍。(《古镜图录》卷中)

袁氏作竟兮真,上有东王公西王母,山人子侨侍左右,辟邪喜怒无央咎,长保二亲生久。(《古镜图录》卷中,《簠斋藏镜》卷上,《小校经阁金文》卷一五)

盍氏作竟兮真大好,上有东王公西王母,仙人子高赤寀子,绛即云右,长保二亲兮利孙子兮吉。(《金石索》“金索”卷六,《奇觚室吉金文述》卷一五,《小檀栾金镜影》卷二,《小校经阁金文》卷一五)

张氏作竟大无伤,湅已银锡清且明,上有天守传相受,东王父西王母,令君□遂宜孙子,明如日月。(《金石索》“金索”卷六)

也有只出现“西王母”字样的汉镜铭文,如:

上大□,见神人,□王母,饮澧泉,驾交龙,乘浮云,宜官□,保子孙,贵富昌,乐未央兮(外层);子丑寅卯辰巳午未申酉

戌亥(内层)。(《奇觚室吉金文述》卷一五)

来言之,纪□竟,始湅铜锡去其宰,以之为镜宜孙子,长葆二亲乐毋□,寿币金石,西王母,棠安作(外轮);子丑寅卯辰巳午未申酉戌亥(内层)(《簠斋藏镜》卷下)

湅治铜锡去其滓,辟除不祥宜古木,长葆二亲利孙子,辟如□众乐典祀,寿□金石,西王母,飞来言之,始自有纪(外层),子丑寅卯辰巳午未申酉戌亥。(内层)(《博古图录》卷二八)

又有重复出现"东王公西王母"、"西王母东王父"字样的,如:

东王公西王母(组两侧);□氏作竟真大□,上有东王公西王母,仙人子侨赤诵子,白虎□□□□□□□高升□万,千秋万岁□长(外轮)。(《小檀栾金镜影》卷二)

东王公西王母(内轮);袁氏作竟真大丂,上有东王公西王母,仙人子侨赤诵子,白虎熏卢,左右为吏高升贾万,千秋万岁主长。(《小校经阁金文》卷一五)

尚方作竟自有真,良时日吉大赏,十子九孙各有喜,□至三公中常侍,上有西王母东王父,山人子乔大田子平(外轮);西王母东王父(内轮)。(《藤花亭镜谱》卷二)

社会生活中使用十分普遍的铜镜,铭文多见"西王母"文字,是值得重视的文化现象。《藤花亭镜谱》卷二著录的一件所谓"六朝器",铭文也反复出现"东王公西王母",其中"东王公"出现二次,"西王母"及"王母"出现三次:"仙人子侨赤诵子,白虎熏抟,左右为吏高升赏万千□万,太上君□,上有东王公西王母(外轮);西王母东王公王母(内轮)。"唐代和宋代仿汉镜的铭文也多有"西王母"字样,也说明西王母崇拜在民间影响的久远。

西汉末年，曾经以民间西王母崇拜为背景，演生出一次声势浩大的流民运动。《汉书·哀帝纪》记载：

> (建平)四年春，大旱。关东民传行西王母筹，经历郡国，西入关至京师。民又会聚祠西王母，或夜持火上屋，击鼓号呼相惊恐。

《汉书·天文志》中有这样的记载：

> (建平)四年正月、二月、三月，民相惊动，讙哗奔走，传行诏筹祠西王母，又曰“从目人当来”。①

《汉书·五行志下之上》又写道：

> 哀帝建平四年正月，民惊走，持稿或棷一枚，传相付与，曰“行诏筹”。道中相过逢多至千，或被发徒践，或夜折关，或逾墙入，或乘车骑奔驰，以置驿传行，经历郡国二十六，至京师。其夏，京师郡国民聚会里巷仟佰，设张博具，歌舞祠西王母。又传书曰：“母告百姓，佩此书者不死。不信我言，视门枢下，当有白发。”至秋止。

---

① 关于“从目人”，王先谦《汉书补注》引叶德辉曰：“‘从’读如‘从横’之‘从’。人为横目之类，从目则为妖。”《楚辞·招魂》：“豺狼从目，往来侁侁些。”《楚辞·大招》：“豕首纵目，被发鬤只。”《艺文类聚》卷七九引后汉王延寿《梦赋》说到梦中“挥手振拳”，痛打“鬼神之变怪”情形，有“捎魍魉，荆诸渠，撞纵目，打三头”语。《华阳国志·蜀志》说：“有蜀侯蚕丛，其目纵，始称王，死作石棺石椁，国人从之，故俗以石棺椁为纵目人冢也。”有人以为四川广汉三星堆遗址出土青铜人面的特殊造型与蚕丛传说有关。所谓“从目人”所深含的文化意味，可以另文讨论。

汉哀帝时代以西王母迷信为意识基础，以"祠'西王母'"为鼓动口号，以"传行'西王母'筹"为组织形式而发生的表现为千万民众"会聚"、"惊动"、"奔走"的大规模骚乱，从关东直至京师，从正月直至秋季，政府实际上已经失控。其狂热程度之惊人，说明了当时民间西王母崇拜的深刻影响，已经足以策动变乱，掀起社会政治波澜。

二

汉哀帝时民间骚动，传书所谓"母告百姓，佩此书者不死"，反映汉时西王母崇拜与当时社会上下盛行的长生追求有关。扬雄《甘泉赋》也写道："想西王母欣然而上寿兮，屏玉女而却虙妃。"出现"西王母"字样的汉镜铭文更多见所谓"仙人不知老"，"寿如东王公西王母"以及"长保二亲生久"等，也说明了这一事实。《易林》卷二《讼·泰》"弱水之西，有西王母，生不知死，与天相保"一类文句，也透露出同样的文化信息。

不过，西王母作为神仙世界的领袖之一，还具有内涵更为丰富的文化象征意义。如下镜铭具有一定的代表性：

> 龙氏作竟佳且好，明而日月世少有，刻治分守悉皆在，长保二亲宜孙子，东王公西王母，大吉羊矣兮。（《小檀栾金镜影》卷二，《小校经阁金文》卷一五）
>
> 元兴元年五月丙午日□大利，广汉造作，尚方明镜，幽湅三商，周□无亟，世得光明，长乐未央，富宜昌，宜侯王，师命长生如石，位至三公，寿如东王公西王母，仙人子立至公侯（外层）；吾作明竟幽湅三商（内层）。（《陶斋吉金录》卷七，《古镜图录》卷上，《浣花拜石轩镜铭集录》卷一）
>
> 元兴元年五月丙午日天大赦，广汉造作，尚方明竟，幽湅三商，周传无亟，世为光明，长乐未英，富宜昌，宜侯王，师命长

生如石，位至三公，上有东王公西王母，仙人子立至公侯。（外轮，内轮九字不辨）（《善斋吉金录》“镜”卷一，《小校经阁金文》卷一五）

中平六年正月丙午日，吾作明竟，幽湅三商自有己，除去不祥宜孙子，东王父西王母，仙人王女大神道，长吏买竟，位至三公，古人买竟百倍，田家大吉日月（外轮），吾作明竟，位至三公，天王日月，幽湅三羊。（内轮）（《善斋吉金录》“镜”卷一，《小校经阁金文》卷一五）

宋氏作竟□有意，善时日，家大富，取妇时□，众具七子九孙，各有喜，官至公卿中尚侍，上有东王妇西王母，予天相保不知老，吏人服之带服章。（《小校经阁金文》卷一五）

最后一例“东王妇西王母”，应即“东王父西王母”。

除了“长生如石”，“生如山石”，“予（与）天相保不知老”等长生祈祝外，镜铭文字还反映了当时民间对于所谓“富宜昌”、“贵富昌”的热切期盼。例如，我们看到：财富企求：古（贾）人买竟（镜）百倍，宜古（贾）市，家大富……

尊贵企求：宜官□，带服章，宜侯王，君宜高官，位至三公，立（位）至公侯，官至公卿中尚（常）侍，□至三公中常侍，左右为吏高升贾万……

平安企求：长乐未央（殃），长乐未英（殃），长保二亲宜孙子，除去不祥宜孙子，辟邪喜怒无央（殃）咎……

多子企求：宜子孙，长宜子孙，众具七子九孙各有喜，十子九孙各有喜……①

---

① 据说西王母左近的九尾狐，也有多子的文化象征意义。又《易林》卷一《坤·噬嗑》：“稷为尧使，西见王母，拜请百福，赐我善子。”也体现了类同的涵义。

汉代社会带有普遍意义的共同愿望，可以一以系之，即汉镜铭文所谓“吉”、“大吉”、“吉羊(祥)”、“太吉羊(祥)”。而这种祈盼，都可以寄托于对西王母的信仰。正如我们在镜铭中所看到的：“东王公西王母，大吉羊(祥)矣兮！”

三

司马迁在《史记》中数次说到“西王母”，如《赵世家》记述造父随周穆王西行传说：

> 造父幸于周缪王。造父取骥之乘匹，与桃林盗骊、骅骝、绿耳，献之缪王。缪王使造父御，西巡狩，见西王母，乐之忘归。

又如《史记·司马相如列传》载司马相如《大人赋》：

> 遍览八纮而观四荒兮，朅渡九江而越五河。经营炎火而浮弱水兮，杭绝浮渚而涉流沙。奄息总极泛滥水嬉兮，使灵娲鼓瑟而舞冯夷。时若薆薆将混浊兮，召屏翳诛风伯而刑雨师。西望昆仑之轧沕洸忽兮，直径驰乎三危。排阊阖而入帝宫兮，载玉女而与之归。舒阆风而摇集兮，亢乌腾而一止。低回阴山翔以纡曲兮，吾乃今目睹西王母皬然白首。载胜而穴处兮，亦幸有三足乌为之使。必长生若此而不死兮，虽济万世不足以喜。

《史记·大宛列传》说到张骞“具为天子言之”“身所至者”及“传闻其旁大国五六”之国情时，曾经又涉及西王母神话：

> 条枝在安息西数千里，临西海。暑湿。耕田，田稻。有大鸟，卵如瓮。人众甚多，往往有小君长，而安息役属之，以为外国。国善眩。安息长老传闻条枝有弱水、西王母，而未尝见。

《史记》中屡屡说到“西王母”，体现出司马迁对于当时民间普遍风行的西王母崇拜，予以视野更为广阔的文化关注。

《赵世家》说到“西巡狩”事，《司马相如列传》有“遍览八纮而观四荒”及“涉流沙”“西望昆仑”语，《大宛列传》中关于“西王母”的传说，更明确说其起源非发生于中土，而是“安息长老传闻”的条支西来神话。

《史记·大宛列传》司马贞《索隐》：“《魏略》云：‘弱水在大秦西。’《玄中记》云：‘天下之弱者，有昆仑之弱水，鸿毛不能载也。’《山海经》云：‘玉山，西王母所居。’《穆天子传》云：‘天子觞西王母瑶池之上。’《括地图》云：‘昆仑弱水非乘龙不至。有三足神乌，为王母取食。’”张守节《正义》：“此‘弱水、西王母’既是安息长老传闻而未曾见，《后汉书》云桓帝时大秦国王安敦遣使自日南徼外来献，或云其国西有弱水、流沙，近西王母处，几于日所入也。然先儒多引《大荒西经》云弱水云有二源，俱出女国北阿耨达山，南流会于女国东，去国一里，深丈余，阔六十步，非毛舟不可济，南流入海。阿耨达山即昆仑山也，与《大荒西经》合矣。然大秦国在西海中岛上，从安息西界过海，好风用三月乃到，弱水又在其国之西。昆仑山弱水流在女国北，出昆仑山南。女国在于阗国南二千七百里。于阗去京凡九千六百七十里。计大秦与大昆仑山相去四五万里，非所论及，而前贤误矣。此皆据汉括地论之，犹恐未审，然弱水二所说皆有也。”张守节《正义》所谓“《后汉书》云”，即《后汉书·西域传》：“至桓帝延熹九年，大秦王安敦遣使遣使自日南徼外献象牙、犀角、玳瑁，始乃一通焉。[①] 其所表贡，并无珍异，疑传者过焉。或云其国西有弱水、流沙，近西王母所居处，几于日所入也。《汉书》云'从条支西行二百余日，近日所入'，则与今书异矣。"

《易林》中"王母"凡 31 见，其中"西王母"5 见，无疑是我们在本文中所讨论的对象。而卷二《讼·泰》"弱水之西，有西王母"，卷五《临·临》"弱水之上，有西王母"，卷一六《既济·大畜》"弱水之右，有西王母"，都说明关于西方远国"弱水、西王母"之"传闻"，在民间流传之普遍。

丁谦《穆天子传考证》卷二说："窃谓西王母者，古加勒底国之月神也。""考加勒底建都于幼发拉的河西滨，名曰吾耳（一曰威而）城，有大月神宫殿，穷极华美，为当时崇拜偶像之中心点（见《兴国史谭》）。又其国合诸小邦而成，无统一之王，外人但称为月神国。以中国语意译之则曰西王母，即称其国为西王母国。"凌纯声先生以为"所说颇有见地"，并指出"西王母三字是苏末语月神 sl-en-nu 音译而来"。[②] 刘师培《穆天子传补释》卷四又说，"西王母之邦"在'波斯东北"。或以为西王母原在两河流域，而后又曾东迁。吕思勉先生说，"弱水西王母等，则身苟有所未至，即无从遽断为子虚，而其地遂若长存于西极之表矣，循此以往，所谓西王母者，将愈推而愈西，而因有王莽之矫诬，乃又曳之而东，而致诸今青海之境。"[③] 凌纯声先生于是引《论衡·恢国》金城塞外羌内属，"汉遂得西王母石室"语，以为"吕氏说明西王母东迁的史实，可说是一创举"。[④]

---

① 《后汉书·桓帝纪》："（延熹九年）大秦国王遣使来献。"李贤注："时国王安敦献象牙、犀角、玳瑁等。"

② 凌纯声：《昆仑丘与西王母》，《中国边疆民族与太平洋文化》，台湾：联经出版事业公司，1979 年，第 1601 页。

③ 吕思勉：《西王母考》，《说文月刊》第 1 卷第 9 期（1939）。

④ 凌纯声：《昆仑丘与西王母》，《中国边疆民族与太平洋文化》，台湾：联经出版事业公司，1979 年版，第 1605 页。

陈梦家先生曾经说，殷卜辞所见“西母”神，已经体现出“西王母”前身的踪影①。日本学者小村一郎指出：“但在卜辞中所见‘西母’的例子并不多，只知道它是享受‘燎’祭的具有强烈自然性格的神，并被当作是与‘东母’向对的神（不见‘南母’和‘北母’）。如此等等，对于它与后世的西王母是否有直接继承关系，即使可以作出种种判断，但加以确认是有困难的。”这样的意见可能是正确的，即：“自后世上溯有关西王母的最古老的资料，可见于战国时代的文献。”②

《山海经》中，“西王母”凡 5 见。即《西次三经》：“玉山，是西王母所居也。西王母其状如人，豹尾虎齿而善啸，蓬发戴胜，是司天之厉及五残。”《海内北经》：“西王母，梯几而戴胜杖，其南有三青鸟，为西王母取食。在昆仑虚北。”又《大荒西经》：“（昆仑之丘）有人，戴胜，虎齿，有豹尾，穴处，名曰‘西王母’。此山万物尽有。”

《穆天子传》中关于“西王母”有生动的文字。《穆天子传》卷二写道：“乃遂西征，癸亥，至于西王母之邦。”卷三写道：“吉日甲子，天子宾于西王母，乃执玄圭白璧，以见西王母。好献锦组百纯，□组三百纯，西王母再拜受之。□乙丑，天子觞西王母于瑶池之上。西王母为天子谣曰：‘白云在天，丘陵自出。道里悠远，山川间之。将子无死，尚能复来。’天子答之曰：‘予归东土，和治诸夏。万民平均，吾顾见汝。比及三年，将复而野。’西王母又为天子吟曰：‘徂彼西土，爰居其野。虎豹为群，于鹊与处。嘉命不迁，我惟帝女。彼何世民，又将去子。吹笙鼓簧，中心翱翔。世民之子，惟天之望。’天子遂驱升于弇山，乃纪其迹于弇山之石而树之槐，眉曰‘西王母

① 陈梦家：《古文字中之商周祭祀》，载《燕京学报》第 19 期（1936）。

② 〔日〕小村一郎：《中国的神话传说与古小说》中文版（孙昌武译），中华书局，1993 年，第 24 页。

之山’。”

晋武帝时与《穆天子传》一同出土于汲郡战国魏王墓的《竹书纪年》中，也有关于“西王母”的记述。如：“穆王十七年，西征昆仑丘，见西王母。其年来见，宾于昭宫。”①

此外，《荀子·大略》说：“尧学于君畴，舜学于务成昭，禹学于西王国。”这里所谓“西王国”，与“君畴”、“务成昭”对应，应当是人名，或许就是“西王母”②。

实际上，“西王母”也可能曾经被理解为古国名。如《尔雅·释地》：“觚竹、北户、西王母、日下，谓之四荒。”郭璞注：“觚竹在北，北户在南，西王母在西，日下在东，皆四方昏荒之国。”

《淮南子·地形》也说：“西王母在流沙之濒。”高诱注：“《地理志》曰：西王母石室，在金城临羌西北塞外。”

反映汉代社会对“西王母”的认识的文献资料，又有贾谊《新书·修政语上》：

> 尧教化及雕题、蜀、越，抚交趾，身涉流沙，地封独山，西见王母，训及大夏、渠叟，……

王充《论衡》中也可见“西王母”和“西王母国”：

> 图仙人之形，体生毛，臂变为翼，行于云，则年增矣，千岁不死。此虚图也。世有虚语，亦有虚图。……禹、益见西王母，不言有毛羽。（《无形》）

① 《穆天子传》郭璞注引《纪年》。

② 小村一郎先生说：“或如前人已指出的那样就是西王母本人，或是与它有关系的人物。”《中国的神话传说与古小说》中文版（孙昌武译），中华书局，1993年，第29页。

> 孝平元始元年，越常重译献白雉一、黑雉二。夫以成王之贤，辅以周公，越常献一，平帝得三。后至四年，金城塞外羌豪良愿等种献其鱼盐之地，愿内属汉，遂得西王母石室，因为西海郡。周时戎狄攻王，至汉内属，献其宝地。西王母国在绝域之外，而汉属之，德孰大？壤孰广？(《恢国》)

“西王母”所居，都被理解为在西方绝远之地，不过多以为在流沙之外，而按照《论衡·恢国》的说法，则当在今青海境内。如此，则西王母神话中的“瑶池”，有可能就是青海湖了。《汉书·地理志下》说：金城郡临羌“西北至塞外，有西王母石室、仙海、盐池”。“仙海”，又称“西海”、“鲜水海”，就是青海湖。

前辈学者的讨论，涉及东西交通的历史，可以给我们重要的启示。

所谓“西王母所居处”的考定，是十分复杂的工作。引起我们浓郁的兴趣的，是西来的西王母崇拜何以在民间实现了广泛的普及。

对于《史记·赵世家》有关“缪王使造父御，西巡狩，见西王母，乐之忘归”的记述，司马贞《索隐》说：“《穆天子传》曰：‘穆王与西王母觞于瑶池之上，作歌。’是乐而忘归也。谯周不信此事，而云：‘余常闻之，代俗以东西阴阳所出入，宗其神，谓之王父母。或曰地名，在西域，有何见乎？’”虽然由《史记·大宛列传》“安息长老传闻条枝有弱水、西王母”之说可知以所谓“代俗”即晋冀北部山区地方民俗不足以正确解释西王母崇拜的生成和影响，然而谯周以为“东王公”“西王母”神话是东西方位崇拜的产物，这一观点仍然可以参考。

汉代民间的西王母崇拜，不仅是神话学研究的重要课题，其实又是反映当时社会较为普遍的“天下”观或称“世界”观的文化现象。民间这种基于对远域国家部族的模糊了解所产生的迷信意识，当然也是交通史研究者所应当注意的。

四

我们看到，在汉代民间礼俗的历史遗存中，东王公和西王母往往并列，然而，实际上西王母的影响又远远超过了东王公。正如陈直先生所说，一般情况下，只是“于西王母之外，又增加东王公以为配”。

这可能与当时人们由西方曾经得到了更为生动、更为新奇的文化信息有关。

《易林》中所谓“西见王母”[①]、“西过王母”[②]、“西遇王母”[③]、“西逢王母”[④]而皆蒙福祉诸文句，都反映西王母崇拜的这一心理背景。

汉代，是中原华夏文化主动西向，同时又空前集中、空前强烈地感受到西方文化东来影响的时代。对于西方见闻的疏略，对于西方认识的模糊，使得西方文化具有了某种神秘的色彩。当时人对于来自西方的新鲜事物，一方面有所欢迎，一方面又心存疑惧。

比如，我们看到，西汉时期，有出身北方少数民族的巫者，即所谓“胡巫”曾经高踞接近王朝统治中枢的地位，进行过活跃的文化表演。他们的活动，反映了当时各民族文化交汇的时代趋势。他们的宗教实践，曾经对国家的政治走向和民间的社会生活都发生过值得重视的影响。“胡巫”作为“巫蛊之祸”这一政治变局中的重要的角色，在思想文化史上写下了具有神秘主义特征的外来文化

---

① 卷一《坤·噬嗑》，卷五《临·履》，卷九《明夷·萃》。
② 卷二《师·离》，卷一一《损·离》。
③ 卷二《讼·家人》，卷八《离·剥》，卷一一《夬·夬》。
④ 卷一三《鼎·萃》。

因素通过介入上层权争，显著影响汉文化主体的引人注目的一页。

西汉皇家神祀系统中，竟然也有“胡巫”的存在。《史记·封禅书》司马贞《索隐》引《三辅故事》：“胡巫事九天于神明台。”可见，在当时正统神学体系中，“胡巫”即出身于西北少数民族的巫者，曾经占有重要的地位。

据班固在《汉书·地理志上》中记载，左冯翊云阳有三处与西北外来文化有关的神祠：“云阳。有休屠、金人及径路神祠三所。”这三所神祠都是来自西北的宗教文化的代表，平时应当都是“胡巫”所主持。

《史记·封禅书》说，晚年汉武帝因为病重而汉地“巫医无所不至，不愈”，不得已乃起用胡巫。“上郡有巫，病而鬼神下之”，又能代“神君”言，所使用的特殊巫术，似与西北草原民族习用的萨满法术有某种渊源关系。

除了“巫蛊之祸”中“胡巫”所起的特殊作用可以突出说明“胡巫”在西汉政治文化中枢地区曾经发生重要的历史影响之外，还有一种现象值得注意，即“巫蛊”的形式之一，就是在道路上埋设象征物以恶言祝诅。这一巫术形式，很可能就是从西方传入汉地的。

据《汉书·西域传下》，汉与匈奴在西域方向作战，“闻汉军当来，匈奴使巫埋羊牛所出诸道及水上以诅军。单于遗天子马裘，常使巫祝之。缚马者，诅军事也。”实际上，“巫蛊”案中当驰道埋偶人的情形类同于匈奴“埋羊牛”。也就是说，长安地区当时所盛行的“巫蛊”的有些形式，其实是西域巫风的模拟①。

“胡巫”的神秘技能，曾经在与西汉帝王心中造成深重的阴影。

---

① 西域道上有敌方“巫埋羊牛”“以诅军”这一事实，与《易林》所谓“西过王母，道路夷易，无敢难者”（卷二《师·离》，卷一一《损·离》），“西遇王母，道路夷易，无敢难者”（卷二《讼·家人》，卷八《离·剥》，卷一一《夬·夬》）诸语相联系，也是发人深思的。

除了汉武帝对单于赠物“常使巫祝之”有所警觉而外,《汉书·匈奴传下》记载:“建平四年,单于上书愿朝五年。时哀帝被疾,或言匈奴从上游来厌人,自黄龙、竟宁时,单于朝中国辄有大故。”汉哀帝于是犹疑,让公卿讨论,后来终于拒绝单于来朝。“大故”,颜师古注:“谓国之大丧。”两年后,元寿二年(公元前 1 年),“单于来朝,上以太岁厌胜所在,舍之上林苑蒲陶宫。告之以加敬于单于,单于知之”。《汉书·哀帝纪》记载,正月匈奴单于来朝,“二月归国,单于不悦。”单于不悦的原因,大约是知道了被安排居于蒲陶宫是出于“太岁厌胜”的考虑。就在四个月之后,汉哀帝崩,再一次证明了“单于朝中国辄有大故”的说法。这当然只是偶然的巧合,不过可以推想,当时人对于“胡巫”神力的迷信,可能因此又有了进一步流播的条件。① 战争中所谓“巫祝”“诅军”情形可以使我们了解汉匈武装冲突时运用的特殊的文化手段,巫术战的激烈,竟至于以“厌”的形式谋求对于对方最高执政者的人身伤害。从现在掌握的资料看,这种现象大约西方初起,东方效行,西方为主,东方为从。

汉代受到普遍崇拜的吉祥永寿之神西王母,在当时巫风大畅的背景下②,其实可以看作西方神秘世界的一种典型象征。

或许正是因为这一原因,当佛的形象在中土民间意识中得以确立并且逐渐高大起来之后,西王母神话的影响渐渐削弱了。

(原载《世界宗教研究》1999 年第 2 期)

---

① 王子今:《西汉长安的胡巫》,载《民族研究》1997 年第 5 期。

② 鲁迅《中国小说史略》第五篇说:“汉末又大畅巫风,而鬼道愈炽。”其实,在整个汉代,巫风和鬼道都全面影响着社会生活的诸多方面。

西王母神话考辨

启　良

神话研究为精神考古，难度很大，它不仅要求研究者对相关的文献和人类学材料作出梳理考释，而且需要正确的神话学理论指导。正唯如此，我国神话研究至今还比较薄弱，许多问题没有得到很好的解决。西王母神话研究就是其中一例。在我国古代神话里，西王母是一位大神。但千百年来，人们只知道她为我国西部先民所崇拜的女神，后来被道教尊崇为王母娘娘，对于她的原型及其与其他神祇的关系却很少研究，许多问题含混不清。近年有论者因对史料理解不确，提出一种新奇的观点，认为西王母崇拜起源于我国东部的鸟崇拜，使本来含混不清的问题更加复杂化。神话研究原不是我的本行，只因最近几年研究文明的起源问题，对神话产生了兴趣。现将自己对西王母神话的一些初步理解写出来，求教于各位读者。

一、昆仑山并非位于东方

昆仑山的地望，本来是一个不成其为问题的问题。《山海经·海内西经》明确载道："昆仑墟在西北"。《海内东经》："昆仑山在西胡西。"《大荒西经》亦说："西海之南，流沙之滨，赤水之后，黑水之前，有大山，名曰昆仑之邱。"然而，持西王母崇拜起源于东方的论者（以下简称东方论者）却认为昆仑山为山东的泰山，其邻近的河流亦在泰山周围，如黑水为小清河，流沙为泗水，弱水为汶水①。

昆仑山是西王母所居之地。东方论者将其视为东方的泰山，那么在他们看来，西王母也就自然是东方先民所崇拜的女神。窃以为，东方论者的理解纯系臆断，与《山海经》及其他文献对昆仑山及周围地望的记载大不相符。昆仑山不在东部，而是在西部。

第一，《山海经·海内东经》："国在流沙中者埻端、玺傧，在昆仑虚东南。一曰海内之郡，不为郡县，在流沙中。"《海内西经》也说："流沙出钟山，西行又南行昆仑之虚，西南入海黑水之山。"《楚辞·招魂》："西方之害，流沙千里。"王逸《楚辞章句》注云："流沙，沙流而行也。"高诱注《吕氏春秋·本味》："流沙在敦煌郡西八百里。"《水经》："流沙地在张掖居延县东北。"说得最为清楚的是宋人沈括《梦溪笔谈》卷三，"予尝过无定河，度活沙，人马履之，百步之外皆动，澒澒然如人行幕上。其下足处虽甚坚，若遇其一陷，则人马驰车，应时皆没，至有数百人平陷无孑遗者。或谓此即流沙也，又谓沙随风流谓之流沙。"可见，距昆仑山不远的"流沙"，并非为河水，而是指沙漠，其地望不在东方，而在西北敦煌、张掖一带。

---

① 何幼琦：《〈海经〉新探》，载《历史研究》1985 年第 2 期；吕继祥：《关于西王母传说起源地的探索》，载《民间文学论坛》1986 年第 6 期；翁银陶：《西王母为东夷族刑神考》，载《民间文学论坛》1985 年第 1 期。

第二,《海内西经》:“弱水、青水出西南隅,以东,又北,又西南,过毕方鸟东。”郭璞注:“《汉书·西域传》:‘乌弋国去长安万五千余里,西行可百余日,至条枝国,临西海,长老传闻,有弱水西王母云。’《三国志·魏志·东夷传》亦曰:‘长城外数千里,亦有弱水。’《淮南子·地形训》:‘弱水出穷石。’穷石今之西郡那冉,盖其派别之源耳。”另据高诱注《淮南子》:“穷石,山名,在张掖。”亦可见弱水不在东部而在西部。

第三,《海内西经》:“洋水、黑水出西北隅。”又说:“昆仑之虚,……上有木禾,长五寻,大五围。”郭璞注:“木禾,谷类也,生黑水之阿,可食。”《海内经》与《海内西经》的记载稍有不同,黑水不在西北而在西南。“西南黑水之间,有都广之野,后稷葬焉。”“都广”,《后汉书·张衡传》注作“广都”,袁珂先生《山海经校注》亦认为:“或作都广,或作广都,其实一也。”杨慎《山海经补注》:“黑水广都,今之成都也。”成都置县,始于汉武帝时代。《华阳国志·蜀志》:“广都县,郡西三十里,元朔二年置。”成都在今西南地区,与东部的泰山没有关系。

第四,《史记·赵世家》:“缪王(即周穆王)使造父御,西巡守,见西王母,乐而忘归。”《史记·司马相如传·正义》载:“西望昆仑”,下注引《括地志》:“酒泉南山即昆仑之体,周穆王见西王母,乐而忘归,即谓此山。”《汉书·地理志》亦载:“金城郡临羌县有昆仑山祠。”酒泉和临羌位处今甘肃、青海两地,均在我国西部。周穆王为西周第五代统治者。据《史记·周本纪》载:“穆王将征犬戎……王遂征之,得四白狼四白鹿以归,自是荒服者不至。”在我国古代文献里,“犬戎”又名“犬封国”或“狗国”,历来是西北民族的代称。《伊尹四方令》:“正西昆仑狗国。”穆王西巡狩,即远征犬戎。四白狼四白鹿当不是指野兽,而是指四个以狼为图腾和四个以鹿为图腾的部落的首领。西周的都城在陕西,穆王西征到达昆仑山,说明传说中的昆仑山在今陕西西安以西。

第五，另一足可说明昆仑山位处我国西部的证据，便是在先民看来，昆仑山为黄河的发源地。《山海经·西山经》："昆仑之丘，……河水出焉，"《海内西经》："昆仑墟在西北，河水出其东北隅。"《尔雅》也说："河自昆仑墟，色白；所渠并千百一川，色黄。"《淮南子·地形训》亦云："河水出昆东北陬。"

以上几点足可证明，传说中的昆仑山位于我国西部，而不是象东方论者所认为的那样为山东泰山。那么问题是，为什么东方论者将泰山当作昆仑山呢？原来，第一，泰山与昆仑山有着相同的地方，即都是先民所构想的生命之山。第二，山东至今尚有以"昆仑"命名的山，如山东半岛牟平县有"大昆山"和"小昆山"，济南的东部有地名曰"大昆仑"。第三，历代的方士和道教徒以蓬莱为昆仑，认为西王母的不死之药可从蓬莱三山得到。

《风俗通义·五岳》："东方泰山……尊曰岱宗。岱者，始也。"《后汉书·祭祀志》："岱者，胎也；宗者，长也。万物之始，阴阳之交，云触石而出，肤寸而合，不崇朝而遍雨天下，惟泰山乎！故为五岳之长耳。""朝"在古代文字里，义为两性的性器。《诗·株林》有"乘我乘驹，朝食于株"两句。据闻一多、吴世昌、郭沫若诸先生的考证，"食"是先民性交的隐语。《诗·株林》讲的是陈灵公与夏姬淫乱之事，"朝食"即通淫。正因为"朝"为性器，故商纣王与妲己的淫乐之所取名"朝歌"。《后汉书·祭祀志》所言泰山"阴阳之交，云触石而出，肤寸而合"等语，正是对性行为的描写。但因其为天地之交，故无需具有男女性器，即"不崇朝而遍雨天下"。

泰山之"泰"，也就是《周易》泰卦之"泰"。《泰卦》卦象为乾下坤上，卦辞为"小往大来，吉，亨。"乾在下为俯，坤在上为仰，乾道成男，坤道成女，其卦象明显的就是男女交媾的抽象符号图。《序卦》释泰："泰者，通也。"《广雅释诂》亦谓："泰，通也。"乾坤之通即男女之通，故今日尚有“私通”、“通奸”、“通淫”等词。北京故宫，前有乾清宫，后有坤宁宫，两宫之间是泰和殿。乾为天为父为阳，坤为地为母为阴，泰为二者之交接。泰和殿是帝王登基的地方。帝王的江山社稷历来被认为受命于天，是天地相交和阴阳相合的产物。天子，也就是天与地的儿子。

正因为“泰”为天地交接阴阳相合之事，所以泰山也就自然具有了象征生命的神性，并被君王们用来封天禅地祈求其统治长久不衰的场所。《三国志・魏志・乌桓传》：“中国人以生死之神归泰山”。《五经通义》亦说：“王者受命易姓，报功告成于岱宗。”

在古代神话里，昆仑山同样是一座生命之山，西王母便是不死之药的拥有者。相传嫦娥就是因为吃了西王母的不死之药才得以进入月宫的。《淮南子・览冥训》：“羿请不死之药于西王母，姮娥窃以奔月，怅然有丧，无以续之。”高诱注：“姮娥，羿妻。羿请不死之药于西王母，未及服之，姮娥盗食之得仙，奔之月中为月精。”另据《山海经・西次三经》，昆仑山上有“神泉”、“玉膏”，人吃了可以长生不死。《海外南经》亦说：“不死民在其东，其为人黑色，寿，不死。”郭璞注：“有员丘山，上有不死树，食之乃寿；亦有赤泉，饮之不老。”陶潜诗《读山海经》写道：“自古皆有没，何人得灵长？不死复不老，万岁如平常。赤泉给我饮，员邱足我粮。方与三辰游，寿考岂渠央。”

正因为昆仑山有不死之药，所以先民又将其虚构为九层，是人们羽化升天的地方。《楚辞・天问》：“昆仑县圃，其凥安在？层城九重，其高几里？”《问论》篇又有“圜则九重，孰营度之”之问。王逸注云：“天之圜，九重也。”《淮南子・地形训》把登昆仑羽化升天的步骤和层次说得更为具体：“昆仑之丘，或上倍之，是谓凉风之山，登之而不死；或上倍之，是谓县圃，登之乃灵，能使风雨；或上倍之，乃维上天，登之乃神，是谓太帝之居。”

泰山与昆仑山同为传说中的生命之山，但二者的内涵又是有区别的。泰山为天地交接之处，昆仑山则是人们羽化升天的地方。因而从内涵的层面上看，将昆仑山说成泰山也是不正确的。

其实，古人将昆仑山同东方联系起来，不是泰山，而是蓬莱三山。周代初年，太公封齐，周公封鲁，大批的西周贵族因就封地来到东方。由于远离西土，远离先民所虚构的昆仑山，于是便在东方的大海中虚构神山，以代替传说中的西方昆仑，并另造出“归墟”或“尾闾”信仰等神话。所谓“归墟”，也就是黄河的归聚之墟，即大海。《列子·汤问》：“渤海之东不知几亿万里有大壑焉，实惟天府之谷。其下无底，名曰归墟。”《庄子·秋水》：“天下之水，莫大于海。万川归之，不知何时止而不盈；尾闾泄之，不知何时已而不虚，”嵇康《养生论》：“泄之以尾闾。”注引司马彪云：“尾闾，水之从海水出者也，一名沃燋，在东大海之中。尾者，在百川之下，故称尾；闾者，水聚族之处，故称闾也。在扶桑之东，有一石方圆四万里，厚四万里，海水注者无不燋尽，故名沃燋。”可见，“归墟”、“尾闾”、“沃燋”三者，其义相同。

在《列子·汤问》里，归墟有五座神山，一曰岱舆，二曰员峤，三曰方壶，四曰瀛洲，五曰蓬莱。其上有珠玕之树，“食之皆不老不死”。后来，五神山逐渐演变为三神山，即蓬莱、方丈、瀛洲。春秋战国时期，以齐国和鲁国为代表的东部文化迅速发展起来，其繁荣的程度远远超过中原和西秦等地。于是人们对昆仑山的崇拜渐渐淡化，并把寻求不死之药的去处设定为蓬莱三山。而这蓬莱三山，就是以西方的昆仑山为原型的，故《水经注·河水》云：“东海方丈，亦有昆仑之称”。

二、西王母并非东方女神

东方论者否定西王母“世居西方”的传统说法，其论据除认为昆仑山为山东的泰山外，还有如下几点：第一，《穆天子传》载西王母对周穆王说："徂彼西土，爰居其所"，是西王母承认自己来自东方；第二，西王母崇拜为鸟崇拜；第三，与西王母交往的都是"东夷之人"。窃以为，这三点理由都是不能成立的。相反，倒是西王母"世居西方"的有力证据。

首先，《穆天子传》所载"徂彼西土，爰居其所"句，东方论者抓住其中一个"徂"字大做文章，认为"此'徂'字动摇了几乎无人怀疑的'世居西方'说"。实际上，这个"徂"字非但不是对"世居西方"说的否定，而是其强有力的文字依据。东方论者的错误在于，他们将"徂彼西土"的"彼"理解为西王母。从语句结构看，"彼"当为周穆王，而非西王母自己。要知道，《穆天子传》所载周穆王与西王母事，是周穆王西巡狩见了西王母，而不是相反。"徂彼"为"彼徂"之倒文，其义相同。韩愈《岐山操》云："彼岐有岨"。童书业先生认为："岨即阻也，则阻徂本通。徂，往也"①。西王母对穆王说："徂彼西土"，译为白话应为："你来到西土"，怎么可以理解为西王母说自己来到西土呢？

其次，毋庸否认，有关西王母的传说，常常与鸟有关。但值得注意的是，与西王母有关的鸟为"三青鸟"。《山海经·海内北经》："西王母梯几而戴胜杖，其南有三青鸟，为西王母取食，在昆仑虚北。"《西次三经》亦云："三危之山，三青鸟居之。"《大荒西经》也载："西有王母之山，有三青鸟。"在古人的信仰里，"三青鸟"并非为三只青色的鸟，而是三足鸟或三足乌的另一称谓。郭璞注《山海经》，就是将三青鸟释为三足乌的。汉代大文学家司马相如的《大人赋》中又说："亦有三足乌为之（西王母）使。"说得最为明确的是《玉函山房辑佚书》辑《河图括地象》，"有三足神乌，为西王母取食。"

① 童书业：《〈天问〉"阻穷西征"解》，见《古史辨》第七册（下），第311页。

在先民的信仰里，鸟是太阳神的象征。古人的造型艺术，鸟常常同太阳画在一起，或为鸟负日而飞，或为鸟站在太阳里面。马王堆一号汉墓出土的“非衣帛画”，画面左上角的太阳图案，里面就有一只大黑鸟。古代文献，三足鸟又写作“踆乌”。《淮南子·精神训》谓：“日中有踆乌”。“踆”与“朘”音同义通，古时当为一字。《说文》：“朘，赤子阴也。”“赤子阴”是男子灵根的古老说法。也就是说，“三青鸟”、“三足鸟”、“三足乌”和“踆乌”都是男性生殖器的隐语。《老子》第五十五章说：“未知牝牡之合而朘作。精之至也”。牝牡之合即男女的生理结合。老子的这句话语将鸟的象征意义揭示得明明白白。

可见，为西王母取食的三青鸟并非东夷族的图腾之鸟，而是男根的隐语。东方论者不明白古代用语的象征涵义，以为“西王母虽身居西方，却念念不忘东方的美味佳肴，令东夷族的图腾鸟为她觅取”，从而证明“西王母的祖籍应在东方，是东方血统的神”，实在错得太远。至于西王母为何要三青鸟为其取食，我们留待下文详论。

再次，西王母居西方，但与其交往的大多为“东夷之人”，如黄帝、舜帝等。其实，西王母同这些“东夷之人”交往，其象征意义与三青鸟为其取食相同，即同为先民的生殖崇拜。

黄帝并非历史人物，而是周代和春秋时期文人们所虚构的一位神王，据杨宽先生考证，为周人所信奉的皇天上帝①。皇天上帝的信仰不是帝崇拜，而是皇崇拜，或曰天崇拜。在周人的信仰里，皇崇拜即男根崇拜，“皇”的本义为成年男子的生殖器②。同时，黄帝的崇拜又是先民的太阳神崇拜。昆仑山为“帝之下都”，黄帝与

---

① 杨宽：《中国上古史导论》，见《古史辨》第七册（上），第189—199页。

② 关于黄帝与皇帝的释义，请参阅拙文《黄帝考》和《皇帝初义考》。

西王母的相会，是太阳与太阴的结合。《礼记·祭义》:“日出于东，月生于西，阴阳长短，终始相巡。”由于“月生于西”，故古人有“祭月于西”的崇拜习俗，并称月神为“西皇”。西皇也就是西王母，与东皇的黄帝正好相对。前者居西，后者居东。

与黄帝一样，舜帝亦非历史人物。舜帝又写作帝俊。俊本作夋，甲骨象形字为鸟头人身状。可见，“俊”亦同“朘”与“踆”，还是一只三足鸟，即三青鸟。《竹书纪年》载:“帝舜有虞氏九年，西王母来朝。西王母之来朝，献白环玉玦。”《大戴礼》亦有类似的记载。西王母所居的昆仑山有玉山和神泉，神泉即玉膏。《山海经·西次三经》载:昆仑之阳的峚山，“其中有白玉，是有玉膏，其原沸沸汤汤，黄帝是食是飨。是生玄玉，玉膏所出，以灌丹木。丹木五岁，五色乃清，五味乃馨。黄帝乃取峚山之玉荣，而投之钟山之阳，瑾瑜之玉为良，坚栗精密，浊黑而有光，五色发作，以和柔刚。天地鬼神，是食是飨，君子服之，以御不祥。”《韩诗外传》卷六亦说:“玉生于昆山”。在古代传说里，昆山之玉为不死之药，相传黄帝就是因为食了玉膏才得以升天的。其实，玉在古代中国历来与男女性事有关，食玉即性行为的隐语。之所以如此，后代方士和道教徒的房中书将黄帝食玉升天改为黄帝同众多女子交接而升天。

更可注意的是，西王母朝见舜帝，所献的是白环玉玦。环与玦本是两种玉器，“肉好若一”谓之环，“佩如环而有缺”谓之玦。但二者又有相同的地方，都是一个圆环。在先民的观念里，圆环为女阴的象征。此种文化现象不独中国有，国外许多民族都有。西王母向舜帝献白环玉玦，实则自荐枕席，其文化内涵与宋玉《高唐赋》所记高唐女神与楚襄王的云梦际会是一致的。在我国，玉产于葱岭一带。《史记·大宛传》载汉武帝命人探黄河之源，结果到了于阗。于阗产美玉，使者采玉而归，于是武帝依照古代的地图书命此山名为昆仑。由此亦可说明西王母为西土女神。

三、西王母与先民的生殖崇拜

在后来道教的诸神谱里，西王母为雍容华贵、端庄美貌的王母娘娘，但在先民的信仰里，西王母非但无美貌可言，而且丑陋无比。人面虎身，一口虎牙，还拖着一条豹子尾巴。《西次三经》："西王母其状如人，豹尾虎齿而善啸。"《大荒西经》："有神，人面虎身，有文有尾，皆白处之。其下有弱水之渊环之，其外有炎火之山，投物辄然，有人戴胜，虎齿，有豹尾，穴处，名曰西王母。"

由以上文字可知，西王母实为一虎神，体现的是先民的虎崇拜。据刘尧汉先生的实地考察，今云南楚雄彝州楚雄城西山有"西灵圣母庙"，相当于汉民族的王母娘娘庙。内立一女性塑像，彝族人称其为"西膜"。按彝族风俗，每三年要举行一次对虎神的大祭。祭祀仪式中，女祭司扮作"西膜"神，头戴老虎面具，腰系虎尾，学虎啸①。而在《穆天子传》中，西王母亦称为"西膜"。如卷二载："（穆王）甲申至黑水，西膜所谓鸿鹭。""丙辰至于苦山，西膜之所谓茂苑，天子于是休猎于是，食苦。"卷四又载："丙寅，天子东征南还。己巳，至于文山，西膜之所谓□，觞天子于文王。西膜之人乃献食，马三百，牛羊二千，穄米千车。"

先民的虎崇拜实际上是一种生殖崇拜，虎为女阴的隐喻。《易·乾·文言》："云从龙，风从虎。"顾炎武解释为："云从龙则曰乾为龙，风从虎则为坤从虎。"1957 年，安徽阜南县出土一件商代青铜器"龙虎尊"，器上有一个很能说明虎崇拜即生殖崇拜的图案。两只虎相对而立，共有一个头。虎头之下有一裸体女像，阴户很大，作张开状。在我国古籍和传统的造型艺术里，龙虎对称或龙虎

① 刘尧汉：《中国文明源头新探》，昆明：云南人民出版社，1985 年，第 103 页。

同时出现，往往都是隐喻男女性事的。《周易参同契》："龙阳数奇，虎阴数偶。"又说："龙呼于虎，虎吸龙精，两相饮食，俱相贪。"显然，这些文字是对男女性行为的描写，其中的"龙"与"虎"，既可理解为男人与女人，又可理解为男根与女阴。

西王母崇拜为先民的生殖崇殖，我们还可从其他相关的材料找到证明。

第一，西王母居于昆仑山。按东汉经学大师郑玄注《周礼》的说法，昆仑又可写作"浑沌"或"混沦"，其本义为圆。《孙子·兵势》有"浑浑沌沌，形圆之不可败也"句；《文选·江赋》云："或混沦于泥砂"，李善注曰："混沦，轮转之貌。"而传说中的昆仑山也是旋转的，上有嫙室和瑶台。据《淮南子·本经训》高诱注，"嫙或作旋，瑶或作摇"。故《康熙字典》说："凡物之圆浑者曰昆仑。"《神异经》上更说，昆仑山有一种"空居无为，常咋其尾"的神兽，名曰"浑沌"。而从世界各地的人类学材料看，圆和动物自噬其尾的图案，都是女阴的象征。英国学者在研究大量的人类学材料的基础上，就曾得出这样一个结论："人类最古的一种生殖象征，便是一个简单的圆圈。"①

第二，如前所述，西王母有三青鸟为其取食。"鸟"与"屌"音同义通。《楚辞·天问》："鸟兽惊而失群兮"，王逸注云："鸟者，阳物也。"最能说明西王母与"鸟"之关系的，是《竹书纪年》上的一段文字。"穆王十七年，西征至昆仑邱，见西王母。西王母止之，曰：'有鸟䳍人'。"东方论者也很重视这条材料，认为"鸟䳍人"是东方以鸟为图腾的人，不确。"有鸟䳍人"当为"有鸟䳍入"的讹写。"人"与"入"字形相似，讹写似当可能。如其不然，则上引文字解释不通。周穆王欲见西王母，西王母不允相见，怎么会突然说出一句"有鸟

① 卡纳：《性崇拜》，长沙：湖南文艺出版社，1988年，第164页。

鹆人”的话来呢？其实，这“鸟”不为天上飞行之鸟，而是男根的隐语。“鹆入”即纳入。“鹆”同谷，又同浴。“谷”为山谷。《尔雅·释水》：“水注川曰硃，注硃曰谷。”可见谷指的是有水的溪谷，故帛书本《老子》“谷神不死”写作“浴神不死”。在先民的观念里，有水的溪谷是女阴的象征。《大戴礼·易本命》：“丘陵为牡，硃谷为牝。”《淮南子·兵略训》：“所谓地利者，后生而前死，左牡而右牝。”高诱注云：“邱陵为牡，硃谷为牝。”“牝”自然是女阴，《老子》中的“玄牝之门”即幽深的生殖之门。鸟为阳物，言“有鸟鹆入”的西王母自然为阴物。

第三，在道教的信仰和民间的传说里，西王母最具法力和魅力的是她的蟠桃盛会。届时，各路神仙都要赶到她的住处去，品尝三千年结一次果的仙桃。据说吃了这种仙桃就可长生不老。此种传说曲折地反映了古代人对桃的一种崇拜观念。自然界的水果繁多，桃子的味道并非十分佳美，像橘子、葡萄等水果，味道和营养价值都在桃之上。再者，桃树也不是长寿的，一般情况下，几十年后便会干枯，即便能继续存活下来，但再也结不出美味的桃来。那么西王母为什么仅仅以蟠桃宴客呢？原来，这其中意蕴着生殖崇拜的内涵。桃的形状极似女子的乳房，吃桃也就暗含着汲食母亲的乳汁。西王母是母亲神，其居所昆仑山为生命之山，她的蟠桃盛会也就等于用自己的乳汁延伸人类的生命，使之生生不已，代代不息。建于公元前七世纪印度象岛的一座石窟，内有一湿婆神像，三位一体，正面像的造型颇似后来中国佛教艺术中的释迦牟尼像，左手托着一颗桃，酷似女子乳房，右手已残破，似抚象征男根的山石。另外的左右两像，左为女像，手持莲花，右为男像，手握猛蛇。而莲花和蛇在古代许多民族，分别是女阴与男根的象征，所体现的是先民对生殖力的崇拜观念。

与蟠桃盛会相联系的，西王母还是主管长生不老之事的神祇，掌管着不死之药。如前所述，不死药同样与生殖崇拜有关，亦暗含着西王母为生殖女神。

（原载《湘潭大学学报（社会科学版）》1994 年第 3 期）

青藏地区民间传说的文化史价值

胡　芳

青藏地区由于地理位置的“边疆性”和文化的“边缘性”，生活在这里的各民族，尤其是那些只有语言而没有文字的少数民族，其民族历史和文化发展甚少进入中原史学家的视野，中国古代的汉文典籍中对青藏地区的记载极为稀少，以至于曾有人称这里为“杞宋无征，文献澌灭”之区。而从青藏地区的少数民族文献和方志资料来说，藏族文献侧重于宗教发展史研究，以宗教志、教派志、宗教人物传记为主，汉文版的地方志不仅产生晚、数量小、流传少，对各少数民族的文化记载也极为简略，难于窥见其文化全貌。相对于略显单薄的文献记载而言，青藏地区的民间传说却极为丰富，这一地区的汉、藏、回、土、撒拉、蒙古等各民族人民，通过各种方式演绎、继承和创作了丰富多彩的民间传说。这些优美生动的传说是各民族人民历史记忆的另一种呈现，镌刻着各民族历史和文化演进的脉络，包孕着深厚博大的文化内涵，具有多方面的文化史研究价值和意义。

一、历史价值

民间传说被人们称为各民族“口传的历史”，它往往以特定的历史事件、历史人物和地方风物为依据，包含着某种历史的因素，具有一定的历史性特点。传统的传说论认为，传说有一定的历史依据，反映了一定的历史事实。而依据后现代主义历史思潮的观点，“传说实际上是民间群体通过自己的方式建构起来的地方历史，却被正统的占主导地位的史学家们拒之于历史的门外。从记忆过去的层面看，传说和历史没有本质区别，只不过一个是‘说’出来的，一个是‘写’出来的”①，都是对过去生活世界的重构和组合。然而，从严格意义上来说，传说不是真实的历史，它是各民族人民关于历史的口头叙事，反映着他们对社会、历史的认识和看法，反映着各民族在特定时期的历史生活和精神风貌。

历史化是青藏地区民间传说的一大特征。青藏地区各民族的历史人物传说、史事传说、族源传说，甚至一些地方风物传说、节日传说等，均笼罩着各民族历史的影子，与其历史上的著名人物和重大历史事件有密切联系。如汉族的风物传说《娘娘山传说二则》（炮台、二郎石）、《浩门桥墩的传说》、《谎粮垛》等，与隋炀帝西巡、薛仁贵西征的历史有着密切的联系。藏族的历史人物传说既有歌颂为民族的统一和强盛做出过杰出贡献的领袖和英雄的传说，也有赞颂为汉藏两族友谊和祖国统一建立过不朽功勋的历史人物的传说。围绕着这些历史人物，还形成了一个个传说圈，如《聂赤赞普和他的子孙》、《直贡赞普埋葬在人间》、《松赞干布出生》、《大相噶东赞》、《文成公主》、《藏文创始人吞米·桑布扎》、《朗达玛与拉

① 万建中：《民间传说的虚构与真实》，载《文化研究》，2005年第4期。

隆·白吉多杰》、《金城公主》等。在这些传说中，藏族人民怀着很高的热忱，对雅隆部落第一代首领聂赤赞普、吐蕃王朝缔造者松赞干布、唐朝文成公主和金城公主、藏文创始人吞米·桑布扎、医圣玉妥·云旦贡布、吐蕃王朝末代赞普朗达玛等藏族历史上的著名历史人物和重大历史事件进行了津津乐道的讲述，他们用幻想性的、传奇的口头叙事构建了一部原始的有关藏族历史发展的"口述史"。

唐蕃联姻是中国历史上的一段佳话。公元627年，唐太宗继位，采取休养生息、发展生产的措施，大力发展唐朝的经济、文化，开创了"贞观之治"的盛世局面。为了学习中原先进技术和文化，促进吐蕃的经济、文化发展，具有远见卓识的吐蕃赞普松赞干布几次派使者向唐朝请婚，并于贞观十四年(640)派吐蕃大论禄东赞到长安迎亲。次年，文成公主带着各种工匠、谷物种子、乐器、药物、经史、诗文、佛经、工艺书籍、绸缎和释迦牟尼像等入藏。青藏地区的藏、汉人民依据这个历史事实，创作了许多以文成公主和禄东赞为主人公的历史人物和史事传说，如西藏的藏族传说《文成公主》、《大相禄东赞》，青海的汉族传说《日月山和倒淌河》、《藏族妇女为何掩口行礼》和藏族传说《文成公主奇托梦》、《智胜婚试》、《日月山的传说》等，其主要内容都是歌颂松赞干布、文成公主和禄东赞致力于缔造汉藏友好关系、推动吐蕃社会发展的历史功绩。如《文成公主》的传说中说："文成公主先出发到西藏来了。她从内地带来了青稞、豌豆、油菜籽、小麦、荞麦五样粮食种子，带来了耕牛和奶牛，带了白的、黑的、蓝的、黄的、绿的五种颜色的羊。还有许多内地的铁匠、木匠、石匠，也跟着文成公主一起进藏来了。"[①]这是藏族人

① 中国民间故事集成·西藏卷[M].北京：中国ISBN中心，2001：36、233—235、42—45.

民对文成公主入藏的历史事实的“集体记忆”，有一定的历史真实性。

青藏地域辽阔，民族众多，但由于地处偏远，历史上社会发展相对滞后，文献记载也相对简陋，有关各民族的族源和历史发展更是鲜见于史册典籍。但其族源和氏族传说较为丰富，汉、藏、珞巴、回、撒拉、保安等民族都有自己的族源或寻根传说，这些传说是各民族人民对自己民族历史的民间记忆和追述，不仅具有深刻的文化内涵，还在某种程度上弥补了正史记载的不足，具有珍贵的史料价值。如撒拉族著名的族源传说《骆驼泉》[1]，这则传说流行于撒拉族的主要聚居区青海循化撒拉族自治县，其大致内容是：

> 在中亚撒马尔罕地区，撒拉族的先民尕勒莽和阿合莽兄弟二人，不堪忍受统治者的迫害，率领同族的一部分人，牵上一峰白骆驼，驮着撒马尔罕的一碗土、一壶水和一本《古兰经》，寻找新的乐土。他们越过新疆天山，从北往东进嘉峪关，经过甘肃的肃州、甘州、天水、甘谷，进入宁夏又辗转来到拉卜楞的甘家滩。然后进入循化的夕昌沟，翻过孟达山，来到街子的奥土斯山。这时天色已晚，个个筋疲力尽，便休息在奥土斯山上。半夜醒来，尕勒莽发现骆驼不见了，便叫醒同伴，点上火把，四处寻找。天亮时，他们发现骆驼恋卧在一处清泉边，已变成化石。后来，他们发现自己带来的水土与本地水土完全相符，便同声感谢真主，从此定居在这个泉的周围，骆驼泉因而得名。

这则传说是撒拉族人民对自己民族来源的一种追忆，不仅他

① 循化撒拉族自治县文化馆编：《撒拉族民间故事》(第一辑，内部资料)。

们自己深信不疑，还被当代的史学家们当成研究撒拉族民族历史的重要资料。

青藏地区的汉族大都是中原移民。就青海地区而言，自汉武帝时起，中原王朝势力进入青海河湟地区，汉民族大量进入河湟。之后，历代王朝为安定西北，根据不同情况，或屯兵开发，或发配罪犯，或移民实边，使中原汉族不断入居青海。尤其是明代以来，内地汉族通过移民、戍边、经商、发配、逃难等原因大量入居青海东部，并不断向西迁徙，逐渐成为青海的主体民族之一，由此留下了一些有关青海汉族移民或被充军发配的传说。在青海汉族的移民传说中，“南京珠玑巷”的传说流传十分广泛。如《娘娘山的传说》①中说：

很早以前，明太祖朱元璋统一天下做了天子。这年正月十五晚上，南京珠矶巷中灯火遍地，万民同乐，好不热闹。天子带着正宫娘娘也来到了这里，正看热闹之际，突然有一只猴子跳上了正宫娘娘的马背，这一下可不得了啦，马鞍上的正宫娘娘被吓得半死，要不是人扶住，早就失身落马了。原来这是在闹神会，那猴子并非是真的，乃是人妆演的。于是龙颜大怒，一道令下，将珠矶巷所有的人都发配到了遥远的青海高原，从此下令禁止闹神会、要花灯。

关于“南京珠玑巷”传说的异文还有很多，有两则是这样的，其一：

---

① 中国民间文艺研究会青海分会：《故事歌谣专辑》（内部资料），1985 年，第 136—137 页。

> 某年南京人士于上元时节耍花灯的时候，朱子巷居民异想天开，装了一个猴灯倒骑在马上。后被马后所闻，以为开玩笑竟开到马皇后头上来了，一怒之下，把南京朱子巷居民全部充军到了西宁。①

其二：

> 据说明代洪武年间，有一年南京珠玑巷春节要'社火'，其中的一个角色'胖婆娘'引起了一场灾难。有人为讨好朱元璋，说'胖婆娘'是影射马皇后。因为马皇后长得又胖又大，且有一双大脚，绰号马大脚。所以朱元璋盛怒之下，把珠玑巷的人发配到'没米吃'的西宁，'社火'也随之带了过来，每年春节按他们原来的样子耍。②

从青海地区流传的这几则"南京珠玑巷"传说来看，均不是单纯的移民传说，而是将移民传说与地方风物或风俗传说融合在一起，如大通娘娘山名称的由来、青海社火的来源等。这些传说有着深厚的文化内涵，它们不仅追溯了地方名胜和风俗的由来，还充分表达了青海汉族人的寻根意识，是他们对其先祖移民历史的民间记忆和追述。"南京朱矶巷"传说在中国流传很广，除了青海外，陕西、甘肃等省也有流传，其之所以在青海地区广泛流传，与明代是青海汉族移民的一个重要时期的历史事实有关，青海的"南京朱矶巷"明显受到了中原地区流传的同类传说影响，但也有自己的地方

① 丘向鲁：《青海诸民族移入的溯源及其分布之现状》，载《新亚西亚》，1933年第3期。

② 青海省西宁市文联：《河湟民间文学集》(第12期，内部资料)，第428页。

特色，在内容上有很大差异。如惊吓马皇后的猴子是人妆演的、社火中的胖婆娘影射马皇后等情节是青海“南京朱矶巷”传说中特有的，在其他地区的同类传说中没有这样的内容，说明青海的汉族人民对从内地流传来的“南京朱矶巷”传说进行了改造和再创作，使其符合自己的审美心理和社会认知，并将其与本地的名胜和风俗联系了起来，从而使其显得更加真实亲切、生动质朴。

柳田国男曾经说过：“我们回溯‘历史’，在尚未触及记录者的笔端之前，其传授也是全凭人们的记忆，经过从口到耳的途径，代代相传。”[①]在青藏地区漫长的历史发展中，文字只是少数上层人物的专利，占人口绝大多数的各民族普通劳动者没有权利和机会读书识字，他们依靠传说来讲述自己民族或氏族的来历，歌颂自己民族的重大历史事件和英雄人物。因此，青藏地区的民间传说是各民族人民口述的历史，他们用传说来反映自己对历史事件与人物的评价，反映自己的历史观。民间传说是他们用自己的方式建构起来的地方文化史，不仅蕴藏着丰富的、极其珍贵的、反映各民族历史演变和社会生活的历史文化信息，还反映着他们在不同历史阶段的思想感情和愿望，在现实生活中起着传承民族传统文化的重要功能，具有重要的历史价值。

二、宗教价值

青藏地区自古以来就是一个多民族多宗教的地区，藏传佛教、伊斯兰教和道教在这里均有传播，且根系很深，尤其是藏传佛教，对青藏地区的历史、社会和文化发展产生了广泛而深刻的影响。作为社会意识形态的重要组成部分，青藏地区的民间传说不可避

① [日]柳田国男：《传说论》，连湘译，北京：中国民间文艺出版社，1987 年，第 28 页。

免地受到了这三大宗教的影响，体现出了宗教化的倾向。具体地说，青藏地区民间传说的宗教化大致体现在两个方面：一方面，产生了许多讲述历代宗教领袖、活佛和高僧大德的宗教人物事迹和宣扬宗教教义的传说；另一方面，青藏地区的各种类型传说，无论是人物传说、史事传说、族源传说，还是风物传说和习俗传说，大都带有浓厚的宗教色彩。

在青藏地区的民间传说中，宗教人物传说占着很大比重，尤其是藏传佛教人物传说的数量很多，各教派的创始人、著名的活佛和有学问的高僧都有相关的传说流传。如佛教创始人释迦牟尼、格鲁派创始人宗喀巴大师、古印度密宗大师莲花生、噶举派高僧唐东杰布、六世达赖仓央嘉措、第一世嘉木样、阿嘉活佛等的传说在民间流传极为广泛。这些传说，有的以历史事实为背景，叙述高僧大德们为弘扬佛法、普济众生，不辞辛苦，千里跋涉，到拉萨学法，最终学得佛法的事迹，如《宗喀巴大师的传说》、《第一世嘉木样的传说》等；有的叙述高僧们在化缘或学经时被人轻视，后来显示高强法力，最终折服众人的传奇“事迹”，如《嘉雅活佛的传奇》、《琼布·旦增札巴》等；有的讲述高僧之间或高僧与护法神的斗法故事，如《格西查果绕迥》，还有的讲述活佛的不凡来历或其传承，如《班禅、达赖的来历》、《阿嘉为塔尔寺寺主的传说》等。这些传说在宣扬宗教人物神奇“事迹”的同时，也宣传佛教思想和教义，具有教化人心的功能。

在青藏各民族的宗教人物传说中，既有大量的被神化了的历史真实人物传说，也有许多出自于宗教经典和神话故事的佛家和仙话人物传说，这类传说可称之为神佛传说。神佛传说中的人物有一部分是神化了的真实人物，如释迦牟尼、莲花生、穆罕默德等；但大部分是历史上并不存在的虚构的人物，如弥勒佛、观音菩萨、骡子天王、何仙姑、吕洞宾等。这类传说大多取材于佛经、道家和伊斯兰教典籍，各民族人民在口头流传中又进行了再创作，故事情节曲折动人，人物形象血肉丰满，较宗教典籍中的记载更为生动和形象，是宣传和弘扬佛教、道教、伊斯兰教教义的形象教材。如《如来八塔的传说》①由一组小故事组成，讲述了释迦牟尼非凡出生、菩提树下领悟成佛、游行说法降伏外道、为向众生显示万物无常而入于涅槃的一系列神奇“事迹”，故事情节曲折，层层铺排的叙述中掺杂着丰富的佛学知识，表现出了借人物事迹图解佛教义理的现象。

在青藏地区的宗教人物传说中，伊斯兰教人物传说也较为丰富，回族、撒拉族、保安族、东乡族中流传着有关伊斯兰教创始人穆罕默德、花寺门宦创始人“花寺太爷”马来迟、哲赫林耶传教师马明心及有宗教功德的阿訇等的传说。关于穆罕默德的传说，主要是讲述他创教的艰难历程，如《宛噶斯的故事》、《蜘蛛鸽子救圣人》等。这些传说以阿文典籍为蓝本，通过口译流传，情节生动曲折，语言朴素动人，已成为宣传和弘扬伊斯兰教义的口头教材。关于各教派创始人的传说，主要是讲述其传教事迹或抗清事迹，如《马来迟的传说》、《苏四十三的传说》等，这类传说以真实的历史人物或历史事件为背景，进行了大胆的想象与虚构，赋予人物以神奇超人的力量、睿智坚毅的性格，使其成为民众理想中的宗教领袖和英雄。

宗教化是青藏地区民间传说的一个显著特征，除了宗教人物传说外，青藏地区的其他类型的民间传说也都带有深刻的宗教烙印，尤其是风物传说，宗教化特征十分鲜明。在广大藏区，那些负有盛名的山峰、湖水、泉水、寺庙、塔牌，大都与藏传佛教有关，被视为圣山、圣湖，受到人们的重视。因此，以这些圣山、圣湖为中心，

① 韩生魁等编. 塔尔寺的传说[M]. 西宁：青海人民出版社，1990：67—74.

形成了若干藏传佛教风物传说圈。冈底斯山是藏区有名的圣山，受到历代佛教大师们的重视，他们纷纷赴冈底斯山修法，由此产生了许多动人的传说，也留下了很多著名的圣迹。其中，最脍炙人口的是藏传佛教中的噶举派第二位祖师米拉日巴的传说，据说米拉日巴曾在此山与苯教法师拿若苯琼斗法，获胜后以高深的法力在岗底斯山的岩洞中留下了明显的手、足印[1]，这手、足印成为著名的圣迹，受到后人的朝供。

藏区多山，也多山神传说，如有关阿尼玛卿、念青唐拉、阿米年钦、年宝玉则等神山的山神传说在藏地都有流传。这些山神是人格化了的地方神灵，在民间传说中，他们的性格喜怒无常，善恶无定，有时护佑人，有时又给人带来灾害。由于山神崇拜在民间影响巨大，藏传佛教传入藏区后，对这些高原上的土著神灵进行吸收与改造，将山神信仰纳入了自己的系统，产生了一些传说。这些传说大都与佛教大师有关，如莲花生降伏念青唐拉山神的传说，相传念青唐拉曾变成一条巨蛇，挡住莲花生大师的去路。莲花生用木棍插入蛇腰，揭穿了山神的把戏。念青唐拉无计可施，逃入雪山宫中躲避，莲花生大师以念力降估念青唐拉，使山顶的冰雪消融，变成滔滔洪水，念青唐拉眼看自己的住处将消失无踪，惊恐万状，只好现身，向莲花生大师献礼供养，发誓要遵从上师的教导，莲花生封他为佛教护法神，起密号为“金钢最胜”[2]。除了圣山以外，藏地的圣湖、寺庙、塔牌，大都与佛教大师们有着密切联系，正是大师们的传奇事迹，神化了这些圣山、圣湖和圣地，激起了普通民众的信仰情绪，坚定了他们对圣山、圣湖、圣地的崇信，也加强了他们对藏传佛教的信仰意识。

---

① 才让：《藏传佛教信仰与民俗》，北京：民族出版社，1999 年，第 76、95—96 页。
② 才让：《藏传佛教信仰与民俗》，北京：民族出版社，1999 年，第 76、95—96 页。

文学与宗教同属于重要的社会意识形态，两者关系密切，尤其是对民族民间文学来说，与宗教的关系更为密切。一方面，宗教是民族民间文学赖以产生的土壤，是民族民间文学的催化剂。青藏地区的各民族，正是由于有着极为虔诚的宗教信仰意识，才怀着浓烈的情感创作了大量带着深刻宗教烙印的人物传说和风物传说。另一方面，宗教的发展离不开文学，正如黑格尔所言：宗教"往往利用艺术，来使我们更好地感到宗教的真理，或是用图像说明宗教真理便于想象；在这种情形下，艺术确是在为和它不同的各个部门服务。"[①]民族民间传说为宗教的传播、讲道提供了重要载体，青藏地区的藏传佛教、伊斯兰教、汉传佛教等正是借助民间传说这个通俗易懂的形象教材，宣传、弘扬、传承自己的宗教理念和教义，扩大自己在民众中的影响力。因此，青藏地区的民间传说呈现出了宗教化倾向，具有为宗教服务的功能和价值，在宗教发展史和青藏文化史上发挥了重要作用。

三、民俗价值

青藏地区的民间传说内容丰富，包容万象，承载着各民族民众在各个历史时期的思想与文化，堪称是民族民间文化的"百科全书"。其中，各民族的民俗生活是青藏民间传说所反映的重要内容之一。在青藏各民族的民间传说中，不仅存在数量众多的专门反映各民族民间风俗的习俗传说，在其它类型的传说中也传承贯穿着各民族特有的民俗，其内容涉及饮食、服饰、人生礼仪、节日、生产、歌舞、工艺等各方面。这些传说通过一个个生动有趣的故事，或追根溯源，对各民族历久相沿的风俗习惯的起因或来历进行阐

① 转引自梁庭望、张公瑾：《中国少数民族文学概论》，北京：中央民族大学出版社，1998 年第 246 页。

释;或借助独具特色的民间习俗,形象地反映各民族的民俗生活、民俗信仰和民俗心理,是极其珍贵和重要的民俗学资料。

习俗传说是一个民族生活习俗的形象反映,它伴随着各民族的历史而产生,记录着各民族在不同历史时期、不同地域的民族生活习惯,熔铸着各民族劳动人民的聪明智慧和对自己民族习俗的热爱。青藏地区民族众多,各民族都有自己独特而丰富的习俗,各民族的民俗绚丽多彩,内涵深厚,承载着极其深厚的历史文化内涵,随之也产生了许多习俗传说。青藏地区的习俗传说是各民族生活和生产习俗的形象反映。如藏族《放生习俗的来历》[①]中说,地神为了感谢多年给他分饭吃的青年牧民,让他从此听得懂飞禽走兽的语言,诚实、善良的牧民帮助了绵羊母子和马驹母子,治好了国王的病,被选为驸马。国王得知他的经历,下旨让所属各邦全体臣民,都要行善积德,从此,整个高原人就有了放生的习俗。回族传说《杂碎铺的红灯笼》[②]中说,康熙爷私访宁夏,吃了马敬龙老汉的杂碎,十分喜欢,赐了他一盏红灯笼。马老汉回到西宁,将红灯笼挂出去,做为标记招牌,西宁城的杂碎铺家家仿照,留下了挂红灯笼的习俗。土族的传说《"道拉"的来历》[③]中说,土族人在举行婚礼时唱"道拉"的习俗是降服恶魔王蟒的鲁氏太太所留,等等。诸如此类的习俗传说很多。这些习俗传说往往从民族历史、信仰、伦理道德观念等角度出发,对各民族古老的生活、节庆、信仰、艺术等习俗进行了推原解释,多角度地体现了各民族的民俗生活和文化,反映了各族人民的社会生活和精神面貌。

---

① 《中国民间故事集成·西藏卷》,北京:中国 ISBN 中心,2001 年,第 36、233—235、42—45 页。

② 中国民间文艺研究会青海分会:《青海风物传说》(内部资料),1987 年,第 45—50 页。

③ 青海民族学院汉语系现代文学教研组编:《土族民间文学作品选》(内部资料),1980 年,第 14—17 页。

青藏地区有很多藏传佛教寺院，这些寺院每年都要举行各种隆重的宗教活动。其中，宗教舞蹈是必不可少的仪式活动，围绕这些宗教舞蹈和文娱活动的来历，也产生了一些相关的习俗传说，如《跳欠的来历》、《喇嘛社火的传说》。青海著名的藏传佛教黄教寺院塔尔寺，在每年的四大法会上要跳欠，这项活动的来历相传与宗喀巴大师的一个梦境有关，在他的梦境中，观音菩萨指示跳欠可驱魔逐鬼、祛除不祥。因此，宗喀巴在大昭寺举行大法会时，在吸收过去西藏本教法王舞的基础上，根据观音菩萨梦中的提示，编演了完整的法王舞和马首金刚舞。而喇嘛社火的来历，民间传说是一位叫惠能的僧人乘演社火之际刺杀了残害百姓和佛门僧侣的王爷，为了纪念他的功绩，塔尔寺和其他黄教寺院于每年正月十四午时三刻表演喇嘛社火。这两则传说均具有浓厚的宗教色彩，尤其是跳欠来历的传说，承载着较为深厚的藏传佛教历史和宗教教义内容。

藏族是个能歌善舞的民族，其民间舞蹈丰富多彩，有关传说怀着自豪而亲切的情感，追溯舞蹈的起源，赋予其神圣的色彩。如《同仁神舞的传说》①中对拉什则神舞的起源进行了追溯：相传阿妈公麻加毛即西王母娘娘为首的十二位地母仙女，为感谢十三位战神战胜阿修罗，在玉皇大帝举行的祝捷盛会上表演了优美的神舞。后来，十三位战神中的伏敌神转世到人间，被莲花神大师派到阿木多地方作护法神，他将王母娘娘和十二位仙女给十三位战神表演的神舞带到了扎毛地方，从此，便有了神舞。而《神鼓舞的传说》②中说，很早以前，羌族首领派人去西天取经，取经人过通天河

① 青海省黄南州民间文学集成办公室：《黄南民间故事》(内部资料)，第 68—69、74—75、70—71 页。

② 青海省黄南州民间文学集成办公室：《黄南民间故事》(内部资料)，第 68—69、74—75、70—71 页。

时不慎将佛经浸湿，晾晒时因疲劳而睡着，醒来后佛经不见了。取经人到处寻找，急得大哭，他的虔诚之心感动了观音菩萨。取经人根据菩萨的指示，杀羊制鼓，击鼓求经，佛经果然出现在晒经石上。后来人们为了纪念菩萨的恩德，用羊皮制了许多鼓，叫作“神鼓”，在祭神和喜庆之日边击鼓边跳舞唱歌，逐渐形成了习俗。这两则传说具有奇幻色彩，通过超现实的想象，讲述神舞和神鼓舞是神留传下来的，是神赋予的，从而使其具有了神圣性。同仁地区的浪加藏族部落有跳龙舞的习俗，关于其来历，《浪加龙舞节的传说》①中说是当地能人阿尼阿拉果带村上的童男童女到龙泉给龙跳舞、唱歌而遗留下来的。这则传说具有一定的现实性，显承了民间舞蹈与求雨习俗之间的密切联系，使我们清楚地看到了歌舞与人们的生产、宗教活动之间的渊源关系。

传说中的习俗最能反映一个民族的心理与民族特征。在青藏地区的民间传说中，习俗不仅是其所要展现的内容之一，它还是塑造人物形象、渲染生活气氛、凸显民族特色的重要手段。如藏族的人物传说《金城公主》②中讲道，赞普赤德祖赞为儿子羌擦拉温王子向唐朝中宗皇帝请婚，金城公主赴藏途中，王子不小心从马上摔下，不幸死去。为了汉藏两族的和好，金城公主按吐蕃风俗嫁给了赤德祖赞。后来，金城公主生了一个儿子，被纳囊家族的妃子喜登抢走。过了一年，王子周岁，举行“迈步庆祝宴会”时，纳囊氏的亲友们拿着披风、首饰、花衣服等逗引他，但王子对他们手中花花绿绿的玩意连看也不看一眼，举着盛满美酒的金杯，笑眯眯地把酒杯敬给了汉族亲舅，投到了汉族亲舅的怀抱中。据史书记载，神龙三

① 青海省黄南州民间文学集成办公室：《黄南民间故事》（内部资料），第 68—69、74—75、70—71 页。

② 《中国民间故事集成·西藏卷》，北京：中国 ISBN 中心，2001 年，第 36、233—235、42—45 页。

年(707)三月,吐蕃赞普赤德祖赞遣大臣悉董热贡献方物,并为自己请婚。四月,中宗下诏以金城公主往嫁赞普。景龙四年(710)正月,金城公主取道青海赴逻些(拉萨)。其时,赤德祖赞年约7岁,尚未亲政。传说中说赤德祖赞原是为儿子请婚,年青英俊的王子死后,为了汉藏两族的友好团结,还在送亲路上的金城公主接受吐蕃习俗,毅然嫁给其貌不扬、满面胡须的赤德祖赞,这本与史实不符,但藏族人民借助金城公主按吐蕃习俗改嫁的幻想虚构的情节,塑造了一个一心为汉藏友谊做些事情的深明大义的唐朝公主形象,而赤松德赞王子周岁宴认汉族亲舅的情节也充分展现了藏族人民对唐蕃联姻、汉藏友谊的认同和赞美心理。

作为一种口头文学,民间传说由于其叙述的传奇性、随意性和变异性,历来被正统的史学家们排除在视野之外。但不可否认,作为“历史记忆的一种表达方式”,传说具有储存社会、历史和文化信息的特殊功能,尤其是对那些缺乏文字记载的少数民族来说,民间传说具有特殊的价值和意义。在青藏地区的文化发展史上,那些数量众多、内容丰富的各民族民间传说占据着非常重要的地位,它们是各民族民众口头的历史书和文化书,记载着各民族在各个历史阶段的社会生活、思想观念和精神风貌,历代的各民族民众正是通过一则则生动有趣的传说,认识自己民族和地方的历史与文化,了解自己所信仰的宗教的基本教义,并通过这些传说传承和传播自己民族特有的习俗、心理、伦理道德观和审美情趣。

(原载《青海社会科学》2010年第1期)

青藏方志所见民间演剧史料稽考

刘　倩

一、青藏方志所记岁时民俗中的演剧活动表释

在青藏方志记述的民间演剧史料中，民间演剧活动有一个鲜明的特点，即主要集中在传统的岁时民俗中。我们可以根据一年之中的岁时节序，列出如下表来：

农历时日	民俗事象	文献记述	版本、年代、志书、条目
二月	春戏送瘟神	喇嘛装束神鬼诸妖、各番国人物、牛虎象等兽，转召三次，至布达拉大佛前各跳舞歌唱。如此一半月间始散，乃其地之春戏。神鬼人兽托，衣着颇及精巧华丽，其宝玩无穷，不能枚举。	不分卷·清抄本《西藏志》“岁时二月条”(p902)
		大诏(昭)寺取库中诸珍玩器皿，人执其一，宾制诸天神鬼、各番部人兽诸形，转诏(昭)三匝，至大佛	民国二十五年一卷铅印本《西域遗闻》“岁时二月条”(p904)

续 表

农历时日	民俗事象	文献记述	版本、年代、志书、条目
		前舞拜后，遍于噶隆，碟吧各家，歌舞半月而散，谓之“春戏”。 是日，大召（昭）前蛮官及兵均如扬兵状。一人扮达赖喇嘛，与扮瘟神者先后至召。各色幡帜不一，击鼓吹笳亦如前状。十数人花衣黑帽，帽上各插鬼头，衣之前后悉绣鬼形，在召前跳舞诵经。扮达赖者铺垫坐昭前，与一戴鬼头之法师对坐。须臾瘟神出，面涂黑白，与达赖互相诘难，词屈，复赌掷骰定胜负。	清宣统三年三卷上海自治编辑社铅印本《西藏新志》“岁时二月条”(p910)
三月		初一日，挂大佛、亮宝布达拉山上。所有各宝玩及御赐物件，均在大召（昭）陈设。各喇嘛分列成行，穿花绣袈裟，扮种种鬼神外，余各分对执旗幡、宝品，自大召徐行至山上。	清宣统三年三卷上海自治编辑社铅印本《西藏新志》“岁时三月条”(p911)
五月	唱蛮戏	唱蛮戏，系后藏娃充当此差。装成男女，头戴纸扇面两个在耳上，手执竹弓一张，群相跳舞，是即为戏。其所唱者，大约唐公主时事为多。各噶布伦家唱一天、二天不等，大会亲朋，日耗数百金不止。	清宣统三年三卷上海自治编辑社铅印本《西藏新志》“岁时五月条”(p911)
六月	演历史剧	在三十日前，各剧团齐集到拉萨，二十九日及三十两日到哲蚌寺等表演历史剧，七月一日至三日在罗布岭岗达赖宫殿表演，四至八日在拉萨各世家公馆表演。哲蚌寺表演名为“哲蚌学登”，拉萨表演名为“拉萨学登”，色拉寺跳神名为“色拉学登”。	一九五四年铅印本《西藏情况》“岁时六月条”(p963)

续 表

农历时日	民俗事象	文献记述	版本、年代、志书、条目
七月		七月到了，田里的庄稼已快成熟，草场上的牧群更是肥壮达于顶点，这时各地都开始演戏。在拉萨，西藏政府要在罗布林格达赖夏宫内演半个月的戏，各地的农民都设法赶到拉萨来看戏，因为全西藏最有名的两个剧团都要在拉萨演出，一个叫鸠木龙格，一个是后藏剧团，所演的多半是宗教历史剧，像文成公主下嫁松赞干布。几乎是每年必演的一出戏。西藏的戏都是在平地搭帐棚演的，音乐只有鼓和铙钹，道具服装都很简单，音调则非常高昂，一个地方演戏，在一里地以外就可以听见了，每出戏都很长，最少要演一整天。所有剧团都要先在罗布林格演过后方能到拉萨市内演出。但一过七月十五，演剧的季节就过去了，各地来的剧团都离开拉萨，一路演着回到他们的故乡，有些地方则演剧要继续到九月。	一九五一年知识书店铅印本《今日的西藏》"岁时七月条"(p972)
十二月	逐鬼之戏	二十九日，木鹿寺番僧装神佛鬼怪诸形，至大诏(昭)放枪呐喊，为逐鬼之戏。 二十九日，木鹿寺有跳神逐鬼之戏。	民国二十五年一卷铅印本《西域遗闻》"岁时十二月条"(p905) 清宣统三年三卷上海自治编辑社铅印本《西藏新志》"岁时十二月条"(p911)

由上表可见，方志中透露的演剧活动有如下几个特点：其一，西藏方志所载的演剧活动多集中在二月至七月，七月以后剧事转稀。而青海方志的岁时民俗中却无演剧活动的记述。

其二,旧志中的演剧活动大多具有装扮性质,如《西藏志记》"喇嘛装束神鬼诸妖、各番国人物、牛虎象……",《西藏新志》记"一人扮达赖喇嘛,与扮瘟神者先后至召……",《玉树调查记》记"番社演剧,有扮龙、虎、狮、象者……"有的是对表观对象的模拟,有的则把歌唱、舞蹈(动作),器乐结合在一起,这些表演动作具有象征性和拟态性,含有戏剧的因子,可以说是一种原始的表演艺术。

二、对民间演剧活动的几点认识

(1) 青藏位于我国西北部,这里地域辽阔,人烟稀少,是少数民族的聚集地。此地域的演剧活动不论是种类还是数量都远不及我国南方地区,除了具有相似的原始戏剧表演艺术外,其中蕴含有少数民族地域特色的戏剧艺术也是一大特点。方志中所记述的节日庆典中盛演的藏戏,附有浓郁的宗教色彩。如 1982 年西藏人民出版社铅印本《西藏风土志》"岁时民俗雪顿节条"(p943) 云:"'雪顿节',是西藏历史悠久的传统节日之一。在藏语中,'雪'是酸奶子的意思,'顿'是'宴'的意思,'雪顿节'按藏语解释,也就是吃酸奶的节日。后来由于'雪顿节'的活动内容逐渐演变为以藏戏会演为主,所以也有人把它称为'藏戏节'。"据相关文献记载,传统藏戏艺术起源于公元 8 世纪,10 至 12 世纪开始形成,15 世纪发展定型,其传统剧目据考可分为民间故事剧、历史传说剧、佛经故事剧与人情世态剧。藏戏无论在故事情节,艺术形式和风格上,都不同程度地打上了印度古典梵剧中"宗教宣传"和"概念人物戏"的双重烙印。关于藏传佛教戏剧的起源,有学者指出:"8 世纪,藏王赤松德赞(742—797)请印度高僧莲花生(白玛老本)入藏,修建山南桑鸢寺,779 年举行落成典礼时,采用藏族原始宗教'苯波'巫师仪式,并与当地土风舞结合,形成哑剧性的跳神仪式,以宣扬佛教哲理,此即藏剧的起源。[(《中国大百科全书》(戏曲·曲艺卷)"藏戏条”]

在西藏寺院盛行的各种“羌姆”，亦称“昌木”、“枪木”、“跳布扎”、“跳鬼”、“跳神”等，它是孕育藏戏的文化母体，并将原始宗教—苯教相结合，形成了独具特色的宗教祭祀仪式及其艺术表演形式，具有驱邪镇魔，酬神祈愿，驱凶纳吉的作用。此外，藏戏还将音乐、舞蹈、文学等艺术形式与“羌姆”等跳神仪式完美结合，逐渐形成了以歌舞并重的藏戏艺术形式。

由于青藏高原特殊的地理环境，生活方式以及方言的差异，造就了蓝白面具之分，以及后来的四大藏戏流派。藏戏不仅存在于青藏地区，像甘肃南部，四川等地亦有藏戏的足迹。其中安多地区的各藏戏剧种，甘南藏戏、华热藏戏、热贡藏戏(即青海黄南藏戏)，演出较普遍，影响也较大。此外四川的阿坝藏戏也独具代表性。

(2) 从旧志中可以察见，近代以来，戏剧演出开始注重艺人的表演场地，并出现了专业性质的剧团组织和场所，其演出内容大多为历史剧。如1954年铅印本《西藏情况》“岁时六月条”(p963)云：“在三十日前，各剧团齐集到拉萨，二十九日及三十两日到哲蚌寺等表演历史剧，七月一日至三日在罗布岭岗达赖宫殿表演，四至八日在拉萨各世家公馆表演。哲蚌寺表演名为“哲蚌学登”，拉萨表演名为“拉萨学登”，色拉寺跳神名为“色拉学登”。1951年知识书店铅印本《今日的西藏》“岁时七月条”(p972)云：“在拉萨，西藏政府要在罗布林格达赖夏宫内演半个月的戏，各地的农民都设法赶到拉萨来看戏，因为全西藏最有名的两个剧团都要在拉萨演出，一个叫鸩木龙格，一个是后藏剧团，所演的多半是宗教历史剧，像文成公主下嫁松赞干布。几乎是每年必演的一出戏。西藏的戏都是在平地搭帐棚演的，音乐只有鼓和铙钹，道具服装都很简单，音调则非常高昂，一个地方演戏，在一里地以外就可以听见了，每出戏都很长，最少要演一整天。所有剧团都要先在罗布林格演过后方能到拉萨市内演出。但一过七月十五,演剧的季节就过去了,各地来的剧团都离开拉萨,一路演着回到他们的故乡,有些地方则演剧要继续到九月。"可见,这些演剧活动在时日上亦不等,有的是当天,有的延续数日,甚至更久。此外,演剧中的娱乐性质也不容忽视,如·民国九年上海商务印书馆铅印本《玉树调查记》"民间文艺娱乐条"(p299)云:"番社演剧,有扮龙、虎、狮、象者,有披古甲胄……社剧皆寺僧为之。亦有驱除厉鬼之剧,束草和面为人,投之水中,埋死马头尾,鸣枪诵经以禳之。"1982年西藏人民出版社铅印本《西藏风土志》"岁时民俗藏历条"(p939)云:"城乡演唱藏戏,跳锅庄和弦子舞。"

(3) 丧礼中亦穿插演剧,如十六章·民国间铅印本《西藏》"礼仪民俗丧礼条"(p921)云:"人民或演戏、会列及种种游戏等事,特好助以悲怆之音乐。"

参考文献:

[1] 丁世良、赵放. 中国地方志民俗资料汇编[M]. 北京: 书目文献出版社、北京图书馆出版社,1989.5.

[2] 孙学雷. 地方志·书目文献丛刊[M]. 北京: 北京图书馆出版社.

[3] 张庚、郭汉城. 中国戏曲通史[M]. 北京: 中国戏剧出版社,1992.

[4] 张庚. 戏曲艺术论[M]. 北京: 中国戏剧出版社,1980.4.

(原载《黑龙江史志》2010年第15期)

青海“花儿”渊源

黄静涛

一

历来有个说法：青海是“花儿”的故乡。这当然不能说有错。“花儿”的唱人、语音、情节等等都是这个地方落脚的，青海人对它有着浓厚的情感。然而，就渊源说，青海并不是它的始发地。质言之，“花儿”的祖籍不是青海，其起源也不自青海建省始。

“花儿”一称，在民间应当早就存在。最初，大概并无定字，在口头上只是发“hua er”这个音，在字面上可以写成华儿、画儿等等。为什么叫做“hua er”？它有什么含义？恐怕没有谁去解释。而文人及词曲家们在吸收民间口头创作时，执意写作“花儿”，其用意恐怕也只在华丽这个意义上；或者出于对女性的推尚吧，如若不是，那就不妨设想民间所唱的都必定是有确切名称的如茉莉花、水莲花等等，最后来略实名而漫名之曰“花儿”。

在字面上，“花儿”一词，王骥德《曲律》已有记录，所载越调过曲四十五章，其中就赫然有"花儿"一曲。王氏是明中会稽人，他的统计均以南方曲调为准。然而，《曲律》所载"花儿"，并不是始见，在它之前已经有了记录。最早见于宋元时代，明代继之。这里试摘两曲：①《陈巡检梅岭失妻》越调过曲"花儿"："牡丹正开，开在盆中，万花都无赛。汲水浇花阴花开，莫令水荡花飘败。"（《旧编南九宫谱》卷六）②《张协状元》第二八出："净唱：《花儿》三文买着状元，五百姓名及州县，两本直你六文钱，要千本交五贯文。"

以上两戏均为古杭九山书会才人所编。"书会"是专门写戏的团体。古杭九山在浙江省，"才人"是专门编写剧本或说艺的人们。上述这个揭示很重要，一是说明"花儿"一名早在元时代已经在书面上出现；二是它乃作为南戏中的一种曲牌被角色所歌唱。角色中有男性（净），也有女性（旦）；三是表明"花儿"在南戏中是被作为"过曲"使用的。"过曲"云云，是指曲牌套数中除前头的"引子"和后头的"尾声"之外的部分，它是曲牌中的主要成分；四是写戏文的乃至理论南戏南曲的多是南方特别是江苏、浙江地区的人，他们所据依创作的曲调，除继承前代曲调之外，主要来自民间的曲调，首先是江南的民间"徙歌"。历来民间的创作都具有广泛的影响，"花儿"也如此。才人们编写的"花儿"正是南方歌曲有"花儿"的反映和使用。鲁迅先生曾说："歌、词、曲，我以为原是民间物，文人取为己用，越做越难懂。"（《鲁迅书信集》上册，第 492 页）这话非常中肯。

"花儿"是南曲，那么这个"南"的具体内涵是什么地方和属什么调门呢？我看就是"吴歌"。这是一种久远的民间歌曲。《晋书·乐志》说："吴歌，雅曲，并出江南。东晋以来，稍有增广。其始皆徙歌，既而被之管弦。盖自永嘉（307—310）渡江以来，下及梁陈，咸都建业。曲，起于此也。"建业就是今日的南京，这就是说，"吴歌"是东晋以后兴发并流布于以建业这个六朝（晋、宋、齐、梁、陈、吴)都城为中心的江南一带的民歌。这是什么歌呢？明代昆山(江苏松江)人陆容说:“吴中乡村唱山歌,大率多道男女情致而已。”(《菽园杂记》卷一,第11页)明代江苏苏州人冯梦龙编有当地时调集《童痴二弄》,书中356首吴歌,都是歌唱“男女私情”,偶有讽世之作,用词率用吴语,间以白话。明浙江钱塘人张瀚更指出其歌的历史背景:“东坡云,‘(江南),其民老死不识兵革,四时嬉游,歌舞之声,至今不衰’,夫古称吴歌,所从来久远,至今游惰之人,乐为优俳。人情以放荡为快,世风经侈靡相高,虽逾制犯禁,不知忌也。”(《松窗梦忆》风俗纪：卷七,第139页)因为唱“男女情致”、“男女相与之情”,因为“吴声含思宛转”,所以吴歌又被称为“艳曲”。宋人郭茂倩说:“艳曲起于南朝。”(《乐府诗集·杂曲歌辞》卷六一,第884页)“吴歌”,当然只是江苏山歌的总称,它应当包含了众多的歌调,“花儿”正是其中之一。

吴歌在江南一直盛行,宋人郭茂倩编《东府诗集》,整整用四卷的篇幅录吴声歌谣300多首。明初江苏昆山人叶盛报道:“吴人耕作或舟行之劳,多作讴歌以自遣,名唱山歌,中变多可为警劝者。”(《水东日记》卷五,《山歌》条)这里说的“山歌”,当然就是吴歌,而“花儿”当亦包括在内。

二

包括“花儿”在内的吴歌,既然广泛并久远流行于以南京为中心的江南一带,那么,它和青海地方的“花儿”怎么谈得上源流关系呢？下面就作一点探讨。

谈“花儿”的源流,需要与甘肃、青海农业区的汉族移民的关系说起。这里先不妨摘录几个调查报告。顾颉刚先生《浪口村随笔》说:“河州人相传为南京大柳树巷人;洮州人相传为南京苎丝巷人。俱谓自明初迁来。西宁人亦云然。洮州有歌曰：你从哪里来？我从南京来。你带得什么花儿来？我带得茉莉花儿来。"洮州无茉莉，此歌必为初移之民之遗语而歌之者（见该书"明初西北移民"条）。又顾氏《西北考察日记》说，临潭地区"此间汉回人士，问其由来，不出南京、徐州、凤阳三地。盖明初，以戡乱来此，遂占为土著。其有家谱者，大都皆郡督佥事、指挥佥事及千户、百户等功名，若马、若赵、若柳，自谓南京苎丝巷人。"王树民《游日记》："临潭……移民所见之族谱，金氏、赵氏、包氏、杨氏、陡氏等五种，参以口头谈话所得，知此地居多为明初自苏、皖等地迁来者，或著明其先世里居，或仍称为明初自南京应天府苎丝来者。盖明初对此地之移民有三类：……另一类为纯粹移民。当在地方既定之后，自人口稠密之江南，大批移民以实此虚边。苎巷或为其时集合之地点，犹北方之有山西洪洞县大槐树移民如也。"

笔者曾在青海湟中、湟源、贵德、乐都等县与群众的接触中，也发现与上述顾、王二先生类似的说法，他们最初来自南京朱家巷，是江南的移民。有的墓碑即书"原籍南京，拨户来（西）宁"。

这里说的朱家巷，而顾王二先生说的是苎丝巷，西宁地区的墓碑又有写成南京竹子巷、珠玑巷。都是南京，都是巷，而写法却如此歧异，哪个为准？竹子、苎丝、珠玑都是人工实物，是商品形态。明人顾起元（江苏南京人）《客座赘语》说："南都（南京）大市……国初建立街巷，百工货物买卖各有区肆。"以竹子、苎丝与珠玑为"行曰"分巷或"区肆"，不无可能。然而把这些行业的人移往塞外，既不能落脚屯田，又不能习于作战，有什么必要呢？因此，我想这些名称很可能是朱家巷一名日久天长的讹传。那么，这个朱家巷又如何呢？

《天潢玉牒》说："明太祖高皇帝先世江南句容朱家巷人。"江南句容即南京。《罪唯录》说："（明）德祖玄皇帝……姓朱氏，世居金陵句容通德乡之朱家巷。"金陵指南京。据此可知，朱家巷乃是一个村庄，不是城内的里弄。句容虽属南京畿辅，却不是那个石头城，实际上它距南都尚有百里之遥。

明初移民办法，我没有考察。以村为单位迁出的可能也有吧。然而，不论江南何处，在追溯历史时，都愿意说祖籍是朱家巷，原其微意，或者更可能是以这个皇家祖先的居地为荣吧。至于前述王树民先生所说的移民集合地亦如山西的大槐树那样，恐怕不能类比。山西大槐树是逃荒流民的约会点，而南京的移民却是有计划的排迁。

为什么要移民西北呢？主要有两方面的原因：一是消极的。朱元璋平定诸地（或诸农民起义部），担心事后被反抗，乃大事迁民，亦如周灭殷，“瑟殷顽民迁于洛邑”一样。“终洪武之世，徙民最多。”（《明鉴》一）王锜（江苏吴县人）说：“吴中素号繁华。自张氏（即张士诚）之据。天兵（即朱元璋兵）所临，虽不被屠戮，人民……戍远方者相继，至营籍亦隶教坊。”（《寓圃杂记》卷五）这就是说，以南京为中心的吴中人民跟随张士诚举义斗争几年，一旦被朱元璋占据，心中不服。为了镇压或减缓吴人的不满，于是在杀戮之余，大量迁往西北边远。对于朱家巷的人可能也取此用意吧。二是积极的。这就是屯田守边，这是为了对付西北各民族造反。屯田分军户、民户二种。军户永为军，世袭制。驻卫所军有从征军、有归附军，前者是朱元璋原有部队，后者是被朱元璋战败而归附的张士诚、陈友谅部众，此二者均系以南京为中心的江南籍人。民户只耕田，不参加战守，受地方辖制，有时聚族而迁，青海同仁县就有“吴屯”即江苏移民所屯；有时就另由“谪迁”（即犯罪）或平民屯田。这样的屯田人数很多。此外，也有江南富商大贾自家出钱招募江南游民来屯田的。

青海初民来自江南，不唯民间有口碑与墓刻，也有其他方面的征兆可资：① 清人宋起凤（河北人，晚年居浙江）说：“甘肃地处西北临黄河，……男女皆操吴音。盖明初，高皇帝徙秣陵（即建业，南京）人戍此，至今语不易。妇饰亦如吴官髻，长衫，但不纨绮。”（《稗说》）青海农业区原属甘肃，这个“吴音”，应该也包括青海话。青海汉语“我”称作“瑙”，我看这就是吴语“侬”的音变。其它如“地”音“字”、“梯”音“此”、“树”音“富”、“说”音“佛”等语音，也不免使我怀疑也有吴音讹变的可能。② 王驾诗《古意》：“夫戍萧关妾在吴，西风吹妾妾忧夫；一行书信千行泪，寒到君边衣到无。”萧关在甘肃，这里也有吴人戍边，然而萧关云云，也可以不是确指，而是泛指包括青海在内的西北地区。③ 顾颉刚先生《浪口村随笔》说：“至岷县境，即见当地妇女服饰迥异外间。履首上翘，所谓凤头鞋也。发髻峨峨，所谓云髻也。”这种鞋式、发式、衣式，我在青海省几个农业县的汉族家中也看到过。

三

既然江南人口不论军民大量迁入西北，自然也带来那边的风俗与文化，而蕴积胸中可以脱口唱出的“吴歌”与“花儿”以及一些时令小调，也不会不随之而来，并以这种家乡曲调来抒发他们身处异地的悲凉情怀。明初，朝廷虽禁军队唱淫曲，然而天高皇帝远，远迁边军哪管得许多，且据说“诸王之国，必以词曲千百本赐之”（李开先《小山乐府序》），何况远方边军。至于随军“营妓”更会以吴歌随身，军犹如此，遑论民户。事实上，移民们也在挂心这个文化伴侣。前引顾颉刚先生所录吴歌，就是一个可资证实的消息。

今天的“花儿”经过几百年的波迭，当然有了很多的变化，无论声调、词情等绝不会与明初（更不同宋元）所流行的一模一样。然而，“花儿”这个名称仍然存在，它的一些特点仍然存在。例如“花儿”的“令”，这是“花儿”唱法中普遍存在的惯语。“令”在元曲中早已使用，有各种各样的“令”，如“寨儿令”、“叨叨令”、“太平令”、“阿忽令”等。它一般被当作时令小曲看待。青海的“令”也不少，据说有近百种，但含义及用法大有变化。张亚雄说：“花儿的‘令’是代表着体系、流派之间的特色。”(《花儿集》)；而在另一处却又说：“‘令’是个什么呢？就是‘花儿’的帮腔，过问的一句惯语。”(同上书)这话究竟如何理解，看来张氏没弄清，我也真被弄迷糊了。又如“叶儿”这个概念，元代称“小令”为“叶儿”(见《唱论》)，张西雄说，甘肃也有这个词，却又说这是内地模仿西北民族的山歌的称谓。这就又走味了。

比较两者的特色，探究青海“花儿”源流，历史比较的方法或者是可以采取的一种。前面已经说明青海“花儿”源于吴歌，然而很有必要更加充实这个论点。惭愧的是我对二者的研究不在行，无法具体而细微地予以阐述。这里只就自己粗浅的理解，提供几点背景资料，藉作参考。

(1) 吴歌(包括古花儿)演唱均用乡音(以建业或南京为中心的地区)、土语、俗语。冯梦龙搜辑吴歌，出《山歌》十卷，除一卷白话外，九卷三百五十一首，全系吴音，即《晋书》所谓“吴音歌谣”。《山歌》大都作为民间传统继承下来了。一种民歌如果没有使用地方语词和地方音色，很难取得歌唱效果。清人黄遵宪说：“山歌每以方言为喻，或以作韵，苟不谙土俗，即不知其妙。笔之于手，殊不易耳。”(《人境庐诗草笺注》)这话是他为冯氏《山歌》题记而说的，很有道理。这里征引一个故事以为谈资，是宋代一个浙江钱塘和尚记述的。南朝时，杭州人钱镠被封为吴越王。他衣锦还乡，“为牛酒大陈乡饮。钱镠起，执爵于席，自唱还乡歌以娱宾曰：‘三节还乡兮挂锦衣，吴越一王驷马归。临安道上列锦旗，碧天明明兮爱日辉。父老远今来相随；家山乡眷兮会时稀，斗牛光起兮天无欺。’时父老虽闻歌进酒，都不知晓。武肃(即钱)觉其欢意不甚浃洽。再酌酒，高揭吴喉，唱山歌以见意，词曰：‘你辈见侬底欢喜，别是一般滋味子。永在我侬心子里。’歌阕，合声赓替。叫笑振席，欢感闾里，今山民尚有能歌者。”（宋僧天莹著《湖山野录》卷中）这是一个绝好的例证，它表明吴歌的土语和乡音特色及这种特色具有的社会效用，历几百年还在民间传唱。明人徐渭（浙江山阴人）所谓“凡唱，最忌乡音”的断言，这里证明是片面的。青海“花儿”不也是乡音土语吗？我听过歌手的高唱，一点也听不懂，歌者声情并茂，我却茫然呆坐，而在场的青海老乡却十分理解，和歌动情，这和吴歌特点颇相一致。我想这里恐怕有吴歌“花儿”的历史遗韵吧！

（2）明人王骥德曾说：“南曲有用‘者’字、‘兀’字、‘悠’字为衬字，垫字入歌的。”（见《曲律》）青海“花儿”不也是这样吗？张亚雄曾举出过例证。这里再录一阕吴歌：“大小个生涯虽弗子个同，只弗要朝朝困到日头红，有个没弗来顾你个无个苦，阿呀，各人自己巴个镬底热烘。”（明，天然痴叟《石点头》）你看，这里既是土（吴）语，又多衬字，非常口语化，非常生动，完全是民歌声色。青海“花儿”也是如此，恕不列举了。显然，古吴歌“花儿”与今青海“花儿”实在是脉络相通的。

张亚雄说：“青海也是花儿的故乡”，“清明、芒种的时候，农夫们在田间拔草，那是场面最大的花儿大合唱。”（《花儿集》）一点不假，我亲身体验过这种场面。我的确曾为这个场面所感动，那情景不由得使我想到同一季节江南地区的插秧场面。有一个浙江人戴九灵写过一首《插秧妇歌》，句虽不多，却能见情：“青袱蒙头作野妆，轻移莲步水云乡。裙翻蝴蝶随风舞，手学蜻蜓点水忙。紧束暖烟青满把，细分春雨绿成行。村歌欲和声难调，羞煞扬鞭马上郎。”青海农田没有插秧之说，但有拔草季节。拔草惯由妇女任之，届时，妇女们头戴“凉圈”，身穿各色鲜艳衣衫，成排成簇蹲在禾苗间除杂草，而“花儿”歌声也随之此起彼伏。那欢乐热烈，衣帽盛饰，宛如遍地花开，真是不亚于江南风姿。这种习俗，我想或者原先正是江南风韵的异地移植与因时遗余吧！

四

综上所述，笔者的结论是：

(1)“花儿”不是什么“葩经”，它是青海民间文艺的蕴积，是不识字或少识字的青年男女藉以倾诉爱情、控告社会的口头号角，它与每个社会成员息息相关。关于它的历史源流、形成与成长，它的艺术特色与社会功能等，都有广大的探索空间。用历史唯物主义的观点作更加深入的研究，还需要有志于此者的努力。对此的研究大有学术与现实的价值。

(2)“花儿”作为伴随人民历史进程的文化形式，历史悠久，恐怕很难计其岁月。有口即有唱，有情即有歌。然而作为文字记载的“花儿”这个要领最早出现和有案可查的是始于宋元时代。所谓“葩经”出现于周初及春秋时代云云，无非属于呓语一类，说“花儿”产生于唐代以后亦嫌汗漫。

(3)“花儿”应当属于流行在以南京为中心的江南吴歌系统。它起初是民间的“徒歌”，后来被“才人”们吸取，写入南戏，并被当作越调过曲而由男女演唱。戏曲的催化作用极强。在戏曲的影响与推演下，“花儿”的流行更为广泛、更为发展。不论旧时代政府如何颁发禁令，家规庭谕、社会啧啧，都不能绝灭“花儿”的兴发。

(4) 14 世纪 70 年代，朱明王朝大肆移民，以南京朱家巷为代表的吴人被迁向西北、迁居青海。同时江南籍贯的官兵也屯戍于青海诸边。吴人来，吴歌也随之而来。江南的“花儿”遂也成了西北的“花儿”。二者一脉相传。说“花儿”起于西北少数民族，不对；说“花儿”就是以青海为故乡，也欠确切。

(5)“花儿”主要歌唱青年男女间的情事，被称为“艳曲”或野歌。但是也有其它情调的歌唱。江南“花儿”移向青海,初时可能原样照搬,而后慢慢起些变化。今日的青海“花儿”恐怕已大不同于吴歌时代了,这需要进行深入的调查研究。

（原载《青海社会科学》2007 年第 1 期）

撒拉族民歌研究

范晓峰

撒拉族①是我国人口较少的少数民族之一，总人口约 6 万余人。他们主要聚居在青海循化撒拉族自治县境内，以及毗邻的化隆回族自治县甘都乡、甘肃省积石山保安族、东乡族、撒拉族自治县的大河家，还有少数散居在青海西宁市、黄南、海北、海西、海南等州和甘肃的夏河、新疆的乌鲁木齐、伊宁等地。在宗教方面他们一直虔信伊斯兰教。

撒拉族的先辈是西突厥乌古思部的撒鲁尔人，游收于河中、呼罗珊一带②。早在 8 世纪时，阿拉伯帝国势达中亚各地后，他们信奉了伊斯兰教。到 13 世纪前半叶，撒拉始祖的一部分从中亚的撒

① 撒拉族：我国史书上亦称“撒拉回回”、“沙剌族”、“撒鲁尔”，“撒拉尔”，简称“撒拉”。新中国成立后，党和政府根据群众普遍的称呼，经撒拉人民讨论同意，定名为“撒拉族”。

② 详见《伊斯兰教史》，北京：中国社会科学出版社，1990 年版，第 442 页。

马尔罕(今乌兹别克共和国境内)徙移至青海循化一带定居,并同周围的藏、回、蒙等民族长期相处融合形成现在的撒拉族。由于吸收了新的民族成分,到明嘉靖时,撒拉族人口已从初来时的千余人增至一万人。这个民族有自己的语言,属阿尔泰语系突厥语族西匈语支的乌古斯语组,长期以来,在和藏、回、蒙、汉等民族密切交往的过程中,又吸收了汉语和藏语中的借词以及政治、经济、文化、生活等方面的单词和术语。撒拉族没有本民族的文字,一般使用汉语。

一、民歌的种类

由于特殊的地理位置,社会环境和文化背景,生长在中国这片土地上的诸民族对音乐的感受和理解,已超出了我们把音乐作为本体存在的认识和感受范围。在他们看来,本民族的民歌不仅仅是一种音乐的存在,而是一种特定社会主体在特定社会背景下所形成的特定区域文化,它维系着这个特定文化主体的演变和发展方式。

撒拉族是一个善歌的民族。长期以来,他们与邻近民族友好相处并从中吸收了特定区域所形成的特定文化,创造了自己丰富多彩的民族音乐形态。由于受特定区域下特定文化主体的特定心理体验的制约,他们的民歌种类与这一地区其他少数民族的民歌种类,存在着某些共性,甚至在民歌的民俗划分和一些曲目及内容方面都具有一致性。这可以说是特定区域下产生和发展起来的共性文化圈。生长在青海的诸民族,对民歌早就有“家曲”和“野曲”的民俗划分法。这种划分除了民歌内容进行一定意义上的分类外,更为重要的是体现出一种区域性的文化准则和民俗习惯。它规范和约束着这一区域内社会成员的文化行为,是共性文化圈内各民族主体文化体验认同意识的结果。撒拉族也将民歌视为“家曲”和“野曲”两大类。“家曲”和“野曲”之分有两种含义，一是形式方面的；二是内容方面的。形式方面的不同所受到的限制是轻微的，而内容不同的限制则是严格的。为此，“野曲”只能在户外演唱并且回避长辈和亲属。

撒拉族民歌根据内容和音乐特点可分为劳动歌（号子）、玉尔（传统情歌）、花儿、宴席曲、宗教歌、儿歌。其中属“家曲”范畴的为劳动歌、宴席曲、宗教歌、叙事歌，儿歌。以下分述之：

1．劳动歌

主要以劳动号子为主，如拉木号子、打墙号子、割麦号子、打夯号子等。它的形式较为单一，旋律简洁有力，节拍规整，节奏鲜明，多采用商、徵调式。歌曲结构多为单乐句反复或双乐句变化体。唱词紧密结合劳动内容，演唱形式以领唱齐唱为主。（见例1）。

例1

打夯号子

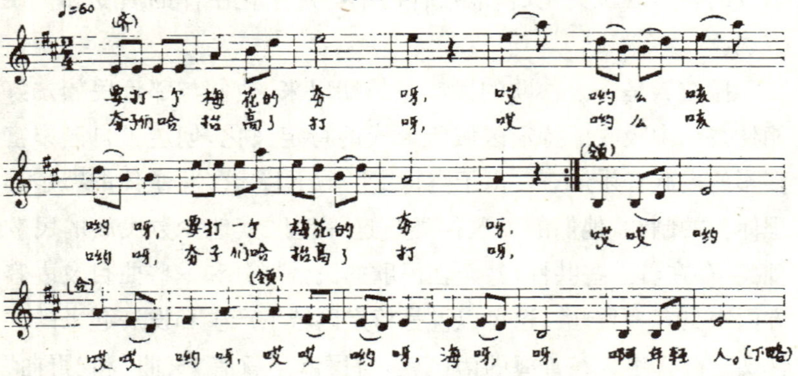

（正元记录）

2．玉尔，撒拉族传统情歌

用撒拉语演唱，内容多以爱情题材为主，歌词属中长篇抒情诗，旋律明显带有说唱音乐的特色。唱词比喻形象生动，音乐节奏明快，音域跨度在一个八度左右。结构多使用上下两个乐句或加以变化，反复演唱时旋律随唱词不同略行即兴变化，具有欢快明朗的情绪。采用的调式以羽、角、商调式最为常见。玉尔属“野曲”，只能在户外演唱并回避长辈和亲属。（见例 2）

例2

多情的艳姑①

（正元记录）

歌词大意：“磨轮为啥转呀，山沟的流水冲，磨盘为啥响呀，红青稞里面滚。艳姑为啥俊呀，纱绒盖头新，为啥心头跳呀，阿哥缠住了魂”。

3. 花儿

撒拉族花儿同汉、回、土等民族的花儿相比，有两个特征：一是旋律具有较明显的个性，在多数情况下，旋律的构成形态更具有撒拉曲调的特征，也即从玉尔、小调中蜕变而来——不但优美，而且高亢嘹亮、自由奔放。调式以羽、徵、商调式为多见。二是引句、衬词、衬句较多。唱词中常加进撒拉语，有些曲令引句较长，吸收了藏族民歌“拉伊”（情歌）的特点。演唱多用颤音，形成独具的风格。（见例 3）

---

① 艳姑为撒拉族对未婚青年女性的尊称。

孟达令

例3

后一特征的形成，除民族杂居交往互为影响外，还有其历史原因。据该民族传说，撒拉族的始祖在循化定居后，曾向邻近的边都沟(文都)的藏族通媒求婚，藏族同意通婚，但提出了一些有关保留藏族某些风俗习惯：如衣服不放在衣柜里，而挂在横杆上；院墙四角堆放白色石头；结婚时用牛奶泼在新娘骑的马蹄上；给送新娘的人打“肉分子”等[①]这种长期友好的联姻关系自然也会受到音乐文化的影响。

撒拉花儿均以地名、民族、衬词等命名，亦有大令、二令(直令)之称。大令音域较宽，旋律线波动起伏较大，并常出现大跳音程，唱词一般较少使用比兴手法，开门见山。二令一般音域在八度左右，唱词逗趣、诙谐，常用比兴手法，比喻贴切，形象生动。旋律线较平直，少用大跳音程，同音重复较多，易于传唱。(见例4)

例4

撒拉令(八)

---

① 详见《青海历史纪要》，西安：青海人民出版社，1987年，第122页。

4. 宴席曲

宴席曲是青海各民族喜庆宴席时演唱的一种民间歌谣，也是这一地区特有的一种民间礼俗。一般地说，宴席曲应属于礼俗歌的范畴。

撒拉族的宴席曲，除在形式和内容上与其他民族宴席曲有某种相似外，更多体现的是该民族所特有的风格和特征。首先，一调一事，即一首曲调固定演唱一个内容，不可一曲多用。其次，演唱风格独特，旋律委婉、细腻、活泼、优美，演唱时一般不需要任何伴奏。演唱形式以齐唱为主，并配有简单舞蹈动作，动作自由不受节奏约束，洋溢出欢乐喜悦之情。除《撒赫斯》是姑娘出嫁时唱的哭调外，其他均为男性演唱的民歌。其三，不但长于抒情，而且善于叙事，特别是短篇叙事作品占有一定比例。其四，演唱宴席曲并非只能在喜庆宴席或节日期间，平时也不绝于歌者之口。因为宴席曲内容相当丰富，除了特定的礼俗内容外，还有很大一部分是表现生活内容的。

从音乐方面看，旋律以上下级进较多，五度以上大跳较少见，曲体结构以双乐句变化反复体为基本结构，有时也能见到个别多乐句结构，但这种多乐句始终是以双乐句为核心体变化而来。一般说来，曲体结构较为规整。节奏平稳，大多使用二拍子和三拍子。调式主要使用徵、羽、商调式，宫调式极少见。音阶以五声为主，个别曲调中使用了偏音。（见例 5）

例 5

阿 里 玛[1]

① “阿里玛”是撒拉语的音译，原指一种红色的果子，青海汉语方言叫“秋子”，这里形容美丽的姑娘。

5. 小调

是撒拉族聚居区广泛流传的用汉语演唱的“小曲”，以表现爱情内容的曲目较多。其唱词通俗形象，词曲结合紧密，曲调抒情动听，感情真挚淳朴。特别是“花儿”的一些音调，在小调中时有出现，使之更具有鲜明生动的民族地方风格。调式多采用徵、商、羽三种，旋律婉转优美，富于表现；以级进方式为主，很少使用大跳。曲体结构多为单乐句反复体或双乐句变化反复体。（见例6）

巴里巴加调

例6

6. 儿歌

如童谣、摇篮曲等。儿歌均用撒拉语演唱，其内容大多与儿童生活游戏及传授知识有关。唱词通俗易懂，生动而富于想象。曲调流畅动听，同样伴有“花儿”音调特点，多采用羽、徵调式。曲体结构以单乐句反复体为主，旋律发展较平稳，音域在八度以内。（见例7）

例7

兔儿啊兔儿

歌词大意：哎兔儿啊兔儿，长长的耳朵，白白的毛，你是我们的朋友，兔儿。

二、音乐特征分析

由于特殊的历史背景和丰富的文化内涵，撒拉族音乐在自身特征的基础上，又呈现出复杂多变的多民族音乐文化特质。在漫长的历史发展过程中，兼收并蓄，吸收融合，可以说是多民族聚居地区音乐文化发展所必须经历的一个过程。这一过程对于单一民族而言，无疑是它日趋成熟不断发展壮大的重要过程。而作为一种区域性文化而言，就必然会形成一种带有这一区域象征的共同文化的诞生。撒拉族音乐文化的形成同样经历了这样一个过程，主要的影响源有以下几方面：

1. 族源的影响

撒拉族的族源是西突厥乌古思部的撒鲁尔人，先后同藏，回、蒙、汉等民族长期交错杂居，友好相处，并从中吸收民族新成分，扩大民族主体。这是撒拉始祖由一个氏族发展成一个民族的重要条件。撒拉族正式形成是在明朝时期。

2. 迁徙的影响

从中亚的撒马尔罕徙移至青海东部，地理环境发生了质的变化。徙迁分两路途经天山北(南)路分别进入甘肃嘉峪关和青海共和县(圆珠沟)，后共同经过循化夕厂沟，跨过孟达山，到达街子一带定居下来。至此，整体居住相对稳定。从一定意义上说，此次徙迁所带来的异地文化(中亚文化)与当地文化之间形成了一种互补的趋势和走向。

3. 语言的影响

语言是交流的工具，然而撒拉始祖的语言在新环境下失去交流的功能，而仅限于本氏族的范围。为此，撒拉族除保留使用本民族的语言外，大量吸取了汉、藏词汇，并以汉语作为主要语言交流工具。

4. 文化的影响

撒拉族文化受到多民族文化、习俗的影响，留有多种文化的痕迹。仅从音乐文化中便可清晰地看到这种影响的存在。撒拉族民歌与同居于这块土地上的其它民族的民歌之间共存一些相同的特征，它是作为民族发展和文化共存以及区域性共生文化存在的基础。然而在这种共存背后，撒拉族民歌在旋法、调式、演唱及节奏节拍等方面，却显示出较强的个性，它是构成撒拉族民歌特征的重要因素。

(1) 旋律型态，撒拉族民歌中最具民族风格和特征的旋律型态有两种结构，一是以两个三度关系构成的核心腔体；二是旋律下行时构成的“二四二”结构。

第一种结构是小三度加小三度，如 mi sol mi 或 la do la。第二个三度音不是依次上行，而是回转，非常有特点，第二种结构是大二度加纯四度再加大二度。比较典型的是 do re la sol，并且经常重复最后一个音。其变体为 sol la mi re。上述两种结构主要流行于撒拉族聚居的循化和化隆及甘肃大河家地区，是撒拉族的主要居住地。由于基本稳定的居住环境使这一区域的撒拉族民歌仍然保持着浓郁的民族性格和风格特征。值得一提的是，这一区域虽说是撒拉族相对集中的聚居地，但仍有其他民族（回、东乡、保安、藏、蒙等）在此居住。为此，第二种结构中的变体结构，或多或少的带有其他民族民歌特征的某种影子。以上腔体结构在旋律发展和运动过程中起着“种子”作用，具有典型性和相对独立性，民族风格浓郁，个性突出。

此外，撒拉族民歌旋律型态还存在着一些作为区域性共生文化圈内的结构型。如以三度为核心结合二度所形成的三音结构[①]；纯四度加大二度的“商徵型”[②]结构，以及它们的变体等等。这是由于特定的地理位置和环境，使同一区域的各民族文化长期交流融合的结果。这种结果最终则以区域性共生文化的“形象”出现在我们面前，可以说它是这一地区音乐文化的典型形态，是这一地区各民族共同的审美体现。

总之，上述两种民歌旋律型态仍然保留着较为浓郁的撒拉族风格和特征，并且有着传统的古朴和韵味，是撒拉族音乐风格特征

① 赵维峰：《土族民歌的种类及音乐特征研究》，载《中国音乐学》1994 年第 3 期，第 112 页。

② 张谷密：《谈花儿的旋法特点及艺术规律》，载《音乐研究》1981 年第 2 期，第 18 页。

的重要标志。形成这种结构腔体(旋法)的思维方式,恰恰体现了撒拉族传统的审美追求和作为音乐的文化性习惯思维。它从另一个侧面反映出在地区性共生文化背后仍然存在着能够体现各自民族风格的个性文化,这也是作为一个单一民族生存和发展所必须面临的选择,即在维护共生文化的同时,求得自身个性文化的发展。

(2) 调式音阶,撒拉族民歌基本上以五声音阶为主。时而也出现一些使用偏音的六声音阶,一般分别使用清角、变宫、变徵。这些偏音的使用,往往是以装饰性为目的的,追求某种情绪对比和变化,体现出一种特有的风格。这一点似乎同其它民族民歌中使用偏音的意图没有什么大的区别。

撒拉族民歌使用最多的是羽、角调式,其次是徵、商、宫各调式。旋律型态中的两种核心腔体始终贯穿着各调式。特别是调式主音同上下方三度或五度音的关系显得十分密切。核心腔体在调式中的发展和变化,使原有各音之间的关系又有了一次新的组合,改变了原有的音区结构。这也是形成其民族特征的重要因素。五种调式不同程度地存在着这种变化:

(方格内为调式主音,实心音符为核心腔体音)

宫调式主要突出下方的三度音,特别是下方回转的三度音,具有特殊的效果。此外仍强调主音上方的五度音，而主音上方的三度结构却很少出现。商调式因主音上下方三度音均为偏音，故上下五度音结合三度音向主音靠拢，但由于回转的三度音又使它们和主音之间形成下四度和上二度的特殊关系。角调式可以说是最能体现三度核心腔体结构的调式，两个三度音均围绕主音运动，并且下方三度音是唯一使用的一个大三度音程，具有独特的色彩性。徵调式特别突出下五度音的作用，主音下方的两个三度音作用十分明显。羽调式强调在主音上方的五音上形成两个三度音结构，体现出十分强烈的色彩性。此外，在六声和七声音阶中，虽然使用了偏音，但两个三度音和“二四二”结构腔体的作用仍十分突出，表现出这种传统思维习惯的根深蒂固。如以下片断：

除此之外，最具风格特征的还是在五声音阶中使用升 do 和升 sol，它改变了原有音阶各音之间的关系，表现出一种特殊的色彩效果。其位置往往出现在调式主音上方的三度音和下方的二度音上，有时甚至是两个变音同时出现。虽然不是出现在调式音阶的主要位置或强拍上，但至少给原有音阶结构增添了动力感，带来了新的关系结构，体现了一定的特殊性。或许可以使我们从中窥视

到某种外来文化（中亚文化）的影子。（见例 8）

撒拉族民歌旋律型态的特殊结构（即三度音和二四二结构），直接影响到调式调性和音阶排列关系，它虽然突出了各调式的个性色彩，对音乐风格的形成和发展起着举足轻重的作用，但由于各调式中普遍存在这种特点，因而使得有些民歌的调式主音飘移不定，缺少一种稳定感，或者与之形成奇异的结构关系，产生一种调性游离感，而至曲终时，收束音的出现不论从理论及听觉感受上，多少使人感到有点意外。

（3）曲体结构，单乐句反复体是撒拉族民歌曲体中最基本的结构形式，此外还有双乐句和多乐句变化反复体结构，它们都是在单乐句反复体结构的基础上发展变化而来。从一定意义讲，只要了解单乐句反复体结构，就可以从中对撒拉族民歌曲体结构有了一个概括性的认识。单乐句反复体作为曲体结构的核心，它的作用和地位是显而易见的。曲体是由核心腔体结构采用一系列的变化发展手法，而形成的独立完整的曲体结构，这也恰恰说明了这种核心腔体结构在特定地区、特定区域文化内所具有的独特性、有效性和自然性，它是这一区域民族审美习惯和传统思维习惯的民族心理和感受的准确体现。从某种意义上讲，也是这一特定地区、特定区域文化和社会主体心理模式的准确体现。尽管这种心理模式常常被无意识所左右，但却强烈地展示出某种动态的活力。“所以由此产生的音乐可以直接被整个集体所理解。”①

由于曲体结构是以核心腔体结构为最小单位变化发展而来，为此显现出下列特征：① 材料单一，但性格鲜明；② 核心腔体结构的重复和变形；③ 采用不同的发展手法，诸如重复、移位、扩充、逆行、倒影、紧缩等；④ 演唱中的即兴处理。演唱由于受到多种因素（如情绪、环境、心理、民族语言、方言、自身嗓音条件等）的影响，而往往影响到曲体结构的变化，有时甚至是较大的变化。（见例 9）

撒拉令

例9

上例中曲体结构为双乐句变化重复体，但基本结构形式仍是单乐句，最小单位是核心腔体结构。撒拉族民歌的曲体结构大多

① 参见《民族音乐学译文集》，中国文联出版公司，1985 年，第 48 页。

具备上述特征，而乐句的长短却往往是不对称的，如第一乐句是偶数，第二乐句则为奇数，反之亦同样。近种乐句之间长短的不对称性，除显示某种动态结构以外，则往往受到唱词格律及方言的限制。虽便于演唱多段歌词和某种情绪支配下的即兴发挥，但使曲体结构受到了一定的影响，总有一种不稳不实的感觉，或者说总有一种踏在波浪中行进的小帆板上的感觉。也许这正是撒拉族民歌的魅力所在。(参见例 1、2、8)

(4) 节拍节奏，撒拉族民歌节拍的使用同体裁形式有着直接的关系。在"家曲"中，以劳动歌、宴席曲、小调等为代表的民歌，节拍较规整，重音的反复基本上能够体现出有规律的再现特点，强弱分明。究其原因，这类民歌的体裁形式多强调动作行为，也可以说是以动作行为为目的，具有一定的功利性，并受到一定动作行为的制约。如劳动歌、宴席曲，除受场地限制外，还有目的、内容、强度以及特定的人际关系等的限制。为此，有条件形成较为规范的节拍，最常使用二拍子和三拍子。以花儿和玉尔为代表的民歌，节拍较自由，但并非严格意义上的自由，只是有时重音出现不十分规律，往往受到演唱者情绪、环境、心理、方言等多种因素的影响。这类民歌不是以某种动作或行为为目的，没有较强的实用功利性，而是侧重于演唱者内心情感的表露，或者说更注重内心的心理活动。因而较前一类民歌而言，难以形成比较规范的节拍。由于节拍难以规范，这类民歌中经常使用混合拍子，并占有相当的比例(参见例 4、5、7、8)

较典型的节奏布局应为花儿，它前疏后密，前疏主要指花儿引句中的自由节奏布局，这一特征在花儿中约占绝大部分；后密主要指情绪的变化和激烈程度。花儿是情歌，在情绪方面起伏变化比较明显，因而形成这种前疏后密的特征，情绪越热烈激动，节奏也就越紧凑密集。花儿音域的宽阔和音的高低也同样和节奏的疏密相伴随，有时甚至超出了我们的预想，具有一定的动力性。其它一些民歌种类的节奏布局相对显得平稳一些，但仍有快慢、疏密的对比（只是在某个局部），对比的激烈程度和起伏变化均不及花儿。

（5）旋律线，撒拉族民歌的旋律线，一般都呈曲线型，包括以下几种类型：① 从较低音位上升至最高点，然后作平行的曲线运动，再缓缓下行回落；② 从较低音位上升至最高点，然后突然下落至最低点，常出现下行的大跳，大跳音程在五至十度不等。这一类型同当地汉、土、回等民族的民歌有共同的特征；③ 从低音上行至较高点，后下行小跳至最低点，然后在低音区稍作平行曲线运动，逐步上升至中音区再下行到低音区，这种类型的旋律线起伏明显呈现出一定的韵味，基本没有五度以上的大跳音程；④ 开始即在高音区作回旋运动，而后逐渐移至中音区作平行曲线运动，有两种结束方式：一是在中音区运动之后再上升至高音区结束；二是在中音区运动之后移至低音结束。中音区运动上下多以级进、小跳方式出现（参见例 1、2、4、5、6、8、9）。

在音域的使用上，以花儿音域为最宽，大多数超过八度，最宽时达十四度左右。其次为玉尔，音域也在十度左右，其他民歌音域多在八度左右，音域较窄。

（6）演唱方法与形式，撒拉族民歌一般采用真声（当地称为呛音）唱法，也有使用假声（当地称为尖音）与真声相结合的唱法。演唱中也时常运用藏族情歌风味的颤音。此外，还有下滑音，具有独特的表现力。其演唱形式多种多样，有独唱、对唱、齐唱、一领众合、集体边舞边唱等。

三、几点思考

笔者曾在青海学习、工作、生活了 20 多年，实际接触了一些撒拉族传统的民族音乐，对当地诸多民族的传统习俗也有了一个概括性的认识。但以上仅仅是勾画出了撒拉族民歌的一个概貌，对一些较深层次的问题，还始终停留在思考阶段，但又觉得有必要将这些不成熟的思考讲出来，以引起更多的专家和学者们的重视和研究。

第一，笔者在实际接触青海各民族音乐时发现，诸民族的民歌从体裁、题材到表现手法和演唱方式等，都存在着惊人的相似之处，甚至某些歌种的音乐结构都具有一致性，如花儿、小调、宴席曲等中的“商徵型”结构；“三音结构”和“二四二”结构以及它们的变体，并作为这一特定区域的共有形式而被各民族所承认和接受。这种共同音乐文化形式说明，不同地区的各种形态的文化形成和发展，虽不在一个层面上，但通过一定的传承和流变、在一定地域性和时间性的限制下、在一定群体的对应和约定中，是能够形成相对稳定的共同文化圈的。为此，撒拉族民歌与这一地区的音乐文化之间，就形成这样的流变过程。这种流变形成了外域文化不断向着区域性文化转移，而区域性文化对外域文化又采取了消化和吸收，或者说被这一区域性文化的稳定元素自行调节和修复。撒拉族民歌能够存在于一定区域内的共同文化圈内，除了人类音乐行为中诸多的同根性和同源性外，还取决于共同文化圈内的文化质的约定性。

第二，任何一种文化都与一定时期、一定地域的人相对应，并受到这个群体的制约。这种制约主要体现在风俗习惯、生活环境、民族感情、心理状态和审美追求等方面。青海各民族的民歌，集中体现了民俗性这一特征，如花儿会、喜庆活动、传统节日等，属民俗音乐范畴。各种类的民歌都与一定的民俗紧密相关，撒拉族民歌也不例外，其特征是礼俗性、社交性、娱乐性和抒情性，作用一是保持和社会现实生活的密切联系、二是规范和约束本族成员的文化思想和道德行为。从一定意义上讲，民俗性是区域性共同文化圈形成的又一重要因素。

第三，作为一种文化，很容易受到外来因素的影响。然而由于特殊地理位置和社会环境，对撒拉族民歌而言，这种渗透和影响可以说是有名无实。为此，客观上为撒拉族传统文化的保存和发展提供了条件。所谓的影响和渗透也仅仅限于这一区域诸民族的音乐文化之间，这种文化圈内的传承和影响是一种在本源上的消化吸收，它为共同文化圈的形成提供了条件，但这类影响和渗透不可能超出区域性所限定的范围，也不可能超越文化质的约定性。

第四，撒拉族没有文字，本民族的传统文化只有通过口头传承的方式保留和延续下来。这种单一的传承方式，虽具有相对的有效性和稳定性，但就自身发展中所必经的交流环节看来，还必须寻找新的方式。这种新方式虽不是高层次的书面传承，但至少为撒拉族传统文化在区域内的交流和发展带来了生机，即遵循一定地域性、一定群体的对应和约定中所形成的共同文化圈的要求。这种要求不仅是区域性文化自存的基础，也是民俗音乐文化得已传承和沟通的有效手段，但它必须以语言（文字）为基础。因而撒拉族大量吸取使用这一区域内诸民族广泛使用的汉语（方言）和藏语，来作为自身文化发展和交流的工具，形成了传承相对稳定的文化体系。

总之，音乐文化的含义对各民族来说均有不同。但在区域性的共同文化圈内，其本源却相对稳定和富于特征，各民族音乐文化之间的流变和创新，都以区域性文化圈为标准。这些标准，一是和区域性民俗习惯相关；二是植根于一定的音乐语法（如音高、时间、音强、音色），只是各民族音乐文化中强调的程度不同而已；三是和特定区域下的生活环境和审美心态相关。不同的区域文化有各自不同的价值体系，深入研究特定区域各民族的音乐文化，必将给传统音乐文化带来更为丰富的外延和内涵。

（原载《音乐艺术》1997 年第 1 期）

布达拉宫壁画的保护研究

曹　勇

布达拉宫位于西藏首府拉萨市西北隅的红山之巅，是全国重点文物保护单位，并被列入世界文化遗产目录。1988～1994 年，在国务院的指示下，由国家文物局具体负责，对布达拉宫进行了建国以来最大规模的保护修复工作。其中，壁画保护是重要的组成部分。

在布达拉宫中，壁画遍布各个殿堂，而且依照墙面大小通体皆绘，甚至四壁连续相接形成一体，总面积约 2 500 平方米。壁画内容涉及人文、地理、政治、历史、宗教、科学，可谓无所不包，最大的特点是“以画记史，寓史于画”。可以说，壁画是西藏文化的重要组成部分。其中，文成公主进藏和亲，五世达赖觐见康熙皇帝，十三世达赖觐见光绪皇帝和慈禧太后等内容，反映了西藏与中央政权密不可分的关系源远流长。布达拉宫的壁画大部分属于“门唐画派”，它们布局合理，技法严谨，线条柔和流畅，刻画准确细腻，色彩华丽浓重，整体富丽堂皇。这些壁画不仅构成一座辉煌的艺术宝库，也呈现为多幅丰富绚丽的历史画卷，是不可多得的人类历史文化遗产。

在这次维修工作中，我们发现壁画存在大量的病害，包括空臌、裂缝、起甲、剥落、脱落、酥碱等。对这些病害的起因进行研究分析，同时采取相应的保护措施，维持布达拉宫的整体风格，才能使珍贵的历史文物得以流传后代。这对促进藏民族的文化发展，维护汉藏团结，都有重大意义。

一、布达拉宫壁画的结构和传统制作技术

1. 壁画的结构

从我们的实地勘查发现，这里的壁画主要存在三种结构，以墙体不同而区分，有石墙体、牛粪泥坯墙体、柽柳编苇墙体。地仗层具有相同的结构，分为两层。第一层为黄色颗粒粗糙不匀的泥沙层，因为墙体不平整，厚度在 2～6 厘米不等，掺有稻壳草灰，起找平作用。第二层为灰白色颗粒细而均匀的泥沙层，厚度在 3 毫米左右。然后是颜料层和保护层。所以布达拉宫的壁画是四层结构。

2. 传统的制作技术

西藏壁画的制作采取专业画师师徒传承的方式，所以至今还完整地保持着传统的制作技术。

(1) 墙体：石墙采取逐层堆砌式，辅以泥土，砌约 80～100 厘米左右，搁置一日，让其自己沉降稳定，然后循环堆砌沉降直至完成。牛粪泥坯墙采用牛粪泥坯砖和黄泥叠涩砌筑。柽柳编苇墙体采用木柱和横木为龙骨，绑扎柽柳条束而成。

(2) 地仗层：第一层用黄泥和粗沙以 2∶3 的比例混合掺入少量稻草筋，用手抹于墙上。第二层用筛过的西藏特有的“阿嘎土”加细沙以 1∶1 的比例用抹子均匀地在墙上抹平，并且用光滑的鹅

卵石磨光至干燥。

(3) 颜料层：先在磨光的地仗上刷两道牛皮胶，再涂一道白土做成白色，然后布局，构图，设色，修饰，最后再刷两道牛皮胶。

(4) 保护层：在颜料层上刷两遍清漆，形成发亮的漆层。

二、壁画的材料分析

布达拉宫壁画的结构分为四层（墙体、地仗层、颜料层、保护层），对壁画的稳定性和持久性有重大影响的是地仗层和颜料层，表 1 和表 2 是地仗层和颜料层某些颜色的 X 射线衍射分析结果：

表 1　地仗层的 X 射线衍射分析

地仗层	主要成分	次要成分
第一层（黄色）	石英，方解石，长石	辉石，黄铁矿
第二层（灰白色）	方解石，石英	辉石，长石

由表 1 可以看到，两层地仗的主要成分基本相同，为石英和方解石，但相对含量不同，第一层石英含量较多，而第二层方解石含量较多，所以第一层地仗的黏结力要比第二层差。

表 2　颜料层的 X 射线衍射分析

样品名称	取样位置	分析结果
草绿色	东大殿南壁脱落	兰铜矿 AZURITE，重晶石 BARITE 菱镁矿 MAGNESITE
深红色和金色	西大殿天篷脱落	辰砂 CINNABAR，石膏 GYPSUM 石墨 GRAPHITE，金 GOLD
草黄色	西大殿天篷脱落	铁辉石 ENSTATITE FERROAN 钼铜矿 LINDGRENITE
浅黄色	西大殿天篷脱落	菱镁矿 MAGNESITE，铅黄 MASSICOT

续 表

样品名称	取样位置	分析结果
橘红色	七世灵塔殿脱落	辰砂 CINNABAR，重晶石 BARITE
暗绿色	东大殿南壁脱落	兰铜矿 AZURITE 深绿辉石 FASSAITE FERROAN
浅黄绿色	西大殿天篷脱落	孔雀石 MALACHITE 紫苏辉石 HYPERSTHENE

由表 2 可以看出布达拉宫壁画的主要颜料为矿物颜料，这就表明了为什么布达拉宫的壁画能够长久地保持色彩鲜艳而不变色、不褪色。

三、壁画病害的原因分析

在布达拉宫中，壁画的主要病害是空臌，这种病害危害很大，往往在很短时间内就发展成大面积的脱落，使壁画完全毁掉。其次的病害是龟裂起甲，它的现象是先局部龟裂，然后裂缝扩展起甲，最后发展到剥落，壁画斑驳陆离而被毁坏。其他还有建筑因素引起的裂缝，局部的酥碱等病害。产生这些病害的原因是多方面的。

1. 环境因素

布达拉宫位于西藏高原的拉萨河谷平原中部，拉萨市西郊的红山顶上，海拔 3 700 米，属高山寒冷气候。拉萨市有阳光城之称，日照强烈。由于昼夜温差大，使石墙体与地仗层胀缩不匀，产生相对位移，导致空臌，同时加速清漆层老化。而气候干燥，相对湿度小，自然造成地仗层板结缺乏韧性，促使空臌蔓延发展。

2. 结构和材料弱点

(1) 地仗层：从我们的调查发现，壁画的空臌都是发生在墙体与地仗层之间。第一层地仗层是黄泥和粗沙以 2∶3 的比例混合的泥层，这里所使用的黄泥是河道沉积的沙泥，本身就含有大量的细沙，黏土类的胶结物质较少，所以这种泥浆粘结力很差，脆性大，极易粉化。从立体显微镜下观看壁画断面，可以看出第一层地仗颗粒粗大，空隙多，结构疏松；而第二层地仗则细密均匀，空隙少。对比地仗层的 X 光衍射分析，也可以看出，第一层地仗中大量的是石英，少量的方解石和长石；第二层地仗中，方解石含量上升，但是石英仍然有较大的含量。根据上面的分析，我们认为正是地仗的脆弱和较差的黏结力，特别是第一层地仗的脆弱，造成了墙体和地仗层之间的分离，从而导致空臌，加上地仗层自身的厚重，促使空臌迅速发展，最后出现了脱落。

(2) 保护层（清漆层）：作为保护层的清漆层从某种程度上来说，它保护颜料层不受风沙、油烟、尘污的侵害，有一定的积极作用，但这种材料本身有一定的缺陷，不是很好的保护材料，加之殿堂中酥油灯油烟熏染，清漆层极易老化发黄变脆，从而出现龟裂起甲，最后产生剥落。

3. 建筑因素

由于历史上布达拉宫在不停地进行重建、扩建和维修，有些建筑结构不尽合理，使得墙体各部分受力分配极不均匀，造成墙体裂缝，从而导致墙体上的壁画也跟着发生裂缝，遭到破坏。

在建筑施工过程中，殿堂的地面和屋顶是通过打“阿嘎土”的工序来进行的，也就是要铺几层由粗到细的“阿嘎土”，每层都需夯击打实，夯击的方式是十几或几十人各持一个中间穿一木把的石片，步调一致有节奏地同时夯击地面，它产生的振动是可想而知的。这种振动无疑会作用到墙壁上，影响壁画，促使空臌的产生。

屋顶漏雨也是壁画受到损害的一大因素。在我们的调查中，漏雨的部位，壁画往往存在两个问题：一是雨水渗入地仗，由于地仗多孔疏松黏结力差，吸水后导致地仗层坍塌，壁画空臌甚至脱落;二是雨水渗入老化脆裂的清漆层下,使清漆层起翘剥落。

四、壁画的保护措施

我们采取的保护措施主要是由表入里,先对画面进行保护处理,再深入地仗层的处理;然后,由里到外待地仗层加固稳定以后,再修复画面,复原整个壁画。

1. 画面的保护

布达拉宫的壁画特别是信教群众拜佛转经所经过的殿堂里的壁画,画面普遍存在油烟熏染的现象。壁画的清漆保护层也发黄变暗。其中,白宫东大殿北壁完全漆黑一片,根本看不出是否有壁画。殿堂外暴露在阳光和自然光下的壁画,清漆层发黄变脆,甚至裂缝起甲。

我们对画面采取除污去旧和加固封护相结合的办法进行画面的保护。熏污的画面用湿毛巾和湿脱脂棉团,也可蘸些表面活性剂轻轻擦拭画面,对特别难以除去的部分也可用少量有机溶剂。对老化发黄变暗甚至龟裂起甲的清漆层,特别是已经使画面难以辨认的部分,则用适量的有机溶剂去除旧的老化清漆层,然后再用新型加固材料封护。某些已经酥碱粉化的画面,则采用直接加固封护的方法处理。

2. 地仗的加固

地仗的加固主要针对壁画的空臌进行灌浆加固。首先要探明空臌的形状、面积和程度,根据空臌的形状和画面的情况选定灌浆口;其次,防止浆液从某些缝隙自然流失或污染画面,特别要对某些不易发现的裂缝进行封堵;然后,从灌浆口吸出空臌内的浮渣,对空臌部位采用一定压力的正面均匀支顶,用高分子聚合材料乳液以适当的压力对空臌部分进行灌浆加固。

3. 壁画的揭取保护

对空臌面积较大的壁画和建筑施工时会影响到的壁画,则采取揭取保护的方法。布达拉宫虽是一座宏伟的宫殿建筑群，然而因石墙体是用不平整的大小不一的石块堆砌，墙面凸凸凹凹很不平整，地仗层厚度差别极大又非常脆，给壁画揭取工作带来很大的难度。首先清洁画面，画出揭取范围的边线，再在画面上贴宣纸和纱布，贴时在边线外应留出约30厘米的纱布；其次，用钉有三合板的木框支顶画面，将预留的纱布反包在支顶木框上钉牢，再沿画好的边线开缝，应深达墙体；然后，用专门设计制作的扁铲进行铲揭，此时应注意铲头紧贴墙面，以免铲穿画面。

揭取下来的壁画，采取剔除疏松的旧地仗，仅保留致密均匀的第二层地仗，再补做环氧玻璃钢的新型地仗，最后用木框架结构增强新型地仗。对重砌的墙体进行修整，将木框架结构牢固地安装在新墙体上，确保整个壁画结构的稳定完整。

4. 画面的复原

在保护工作处理完以后，对壁面原脱落和残缺部分按照传统的制作技术逐层进行修补，然后请当地有经验的老画师根据经书补画，协调整个画面。

经过对布达拉宫壁画的保护研究，我们得出以下结论：壁画的病害和壁画的结构、制作材料以及制作工艺有密不可分的关系，可以说是壁画产生病害的内因；环境因素对病害发展有非常重要的作用，可以说是外因。

由此我认为，壁画的保护工作，乃至其他文物的保护工作，都应该从分析文物的病因入手，这样就可以针对文物病害的根本问题采取相应的保护措施。从而保证文物保护工作的持久有效，使珍贵的历史文物得以流传后代。

（原载《文物》1996年第3期）

对藏族民间宗教艺术形式

——“唐卡”的人类学阐释

张斌宁

艺术或宗教不再是画布上或寺庙里的行为，而是这些行为的观念。它们不再表达情绪，而是像柯林伍德宣称的“是对表达人的情绪的体验。”

——T. R 马特兰《宗教艺术论》

唐卡是藏民族最具代表性的民间宗教艺术形式，它长期以来广泛流传于藏域的各个地区，并且深受藏族同胞的喜爱与推崇。藏民族宗教文化的各个细节在唐卡画中都有所体现，可以毫不夸张地说，唐卡艺术在某种程度上已经成为藏族宗教文化的独特标志。

近些年来，在党的民族政策的引导与帮助下，以藏民族文化艺术为核心的藏族旅游业蓬勃发展，藏族民间宗教艺术也得到了来自本民族内部及外界的广泛关注。一时间，对有关藏民族文化艺术的研究掀起了一轮新的高潮，甚至成为学界普遍关注的一个新的研究点。20世纪80年代以来，很多少数民族期刊或杂志上经常能见到这类相关的学术文章，这些文章大多从各自的角度或学科方向切入进行研究，以历史的眼光来看，这在一段时期内繁荣了学术阵地，有其积极的意义。在数十年过后，经过客观而冷静地分析，我们不得不承认当时的研究从艺术发生学的角度来看，总体上缺乏一种必要的学理基础或依据，虽然在很多具体艺术形式的研究上一些文章堪称精品，但大多都没有把其放置在藏民族文化整体的基础上探讨，最终只能遗憾地流于一般形式意义上的研究。

这种现象的存在无形中就给后面的研究提出了新的要求：在兼顾藏民族文化整体的前提下，以社会学和人类学的有关视点切入来考察生成典型艺术的典型环境和背景条件，然后主要从艺术学科的专业特点出发探讨具体可见的艺术特色，力争由内及外、由现象到本质呈现给大家一个较为完整的、清晰可见的藏族民间宗教艺术形式。

另外需要说明的一点是：在本文中，唐卡一直是被作为藏族民间宗教艺术中最为典型的一种具体样式来考察。在提到“唐卡艺术”这个词时，笔者并非是想用从一般艺术规则中抽离出的因素来说明它或者证明它，譬如，唐卡画正是因为具有了艺术之所以成为艺术的某些必要因素之后，它本身才可以被我们称为唐卡艺术并给以考察。恰恰相反，笔者的本意在于，每每提到“唐卡艺术”时，就已然把它视作为一种既成的艺术品，然后再从艺术的角度去分析它的一些必需因素，诸如什么意境、构图、色彩、线条，等等。也就是说，唐卡画并非是有了上面提及的所谓艺术要素才成为“唐卡艺术”，而是我们一开始就从唐卡这种独特的民族民间宗教艺术形式本身出发，来考察它自身的所谓艺术特色，并企图窥探这种独特的艺术形式将呈现给我们什么。

徘徊在热贡的十几天里，借地利人和之便，笔者曾观赏了包括隆务寺、上、下吴屯寺、郭麻日、热贡艺术馆、金轮公司以及其它的小寺院和村庄等热贡唐卡作品比较集中的地方，共看到了大约五百幅左右的唐卡作品。这其中大到壁画、小到盈盈一尺的尕唐，皆精妙传神，美不胜收。若非亲眼所见，实难体会个中千秋。在参观的整个过程中，每每面对那一幅幅非殚精竭虑而不能成就的作品时，就有一个问题跃然眼前：在这些传世杰作的后面，究竟是什么样的魔力驱使着一代代的画师们甘愿与青灯长伴，在那勾勾画画之间挥洒尽自己的生命？

众所周知，一直以来，藏族同胞绝大多数都生活在祖国大陆的腹地。深居内陆、环境闭塞、自然条件恶劣、交通落后等状况直接形成了它与内地或周围文化经济较为发达地区的交流障碍。在其他地区向所谓现代化建设迈进的同时，藏民族很多地方依然保留了其千百年来形成的缓慢的生活节奏。在那里，文明世界的各种流行文化并没有像它们在大都市中那般肆虐猖狂。虽然，在一些县城或集镇中不时可以见到流行文化的痕迹，但那大多数情况下是游客或其他外地人频繁往来的结果。实际上，表面上的文明化远远未能对藏民族真正的文化根基构成威胁。大街上随处可见的身穿藏袍、脚登耐克鞋、肩背阿迪达斯背包、喝着可乐的情形并不能简单地认为是文明世界的冲击结果。恰恰相反，这种现象正好从另外一个角度说明了藏民族开朗豁达、不拘小节的生活态度。对他们而言，耐克、阿迪达斯或者李宁这些品牌本身并非出于他们的主动选择，所以也就相应地没有文化学或经济学上的意义。这充其量只是一种随遇而安、就手使用的生活态度使然，而不是像有些学者所言是出于一种内在的需要。当然，年轻一代的藏民族的主观追求则另当别论。然而以历史的角度来看，这种所谓的文明化或进步往往是以牺牲本民族原生态的文化认同感为代价，其直接结果就是在文化上形成一种畸态，并进而造成整个民族的身份失落。这已经是题外话了。

正如前文所言，表面上光怪陆离的世界并没有真正动摇藏地的文化基因。必要的生产活动、诵经、参佛、转经等成为一个普通藏民每天的必修课。实际上，也就是每个藏民一生的课程。重要的是诵经、参佛、转经等活动在一生中占据了绝对的时间和地位。生命的意义就在于伴随着时间的老去而以这些琐碎、机械的活动来消耗掉每个个体的生命，在现世，这只是一个过程而已，真正的生命华章将出现在来世。心平气和、心安理得地对待平庸的生活，这种修为想必一定会被藏民族与来世的精彩联系起来。笔者以为，正是这种心理基础才给唐卡艺术的发展繁荣造就了天然的契机。与日常活动对照，不胜繁琐的唐卡创作也与诵经、参佛、转经等活动一样，成为一个创作者理想的日常修为过程。

在同仁碰到的一位画僧的个人体会证明了笔者的这种推测。他在同仁的生活简单有序，参佛、绘画犹如水到渠成一般自然，日出日落印证着他的生活节奏。但他待在兰州的半个月里却毫无所获。处在文明世界的包围中，他时时刻刻感受到心魔的诱惑而不堪重负，身份的落差与错位使其痛苦万分。用他的话来说，重新回到同仁的感觉“就像鱼儿又找到了水”。平和、安静，待在同仁的大地上，由里至外是一种完美的和谐，他的心跳与同仁的脉搏完全吻合，每每拿起画笔的一瞬，都是每个个体自然修为过程的开始。与待在兰州不同，在那里，他每画一笔都是一种被迫的劳作。

所以，真正的唐卡艺术是出于内心强大的驱动力使然，是对宗教，也即是对藏民族本身生命的一种尊敬。正如汉地妇女给患有疾病的小儿做五毒衣一般，是一种情之所至、不能自已的情感宣泄。

由此似能推出结论，唐卡艺术以结构繁密为其基本形式特点似乎是一种必然。稍加回顾，笔者在同仁期间看到的所有唐卡竟无不如此。结构之繁密主要是以线条来表现，长线条如人物的衣饰，背光、佛光、山峦精舍；短线条如人物的各种头饰、配饰，花草器形等不一而足。而且很多时候还要在画好的线条上覆以金线，层层堆积，繁上加繁，密不透风。纵观中国古代画史，运用线条来营造结构繁密的手法几乎被唐卡艺术推到了一种极致。另外，运用色彩的堆积点染来达到效果也是一种方法。所有佛像背后的天空和人物的衣饰以及大的花瓣等都不是简单平涂的结果，经过仔细辨析才发现，这些地方无一例外也都使用小笔一层层重叠描画而成。所以远看一块简单的颜色却似乎有无穷之魅力原因就在于此。这一点与宋画中所谓的“三烘九染”颇有异曲同工之妙。

根据马特兰一贯的主张“宗教做着与艺术同样的事情，它们二者指导我们怎样看，并间接地指导我们做些什么。”来看，笔者在青海考察的结果恰恰印证了这一观点。在每一次置身于唐卡艺术的海洋中，观者就会有被一种无形的力量所挟持的感觉，这种力量毫无疑问来自该空间的某一处。通常情况下，观者往往会以为这种神秘的或包容的力量是由于眼睛所看到的画面的结果。的确，放眼看去，目不暇接的唐卡有着各自不同的表现方式和内容：但见那些神像们形色各异，或恬静或威武，或含蓄或夸张，或繁密或疏朗，或色彩绚丽或浑然一体，其一动一静皆在方寸之间游刃有余、开张有致，观者莫不为之动容。然而冷静下来仔细思量，就会发现这种感染力究竟来自艺术形式本身还是来自画面所传达出的宗教内容实难定夺。情况确实如此，很多时候我们真的不知道这种结果的出现到底是宗教假艺术之威，还是艺术挟宗教之风而致。不过明确的一点是，我们可以坦然承认，这两种因素中不管去除任何一种，都会使得最终的感染力大打折扣。实际上，在几乎所有的宗教艺术中，这两种因素都是相辅相成、相协生辉的。在这里，艺术与宗教共同的呈现出被创造的知觉和意义的构架，正是通过它们，人类来解释其经验。所以，在潜意识的驱动下主动追求画面的意境气氛，以画面的意境来确立其基本格调成为唐卡艺术的另一个特点。

正是基于这样的基础，唐卡艺术就其画面的基本意境而言形成了两大种类：一类可以说是善的诱惑，以释迦牟尼、弥勒佛、文殊菩萨等为主，形象慈祥、安宁、宽厚、和蔼可亲；一类可以说是恶的恐吓，以密宗的金刚、护法神为主，用极其夸张的手法进行描绘，造型狰狞恐怖、獠牙血口、怒目赤发等。当然了，不管画面的具体要求如何，画师们在绘制过程中总是严格遵循着《绘画如意宝》、《功能源》、三经一疏的规定。实际上，如马克思主义所认为的那样，任何文化形态的产物必然是以意识形态的面目出现。从而，作为宗教文化产物的唐卡艺术也就必然地扮演了藏民族意识形态的一个重要部分。唐卡中所反映出来的情况也大致如此：一方面，以善的形象出现的作品往往以感化诱导为主；相反，以恶的形象出现的作品会以其特有的震撼力来降伏人心。实际上，某种程度上，宗教与艺术一样，“在其最本质的部分，都是在创造一种全新的意义构架与知觉样式，人们借此进入到一种神圣的意义领域”。借用德国著名宗教史学家鲁道夫·奥托(Rudolf Otto)的术语，他把艺术与宗教的两种成分分别界定为“迷人”与“恐惧”。“迷人”意指宗教与艺术相互认可的既定成分的那种性质，它给人以安全感，吸引人，故迷人；“恐惧”则指打破、超越既定东西的“迷人”性，从而使艺术家与宗教信仰者进入新的创造空间的那种性质，它如同雷霆与暗夜，是不为人的情感与意志所亵玩的东西。实际上，严格来讲，宗教与艺术必然是既定的东西与超然的东西、迷人性与恐惧性连续而成的一个整体。而唐卡艺术正是以此为据，来履行其宗教艺术独有的社会功能。

随着现代文明的冲击以及藏民族对外部世界认知水平的提高，唐卡艺术所能涵括的内容较之以往扩展了不少，有很多乡俗百态、日常生活的内容也比较常见。但总的说来，作为宗教艺术的衍生品，以宗教内容为主依然是其最根本的特色。而宗教内容中又以佛本生故事和佛经故事为最。像其他宗教艺术一样，由内容决定形式的特点久而久之就衍生出了其独有的叙事构图法。这种构图法能在有限的空间内提供最多的信息量，而给观者形成一个较为完整的认识。在文化水平低下，媒介匮乏的藏区，这种叙事构图法能更好地完成其社会功能的指义。

传统的叙事构图采用棋格式构图形式，即用直线将一幅壁画与另一幅壁画隔开，形成独立画面。也有的用线条和壁画题记文字相结合的形式，即在通壁构置上下两幅壁画，中间用线条或题记隔开，左右用直线分割独立成幅。这种构图多见于寺庙中的大型壁画，单幅唐卡较少采用。

另外，中心构图法在唐卡和壁画中显得尤为突出。中心构图是指以主要人物为中心，上下左右展开故事情节，实现画面的主次分明，寓繁多于统一，在变化中求整体。我们知道，所有在唐卡画中出现的人物形象都有其宗教渊源及脉络，所以一般而言画师们在安排画面的时候就会根据人物所属的宗教背景、地位、身份等因素来酌情构图，还会因具体佛经故事的不同适当调配其人物关系，但所有这些变动都建立在对有关人像度量规定的严格遵从上。从我们前面的介绍中可以知道，很多度量经中对各种人物及众神的形象都规定得很具体，甚至是同一个神像在不同情况、不同场合的出现：站姿、坐姿或跏趺坐姿，以至于连一个很小的手印、脚掌的方向等都有明确的规定，其规定之详细几近于冗琐。应该肯定的是这种完备周全的规定对于唐卡艺术的发展起到了相当积极的作用；另外，以宏观的视角而言，它对于这种特殊的民间宗教艺术的规范化也有着不容忽视的意义。然而我们在这些名目繁多、造型各异的神像中发现了一个有趣的现象：就是所有画面中出现的主神像的身体比例都远远大于附属在其周围的小神像。从构图的角度来看，这种做法毫无疑问在烘托主题、确立画面的基调等方面作用显著。但究其深层意义来看，我们则不能忽视画面背后隐含的实用功利主义色彩，其折射出来的地位、阶级的高下；对权力的分配以及尊卑有序等思想意识实际上和世俗世界并无二致。不同的是这些意识形态的东西在这里被巧妙地披上了一层宗教外衣，使得人们能够自然而然地顺利接受罢了。两相比较，汉地一些作品中（如唐代作品《步辇图》中，唐太宗的身形比例远大于周围的侍女们）这种意识的流露就直接了许多，但两者的实质却是完全相同的。

色彩的运用也是唐卡艺术不容忽视的一个重要特点。如前文所述，唐卡画的色彩选用十分讲究，几种最主要的颜料来源大都在卫康、尼泊尔等人烟稀少的地方。那些天然的矿石被开采回来后，还要经过很多繁琐的手续来加工处理方可使用。这些只是为唐卡画的颜色提供了技术上的准备，譬如唐卡画的颜色鲜艳饱和，经久不衰，甚至历久弥新等特点。不过笔者以为，长期以来被很多学者忽视的一点是：大家往往只看到了唐卡画色彩技术的层面，而有意无意忽略了颜色的具体运用以及这一行为背后的心理基础或文化构造，也即是什么样的心理或情感在支配他们这样而非那样使用那些色彩。而笔者认为这恰恰是研究唐卡画色彩奇观的一个重要部分。

艺术来源于生活。不管如库尔贝眼里面看到的具象的生活，还是柯罗所谓的感觉到的生活，都是艺术家眼里最表层的生活真实或是由生活而生发的真实感受，但归根结底，都不能脱离生活基础。在世界第三级的青藏高原上，阳光下所有的东西都纯净无比，整个世界在日光下熠熠生辉，就连最灰暗的阴影仿佛都透亮无比。日光不仅照亮了世俗社会的每个角落，也照亮了生活在那里的人们的心灵。在他们的感觉里，眼前这个熠熠生辉的世界不正是他们终生向往的佛界吗？在那里，所有的东西都五彩斑斓，没有半点儿阴暗，一切世间的存在都以各自最美的姿态在日光的抚慰下遥相呼应，一片流光溢彩的景象始终流动在人们的眼前……生活在这样的环境里，画家笔下的世界有什么理由不溢彩纷呈、澄明静亮？所以，我们看到的唐卡里面娇艳饱满的色彩不仅是画师们真实生活的写照，更是他们对主观世界里一切美好事物的自由表达。实际上，正是这样的潜层心理基础才使得唐卡画的色彩真正地经久不衰。在一代又一代的流传过程中，颜料的具体来源或使用方法因各种原因或多或少的有所变动，但唯有这样的心理基础牢不可摧，诞生这种心理基础的地域环境不变，宗教信仰不变，生活方式依然，这样的色彩奇观自然就会延续下去而成为唐卡艺术的一个原生态的特色。反观汉地的很多作品，除却地域因素之外，以儒家中庸思想为主的文化在人们的心理构成中占据了绝对位置，所以即便是在盛唐时期或宋画高度发展时期，大多数作品的色彩基调依然以含蓄内敛为主而绝少见到大红大绿，色彩饱满的例子。就连中国画中很常用的、最饱满的朱砂色也以厚重沉稳为主；至于石青石绿等明亮的矿物色在使用时则更是要加一层赭石的底子以降低其纯度。同样的情形在唐卡中却正好相反。

我们不难看出，作为一种特殊的、长期流传的民间宗教艺术，所有关涉到唐卡画艺术性的地方都与宗教有着千丝万缕的联系，只是很多时候它在宗教性上表现得较为泛杂和随意，并且常常带有原始宗教及巫术色彩，宗教性与世俗性共存，并非严格意义上的一神教。随着宗教文化的发展与现代文明的洗礼，唐卡在进入寻常百姓家的过程中，一些宗教神秘色彩逐渐淡化甚至部分地丧失或者衍生出新的意义，使得唐卡画的艺术成就以自身的形式更多地凸显出来并被人们所注意和欣赏。但总体说来，唐卡的艺术成就确实是在宗教文化的层面上被完成并释放出来，而宗教文化也正是以唐卡这种艺术形式而成为一种有形的存在并得以传播。

参考文献：

[1] 马成俊. 神秘的热贡文化[M]. 文化艺术出版社，2002. 4. 1.
[2] T. R 马特兰. 宗教艺术论[M]. 今日中国出版社，1992. 6. 1.
[3] 布林·莫里斯. 宗教人类学[M]. 今日中国出版社，1992. 2. 1.
[4] 王海霞. 中国民间美术社会学[M]. 江苏美术出版社，1995. 12. 1.

（原载《民族文化研究》2005 年第 3 期）

喇嘛与藏戏*

朱恒夫

我国的一些戏剧形式与宗教的执事人员有着密切的关系，如巫教的巫觋之于许多地方的傩戏，道教的道士之于皖、湘等地的师公戏或端公戏，佛教的和尚之于泉州的打城戏。然而，它们都没有藏传佛教的僧侣——喇嘛和藏戏的关系那样的密切。可以说，藏戏的萌生、形成、发展、隆盛和传布，其原发力都来自喇嘛。没有喇嘛，也就没有藏戏。这种戏剧现象不要说在中国罕见，就是在世界的范围内，也是极少的。学术界虽然在近年高度关注藏戏，但是对喇嘛与藏戏的关系这一重要问题，却多有疏忽。笔者不揣浅陋，从历史发展与艺术的角度，对这一关系做一粗略的梳理。

* 本文为教育部哲学社会科学重大攻关项目“中华戏剧通史”（项目编号：11JS01）、国家哲学社会科学基金艺术学项目（项目编号：12BB016）、国家哲社重大项目“中国傩戏剧本整理与研究”（项目编号：14ZDB077）、上海高校高峰学科“中国语言文学”阶段性成果。

一、藏戏萌生于喇嘛的说唱艺术——喇嘛玛尼

喇嘛玛尼是用说唱的形式演述佛教故事或蕴涵佛教教义的世俗故事。关于它的来源，有两种说法：一说是在吐蕃王朝的赤松德赞时期(742—797)，唐朝皇帝派内地高僧琅秀、文素到吐蕃等地宣扬佛教，这些高僧为了让俗众了解佛教和理解教义，运用变相与变文的形式来进行宣讲，于是产生了喇嘛玛尼这一说唱艺术①和以佛教为题材的绘画艺术——唐卡。另一说是为15世纪的喇嘛唐东杰布所创。他为了实现在多条江河上建造铁索桥以方便人们出行的理想，让他的徒弟们根据所绘的佛教图画，用说唱的形式宣扬佛教的故事或表现佛教教义的世俗故事。这两种说法尽管没有文献的依据，时间上相差几百年，其创立人前者为内地高僧，后者为本地喇嘛，但是他们有两个共同点，即这种说唱艺术的功能皆是为了传布佛教，说唱者都是僧人。而这两个共同点在20个世纪60年代之前还一直保持着。就是今日以演唱喇嘛玛尼为职业的日喀则专区仁布县江嘎托巴村的艺人，也多是色金喇嘛，而所演唱的故事则多与佛教有关，如《文成公主》、《朗萨姑娘》、《白玛旺巴》、《卓瓦桑姆》、《索吉尼玛》、《诺桑王子》、《金巴青波国王》、《嘎玛旺宗还魂记》等。由此可见，创立喇嘛玛尼这一说唱艺术的是僧人与喇嘛玛尼的主要功能是宣扬佛教，应该是符合事实真相的。

广泛地流传于卫藏地区的传说云：唐东杰布既是喇嘛玛尼的发明人，又是藏戏的创造者。而根据藏传佛教的历史来看，以宣扬佛教为宗旨的喇嘛玛尼不可能迟至15世纪才出现。但是它和唐东杰布有关系则是无疑的，很可能是唐东杰布原为喇嘛玛尼的说唱艺人，为了多建一些铁索桥，让化缘有更大的成效，他便在喇嘛

---

① 参见：《中国戏曲志·西藏卷》，北京：文化艺术出版社，1993年，第11页。

玛尼的基础上创造了“白面具戏”和“蓝面具戏”，将演述画像内容的说唱变革为戏剧的表演。然而，所搬演的故事大多还是喇嘛玛尼的，声腔音乐基本上也是袭用喇嘛玛尼的，只不过由过去一二人的说唱变为更多的人装扮成各种人物的表演罢了。虽然由说唱改为戏剧，但说唱的痕迹依然很重。譬如传统藏戏演出时有剧情讲解人，讲解人讲到哪里，演员就演到哪里；演员扮演的角色，一定要等讲解人以一种固定的念诵曲调介绍之后才能上场表演。拿喇嘛玛尼与传统的藏戏作一比较，也可以看出：两者在故事题材、唱腔音乐等方面大同小异。按照人类艺术发展的一般规则，总是说唱的艺术形式在先，演剧的艺术形式在后。由此规则亦可推断，藏戏定是受了喇嘛玛尼艺术形式的影响而形成的。

二、喇嘛为藏戏的主要传播者

藏戏的白面具戏主要流行于卫藏地区（即山南和拉萨两个地区）和四川的甘孜、巴塘、理塘等地，蓝面具戏的传播区域则较为广阔，除了西藏外，还远播青海、甘肃、四川、云南等省的藏区。尽管许多地区的藏戏在发展的过程中形成了自己的特色，名为黄南藏戏、康巴藏戏、德格藏戏等，但是，其“根”都为白面具戏或蓝面具戏。那么，白面具戏或蓝面具戏是什么人向外传播的呢？主要是喇嘛，而且是地位较高的喇嘛。昔日，藏传佛教以拉萨的主要寺庙为中心，拉萨之外的寺庙僧人都会到彼处进修。如清雍正年间，夏日仓二世主持黄南隆务寺时，全寺僧侣约有三分之二的人到拉萨格鲁派寺院哲蚌寺进修。他们不仅学习五明各科课程，也学习小五明的课程——星算、修辞、辞藻、音律和戏剧，藏戏是必修课程之一。这些僧侣进修结束后，藏戏也就被带到了他们所在的寺院。于是，在每年的藏历六月十五到八月初一期间，修习经文之后，举行“呀什顿”（夏日野宴）的活动，活动的内容之一，就是表演藏戏。

当然,一开始,只能演出《诺桑王子》开头的一个片段,经过六七十年的积累,到了夏日仓六世嘎丹贝坚赞时期,隆务寺才能演出一些完整的藏戏剧目。

藏戏既然是僧侣必修的科目,就会对其进行考核。黄南珠固寺就是这样做的。生活于19世纪的珠固寺喇嘛瓦臧宦角将藏戏从拉萨引进到了该寺,结合当地的民歌与说唱的音乐,排练了《智美更登》。之后,又有名为董若巴的喇嘛从甘南拉卜楞寺学来了《贡保多吉听法》,指导年轻的喇嘛演出此剧。至此之后,珠固寺每当举行僧人"伍玛多茂"考试时,都要由喇嘛演出《智美更登》与《贡保多吉听法》,以此来测试喇嘛在藏戏表演方面的才能。[①]

当然,喇嘛传播藏戏并非都是在僧侣之间传播,有的也会传播给世俗之人。譬如山南地区的乃东,民间班社之所以能演许多藏戏,也与喇嘛的传播有关。清朝末年,色拉寺的一个谙熟蓝面具戏的喇嘛称佩,他曾到乃东将觉木隆派的保留剧目《苏吉尼玛》教给了乃东的戏班。[②] 藏戏从寺庙广泛地传播到民间,应该是在20世纪50年代末,彼时,受政治的影响,许多寺院关闭,喇嘛还俗回乡,虽然寺院的藏戏演出随之消歇,但是一些还俗回乡的喇嘛在村庄里组织了藏戏戏班,演出藏戏。如曾经在甘南拉卜楞寺当过喇嘛的李先加,在1958年还俗回到自己的家乡——同仁县曲库乎乡江什加村后,先是将从小在寺院中学到的藏戏演给村里的乡亲们看,后来则在村里组织班社,指导排演藏戏。还将传统剧目《智美更登》改编成八场,糅进了当地的民歌音乐和笑话,形成了独特的风格。[③] 像李先加这样将寺庙中的藏戏传播到民间的人是很多的。

---

① 参见:《中国戏曲志·青海卷》,中国ISBN中心,1998年,第47页。
② 参见:《中国戏曲志·西藏卷》,文化艺术出版社,1993年,第235页。
③ 参见曹娅丽:《青海黄南藏戏》,文化艺术出版社,2007年,第44页。

在20世纪60年代之后在藏区民间建立的藏戏班社，基本上都与还俗的喇嘛有关。

三、喇嘛是传统藏戏的编剧、导演、演员、乐手和舞美的制作者

藏戏形成之初，其剧本基本袭用喇嘛玛尼的说唱本，待发展到一定的阶段后，因戏剧艺术的特点和观众的需要，便用戏剧的要求对喇嘛玛尼的说唱本进行改编，而这个工作都是由文化修养较高的喇嘛来完成的。如源自甘南拉卜楞寺的藏戏剧目《贡保多吉听法》，最初就出自于该寺活佛贡唐·丹贝卓美之手，他是根据《米拉日巴传及其十万道歌》中的一段故事改编而成，在每年7月举行的“米拉劝法会”期间演出。后来，这个剧目传入青海黄南的隆务寺，亦成了常演之剧目。扮演贡保多吉的喇嘛乔旦加在演出实践中，觉得该剧过于简单，除了少量的道白外，皆是猎人舞、鹿舞、猎犬舞等舞蹈，戏味不浓。于是根据自己的艺术经验，于1943年改编成唱念做舞并重的剧目，从而提高了该剧目的艺术水平。甘南的拉卜楞寺上演的藏戏有9个剧目，都是该寺的喇嘛创作的。如《松赞干布》是章尤加措根据《西藏王臣记》等书的部分章节改编而来；《赤松德赞》为完玛仁则据《五部遗教》的内容写成的。该寺的琅仓活佛在编剧方面的成绩最为突出。他曾经到过北京，与京剧大师梅兰芳有过交往，热爱汉族的戏曲，抱着推动藏戏发展的愿望，亲自编写了《达巴丹保》、《罗摩衍那》、《顿月顿珠兄弟》、《岱巴登巴》等。

传统藏戏的导演俗称“戏师”，他们都有丰富的演出经验，熟稔剧目中各个人物的台词和表演动作，并有歌唱各种曲子的本事。除此之外，还要有高尚的人品，在寺院中有较高的声望。他们往往由职位较高的宗教人士任命。如于18世纪末期在世的根角，就是

由八世班禅亲自选定为蓝面具香巴藏戏班子的戏师，又如20世纪上半叶在世的唐曲则被热振活佛选定为蓝面具江嘎尔藏戏戏班的戏师。戏师在藏戏的发展过程中，艺术上都有所创新，如20世纪上半叶在世的唐曲在多次演出《诺桑王子》的基础上，对这一剧目的表演就摸索出了这样的规范："敲第一次鼓，演员将面具放在肩上；敲第二次鼓，演员把面具戴到脸上；敲第三次鼓，演员整理好面具；敲第四次鼓，正式进行表演。此外，他还对剧中青年渔夫的唱腔加以丰富改进，不仅可以唱诗句，亦可以唱散文词，使整个唱腔既符合角色情绪的起伏，又变化多姿。"①

藏戏的演员多是寺院的喇嘛，在有演出藏戏传统的寺院中，物色演员的工作已经成了寺院主持、活佛、戏师工作的一部分。什么样的喇嘛能做演员？一般须有这样三个条件：一是对佛教有虔诚的信仰和对佛教教义有深刻的理解。因为所演的都是宣扬佛教教义的内容，如果不熟悉佛教的历史、不将佛教教义当做真理、不诚心诚意地敬仰佛教领袖，就不可能通过演出形象地表现出佛教的伟大宏阔和无所不在、无时不有、无所不能的法力。二是长相须符合传统剧目中的角色要求。若要将其培养成扮演国王的演员的，应有威严端庄的神色、宽方的脸庞和高大的身材，扮演活佛等宗教领袖人物，应有饱满的前额、明亮而睿智的眼睛、慈祥静穆的神态，也就是要有"佛相"。扮演公主等年轻女子的，则无疑要秀丽颀长的，等等。三是须有动人的歌喉、较强的记忆力与表演天赋。有时行政机构会对选为演员的喇嘛，在经过一段时间的训练之后，集中起来进行测试，请行家考察他们是否具有表演的能力。如门珠布·土登杰布在担任孜恰勒空这一职务时，曾对拉萨地区的各寺院戏班的演员进行考查，对各个上场演员的表演一一评析，指出其

① 《中国戏曲志·西藏卷》，第304页。

不足。如果大体上不错，会指定戏师进行单独辅导，纠正其缺点，提高其艺术水平。如果行家们觉得某个喇嘛不是一块做演员的材料，会建议所在寺院另外物色演员。

藏族是个能歌善舞的民族，他们似乎有着天生的特别强的乐感，会演奏乐器的人不在少数，喇嘛中也不乏乐手，因此，寺院中藏戏音乐的演奏人员，也是喇嘛。有的还在改革藏戏音乐方面做出过较大的贡献。如20世纪40年代之后，甘南的拉卜楞寺的琅仓活佛和青海黄南隆务寺的藏戏乐师多吉那木加在鼓和钹之外，加进了藏唢呐与笛子、扬琴、二胡等乐器。当然，有的乐手也是演员。如曾任西藏自治区藏剧团第一任团长的扎西顿珠，幼时就习乐器，弹唱六弦有一手绝技，可以侧弹、反弹，还能头顶一只斟满酒的银碗，边跳、边弹、边唱而不洒出一滴酒来。由于是喇嘛歌唱、喇嘛伴奏音乐，故而藏戏的音乐有着鲜明的寺庙音乐的色彩。如黄南藏戏的曲调有【道歌调】【喜庆调】【悲歌调】【嘛呢调】【诵经调】【格萨尔调】【吉祥调】等。其中【道歌调】【嘛呢调】【诵经调】【格萨尔调】等都是寺庙音乐，【道歌调】原为寺院喇嘛给信众诵经时的曲调，喇嘛演藏戏时就将它当作基本曲调来使用；【诵经调】则是喇嘛给神佛诵经时唱的曲调，几乎被运用在所有传统藏戏的剧目中。

传统藏戏的舞美最引人注目的是它的面具，而面具则必须由喇嘛来制作。雅隆·扎西雪巴戏班的面具是这样制作的：所用的羊毛出自于凯墨豁卡庄园中农奴专门牧养的山羊，这些山羊终年不剪毛，农奴要经常打扫梳理，不使其有一点儿脏污。到了年底，将活羊送到拉萨哲蚌寺下的乃琼护法神庙，让喇嘛艺匠杀剥，取其皮毛，制成戏班中"温巴"所戴的面具。青海藏戏的套头面具，来自羌姆跳神面具，而跳羌姆的活动基本上是寺院所为，其面具自然也是喇嘛制作。当然，并不一定出自本寺院喇嘛之手，可能会来自其他的寺院。如贵德县罗汉堂密宗寺(属藏传佛教宁玛派,俗称红教)每年农历正月初九、初十演出的《莲花生八名号》中所戴的面具,是由四川甘孜西钦寺一个著名的宁玛派秘籍法师古鲁却旺制作的。

四、喇嘛搬演传统藏戏的功能

就绝大多数民族而言,从接受的角度来看,戏剧演出有娱神和娱人两种功能。早期的戏剧和现在的祭祀性戏剧,其演出的出发点是娱神降神,以达到请神佑护的目的。而在节庆之日与剧院内的演出,都是为了娱人,当然也寓教于乐。从行业的角度来看,戏剧艺人的主要目的是通过演出获取经济收入。而喇嘛搬演藏戏的功能却和上述不完全一样,细分起来,大概有三点。

一是提高自身宗教修养。将演戏看作像研习经文与苦行修炼一样,来让喇嘛体会佛教的教旨与宗教领袖高尚的品质。因此,藏戏的内容都与佛教有关,即使是世俗的故事,所表现的也是佛教的思想,传统的藏戏剧目《文成公主》、《朗萨雯蚌》、《苏吉尼玛》、《卓瓦桑姆》、《诺桑王子》、《白玛文巴》、《智美更登》等无一不是如此。可以设想,通过演戏这种设置恶劣生存环境和让喇嘛"经历艰难困苦生活"的方式来体会教义,当然会比一般的研习经文方式深刻得多。由此,我们就不难理解,为什么许多寺院的藏戏演出仅让本寺喇嘛观看,而从不公演。他们不是在自娱自乐,而是在闭门"修炼"。

二是以此方式来宣扬佛教。四川的德格藏戏就是基于这样的原因而产生的。17 世纪末叶,德格土司七世拉青·祥巴彭措执政,为了弘扬藏传佛教萨迦派,在其辖区内兴建了 18 座寺庙,大量延请名僧,并从拉萨等地聘来戏师,指导家庙更庆寺的喇嘛排演《哈热巴》(《狮王的故事》)、《诺桑王子》。藏历六月三十日,"央勒经”佛事活动甫结束，拉青·祥巴彭措便领着更庆寺的喇嘛到城外柳林处，先诵经祈福，接着用两天的时间公演《哈热巴》与《诺桑王子》。“雪顿节”期间的藏戏演出，许多人以为这些藏戏是奉献给达赖喇嘛、葛夏高官与成千上万的僧侣、民众的，或许有这样的客观效果，但是从组织者的心愿来看，主要还是借助戏剧的形式来弘扬佛教。就如同在“雪顿节”期间，在山坡上展铺巨大的佛像和在罗布林卡到处悬挂描绘佛的故事的唐卡一样。

三是扩大寺院的声誉与影响，以吸引更多的朝拜者。昔日藏区的寺庙星罗棋布，尽管藏族民众是坚定的宗教信仰者，但是，到哪个寺庙去许愿祈祷、烧香叩拜，信众有自己选择的权利，他们所选择的当然是神佛灵验和庙观巍峨雄伟的，而香火兴旺才能表明神佛的灵验和有钱建造更华丽的寺庙建筑。于是，喇嘛便用演戏的方式来吸引四面八方的信众。如清顺治十八年(1659)，四川巴塘的丁宁寺还在修建期间，堪布德莫活佛就组织喇嘛藏戏班社，排演《诺桑王子》，大殿落成时，就开始公演。之后，每到送夏迎秋之时，就会演出此剧，以招徕各地的民众。这种做法，不是一两个寺院所为，许多寺院都是这样，如四川的惠远寺在建造期间，也组织了喇嘛藏戏班社，排演藏戏《降嘎冉》、《智美更登》、《文成公主》，而这些剧目的演出无疑为寺院赢得了良好的声誉。

喇嘛之所以与传统藏戏有着如此密切的关系，基于两个原因：一是在民主改革之前，西藏政教合一，佛教处于绝对支配的地位，它要求所有的上层建筑都要为宣扬佛教教义、树立宗教领袖权威、巩固佛教地位服务。戏剧是面向大众的艺术形式，在这方面能够发挥巨大的作用，佛教自然会高度重视和利用这一宣传工具。二是昔日的喇嘛阶层在整个藏族属于文化水平较高的阶层，积聚了大量的文学、艺术的人才，人数较少的官宦阶层与没有受过教育的底层大众都缺少从事戏剧艺术的能力。民主改革之后，广大农奴翻身解放，普遍地接受了文化与艺术的教育，于是，藏戏走向民间，与喇嘛的关系也渐渐疏离。新式的藏戏舞台上，已经基本上没有了喇嘛的身影。

（原载《戏曲研究》第九十三辑）

藏戏及其面具新探*

杨嘉铭　杨　环

藏戏是我国各少数民族戏剧中最大的一个民族戏剧系统。“藏戏面具，既使西藏古老的面具艺术从主要表现虚幻荒诞的‘神’的世界，迈入了主要表现世俗的‘人’的世界，人类的真善美和假丑恶获得更直接、更深层的表现；又使西藏独具特色的面具艺术发展得更充分，几乎吸收了西藏原始祭祀的、民间表演艺术和宗教跳神及悬挂供奉的所有面具的艺术因素，形成了自己独特的风俗和品种样式繁多、风采韵致各异的庞大系统”①。

藏戏与寺庙神舞、民间祭祀活动、民间舞蹈艺术表演一样，与面具有着密不可分、相辅相成的关系。藏戏因有面具而精彩、古

---

* 本文系国家社科基金项目“西南少数民族面具文化及其保护利用”课题阶段性成果之一。

① 刘志群：《藏戏与藏俗》，拉萨：西藏人民出版社、石家庄：河北少年儿童出版社，2000年，第150页。

朴、魅力四射，面具因藏戏而传承、熠熠生辉。人们将藏戏中的两大剧种称为白面具戏和蓝面具戏，道理就在于此。

一、藏戏的起源与形成

藏戏，在一些汉文书籍和文章中又称藏剧，实际上是一回事，指产生并流传于藏族民间的传统戏剧。在一些研究性文章中，又常称之为藏族傩戏，因为这种戏剧带有傩的特征。藏戏的早期两大流派又以所戴面具特征取名为白面具派和蓝面具派，所以也有将藏戏叫作“面具戏”的。而在藏族中，普遍称之为“阿吉娜姆”，但也有称“朗达”的。

关于藏戏的起源，学术界说法很多。有起源于石器时代、苯教、古老的民间歌舞、公元8世纪的桑耶寺“羌姆”、公元14世纪的噶举派高僧汤东杰布所创等。任何一种艺术乃至一种文化的形成和发展，都有其历史发端和萌芽过程。我们比较倾向于藏戏的多源之说。藏戏作为一门戏剧艺术，是由唱、韵、白、表、舞技等多元艺术构成的。此外，还有剧本、服饰、道具、器乐、舞台，等等。藏戏的多源是其本身多元所决定的。藏戏是在古老的民间祭祀舞蹈、民间歌谣、传说故事以及后起的宗教神舞的基础上脱胎而出的。藏族传统的说法，把在藏文创制以前，有说是自吐蕃27代赞普拉脱脱日聂赞（公元5世纪）以前的藏族文化的归结为“仲”、“德乌”和“苯”。“仲”，指民间口头神话、寓言、历史传说故事。“德乌”指猜谜和巫卜。“苯”即苯教文化（本土宗教）。按照藏戏多元的特点，将藏戏的起源归结为最早的“德乌”、“仲”、“苯”的孕育和公元8公元桑耶寺“羌姆”的影响，应是比较合乎藏族历史文化和传统的，也是符合藏戏本身特点的。

藏戏中的白面具剧种，是藏戏的母体剧种，它的历史不仅悠久，而且多源。“它的起源和萌芽可追溯到藏族发祥时期，即第一代藏王聂赤赞普时代。这时期西藏土著先民就创造了比较灿烂的苯教文化。从白面具藏戏传统剧目的故事内容和表演形式,至今仍可以看到不少属于苯教文化遗迹。公元6世纪以后,藏族进入奴隶制社会,鲁体民歌从民间进入宫廷,苯教'摇鼓作声'的图腾拟兽面舞稻也被吸收进民间综合性歌舞表演中,产生了由人戴白山羊皮面具的民间艺术表演形式。文成公主进藏以后,松赞干布以传入的汉族乐舞结合藏族的民间歌舞,训练十六名美女进行表演时,其舞蹈、歌唱和表演都开始有了一定的规范。到8世纪赤松德赞时建桑耶寺,在落成典礼上,莲花生将佛学教义和苯教祈神仪式及风舞相结合,创建了一种类似内地古代傩舞的哑剧性跳神艺术。到11世纪,西藏卓地大庙会上,就有了'巫师多人,自在女二十八人,戴面具,手持兵器,另有长辫女击鼓,随之而舞'的明显具有戏剧性质的表演艺术。"①

一个民族的戏剧是否已经形成,需要按戏剧艺术的诸基本要素来衡量。14世纪后期至15世纪初中叶,是藏戏发展过程中的一个重要阶段,关键性的人物是藏族建桥大师、香巴噶举著名高僧汤东杰布(1361—1457)。汤东杰布为募集建桥资金而组建的"阿吉娜姆"演出形式和演出班子,为藏戏的形成和发展奠定了坚实的基础。为筹集建桥资金,"汤东杰布采用演节目的办法搞募捐,在演出中还增加了两个具有群众性的节目。一个叫'拉姆鲁嘎',即为仙女歌舞欢庆。甲鲁,是后藏谢通门一带对家族长老的习惯称呼,在募捐演出时,七姐妹的温巴歌舞表演激起了家族长老们的兴致,他们头戴大黄(或红)高帽,身穿衣领上配有十字团花装饰的氆氇大跑袍,也上场同七姐妹同舞同歌。他们的表演很受观众欢迎,汤东杰布加以编排,增加了一个'甲鲁晋拜'的节目,以后形成两个

① 刘志群主编. 中国藏戏艺术[M]. 西藏人民出版社、京华出版社,1999: 63.

甲鲁进行表演。”[①]汤东杰布在藏戏的编创过程中，充分“利用吸收了已有的民族歌舞、说唱，包括宗教仪式和艺术，以及百艺杂技等众多的表演形式，进行综合性的创造发展，编辑佛本生故事和民间传说，逐渐创建形成了‘拉姆拔嘎布’这样一种以羊皮面具歌舞表演故事的戏剧演出形式。”[②]据传，汤东杰布晚年将山南宾顿巴白面具藏戏，带回自己的家乡日喀则的昂仁迥·日吾齐寺，并开始演出许多大型的正戏剧目，蓝面具剧种在此基础上应运而生，也出现了许多蓝面具戏班。

经过两个多世纪的沧桑，于公元17世纪，在西藏地方政府特别是五世达赖的推动和扶持下，藏戏步入“雪顿节”的演出[③]。众多剧种及其流派、剧目的出现，标志着藏戏已经迈入成熟阶段。

二、藏戏剧种、流派和剧目

1. *藏戏剧种与流派*

在西藏，最早形成的演出班子为汤东杰布所创立的“宾顿巴”（即三男四女七兄妹），“根据一些材料介绍，当时还有一些流浪的

---

① 中国戏曲志编辑委员会编：《中国戏曲志·西藏卷》，北京：文化艺术出版社，1993年，第17页。

② 刘志群主编. 中国藏戏艺术[M]. 西藏人民出版社、京华出版社，1999：63.

③ 雪顿，原意为从夏转秋时的宗教奶酪宴会。早在宗喀巴该改革西藏佛教时，就为新创立的格鲁派（黄教）制定了严格的戒律，从藏历4月至6月要求喇嘛在室内安心念经修习，称为上期夏令安居，到6月底7月初开禁，他们纷纷出寺下山，群众给他们施舍酸奶子。这时正是牛羊膘肥体壮，出酥油奶酪最盛的季节，寺院就给僧徒们招待酸奶白糖米饭，进行野宴游乐，称为“亚乃嘎意”。“雪”是酸奶子，“顿”是宴会的意思。五世达赖坐床以后。已经掌握西藏最大经济实力的哲蚌寺举行奶酪宴会时，因为从小卓具才学天资的五世达赖，和广大僧众都比较喜欢藏剧，所以建立噶丹颇章地方政权时，正式形成每年雪顿节期间以奶酪招待僧俗官员，并都要举行这样藏剧会演式的活动，叫做“哲蚌雪顿”。开始有不多的几个藏剧戏班，就在哲蚌寺的噶丹颇章院子里，面对达赖喇嘛的寝楼进行献演，达赖喇嘛就坐在寝楼的大窗台口观戏。

戏班子到各地演出，其中包括双人戏、单人戏等，人数更少。曲水县的协荣仲孜剧团和另一个名叫工布卓巴旧派戏团一直保留着这种人数少的特点”[①]。其他藏区的藏戏剧种绝大多数都是在白面具和蓝面具剧种的基础上发展起来的。各剧种也随着该剧种的逐渐成熟而分出支系。白面具剧种中，就有朗孜瓦派、塔荣派、扎西巴派、若捏嘎派、宾顿巴派和伦珠岗派；蓝面具剧种中有觉木隆派、香巴派、迥巴派和江嘎尔派；在康巴藏戏剧种中，有康定藏戏、甘孜藏戏、巴塘藏戏和道孚藏戏等流派；在安多藏戏剧种中，有青海黄南藏戏、甘肃甘南藏戏、四川阿坝藏戏和四川色达藏戏等流派。在其他藏区，除源于西藏白面具戏和蓝面具戏的藏戏剧种外，还有少数独创剧种，如德格藏戏和嘉绒藏戏。需要特别说明的是，根据近些年来四川藏戏的一些研究成果表明，嘉绒藏戏的历史较之西藏白面具藏戏和蓝面具藏戏悠久。余斌在《古老质朴的嘉绒藏戏》中称：“嘉绒藏戏始源于公元 8 世纪 758 年(藏历土狗年)唐肃宗统治时代。当时，在嘉绒地区的一位金川土司叫芒柯尔·贡斯甲，委托名叫占巴南卡的高僧和名叫昌旺茸真的法师，在金川广法寺组织了一个戏班，首次上演了嘉绒藏戏《阿米格东》。”关于嘉绒藏戏形成的年代，普遍的说法是公元 17 世纪。《四川藏戏》一书中作了如下界定：“据一些地方调查。早在 17 世纪，在我省嘉绒方言区就有藏戏演出活动。曾广泛流行于甘孜州丹巴县，阿坝州马尔康、金川、小金、理县等嘉绒方言区。现各地正在加紧调查、挖掘、整理。”

若按方言区来划分，可分出 5 个藏戏子系统、9 个剧种，在 9 个剧种中，一些剧种又分为若干个流派，初步统计其流派数目为 25 个流派。详见下表：

---

① 格勒著. 藏族的起源形成与周围民族的关系[M]. 中山大学出版社，1988：222.

藏戏剧种及流派表

戏剧系统	子系统	剧种	流派
藏戏系统	西藏藏戏子系统（域称卫藏方言系统）	蓝面具戏	觉木降派
			香巴派
			迥巴派
			江嘎尔派
		白面具戏	朗孜瓦派
			塔荣派
			扎西巴派
			若捏嘎派
			宾顿巴派
			伦珠岗派
	门巴藏戏子系统（或称门巴族系统）	门巴藏戏	勒布藏戏
			墨脱藏戏
	康巴藏戏子系统（或称康方言系统）	康巴藏戏	康定藏戏
			甘孜藏戏
			巴塘藏戏
			道孚藏戏
			理塘藏戏
		昌都藏戏	昌都藏戏
		德格藏戏	更庆藏戏
			竹庆藏戏
	安多藏戏子系统（或称安多方言系统）	安多藏戏	青海黄南藏戏
			甘肃甘南藏戏
			四川阿坝藏戏

续 表

戏剧系统	子 系 统	剧 种	流 派
藏戏系统	安多藏戏子系统（或称安多方言系统）	安多藏戏	四川甘孜色达藏戏
		华热藏戏	华热藏戏
	嘉绒藏戏子系统（或称嘉绒方言系统）	嘉绒藏戏	嘉绒藏戏

注：由于门巴族地处西藏、受西藏文化影响较深，其戏剧为西藏藏戏的移植，故列入藏戏系统之中。

2. 藏戏的剧目

剧目从某种意义上讲就是剧本的名称。剧本是戏剧成熟的又一主要标志。藏戏形成和发展过程中，创作者们根据传说、佛经和历史编创了不少优秀剧目。其中最有名的为传统的八大剧目：《诺桑法王》、《卓瓦桑姆》、《苏吉尼玛》、《白玛文巴》、《甲莎白莎（文成公主）》、《朗萨雯波》、《顿月顿珠》和《智美更登》。新剧目有西藏山南的乃东·泽当藏戏班子创编的《泽当琼琼》，乃东·孜措巴寺拉姆戏班创编的《甲鲁温巴》、《德巴丹保》，西藏昌都藏戏团编创的《拉莱沛琼》、《索朗多》、《释迦十二行传》，四川德格藏戏团创编的《夏热巴》、《六长寿》等；以安多藏戏为例，仅是新编的藏戏剧目就多达 20 余个。

19 世纪末将英雄史诗《格萨尔王传》中的故事情节编入藏戏之中，成为藏戏剧目后起的一个新气象。在安多藏戏中“仅是新改编的格萨尔藏戏系列就有《赛马称王》、《天界遗使》、《阿德拉毛》（即阿达娜姆，笔者加）、《地狱救母》、《霍岭大战》、《达岭大战》、《魔岭大战》、《格萨尔的一生》、《岭国七将士》九部”①。在嘉绒藏戏

① 刘凯著：《藏戏及乡人新识》，北京：中国戏剧出版社，1999 年，第 92 页。

中，除传统剧目《阿米格东》外，还创编有《吉祥颂》、《老夫与少妇》、《猎人与野人》等。

三、藏戏面具

藏戏面具，最早出现的是用山羊皮制作的平面面具——白面具，此外，便是源于民间祭祀和艺术表演的动物面具，如牦牛、狮子等面具。随着剧目的增多，剧情的发展，藏戏面具中的人物角色面具异军突起，成为藏戏面具中数量较多、最具世俗性、个性十分鲜明的面具类型。藏戏中人物角色的出现和不断拓展，不仅极大地丰富了藏族面具文化的内涵，同时也充实了藏族面具的造型类型、质地类型和功能类型。由于藏戏的一些剧情中含有宗教内容，在形成过程中也吸收了寺庙神舞面具的一些成分，所以，在藏戏面具中，也有一些神灵角色面具。这就使得藏戏的面具既有自身突出的特点，同时又具有一定的包容性——兼有寺庙神舞面具、民间祭祀面具、民间艺术表演面具。

藏戏白面具出现的时期，可以追溯到公元8世纪，其证物主要有如下两处。一是在大昭寺内殿门口右侧绘有一幅年代十分久远的古壁画，这幅壁画的名称叫做《文成公主入藏欢庆图》。在壁画的中心位置，就有戴白面具的角色演员逗引两头野牛作欢的场景，“其演出形式与早期白面具藏戏略同”。二是在桑耶寺的康松桑岗林神殿的楼阁墙上还保存有一绘制于公元8世纪的壁画，反映桑耶寺落成典礼上各种民间百戏杂技表演的场景，其中也有戴白面具的角色演员。据《中国戏曲志・西藏卷》载：“七温巴戴着白山羊皮面具，二甲鲁戴的是古‘阿卓’舞鼓手的‘扩尔加’圈帽，二位拉姆的装扮则与今天藏戏中的拉姆完全相同……与此相同格式的壁画在桑耶寺正殿大门左内侧墙上还有一处。”[①]上述壁画，不仅旁证了藏戏中的白面具悠久的历史，同时也证实了白面具并非藏戏形成后的产物，而是直接从民间舞蹈艺术中移植的事实。

古老的白面具“从原色白山羊皮毛制成，脸部呈平面，眼睛、嘴巴按形雕空，画上或嵌上白眉毛和上唇八字形白色胡子，鼻子则以侧面剪影突起一块，用山羊皮毛制成下巴上的白胡子和满头的白发。面具上满头白发表示老年人长寿无恙，青壮年无过、广识、富足等。白色象征纯洁、温和善良、慈悲、吉祥和毫无害人之心。额部涂（或镶嵌）日月徽记，一方面以为美饰；另一方面是佛学上福泽、智慧二‘资粮’的象征。白色长虬髯则象征男性之美仪。”[②]，白面具移植到藏戏中后，人们为纪念藏戏的创始人汤东杰布，在白面具上还饰以螺制耳环，因为这种耳环系汤东杰布习常所戴。白面具发展到后期，还出现了扎西雪巴流派的黄面具。

蓝面具是在白面具的基础上发展而成的。这种面具“用硬质布板或呢料糊褙上蓝底花缎，又在上面镶金缀花，装饰精致、优美、绚烂，形象古朴、夸张。据藏戏老艺人讲，温巴是渔夫或猎人，他整天在湖边或山上劳作，脸被太阳晒黑了，被湖水映蓝了。16世纪朱巴噶举派高僧朱嫩贡嘎列巴曾对羊卓雍湖边的渔夫们说过一句话：‘你等羊卓雍渔民，个个青面干瘪，活像那金刚护法神恰那多吉’。恰那多吉，是随从如来佛的八大菩萨之一金刚手大势至，为蓝脸，手拿金刚杵。相传温巴面具按此形象造型，所以蓝面具脸部以蓝花缎作底色。头顶上有个箭头状的装饰物，画以财宝‘喷焰末尼’图案，下接两边沿头形到两耳前，有一半圆的装饰圈边，亦镶有

---

① 中国戏曲志编辑委员会编：《中国戏曲志·西藏卷》，北京：文化艺术出版社，1993年，第17页。

② 中国戏曲志编辑委员会编：《中国戏曲志·西藏卷》，北京：文化艺术出版社，1993年，第17页。

金银花缎，圈边锻带左右两头吊以红、蓝二色丝穗。额头上有一金色的圆日和银亮的月牙徽饰，下巴和两块外沿装饰有白胡子。白胡子、白眉毛和头顶上的箭突装饰物，均按汤东杰布形象造型。另外，面具的蓝底色，也与汤东杰布兼有善和怒两种面相，脸膛呈紫红、深棕色近于蓝色有关。”[①]也有蓝面具的整个装饰是按“扎西达结”（八吉祥）象征图案而构成的说法。“如脸形象征宝瓶；嘴、眼、眉、唇、两颊和下颚处合起来为八瓣妙莲；两耳戴的是菱形孔格花纹的吉祥结‘巴扎’；头顶上日月徽饰具千福金法轮，也表日为福德、月为智慧的二资粮；鼻尖上戴的螺贝流苏为右旋海螺；额头上分向两边的装饰金丝缎弧形冠额，表示一对金鱼；‘喷焰末尼’图案下边向上的狗鼻子花纹，表示右旋把白伞盖；头顶箭突上的宝贝唯成的冠髻及其后边的彩缎宽披带，象征胜利宝幢。”[②]

白面具和蓝面具均为平面面具；象征性特点都十分鲜明。其差异性主要体现在以下方面：一是材质上的差异性。白面具材质单一，而蓝面具材质多样。二是色彩上的差异性。白面具为白色，蓝面具则面部以蓝为主，其余装饰部分则多色。三是在内涵上，蓝面具较白面具更加丰富一些。四是在制作工艺上，白面具较为简洁，而蓝面具较为考究，工艺更为复杂。蓝面具的出现，既是蓝面具剧种形成的象征，更是藏戏日臻成熟的标志，是藏族社会生产力发展和“工巧”技艺提高的使然。

藏戏面具就其功能而言，大体为两类，一类是象征性面具，即白面具和蓝面具。另一类是角色面具，角色面具是藏戏面具的主体，它的涵盖面较广，包括人物面具，动物面具，魔怪面具和神灵面

---

① 中国戏曲志编辑委员会编：《中国戏曲志・西藏卷》，北京：文化艺术出版社，1993 年，第 17 页。

② 中国戏曲志编辑委员会编：《中国戏曲志・西藏卷》，北京：文化艺术出版社，1993 年，第 17 页。

具等。就其质地类型而言，有皮质面具，织品面具（有布质、呢质以及混合质地等）。就造型形体而言，有平面软塑面具、半立体软塑面具和立体硬塑面具。就工艺而言，主要有缝制（含剪、贴、雕等工艺）面具和贴布（含贴纸）脱胎面具等。

在此，需要说明的是，在今西藏，藏戏面具除少量魔怪和神灵面具的造型，是以贴布（含纸质）脱胎工艺制作外，其余均为皮质、织品，以软塑工艺来制作的。但在其它藏区的藏戏中，凡从西藏白面具戏和蓝面具戏移植的剧种，除开场戏的象征性面具是软塑平面面具外，其余所有角色面具均为贴布（含纸）脱胎硬塑面具。特别是异军突起的格萨尔藏戏所使用的面具，全部属于贴布脱胎硬塑面具。格萨尔藏戏最初是在寺庙中跳演的一种近似于寺庙神舞的祭祀性舞蹈，所以，其面具基本按寺庙神舞面具形制制作，后来便形成一种约定俗成的定式。在甘孜和昌都地区，这种现象特别突出。

藏戏面具的特点十分突出，不仅在藏族面具中个性鲜明，在中国面具文化中也凸显出强烈的民族性特点。

1. 平面软塑面具的独创性

平面软塑面具源于藏族原始祭祀和民间舞蹈艺术。从我国目前已经披露的各民族面具中，无论是古代的面具，还是现当代的传统面具；无论是原始祭祀性面具，民间舞蹈艺术面具，还是戏剧面具，其造型形制或为罩式（即半立体）硬塑面具，或为套头式（立体）硬塑面具。就材料质地而言，或为金属，或为木质，或为布质、纸质，而藏戏中的平面面具，其材料质地或为动物皮（羊皮），或为呢料、绒布，则为藏族所独创。门巴戏和门巴戏中的平面面具，是受藏戏的文化移入而形成的。藏戏中的平面面具除了该戏的象征性面具——白面具和蓝面具外，还有许多正戏角色面具，诸如红面具、绿面具、黄面具、阴阳面具、黑面具、土黄面具等。而半立体软塑面具，也是在平面软塑面具的基础上发展起来的。其制作材料与平面软塑面具相同，使用的是布质或皮质。其制作工艺也大致相同，只是在个别地方的处理上有所变化，而使其稍有立体感而已。“如白、蓝面具戏中的村民常斯老头面具。以塞入薄絮毛的布袋缝制成略呈立体的假面脸部，嘴和双眼有的按形裁空，有的按形缝嵌，鼻子制成立体的，眉毛、胡子以牦牛尾巴缝缀上。”[①]又如“昌都戏中的仙翁面具，则以一张皮子压塑缝制成半立体的假头面具，有如撑开的半个倒扣皮袋，前面脸部嘴、眼按形雕空，眉毛、胡子缝缀上，鼻子压塑得稍有立体感。”[②]

平面软塑面具不仅在形制上表现出它的独创性，在表现手法上体现出简洁、明快的韵致，还体现出藏族面具质朴的美，同时也会勾连起人们古老的追忆。

2. 平面软塑面具的世俗性

藏族寺庙神舞是一种酬神、驱邪、禳灾、祈福功能性很强的宗教舞蹈，是一种宗教教化的手段。所以，其使用的面具在制作过程中有严格的宗教造像要求；演出中登场面具，多为造型奇特、夸张的密宗本尊、护法神、妖魔鬼怪和具有神性的动物精灵，往往给人一种敬畏、恐怖、神圣的感觉，似乎将人们带到一个神秘的世界去领略和感悟宗教的哲理，去荡涤人们的心灵。而藏戏本身是一种民众自娱的艺术表演形式，演出内容多为历史故事、民间传说，自由空间较大。所以，藏戏面具与寺庙神舞面具比较，有较强的世俗性特点。首先，在面具中，人物角色面具成为藏戏面具的主体；各地藏戏演出班子的人物角色面具并不强求完全雷同，一是可根据

---

① 刘志群主编：《中国藏戏艺术》，拉萨：西藏人民出版社、北京：京华出版社，1999年，第63页。

② 刘志群主编：《中国藏戏艺术》，拉萨：西藏人民出版社、北京：京华出版社，1999年，第63页。

当地制作面具习惯、使用的材料和制作方法而定；二是可以根据自己对角色的理解来对造型。在藏戏面具中，也有与演出情节有关的神灵和魔怪等面具，这些面具很明显是由寺庙神舞面具直接借鉴发展而来。“但各地民间藏戏面具在塑制时，与宗教面具严格的程式和规定完全相反，没有严格的程式，完全以表演者、制作者的主观意识而变化。所以拉萨附近的扎囊县朗杰雪和远在边境的洛扎两个藏戏队制作的同一角色面具，其形态、样式、差别很大。同样墨竹工卡县藏戏队制作的红罗刹面具，与自治区藏剧团制作的红罗刹面具，也明显成了两种形态。而藏戏骷髅鬼和怖畏金刚神面具比较起这两个神灵的跳神面具，其装饰有增有删，而且着色也比较随便，赋予了更多的世俗性和娱乐性。”①

3. 藏戏面具的象征性

在面具文化中，色彩和演出角色的象征性是普遍存在的。而藏戏面具的象征性还有如下多重特点（这里主要指白面具和蓝面具开场戏出场面具）：

一是代表性剧种的象征。前面已叙，藏戏创立时的剧种是白面具，这个剧种一经创立，就以白面具作为这个最早创立的剧种的象征，所以命名为白面具戏。后来出现的剧种则命名为蓝面具戏。白面具戏和蓝面具戏传播到其他藏区，其开场戏中的出场角色面具均以来源剧种的面具为标志。这种以出场角色面具为剧种象征的现象在我国傩戏中绝无仅有。

二是无论白面具或是蓝面具的造型形象都是以藏戏的创始人汤东杰布的形象为基础的，尤其是白面具。这种带有对创始人纪念性的面具，是藏戏象征性的又一个标识。

---

① 刘志群主编：《中国藏戏艺术》，拉萨：西藏人民出版社、北京：京华出版社，1999 年，第 63 页。

三是藏族传统吉祥象征的体现。吉祥文化在藏族社会十分发育，内涵也很丰富，它主要体现在物体、行为、语言三大方面。在吉祥物体中，八吉祥(扎西达吉)最具代表性，将吉祥象征符号注入藏戏开场标志性面具白面具和蓝面具之中，不仅是藏族吉祥文化在藏戏中直观、艺术的体现，同时也是藏戏本身的一种企望与祝愿。

4. 藏戏面具的多元性

藏戏面具多源的历史形成了类型和品种繁多，系统庞大的基本格局。藏戏面具的多元性特点，是藏族民间舞蹈艺术、民间祭祀性舞蹈和寺庙神舞面具所无法比拟的。

(原载《西南民族大学学报(人文社科版)》2008 年第 4 期)

历史与现实的青藏

医药介述

藏医药的起源与远古医药学

得荣·泽仁邓珠

藏医药学是人类医学中历史悠久、理论系统、内容科学、具有独特地域特征和民族特色的医学，是世界医学宝库中的瑰宝，是祖国医学的重要组成部分。

藏民族自古繁衍生息在雪域高原上，藏族人民在与大自然和各种疾病作斗争的过程中，积累和掌握了丰富的自我保健和治疗各种疾病的知识。现就藏族医药的起源与远古藏医药发展简史介绍如下，供同行们探讨。

一、藏医的起源与藏医药学的启蒙阶段

藏族医药并非起源于印度或其他民族和地区，藏医药是藏族先民在雪域高原上同各种疾病作斗争过程中的经验总结和智慧的结晶，是与本民族的经济条件、自然环境和文化背景相适应的有别于其他任何民族的医学体系。当然，藏医药体系的形成发展过程

中，学习借鉴和吸收周边国家、地区和民族的医学知识，以丰富和完善自己民族医药学科是肯定的。例如古印度医学、中原医学和周边民族医学对藏医药的发展产生了影响，起到了一定的促进作用。

藏医起源于藏族先民同大自然和各种疾病作斗争的经验中。先民们在狩猎、采集的生活劳动中，逐步懂得怎样保护自己的身体；当食物中毒时，学会了识别野果颜色或用舌头舔尝等方法预防食物中毒；当身体受冷时，学会以树叶树皮为衣或挤在岩洞、藏在茂密树林丛中，防避风寒雨雪。火的发现对先民的健康带来曙光。人们吃到被野火烧死动物肉和烤熟了的食物比生肉生食更有味道时，便知道火烤熟或煮熟食物；从喝生水吃生食转入喝开水吃熟食。这不仅提高了生活质量，而且预防了以消化不良为常见的各种疾病。“最早的疾病是消化不良，最原始的药是开水”的治病方法由此产生。

藏族先民们发现动物受伤后或疼痛处用舌头舔，于是学会了在伤口处或疼痛处用舌头舔或吸一口血，把伤口内的瘀血和浓液吸出来，以减轻疼痛。看见动物舔地便发现盐后，不仅懂得盐可以食用，还知道盐可以消炎。在伤口处洒一些盐的办法防止伤口感染。

远古先民们观察到禽兽在受创伤后，吃了动物、植物、矿物后伤口很快愈合。先民们为了进一步证实这些药物的药性，对禽兽进行诱导性的实验：用颜料或血在蛋壳和幼畜、雏鸟身上抹上类似创伤的花纹，禽兽以为它们的幼仔受了伤，衔来上述那些药物敷在花纹处，将这些药物用于人体，具有同样的效果。这就启发了远古人们使用动、植、矿物药治病的经验。这是藏民族一个了不起的发现和创造，充分体现了这个民族的丰富智慧和超人想象力。

远古先民们在长期的狩猎生活中逐渐了解到动物的肉、血、骨的营养和治病作用。如藏羚羊血和野牛血有止泻功能；旱獭肉和脂肪有祛风作用；雪鸡、麻雀、雪蛙肉有滋补作用；麝香有刺激人兴奋呼吸和致妇女流产的作用；盐有防腐、调味、消化、解毒等作用。

先民们在长期的采集生活中，尝遍各种野果百草的滋味。发现有的食物可以作粮食，则采集其果实引种为五谷；有的植物粮茎果叶有滋补营养和入药功能，如花椒、野葱、野蒜有解毒、消炎、祛汗和帮助消化作用；有些植物则有毒；如狼毒、雪山一枝蒿等有毒，有些菌类有毒；知道野青稞、野燕麦、野大麻仁、草莓和其他一些野果谷物有营养；在与各种疾病斗争的过程中，人们又学会了用酥油治烫伤、烧伤和止血、滋补；用柏枝、艾蒿熏烟可防止瘟疫和驱邪的作用。

纵观藏医药的起源和发展过程，藏族先民把上述这些药物最早作为食物无意识地进行滋味尝试的"试验"。经过百死百生、反复尝试、不断探索，久而久之渐渐懂得药草之间的相互相克的道理，逐步认识了动物、植物、矿物的药理作用。便产生了藏族原始医药知识。这个时期为藏医药的启蒙阶段，其时间大约在 1 万年左右。

二、"有毒就有药"是藏医药学的原始理论

藏族祖先们在同大自然斗争过程中，逐步认识到一些动物、植物、矿物具有祛除人体疾病的道理，还认识到有些动物、植物和矿物对人体有毒害作用。这就产生了"有毒就有药，有药就有毒，药与毒并存，互为变化"的最早医学理论，这是藏医药学最原始的理论。

三、炎帝是藏医药学的始祖

根据历史资料和众多文化现象说明，古代汉文史料中记载的

“氐羌”、“戎羌”、“西羌”、“姜姓”等，是指远古时代活动在黄河和长江中上游流域的藏族四大种姓中的董氏种姓先民。“羌”与“藏”是同根同源同一族性的一个民族在不同历史时期的不同名称。

炎帝是羌人，父亲是少典氏，母亲为娇氏。炎帝是华夏族（今汉族）的先祖之一，这在汉文史料中多有记载，尚无歧义。少典和娇氏所生之子为何叫炎帝？根据汉史记载，炎帝有始农业、制陶、医药、集市、纺织、发明弓箭和弦琴，为华夏族的形成奠定基础等丰功伟绩和智慧超群的传说来看，认为“炎帝”二字是藏语“悦登”二字的汉文音译。“悦登”是智慧的意思，即指智慧人。悦登在藏族姓名中常用的一个名字。这个名字与炎帝的智慧和功绩是相符的。

《史记》中曰炎帝“始尝百草，始有医药”。《帝王世纪》中说：“尝味草木，宣药疗疾、救火伤人命，百姓日用不知，著《本草》四卷”。其他史料中也讲到炎帝尝百草、始有医药、开创草药治病的事迹。

炎帝在采集植物过程中，亲尝百草的滋味，亲身体验植物、动物、矿物等药物的效能，经反复探索总结，逐步创立了临床医学、药物基础知识和理论体系。他是藏族医药学的始祖之一。炎帝时代距今约1万年左右，在这个时代藏族就有了医药学的理论，这在人类医学史上处于领先地位。汉文史料说《神农本草经》是炎帝所作，这不符合历史事实。因为远古时代没有文字，不可能著有医书。可能是炎帝等先民们尝百草、制药物的智慧经过口耳相传、世代传承于民间，最后有了文字后，人们为了纪念炎帝在医学方面所作出的杰出贡献，将华夏族最早的一部药物学专著命名为《神农本草经》。其中许多内容是炎帝时代的医药知识通过口耳相传接承下来最后载入《神农本草经》是完全可能的。总之，《神农本草经》既是华夏族的最早药物经典，也是藏族最早药物专著，同时也是世界上最早的药物专著，这是藏汉先民为人类医药学作出的伟大贡献。

炎帝是藏族医药学的先祖之一，同时也是华夏族医学的开创者和药王神。藏汉两族不仅在血缘上有着渊源联系，在医药学上也有同源异流的渊源关系。

四、口耳相传的早期民间医药教育

藏族医学教育经历了远古口耳相传，中古祖传师授，近古学校教育三个历史阶段。远古时期只有语言，没有文字，防病治病的经验只有言传口授、世代相传。医药学传授主要采取口耳相传、代代接替的教育形式。也就是人们在与大自然、猛兽、疾病作斗争过程中，把积累的经验以口耳相传的民间传播方式流传发展，于是便形成了纯靠经验的早期民间藏医学。在这个漫长的医学发展过程中，藏族原始宗教——苯布教。对藏医学的形成发展起到了推动作用。

觉吾伦珠扎西和达莫洛桑曲扎所著的《宇妥·云登贡布传》中记载说：当印度医生向云登贡布问到藏地有什么医学时，云登贡布答道：藏区有攻下派象雄医学的药浴、涂摩、火疗三种疗法，蕃派的饮食、起居，药物、外治四种疗法。由此可知，苯教的医学早在三千多年前象雄国时期就有药浴、涂摩、火疗等治疗法。上述这个记载与苯教史中说：苯教师们很早以前就在民间传教行医，禳灾除病的说法是相一致的。

在《五部遗教·大臣篇》中说：雅隆部落第一个藏王聂赤赞布时，便提出了“以武器对付野牛，以药物治疗病毒，”的论述。这个引文说明，藏族在很早以前就掌握了用药物治疗疾病的技术。

在《西藏王统记》35 页中提到：在布德贡杰赞布时，“朗辛白推坚派，以招泰迎祥，求神乞医。……楚辛白村坚息灾送病”。文中提到医治疾病的实践与苯布教的传教相提并论，说明当时的苯教徒在民间行医治病的情景。

五、远古医药专著与名医

《神农本草经》是属于民间口耳相传的藏族早期医药理论，后来华夏族通过世世代代相传最后成为中华第一部药学大著。

据苯教史料记载和有关专家研究论证，《四部医经》是藏族现存的最早的医药专著。说该书是拥仲苯教创始人辛绕米沃齐之子阶布赤西所著，成书于公元前1999年。后于公元9世纪藏族著名医学家宇妥云登贡布等人对《四部医经》进行研究、充实、补充、修订后，形成藏医学名著《四部医典》。《四部医经》由蓝经、白经、花经、黑经四部分组成。蓝经主要内容是病理学；白经是药剂学；花经是诊断学；黑经是临床学。阶布赤西的《四部医经》与宇妥云登贡布的《四部医典》经研究，两者的内容基本相同，可以说是大同小异。只是在一些名词术语上有所区别。这两部著作内容相同是符合逻辑的。这是因为：第一，两者都是藏民族在同一生息地雪域高原上与各种疾病作斗争的经验总结；第二，这两部医著都是由藏民族自己编著的本民族医药学经典；第三，两部著作是同一个自然环境、文化背景和行医范围内形成的藏医药专著；第四，行医和医疗对象都是同一个民族。其不同点只有一个，就是两者的形成时间有早迟之别。

如果《四部医经》成书于公元前20世纪的说法成立的话，那么，藏族早在距今四千年前就有系统理论与临床经验的医药学专著，它将成为世界上最早的医药学经典。

藏族名医的出现与藏医的起源时间是同步的。有了医药学，就有了医药人员。有文字记载的名医，最早应该算传统说中的董氏后裔炎帝，炎帝时代是1万年左右。他亲自口尝百草、始有医药、最早创立医药学理论。远古时代的苯教徒应算是职业医生，他的职业是消灾驱邪、为人治病。阶布奔西编著《四部医经》和《解毒拥仲旋》，他是藏族历史上最早的杰出医学家，他是四千年前后继炎帝之后藏医学理论的创造者。

远古名医噶切比齐（又称伯吉呷吉）和白噶拉泽（又称柏拉呷泽玛）兄妹是约公元 4 世纪人，有说他们是古印度人，他俩长期在藏地为职业医生，他们先后到印度、尼泊尔、汉地、于田等地游学行医。他们在藏族医学史上占有重要地位。相传兄妹二人在行医过程中总结了脉诊法、食物调法、药物配制法、放血、火灸、器械疗外伤处理法等临床经验，最后形成医学理论相传后人。有《本释》、《释述》、《医学通论》、《篇章引言》、《实用操作》等属临床经验性质的医著。他们两人的医学理论被吸收到《四部医典》中，成为藏族医学理论的基础。

公元 4 世纪出现著名医学家董格妥交，他自幼习医，成为当时著名医生，并作过藏王拉妥妥日年赞（225—375）的御医。藏族御医（国王的保健医生）制度从此开始，一直延续到 20 世纪 50 年代 14 世达赖喇嘛的御医丹增曲扎。

阿夏医生用金刀手术治好了第 31 代藏王达日年斯（？—505）天生盲眼而得名达日年斯（意为看见达日山上的盘羊）的情况在许多史籍中作了记载。说明早在公元 5 世纪中叶，藏族就能手术医治天生盲眼，这在世界眼科史上可能为首创。

（原载《亚太传统医药》2005 年第 4 期）